번역인문학

번역인문학

전성기

KOREA
UNIVERSITY
PRESS
고려대학교
출판문화원

이 저서는 2011년도 정부(교육과학기술부)의 재원으로 한국연구재단의 지원을 받아 연구되었다(NRF-2011-812-A00197).

서문 우리 인문학의 '번역학적 전환'을 기대한다

'인문학의 위기'와 '열악한 번역문화'는 우리 사회의 주요 인문적 문제들이다. 번역은 우리 인문학의 주요 구성적 요소이자 일종의 '공통과목'임에도 불구하고, 이 문제들이 문제 지적이나 단편적 탐색 차원을 넘어 본격적인 학제적 탐구 주제로 연계되어 다루어진 적은 없다. 오늘날 대부분의 우리의 주요 인문학 텍스트들은 '번역된 것들'이다. 그렇기에 '인문학번역'과 '번역된 인문학', 나아가 '인문학을 한다는 것'에 대한 근본적 반성과 성찰 없이는 올바로 인문학을 한다고 말하기 어렵다. '번역인문학'은 '인문학의 위기'와 '열악한 번역문화'라는 서로 연계된 두 큰 문제에 대한 우리 나름의 하나의 부분적 답이다. 고전을 비롯한 이른바 문학·사학·철학 그리고 이에서 확장된 분야들까지 아우르는 인문학 분야들의 번역 문제들을 인문학적으로 반성·성찰하고자 하는 번역인문학은 우리 인문학의 '번역학적 전환'이라는 '패러다임 전환'의 새로운 지평 마련을 위한 하나의 기획이다. 우리 인문학의 근본에 대한 성찰이고, 그래서 인식론적이고 철학적인 이 기획은 많은 연구자들의 공감과 적극적 동참 없이는 그 실현이 매우 어려운 과제이다.

인문학의 위기는 인문(학)적 사유의 위기이며, 근본적으로는 인문학적 비판정신의 위축에서 비롯된 것이다. 인문학이 지향하는 바가 모든 인문학적인 것을 비판적 검토의 대상으로 삼는 '반성적 성찰'이라면, 매우 부실한 우리의 기존 인문학번역과 번역텍스트들도 당연히 세밀한 검토와 깊은 성찰의 대상이 되어야 한다. 현재 좋은 조짐들이 있는 것은 사실이나, 전반적으로 그 움직임이 아직 매우 미약하다. 인문학번역의 부실함은 실은 어제 오늘의 일이 아니다. 이는 우리 번역문화의 일종의 아킬레스건으로, 다수 연구자들이 이미 그 부실의 광범위함을 성토한 바도 있다. 하지만 상황의 획기적 개선은 좀체 이루어지지 않고 있으며, 뚜렷한 개선 방법도 제시되지 않고 있는 상황이다. 번역비평도 단편적인 오역평가 위주로 이루어지고 있을 뿐만 아니라, 그 비평에 사용되는 언어도 거칠고 둔탁한 경우들이 자주 눈에 띈다. 내용을 잘 갖춘, 품위 있고 건설적인 번역비평은 무척 찾아보기 힘든 것이 오늘의 우리 번역비평의 현실이다. 이러한 거의 병적인 우리 번역문화의 현실은 근본적인 진단과 처방을 필요로 한다.

번역은 언어 간 소통이고 문화 간 소통이며, 주체 간 소통이다. 그런데 우리 번역들이 오역·비문·표절 등으로, 우리의 번역비평들이 비난·지탄·책망 등으로 심하게 얼룩져 있는 것은 이 '소통'에 적잖이 문제가 있음을 잘 보여주는 것이다. 이제 소통수사학 차원에서 그 개선에 대한 면밀한 검토와 섬세한 분석이 필요하다. 위기는 기회란 말도 있듯이, 이러한 때 발상의 전환이 필요하다. 우리의 문제의식은 우리 인문학의 주요 토대인 인문학번역의 인문(학)성 문제에서 출발한다. 우리 인문학번역의 문제들은 근본적으로 많은 번역들이 그다지 인문(학)적이지 못한 데에서 비롯되었다는 것이 우리의 추정이다. 그렇다면 문제 해결의 지름길은, 역으로, 어떻게 인문학번역이 인문(학)적으로 될 수 있는가 모색하는 것이다. '번역인문학'은 번역학을 넘어 인문학의 '학제적 소통' 차원에서 번역을 재성찰해보자는 것으로서, 오늘의 우리 인문학에 하나의 큰 담론 주제가 되어야 마땅하다. 이 담론 주제를 풀어내는 과정은 우리 인문학의 '번역학적 전환'을 이루는 과정이 될 것이다.

기존 서양 번역학이나 관련 분야들의 연구 결과들이 우리 번역인문학의 구축에 그대로 적용되지는 않는다. 그렇기에 번역인문학 기획에 적합한 방법을 우리 스스로 구축해야 한다. 여기에 제시된 방향은 '질문의 철학'이라 일컬어지는 메이에르의 '제문론'과 텍스트 차원 번역문법을 바탕으로, 번역학·언어학·철학·수사학·해석학 등의 도움으로, 다양한 인문학번역 관련 연구들을 학제적으로 '화쟁·회통'하는 것이다. 이러한 번역인문학의 구축을 위해서는 언급된 분야들뿐 아니라 인지학·일반의미론을 비롯하여 근자에 번역학에서 논의되는 다양한 분야들의 도움도 받아야 할 것이다. 번역인문학은 '경쟁·배제·비난' 대신 '대화·협력·조화'를 선택하는 인식의 전환과 더불어, 제기된 문제해결을 위해 서양의 '체계의 학문'과 동양의 '수양의 학문'이 조화를 이루며 더 나은 인문학번역 실천과 인문번역문화 구축에 기여하도록 궁리한다는 점에서, 기존의 번역학 관련 연구들과 차별된다. 요약해 말하면, 우리 번역문화(文化)가 번역문화(文禍)의 소용돌이를 벗어나 진정한 의미의 번역문화(紋和)를 이루도록 하는 것, 이것이 번역인문학의 주요 과제이다.

번역된 텍스트들의 9할가량이 실용 텍스트나 기술 텍스트라고 연구자들은 지적하는데,[1] 이른바 '문사철'이 중심이 되는 인문학 텍스트들에서도 '실용성'과 '기술성'은 큰 비중을 차지한다. 사실 대개의 인문학 텍스트들에는 '실용', '기술', '작품'의 성격이, 그 비중이 경우에 따라 다르기는 해도, 공존한다. 양적으로는 미미할지라도, 그 중요성에서는 넓은 의미의 '작품'의 측면이, 문학번역에서는 물론 전반적으로도 인문학번역에서 중요하다. 그런데 '실용', '기술'의 번역은 지금까지의 우리 번역학 연구들에서 직간접적으로 정보들을 적잖이 얻을 수 있었지만, '작품'의 번역과 비평은 우리가 그간 제대로 살피지 못한 부분이기도 하고, 우리의 '번역문화(紋和)'를 꽃피우기 위해 탐구가 크게 필요한 부분이기도 하다. 인문학번역은 '실용'과 '기술'은 물론, '작품'의 측면도 소홀히하지 않는 '탐구번역'이 될 필요가 있다. 번역비평도 다양한 관련 자료들의 탐구에 기반한 '탐구번역비평'이 되어야 한다. 그 핵심은 번역과 번역비평에 대해 성실한 성찰적 탐구자가 되는 것이다. 문학작품이나 작품 성격을 가진 텍스트들의 탐구번역과 탐구번역비평에서는 '문법·작품·번역'의 '회통적 탐구'가 이루어지는 것이 바람직하다.[2]

---

1 라보(2001:887), 모디-페 젤다르(2004:10), 들릴(2013a:17) 참고.

2 이는 외국어문학에서는 어학·문학·번역의 회통적 탐구로 이어져야 할 것이다; 전성기(2016a) 참고.

작품 텍스트에서 전체는 부분들의 합이 결코 아니다. 그렇지만 부분들을 제대로 알지 못하면 전체를 올바로 알기도 어렵다. '문법·작품·번역'의 '회통적 탐구'는 전체와 부분들의 그 미묘한 짜임을 보다 깊이 이해하도록 도와준다.

오늘의 다양한 번역 관련 연구들은 다양한 텍스트들의 번역, 번역비평, 번역교육 등이 번역인문학을 옹호하고 선양하는 방향으로 이루어질 수 있는 다량의 연구 자료들을 우리에게 제시하고 있다. 이제 그러한 수많은 자료들을 어떻게 잘 엮어 우리 나름의 하나의 '작품'으로 '편집'해낼 수 있는가, 번역인문학은 이를 위한 모색이고 탐구이다. 번역인문학은 우리말이 근본적으로 '번역된 말'임을 깊이 인식하며, '우리말로 학문하기'를 깊이 성찰하는 하나의 방향이기도 하다. 인문학이 인간의 '가치', '향기', '무늬'와 무관할 수 없듯이, 번역인문학도 오늘의 인문학번역을 반성하며 내일의 우리 인문학을 준비하려는 '인문 주체'의 문제이기에, 그러한 인문적인 것들과 무관할 수 없다. 번역인문학은 다양한 전통의 언어문화들 간 소통이 화쟁적으로 이루어지는 좋은 기회가 될 것이다. 지나치게 전문화되어 거의 파편화된 인문학, '번역된 인문학'이면서도 번역에 대한 인문(학)적 성찰에 소홀했던 우리 인문학에, 이 번역인문학이 인문학에 '번역학적 전환'이라는 패러다임 전환을 이루는 계기가 될 것을 기대한다.

이 책은 크게 1부 '번역인문학, 그 메타적 성찰'과 2부 '번역인문학, 그 실천적 모색'으로 구성된다. 1부는 〈번역인문학과 화쟁적 학문하기〉, 〈제문론, 인문학번역, 번역인문학〉, 〈인문학번역론의 메타적 성찰〉, 〈번역, 번역비평, 번역수사학〉, 〈번역, 번역비평, 번역해석학〉, 〈번역문법의 메타적 성찰〉, 〈문학 해석번역론 재해석〉, 〈탐구번역의 메타적 탐구〉의 8개 장으로 이루어진다. 2부는 〈우리 번역글쓰기의 지형도〉, 〈번역과 번역문법〉, 〈번역과 언어 성격론〉, 〈문법번역, 번역문법, 텍스트번역(비평)〉, 〈《어린 왕자》 작품성의 번역과 번역비평〉, 〈《이방인》 에크리튀르의 번역과 번역비평〉, 〈번역교육과 인문교육〉의 7개 장으로 이루어진다. 이들 중에는 한국연구재단

연구지원 신청 이전에 학술지들에 이미 발표된 것이 세 편 있고, 그 이후 발표된 것도 몇 편 있다. 이들 중 대개는 소폭 수정·보완되었으나, 〈번역인문학과 화쟁적 학문하기〉, 〈인문학번역론의 메타적 성찰〉, 〈문학 해석번역론 재해석〉, 〈탐구번역의 메타적 탐구〉처럼 대폭 보완·확충된 글들도 있다. 1부의 글들은 '이론적' 담론이라기보다 '성찰적' 담론의 성격이 강하고, 2부의 글들은, 우리 번역글쓰기의 역사, 번역문법, 탐구번역, 탐구번역비평 등, 넓은 의미의 실천적 측면의 고찰들이 중심을 이루고 있다. 이 책은 번역인문학에 대한 저자의 두 번째 저서이다. 첫 저서인《번역인문학과 번역비평》(2008a)에 비해 양적으로 네 배 정도 확충된 것이긴 하나, 아직 미흡하고 보완해야 할 점들이 적지 않다. 문학번역 문제는 두 장에 걸쳐 나름대로 깊이 있게 다루었으나, 다른 분야들은 산발적인 언급은 했어도 구체적으로 깊이 다루지 못한 것이 아쉽다. 그렇지만 문학번역에 대한 많은 부분, 특히 넓은 의미의 '작품'의 번역과 번역비평이, 다른 분야들에 대해서도 큰 테두리에서는 유효할 것으로 생각한다. 관심 갖는 연구자들이 저자와 더불어 함께 노력하면, 번역인문학이 좋은 결실을 맺을 수 있을 것으로 기대된다.

2016년 5월

전성기

차례

제1부

번역인문학, 그 메타적 성찰

제1장 번역인문학과 화쟁적 학문하기

'인문학의 위기'와 '척박한 번역문화'는 우리 지식사회가 당면한 주요 문제들이다. 박상익(2006:9)은 '예나 지금이나 오역과 비문으로 가득한 번역서들은 독자들에게 좌절과 환멸을 안겨주고 있으며, 동서양의 주요 고전들 중 상당수는 아예 번역·소개조차 안 되어 있는 것이 현실'이라고 개탄한다.[1] 하지만 이 문제들이 문제 지적이나 단편적 연구 차원을 넘어 학제적 탐구 주제로 연계되어 본격적으로 탐구된 적은 없어 보인다. 오늘날 대부분의 우리 인문학 텍스트들은 '번역된 것들'이다. '인문학번역'과 '번역된 인문학', 나아가 '인문학을 한다는 것'에 대한 깊은 자성과 성찰 없이, 특히 인문학번역들의 실패와 장애들에 대한 우리의 반성적 성찰 없이는 올바로 '인문학을 한다'고 말하기 어렵다. 인문학자가 번역에 별로 관심이 없다는 것은 인문학의 근본에 대해 무관심하다는 것을 뜻하는 것이다. 인문학은 그 태생부터 위기의 학문이고 번역된 학문이다. 안재원(2007)은 인문학, 즉 '후마니타스'(humanitas)가 로마 시대에 '삶의 한복판에서 사회적 위기와 함께

1 박상익(2006:104)은 '인문학의 위기'란 말을 썩 내켜하지 않는다. '위기'란 '한창 잘 나가다가 추락할 때 주로 쓰는 말인데, 지적 인프라 구축이란 점에서 우리 인문학은 해방 이후 한 번도 잘 나가본 적이 없었'기 때문이라는 것이다. '특히 번역이 더욱 심각하다'고 그는 지적한다.

태어난 학문'이라고 말한다. 또한 안재원(2010a:214)은 '후마니타스'란 말 자체도 번역된 말이며,[2] 이 로마의 인문학에서도 '번역'이 '처음부터 인문학의 중심'이었음에 주목한다. 메이에르(2005a:7)는 철학은 근본적인 것에 대한 탐구라고 말한다. '번역인문학'[3]은 우리 '인문학의 위기'를 '번역의 인문학적 탐구'를 통해 인문학의 새로운 도약의 기회로 삼자는 근본에 대한 성찰적 모색이니, 하나의 철학적 모색이기도 하다. 우리는 '번역을 통해 인문학을 다시 생각'하고, '인문학을 통해 번역을 다시 생각해'보아야 한다. 새로운 인문학번역의 실천을 위해서는 서로 상당한 갈등을 야기하고 있는 다양한 번역론들에 대한 회통적 성찰부터 시도해보아야 할 것이다. 번역과 인문학의 긴밀한 상호반조적 성찰은 번역인문학 구축의 토대로서, 인문학의 위기 문제와 척박한 번역문화 문제를 아울러 풀어나가는 중요한 계기가 된다. 학제적 번역학은 이 상호반조적 성찰 과정에서 중요한 토대 역할을 한다. 번역인문학이 기대하는 인문학적인 깊은 학제적 소통을 위해서는 그에 걸맞는 '학문하기'에 대한 새로운 성찰도 필요하다. 원효의 학문이 '원형'인 '화쟁적 학문하기'는 이에 대해 우리가 제시하는 하나의 학술적 '기획'이요 전망이다.[4]

1. 번역인문학의 과제

문학·사학·철학, 나아가 사회·종교·예술, 그리고 과학 분야 담론들까지 아우르는 광의의 인문학의 번역 문제들, 번역된 학문으로서의 인문학에 대한 인문학적 성찰이 주요 과제인 번역인문학은 우리 인문학의 '번역학적 전환'[5]이라는 새로운 지평을 열어보이기 위한 하나의 새로운 학문적 시도이

---

2 안재원(2010a:218)은 'humanitas'(인문학)가 그리스어의 'paideia'(자유교양학문)를 번역하는 과정에서 생겨난 말이라고 지적한다. '문법학, 논리학, 수사학, 기하학, 음악, 산수와 천문학 등으로 구성된 그리스의 자유교양학문들을 아우르는 명칭'으로 'humanitas'를 '처음 번역-조어한 사람은 키케로였다'고 한다.

3 '번역인문학'이란 표현은 전성기(2006) 이전의 다른 자료들에서는 검색되지 않았다.

4 전성기(2009c, 2010a) 참고.

다. 이러한 시도가 우리의 '척박한 번역문화'뿐 아니라 '인문학의 위기'에 대해서도 하나의 극복의 전망이 되기 위해서는 지금까지 서양 인문학에 지나치게 의존해온 우리 인문학 자체에 대한 깊은 반성적 성찰이 필요하다. 번역인문학적 성찰은 인문학에 대한 번역학적 반조적 성찰이며, 동시에 번역에 대한 인문학적 성찰이다. 전호근·김시천(2010:17)은 '어떤 분야의 학문을 막론하고 그것이 언어를 넘나드는 한, 번역이라는 과정을 통하지 않고는 학문적 작업이 불가능하다는 사실'을 우리에게 상기시키면서, '오늘날 학문적 작업을 하기 위해 우리가 사용하는 현대 한국어의 상당 부분이 번역된 언어'라는 점을 강조한다. 번역인문학은 거의 파편화되다시피 한 광의의 우리 인문학 분야들 간의 '횡단적 소통'에 하나의 좋은 '학문적 계기'를 조성할 수 있을 것이다.

비영어권 서구에서도 번역은 상당한 사회문화적 중요성과 영향력을 갖지만, 인문학 대량 수입국이면서 우리 한문 고전도 대부분에게 번역 없이는 이해가 어려운 우리 현 상황에서, 번역의 중요성은 실로 크다. 무엇보다 우리말 자체가 어느 나라말 못지않게 깊이 '번역된 언어'이다.[6] 그간 우리 학계는 번역의 이러한 태생적 상황적 중요성에 걸맞는 문제의식을 제대로 갖지 못했다. 오히려 번역을 경시하는 풍조가 여전히 지배적이다. 《영미명작, 좋은 번역을 찾아서》 1, 2권과 한국문학번역원이 지원한 한국문학작품들의 영역 평가 결과는 이에 대한 하나의 바로미터로서, 번역의 부실 현상이 광범위하고 심각함을 적나라하게 보여준다. 세 경우 모두 추천본이 1할(표절본들을 제외하면 2할) 정도라는 평가 결과는, 여러 사정을 감안하더라도, 한마디로 매우 심각하다. 이러한 상황에서 많은 인문학자들이 그 필요성을 역설하는, 번역을 통한 '신뢰할 만한 인문학 텍스트들의 구축'은 실로 요원

5 '번역학적 전환'은 바흐만-메딕(2009)의 'translational turn', 누스(2005)의 'translative turn'보다 그 의미가 포괄적이다. '-학'이란 표현에 나타나듯이, '번역'과 아울러 '번역학'의 역할도 충분히 고려되어야 하는 '전환'이다. 이 '번역학적 전환'이 의미하는 '번역학'에서는 기존 번역학 이론들이나 그 기술들도 활용되지만, 탐구번역론이나 번역문법처럼, 새로이 구축되어야 하는 부분들도 적지 않다. 이러한 구축에는 번역의 인문학적 성찰이 중요한 몫을 한다.

6 이 책 9장 참고.

한 일이다. 이대로는 부실 번역 양산이 왜곡된 정보들을 낳고, 이것이 다시 학문적 문화적 '부실공사'로 이어지는 악순환이 되풀이될 가능성이 더 크다.[7] 번역인문학은 이러한 악순환의 고리를 끊고, 번역에 대한 깊은 인문학적 성찰을 통해 우리 인문학에 '번역학적 전환'이라는 새로운 지평을 열어보이기 위한 제안이다.

번역인문학은 기본적으로 오늘의 학제적 번역학을 기본으로 삼는 인문학의 한 분야지만, 다양한 분야의 인문학번역을 비판적 성찰적 방식으로 탐구한다는 점에서 하나의 메타인문학이기도 하다. 뿐만 아니라, 다양한 인문·사회·예술·과학담론들 등과 폭넓게 관련된다는 점에서는 '소통인문학'이기도 하고, '횡단인문학'이기도 하다. 번역인문학의 기본 방향은 번역을 통해, 지나치게 전문화되어 파편화되다시피 한 인문학, '번역된 학문'이면서도 번역에 대한 학문적 성찰에 소홀했던 기존 인문학을 '번역학적 전환'을 전망하며 회통적으로 성찰하는 것이다. 물론 그간 번역인문학과 관련된 논의들이 없었던 것은 아니다. 사실 관련된 단편적 고찰들은 결코 적은 수가 아니다. 하지만 '번역인문학을 한다'는 것은 발상의 전환과 인식의 제고, 학제적 탐구를 통해 구체적 방법을 모색하며 인문학번역과 그 관련 문제들을 인문학적으로 새롭게 탐구하는 것인 만큼, 예전의 단편적 지적이나 논의들과는 뚜렷한 인식론적 차이가 있다. 번역인문학은 지나치게 세분된 인문학 분야들이 종적 횡적으로 만나고 어우러지는 하나의 큰 장이기도 하지만, '화쟁적 사유·읽기·글쓰기'를 지향한다는 점에서 '인문학을 한다'는 것에 대한 하나의 방향 제시이기도 하다.

번역은 언어 간 소통이고 문화 간 소통이며, 주체들의 시공간적 소통이다. 우리의 번역문화가 전반적으로 오역과 비문 등으로 심하게 얼룩져 있는 것은 이 '소통'에, 그리고 이 '소통'의 주체들에게 문제가 적잖이 있다는 것이다. 이제 굴곡지고 왜곡된 이 소통의 개선에 대한 진지한 검토, 철저한 분석, 속깊은 성찰이 필요하다. 위기는 곧 기회이니, 위기 때 바로 발상의

7 영미연 번역평가사업단(2005:35) 참고.

전환이 필요하다. 번역인문학의 문제의식은 우리 인문학 구축의 핵심의 하나인 인문학번역의 인문(학)성과 그 소통 문제에서 출발한다. 우리 인문학 번역의 문제들은 근본적으로 인문학번역이 그다지 인문(학)적이지 못한 데에서 비롯되었다는 것이 우리의 기본적 추정이다. 그렇다면 문제 해결의 지름길은, 거꾸로, 우리 인문학번역이 여하히 인문(학)적으로 될 수 있는가 살피는 것이다. 번역인문학은 이 같은 맥락에서 번역학을 넘어 인문학의 학제적 소통 차원에서 번역을 재성찰해 보자는 것으로서, 오늘의 우리 인문학에 하나의 '화두'가 되어야 할 것이다. 이 화두를 풀어가는 과정은 우리 인문학의 '번역학적 전환'을 이루는 과정이 될 것이다.

여기서 한 가지 깊이 생각해 보아야 할 것이 있다. 바로 유안(1999:73) 등이 제기한 번역자의 의식 문제이다. 유안은 번역자의 원텍스트에 대한 태도로 우월·대등·열등의 세 가지를 들면서, 대부분의 번역자들이 '충실성'의 이름으로 열등한 태도를 보인다고 비판한다. 아마 이러한 경향은 문학번역을 위시한 인문학번역에서 심할 것이고, 그중에서도 고전번역, 특히 경전이나 경전급 텍스트들의 번역에서 두드러질 것이다. 바르텔레미(2007:182-3)는 번역은 원전의 '신성화'로 인해 역사적으로 늘 '결여·불능·미완의 형이상학'을 벗어나지 못했다고 비판한다. 저자는 번역자들이 이러한 '신학적 비난'을 '내재화'한 것이 '근본적 오류'인데, 이는 보르헤스에 의하면, '태만' 때문이다. 번역은 '욕구와 긴장을 전제한다'는 바르텔레미는 수동적 숭배를 반대하며 '알테르 에고'의 발견을 위한 '맞섬'을 촉구한다. 이러한 '맞섬'도 의미가 있지만, 갈등을 비롯한 다양한 소통의 문제를 해소하는 것이 우선적으로 중요하다.

모든 원텍스트의 '신성화' 경향에 대단히 비판적인[8] 라드미랄(2014:250-1)은 번역에 대해 두 가지 '신학'을 지적한다. 하나는 '문자 신학'이고, 다른 하나는 '정신 신학'이다. 그는 '문자주의' 번역의 신학적 함의들을 비판하면서도 '정신 신학' 편에 자리하기를 마다하지 않는다. 그는 '정신 신학'이 번역의

8 라드미랄(2004b:33), 라드미랄(2006b:139) 참고.

현실을 타당하게 사고하도록 돕는다고 생각하는데, 이 '신학'도 저자 자신이 지적하는 '논쟁'이나 '논쟁적 폭력'에서 완전히 자유롭지는 못하다.[9] 뿐만 아니라, '정신 신학'도 '신학'이라면, 번역학의 관점에서는 문제의 소지가 있다. 번역인문학은 오히려 '문자냐 정신이냐' 하는 이분법적 사고를 넘어 원텍스트의 조화로운 재현이 중요하다는 화쟁적 입장을 선호한다. 번역에서는 '대등'한 관계를 위한 '맞섬'도 때로 필요하고 중요하기도 하나, 더 중요한 것은 더 깊은 인문적 소통을 위한 대화·존중·포용, 그리고 이를 통한 적극적 협력관계 구축이다.

기존 인문학은 인간의 '가치', '향기', '무늬' 등에 그다지 관심을 갖지 않았다.[10] 하지만 번역의 주체는 인간이고, 번역인문학은 오늘의 인문학번역의 반성을 통해 내일의 인문학을 준비하려는 인문 주체들의 문제이다. '과학성'을 최우선 기준으로 삼은 나머지 인문학에서 인간에게 절실히 필요한 문제들을 제기하지 못한 채 인간과 그 가치를 홀대하는 우를 또다시 범해서는 안 될 것이다. 다행히 문학, 언어학, 수사학, 해석학 등 번역인문학 관련 최근 연구들은 우리에게 다양한 연구 방향과 가능성들을 열어보이고 있다. 번역인문학은 이들에 힘입어 번역에 대한 인문(학)적 성찰과 번역담론들에 대한 메타적 성찰의 깊이를 더해 가야 할 것이다. 우리 인문학의 번역문화(文化)가 번역문화(文禍)의 소용돌이를 벗어나 진정한 의미의 번역인문학적 번역문화(紋和)를 이루도록 하는 것,[11] 이것이 번역인문학의 핵심 과제이고, '우리 인문학의 번역학적 전환'은 이와 맞물려 있는 학문적 과제이다. 드 로네(1981)는 하나의 현상이 해당 이론과 잘 맞지 않거나 그 테두리를 벗

9 라드미랄(2014:260) 참고.

10 고영섭(2001a:104): "우리 학문은 지금 '자생학'과 '수입학'의 갈등과 대립 속에서 전개되고 있다. '인문학의 위기' 또는 '인문학자의 위기'라는 담론은 모두 '시대정신(Zeitgeist)'을 지나치게 무시하거나 시대의 흐름을 과도하게 추종하는 것으로부터 비롯된 것이다. 오늘 우리 인문학의 위기는 어학, 문학, 역사, 철학(윤리) 등을 근간으로 하는 학문의 뿌리로서의 '인문학'이 그 이름과 달리 그 글을 쓴 사람의 '삶의 질'을 기반으로 하는 '인간의 향기', '인간의 무늬', '인간의 가치' 등을 탈색시킴으로써 스스로 소외를 자초해온 측면이 없지 않다."

11 이 세 '문화'는 김영민(1998)에게서 빌린 것이다.

어나는 것은 '변혁'이나 포괄적인 이론이 필요하다는 지표라고 진단한다. 이는 번역인문학 기획에 잘 들어맞는 진단이기도 하다.

2. 번역인문학적 탐구

그간 많은 연구자들이 자신도 모르게 '번역인문학'을 해왔고, 또 지금도 하고 있다. 동서양 고전번역의 중요성을 역설해온 식자들은 실은 '번역인문학'의 중요성을 역설해 온 것이나 다름없다. 굳이 고전이 아니라도, 문학 철학 사학 등 인문학 분야 저술들의 번역에 힘써 온 번역자들 역시 어떤 면에서는 '번역인문학'을 몸소 실천해 온 것이다. 번역비평에 대해 간간이 있었던 논의들, 얼마 전부터 비교적 자주 언급되고 있는 고전번역이나 '번역 수용'에 관한 진지한 논의들도 실은 모두 번역인문학과 관련된 것들이다. 번역 평가나 번역 비평을 한다는 것 또한 번역인문학에 동참하는 것이다. 다만 '의식적으로 번역인문학을 한다'는 것은 '발상의 전환과 인식의 제고를 통해 구체적 방법을 모색하며 새롭게 인문학번역 그리고 이와 관련된 문제들을 인문학적으로 탐구하는 것'인 만큼, 관련 분야 전반에 대한 문제제기적인 분명한 인식 없이, 막연히 혹은 부분적으로 관련된 작업을 하는 것과는 적잖이 차이가 있다.

사실 기존 서양 번역학이나 관련 분야의 연구 결과들이 번역인문학 구축에 그대로 적용되지는 않는다. 문제가 같지 않은 만큼 해결 방식도 같지 않다. 우리는 번역인문학 '기획'에 적합한 방법을 우리 스스로 포괄적으로 구축해 나아가야 한다. '질문의 철학'이라 일컬어지는 미셸 메이에르의 제문론(problematology)[12]과 아직 구축된 바 없는 텍스트 차원의 번역문법을 바탕으로, 번역학·언어학·수사학·해석학·일반의미론[13] 등을 참고하여, 다

12 메이에르(2004, 2012) 참고.

13 일반의미론(General Semantics)은 A. 코르지프스키에 의해 1930년대 창시된, '건전한 사고'의 이론이자 '평가 이론'이다. "a. 지도는 현지가 아니다, b. 지도는 현지의 모든 것을 표현하지 않는다, c. 지도는 재귀적이다"는 코르지프스키의 '3대 원칙'이다. 이 '비(非)아리스토텔

양한 인문학번역 관련 연구들을 학제적으로 회통해 나아가는 것은 하나의 좋은 탐구 방향이다. 번역인문학 구축에는 이러한 분야들뿐 아니라 문학, 철학, 심리학, 인류학, 인지학을 비롯하여 근자에 번역학에서 논의되는 다양한 분야들도 기여할 수 있도록 적극 모색할 필요가 있다. 여기에 더해, '경쟁·배제·비난' 대신 '대화·협력·조화'의 선택이라는 큰 인식론적 전환이 번역인문학의 담론들에 필요하다. 제기된 문제들의 해결을 위해 서양의 '체계의 학문'과 동양의 '수양의 학문'이 조화를 이루도록,[14] '앎과 학문'과 '삶의 학문'이 어우러질 수 있도록 궁리도 해보아야 한다.[15]

오늘의 번역 관련 연구들은 관련 분야들이 번역인문학을 옹호하고 선양하는 방향으로 이루어질 수 있는 다양한 다량의 연구 자료들을 제시하고 있다. 이러한 분야들 간의 만남은 제기된 문제에 따라, 해결하려는 방식에 따라, 그리고 구체적 상황이나 목적 등에 따라 그 결과들은 상당히 다른 모습으로 나타날 수 있다. 이러한 번역인문학적 연구들에서 '편집술'은 매우 중요하다. 최재목(2004:280-83)은 '쌓여 있는 구슬들을 꿰는' 방법론이 우리에게 빈곤했다고 진단한다. 사실 도처에 쌓여 있는 구슬이라 해도, 문제와 문제의식에 따라, 그리고 꿰는 방식에 따라 그 결과는 적잖이 달라질 수 있다. '인문학의 창의성은 편집술에서 나온다'고 말하는 그는 퇴계의 많은 저작 중 가장 탁월한 작품으로 평가받는 〈성학십도〉도 '그의 순수한 저작이 아니라 그때까지의 타인의 저작들을 창의적 발상에 의해 열 가지로 훌륭하게 편집해 놓은 것'이라고 지적한다. 김정운(2014:91-115)은 더 광범위하게 '지식과 문화의 에디톨로지'를 말하면서, '편집 가능성이 있어야 좋은 지식'임을 역설한다. 번역인문학도 이러한 '편집술적 창의성'을 적극 활용할 필요가 있다. 편집술의 일종으로 볼 수 있는, 레비-스트로스가 말하는 '브리콜라주'[16]는 번역인문학적 탐구의 핵심작업들인 탐구번역과 탐구번역비평

레스적 전제들'은 '지도'와 '현지'와의 관계에 대한 전제들로, 각각 비동일성 원리, 비총칭성 원리, 재귀성 원리라고도 불린다; 전성기(2001, 2007b), 메이에르(2012) 참고.

14 강영안 · 최진덕(1999) 참고.

15 장회익(2007) 참고.

에서 중요한 작업 방식이 된다.

'다양성의 조화'라는 우리 전통문화의 특색은 번역인문학에서도 꽃피울 수 있다. 이를 위해 우리의 언어 사용 방식부터 달라질 필요가 있다. 대세가 되어 있는 '에고적 나' 중심의 '입자적 수사'와 대비되는, '큰 우리'를 지향하는 '파동적 수사'의 적극적 활용이 필요하다.[17] 파동적 수사의 한 형태인 '화쟁적 수사'는 번역인문학이 번역과 관련된, 일견 무관하거나 어긋나 보이는 다양한 학문적 성찰의 결과들을 잘 꿰어 실천가능한 '담론'을 만들어내기 위한 '소통의 담론'이다. 번역인문학의 학술적 전망이 되어야 할 '화쟁적 학문하기'는 그 틀이 아직 충분히 영글지 못했으나, '원효의 화쟁'을 실천적으로 계승하고자 하는 하나의 '기획'이다. 번역인문학의 알찬 발전을 위해서는 적어도 '언해번역'까지 거슬러 올라가는 우리 글과 글쓰기의 형성 과정에 대해서도 깊은 관심을 가지고, 이를 바탕으로 조화로운 '우리말로 학문하기'의 방향을 적극 모색해야 할 것이다.[18] 김재현(2007:64)은 '번역은 단순히 이 나라 말에서 저 나라 말로 낱말의 옮김이 아니'라고 지적한다. '번역 자체가 이미 번역되는 언어로써 행하는 주체적인 철학함이고 창조적인 해석'이라는 것이다. '이러한 기본적인 철학함'이 빠진 '주체적인 철학함'은 '요원한 일'이라고 그는 말하는데, 번역인문학에 대해 시사하는 바가 크다.

번역인문학은 다양한 인문학 분야들이 번역이란 공통 주제를 가지고 번역에 대한 성찰들을 소통하고 공유하는 하나의 큰 장이 되어야 한다. 나아가 우리 인문학의 비약적 도약을 위한 '학문하기' 자체에 대한 새로운 성찰의 장도 되어야 한다. 그동안 인문학과 자연과학 사이에서는 물론, 인문학과 사회과학 사이, 심지어 인문학 분야들 사이에서도 '소통'이 원활하지 못했던 것을 우리는 잘 알고 있다. 다양한 인문학번역들에 대한 번역인문학적 성찰은 이러한 소통 문제를 풀어가는 좋은 기회가 될 것이다. 원효의 학문과 그의 화쟁은 우리의 학문적 소통이 나아갈 방향에 대해 많은 것을 시

---

16 레비-스트로스(1996), 김애주(2005), 이선영(2012) 참고.

17 전성기(2010a) 참고.

18 이기상(2006), 우학모(2008) 참고.

사한다. 화쟁적 학문하기는 서양에서 크게 영향받은 지금의 인문학 탐구 방식을 십분 존중하면서도, 인간의 '가치', '향기', '무늬'의 향유를 추구하는 우리 나름의 하나의 탐구적 모색이 될 수 있을 것이다. 전호근·김시천(2010:278)은 '고전에서 오늘의 삶에 필요한 지혜를 이끌어내는 것, 우리의 질문에 대한 답을 고전에서 찾는 것'이 '고전을 고전답게 살리는 길'이라 천명한다, 이는 '화쟁적 학문하기'가 적극 추구하는 방향이기도 하다.

3. 원효의 화쟁과 화쟁적 학문

김원명(2008a:19)은 '귀일심원(歸一心源) 요익중생(饒益衆生)',[19] 즉 '근원으로 돌아가게 함으로써 중생들을 풍요롭고 이익되게' 하는 것을 '원효철학'의 '제일의 화두'로 제시한다, 이효걸(2002:26)에 의하면, 이는 '원효가 설정한 화쟁의 목적'이다.[20] 이효걸(2002:29-30)은 '원효의 화쟁논리가 최종적으로 無二而不守一로 정리될 수 있다고 했지만, 그것은 어디까지나 논리일 뿐'이라고 지적한다. '화쟁의 논리를 채워줄 구체적 실천 강령'은 바로 '깨달음'과 '깨달음의 실천'에 따른 실천지침인데, 이 지침이 원효의 '귀일심원과 요익중생'이라는 것이다. 그에 의하면, '요익중생을 실천하면서도 그 안에 귀일심원의 수행올 하고, 귀일심원하는 수행을 하면서도 그 안에 요익중생을 실천하는 것이 바로 화쟁의 목적이요, 그 실천적 방법'이다. 저자는 '귀일심원하고 요익중생하는 화쟁'의 실천에 대해 두 개의 방향을 말한다. 하나는 '귀일심원에 중심'을 둔 '지관(理入)의 수행'이고, 다른 하나는 '요익중생에 중심'을 둔 '보살행(行入)의 수행'인데, '요익중생'에 '효과적인 실천 요목은 6바라밀을 기반으로 한 10바라밀'[21]이다. 그는 '철저한 귀일심원이 철저한 요

19 《실용한영불교용어사전》(인터넷본)은 '귀일심원 요익중생'은 '본래의 마음자리로 돌아가 모든 중생을 이익되게 함을 말하며, 대승불교의 궁극적 이상으로, 상구보리 하화중생(上求菩提 下化衆生)과 거의 같은 뜻'이라고 풀이한다.

20 최유진(2003:259)은 '화쟁의 궁극 목적은 원효에 있어서는 올바른 진리의 체득이라고 할 수 있다'고 말한다.

21 '바라밀'은 '궁극의 완성'을 뜻한다. 10바라밀은 6바라밀에 '방편(方便)·원(願)·력

익중생을 낳고, 철저한 요익중생이 철저한 화쟁을 가능하게' 한다고 역설한다(31-2).

고영섭(2001b:156)은 원효의 '삶과 생각의 역정이 일심과 화쟁과 무애로 나타나듯이, 이러한 세 축은 바로 우리 불학자(인간학자)들이 배우고 물어야 할 불학하기의 한 전형'이라고 주장한다. 조수동(2009:150)은 '화쟁'을 '和諍會通의 줄인 말로 논쟁을 화해시킨다는 의미뿐만 아니라 각기 다른 학설의 異諍을 화해 조화시켜 붓다의 진의를 찾는 것'이라고 말한다. 이러한 원효의 '화쟁'과 '화쟁적 학문'에 대해 우리 인문학도 깊이 묻고 배워야 할 필요가 있다. 메이에르의 제문론은 언어와 학문을 '문답'의 관점에서 기술하고 설명하는 '질문의 철학'이다. 제문론적 관점에서 '화쟁'이 하나의 답이라면, 우리는 그 답에 대한 원효의 물음이 무엇이었는지 먼저 물을 필요가 있다. 박재현(2009:366)은 '원효의 중요한 문제의식은 서로 모순되거나 정합되지 않는 불교 전통 내의 다양한 불교 이론(주장)을 어떻게 이론적으로 무리 없이 소통시킬 것인가 하는 데 있었다'고 말한다.[22] '그동안 학계에서는 원효의 회통논리가 지향하는 과녁'을 '대체로 통일, 종합, 화해, 협력, 조화 등의 의미에 부합하는 것으로 암묵적 합의를 본 상태'인데, 저자에 의하면 이는 '통섭론을 처음 제기한 에드워드 윌슨이 통섭론을 〈지식의 통일〉로 규정한 것과 유사한 이해'이다. 저자는 '원효가 말한 통섭(通攝)은 지식의 통일이 아니라 상호소통 내지는 상호이해에 무게를 두고 있는 개념'이라며, 윌슨 식의 '통섭(統攝)'과의 차이를 밝힌다(393-4).[23]

(力) · 지(智)'의 바라밀이 더해진 것이다. 10바라밀은 6바라밀을 도와 완성시키는 것이라고 한다. '방편'은 '보시 · 지계 · 인욕'을 돕고, '력'은 '선정'을 돕고, '지'는 '반야'를 돕는다.

22 박재현(2001:192-3)은 화쟁론을 '일종의 화해이론'으로 이해해온, 지금까지 '주류'를 이루다시피해 온 해석을 문제삼는다. 그는 원효의 화쟁을 화해이론으로 이해한 것은 하나의 선입견 때문일 것으로 추측한다. '화쟁(和諍)의 쟁(諍)을 현대적인 의미에서의 논쟁으로 이해하지 않았나 하는 것이다.

23 박재현(2009:391): "그냥 攝이라고만 하면 모아들인다는 의미에만 치중하게 된다. 요즘 회자되고 있는 이른바 統攝(Consilience)이라는 의미이다. 그런데 원효는 攝을 설명하면서 '通'이라는 한자어를 추가함으로써 상이한 것들을 서로 '연결'시킨다는 의미를 보강하여, 攝이 統攝으로 이해되는 사태를 방지했다. 이렇게 되면 통섭이라는 개념에서 무게 중심은 攝에

박태원(2011:191-2)은 화쟁의 대상을 '불교 이론에 관한 쟁론들'로, 화쟁을 '진리 추구와 구현을 장애하는 불필요하거나 소모적인 쟁론들, 부적절하거나 해악적인 쟁론들을 진실 소통의 논쟁으로 수습하려는 노력'으로 기술한다. 박태원(2013a:157)은 '화쟁이론의 성격'을 '화해이론으로서의 종합주의'라기보다는, '통섭(通攝)이론으로서의 화회(和會)주의'라 부르는 것이 적절하다고 판단하는데, 이는 박재현의 주장과 맥을 같이하는 것이다. 원효에게 '화쟁의 대상은 불교 이론에 대한 그릇된 인식과 잘못된 견해'이며, 이들로부터 벗어나기 위해서는 '인식의 전환과 화회의 방식이 필요하다'는 고영섭(2014:130)의 주장도 소통으로서의 화쟁의 한 면을 지적한 것으로 볼 수 있다. '일심'이 원효사상의 '핵심 키워드'이고, 원효의 '사상적 역정'은 '일심-화회(和諍會通)-무애'로 '압축'되며, '화쟁(회통)'은 '일심과 무애를 이어주는 매개항'이라는 고영섭(2004)의 견해에는 아마 대부분 연구자들이 동의할 것이다. 제문론은 수사를 '주어진 문제에 대한 주체 사이의 거리 교섭'으로 정의하는데, 일심·무애와 분리될 수 없는 원효의 '화쟁'과 다양하게 이해되고 있는 오늘의 다양한 '화쟁들' 사이의 거리도 화쟁 담론들에서는 하나의 중요한 '수사적 교섭'의 대상이다.

고영섭(2002b:506-7)에 의하면, 일심은 원효에게 '모든 것의 근거이자 인식의 근원'이고, 이는 그의 '깨달음'에서 비롯된 것이다.[24] 그리고 고영섭(2002a:169)에 의하면, '원효의 화쟁은 바로 이 일심의 구체적 표현이며 실현 방법'이고, '나아가 원효의 무애는 일심과 화쟁의 실천적 모습'이다. 조수동(2009:167)도 원효가 '불교 교학에 대한 여러 쟁론의 인식적 토대를 모두 포용할 수 있는 원리를 일심'으로 보았고, 그래서 '일심은 화쟁의 근본정신'이라는 견해를 표명한다. 박범철(2009:330)도 원효 사상의 근본은 일심이라고 말한다. 원효는 '일심의 근거에서 모든 것을 파악하였고 궁극적

서 通으로 옮겨가게 된다. 통은 곧 疏通일 것인데, 소통이 전제되어야만 攝은 비로소 가능해진다는 것이 원효의 통찰이다."

24 고영섭(2002b:506): "원효는《기신론》을 통해 개인적 깨달음을 성취하였고《화엄경》을 통해 사회적 깨달음을 성취하였다."

인 목적도 일심의 원천으로 돌아가는 것으로 삼았다'는 것이다. 일심의 근원적 성품을 잘 인식하고 있는 김원명(2008a) 역시 화쟁이 '일심에서 전개된다'고 천명한다(259). 문제는 '일심의 근원에 되돌아간 보살이나 부처는 일심의 근원으로 되돌아갈 방법으로 화쟁'이 필요치 않은데, '일심의 근원에 돌아가기를 원하는 중생에게는 일심의 근원에 되돌아갈 방법으로서 화쟁이 불가능하다'는 것이다(263). 중생에게 화쟁이 '일심에의 귀원을 위한 방법이 될 수 있'다고 저자는 주장하나(264), '어떻게'에 대해서는 명확한 언급이 없다.

박태원(2011:18-9)도 '원효 사상'에서 '그 근본 원리의 자리를 일심(一心)이 차지하고 있'다는 데 동의한다. 그는 '원효 사상과 삶을 일관하는 핵심 원리가 일심에서 나오고 있음은 모든 원효 사상 연구에서 공히 지적되고 있'으며, '원효 사상이 보여주는 통섭[25] 기능'도 '일심을 그 원천으로 하고 있'다고 확언한다. 특히, 이 '통섭 기능'이 '현실화될 수 있는 구체적 통로'가 '각(覺) 사상'인데, 이것이 '종래의 연구에서 간과되고 있는 부분'임에 그는 주목한다. 그에 의하면, '일심 구현의 측면을 밝히는 것이 본각과 시각'이며(24), 시각은 '본각의 불가사의한 훈습력'에 의해 촉발된다고 한다(61). 박범철(2009:333)도 원효는 '불교의 가르침은 깨달음을 위한 것이라는 점을 깊이 인식하고 있었'으며, 그래서 '일심의 근원으로 되돌아가게 해주는 가르침이라면 모두 다 중요하게 생각하였다'고 지적한다. '본각'과 '시각'의 관계에 대해 저자는 '본각은 실천이나 수행과 관계없이 일체 중생에게 갖추어져 있는 깨달음'이고, '시각은 실천과 수행을 통해 무명에 의해 쌓인 불각을 깨치기 위한 것'이라고 설명한다(331).

김상현(2009:3-4)은 원효를 '이론과 실천을 겸했던 이', '지행합일의 삶을 추구했고, 이입(理入)과 행입(行入)을 온전히 하고자 했'던 이로 평한다.[26]

---

25 박태원(2011:15), 각주1): "필자는 통섭의 한자로서 '統攝'과 '通攝'의 두 가지를 병용한다. 統攝은 '분열의 극복'이라는 의미가 우선하고, 通攝은 '서로를 향해 열려 서로를 받아들임'의 뜻으로서 존재의 상호 소통적 포섭 관계가 핵심이다."

26 '理入'은 '마음으로 참나를 찾는 법'이고, '行入'은 '몸으로 실천 수행하여 참나를 깨닫는

'그의 이론적 탐구는 교학의 연구로 전개되었고, 그의 실천행은 대중교화로 나타났다'는 것이다. 그래서 저자는 원효를 '한국 학술사상 그 비조에 해당한다'고 주장한다. '한국 학술사에서도 그는 가장 높은 봉우리에 해당한다'는 것이다. 이러한 '삶과 학문의 조화'는 '과학성'(혹은 '학문성')이라는 인식론 문제에 골몰한 나머지 우리 삶과의 관련성 성찰에 소홀해진 오늘의 우리 인문학이 깊이 생각해 보아야 할 문제이다. 고영섭(2001a:121-2)도 '원효의 학문하는 법이 우리의 귀감이 될 수 있음은 이론에만 치우치지 않고 언제나 실천과 아울러 했다는 것'이라고 말한다. '일심-화(쟁)회(통)-무애의 축을 통해 인간 이해와 세계 인식의 지평을 넓힌 원효의 보살적 삶은 오늘 이 땅에서 철학하는 사람뿐만 아니라 일상적으로 살아가는 사람들에게까지 새로운 언어와 사유로 학문하는 법과 세상을 살아가는 법을 가르쳐주고 있다'는 것이다.

원효의 학문 문제에 천착한 이진오(2000:137)는 그 '원리'들을 보다 구체적으로 기술한다. '우선 원효의 학문을 이루는 가장 큰 바탕은 다양한 분야의 학문과 이론을 모조리 섭렵하고, 그 가장 근원적인 원리를 찾아내는 일'이다. 저자는 '이와 같은 방식의 노력을 원효 학문의 제1원리'라고 명명하는데, 그 '근원적인 원리'는 '일심'이다. '다음으로 하나의 원리에 의해 통합적으로 파악한 학문을 다시 계통적으로 분류하면서 각 이론의 차별성과 층차를 가리고, 나아가 전체의 체계를 잡은 점이 원효 학문의 중요한 일면'인데, 이것이 '원효 학문의 제2원리'이다. '원효 학문의 제3원리'는 '실천 방법론'으로, '가장 중요한 특징은 감성의 영역을 적극 도입'한 점이다. '원효의 학문에 힘이 느껴지는 것은 일차적으로 제1원리에 의한 응집력과 제2원리에 의한 확산력이 상반성과 상보성을 동시에 발휘하기 때문'이라고 저자는 설명한다. '제1원리는 구심력이, 제2원리는 원심력이 되어 그 힘의 반작용이 역동적인 힘을 발휘'하며, '제1원리와 제2원리가 결합된 힘이 다시 실

법'이다.

천성이라는 새로운 방향으로 발전한다'는 것이다.

이진오(2000:138)에 의하면, 원효의 학문의 큰 특징은 '통합성'이다. '불교 내의 여러 유파를 모조리 섭렵하고 포용하고자 하였을 뿐만 아니라, 불교 외의 여러 사상까지도 포용하는 모습을 보여주었'으며, 이 통합성은 '수행에서만 이루어진 것이 아니라, 실천의 영역에서도 중요한 특질을 이룬다'고 한다. 그는 통일성과 통합성을 구분하여, '통일성은 복잡한 양상을 하나의 원리로 귀일시키는 개념이지만 통합성은 여럿을 하나로 모으면서도 그 여럿을 부정하지 않는 개념'이라고 설명한다. 다시 말해, 통일성은 '多卽一'의 원리인 데 반해 통합성은, '多卽一, 一卽多'의 원리라고 한다. 이러한 '화엄 원리'는 저자가 원효의 학문의 '기본틀'로 내세우는 것으로서(152), 번역인문학이 '소통의 화두'로 추구할 만하다.[27] '원효의 학문과 수행은 깨달음이라고 하는 직관적 세계에서 출발하여 글쓰기라는 이성적 양식을 거쳐 무애미학이라는 예술적 양식으로 완성'된다는 것이 저자의 포괄적 정리이다(145-6).

이진오(2000:139-40)는 '원효의 학문이 가지는 역동성'은 '제1, 제2, 제3원리가 복합적으로 작용한 데서 창출된 것이지만, 그 가장 밑바탕이 되는 힘은 광범위한 사상의 섭렵에서' 비롯된 것으로 추정한다. '불교 내의 모든 사상을 섭렵했을 뿐만 아니라, 外典에까지 해박한 지식이 있었기에 그 용약과 회통이 더 큰 힘을 발휘할 수 있었다'는 것이다. 이는 원효의 학문에 대한 중요한 지적으로, '화쟁적 학문하기'가 크게 유념해야 할 부분이다. 저자는 '자유로운 처지에서 다양한 스승으로부터 두루 배우고자 했던 것이 원효 학습법의 특징'이고, 그렇게 배운 내용을 '자기 나름의 관점에서 이해하고 정리하려 하였다는 것이 또한 중요한 특징'이라고 지적한다. 바로 '이러한 자세에 힘입어 우리나라 유일의 교판가로서 불교학의 체계를 객관적으로 재정립하는 데까지 나아갈 수 있었다'는 것이다. 이진오는 '원효 학문의 특징'

27 요즈음 식자들 간에 회자되는, 사회생물학에 초점이 맞추어진 '통섭'(統攝)은 화엄적인 '회통'과는 사뭇 다르다. 우희종(2009)은 '생물학으로 모든 학문과 종교를 통합하려는' 에드워드 윌슨 식의 시도에 대해 매우 비판적이다.

이 '단순히 회통을 통한 대립의 해소에 있는 것이 아니'라고 강조한다. '철저한 분석과 분류, 그리고 요약과 종합의 양면을 겸비한 데서 원효 학문의 힘'이 나오는 것으로 파악한 저자는 원효가 '특히 요약과 종합의 측면을 더욱 중시한 데에 그 탁월성이 있다'고 평한다. 그는 '대단히 치밀하고 조직적인 과정'으로 이루어진 '원효의 학문과 수행, 실천'을 아홉 단계로 구분한다. 이들은 '첫째는 광범위한 이론의 섭렵, 둘째는 치밀한 분석, 셋째는 엄밀한 비판, 넷째는 간명한 요약, 다섯째는 명료한 분류, 여섯째는 자기 관점에서의 체계화, 일곱째는 전체적인 회통, 여덟째는 걸림 없는 무애', 그리고 '아홉째는 삶 속으로의 실천'이다. 이를 표로 정리해 보이면 다음과 같다.

섭렵 - 분석 - 비판 - 요약 - 분류 - 체계화 - 회통 - 무애 - 실천

이진오(2000:153)는 '원효의 학문 방법'에서 오늘의 인문학을 하는 데 '많은 시사점'을 얻는다. 그는 원효가 '외래 지식의 홍수 속에서 소비와 생산의 균형을 갖추는' 것과 '이성적 지식과 삶을 소통시키는 일'에서 '아주 훌륭한 모범'을 보였다고 높이 평한다. '외래의 지식을 신속하면서도 전폭으로 받아들이며, 민족고유신앙에도 충분한 조예를 마련'하였다는 것이다. '실천을 위해 감성적 양식을 도입한 것'이 '원효 학문의 중요한 특징'이라는 저자는 '현금의 인문학은 혹시, 너무 이성적 양식에 치우쳐 있는 점이 스스로의 본질을 그르치고 있는 것은 아'닌지 묻는데, 이는 중요한 문제제기이다. 그는 '인문학의 본질 회복을 위해서는 감성적 양식의 보강이 절실하고, 따라서 인문학과 예술의 결합이 중요한 과제'가 되어야 할 것으로 생각한다. 학문적 소통도 감성을 제외한 이성만의 소통은 바람직하지 않다. 학문에서도 번역에서도 중요한 '역지사지'(易地思之)도 '역지감지'(易地感之)와 둘이 아니어야 할 것이다. 저자는 '원효의 학문은 비판에서 출발하여 미학으로 귀결'되었는데, '그 처음부터 끝에까지 관류한 정신은 인간에 대한 믿음과 사랑이었다'고 결론짓는다. 이진오(2002)가 구체적으로 기술한 원효의 학문에

서도 그 근본적 요소는 역시 일심이고, 이를 바탕으로 세 원리가 펼쳐지는 것임을 우리는 다시 확인하게 된다.

4. 화쟁 실현의 '보편 원리'

박태원(2011:189-90)은 '모든 쟁론 상황에 적용되어 화쟁을 이끌어 낼 수 있는 논리 형식은 사실상 존재하지 않는다'고 잘라 말한다. '원효의 화쟁 사상'이 '논리와 무관하지 않지만, 논리 자체의 문제가 아니'라, '논리의 원천인 마음의 수준과 얽혀 있는 문제'이기 때문이다. 그렇지만 '높은 수준의 보편성을 지닌 화쟁의 일반 원리'는 있다고 그는 주장한다. 다음은 '원효가 구사하는 화쟁의 언어와 논리의 이면에 간직되어 있는 화쟁의 보편 원리'로 그가 제시하는 것들이다(193): 1) 인간의 진리탐구적 노력들을 긍정적으로 포섭하라, 2) 각 주장들의 일리(一理)를 포착/변별하여 포섭하라, 3) 화쟁의 언어관을 수립하라, 4) 모든 쟁론적 인식 토대에서 해방되는 마음의 경지를 확보하라(221-7). 이 네 가지는 '언어적 다툼을 치유'하는 화쟁 실현의 일반적 조건들이고, '인간사의 모든 쟁론 상황에 적용될 수 있을 것'으로 저자가 생각하는 '높은 수준의 원리들'이다. 제1 조건은 '주장들의 가치를 최대한 인정하고 살펴 포섭'하는, '불성적 인간관을 계승하고 있는 원효의 본각적 인간관이 제시하는 화쟁의 인간관'에서 연유한다(221). 제2 조건에 대해, 저자는 '쟁론적 의견 대립상황에서 만약 문제의 연기적 성격을 충분히 인정한다면, 자기 것과 다른 주장/해법들을 배타적으로 점령하고자 하는 대신, 그들이 지니고 있을 수 있는 제한적/부분적 타당성을 포착하여 인정하고 포섭하고자 할 것이고, 그 결과 포섭적 화쟁이 이루어져 상호 파괴적 다툼이 치유될 수 있다'고 주장한다. 제3 조건에 대해, 저자는 '언어와 사유/욕망/행위의 긴밀한 연관성을 고려할 때, 상호 부정적 언어다툼을 치유하기 위해서 인간의 언어 관념 자체를 비판적 성찰의 대상으로 삼는 것은 적절하고도 근원적'이라는 입장을 취한다(222).

그런데 박태원(2011)에 의하면, '인간들은 언어와 실체의 상응을 본능처럼 확신하고 언어 관념과 그에 의거한 체계를 구성'하기 때문에, 그 결과 '언어적 견해와 신념'을 '나, 나의 것, 나에 속한 것으로서 배타적 실체처럼 소유하려' 한다. 그는 이처럼 '언어 실체 관념의 배타적 자기주장들이 각축하는 것'을 '쟁론의 병리현상'으로 진단한다. 이 병증을 치료하려면 '언어 관념에서 실체라는 환각을 걷어내야 한다'는 것이 그의 처방이다(222-3). '화쟁의 언어관'은 '실체적 언어관의 극복'과 '방편 언어의 이해'로 요약된다(193).[28] 그런데 '견해와 주장들의 상호 배타적 충돌을 화쟁적으로 치유하려면 근원적으로 화쟁의 언어능력이 요청'되는데, 언어와 사유의 불가분의 상관관계를 감안하면, 이 '화쟁의 언어 능력'은 결국 '화쟁할 수 있는 마음 수준'의 문제가 된다(224). 이 '마음 수준'이 제4 조건이 말하는 '마음의 경지'이다. 저자는 '자아와 견해를 불변의 실체 혹은 불변의 소유물로 간주하는 마음을 유지하는 한, 견해들 상호 간의 적대적 다툼은 불가피하다'고 지적한다. '배타적 쟁론'의 '인식적 기반을 방치한 채 시도되는 화쟁은 미봉책일 수밖에 없다'는 것이다. '화쟁이 근원적이고도 자연스럽게 가능'할 수 있는 '관건은 실체 관념이라는 환각에서 해방되는 것'인데, 불교는 '크게 두 유형의 노력과 성취의 길'을 제시한다고 저자는 말한다. 하나는 '이지(理智)의 길이고, 다른 하나는 선(禪)의 길'이다(225).[29]

박태원이 말하는 화쟁 실현의 네 조건을 보면, 그 구체적 실현은 매우 어려운 일임을 실감하지 않을 수 없다. 그가 지적하듯이, '쟁론의 인식적 기반에서 해방되어 화쟁을 구현할 수 있는 마음의 수준'이 '일심'이라면(227), '원효의 화쟁 원리와 그 불교철학적 근거들은 지금도 여전히 유효'하더라도, 화쟁자가 일심 경지에 도달해 있지 못하다면, 화쟁의 구체적 실현은 어

28 박태원(2011)은 '실체적 언어관은 언어적 사유에 의한 개념의 존재 왜곡적 확산, 즉 희론(戱論)에 의해 형성'되는데(204), 이 희론은 '실재하지 않는 실체적 자아 관념을 증폭시켜 '나의 견해'에 집착하게 하여 배타적 쟁론 태도를 초래하게' 한다고 설명한다(206-7). 그에 의하면, '화쟁의 언어 주체'는 '자신과 타인의 언어적 견해와 신념에 그 어떤 불변의 실체물도 부여하지 않고, 언어를 단지 진리 포착과 구현의 실용적 용법으로 구사'한다. '이와 같은 화쟁의 언어 능력 향상 정도에 따라 쟁론의 병리현상 치유 정도도 비례하여 상승할' 것이다(224).

29 박태원(2011:225-7) 참고.

렵거나 미흡할 수밖에 없기 때문이다. 화쟁의 실질적 제1조건인 '일심'의 도달 혹은 체득도 지난한 과제지만, 이를 위한 '이지의 길'과 '선의 길'도 만만한 길로 인식되지 않는다. 그런데 '일심'이라는 조건이 충족되지 않으면 다른 조건들 역시 온전한 충족이 어렵다. 게다가 박태원(2011:227-8)에게 위의 네 가능 조건도 '충분 조건'이 아니다. 이 '조건들은 쟁론 주체들이 확보해야 할 내적 능력과 관련된 것'으로서, 그가 '화쟁의 인간학적 조건들'이라고 부르는 것들이다. 그는 '의사소통과 관련된 환경적 여건'도 '쟁론과 화쟁의 분기점에서 중요한 요소가 된다'고 강조한다. '자유롭고 열린 의사소통의 가능성을 높여주는 외적 조건 역시 화쟁의 필수 조건'이고, 이러한 '환경적/제도적 조건들의 모색과 구현은, 인간학적 조건들과는 또 다른, 그러나 동시에 추구해야 할 화쟁의 사회적 조건들'이다.

박태원(2013b:123-30)은 최근 글에서 '부분적 타당성(一理)의 변별과 수용'이라는 조건의 '조건적/연기적' 이해의 중요성을 다시 크게 강조한 바 있다. '만약 다르거나 반대되는 교설과 이론들을 전면적/무조건적/절대적으로 이해하면, 상호 부정의 배타적 견해로서 맞설 뿐 그 교설과 이론의 온전한 의미는 놓치고' 말지만, '반면 각 교설과 이론을 성립하는 의미 맥락을 조건적으로 파악한다면, 그 이론의 유효성은 조건적이고 그 타당성은 조건적으로 제한된다는 점을 알게 된다'는 것이다. '이렇게 포착한 복수의 조건적 타당성을 모아(和會) 포섭적으로 수렴하면(會通), 비로소 온전한 의미 지평이 열리게' 된다는 것이다. '차이가 불통으로 격리(諍)되지 않고, 만나서 서로를 향해 열리고 상호 작용하여(和) 온전함으로 상향되어 가는 것', '이것이 열림(通)과 상호 포섭(攝)의 화쟁'이라는 것이다. 화쟁 실현의 제2 조건에 대한 이러한 보충 설명이 화쟁 실현의 이해에 도움을 주기는 하지만, 저자가 말하는 '통섭의 화쟁'의 실현 여부도 결국 화쟁자의 일심 경지 도달 여부나 그 정도에 크게 영향받을 수밖에 없다.

많은 연구자들이 '원효의 화쟁'에 대해 다양한 적용 가능성을 주장하지만, 화쟁의 온전한 혹은 적절한 실현은 매우 어려운 일이다. 그래서 우리는 일단 '원효의 화쟁'과 '원효적 화쟁'을 구분할 필요가 있다. 간략히 말하면,

전자는 '귀일심원 요익중생'이 주축이 되어 있는 '일심·무애와 불가분한 화쟁'이고, 후자는 그렇지 않은 다양한 현대적 '화쟁'들이다. 원효는《열반종요(涅槃宗要)》에서 장님과 코끼리의 비유를 제시하며 이론 또는 학파들 사이의 옳고 그름에 대하여 논하였는데, 코끼리에 대한 의견이 서로 엇갈리는 '장님들의 말다툼을 말릴 수 있는 화쟁자'는, 정상봉(2012:216-7)이 지적하듯이, '바로 코끼리 전체를 볼 수' 있는 '눈뜬 이'이다. 일심 덕분에 원효는 코끼리를 전체적으로 보았고, 그래서 온전한 화쟁과 무애도 가능했던 것이다. 고영섭(2014:128)도 '전체를 본 사람만이 통합을 얘기할 수 있고 본질을 본 사람만이 화회를 구현할 수 있다'고 지적한다. '원효가 통합과 화회를 시도한 것은 바로 이러한 맥락'에서라는 것이다. 그런데 '원효적 화쟁'에는 원형에 근접한 경우보다 그렇지 못한 경우들이 더 많아 보인다. 그래서 '화쟁적 학문하기'에서는 '원효의 화쟁'과 '원효적 화쟁' 사이의 수사적 '거리 교섭'이 주요 관심사의 하나로 대두될 수밖에 없다.

박태원(2011)이 말하는 화쟁 실현의 '보편 원리'의 네 번째 것, 즉 '모든 쟁론적 인식 토대에서 해방되는 마음의 경지를 확보하라'는 '일심'의 경지, 즉 깨달음 문제와 직결된다. 박태원(2011:25)에 의하면, '불교의 관점'에서 '깨달음의 가능성과 능력이야말로 인간 존재가 간직한 희망의 원천'이고, '원효는 인간 존재의 희망의 빛을 이 깨달음에서 확보한 인물'이다. 저자는 '원효 화쟁사상의 보편 원리'를 언급하며,[30] 이들의 '가능 근거'로 '각(覺) 사상에 입각한 인간관'을 내세운다(193). '통섭의 원천인 일심을 구현하는 구체적 통로를 원효는 본각(本覺)·시각(始覺)·불각(不覺)을 설하는《대승기신론》의 각(覺) 사상에 입각하여 마련'했는데(24), '불각이라는 오염과 결핍으로부터 본각이라는 본래적 완전성'으로의 '귀환의 잠재력은 본각'에서 비롯된다고 한다. '시각'이라 불리는 '본각 귀환의 여정'은 '인간 존재가 지닌 삶의 희망이요 당위이며 궁극적 목적'인데(28-9), 원효에 의하면, '시각의 궁

30 박태원(2011:193-213) 참고.

극'은 '불각과 시각과 본각이 다르게 되지 않게 되는 경지'이고, 이는 '곧 일심의 근원으로 돌아간 것'이다. '그 어떤 개념도 실체적 자성을 지니는 것이 아니라는 통찰'을 '깨달아감(시각)'의 핵심으로 박태원은 파악한다. '깨달음이나 열반조차도 실체적 자성으로 보지 않는 깨달음(시각)을 심화시켜 가다보면, 마침내 시각과 본각이 다르지 않은 경지에 이르게 된다'는 것이다(59-60). 박태원은 이 '시각'의 '심화과정'에 대한 구체적 설명은 제시하고 있지 않으나, 박범철(2009:339-40)은 원효가 중시했던《대승기신론》을 인용하며, '깨달음은 신해행증(信解行證)의 과정으로서 믿음, 이해, 닦음, 깨침의 네 과정'이라고 구체적으로 지적한다.[31]

박성배(2003:18)는 '지적인 깨달음'과 불교의 '깨침'을 구분하며, '지적인 깨달음은 불교의 깨침이 아니다'라고 주장한다. '거기에는 깨짐이 없기 때문'이라는 것이다. 그에게 '깨침'은 '지적 세계 자체가 난파하는 대목을 두고 하는 말'이다. '전자가 일종의 보태는 행위에 불과하다면, 후자는 보탤 자리 자체가 없어졌다는 말'이다(8). 조성택(2009a:14)은 지멜로와 더불어 '최종적 깨달음만이 아니라 그에 이르는 수행을 포함하는 넓은 의미의 깨달음'을 말한다. '수행은 과정일 뿐만 아니라 바로 깨달음을 구성하는 내용적 요소'라는 것이다. 화쟁적 학문하기에서도 이러한 유연한 입장을 취하여, '학문적 깨달음'의 다양한 정도를 인정할 필요가 있을 것으로 생각된다. 특히 철학이나 종교 같은 경우, 그 문제들에 대한 이해나 설명에서 학문적 박학다식과 그 논거들에만 근거하는 경우들과, 여기에 더하여 깨달음 차원의 통찰력까지 얻은 경우는 그 깊이뿐 아니라 설득력에서도 상당한 차이가 있을 수 있다. 조동일(1996:31)은 '학문에서는 점오점수(漸悟漸修)나 돈오돈수(頓悟頓修)가 아닌 돈오점수(頓悟漸修)의 방법을 택해야 한다'고 주장하나, 우리 주위에는 '점수점오'(漸修漸悟)의 길을 가고 있는 연구자들이 더 많아 보

31 윤홍식(2014c)은 에고가 참나를 '믿고 이해하고 실천하여 증득해야 하는 것'(信解行證)은 불교의 길이고, 에고가 하나님을 믿고(이해하고) 소망하며 사랑해야 하는 것은 기독교의 길인데, 두 길이 실제로는 서로 다르지 않다고 말한다. 이는 번역인문학적인 깊은 이해의 결과로 생각된다.

인다. 일반적으로 '돈오'도 '점수'에 기반한 것임을 감안하면, 화쟁적 학문하기는 닦음과 깨달음이 점진적으로 이루어지는 '점수점오'를 기본으로 하되, '점수대오'(漸修待悟)도 마다하지 말아야 하지 않을까?[32]

우희종(2007:78-81)은 현대과학의 복잡계 관점에서 깨달음 문제에 접근한다. 그는 '일상생활 속의 작은 깨달음으로부터 치열한 구도의 길을 걸어온 대선사의 확철대오'에 이르기까지 깨달음이 '경험하는 개체에 따라 그 범위와 깊이'에서 '매우 다양한 모습으로 존재'한다고 말한다. 이 깨달음은 '인식의 전환'이고, '인식에서의 상전이(phase transition)'로서,[33] 크거나 작거나 그 '속성에 있어서는 동일하다'는 것이 그의 입장이다. 그렇지만 이러한 깨달음이 '확철대오'로 이어지기 위해서는 그러한 체험을 발생시킬 수 있는 '임계상태'가 중요하기 때문에, 그는 '끊임없는 정진'에 비중을 크게 둔다. 특히 그는 복잡계적 관점이 '극한의 임계상태를 위한 각고'의 노력과 행위들이 '특별한 상황이나 조건을 필요로 하는 것이 아니라 일상적 생활 속에서부터 충분히 이루어질 수 있다는 점'을 강조한다. 임계상태 도달을 위한 '부단한 정진'은 때로 '창조적 직관'으로 이어질 수 있다. 이 '창조적 직관'을 얻기 위해서는 '부단한 정진'이 필요하다. 주형일(2008:100)도 '창조적 직관을 통한 앎에서 우리가 주목할 것은 그것이 아무것도 없는 상태에서 갑자기 알게 되는 깨달음이 아니라는 것'임을 지적한다. '문제에 대한 충분한 고민과 공부가 사전에 이뤄져 있어야' 하며, '깨달음은 바로 그런 사전 지식들을 바탕으로 얻어진다'는 것이다.

화쟁적 학문하기에서는 이러한 학문적 깨달음도 중요하지만, 이것이 사회적 실천을 통해 열매를 맺는 것도 중요하게 생각된다. 조성택(2009a:15-6)은 '깨달음의 사회화'를 강조한다. 그가 말하는 '사회화'는 '중생제도나 구세

32 윤홍식(2007)은 '돈오를 하기 전에도 점수를 해야' 하나(289), '돈오를 이미 한 사람이 닦는 점수야말로 제대로 된 점수'라고 말한다(280). 말하자면 '점수점오'나 '점수대오'에서의 '점수'는 '제대로 된 점수'가 아닌 것이다.

33 오강남(2015): "깨달음을 다른 말로 표현하면 결국 '의식의 전환'이라 할 수 있다. 더 거창한 말로 바꾸면, 위에서 언급한 바와 같이, 우리의 일상적인 이분법적 의식에서 벗어나 실재의 더 깊은 차원을 볼 수 있도록 하는 '특수 인식 능력의 활성화'라 할 수 있을지도 모른다."

(救世)와 같은 포괄적 의미로서가 아니라 그러한 이념을 오늘날 사회에서 구체적으로 실천하기 위한 사회윤리와 실천철학적 관심'이다. 이러한 윤리와 관심은 종교뿐 아니라 학문에서도 절실히 필요하다. 학문이 상아탑 속에 갇히는 것은 바람직하지 않다. 화쟁적 학문하기에서는 더욱 그러하다. 학문적 깨달음이 사회적 실천과 어우러지고, 이것이 화쟁적 사유와 수사를 통해 향기를 발하는 것이 흔한 일은 아니다. 그렇지만 원효의 학문의 현대적인 모습을, 기독교를 큰 줄기로 유불선과 우리 고유의 한사상 등을 회통하며 우리 말과 글로 철학을 했던 다석 유영모 선생과 그 뒤를 이은 김흥호 선생의 자취 등에서 느낄 수 있으니,[34] 불가능하다고 여길 일은 아니다. '화쟁적 학문하기'는 '원효의 학문'을 '문자적으로' 따르자는 것이 아니다. 그 원형의 진정한 의미를 깨우쳐 그 정신을 오늘에 되살리자는 것이니, 다양한 실현 가능성이 있을 것이다.[35] 근자에 크게 눈에 띄는 것으로는 윤홍식의 '양심철학'을 꼽을 수 있다.

5. 양심철학, 번역인문학, 화쟁적 학문하기[36]

윤홍식은 동서양 고전에 담긴 '양심철학'을 저서들과 유튜브를 통해 널리 알리고 있는 젊은 철학자이다.[37] 그는 '양심철학'을 통해 유불선과 기독교 등의 종교들, 동서양의 철학과 다양한 고전들에서 '자명한 것들'을 추려내어 모두 '회통'시키는 야심찬 작업을 진행하고 있다. 윤홍식(2013b:98)에 의하면, '양심은 맹자가 처음 쓴 말로 선천적인 도덕능력'을 가리킨다. '양

34 유영모가 직접 저술한 특별한 저서는 없고, 〈다석일지〉와 경전들의 일부 번역들이 있으며, 김흥호와 박영호 등이 그를 꾸준히 알려왔다. 2009년 시작된 〈김흥호 사상전집〉은 150권 발간 예정이다.

35 고영섭(2001a:122)은 '인문학의 위기를 타개해 나갈 새로운 방식의 하나로 시도된' 그의 '찬빈론'(혹은 滿空論)이 원효의 사유의 맥을 잇고자 하는 포부에서 비롯된 것이라고 밝힌다.

36 '양심철학'과 관련된 이 장의 중요한 부분들의 대부분은 저자의 미발표 논문 "양심철학과 양심선(禪)수사"에서 거의 그대로 인용한 것임을 밝혀 둔다.

37 1,400여 개가 넘는 그의 유튜브 인문학 강의 조회수는 1,200만을 넘었다고 한다.

심'은 인간이면 누구나 지니고 있는 공감능력(仁), 정의감(義), 겸손함(禮), 시비판단능력(智)을 의미'한다.[38] 윤홍식(2015b:122)은 '우리 내면에서 들리는 양심의 명령이야말로, 인류의 모든 문화를 지도하는 이념이며, 우리가 알아야 할 최고의 영적 진리'라고 천명한다. 이때의 '양심'은 종교·문화·제도를 넘어서 있는 '본체'로서의 양심이고, 이는 곧 '참나'이다. 이 '참나'를 윤홍식(2007:313)은 '텅 비어 고요하되 신령스러운 앎의 자리', 즉 '공적영지'(空寂靈知)로 묘사하는데, '공적'은 참나의 '본체'에 해당하고, '영지'는 참나의 '작용'에 해당한다.[39] 이러한 '참나'는 원효의 '일심'과 다르지 않다. 일심이 곧 참나이고, 참나가 곧 양심임을 윤홍식은 그의 여러 유튜브 강의에서 강조한다.[40] 윤홍식(2013e)은 양심에서도 '본체'와 '작용'을 구분하면서, 에고 차원의 우리 '양심'이 '양심'의 본체(순수한 마음, 참나)와 공명하는 마음으로서의 '양심'을 구현할 수 있어야 한다고 말한다.[41] 우리가 '후천적으로 양심이라고 배운' 에고 차원 '양심'은 또다른 의미의 '양심'이다. '참나'로서의 '양심'을 기반으로, 유학의 '인의예지' 4단, 특히 대승불교의 보시·지계·인욕·정진·선정·반야의 6바라밀을 모든 일의 실천 지침으로 삼는 윤홍식의 '양심철학'은 불학적 '원효철학'의 훌륭한 인문학적 '법고창신' 방향의 하나로, '화쟁적 학문하기'와 번역인문학이 배우고 취할 바가 매우 많다.

우선 원효의 삼매 경지에 대한 양심철학적 해석에 우리는 주목할 필요가

38 윤홍식(2005) 참고.

39 윤홍식(2013b:49): "'참나'란 별다른 존재가 아닙니다. 우리의 생각 · 감정이 침묵할 때 느껴지는, 탐진치가 없는 밝고 평온한 의식일 뿐입니다. 사실 누구나 일상에서 조금씩 느끼는 자리입니다. 이 자리는 본래 이름이 없습니다. 편의상 '참나 · 열반'이라고 부를 뿐입니다."

40 박태원(2013c:73)은 '일심을 문자 그대로 번역'하여 '한 마음'이나 '하나의 마음'이라고 하면, '자칫 원효의 일심철학을 아트만적 실체론의 한 유형으로 오독할 위험이 있다'고 경계하나, 윤홍식은 힌두교의 '아트만', 소승불교의 '열반', 대승불교의 '참나'가 서로 다르지 않다고 체험적으로 확언한다.

41 윤홍식(2013b:86): "'양심'은 참나와 그 참나의 작용을 포괄하는 의미입니다. 참나는 당연히 양심 자체이며, 참나와 하나로 작용하는 에고도 양심이라고 부르는 것입니다. 참나와 하나 된 에고는 이미 참나의 뜻대로 작용하니까요."

있다. 윤홍식(2009:31)에 의하면, 원효가 말하는 '삼매'는 '바로 에고가 참나와 하나가 되는 것'으로, '에고는 참나와 하나가 될 때, 초연해지고 평온해지며 광명해진다'. 비유적으로 말하면, '차가운 쇠공과 같은 에고도, 참나와 하나로 공명하게 되면 얼마든지 뜨겁게 타오를 수 있'는데, 이것이 '삼매'라는 것이다. 그는 삼매를 '몰입'(일념집중)으로 설명한다. '몰입할 때만 우리는 참나와 하나가 될 수 있다'는 것이다. 윤홍식(2014b:66-71)은 몰입의 4단계, 즉 '① 짧은 집중, ② 긴 집중, ③ 끊어짐 없는 집중, ④ 대상과 하나됨'을 구분한다. 일정 시간을 기준으로 했을 때 주제에 대한 집중도가 1단계에서는 20-30%를 넘지 못하나, 2단계에서는 70-80%가 되고, 3단계에서는 '30분이건 1시간이건 2시간이건' '온전히 대상만 생각하고 대상에 집중할 수 있'다. 이 3단계는 '의식적인 노력이 요구되는 단계'지만, 4단계는 '신바람'이 나는 단계로, '다른 주제에 집중하려고 해도 잘 되지 않'을 정도로 '몰입해서 빠져있는 상태'이다.[42] 윤홍식(2009:31-2)은 대상이 하나냐 여럿이냐에 따라 '삼매'와 '혼침'이 구별되는 것이 아니라는 원효의 말을 전기면서, '여러 가지 대상을 옮겨다니며 몰입하더라도 늘 신바람이 흐르면 삼매' 상태임을 강조한다. '처음에는 한 가지 대상에 집중하기도 힘들겠지만, 차차 몰입사고가 익숙해지면 마음이 여러 가지 주제를 넘나들더라도 몰입 상태를 잃어버리지 않게 된다'는 것이다. 윤홍식(2013c)에 의하면, 몰입은 참나(양심)와 '주체인 나'와 '객체인 대상'이 하나로 꿰어지는 상태이다. 윤홍식(2013d)은 '참나 각성'은 '깊은 선정'이 아니라 50% 남짓한 '각성'을 뜻하나, 구체적 작용에서는 깨어만 있으면 된다고 말한다. 일처리를 위해서는 '나에 대한 몰입'보다 '대상에 대한 몰입'이 더 중요하다는 것이다.[43] 선정과

42 윤홍식(2014b:235-6)은 유교의 대표적인 경전인 《大學》에서도 '대학'의 '전 과정을 공부하는 데 가장 필수적인 요소'로 '몰입사고법'을 언급하고 있으며, 이는 '몰입의 4단계'와 같다고 말한다. 《大學》의 첫 머리에 '대상에 머물러야 마음에 안정이 찾아온다. 마음이 안정되어야 고요해질 수 있다. 마음이 고요해져야 안락해질 수 있다. 마음이 안락해져야 연구할 수 있다. 연구를 해야 답을 얻을 수 있다'는 과정이 제시되어 있는데, 이는 ① 머무름, ② 안정됨, ③ 고요함, ④ 안락함의 4단계를 거쳐 ⑤ 연구를 통해 ⑥ 해답을 얻는 과정이라고 저자는 기술한다.

지혜를 닦는 '정혜쌍수'는 그의 관점에서는 '몰입'과 '몰입사고'로 이해된다.

윤홍식(2015a:13-4)에 의하면, '동서양을 통틀어 인문학의 핵심'은 '양심이 답이다!'라는 것이다. 이를 유교식으로 표현하면 '인의예지신' 5단과 '경'(敬), 즉 ① 사랑 ② 정의 ③ 예절 ④ 지혜 ⑤ 성실 ⑥ 몰입이고,[44] 불교식으로 표현하면 '보시·지계·인욕·정진·반야·선정'의 '6바라밀'이다. 그에 의하면, 불교의 ① '보시바라밀'은 유교의 '사랑'(仁), ② 법이나 규칙 등 지킬 것을 지키는 '지계바라밀'은 '정의'(義), ③ 남을 수용하고 조화를 이루는 '인욕바라밀'은 '예절'(禮), ④ 쉼 없이 노력하는 '정진바라밀'은 '성실'(信), ⑤ 선악·시비 판단을 잘하는 지혜인 '반야바라밀'은 '지혜'(智), ⑥ 마음을 하나로 통일하는 '선정바라밀'은 '몰입'(敬)에 각각 해당된다. 이러한 '경인의예지신'과 대승불교의 6바라밀의 비교 설명은 매우 번역인문학적이다. 이는 단지 전자를 후자로, 혹은 후자를 전자로 개념 번역을 한 것이 아니라, 양자가 말하고자 한 것을 경험적으로 체득하여 자신의 말로 재표현한 것이다. 윤홍식(2015g)은 '예수님께 배우는 4단과 6바라밀'에 대해서도 말하는데, '체험+개념'인 '진정한 앎'을 터득했기에 그러한 번역들이 가능한 것이다. 이처럼 '지식'을 체험을 통해 '지혜'로 키워나가는 것은 양심철학의 주요 과제이다.[45] 양심철학 관점에서는 일상이 양심선(禪)이 될 수 있다. 깨어서 즉 '몰입'해서 인의예지 4단(혹은 경인의예지 5단) 분석을 하고, 6바라밀 성찰을 하는 것은 모두 양심선(禪)을 하는 것이다.[46] 윤홍식(2015f)은 가장 대

---

43 윤홍식(2013d)은 원효도 참나가 드러나 에고가 고요하고 선명해져서, 정신을 차려 자세하고 바르게 생각하고 연구할 수 있는 그러한 상태에서 수많은 경전들을 회통했으리라고 《금강삼매경론》에 근거하여 추정한다.

44 윤홍식(2013b:177): "'사랑'(仁)이 지혜(智) 없이, 정의(義) 없이, 예의(禮) 없이, 성실함(信) 없이 어찌 이루어질 수 있겠는가? '사랑'(仁) 한 마디엔 나머지 모든 덕목들이 녹아 있다. 그래서 나누어 말하면 '인의예지신'의 다섯이 되나, 합하여 말한다면 '인'(仁) 하나로 충분한 것이다."

45 윤홍식(2013b:330): "'지혜'와 '지식'의 차이는 간단합니다. 체험에 의해 검증된 살아있는 정보는 '지혜'이며, 체험으로 검증되지 않은 죽어 있는 정보는 '지식'입니다. 단순히 지식을 늘리는 것이 아니라, 지식을 지혜로 살아나게 하는 것이야말로 '참된 공부'일 것입니다."

46 윤홍식(2016)은 '참나가 등장해야 선(禪)'이라고 말한다. '홑單'과 '볼示'가 합해 이루어

승철학적인 것, 대승의 극치는 유교라고 말한다. 승속이 아예 없고, 카르마 경영을 중시하고, 극락도 내세도 없이 현세에서 양심을 구현해서 선한 업을 짓는 것 자체를 목표로 하고, 가정도 나라도 양심으로 구현하면 된다고 믿기 때문이다. 그는 유마거사를 전형적인 군자, 선비로 꼽는다.

윤홍식(2015a:24-5)에 의하면, '고전'은 '인간이 추구해야 할 불변의 본질에 관한 메시지가 들어 있'는 책이다. 즉, 수많은 세월을 통해 검증된 '인간의 매뉴얼'이 되는 책이 바로 고전이라는 것이다.[47] 그는 이 '고전들이 공통적으로 전하는, 인간이 갖추어야 할 덕목'으로 '① 사랑 ② 정의 ③ 예절 ④ 지혜 ⑤ 성실 ⑥ 몰입'의 6가지를 꼽는다. 이러한 고전들에 대한 작업에서 '가장 인간다운 인간'이라는 '4대 성인'이나 '유불선'(儒佛仙)의 말씀들을 '양심철학'의 관점에서 회통시키는 것이 특히 돋보인다. 그의 양심철학의 주요 작업은 언어와 문화의 차이를 넘어선 고전들에 대한 '번역인문학적 회통'이다. 믿음이 아니라 '진리'라야, '근거가 있는 합리적인 접근'이어야 회통이 된다는 것이 그의 기본 입장이기에, 그는 양심(혹은 영성) 차원의 '정확한 체험'을 매우 중시한다. 윤홍식(2007:336-7)은 '정확한 앎의 조건'으로 '체험+개념'을 제시한다. 그에 의하면, '개념·체험'은 '지혜를 이루기 위한 양 날개'이다. 지혜를 이루기 위해서는 '투철하고 명확한 체험(직관)'과 '올바른 개념의 정립'이 잘 결합되어야 한다. 그는 '개념 정립'과 '정확한 체험'을 현상계/

진 '禪'자에서 보듯이, '하나가 보여야 선'이라는 것이다. '양심선'에서 '참나 각성'을 뜻하는 '경'과 '선정'의 핵심적 중요성을 지적하는 말이다. 윤홍식(2015g)은 '양심선' 한 마디면 충분한데, '이를 덕목별로 나누니 유교의 '경인의예지신'도 되고, 불교의 '6바라밀'도 되는 것이라고 말한다. 그에 의하면, 매 순간 양심의 소리를 듣고 양심과 하나가 되어 살아간다면 그게 바로 '선'이다. 양심선의 실천에서 '나'란 존재감이 강해지면 그대로 '선'(禪)이고, 50% 이상 자기 존재를 느끼면 '선'이다. '내 양심에 충실하자는 것, 그것이 선(禪)'이라는 것이다; 윤홍식(2015h) 참고.

47 윤홍식(2015a:22): "인문학이 지향하는 바는 욕심보다는 양심으로, 즉 이성으로 이 문화를 이끌어 보자는 것입니다. 우리 인간도 하늘과 땅처럼 멋진 고차원의 '양심문화'를 한번 만들어 보자는 뜻으로 연구했던 분들의 지혜가, 지금까지 전해 온 것이 인문학의 대상이 되는 것이죠. 우리가 공부하는 인문학의 저자들은 모두 인류의 고귀한 문화를 만들고 계승하고자 노력했던 사람들입니다. 보편적인 '양심문화'는 어느 시대나 인류에게 '인생의 매뉴얼'로서 도움이 될 게 확실하니까요."

절대계의 구분과 관련지어 설명한다. 우리가 '지혜'를 체득하기 위해서는 '무엇보다 ① 현상계에 대해서는 정확한 개념을 정립해야 하며, ② 절대계에 대해서는 정확한 체험을 해야' 한다는 것이다.[48]

윤홍식(2015b)은 우리의 '양심'에 '인의예지신'(仁義禮智信)의 '선천적인 프로그램이 깔려 있'다고 말한다(47). '우리의 양심은 본래 인간의 길을 잘 알고 있고(양지), 그 길을 따를 수 있'으나(양능), 다만 '무지·아집에 가려진 욕심 때문에, 그 길을 온전히 걷지 못'하고 있다는 것이다(55). 저자는 우리가 '인의예지'를 '모두 충족하도록 생각하고 말하고 행동하면, 언제 어디서도 모두에게 이로운 최선의 답을 찾아낼 수 있'다고 역설한다. '인의예지를 충족시키는 답안을 알아내고 싶다면, 다음의 4가지 질문을 모두 만족시키는 답안을 찾으'라고 그는 권한다: ① 자신의 입장뿐만 아니라 상대방의 입장까지도 잘 배려하였는가?(仁), ② 내가 당해서 싫은 일을 남에게 하지는 않았는가?(義), ③ 생각과 언행이 상황에 적절했는가?(禮), ④ 나의 선택과 판단은 찜찜함 없이 자명한가?(智). 이 질문들을 '모두 충족시키는 생각이나 행위들은 양심의 지지를 얻어 반드시 뿌듯하고 자명할 것이며, 이 중 하나라도 충족되지 않으면 반드시 찜찜함이 우리를 엄습해 올 것'이라고 그는 예고한다(62-3).[49] 이처럼 우리의 양심에는 '우주적 프로그램인 인간의 길'이 새겨져 있기에, '우리 내면의 신성함으로 인해, 우리는 모든 일에 있어서 무엇이 옳고 그른지 명확히 판단할 수 있'다는 것이다(72).

윤홍식(2013b)은 '양심의 속성에 따라, 역지사지(仁)·공정성(義)·예절(禮)·정보의 자명성(智)의 4가지 기준으로 결정의 옳고 그름을 따져'보면,

48 윤홍식(2007:136): "얼음이 본래 물이듯이, '나는 본래 부처다!'는 불변의 확신이 서야 돈오입니다. 체험이 없이는 그런 소리가 안 나오죠. 얼음이 물이 되는 체험을 숱하게 했기 때문에, 우리는 의심을 하지 않는 것입니다. 단순한 개념의 놀이라면 '추리'일 뿐이니, 의심이 없을 수 없죠. 우리가 '돈오'를 확신에 차서 선언하기 위해서는 먼저 현상계를 초월한 '절대계의 체험', 즉 '참나-각성의 체험'이 선행되어야 합니다. 그래야만 우리는 정확한 체험에 기반을 둔 '개념'을 정립할 수 있는 것입니다."

49 윤홍식(2013b:367)은 우주가 우리가 몸을 건강하게 유지하라고 '통증'을 주었듯이, 양심에는 '찜찜함'이라는 신호가 주어졌다고 말한다. 이 '찜찜함'이라는 직관적 신호는 일상에서도 학문에서도 다양하게 활용되어야 할 것이다.

'개인적인 일은 물론 정치·경제·교육 등의 모든 분야에서 가장 타당하고 자명한 답을 얻을 수 있을 것'이라고 말한다(232). 저자에게 '양심의 계발 정도를 헤아리는 지수'는 '영성지능'이다.[50] 영성지능이란 한마디로 '인간과 사물의 본질을 꿰뚫어보는 지능'이다. 우리의 '순수한 마음인 양심'에는 '나'와 '내 것'에 '집착하는 이기적 에고의 작용'이 없기에, '① 나와 남을 구별하지 않으며(仁), ② 정의롭지 못한 어떠한 난동도 없고(義), ③ 어떠한 부조화나 무질서도 없으며(禮), ④ 어떠한 의심이나 자명하지 않음도 없고(智), ⑤ 어떠한 불성실이나 나태함도 없다(信)'고 그는 말한다(201-2). '영성지능이 높은 사람은 양심을 그대로 구현하고 실현'하기에, '① 남의 마음을 자신의 마음처럼 잘 헤아리며(인), ② 양심상 부끄러운 짓을 하는 것을 꺼려하고(의), ③ 언행에서 겸손하여 남과 조화를 이루며(예), ④ 언제나 자명하고 명확한 진실만을 추구하고(지), ⑤ 이러한 4가지 모습을 성실하게 실천한다(신)'는 것이다(203).[51] '뛰어난 악사가 훌륭한 연주를 위해 평소에도 늘 자신의 악기를 조율하듯이, 뛰어난 군자는 천하에 양심을 펼치기 위해 평소에도 늘 자신의 마음을 〈깨어있음〉과 〈인의예지〉로 조율한다'고 그는 덧붙인다(243).

윤홍식(2014d)은 유교에서 선비들의 '종신사업'이라는 '거경'(居敬), '궁리'(窮理), '역행'(力行)을 그의 양심철학에 입각하여, 각각 '참나를 각성하라', '참나와 함께 결정하라', '참나의 뜻대로 행동하라'로 해석한다.[52] 양심철학의 관점에서는 유교의 '거경·궁리·역행'이 불교의 '계정혜'(戒定慧)와 다르지 않다. '정'은 '거경'에, '혜'는 '궁리'에, '계'는 '역행'에 해당된다. 이 '다르지 않음', '해당됨'은 바로 '번역'의 관점을 말하는데, 이 '번역'은 의미에 기반한 것이라기보다, 그 말들이 '나타내는 것'에 대한 '체험'에 기반한 것이

50 윤홍식(2013b:362)은 아이큐는 '재능'이고, '영성지능'은 '덕'이라고 말한다.

51 윤홍식(2014b:289-90)은 '창조적인 사고를 할 수 있는 최선의 방법'으로 '3박자 사고'를 내세운다. 이는 철학에서 '변증법적 사고'라고 부르는 것에 해당하는 것으로, '① 양陽→ ② 음陰→ ③ 합合'의 '3박자 사고'를 말한다. '책'과 '컴퓨터'라는 양극단을 충돌시켜서 '전자북'을 창조하는 것이 그 한 예이다.

52 윤홍식(2006:217-20) 참고.

다. 이러한 윤홍식의 다양한 회통 작업의 제일 큰 부분은 번역인문학적 작업으로, '참나'에 대한 깨달음 차원의 깊은 체험과 폭넓은 문헌적 탐구, 말하자면 '정혜쌍수'가 밑바탕이 되지 않으면 하기 어려운 작업이다. 윤홍식(2015c)에 의하면, 원효가 말하는 '본각'은 참나의 속성이지 에고의 속성이 아니다. 우리가 근본적으로 깨달아 있어도(본각), 우리가 갖추고 있는 것은 단지 '씨앗'(씨알)이니, 그 열매를 거두려면, '참나 각성'을 기반으로, 나날이 매사에서 '6바라밀선(禪)' 즉 '양심선(禪)'을 닦아야 한다는 것이다. 이렇게 에고가 참나를 닮기 위해 닦아가는 과정이 '시각'이다. 그런데 참나를 경험했어도 에고의 '무지와 아집'은 대부분의 경우 그대로 남아 있으니, 6바라밀선을 부단히 닦아가지 않을 수 없다. '지금 이 순간, 바로 여기(마음)에서, 생각과 감정과 오감을 6바라밀로 경영할 뿐', '이것이 최고의 수행'이라고 윤홍식은 말한다. 물론 이 6바라밀의 경영, 닦음은 지금 내 처지에서 내 역량껏 실천할 수밖에 없다. 다만, 최선을 다 하는가, 이것이 문제일 뿐이다. 윤홍식(2013b:275)에 의하면, '참나의 각성'은 6바라밀의 뿌리이고, 6바라밀의 실천은 '참나의 작용'이다. 선정 바라밀, 즉 '참나의 각성'을 기본으로 하되, 일반적인 경우, 6바라밀 모두가 균형을 이루어야 한다는 것을 그는 강조한다.[53]

윤홍식은, 그의 여러 유튜브 강의에서 '보시·지계·인욕·정진·반야·선정'의 '6바라밀', 즉 '나눔·절제·수용·성실·통찰·몰입'의 '6바라밀'을 통해 '생각·말·행동'을 점검하라고 조언한다. 윤홍식의 '올바른 판단'의 6가지 점검 사항은 다음과 같다: 마음을 리셋했는가(선정), 남의 입장이 되어 보았는가(보시), 양심에 부끄러운 것은 없는가(지계), 남의 입장을 수용했는가(인욕), 나는 최선을 다했는가(정진), 나의 정보와 판단은 자명한가(반야). 이는 '인의예지신'의 유교식 점검과 다르지 않다는 것이 그의 설명이다. 윤홍식(2014g)은 참나 차원에서는 '진선미'가 '하나'이나, 에고 차원에서는 감정따라 기질 따라 나뉘고 달라진다고 말한다. '하나'인 '진선미'가 사단(인

53 윤홍식(2014f, 2015d, 2015e) 참고.

의예지)과 6바라밀(보시·인욕·지계·정진·선정·지혜)을 통해 발현되는 것으로, 에고의 생각·감정·오감을 재료로 삼아서 생각을 지혜로, 감정을 자비로, 오감을 능력으로, 각자 자기 참나가 지닌 진선미를 표현해낸다는 것이다.[54] 그는 '올바른 판단'의 '6가지 사항들'의 점검을 통해 '자명함', 적어도 '자찜' 즉 '자명함〉찜찜함'에는 이르러야 하고, 특히 그 결과가 나에게뿐 아니라 모두에게 이로운지 살펴야 한다고 말한다. 즉 '자리이타'(自利利他)가 되어야 한다는 것이다. 그가 말하는 '선정'의 '몰입'은 일단 참나가 적어도 50% 이상의 상태가 되도록 하는 것이 기본이다. 그렇지만 구체적인 분석이나 작업 등을 할 경우에는, 꼭 50% 이상이 아니더라도, 참나가 깨어 있는 채로 신바람과 희열이 감도는 중에 6바라밀 분석에 몰입해서 올바른 선택을 내릴 수 있으면 지혜(반야)바라밀을 쓰는 것이라고 그는 말한다.

윤홍식은 선정과 반야 외의 나머지 바라밀도 모두 활용되어야 함을 거듭 강조한다. 윤홍식(2014e)이 말하는 '6바라밀을 총동원하여 독서하기' 예를 보자. 다른 데 정신 안 보내고 집중하여 읽는 것은 '선정'이고, 글자를 읽어가면서 저자의 의도를 정확히 이해해주는 것은 '보시'이고, 읽어가면서 저자의 뜻을 곡해하지 않는 것은 '지계'이다. 저자의 뜻이 맞거나 저자에게 받아들일 것이 있으면 흔쾌히 받아들이는 것은 '인욕'이고, 이 과정에서, 내 생각 남의 생각을 충돌시켜서 진리를 더 알아내는 것은 '반야'이고, 자칫 나태해질 수 있는데도 한 번 더 몰입해서 읽어내는 것은 '정진'이다. 윤홍식(2013b)은 '6바라밀의 실천은 오로지 참나의 각성으로 가능'하다고 말한다(273). 참나가 각성되지 않으면, 지혜에 의한 6바라밀 분석도 가능하지 않다는 것이다. 그는 '6바라밀의 실천'은 '참나의 작용'이며 '참나의 각성'은 '6바라밀의 뿌리'임을 거듭 역설한다(275). 그에 의하면, '6바라밀'은 본각의 '씨앗을 열매로 키우는 최고의 비법'이다. 그는 '견성'(깨달음)보다 '6바라밀'의 '양심선'을 앞세운다. 견성은 '6바라밀'을 열심히 실천하다 보면 이루어

54 윤홍식(2013b:251): "양심은 진선미를 아우르는 창조성의 근원이다. 우리는 진선미를 활용하여, '진리'로는 학문을, '선함'으로는 공정한 제도를, '아름다움'으로는 예술을 창조한다. 우리가 누리는 모든 문화는 양심의 창조성에 뿌리를 두고 있다."

지게 마련이지만, '6바라밀'을 모르는 견성은 문제가 있다는 것이다. 이는 학문에서도 깨달음을 추구하기보다 6바라밀에 의거한 학문적 닦음을 우선으로 하라는 권유로 이해할 수 있을 것이다. 6바라밀을 '오직'으로 풀면, 선정바라밀은 '오직 모를 뿐', 보시바라밀은 '오직 남의 마음을 헤아릴 뿐', 지계바라밀은 '내가 당해서 싫은 걸 남에게 오직 하지 않을 뿐', 인욕바라밀은 '오직 받아들일 뿐', 정진바라밀은 '오직 최선을 다할 뿐', 반야바라밀은 '오직 생각할 뿐'이 된다.[55]

'최선을 다하는' 이러한 '오직 …뿐'은 《중용》이 말하는 '정성스러움'(誠)과 바로 통한다. 윤홍식(2015b:68-9)에 의하면, 정성스럽다는 것은 '욕심의 장애'가 없다는 의미이다. 바꿔 말해, '욕심에 가려지게 되면 늘 정성스러울 수'가 없다는 것이다. '욕심 때문에 선(善)을 알아보는 양지가 가려지며(무지), 욕심 때문에 선을 실천하는 양능이 가려'진다는 것이다(아집). 그러니까 '욕심의 무지·아집을 정화하여 지혜·사랑으로 충만해지는 것', 이것이 바로 '정성스러움'이다. '우리의 양심에는 우주적 프로그램인 인간의 길이 새겨져 있기에, 천하의 모든 일에 대해 올바른 판단을 할 수 있'다고 저자는 말한다. 그래서 '정성스러움을 통해 양심과 하나로 접속할 수만 있다면, 우리는 인의예지신의 덕목으로 자신을 닦을 수 있으며 남을 도와줄 수 있'다는 것이다(73). 윤홍식(2007:274)은 돈오·견성 이후에도 '6바라밀'을 계속 닦아야 함을 강조한다. 이러한 닦음이 점수의 과정인데, 6바라밀이 닦여 갈수록 '지혜'와 '자비'가 커진다고 그는 말한다.[56] 이는 학문에서도 깨달음에 연연하기보다 학문적으로 '6바라밀'을 나날이 부지런히 닦아가는 게 최선임을 뜻하는 말로 이해될 수 있을 것이다. 이러한 관점에서 보면, '화쟁적

---

55 윤홍식(2015d, 2015e) 참고.

56 윤홍식(2007:274): "6바라밀 중에서 '보시 · 지계 · 인욕'은 '자비'를 배양하는 것이며, '반야'는 '지혜'를 배양하는 겁니다. '정진 · 선정'은 '지혜 · 자비'를 모두 배양하는 것이죠. '노력'(정진)과 '마음의 평정'(선정)이 없이는 지혜도 자비도 배양되지 않으니까요. 그러니 6바라밀만 잘 닦으면 우리 마음속에 '지혜 · 자비'는 나날이 자라나게 될 것이며, 그것을 방해하는 번뇌인 '무지(지혜의 발현을 방해함) · 아집(자비의 발현을 방해함)'은 나날이 세력을 잃어갈 것입니다."

학문하기'는 '참나 각성'을 바탕으로 '몰입사고'를 하면서, 6바라밀의 부단한 실천을 통해 해당 학문을 정성껏 닦아가는 것이라고 말할 수 있다. 이러한 학문하기에서는 학문과 수행(수양)이 별개의 것일 수가 없다.

이제 원효철학의 '일심·화쟁·무애'를 윤홍식의 양심철학의 관점에서 종합적으로 정리해보자. 우선 '동서양을 통틀어 인문학의 핵심'은 '양심이 답이다!'라고 천명하는, 매우 대승적인 양심철학은 원효 화쟁의 목적이라는 '귀일심원 요익중생'의 현대 인문학적 재해석이라고 말할 수 있다.[57] '불교 이론에 관한 쟁론들'이 그 대상이었던 '원효의 화쟁'과 달리, 현대의 '원효적 화쟁'의 대상들은 학문적 주제들을 포함하여 그 주제들이 무척 다양하다. 이에 따라 '일심·화쟁·무애'와 이들의 관계에 대해 지금까지의 화쟁 관련 연구들에서와는 다른 새로운 실천적 이해가 필요한데, 윤홍식의 '양심철학'은 우리에게 그러한 한 방향을 제시하고 있다. 이효걸(2002:30-2)은 화쟁의 구체적 실천으로 '귀일심원에 중심'을 둔 '지관 수행'과 '요익중생에 중심'을 둔 '보살행 수행', 특히' 6바라밀을 기반으로 한 10바라밀'을 제시한 바 있는데, '귀일심원 요익중생'은 윤홍식이 설명하는 6바라밀의 닦음 안에 아우를 수 있다. 지관 수행은 선정·반야바라밀에, 화쟁은 반야가 중심이 되는 6바라밀의 '합작품'에, 그리고 무애는 6바라밀의 실천을 통한 보살행에 해당되는 것으로 볼 수 있다.[58] 말하자면, 원효철학의 '일심·화쟁·무애'가 구체적 실천의 관점에서는 양심철학의 6바라밀행에 모두 포괄되는 것이다. '화쟁이 근원적이고도 자연스럽게 가능'할 수 있는 길로 박태원(2011)이 제시하는 '두 유형의 노력과 성취의 길'인 '이지(理智)의 길'과 '선(禪)의 길'도 '양심선(禪)에서는 하나의 길이 된다.

---

57 이효걸(2002:26)은 '화쟁의 목적에 귀일심원의 다른 측면인 요익중생을 명제화시킨 것은 원효사상의 특징이자 진수라고 할 수 있다'고 말한다. '요익중생 그 자체가 바로 화쟁의 참된 정신이기 때문'이라는 것이다.

58 박범철(2009:336)은 '원효의 무애행'이 '개인적인 차원에서 보면 깨친 이의 자유로운 행적으로 볼 수 있지만, 대중을 상대로 한 교화라는 점에서 상구보리(上求菩提), 하화중생(下化衆生)을 실현하는 보살행이라고 할 수 있다'는 견해를 피력한다.

윤홍식(2014h)은 '영성지능'이 '양심지능'이고 '철학지능'이라고 말한다. 이는 양심지능이 인의예지와 6바라밀의 상황적인 자명한 이해와 닦음의 실천 노력에 따라 높아질 수 있음을 의미한다. 《중용》의 5가지 방법인 '박학, 심문, 신사, 명변, 독행', 즉 ① 널리 배우고(博學), ② 세밀하게 질문하며(審問), ③ 신중하게 생각하고(愼思), ④ 명확하게 분별하며(明辯), ⑤ 독실하게 행동하는 것(篤行)은 '학문연구법'이기도 하지만,[59] 윤홍식(2015b:89-91)에 의하면, 에고의 '양심계발법'이기도 하다. 화쟁적 학문하기에서는 이러한 '학문사변행'뿐 아니라, 박태원(2011)이 말하는 것과 조금 다른 의미에서 화쟁 실현의 '보편 원리'로 볼 수 있는 다른 것들도 적극 활용할 필요가 있다. 윤홍식(2005:75-7)이 말하는, 맹자의 인의예지 4단에 입각한 '대아적 역지사지', 공자의 '서'(恕), 예수의 '황금률'이 그러한 것들이다. '내가 당하기 싫은 것을 남에게 가하지 말라'는 《논어》의 '서'(恕)를 윤홍식(2015a:222)은 '인의예지신'의 '5가지 양심을 실천하는 것일 뿐'이라고 말한다.[60] 윤홍식(2015b:98)에게는 '남에게서 대접받고 싶은 대로 남을 먼저 대접하라'는 예수의 '황금률'도 '서'(恕)와 동일하다. 공자의 '서'(恕)는 정의 차원의 것이고 예수의 '황금률'은 사랑 차원의 것이라는 구분을 할 수도 있지만,[61] 양자를 한 '황금률'의 양면으로 볼 수도 있지 않을까? 사랑과 정의가 어우러진 이 '융합 황금률'이야말로 진정한 황금률일 것이다. 적어도 이 황금률에 관한 한, 유교·불교·기독교 등의 진리가 서로 다르지 않다.[62] 윤홍식(2014a)은

59 최성묵(1975:17): "유교, 특히 정주학에서 학문이라 하면 이 같은 博學, 審問, 愼思, 明辯, 篤行의 다섯 가지 전부를 지칭하는 것으로 '이 다섯 가지 가운데서 그 어느 하나라도 빠지면 학문이 되지 못한다'고 정자는 말하고 있다."

60 윤홍식(2015a:222)에 의하면, 이 '5가지 양심'은 '남의 아픔을 함께 아파하는 측은지심(惻隱之心)', '자신과 남이 측은지심을 어겼을 때 부끄러워하고 공분하는 수오지심(羞惡之心)', '남에게 측은지심을 표현할 때 무례하게 하지 않고 매너를 지키는 사양지심(辭讓之心)', '이상의 사단지심(四端之心)을 늘 성실하게 실현하고자 하는 성실지심(成實之心)'을 말한다. '이렇게 5가지 양심을 확충하는 것이 바로 자신을 닦음(修己)'이다(218-9).

61 윤홍식(2013a:106) 참고.

62 모지스(2013:13)는 '황금률은 각 종교마다 거의 똑같은 말로 표현되어 있다'고 지적한다. '모든 종교의 창시자와 깨달음을 얻은 선지자들은 가장 근본적인 종교적 사상으로서 황금

맹자의 '인의예지 4단'도 실은 '황금률'을 풀어놓은 것이라고 말한다. 그렇다면 진정으로 '황금률'의 실현을 적극 지향하는 화쟁적 '사유·언어·수사'는 실제적으로도 일심(참나)의 경지에서 멀지 않을 것이다.[63]

'대아적 역지사지', 공자의 '서'(恕)나 예수의 '황금률'을 바탕으로, 박태원(2011)이 말하는 화쟁의 세 '보편 원리', 즉 '1) 인간의 진리탐구적 노력들을 긍정적으로 포섭하라, 2) 각 주장들의 일리(一理)를 포착/변별하여 포섭하라, 3) 화쟁의 언어관을 수립하라'를 실천하면, 화쟁의 실현 가능성도 그만큼 높아질 것이다. 우리가 '대아적 역지사지', 공자의 '서'(恕)나 예수의 '황금률'에 기반하여, '다양한 분야의 학문과 이론들의 섭렵', '통합적으로 파악한 학문의 계통적 분류와 체계화', '감성적 영역이 겸비된 실천'이라는 원효 학문의 원리들을 실천하려고 노력하면, 화쟁적 학문하기의 실현 가능성도 그만큼 높아질 것이다. 또한 우리의 사유 · 언어 · 수사가 '대아적 역지사지', 공자의 '서'(恕)나 예수의 '황금률'에 기반하여 이루어지도록 애쓴다면, 우리가 학문과 일상에서 화쟁적 통찰력을 발휘할 가능성도 그만큼 커질 것이다. '정혜쌍수'가 윤홍식의 양심철학에서 '몰입'과 '몰입사고'로 재해석된다는 점을 고려하면, 화쟁적 학문하기는 '몰입'과 '몰입사고', 중용의 '학문사변행'에 기반한, 학문에서 6바라밀과 '경인의예지신', 즉 '양심선(禪)'의 적극적 실천으로 해석될 수 있다. 처지와 역량 등에 따라 그 정도가 물론 다르긴 하겠으나, '양심선'에 기반한 화쟁적 학문하기는 학문적 '자리이타', '요익중생'을 지향하는 것이고, '양심선'에 기반한 사유 · 말 · 행위는 화쟁적 사유 · 말 · 행위를 실천하는 것이라고 말할 수 있다.[64] 이러한 '양심선(禪)'의

률을 직접 언급했다'는 것이다.

63 베이치(2014:113): "우리가 스스로 대접받길 원하는 대로 다른 사람들을 대접하도록 권고받는 이유는, 사실은 그들과 우리가 근본적으로 동일한 존재의 현현들이기 때문이다. 대접받길 원하는 대로 대접함으로써, 우리는 우리가 서로 분리된 존재들이라는 착각을 점차 약화시키고 일체(oneness)로서의 근원적 자각을 강화하게 된다. 따라서 황금률을 따르라는 충고는 무슨 고매한 목적 때문이 아니라, 그것을 통해서 우리 자신의 가장 중요한 진실을 재발견할 수 있기 때문이다."

64 윤홍식(2013b:137): "반야바라밀로 진리를 자명하게 하고(진), 보시 · 지계 · 인욕 · 정진 · 선정바라밀로 올바른 선을 구현하며(선), 6바라밀의 전체적인 구현을 통해 삶 전체를 아

실천이 원숙해질수록 화쟁적 학문하기도, 화쟁적 사유 · 말 · 행위도 원효의 학문과 화쟁의 깊이와 품격에 근접하는 것이 될 수 있을 것이다.

6. 번역인문학, 소통, 수사

번역이 언어 간 소통, 문화 간 소통, 사람들 간 시공간적 소통을 지향하듯이, 번역인문학은 인문학번역을 통해 다양한 언어문화들과 광의의 인문학 분야들의 학제적 소통을 적극 지향한다. 그러한 의미에서 번역인문학은 '소통인문학'이기도 하다. 이왕주(2001:31)는 학문의 위기에 대해 '방법의 위기가 아니라 소통의 위기'라고 진단한다. '마치 공장 분업제처럼 갈래갈래 쪼개진 학문들은 총체성의 단서들을 잃고 각자 동굴처럼 고립된 공간 속에 유폐되어 있다'는 것이다. 그는 '완강한 동굴벽의 불투명성에 틈과 균열들을 만들어 그것으로 안과 바깥이 통풍되는 학제적 소통을 제안'한다. 그가 생각하는 것은 '학적 탐구 이념이 수정'되고, '발문의 방식도 바뀌'고, '글쓰기의 전범 또한 환골탈태'되는 '소통인문학'이다. 번역인문학은 그러한 의미의 획기적인 '소통인문학'을 바라는 것은 아니다. 그렇지만 번역을 통해 인문학을 중심으로 다양한 학문 분야들 사이의 학제적 소통을 모색하고, 이를 인문학의 '번역학적 전환'의 계기로 삼고자 한다는 점에서 번역인문학도 하나의 소통인문학이다. 이왕주(2001:35)는 '다른 세계와 소통할 수 있으려면 문법이 바뀌어야 하고 문법이 바뀌려면 모국어의 바깥에 나서보아야' 한다고 말한다. 우리 인문학도 세부 학문 분야들 간의 새로운 '소통의 문법'으로 번역을 다시 생각해보아야 한다.

우선 인문학의 중심 분야들인 문학 · 사학 · 철학의 연구자들부터 번역이 자신의 분야의 핵심 문제의 하나임을 직시하고 보다 큰 관심을 가져야 한다. 문학 분야에서는 《영미명작 좋은 번역을 찾아서》 1, 2권, 고려대 '프랑

름다운 꽃으로 승화시키는 것(미), 이것이야말로 진정한 인간의 길, 보살의 길이라 할 것입니다."

스 명작소설 번역평가연구단' 연구[65]를 비롯한 다양한 반성적 성찰의 연구들이 진행되었다. 철학 분야에서는 《시대와 철학》의 2003년과 2005년의 두 특집을 비롯하여 전호근·김시천(2010) 같은 단행본도 나와 있으며, 번역에 대해 성찰하는 개별 논문들도 적잖이 눈에 띈다. 역사 분야에서는 한국고전번역원의 대규모 작업들을 비롯하여 박상익(2002a)과 박원호(2006)의 연구번역 등이 두드러진다. 이러한 번역 관련 연구들은 더욱 활성화될 필요가 있다. 특히 분야들 간의 횡단적 연구가 절실히 필요하다. 우리 인문학에서도, 이미 여러 언어로 번역된, *Guidelines for the Translation of Social Science Texts*(2006)[66] 같은 공동 연구들이 다양한 규모로 이루어지는 것이 필요하다.[67]

번역소통에서는 윤리 측면도 고려되어야 한다.[68] 베르만(1995)의 번역비평적 관점에서는 '문자번역'이 '더 좋은' 번역이고 '윤리적' 번역이지만, 우리 개화기의 '번안적 번역'도 당시 독자들의 '계몽을 위한' 나름의 '윤리적' 번역이라고 말할 수 있다.[69] 원텍스트에 '충실한' 번역만 '윤리적' 번역이 아닌 것이다. 민영진(2013:137)은 《신약성서》의 그리스어 'logos' 번역에 대해, '신적 존재와 직결되는 그리스어 logos가 한자 문화권에서 道로 번역되었다는 것은 신비롭고 기이하다'고 감탄한다. '오히려 그리스어 원문보다 그것이 나타내려고 하는 실재를 더 잘 말하고 있기 때문'이라는 것이다. 원문이 나타

65 이영훈(2010) 참고.

66 하임/티모우스키(2006)가 편집책임자들이다; 이 텍스트의 불어 번역자인 퐁샤랄(2006)은 이 제목을 '*Recommandations pour la traduction des textes de sciences humaines*'라고 옮기고 있다. 직역하면 '인문학 텍스트 번역을 위한 권고' 정도가 되는데, 'Social Science'를 'sciences humaines'라고 옮기게 된 이유부터 살펴보아야 할 것이다.

67 전성기(2012b, 2012c) 참고.

68 윤성우(2015)는 '윤리'를 '도덕'과 대비하여, 전자는 '좋은(나은) 것', '더 좋은(나은) 것', '가장 좋은(나은) 것' 등에 대한 가치 지향을 의미하는 것으로, 후자는 '해야 할 것', '해서는 안 될 것' 등과 관련되는 것으로 본다. 양자가 엄밀히 구분되는 것은 아니나, '…을 위해'는 윤리의 영역에, 의무나 금지, '지켜야 할 규범'은 도덕의 영역에 속하는 것으로 대비시키는 그는 윤리의 핵심을 '타자'에 대한 존중이라고 말한다.

69 조재룡(2011c) 참고.

내고자 하는 '실재의 재현'의 관점에서는 '도'(道)라는 '의역'이 오히려 '충실한' 번역이고, '윤리적' 번역이라는 말이다. 윤성우(2003:159)는 리쾨르에게 '보다 온전하고, 확장된 개념 내지 윤리적 지향'은 '정의로운 제도들 속에서 타인과 더불어 그리고 타인을 위하여 좋은 삶(la bonne vie)을 지향하는 것'이라고 설명한다. 번역인문학은 이러한 리쾨르의 '윤리적 지향'의 관점에서 '더 좋은' 번역(비평) 혹은 '가장 좋은 번역(비평)'이 어떠한 것인지 다시금 깊이 성찰해볼 필요가 있다.

오늘날의 사회에서 거의 '디폴트 모드'가 되어 있다시피 한 '정복의 수사'나 '바꿈의 수사'[70]가 '나'에 초점이 맞추어진 입자적 수사와 표층학문적 사유가 선호하는 양식이라면, '우리 모두'와 '더불어 살기'를 지향하는 '초대의 수사', '화쟁적 수사', '인의예지 수사'와 '6바라밀 수사'를 아우르는 '양심선(禪) 수사'와 같은 '파동적 수사'들은 '심층학문'적 사유가 선호하는 양식들이다.[71] 다양한 이론들이 서로 갈등을 빚고 있는 인문학 분야들에서 화쟁적 사유와 수사는 속깊고 폭넓은 소통을 위해 매우 중요하다. 김원명(2008b:12)은 우리가 지금 '말과 글 그리고 역사와 문화 배경이 다른 서양'의 '비판적 글쓰기', '설득의 수사학', '논리적 글쓰기'를 배우고 있는데, 그 대신 '회통 글쓰기'와 '화회 글쓰기'를 하자고 제안한다. '비판·설득'보다는 '공감적 소통'을 지향하자는 것이다. 달리 말하면, 깊이 '역지사지'하자는 것이다.[72] 번역인문학의 진정한 인문적 소통을 위해서는 서양의 것들을 포용하는 화쟁적 사유와 수사, 탐구의 논증을 통한 심층학문을 지향할 필요가 있다. 심층학문에서는 진리 추구와 사회적 공헌이 둘이 아니어야 할 것이고, 그 언어도 '화쟁적 언어'를 추구해야 할 것이다.

---

70 포스/포스(2003:7) 참고.

71 전성기(2009c, 2010a) 참고.

72 박재주(2007a:217): "인(仁)과 함께 유가윤리의 핵심적 원리를 이루고 있는 '충서'는 입장을 바꾸어 생각함[易地思之]을 의미한다. 공감이 동정심이나 연민의 감정을 느끼게 하는 힘이나 작동원리인 것처럼, 충서도 사람(=나 자신과 남)을 대하는 형식적인 도덕원리(formal moral principle)에 해당한다. 이 원리 자체는 '거짓말 하지 말라'와 같은 어떤 구체적인 내용을 가진 규범이 아니라 도덕적 판단을 내리는 방식을 제시할 뿐이다."

인문학의 위기가 주요 사회적 담론이 되어 있는 지금, '화쟁적 학문하기'는 우리 인문학의 하나의 '새로운 소통의 전망'이 될 수 있다. 우리 인문학번역의 현재는, 제문론적으로 보면, 인문학번역과 관련된 질문들에 대한 우리 인문학번역자들의 의식적 무의식적 답들이 거의 무질서하게 집적된 결과이다. 그런데 이러한 결과에 대한 문제제기가 제대로 되어 있지 않고, 문제들에 대한 공감대 형성도 잘 안 되어 있는 것이 현재의 우리 상황이다. 척박하고 열악한 우리 인문학번역 상황의 근본적 개선을 위해 기획된 번역인문학에서, 그 토대인 학제적 번역학과 소통의 대상인 인문학 분야들의 상호적 반조는 번역학의 필요성에 대한 인식의 제고, '소통 양식'[73]의 개선을 넘어 '화쟁적 인문학'을 전망하게 한다. '화쟁적 인문학'의 지평에서는 다양한 분야의 다양한 목소리들을 에고초월적 관점에서 어떻게 화쟁적으로 소통할 것인가가 중요한 과제이다. 화쟁적 학문하기에서 화쟁은 화쟁적 사유, 화쟁적 수사, 화쟁적 글쓰기[74] 등 다양한 모습으로 나타날 것이나, 인간의 '가치', '향기', '무늬'의 조화를 추구한다는 점에서는 공통적이다. '사랑과 정의의 황금률', 유교의 '인의예지신'이나 대승불교의 '6바라밀' 등의 적극적 실천은 화쟁적 사유·수사·글쓰기의 좋은 방향이 될 수 있을 것이다.

원효는 '일심·무애'와 불가분한 화쟁과 '소통론으로서의 화쟁론', 그의 '화쟁적 학문'[75]을 통하여 우리에게 '화쟁적 학문하기'의 길을 보여주고 있다. 우리들 대부분에게는 불학적 깨달음 자체도 자명하지 않지만, 학문적 깨달음에서도, 몇몇 연구자의 탁월한 안내에도 불구하고, 아직 모호하고 불분명한 점들이 적잖이 남아 있다. 메네 신부(2009:13)에 의하면, 성경의 수사는 설득과 증명의 수사가 아니라 '에니그마의 수사'이다. 그는 성경의 수사를 그리스적 수사와 대비하여, '그리스적인 것은 증명하고, 유대적인 것은 제시한다(Le grec démontre, le juif montre.)'고 말한다. 그리스적인 것은 설득하려 하고 자신의 사유 방식을 강요하려 하나, 유대적인 것은 청자

---

73 포스/포스(2003:4-7)에게 '수사 양식'은 '소통 양식', '커뮤니케이션 방식'이다.

74 이진오(2000), 김원명(2008b) 참고.

75 박재현(2001) 참고.

나 독자가 스스로 진리를 발견할 수 있을 것으로 확신하며, 길을 제시한다는 것이다.[76] 성경의 수사는 '독자가 이해하기 원하고 수수께끼를 풀고 싶다면 택할 수 있는 하나의 길을 제시하고 있다는 것'이다. 원효가 '제시'한 '화쟁의 사유와 수사'를 어떻게 이해하고 실천할 것인가 하는 문제도, 적어도 우리가 원효의 '일심·화쟁·무애'를 온전히 깨쳐 터득하기 전까지는, 오늘의 우리가 풀어가야 할 하나의 '에니그마의 사유와 수사'이다. 원효가 찾은 길, 그가 걸었고, 그가 제시한 길에 공감한다면, 우리는 그 길을 가기를 선택할 수 있다. '화쟁적 학문하기'는 말하자면 그러한 선택으로의 '초대'이다.

⁂

번역인문학은 '인문학의 위기'와 '척박한 번역문화'라는 깊이 연관된 문제들의 해결을 위해 우리 인문학의 '번역학적 전환'을 모색하는 하나의 시도이다. 이러한 '번역학적 전환'을 포용할 만한 기존 틀이 없기에, 번역과 관련된 학제적 탐구가 토대가 되는 번역인문학이라는 횡단인문학적 탐구를 모색한 것이다. 다른 어느 분야 못지않게 논쟁적인 번역학 관련 담론들을 살피는 과정에서 '원효의 화쟁적 학문'이 하나의 '학문적 원형'으로 여겨졌고, 특히 일심에 기반하여 다양한 이설들과 논쟁들을 소통·회통시키는 '화쟁' 개념, 넓이와 깊이를 아우르는 그 실천[77]이 깊이 마음에 와닿았다. 번역인문학은 '일심·무애'와 불가분한 이 화쟁의 원형적 의미의 이해나 체득의 정도에 따라서도, 번역의 대상이나 목적 등에 따라서도, 다양한 모습들로 나타날 수 있다. 그리고 실제로도 '원효적 화쟁' 연구들이 다양하게 시도되고 있

---

76 메네(2013:26)는 하느님께서 '우리 모습을 닮은 사람을 만들자' 하시고, '당신의 모습대로 사람을 지어 내셨'는데, '모습'을 만드신 것은 하느님이나, '닮도록' 하는 것은 인간에게 주어진 몫이요, 하느님의 '최상의 선물'이라고 말한다. 메네는 그래서 유머러스한 영불 번역투로 'la loi du *fifty-fifty*'(50 대 50의 법칙)를 주장한다. 신은 존중과 신뢰를 보이신 것이고, 인간은 책임과 더불어 존엄성을 가질 수 있게 된 것이다. 양측이 '자유(의지)'를 가진 것이기에 저자는 '연대의 논리'(la logique de l'"alliance')를 주장하는-것이다.

77 박태원(2013d) 참고.

으나, '원효의 화쟁'과의 '거리 교섭' 문제는 깊이 고려되지 않고 있는 것으로 보인다. 화쟁적 학문하기는 지금으로선 하나의 탐색적 시안이기에, 인문학의 광범위한 학문적 실제들을 아우르는 보다 깊은 천착이 요구된다. 화쟁적 학문하기는 우리 인문학의 새로운 패러다임이 될 뿐 아니라, 인문적 '가치', '향기', '무늬'를 새로이 일구는 하나의 좋은 계기가 될 것으로 기대된다.

오늘의 번역 관련 연구들은 관련 분야들이 번역인문학을 옹호하고 선양하는 방향으로 이루어질 수 있는 다양한 다량의 연구 자료들을 제시하고 있다. 번역인문학은, 이러한 자료들을 충분히 활용하여, 다양한 인문학 분야들이 번역이란 공통 주제를 가지고 번역에 대해 성찰적으로 대화하고 소통하는 하나의 큰 장이 되어야 한다. 번역인문학은 인문학 분야들의 학문적 소통을 넘어 대중의 생각, 삶과도 깊이 소통하는 '소통인문학'이 되어야 할 것이다. 원효가 '제시'한 '화쟁의 사유와 수사'는 일종의 '에니그마의 사유와 수사'로서 현재 그 이해와 실천이 매우 다양하게 나타나고 있다. 우리는 번역인문학과 화쟁적 학문하기의 바람직한 모습을 동서양의 주요 인문 고전들을 깊이 회통시키고 있는 윤홍식의 '양심철학'에서 찾아볼 수 있다. '몰입'과 '몰입사고', '학문사변행' 연구법에 기반한 6바라밀(혹은 경인의예지)의 사유 · 수사 · 글쓰기는 화쟁적 학문하기의 하나의 좋은 탐구 방향이 될 수 있을 것이다. 이는 곧 '자리이타', '요익중생'의 학문적 실천 방향이기도 하다. 우리의 번역문화(文化)는 이러한 실천 과정을 통해 번역문화(文禍)의 소용돌이를 벗어나 진정한 의미의 번역문화(紋和)를 이룰 수 있게 될 것이다. 우리 사회가 갈등의 '지식기반사회'를 넘어 소통의 '지혜기반사회'로 나아가야 하는 중요한 시점에 와 있는 지금, 우리 인문학은 '화쟁적 인문학'으로의 패러다임 전환을 적극 모색할 필요가 있다.

제2장 제문론, 인문학번역, 번역인문학

'번역은 거인국, 인문학은 소인국'. 어느 일간지의 한 시론 제목이다.[1] 그러나 우리 번역이 양적으로만 '거인국'이지 질적으론 '소인국'이나 다름없다는 것이 아마 일반적인 평가일 것이다. 우리가 지면이나 온라인에서 보는 대개 거칠거나 혹독한 번역비평들은 거칠고 조야한 우리 번역문화의 자화상이다. 인문학번역 전반에 대한 평가도 이와 별반 다르지 않다.[2] 평자마다 그 표현은 다를지라도 대부분 매우 비판적이거나 부정적이다. 인문학에서 여타 문화선진국들에 비해 번역 의존도가 월등히 높은 우리의 경우, 인문학번역이나 번역 일반에 대한 인문학적 반성적 성찰은 언어문화 간 소통의 '거인국'으로의 발돋움을 위해 필수적 과제이다. 하지만 인문학번역을 고도의 지적인 복합적 성찰을 필요로 하는 주요 문제로 보고 이에 대해 탐구하려는 학술적 분위기는 아직 조성되어 있지 않다. 우리 인문학의 중심 뿌리라 할 수 있는 인문학의 번역 문제가 이처럼 인문학의 주요 문제로 탐구되고 있지 않다는 것은 심각한 문제이다.

번역인문학은 이러한 문제의 해결을 모색함과 동시에 우리 인문학에 하나의 새로운 '패러다임 전환'의 가능성을 제시하기 위한 하나의 시도이다.

1 한기호, 《동아일보》 2008.3.18.

2 박상익(2002b, 2006) 참고.

번역인문학이 인문학번역의 모든 문제를 해결할 수 없다 해도, 적어도 주요 문제 해결의 중요한 계기는 될 것이다. 번역인문학은 '더 나은' 인문학번역을 통해 다른 언어문화들, 그들의 인문문화들과 깊은 소통과 교감을 하기 위한 소통 차원의 탐구이다. 중요한 것은 인문학번역과 관련된 많은 연구자들이 생각이 서로 다를지라도 인문학번역에 대한 공통의 '문제의식'을 갖는 것이다. 답이 아니라 우선 질문을 공유하는 것이다. 공유된 질문으로부터 '답들'이 다양하게 나올 수 있고, 이들로부터 다시 새로운 질문의 공유를 시도할 수 있다. 문제의식의 공유도 질문의 공유로부터 시작된다. 전호근·김시천(2010:21)은 '우리는 〈번역〉 과정 자체가 새로운 전통을 만드는 과정이었고 이는 전통 학문을 변용시키는 과정, 즉 〈근대의 수용〉과 전혀 뗄 수 없는 관계에 있음을 보여'준다고 말한다. 번역인문학은 우리 인문학의 번역들에 대한 메타적 성찰을 통해 우리 인문학의 '변용'과 '도약'을 기대한다.

1. 제문론, 질문의 철학

메이에르(2012:9)는 '수사학은 언제나 이데올로기들이 붕괴될 때 다시 태어난다'고 말한다. '확신의 대상이었던 것이 문제제기적으로 되어 논의의 대상이 되는 것'이다.[3] 타자를 설득하려거나 적어도 매료시키려는 그러한 커뮤니케이션 사회에서는 동의와 컨센서스의 구축에 고심하는 수사학이 득세한다. 저자는 인문학이 논거·이유·동기들이 아니라 '증거들'을 제시하는 경우는 드물다고 말한다. 자신이 옳다는 것을 '증명'할 수 없으니 설득을 위해 논거들을 제시할 수밖에 없다는 것이다. 역사를 하건 법을 하건 고전텍스트를 해석하건 정신분석을 하건 겸허해질 수밖에 없는 것이다. 한마디로, 도처에서 '레토릭'을 접하게 되는 것이다.[4] 이는 가히 '수사학적 전환'[5]

3 이러한 점에서 메이에르(2012:9)는 우리 시대를 '수사학의 위대한 두 시기였던 고대 아테네의 민주주의 도래 시기와 이탈리아의 르네상스 시기'에 비견한다.

4 메이에르(2009a:45).

5 'Rhetoric'이나 'rhétorique'는 '수사'로도 '수사학'('수사법)으로도 번역된다.

이라 불릴 만하다. 턴불(2004:210)은 '일반적 수사학적 전환'을 말한다. 수사학은 가치들의 안정적 체계들이 파괴되고 새로운 체계들이 기존의 것과 공존하는 시기에 나타난다는 것이다.

'수사학(법)'은 고전적인 '설득의 기술'에서 '말 잘하는 법', 미사여구, 즐겁게 하기, 유혹, 조종 등에 이르기까지 매우 다양하게 쓰여왔다. 이러한 '수사(학)'의 다양한 관점들을 하나로 묶어 설명할 수 있겠는가? 메이에르는 자신있게 그렇다고 답한다. 바로 '묻기'(questionnement)에 입각한 자신의 '제문론'(提問論, problématologie)이 그 방법이라는 것이다. 그에게 '수사'는, 일상생활에서 일어나는 문제들 거의 대부분이 그렇듯이, 유일한 해결책을 가지지 못하는 문제들에 답하는 하나의 '기법'이다. 그는 '수사'를 주어진 문제에 대한 주체들 간 '거리 교섭'으로 정의한다. 이는 로고스뿐 아니라 에토스와 파토스 모두가 관련되는 교섭이다.[6] 문제를 중심으로, 언어뿐 아니라 화자(저자)와 청자(독자)가 모두 관련되는 교섭이다.

카릴류(1996:71)는 제문론을 랑가주의 새로운 '이론'이고, 수사학의 새로운 '개념'이며, 철학의 새로운 '해석'이라고 그 전반적 성격을 잘 요약한다. 턴불(2007:349)에 의하면, 미셸 메이에르의 제문론은 사고의 '새로운 패러다임'이기도 하다. 고든(1991:70-1)은 제문론에 대해 네 가지 기본적 전제를 제시한다. 첫째, 제문론의 핵심 출발점은 담론에서 질문들과 답들 사이에 존재하는 역동적 관계에 대한 강조이다. 둘째, 제문론에서는 학문적 탐구의 방법들로서 '제문적 답들'(réponses problématologiques)이 '응답적 답들'(réponses apocritiques)에 우선한다. 셋째, 제문론은 의미·맥락·지시에 초점이 맞추어져 있다. 넷째, 제문론은 질문 문제에 대한 기본적 관심 때문에 수사의 논증 중심 이론을 사용하지만, 명제 모델은 이를 거부하고 인식적 기법 혹은 학문으로서의 소통을 권장한다.

제문론의 독창성은 '묻기' 자체에 대한 탐구에서 비롯된다. '묻기'는 메이에르의 '제문론'의 토대가 되는 개념이자 원리이다. 메이에르는 문제제기적

---

6 메이에르(2005b:42).

일 수밖에 없는 철학이 답하기의 모델로 '과학적 답하기'를 추구하면서 철학의 '본성'을 그르쳤다고 비판한다.[7] 이러한 지적은 번역학을 비롯한 인문학 전반에도 상당 부분 해당될 것이다. 방법의 엄밀성이 문제제기에 우선하는 것은 선후가 뒤바뀐 것이다. '과학 모델'이 적용되지 않거나 적용이 어려운 경우들의 연구를 방법론의 이름으로-오랜 기간 동안 그래왔듯이-인문학 연구에서 제외된다면, 이는 실로 본말의 전도가 아닐 수 없다. 인문학에서 인간이, 번역에서 번역자가 홀대받는 것 역시 본말의 전도이다. 이제 인문학은 '과학적 답하기'가 어려운 문제제기의 가능성들을 '과학'의 이름으로 배제하기보다, 문제 중심의 인문적 사유로 '인식의 전환'을 해야 할 것이다.

철학은 '근본적 질문을 하는 분야'인데,[8] 제문론은 '묻기'라는 가장 근본적인 것을 출발점으로 삼고 있으니, 분명 '질문의 철학'이다.[9] 그런데 담론이 '물리적 폭력'에 대한 대안들로서 택하는 여러 모습인 이성, 매료, 정신적 압박이나 자연적 권위 등이 모두 수사학의 영역에 속하므로 제문론은 핵심적으로 '수사학의 철학'이라고 단블롱(2007:368)은 설명한다. 메이에르(2010:429)는 수사학은 철학에 속하며, 철학의 가장 두드러진 영역의 하나라고 주장한다. 제문론은 이러한 '새로운 철학'에 주어진 이름이다. 여기서 사고는 질문과 대답들, 즉 문답들로 이루어진다. 이러한 '문답'은 제문론의 핵심적 개념이자 제문론적 관점에서 언어의 핵심이기도 하다. 제문론은 두 가지 답을 구분한다. 하나는 '제문적 답'이고, 다른 하나는 '응답적 답'이다. 전자는 문제되는 것을 나타내는 답이고, 후자는 해결책을 내보이는 답이다. 이 답들은 고정된 것이 아니다. 하나의 동일한 발화가 응답적 답이 될 수도 제문적 답이 될 수도 있지만, 동일한 문제에 대한 답은 아니다. 응답적 답도 문제제기적으로 되는 순간 하나의 '제문적 답'이 된다. '제문적 차이'는 이러한 '문답의 차이'를 말한다.

여기서 중요한 것은 하나의 답이 어떤 문제에 대해 최종 해결책이 아니라

---

7 턴불(2007:350).

8 단블롱(2007:365).

9 단블롱(2007:365)에게 '묻기'는 인간의 '인류학적 기준'이기도 하다.

다른 질문들이 제기되게 하는 계기가 된다는 것이다. 묻고 답하기가 지속되는 것이 제문론의 중요한 성격이다.[10] 턴불(2005:197)에게 제문론은, 간단히 말하면, 어떠한 답도 절대적이 아니고 어떠한 답도 질문의 대상이 될 수 있기에 어떠한 앎도 절대적이 아님을 뜻한다. 이는 인문학번역에 대해서도 번역인문학에 대해서도 중요한 함의를 가진다. 메이에르에게는 학문 자체가 부단한 문답 과정이다.[11] 사실 학문적으로는, 특히 인문학에서는, 번역에서도 번역학에서도 그렇지만, '궁극적 답'이란 것이 좀체로 설정되거나 인정되기 어렵다. 하나의 답을 추구하는 자연과학의 답도 새로운 실험 결과에 의해 문제시되지만, 다양한 답들이 제시되고 인정되고 있는 번역과 번역학을 포함하여 인문학의 경우는 더더욱 그러하다. 인문학번역에서 지금까지의 언어 간 문화 간 소통을 반성하며 더 깊은 소통, 더 깊은 이해를 도모하고자 한다면, 지금까지의 관행이나 연구에서 당연시되던 것들, 질문의 여지가 없어 보이던 것들도 새롭게 질문의 대상이 되어야 한다. 다양한 답들을 인정하는 수사학과 해석학은 이러한 모색에 좋은 길잡이도 되고 유용한 탐구방식도 될 수 있다.

질문은 논증과정에 근본적인 것이다. 문제를 제기하는 것은 논증하는 것이다. 논증은 답들을 문제제기적으로 만드는 과정으로 이해될 수 있다. 이는 답들에 내재하는 질문들을 인지하는 것이다. 제미슨(1991:64)에게 논증을 이해하는 것은 '명제 모델'을 파기하는 것이다.[12] 하나의 단언이 도전받는다는 것은 의문이 제기된다는 것이다. 그러니까 '어필 가능성'이 있다는 것인데, 이는 형식논리학에는 없는 것이다.[13] 제문론은 논증에서 답보다 질문을 중시한다. 아벨(2000:166-70)은 해석학에 예전 답들에 대한 재해석의 윤리적 책임이 있는데, 이 윤리의 핵심은 '상상 게임'에 기반해 있다고 말한

10 고든(1991:70).

11 메이에르(1979) 참고.

12 메이에르를 비롯한 여러 학자들이 제문론을 결과만을 고려하는 '명제주의'와 대립시켜 고찰한다.

13 제미슨(1991:66) 참고.

다. 이 '상상 게임'에서는 상대의 입장에서 상대의 관점과 하나되는 시도를 부단히 해야 한다. 상대의 관점을 내것으로 끌어들이기 위해서가 아니라, 하나의 가능한 해석으로 그리고 경청의 가치가 있는 것으로 '맞아들이기' 위해서이다.[14] 그렇지 않다면 나의 '상상'은 한낱 투사에 지나지 않는다.

해석학은 이러한 '상상 게임'의 과정을 통해 타자의 가능성을 내 안에 받아들이는 '책임'이라는 묵직한 개념을 그려보인다. 이것의 드러난 규칙은 한마디로 '역지사지'하는 것이다. 이때도 전면에 등장하는 것은 답이 아니라 문제이다. 공유된 질문이 책임을 진 주체의 정체성에 이타성이 자리할 여지를 마련해준다. 즉, 자신의 관점의 한계들을 넘어 타자의 관점들을 포용하도록 해준다. 그렇지 않다면 '진정한 대화'라는 말을 하기 어려울 것이다. 해석은 우리가 추구해야 할 '윤리적 과제'라고 아벨은 천명한다. 자신의 해석의 특수성과 한계들을 인정하고 다른 역사적 현대적 해석들을 받아들이는 이 윤리만이 주어진 해석들 사이의 분리들을 넘어 이들 해석들을 공통의 질문으로 이끌어가게 해준다는 것이다.[15] 인문학번역도 인문(학)적이기 위해 이러한 해석의 '윤리적 과제'를 안고 있다. '역지사지'는 번역인문학에서 매우 중요한 해석의 과제이자 하나의 윤리적 과제이다.[16]

메이에르가 '수사'를 주어진 문제에 대한 주체들 간의 '거리 교섭'으로 정의하는 것은 메이에르의 제문론이 핵심적으로 소통수사학, 커뮤니케이션의 수사학임을 뜻한다. 이 정의에서 '거리 교섭'은 '차이 교섭'으로도 해석된다. '거리 교섭'은 더욱 넓게는 번역학 담론에서 자주 언급되고 있는 타협·

14 이는 포스 · 포스(2003)의 '초대의 수사'(invitational rhetoric)와 맥을 같이 한다.

15 이상은 로비타이유(2005:209)의 아벨(2000)에 대한 해석적 견해이다.

16 강영안(2014:10): "사람은 빵만으로 살 수 없지만 사실에 관한 지식이나 논리적인 사고만으로도 살 수 없습니다. 사람이 타인과 더불어 한 공동체를 형성하고 세계 시민으로 살아가자면 사실에 대한 지식과 논리적 사고 외에도 누스봄이 적절하게 이름 붙인 '서사적 상상력'(narrative imagination)이 필요합니다. 서사적 상상력이란 다른 사람의 이야기, 다른 사람의 감정과 바람과 욕망을 다른 사람의 입장에서 이해할 수 있는 능력을 일컫습니다. 한나 아렌트도 루돌프 아이히만의 재판을 보고한《예루살렘의 아이히만》에서 이것을 일컬어 '남의 입장에서 생각할 수 있는 능력'이라고 불렀습니다. 너무나 평범하고 일상적인 악은 이런 능력의 부재, 곧 '생각 없음'(thoughtlessness)에서 나온다는 것을 아렌트는 지적을 하였습니다."

협의·협상 등을 아우르는 개념으로 이해할 수 있다. 거리 교섭은 그 내용에 따라 그리고 당사자들의 의도에 따라 좁혀질 수도 늘려질 수도, 최소화될 수도 최대화될 수도 있다. 번역은 이상적으로는 거리와 차이의 '최대 근접'을 목표로 삼지만, 통상적으로 하나의 '타협안'으로 만족하는 경우가 빈번하다. 그런데 '최대 근접'에 대한 이해는 번역론들이나 번역학자들 간에 일치를 보지 못하고 있다. 직역이냐 의역이냐, 원천주의자냐 목표주의자냐 하는 해묵은 번역학 논쟁들이 여전히 번역학의 장을 뜨겁게 달구고 있다.

번역에서의 '거리 교섭'은 주로 원텍스트와 번역텍스트에서 이루어지나, 이 '거리 교섭'이 적절히 이루어지기 위해 번역자와 원텍스트, 번역자와 번역텍스트(혹은 번역 중 텍스트) 사이의 '거리 교섭'은 물론이려니와, 번역자와 저자, 번역자와 번역독자 사이 등에 대한 '거리 교섭' 등도 충분히 고려되어야 한다. 타자의 번역을 대상으로 하는 번역평가나 번역비평에서는 거리 교섭이 대개 원텍스트, 번역텍스트(들)와 평자의 생각 사이에서 이루어지지만, '작업 중인 번역'에 대한 자가번역비평에서는 원텍스트와 그 번역에 대한 번역자 자신의 변화하는 생각들 사이의 '거리 교섭'이 될 것이다. 대부분의 인문학 텍스트들에서는 의미의 불확실성이 두드러지고, 그 번역에서도 불확실성이 계속 문제가 될 수밖에 없다. 하지만 불확실성에 대한 '거리 교섭'은 등가 탐구에 대한 장애가 아니라 창의적 해결안이나 타협안의 창출을 위한 적극적 모색의 기회가 될 수 있으며,[17] 번역어에 대해서도 잠재력의 신장이나 발휘의 좋은 기회가 될 수 있다.

2. 인문학과 번역인문학

번역인문학이 어떠한 것인가(또는 어떠한 것이 될 수 있는가) 하는 문제는 '인문학이 어떠한 것인가'라는 문제와 맞물려 있다. 인문학이 자연과학을 모방하고자 하면서 그 방법론에서, 그 '과학적' 접근면에서 상당히 발전한

17 젠센(1992:164) 참고.

것은 사실이다. 언어학의 경우가 특히 그러하지만, 번역학에도 과학적 연구를 지향하는 이론들이 있다. 하지만 이러한 이론들이 번역의 핵심 문제들을 해결할 수 있을까? 누구도 인문학의 '모든' 부분을 자연과학 하듯이 할 수 있다고 명시적으로 주장하지는 않는다. 하지만 자연과학적 연구가 가능하지 않은 분야나 부분들은 인문학에서 각광받는 것들이 아니었거나, 적어도 주요 관심 대상에서 비껴나 있었던 점은 부인하기 어려울 것이다. 그러다 보니 인문학에서 인간이 거의 소외되어 인간의 무늬, 가치, 향기 같은 것들은 말하기가 어려운 실정이었다. 이제는, 특히 우리 인문학의 '위기'가 운위되면서 사정이 상당히 달라졌다. 우리 인문학에서 '사람됨', '인간다움', '인간의 가치' 같은 말들이 주변부에서 중심부로 자리 이동을 하고 있는 것이다. 표현에서도 '인문학'이 '인문과학'에 다소 밀리는 듯한 경향을 보이다 '인문학의 위기'가 사회적 이슈가 되면서 '인문학'에 힘이 다소 더 실리는 듯한 경향을 보이고 있다.

전통적으로 한국에서 인문학은 이른바 문·사·철로 대표된다. 번역인문학의 주요 대상도 일단 이 분야들의 텍스트들, 특히 고전 텍스트들이다. 그런데 인문학 범주가 서양의 인문학 범주와 완전히 일치하는 것은 아니다. 프랑스에서는 'philosophie'(철학)와 'sciences humaines'(인문학)가 자주 분리적으로 제시된다.[18] 인문학도 자연과학 못지않게 지나치게 세분화되는 경향을 보여 '지방분권주의'라는 비판을 받기도 한다.[19] 번역인문학의 과제의 하나는 번역이라는 공통 과제의 탐구를 통해 이러한 '분파주의'를 넘어 인문학의 공통성 내지는 상호관계성을 회복하는 것이다. '번역 시학'(poétique du traduire)은 이 '분파주의'를 넘어서려는 메쇼닉의 시도로서, 번역인문학에 시사하는 바가 적지 않다.[20] 인문학번역에 대해 인문학적 성찰을 하고자 하는 번역인문학은 인문학 전반을 아우르는 학제적 연구이기도 하지만, 특

18 같은 표현이라도 자연과학에서의 'sciences'와 인문학에서의 'sciences'를 동일하게 보는 것은 무리이다; 라드미랄(2006a) 참고.

19 메쇼닉(2007a:22) 참고.

20 전성기(2010b) 참고.

정 분야 연구를 수행할 수도 있다. 예를 들어《영미명작, 좋은 번역을 찾아서》나《시대와 철학》에서 수행한 번역에 대한 연구들은 문학과 철학 같은 분야별 연구들이다. 이러한 분야별 연구들은 상호작용을 통해 시너지 효과를 낼 수 있어야 할 것이다.

번역인문학은 필요에 따라 분야별 연구를 하면서도 전반적으로 각 분야의 개별적 연구들이 서로 깊은 유기적 관계를 가질 수 있도록 연구가 추진되어야 한다. 번역인문학은 문·사·철의 텍스트들뿐 아니라 예술 분야는 물론 정치학 경제학 경영학 법학 등의 사회과학 분야, 나아가 자연어로 이루어진 과학텍스트들에 이르기까지, 원칙적으로 자연어로 된 모든 텍스트들을 그 대상으로 삼는 것이 바람직하다. 다만 분야나 텍스트에 따라 더 유의해야 할 측면들이 다를 수는 있다. 협의의 인문학, 즉 문·사·철에서도 각각 '작품', '기술', '실용'의 측면이 크게 부각되는 경우가 있는가 하면, 이들이 서로 혼합되어 나타나는 경우들도 적지 않다. 문학텍스트에서도 '작품성'뿐 아니라 다수의 전문용어의 쓰임으로 인해 '기술성'이 더불어 두드러지는 경우도 있고, 실용성이 문학성과 더불어 크게 부각되는 경우도 있다. 이는 양상은 다르더라도 광의의 인문학 텍스트들에서도 유사할 것이다. 문학텍스트처럼 '작품성'이 중요한 텍스트들에서는 '문법·작품·번역'의 '회통적 탐구'도 크게 필요할 것이다.[21]

야콥슨의 '시적 기능'이 시에 국한된 것이 아니듯이, 메쇼닉이 말하는 '리듬'이 문학작품에만 있는 것이 아니듯이, '작품성'이 문학텍스트 이외의 텍스트들에서도 상당히 중요한 요소로 작용할 수 있다. 인문학 텍스트 번역에서 그간 소홀히 여겨져 왔던 '작품성'의 적극적 고려가 현재 우리 인문학 번역에서 중요한 과제로 보이지만, 기술성과 실용성의 고려도 결코 소홀히 할 수 없다. 이들에 대해서는 파리 에지트(ESIT)의 '해석번역이론'(TIT)이 유용한 참고 이론이 될 수 있다.[22] 문학텍스트 번역에서, 특히 시의 경우,

21 이 책 13장, 14장, 전성기(2016a) 참고.

22 이 책 7장 참고.

내용 번역을 별로 중요하지 않게 여기는 경우가 있으나, 일반적 인문학번역의 경우에는 오히려 그 반대일 것이다. 인문학번역은 전반적으로는 언어의 다양한 기능을 고려하는 번역, 작품성·기술성·실용성을 융합적으로 고려하는 번역이 되어야 할 것이다. 의미만을 고려하다 보면 텍스트성을 소홀히 하게 될 위험성이 있다. 시니피앙스의 번역을 지향하는 베르만의 '문자번역', 메쇼닉의 '리듬번역'은 번역인문학의 좋은 참고 대상들이다.

불어의 경우에는 번역과 관련하여 인문학이 사회과학과 분명하게 구분되지 않는 경우도 종종 있다. 예를 들어, 퐁샤랄(2006)은 다수가 참여했고 여러 언어로 번역된[23] 공동 프로젝트 *Guidelines for the Translation of Social Science Texts*(2006)의 'social science'(사회과학)를 'sciences humaines'(인문학)으로 옮기고 있다. 적어도 번역의 관점에서는 양자를 모두 광의의 인문학번역의 소관으로 볼 수 있을 것이다. 이 《가이드라인》의 불어 번역자이기도 한 퐁샤랄(2007a:103)은 이 '가이드라인'을 인문학번역에 대한 '옹호와 선양'을 위한 것으로 제시하면서, 이것이 인문학번역자들이 모어로 글을 쓰는 것과 매우 밀접한 관련이 있음을 강조한다. 요즈음 학술논문이 국제적으로 읽히기 위해 국제적 교통어라 할 수 있는 영어로 쓰는 것이 대세이긴 하나, 이러한 단일어주의는 종국에 인문학연구 자체를 빈약하게 만들 수밖에 없을 것이라고 경계하며, 모어로 글을 쓸 것을 저자는 강력히 촉구한다.[24] 이는 근자의 '우리말로 학문하기' 문제와 관련지어 깊이 생각해 볼 문제이다.[25] 사실 인문학번역을 인문학적으로 성찰하고자 하는 주요 목적의 우리말로 주체적으로 우리 인문학을 하기 위한 것이다.

물론 이것이 타 언어문화들의 인문학과의 소통에 장애가 되어서는 안 된다. 오히려 타자에 대한 이해와 우리 것의 구축이 상보적으로 조화를 이루는 것이 바람직하다. 요사이 우리 인문학에서는 주요 고려 대상으로 '사

23 이 텍스트는 불어뿐 아니라 아랍어, 중국어, 일본어, 러시아어, 스페인어, 월남어로도 번역되었다.

24 퐁샤랄(2007a:105).

25 이기상(2002, 2006) 참고.

람됨'이나 인간의 '가치', '인문 정신' 등이 상당히 공감을 얻고 있는데, 이는 실은 새로운 것이 아니다. 안재원(2010b:98)은 '서구 인문학의 효시'로 여겨지는 키케로가 '학문들의 주군의 자리'에 '진리'(veritas)가 아니라 '사람됨'(humanitas)을 놓았다고 지적한다.[26] 키케로는, 정기문(2011:304)에 의하면, '그리스·로마 학문의 핵심'을 '배움을 통해서 인간을 인간답게 만드는 것'으로 파악했고, 거기에서 '인문학'이라는 말이 나왔다고 한다. 이승환(2007)에 의하면, '인문(人文)'은 문자적 의미로는 자연에 아로새긴 '인간의 무늬'이다(28). 이 '무늬'는 '철학과 역사, 문학과 예술, 그리고 제도나 문물과 같은 각종 문화적 양식을 통하여 구현'되는데, 얼마나 그 활동이 격조 있고 깊이 있게 '인간의 존재 의의'를 드러내고 '인간다움의 가치'를 구현하고 있는가에 따라 그에 깃든 '인문정신의 층차를 논할 수' 있다는 것이다(30).

이승환은 '동양의 지적 전통을 관류하는 한 가지 공통된 특징'은 '바로 인간의 존재의의를 드러내고 인간을 한 차원 높은 존재로 고양시키려는 줄기찬 노력'인데, 이러한 '정신사적 지향'이 '인문정신'이라고 말한다. 그는 '유학의 인문정신'이 '문·사·철 등 인문학뿐 아니라 정치학·경제학·법학·의학·과학·군사학·천문학 등의 영역에서도 학문의 '기본 밑그림'으로 작용하였다고 지적한다(40-1). 이는 '참다운 인문학은 전통적인 인문학의 대상, 주제들만이 아니라 현재의 인간 삶의 현실과 문제를 대상으로 해야' 하는데, '특히 중요한 것은 현재 인간의 삶과 문제에서 중요한 위치를 차지하는 과학, 기술, 정보, 경영 등이 당연히 인문적 추구의 중요 대상이 되어야 한다'고 역설하는 김영식(2003:59)의 주장과 맥을 같이하는 것이다. 이러한 지적이나 주장들은 번역인문학이 그 대상을 광의의 인문학 텍스트들로 넓혀야 할 이유들이기도 하다.

홍원식(2007:121)은 '인문정신의 상실은 근대 학문의 극단적 분화와 학문의 객관성을 철칙으로 받아들이는 데서 비롯'된 것으로, '거기에는 학學

26 안재원(2010b:100)은 키케로를 '기술이 아닌 인간 중심의 교육을 기획했고, 인간을 교육하기 위해서 인간성을 탐구했으며, 사람답게 사는 법에 대한 치열한 반성과 고민을 한' 사람으로 소개한다.

만 있고 삶은 빠져 있으며, 이론만 남겨진 채 실천은 학문의 공화국에서 추방되어 버렸다'고 탄식한다. 그는 '동양철학에서 학문함과 철학함의 목적은 유·불·도에서 다 볼 수 있듯이 바로 자기 자신의 완성'에 있고, 유학에서는 이를 '위기지학爲己之學'이라 했다고 지적한다(129). 이어 그는 '파편화된 학을 통합하는 것이 인문학이고 인문정신이며, 이것은 인문학자들 자신의 삶으로부터 시작되어야 한다'고 주장한다(133). 번역인문학의 탐구와 실천에서도 학문과 삶이 하나가 되는 것이 바람직하다. 강영안·최진덕(1999)은 서양에서는 '체계'가 학문의 중심이고 동양에서는 '수양'이 학문의 중심이라 말하는데, 이 둘이 조화를 이루는 것이 바람직하다. 인문정신이 인문학의 중심에 놓인다면 그렇게 되지 않을 수 없을 것이다.

번역인문학이 적극 권하는, '연구번역'을 포함하는 광의의 '탐구번역'은, 경우와 상황에 따른 다소간의 차이는 물론 있지만, 학적 탐구와 실제 삶이 둘이 아닌 실천의 삶을 지향한다. 데이비드 소로우의《월든》을 18년에 걸쳐 번역했다는 강승영은 인문학번역과 인문적 삶이 하나가 된 하나의 좋은 예를 보여준다.[27] 이기상(2002:16-7)도 '삶 따로, 앎 따로' 현상의 문제를 지적하며 학자들에게 '삶과 앎 사이의 돌쩌귀' 역할을 주문하는데, 번역인문학도 나름의 돌쩌귀 역할을 지향하는 하나의 궁리이다. 번역인문학은 인문학텍스트를 번역하는 것이 번역자에게도 인문(학)적 작업이 되기를 적극 권하는데, 이때 '인문(학)적 작업'은 '사람됨', '인간의 가치', '인문정신' 등에 기반한 작업이다. 상업적 목적 위주로 이루어지는 인문학번역이 진정한 인문(학)적 작업이 되기 어려운 까닭이 여기에 있다. 번역에서 상업적 관점에서는 '속도'가 미덕이지만, 인문(학)적 관점에서는 '깊이'와 '밀도'가 더 큰 미덕이다.

장회익(2007:16-7)은 '앎의 학문'과 '삶의 학문'을 구분한다. '지금까지 학자들의 일차적 관심사는 앎 그 자체를 추구하는 것'이었을 뿐, '기왕의 학문적 성과를 종합하여 우리의 정신적 삶에 도움을 주는 내용들을 추려내

27 《조선일보》(2011. 8. 22.) 기사 참고.

고 이를 다시 모든 사람들이 쉽게 수용할 수 있는 형태로 정리해내는 작업' 을 하는 '삶의 학문'은 '기껏해야 부차적인 것으로 간주되거나 아예 외도로 취급당하는 것이 통례'였다고 그는 비판한다. '오늘 우리의 학문 풍토는 앎 중심 학문의 풍성함에 비해 삶 중심 학문은 지극히 빈약한 실정에 놓여 있다'는 것이 그의 진단이다. 이에 대한 처방으로 그는 충분히 음미되어야 할 다음과 같은 제안을 한다: "사안의 중요성에 비추어볼 때 이를 위한 진지한 학문적 작업이 요청된다. 이것은 결코 학문적 역량이 부족한 이급 학자들의 몫도 아니고 일선 학자들이 여분의 시간에 해낼 수 있는 부차적 활동도 아니다. 이는 곧 학문의 전 스펙트럼을 망라하는 가운데 그 바탕에 흐르는 본질적 요소를 간파하고 이것이 우리의 참된 삶과 어떻게 연결되는지를 찾아내어야 하는 작업이며, 이를 다시 우리 모두가 이해할 수 있는 형태로 재구성해내는 작업인 것이다." 번역인문학이 지금의 인문학의 전철을 밟지 않으려면 '앎 중심' 학문에 바탕을 두면서도 이를 삶의 의미와 연관시키는 '삶의 학문'을 추구해야 할 것이다.

최성환(2006:51)은 '글쓰기'를 염두에 두고, '분명 지금의 시대정신은 사회적·문화적 실천으로서의 인문학'이라고 표명한다. 텍스트의 읽기·해석, 번역비평·번역글쓰기에 대한 성찰이 핵심적 과제인 탐구번역을 적극 권장하는 번역인문학도 마찬가지이다.[28] 번역인문학도 그러한 '시대정신'에 잘 부합하는 '사회적·문화적 실천으로서의 인문학'이 되어야 할 것이다. 최성환에게 '오늘날 가장 큰 문제'는 '훌륭한 의사소통의 문제'이다. 그는 '학문 논쟁에 해석학과 수사학을 희생물로 삼기보다는 두 학문이 전제하고 있는 대화의 자세와 새로운 지평의 확보를 위한 노력 등에 더 큰 의미와 비중을 두어야 할 것'이라고 조언한다. 저자는 '글과 표현 그리고 이해와 대화, 즉 수사학과 해석학을 통해서 우리가 지향하는 것'은[29] '두말할 나위 없이 그것들을 공유하려는 인간들 사이의 연대와 공존'이라고 말한다.[30] 이러한 '연

28 이 책 8장 참고.

29 최성환(2006:70-1)은 가다머에게 해석과 이해의 기예는 '특수한 숙련성(Fertigkeit)이 아니며, 본질적이고 근원적으로 '인간 됨됨이'(Menschsein)에 속한다고 설명한다.

대와 공존', 나아가 이를 통한 공동의 번영과 발전은 번역인문학이 소통에 대한 성찰과 탐구를 통해 추구하고자 하는 것들이기도 하다. 매스 미디어 연구에서 특히 그러하지만, 소통에 대한 연구들에서 인간이나 인간의 가치 등이 충분히 고려되지 않는 경우들을 우리는 자주 목도한다. 정치적 사회적 문화적으로 '소통'의 필요와 요구의 목소리가 나날이 커지고는 있지만, 타자의 소리에 귀기울이기보다 에고의 목소리를 더 높이다 보니 어려움이 좀체로 해소되지 못하고 있는 것이다.

3. 제문론, 언어, 번역

인문학의 모든 것이 번역과 관련된 것은 아니다. 그러나 우리 인문학의 대부분의 것이 번역된 것임은 부인할 수 없다. 우리 한문 고전에서 번역된 것이건 여타 동서양 고전 텍스트들에서 번역된 것이건, 번역 그리고 번역과 관련된 언어 문제를 깊이 성찰하지 않는 인문학은 그 뿌리 자체가 튼튼치 못할 수밖에 없다. 다행히 근자에 문학과 철학 분야에서 번역에 대한 학술적 글들이 다양하게 나오고 있어, 번역에 대한 학계의 상당한 의식 변화가 체감되는 것이 사실이다. 하지만 더 큰 인식의 변화가 필요하다. 다양한 방법들이 있겠으나, 제문론적 접근은 하나의 근본적 접근 방식이다. 제문론에서 가장 중요한 것은 묻고 답하는 문답행위이다. 그리고 언어에서 가장 중요한 것은 '문답의 쌍'이다. 언어의 사용이 항상 이 문답과 관계된다는 것이 메이에르에게는 하나의 '일반 법칙'이다. 메이에르에게 모든 말은 답이다. 말하는 것은 답하는 것이고, 우리가 말하는 것의 의미는 묵시적 혹은 명시적 문답관계에 의해 주어진다. 이 관계가 맥락 의존적이니 의미의 발견은 대개 맥락 의미에 입각한 추론이 될 수밖에 없다. 메이에르는 이러한 추론을 '제문론적 추론'이라 부른다.[31]

---

30 최성환(2006:73).

31 메이에르(1981:84).

메이에르(1982)는 언어의 지시관계는 근본적으로 인간이 현실에 대해 갖는 질문들에서 비롯되는 것으로 본다. 언어의 지시가 의문사들과 관련지어지며,[32] 모든 지시관계가 '의문사들'과 관련되는 것이다.[33] '나폴레옹은 아우스터리츠 전투에서 승리했다'는 간단한 문장에서도 모든 낱말이 문제가 될 수 있다.[34] 원텍스트에서 하나의 낱말은 하나의 답, 응답적 답이다. 원저자에게 한 낱말이 최종적으로 선택되었다는 것은, 적어도 그 문제제기성을 시사하는 다른 표현이 없다면, 잠정적으로나마 응답적 답이 되었음을 의미한다. 그러나 원저자의 이 응답적 답이 번역자에게는 문제제기적인 답, 제문적 답이 될 수 있다. 더군다나 적절한 번역어의 선택은 인문학번역의 경우, 한번에 이루어지지 않는 경우가 빈번하다. 그러면 최종 선택까지 의미와 형태에 대한 문답과정이 여러 차례 되풀이되게 마련이다. 특히 어려운 낱말이나 개념어의 경우에는 더욱 그러할 것이다. 응답적 답이 제문적 답으로 변화되는 과정은 부단한 대화 과정이다. 대화 상대가 타자가 아니라 자신일 뿐이다.

번역어의 선택도 문장 차원을 넘어 텍스트의 맥락 전체, 나아가 상호텍스트성을 고려하면 상당히 달라질 수 있다. 라드미랄(2000:54)은 낱말이 쓰인 매 경우가 모두 특별한 번역 문제라고 말한다. 제문론적으로 모든 낱말이 번역자에게 문제가 될 수 있는 것이다. 그런데 낱말은 거의 대부분의 경우 맥락과 어우러진 문제로서 제기되니, 같은 낱말이라도 맥락에 따라 그 의미가 상당히 달라진다. 낱말이나 텍스트의 이해는 텍스트를 읽는 사람의 지식이나 감정 등과 불가분의 관계에 있다. 볼 수 있는 만큼 보고, 아는 만

---

32 모든 답이 지시적인 것은 아니다. 답 개념은 보다 광범위하며, 비지시적 의미 현상도 포함한다; 메이에르(2012:102) 참고.

33 메이에르(1982:78, 129-130) 참고.

34 메이에르(2012:60-1): "나폴레옹은 아우스터리츠 전투에서 승리했다" 같이 문제가 거의 없는 문장을 생각해 보더라도, 누군가가 그러한 문장을 사용한다면 아우스터리츠에서 무슨 일이 벌어졌었는지, 혹은 누가 그 전투에서 이겼는지 궁금했거나, 아니면 나폴레옹—그의 운명, 그의 행운 혹은 그 밖의 무엇—이 문제였기 때문이라고 말하지 않을 수 없다. 바로 어떤 전투가 문제인 것이고, 나폴레옹의 어떤 승리가 문제인 것이다.

큼 이해할 수 있다는 말도 있잖은가. 지금 읽는 것이 이전의 것이나 이후의 것과 같지 않을 수 있다. 또한 여러 자료들을 참고하며 되풀이해 읽는 것이 그러지 않을 때와 이해가 같지 않을 것이다. 낱말뿐 아니라 텍스트의 거의 모든 것이 제문적으로 새롭게 문제가 될 수 있는 것이다.

번역인문학의 '핵심 이슈'는 인문학번역이지만, 이 문제의 해결을 위해서는 한국어의 현재부터 제문론적으로 성찰해볼 필요가 있다. 제문론적으로 보면, 한국어의 현재 상태는 그 자체가 하나의 답이다. 역사적 형성의 관점에서는 하나의 응답적 답이지만, 현재 상태에 대해 묻는 번역인문학의 관점에서는 제문적 답이다. 한국어의 현재는 그간 수많은 한국어 사용자들이 의식적 무의식적으로 제기한 질문들에 대해 하나의 복합적 답으로 구축된 것으로 이해된다. 이 답에 대해 우리가 묻는다는 것은 이 답이 다시 문제가 된다는 것, 즉 제문적 답이 된다는 것이다. 번역은 이른바 '메이저 언어'로 인정받고 있는 영어, 불어, 독일어 등에서뿐 아니라 중국어, 일본어, 한국어에서도 큰 역할을 했고, 한국어는 그 형성 과정에서 번역을 통해 중국어와 일본어의 영향을 크게 받았다.

한국어, 특히 국문 형성에서 번역이 담당한 지대한 역할, 번역이 한국어의 현재에 남긴 흔적들을 문제로 보지 못한다는 것은 언어 현상을 질문들에 대한 답으로 보지 못한다는 것을 뜻한다. 번역의 중요성이 일반인들은 물론 연구자들에게도 충분히 인지되지 못하고 있는 점 때문에라도 번역은 마땅히 하나의 '뜨거운 인문학 현안'이 되어야 한다. 그리고 문제 해결을 위해 다양한 견해들이 제시되고 깊은 대화와 토론들이 이루어져야 한다. 이러한 대화와 토론들은 개인 견해의 '설득의 논증'보다는 공통의 문제, 즉 공통의 관심사에 대한 공통의 '탐구의 논증'이 되는 것이 바람직하다. 메일랜드(1989)는 논증에 설득의 목적 외에 그 못지않게 중요한 '탐구'라는 목적이 있으며, '탐구를 위한 논증'은 '설득을 위한 논증'과는 자주 다른 형식을 취한다고 지적한 바 있다. 이에 따라 연구자들 간 '거리 교섭'의 양상도 달라질 것이다.

국문사는 일종의 번역사라고 해도 별로 틀린 말이 아니다. '국어사'는 '국문사'의 경우와 다소 다를 것이다. 번역이 국문 형성에 크게 영향을 끼친 세 주요 시기만 간단히 짚어보자. 첫째는 훈민정음 창제 후 언해 시기이다. 김무봉(2004)은 언해를 '훈민정음 창제 후 한문 문장을 우리말로 읽고 적기 위해 창안된 독특한 번역 양식이요 인출 양식'으로 규정한다. 배수찬(2006)도 훈민정음을 이용해 문장짓기를 시험한 초기 엘리트들은 '이미 한문으로 존재하는 서적을 번역함으로써 국문 글쓰기의 모델'을 만들어 온 것이라고 지적한다.[35] 그 다음은 우리 번역사에서 거의 무시당해왔다고 해도 과언이 아닌, 17세기에서 19세기에 걸친 중국 통속소설과 야담들의 중역이다. 개화기의 《텬로력뎡》을 아직도 우리 번역문학의 '효시'로 보는 견해가 잔존한다면, 이는 바로 시정되어야 할 것이다. 박재연(1993), 민관동(2008)은 중국 통속소설과 야담들의 중역들이 우리말 형성과 글쓰기에 큰 영향을 미친 것을 설득력 있게 보여준다. 마지막으로 언급할 것은 국문 형성의 큰 용광로 같았던 개화기이다. 이때의 번역은 거의 대부분 중국, 특히 일본을 거친 중역이었는데, '계몽성'이 개화기 번역의 주요 모티프였던 만큼 후대의 중역과 동일시해서는 안 될 것이다.[36] 개화기의 '문체 논쟁'이라는 것도 그 속 내용은 상당 부분이 번역과 관련된 것이었다.[37] 이 이외에도 살필 것들이 적지 않으나, 이 시기들에 대한 언급만으로도 국문에 대한 번역의 막중한 영향을 충분히 가늠할 수 있을 것이다.

국문에 대한 번역의 이러한 영향을 고려한다면 언어순수주의를 주장하기보다 한국어의 됨됨이가 충분히 고려된, 보다 창의적인 번역을 위한 발상의 전환을 모색해야 할 것이다. 소쉬르가 언어는 '목록'이 아니라고 오래 전에 천명한 바 있지만, 언어들을 아직도 사물에 대한 서로 다른 목록쯤으로

35 김미형(1997:37-8): "언해문은 국어의 형태, 구조와는 다른 한문 원전을 국어로 번역한 문장으로, 몇 가지 특징을 지닌다. 그 특징이 유독 언해문에만 국한되는 것이었는가 하면 그렇지는 않다고 해야 할 것이다. 그러나 국어 문장의 문자 정착의 첫 시기에 언해문이 왕성하게 쓰여졌고 이 문장 습관이 우리 옛 문장의 유형을 형성하는 데에 다분히 영향을 끼쳤음은 부인할 수 없을 것이다."

36 박진영(2007a) 참고.

37 전성기(2007b, 2008b) 참고.

생각하는 경향이 여전히 적잖이 남아 있다. 이러한 상황에서 언어를 '평면'이 아니라 '입체'로 생각하라는 방죵(2001:215)의 제언은 제문론적인 함의가 풍부하다. 한국어의 '입체' 형성에는 번역과 번역투가 크게 기여해왔다. 일반 대중이 '자연스러운 글', '유려한 문체'를 선호하니 번역투가 대개 부정적으로 평가되는 것은 전혀 이상한 일이 아니다. 그렇지만 '자연스러움'이라는 것도 당연한 것이 아니라 일종의 '학습된' 것이며, 역사문화적으로 제약받는 판단이다. 언해도 실은 번역투이고, 언해번역 이후 중국어에서 한자어로 차용된 어휘들은 엄청나게 많아 우리말 어휘의 대다수를 차지한다. 오늘날 우리가 자연스럽게 여기는 '科學', '哲學', '宗教', '法律', '物理', '精神', '物質' 등 개화기에 일본어에서 차용된 수많은 이른바 '신문명어들'도 그 이전에는 거의 듣도 보도 못하던 생소한 번역어들이었다.

심재기(1982:25)는 한국어 어휘사를 '한자어의 증가사'로 규정한다. 이기문(1988:361)은 '서', '및', '하여금', '바'는 '以', '及', '使', '所'의 한문 직역체 'ᄡᅥ', '밋', 'ᄒᆞ여곰', '바'에서 각각 비롯된 것으로, 이들은 번역 당시에 매우 어색하게 느껴지는 말들이었다고 지적하는데, 오늘의 언중의 느낌은 사뭇 다를 것이다. 오늘의 한국어는 그 큰 부분이 이와 유사한 번역과정들이 켜켜이 쌓여 이루어진 것이다. 고종석(1999:24)은 '훈민정음이 창제되어 〈글말〉의 자격을 얻게 되었을 때, 그것의 출발점은 언해(諺解), 즉 중국 문헌을 번역·해설한 글이었'음을 상기시킨다. '한국어 문장의 탄생·발전·정착 그 자체가 이렇듯 번역과정이라면, 번역투 문장이 아닌 한국어 문장이 어떤 것인지' 그는 '상상할 수가 없다'고 토로한다. 우리말 표현의 '유려함'이나 '자연스러움'이 중요하고 의미있는 말들이긴 하나, 역사적 사회적 맥락 속에서 이해되고 평가되지 않으면 안된다. 예전의 번역들이 반성적으로 충분히 검토되지 않으면 창의적 번역으로 제대로 나아가기 어렵다. 한국어의 현재와 미래를 더욱 풍요롭게 하는 일은 과거에 대한 올바른 이해와 평가의 바탕 위에서 비로소 가능할 것이다.

아벨(2000:238)은 랑가주는 '랑그 속에 집적되고 체화된 문답들의 엄청난 코드'로서,[38] 하나의 '초미의 문제question vive'[39]는 이 '코드 전체를 문제제기적으로 만들 수 있다'고 지적한다. 번역되어 집적되는 언어는 언어 전반에 문제제기적으로 되게 마련이다. 영미 명작들의 번역은 영미문학연구회 번역평가사업단(2005)의 눈에 정도가 심각한 문제였다. 《영미명작, 좋은 번역을 찾아서 1》은 이 문제에 대한 동 사업단의 하나의 답이다. 최종 검토본 572종에서 이들이 실제 검토·분석한 것은 이들 각각의 '샘플'이라 할 수 있는 10% 정도에 지나지 않지만, 제유적으로 보자면 영미명작 번역 전반에 대한 것이다. 이들은 6개 평가 등급 중 상위 두 등급에 해당하는 추천본은 총 62종이고, '그중에서도 신뢰도가 매우 높아 거의 오류를 찾아보기 힘들고 원작의 작품성을 잘 살려낸 번역본으로 최고등급을 받은 종수는 단 6종에 불과'한 것으로 그 결과를 정리하고 있다. 분석의 과정과 결과에 대해 여러 의견들이 있고, 당해 번역자들이 이의를 제기하기도 했다. 결과가 좋지 못하리란 짐작은 이미 하고 있었다 해도, 제시된 결과는 가히 '충격적'이다. 동 사업단의 2007년 작업도 거의 유사한 결과를 보여주고 있고, 한국문학번역원에서 지원받은 한국문학의 영어번역본들에 대한 평가도, 마치 약속이라도 한듯이, 추천본 1할이라는 유사한 결과를 보여주고 있다.[40]

이러한 충격적인 결과에도 불구하고 문학텍스트들을 비롯한 인문학 텍스트들의 번역은 인문학적으로도 사회적으로도 아직 '초미의 관심사'가 되지 못하고 있다. 문제의 심각성을 모르는 것이 더 심각한 것이다. 그 심각성을 인식한다 해도 번역문화의 개선이 하루아침에 이루어지는 것이 아니니 더더욱 문제이다. 추천본 1할이라는 분석 결과가 어느 정도 타당한 것이라면, 이는 단지 영미문학 번역만의 문제가 아니라, 엄청난 시간적 경제적 투자에 비해 그 효율성이 의심스러운 영어교육을 비롯하여, 근자에 하나의 '화두'가 되어 있는 '문화 간 소통' 등에 심각한 문제의 소지가 있음을 뜻

---

38 '코드'는 인간 언어의 경우에는 그다지 적합지 않은 표현이다.

39 'question vive'는 때로 '핫 이슈', '목전의 문제(혹은 현안)', '뜨거운 현안'으로도 번역될 수 있다.

40 평가대상인 영문판 한국소설 중 '믿을 만한 번역서'는 36%이나 A등급 번역은 1할에 머물고 있다.

하는 것이다. 이는 나아가 번역과 관련된 인문문화 전반의 '건강'에 심각한 문제가 있음을 시사하는 것이다. 사태가 그러하다면, 그리고 이 진단이 잘못된 것이 아니라면, 더 늦기 전에 적절한 처방이 제시되어야 한다. 인문학 번역을 인문(학)적 작업으로 수행하기를 적극 권하는 번역인문학은 광범위한 인문번역문화의 일종의 '병적' 현상에 대한 하나의 처방이다. 문제의 현상이 광범위하고 병증이 심각한 만큼, 그 처방도 단발적 국지적이어서는 큰 효과를 보지 못할 것이다.

인문학에 대한 '패러다임 전환'적인 의미가 있는 번역인문학은 번역의 기반이 되는 언어 문제부터 성찰할 필요가 있다. 모리니(2008:46-7)는 번역이 예측이 가능하지 않은 인간이 가장 예측이 어려운 인간의 산물인 언어에 대해 하는 작업임을 상기시킨다. 번역의 실제를 관찰하여 일반적 규칙들을 일부 추출해낼 수는 있겠지만, 인문학 텍스트 번역이 이러한 규칙들의 단순 적용이 될 수는 없다. 그렇기에 인문학 텍스트 번역은 탐구와 그 탐구에 대한 평가나 비평을 포함하지 않을 수 없다. 즉, 인문학 텍스트 번역은 메타번역적 작업이 되어야 한다는 것이다. 이는 번역이 부단한 대화와 교섭의 과정이 되어야 함을 뜻하는 것이다. 이 과정은 지속적인 절충과 타협의 과정이기도 한데, 이는 번역이 근본적으로 수사적일 수밖에 없음을 뜻하는 것이다. 아벨(2000:15)은 일반적으로 해석학은 하나의 정답, 모든 걸 설명할 수 있는 하나의 이론이 있다는 생각에 회의적이라고 지적한다.

학문성 혹은 정합성의 층위들의 다양성에 대한 변호는 인간사에서 수사학의 입지에 대한 변호이기도 하다. 번역의 지속적인 다양한 문답과정에서 잠정적으로라도 나름대로 타당한 답의 선택적 결정에 이르기 위해서는 논증을 활용하지 않을 수 없다. 이러한 결정들은 '엄격한 추론 규칙들에 기반한 순수한 합리적 과정'이 아니라, 뒤리외(2009:362-3)가 말하는 '제한된 합리성 원리'가 적용되는 과정이다. 이는 일종의 '거리 교섭' 과정이므로 수사적 과정이다. 일반적 논증에서도 그러하지만, 특히 번역에 필요한 것은 '설득으로서의 논증'보다는 '탐구로서의 논증'이다. 전자의 필요성 자체를 부인하는 것은 아니나, 우리가 인문학 텍스트의 언어와 그 번역에 대한 '절대적 앎'을 말하기 어렵기 때문이다. 번역인문학에서 전자도 때로는 필요하겠으나, 방법론으로는 후자에 더 큰 비중이 두어질 수밖에 없다.

4. 번역, 소통, 번역인문학

번역은 소통이라고 흔히 말한다. 그러나 이 '소통'은 일방적인 '전달'을 뜻하는 경우가 허다하다. 번역인문학도 소통을 핵심 목표로 삼으나, 소통의 시도가 늘 그러하듯이, 오해와 불통의 위험에 직면해 있다. 특히 언어문화간 소통에서는 그 위험이 더 크다. 하지만 '위험을 감수'하고 '위험을 관리'하지 않는다면 어떻게 좋은 결과에 이르겠는가. 이른바 '위험 관리'는 번역인문학에서도 중요한 과제이자 숙제이다.[41] 번역이 원텍스트와, 그 저자와, 그 언어문화와 진정한 대화를 나누기 위해서는 질문들을 공유하며 '공통의 언어, 공통의 세상'을 발견해나가야 한다. 대화의 가능성은 언어의 문답의 차이라는 '근본적 이중성'에서 비롯되는 것인데, 대화의 한편이 진정으로 마음을 열지 않는다면 대화적 합의는 어려울 것이다. 아벨(2000:59)은 가다머와 리쾨르도 이러한 견해를 가졌음을 보이고 있다.

대개의 인문학 텍스트 번역에서 말 그대로의 '대화적 합의'는 어렵다 해도, '공감'에 이르려는 노력을 통해 유사한 상태에 도달할 수 있다. 탐구번역은 이러한 공감 상태에 이르기 위한 하나의 유용한 접근 방식이다. 이오니타(2010:6)는 '공감'(empathie)을 '가치판단들을 가능한 한 피하지만, 완벽한 객관성은 불가능할뿐더러 거의 바람직하지 않다는 사실을 끊임없이 문제제기하면서 타자를 이해하는 능력'으로 정의한다. 탐구번역에서 원텍스트 읽기-해석 과정은 이러한 의미의 공감에 이르는 과정이 되어야 할 것이고, 번역비평-번역글쓰기 과정도 이러한 공감의 적절한 재현 과정이 되어야 할 것이다. 이는 언어와 텍스트의 제문론적 속성으로 인해 결코 쉬운 일이 아니기에 더욱 탐구적 논증과 대화가 필요한 것이다.

41 핌(2010c) 참고.

적지 않은 번역론들이 원텍스트 자체가 그것이 나타내고자 하는 바를 충분히 나타낸다고 전제하고 있는 것으로 보인다. 통역론과 구분되지 않는 번역론들의 경우가 특히 그러하다. 하지만 코르지프스키의 '일반의미론'(General Semantics)의 관점에서는 그러한 전제가 인정되기 어렵다.[42] '지도는 현지가 아니다', '지도는 현지의 모든 것을 나타내지 않는다'는 그 두 대전제가 시사하듯이, 한 언어, 나아가 한 텍스트는 그것이 나타내고자 하는 바의 제유적 표현일 뿐이다. 노발리스에 의하면, 원텍스트 자체도 언어의 테두리 속에 속박되어 그것의 지향점, 그것이 완전히 도달하지는 못하면서도 도달하고자 하는 작품의 이데아에 대한 일종의 카피(어떤 의미에서는 하나의 번역)라고 오스트(2006:41)는 전한다. 번역은 그렇다면 원전의 시원을 잘 포착하여 작품이 그 지향점의 높이에 도달할 수 있도록 하는 기회가 되는 셈인데, 이는 일반의미론의 전제와도 어긋나는 것이 아니라고 말할 수 있다.

오스트(2006:41)는 '좋은 번역'은 횔더린이 말했듯이 바로 작품의 기원의 순간에 작용하는 것, 말하자면, 그 작품을 그 출현의 순간에 포착하여 그것이 어쩌면 원문화에서 상실했을 신선함을 복원해내는 것이라고 말한다. 번역텍스트에서 원텍스트에 못지않은 작품을 창출하려는 그러한 노력은 번역인문학이 높이 사는 것이기도 하다. 지도는 현지가 아니지만, 원텍스트란 지도는 우리가 찾는 현지에 대한 제일 큰 단서이기에, 번역에서 맥락을 포함한 원텍스트에 대한 탐구는 매우 중요한 과제일 수밖에 없다. 하지만 원텍스트에 얽매이다 보면 텍스트의 됨됨이에 깃들인 참뜻을 놓칠 위험도 없지 않다. 다양한 자료들과 연구들을 충분히 고려하고 활용하는 탐구번역과 탐구번역비평은 그러한 위험을 피할 가능성을 탐구의 깊이 만큼 높여준다.

번역인문학은 번역을 통한 인문(학)적 소통에 대한 연구라고 말할 수 있

42 서미나라(1973:273)는 일반의미론뿐 아니라 도교, 힌두교, 자이나교, 불교, 선, 베단타, 수피즘이 다 언어가 현실을 전적으로 포착하지는 못한다는 데 동의한다고 지적한다.

다. 번역인문학은 일종의 메타소통적 연구인 것이다. 우리 번역비평의 일상적 모습을 통해 잘 알 수 있듯이, 우리 번역들에서는 오역이 크게 문제가 되는데, 이는 잘못이기에 앞서 오해의 문제이다. 그러니 잘못을 비판하기 전에 왜 오해가 생겼는가 살피는 것이 중요하다. 의학이 건강을 알기 위해 병을 연구하듯이, 번역인문학도 인문학번역에서 왜 오해가 생기는지 우선적으로 탐구해야 할 것이다. 리처드(2001:23-4)는 설득을 목적으로 삼았던 아리스토텔레스 이래의 '옛수사학'에 대하여 '논쟁'의 산물이었고, '말의 전쟁 이론'이었으며, '전투적 충동에 의해 항상 지배되었다'고 비판하며, '말의 이해와 오해에 대한 연구' 혹은 '오해와 그 치료에 관한 연구'를 목적으로 하는 '신수사학'의 필요성을 제시한 바 있다.

번역인문학의 중요한 과제 중 하나도 인문학번역에서의 '오해와 그 치료'에 대한 탐구이고, 이를 통한 언어문화 간 소통의 개선과 향상이다. 이는 일종의 '임상수사학적' 작업이다. 그런데 인문 현상에 대한 절대적 앎이 가능한 것이 아니라면 인문학번역에서도 어느 하나의 방법이나 접근법에 집착하지 않고 다양한 방법들을 두루 살펴 적절히 활용하는 것이 필요하다. 한 가지 유의할 것은 번역이 원텍스트에 대해 하나의 '열등한 텍스트'[43]가 되는 것을 당연시하지 않는 것이다. 유안(1999:73)은 번역자들이 대부분의 번역자들이 원텍스트에 대해 '충실성'의 이름으로 '열등'한 태도를 보이는 것을 비판한다. 원전보다 번역이 낫다는 보들레르의 에드가 포 번역의 경지에는 설혹 이르지 못하더라도, 번역이나 번역자의 열등한 태도를 당연시하는 것은 문제가 아닐 수 없다. 번역인문학이 지향하는 소통의 지극한 '합일'의 경지는 이러한 우월·대등·열등의 차이를 넘어 '균형과 조화'를 지향한다.[44]

43 황현산(1986) 참고.

44 바르텔레미(2007:182)는 원전의 '신성화'에 반대 입장을 표명한다. 그는 '번역텍스트가 원전보다 열등하지 않음을 다시 천명해야 한다'고 소리를 높인다.

5. 제문론, 거리 교섭, 질문의 공유

아벨(2000)은 그의 《질문의 윤리》에서 제문론이 '소통의 열정들의 윤리'를 소중하게 여기는 것을 높이 평가한다. 로비타이유(2005:208)에 의하면, 이 윤리는 진정으로 대화에 열린 인간 공동체, 하나의 답이나 공유된 답들의 종합에서가 아니라, 공유된 '질문'에서 사회적 윤리적 기반을 발견하는 하나의 공동체의 아이디어에서 그 정점에 이른다. 메이에르의 제문론에서 도전은 하버마스처럼 주관상호적 컨센서스를 담보할 수 있는 보편성의 기준을 이끌어내어 소통에 장애가 되는 선입견들을 비판하는 것이 아니라, 공통의 코드 혹은 공통의 지시를 산출할 수 있는 공통의 질문 아래 사람들이 모이게 하는 것이다. 공유된 질문만이 주어진 다수의 답들이 하나의 기치 아래 모아지게 할 수 있고, 그러한 답들을 가진 사람들이 대화를 통해 평화롭게 공존할 수 있다는 것으로, 경청과 음미의 가치가 크다. 아벨은 공동체를 질문(들)을 공유하는 집단으로 규정한다. 이 공동체의 중심에 놓이는 것은 하나의 답도, 답들의 통합도 아니고 하나의 '공유된 질문'이다. 이 공동체는 소통의 시초에 질문을 공유하지 못하더라도 '대화'를 통해 새로운 '질문'을 공유하게 될 것이다.[45]

'공유된 질문'이 '더불어 살기'의 기초라는 아벨(2000:239)의 말은 학문적으로도 시사하는 바가 크다. 대화가 끊임없는 오해 속에서 유실되지 않을 수 있는 것은 서로가 질문을 공유하기 때문이다. '더불어 학문하기'가 다른 어느 분야보다 필요한 인문학에서는, 많은 인문적 문제들의 해결을 위해, 이 질문 공유의 필요성이 절실하다. 아벨(2000:221)은 '소통은 동일한 질문의 공유 가능성'을 전제한다고 말한다. 대화자 중 한 사람이 상대의 말을 진지하게 받아들이지 않고 그의 문제에 관심을 보이지 않는다면 소통은 어긋나고 만다. 대화를 하는 것은 '공통의 언어, 공통의 세상'의 발견을 희망하는 것이다. 이는 소통이 일방적이 아니라 진정으로 대화적이어야 함을

45 아벨(2000:236-7, 252) 참고.

뜻한다. 화자가 자신의 편견에 사로잡혀 마음을 열지 못하고 군림하려 한다면, 진정한 대화는 이루어지기 어려울 것이다.[46] 소통을 위해서는 대화의 상대자가 서로 에고를 넘어서려는 부단한 노력이 필요하다.

'주어진 문제에 대한 주체 간의 거리 교섭'이라는 제문론적 수사는 화쟁이나 중용의 추구의 경우에도 적용된다. 화쟁이나 중용에서 우리가 도달해야 할 목표와 우리의 현재와의 거리는 일종의 '교섭'의 대상이고, 이 거리는 '부단한 노력'을 통해서만 극복 가능하다. 일심-무애와 불가분의 관계에 있는 화쟁은 부처의 경지로 이해되는 '일심'에 바탕을 둔 것이고, 일심으로의 귀환을 위한 방편이었으며, 그러한 노력의 구체적 표현이 무애이다. 일심의 근원에 되돌아간 보살이나 부처는 자신을 위해서는 화쟁이 필요치 않고 일심에 이르지 못한 중생에게는 진정한 의미의 화쟁이 불가능하다는 것이 문제이기는 하나, 우리의 목표와 '거리 교섭'을 부단히 해나가지 않을 수 없다.[47] 박태원(2005:29)은 원효의 '화쟁사상'에서 '모든 쟁론 상황을 해소해주는 논리 형식을 구하려는 기대는 적절치 않다'고 단호히 말한다. '정작 주시해야 할 것은 화쟁의 논리 형식이 산출되는 토대이고 원천'이라고 그는 단언한다. 이 '토대와 원천'이 '일심'으로, 이 경지와 거리를 좁히려는 '거리 교섭'의 부단한 노력 없이는, 그리고 상당한 정도의 성취 없이는 화쟁의 '보편원리'가 제대로 작동하기 어렵다.

유사한 문제가 '중용'의 경우에도 발생한다. 임헌규(2009:234, 247)는 공자가 정립에 크게 공헌하고 맹자가 계승한 중용이 '최고 최적 최선의 행위의 준칙을 제시하려고 한 데서 나온 것으로, 조화와 균형을 표방하면서 보편성과 구체성을 함께 갖춘 원리'라고 기술한다. 그런데 성인의 경지에 이르지 못한 범부나 학인들이 과연 '최고·최적·최선'의 행위를 할 수 있겠는가? 일심의 자리나 '성誠과 중中'을 갖춘 중용의 경지는 필시 탁월한 지혜의 경지라고 해야 할 터인데, '에고적 나'의 자리에서 화쟁이나 중용의 지혜가 펼쳐

46 아벨(2000:59) 참고.

47 이 책 1장, 전성기(2010a) 참고.

지기를 기대할 수 있을까? '중용'은 기존의 사서풀이집들의 해석으로는 '지나치거나 치우침이 없음'이나, 이한우(2013:22-3)에 의하면, '중하고 용하는 것은《논어》'學而 1'에 나오는 學而時習(학이시습)과 정확히 통한다. 각자 자신이 갖춰야 할 다움[德]을 애써[文] 배워서 그것을 시간 나는 대로 열심히 몸에 익히는 것[時習]이 바로 중하고 용하는 것[中庸]'이라는 것이다. 저자는 '결국 중하는 것이나 용하는 것이나 전심전력을 기울여야지 조금만 방심해도 중하지 못하고 설사 중했다 하더라도 그것을 잃어서 용하지 못하는 것'이라고 부연 설명한다(24). 우리는 '참나 각성'과 양심선(禪)의 부단한 실천을 통해 '탁월한 지혜의 경지'와 '거리 교섭'을 해나갈 수밖에 없다.

에토스와 파토스는 화자, 청중과 동일시되기도 하지만 일반적으로는 하나의 '자리'로 이해된다. 에토스와 파토스는 '보편적 지혜'로부터 '에고적 나'에 이르기까지 다양한 모습과 자리로 나타날 수 있다. 번역인문학이 지향하는 궁극적인 에토스나 파토스의 상태는 일심(一心)이나 성(誠)의 경지이나,[48] 이는 물론 이상적 경지이다. 원효의 '장님과 코끼리' 비유를 빗대어 말하자면, 일심의 경지에 올랐다는 것은 코끼리를 코끼리로 안다는 것을 뜻하는데, 코끼리를 본 적이 없는 장님들이 코끼리를 만져보면서 코끼리를 어찌 제대로 알 수 있겠는가? 혹 코끼리의 경우이기만 하다면 어떻게 해볼 도리가 있을 것이다. 하지만 원효의 '장님과 코끼리' 이야기는 어디까지나 하나의 비유이다. 붓다의 진리의 경우, 코끼리 더듬는 식으로 '일심'에 이를 가능성은 거의 없다. 그렇다면 인문학에서는 '나는 코끼리를 확실히 안다'고 진실로 말할 수 있겠는가? 인문학에서 진리와 진리 추구에 대한 많은 논의들이 다양하게 이루어져 왔고, 현재도 이루어지고 있으나, 긍정적으로 답하기는 어렵다.

그러하기에 우리는 어느 경우에나 우리가 충분히 알지 못한다는 것을 전

48 이광호(2005:73): "다산은 여기서 또 한 단계 더 나간다. 성은《대학》과《중용》의 시작을 이룰 뿐 아니라 끝을 이루기도 한다고 말한다.《대학》의 시작과 끝이 수기와 치인이라면《중용》의 시작과 끝은 성기成己와 성물成物인데 이 둘은 같은 의미이며 모두 성誠을 바탕으로 해서만 가능하다고 한다."

제로, 다른 사람들의 코끼리에 대한 이야기들을 '경청'하고 '대아적 나'로서 역지사지하면서, 자신의 '코끼리'에 대한 탐색과 탐구를 부단히 수행해갈 수밖에 없다. 그래서 학문적 소통에서도 나를 내세우는 '입자적 수사'보다는 공동체와 공동선을 우선시하는 '인의예지 수사' 혹은 '6바라밀의 수사' 같은 '양심선(禪) 수사'가 적극 권장되는 것이다.[49] 번역인문학이 다양한 언어문화 사이의 깊은 소통을 목적으로 한다면, 소통 양식에서도 지금까지와는 다른 선택을 할 필요가 있다.[50] 서양뿐 아니라 우리사회에서도 거의 '디폴트 모드'가 되다시피한 정복과 바꿈의 수사 위주의 커뮤니케이션에서 호의와 조언의 수사로, 나아가 '초대의 수사'로, 즉 입자적 수사들에서 파동적 수사들로 선택을 전환할 필요가 있는 것이다.[51] 즉, 제문론적 수사가 말하는 '주어진 문제에 거리 교섭'에서 로고스, 에토스, 파토스가 고도로 파동적인 경우라고 말할 수 있는 화쟁과 중용 차원의 소통을 지향할 필요가 있다는 것이다. 커뮤니케이션에서 화쟁·중용지향적 선택은 지식 차원에서 지혜 차원으로 나아가는 선택이기도 하다.

⁂

리쾨르(2006)에 의하면, 현대철학에서 '번역'은 하나의 '패러다임'이 되어 있다.[52] 그러나 인문학에서는, 특히 한국 인문학에서는 그렇지 못하다. 인문학번역의 현재 상태는 인문학번역은 무엇인가, 어떻게 해야 하는 것인가 등의 질문에 대한 수많은 번역자들의 의식적 무의식적 답들이 집합된 결과로 볼 수 있다. 그런데 이 답들에 대한 문제제기가 제대로 되어 있지 않고, 또한 문제에 대한 공감대 형성도 폭넓지 못한 것이 현재의 우리 상황이다. 인문학번역자들이 번역에 대해 충분히 의식적 성찰적이지 못하다는 것이

49 전성기(2007a), 이 책 1장 참고.

50 전성기(2009c) 참고.

51 전성기(2007a) 참고.

52 마랭(2007:29).

무엇보다 큰 문제이다. 번역인문학은 오역과 허술한 번역들로 얼룩진 우리 인문학번역 문제에 대한 우리 나름의 하나의 답이다. 이 답에 대해 묻는 것은 번역인문학을 다시 문제삼는 것이 된다. 번역인문학이, 인문학번역에 대한 반성과 성찰의 주체가 되어야 할 인문학 연구자들과 인문학번역자들에게, 하나의 새로운 문제로 대두되기를 기대한다.

강영안·김영건(2002:316)은 '서구추수주의'에 대한 대안으로 제시된 '새로운 글쓰기'를 비롯한 다양한 인문학적 연구들을 검토 분석하며, '자아찾기 노력으로부터 우리 인문학이 가능할 수 있는 가장 중요한 발단이 시작될 수 있을 것'이라는 기대를 표명한다. 이러한 연구들과 문제를 상당 부분 공유하는 번역인문학은 우리 인문학번역이 인문학적 반성과 성찰의 본격적 작업이 되며, 나아가 인문학연구의 하나의 새로운 패러다임이 될 것을 기대한다. 이를 위해 번역인문학적 문제의식의 공유를 번역학자들과 인문학자들에게 널리 그리고 적극적으로 권한다. 이러한 문제의식이 폭넓게 공유된다면, 번역인문학은 강영안·김영건이 기대하는 '우리 인문학을 위한 하나의 가능성'이 충분히 될 수 있을 것이다. 그리고 번역을 통해 인문학을 반성적으로 깊이 성찰하고자 하는 번역인문학은 '우리의 구체적인 현실과 삶을 반성'하는 계기는 물론, '상호협제적인 인문학'으로 나아가는 하나의 길도 될 것이다.[53] 그러한 학문, 특히 인문학은 수행, 사회적 실천과 별개의 것이어서는 아니 될 것이다. 번역인문학이 인문학번역에 대한 번역주체의 실천적 지혜로 작용할 수 있기 위해서는 화쟁과 중용의 사유를 배우고 실천하는 것이 바람직하다. 이는 번역인문학이 인문정신을 함양하는 길이기도 하다.

53 강영안 · 김영건(2002:316) 참고.

제3장 인문학번역론의 메타적 성찰

고명섭(2008:37)은 '번역서로 공부를 해본 사람이라면, 국내에 나와 있는 인문사회 고전들이 얼마나 엉망으로 번역되어 있는지 누구나 절감할 것'이라며 소리를 높인다. 그는 '한국어 문장이 어눌한 것은 말할 것도 없고, 중요한 개념어가 날림으로 옮겨져 무슨 뜻인지 알 수 없는 것들이 허다하다'고 개탄한다. '원문의 뜻을 무수하게 왜곡한 범죄적 수준의 번역서들도 허다하게 발견된다'는 것이다. '게다가 잘못된 번역서가 일단 나오면, 저작권 연한이 지난 책이야 다시 번역하면 되지만, 저작권에 걸려 있는 책들은 재번역할 수도 없'으니 더욱 문제라는 것이다. 표현이 다소 격하기는 하지만, 그 속 내용에는 아마 적잖은 식자들이 내심 공감할 것이다. 이러한 종류의 지적은 실은 우리가 도처에서 쉽게 접할 수 있다. 우리가 인문학번역을 논하고, 인문학번역의 인식론이나 학문성 성찰에 대해 이야기하고자 하는 것도 이러한 부끄러운 상황이 시급히 개선되어야 할 필요성을 절감하기 때문이다. 다행히 근자에는 번역에 대한 인식 변화의 조짐도 여기저기서 감지된다. 강정인 외(2002)의 《인문학 활성화를 위한 번역 정책 연구》는 하나의 좋은 징표이다.

연구자들은 이 보고서에서 '새로운 문화의 창조를 위해서 그리고 총체적인 사회 문제와 연결되어 있으며 인문학 위기를 단적으로 보여주는 번역의 쇄신을 위해서 기본적으로 번역을 대하는 인식의 심화가 필요하다'고 역설한다. 이들은 '더 나아가 현재의 번역 상황을 재생산하는 데 암묵적으로 일조하고 있는 번역 정책 전반에 대한 실질적인 재검토와 반성, 그리고 대안의 제시가 필요하다'고 강조한다. 그리고 '그간 한국사회에 누적된 문제를 해결할 수 있는 방향으로 〈무엇을, 어떻게〉 번역할 것인지에 대한 고민이 필요'함을 지적한다.[1] 영미문학연구회 번역평가사업단이 낸 두 권의 《영미명작—좋은 번역을 찾아서》, 《교수신문》에서 엮어낸 두 권의 《최고의 고전번역을 찾아서》, 강대진(2004)의 《잔혹한 책읽기》, 《시대와 철학》의 번역 관련 특집들, 조재룡(2010)의 《번역의 유령들》, 박진영(2011)의 《번역과 번안의 시대》, 정혜용(2012)의 《번역 논쟁》 등도 번역에 대한 우리 학계의 인식 변화를 반영하는 매우 의미있는 저술들이다. 인문학번역에 대해 더 광범위하고 체계적인 탐구가 필요한 시점이나, 여기서는 이를 위한 시론적인 성찰에 족하기로 한다.

1. 번역학 인식론

어느 분야든 연구의 진척은 인식론적 성찰과 불가분의 관계에 있다. 번역학은 이제 한국에서 어느 정도 그 위상을 확보했다고 볼 수 있지만, 아직 인식론과 직접적으로 관련된 글들은 드물다. 윤성우·이향(2009:113)은 '국내에서 번역학에 대한 인식론적 검토는 유명우(2000a)나 김지원(2000) 정도'인데, 이들의 상당 부분은 '한국에서의 번역학에 대한 인문학적 접근의 정당성을 역설하는 데 할애되어 있다'고 지적한다. '번역학이 무엇이어야 하며 무엇을 지향해야 하는지에 대한 논의가 심도 있게 개진되어 있다고 보기는 어렵다'는 것이 저자들의 종합적 평가이다. 이러한 상황에서, 인문학번역론이라고 명시적으로 주장되고 있는 경우들은 국내는 물론 국외에서도

1 강정인 외(2002:i)는 이에 덧붙여 '한국 사회의 현실적 문제에 부응하기 위한 번역 도서의 선정, 번역 방법과 번역 용어의 채택 등을 고민하기 시작할 때 번역은 주체적인 학문 발전의 밑거름이 될 것'으로 전망한다.

몇 되지 않고, 그 인식론적 성찰은 더욱 찾아보기 어렵다.[2] 그렇긴 해도, 번역학 일반에 대한 인식론적 성찰들은 대부분 인문학번역론에서 충분히 고려되어야 할 성격의 것들이기 때문에, 인문학번역론에 대한 인식론적 성찰을 해당 분야의 일정한 발전 이후로 미룰 것이 아니라, 오히려 인문학번역론의 발전을 위한 디딤돌로 삼는 발상의 전환을 할 필요가 있다.

번역과 관련된 인식론의 글들은, 영어권에서든 불어권에서든, 표현상으로는 '번역 인식론'과 '번역학 인식론'으로 구분되지만, 내용상으로는—적어도 불어권 글들에서는—뚜렷한 차이가 느껴지지 않는다. 그렇지만 번역학 인식론은 번역학의 지식과 우선적으로 관련되는 것으로 일단 볼 수 있다. 번역학자 핌(1993:13)은 인식론을 '지식의 방법들, 범위, 타당성에 대한 비판적 연구'로 정의하고 있고, 윤성우·이향(2011:15)도, 이와 유사하게, 번역 인식론을 '번역에 관련되는 지식이나 인식, 흔히 번역(학)적 인식 또는 지식의 성격을 규정하는 분야'로 규정한다. 두 연구자는 이 지식의 성격을 '번역(학)적 지식의 종류, 지식의 획득 방법이나 절차, 타당성, 정당성, 근거 등을 모두 포괄하는 개념으로 이해'하라고 주문한다. 그렇다면 번역학 인식론을 표방하지는 않아도 부분적으로는 이와 관련되는 글들이 적지 않을 것임을 충분히 짐작할 수 있다. 여기서는 번역학의 '학'적 성격과 그에 따른 번역 방법들에 초점을 맞추기로 한다.

라드미랄은 대표적 번역 인식론학자의 한 사람이다. 그에게 번역 인식론의 과제는 '번역학 지식의 이론적 위상을 규정하는 것'이며, '번역학 담론들의 위상 문제를 제기하는 인식론적 메타이론의 성찰'이다.[3] 그런데 그 내용은 상당히 실천지향적으로, 번역에 대해 어떤 유형의 담론을 하는 것이 적절한가 살피는 것이다. 이는 그의 학문적 성향에 기인하기도 하지만, 번역학이란 학문 자체의 성격 때문이기도 하다. 인문학에서는 자연과학에서 말하는 '진리'의 척도보다는 사회적 요구의 측면에서 실천적 유용성이 더 두드

---

2 로쉬리츠(2001), 퐁샤랄(2006) 참고.

3 그는 여러 글에서 지속적으로 번역 인식론에 대해 언급을 하고 있다; 라드미랄(2003:148; 2009:11) 참고.

러진다.[4] 라드미랄(2003:148-9)은 자신의 번역학 담론, 번역에 '대한' 담론도 번역을 '위한' 담론의 성격을 갖는다고 말한다. 그는 자신의 번역학 담론이 좁은 의미, 혹은 엄밀한 의미의 '과학적 담론'이기보다는 실천을 위한 '실천학적' 담론이기 때문에, 번역의 '이론의 이론'을 하는 것이 번역의 실천과 직접 맞물리는 결과가 된다고 설명한다. 자신의 번역학에 대한 글들도 번역의 실천과 더불어 이루어진 것이지만, 번역학에 대한 자신의 메타적 성찰 역시 번역자들의 번역이라는 실천을 위한 것임을 그는 강조한다.[5] 그는 번역과 관련하여 세 층위를 구분한다.[6] 번역 실천이 그 첫째 층위이고, 이 실천에 대한 고찰인 번역론이 둘째 층위이며, 셋째 층위는 인식론적 메타이론 층위로서, 과학성(학문성)의 위상 등이 논의된다. 그는 번역에서는 이 셋째 층위가 첫째 층위에 직접 영향을 끼친다고 말한다. 번역에서 부딪친 난관들을 헤쳐나가게 해줌으로써 결과적으로 그렇게 된다는 것이다. 묵시적일지라도 비체계적일지라도, 번역론 없이 좋은 번역이 이루어지기 어렵다고 보는 것은 번역론의 번역 실천에 대한 영향을 시사하는 것이다. 여기서 핵심어는 바로 '성찰'이다. 이 성찰에는 반성적 비판적 성찰의 물음들이 부단히 동반되어야 할 것이다.

라드미랄은 번역학이 규범적인 것, 기술적인 것, 귀납적인 것 등 다양한 접근법들이 자리할 수 있도록 그 범위가 충분히 넓어야 한다고 주장한다. 이들은 그가 규범적 번역학, 기술적 번역학, 귀납적(혹은 과학적 번역학)이라 부르는 것들로, 각각 그제, 어제, 내일의 번역학이라 불리기도 한다.[7] 라

---

4 라드미랄(2006a:15)은 자연과학 인식론과 다른 인문학 인식론의 특수성을 말한다. 그는 인문학이—실험심리학 같은 자연과학적 분야가 없는 것은 아니나—엄밀과학의 방법론적 최대주의와 문학 · 철학 같은 주관적 · 문화적 담론들의 '회의적 최소주의' 사이의 '인식론적 중간자'(un entre-deux épistémologique)의 위상을 갖는 것으로 보는데, 이는 문사철이 핵심이 되는 우리의 인문학과는 그 성격이 다소 다른 것이다.

5 라드미랄(2003:150) 참고; 그는 여러 글에서 자신의 번역론이 스스로의 번역 경험에서 비롯된 것임을 강조한다.

6 라드미랄(2009a:8-9) 참고.

7 라드미랄(2003:161)은 귀납적 혹은 과학적 번역학을 '내일, 나아가 모레의 번역학'이라 부르기도 한다.

드미랄의 최근 글에서는 관점이 바뀌어 문제의 구분이 시기적 구분이 아닌 '기본적으로 방법론적'이며 '인식론적'인 구분으로 제시되고 있다.[8] 그가 적극 권하는 것은 '실천학적 접근'이며 '오늘의 번역학'인 '생산적 번역학'이다.[9] 저자의 '생산적 번역학'은 제유적으로 '생산적 번역론'이라고 부를 수 있을 것이다. 생산적 번역론은 대상에 대한 지식을 겨냥하기보다 '번역이라는 실천의 제어'를 지향한다. 생산적 번역론은 번역 실천을 도와주는 '편익적 담론'들이기도 하고, 번역 시의 심리적 고충을 일시적 혹은 부분적으로 해소시켜준다는 의미에서 '치료적 담론'이기도 하다.[10] 하나의 인문학번역론이고자 하는 '탐구번역론'도 그러한 역할을 수행해야 할 것이다.[11] '탐구번역'과 짝을 이루는 '탐구번역비평'이—근자의 번역비평에서 흔히 보듯이—비판이나 비난이 아니라 포스·포스(2003)가 말하는 호의의 수사, 조언의 수사, 나아가 '초대의 수사'가 되도록 하는 것도 번역(학)에 대한 학술적 소통을 위해 매우 중요하다.[12] 이른바 '잘못된' 번역은, 많은 경우, '오해'에서 비롯되는 것이므로, 탐구번역론은 오해의 이해에 큰 관심을 가질 필요가 있다.

생산적 번역론과 사뭇 다른 인식론적 생각을 가진 연구자들도 물론 있다. 이향(2011:202)은 홈즈에서 투리, 체스터만에 이르는 '하나의 계보'를 언급한다. 이들의 입장은 '번역학이 방법론적 차원에서나 그 인식론적 차원에서 경험과학'이어야 한다는 것으로 요약된다. 입장이 그러하니 이들에게서 '경험과학의 잣대로 분류 불가능한 영역 전체'가 '번역학 지도에서 제외'되는 것은 전혀 이상한 일이 아니다. 하지만 방법론의 이름으로 인문학에서 많은 가능한 연구들이 제외되었듯이, 경험과학 혹은 설명과학의 이름으로 번역학연구에서 의미 있는 인문(학)적 연구들이 제외되는 결과가

8 라드미랄(2010a:6-7) 참고.

9 윤성우 · 이향(2011) 참고.

10 라드미랄(2003:57) 참고.

11 이 책 8장 참고.

12 전성기(2007a, 2009c) 참고.

초래되어서는 안될 것이다. 윤성우·이향(2009:118)에 의하면, 경험과학을 주장하는 번역학자 체스터만의 주장의 핵심은 '과학성'과 '객관성'이다. 체스터만의 관점에서 번역학은, 응용과학이나 해석학보다, '더 과학적이고 객관적인 학문이어야' 한다는 것이다. 이러한 요구가 잘못된 것은 물론 아니나, 적어도 실천을 중시하는 인문학번역의 관점에서는 큰 지지를 받기 어렵다. 벌러체스쿠·스테파닌크(2005a:637)는 '번역된 의미가 수신자-번역자의 개인적 경험과 함수관계에 있기에, 번역에서 객관성의 추구가 가능하다고 기대하는 것, 나아가 저자의 의도를 되찾아내기를 기대하는 것'은 소용없는 일이라고 지적한다.

라드미랄(2009a:9)은 인문학에, 바슐라르가 말하는, 자연과학에서와 같은 '인식론적 단절'은 없다고 단언한다. 사실 인문학에서는, 자연과학에서와 달리, 동일한 혹은 유사한 문제가 역사적으로 되풀이되어 제기되는 경우가 허다하다.[13] 고전철학 전공자들에게는 지금도 아리스토텔레스, 플라톤, 소크라테스 등이 계속 문제가 되고 있고, 이와 아울러 이들의 저술들의 번역 또한 지속적으로 문제시되고 있다. '소쉬르 다시 읽기'도 그런 예의 하나이다. 라드미랄은 오귀스트 콩트의 엄밀과학의 세 시기 구분에서 착안하여 이를 인문학에 적용하는데, 번역학의 인식론적 고려를 위한 것이다. 첫째 구분은 '형이상학적 상태'로, 분야별 구별이 되어 있지 않고, 인문학이란 생각도 개념화되지 않은 상태이다. 둘째는 '논쟁적 상태'로, 인문학이 서로 모르거나 대립되는 서로 다른 이론을 주장하는 학파들로 갈려 갈등하고 대립하는 상태이다. 자연과학에서는 이러한 상태가 패러다임 전환 시에나 볼 수 있는 일시적인 것이나, 인문학에서는 그렇지 않다고 라드미랄은 지적한다. 셋째는 '실용적 상태'로, 라드미랄 자신은 '에큐메니컬 전환'에 의해 이 '실용적 상태'로 나아가고자 모색한다.

번역학의 역사를 현대에 국한하건 선대로 거슬러 올라가건, 첫째 시기

13 라드미랄(1986:33)은 '오늘날, 얼추 2천 년도 더 지난 지금 고개를 쳐드는 것은 여전히 동일한 문제'라고 지적한다.

는—라드미랄이 명확하게 언급하지는 않으나—번역학이 인문학이나 여타 분야들과 구분이 되지 않던 시기로 보아야 할 것이다. 셋째 상태인 '실용적 상태'에 대해서도 라드미랄은 별다른 설명을 하지 않는데, 그가 중점적으로 이야기하는 둘째 상태인 '논쟁적 상태'와 '에큐메니컬 전환'에 대한 언급으로 그 성격을 미루어 짐작할 수 있을 뿐이다. 오늘의 번역학에서는 '직역이냐 의역이냐'를 비롯하여 수많은 번역학 논쟁이 격하게 이루어지고 있다. 온라인 오프라인 할 것 없이, 때로는 '폭력적'이라 하지 않을 수 없는 표현들이 여과 없이 구사되기도 한다.[14] 바로 포스·포스(2003)가 말하는 '초대의 수사' 같은 '파동적 수사'의 적극적 사용이 번역 담론들에서도 크게 요구되는 이유이다. 라드미랄(2008:26)은 자신의 생산적 번역론과 다니엘 질의 번역론이 서로 상보적 역할을 하고 있음을 '실용적 상태'의 한 예로 언급하는데, 이러한 실용적 탐구는 번역에서 더 나은 실천을 위해서도 더 광범위하게 더 적극적으로 이루어져야 한다.[15]

번역론에서 말하는 '이론'(또는 '론')은 엄밀과학의 이론과 다르다. 이 차이를 강조하는 라드미랄은 번역학이 번역이라는 대상의 복잡다기성으로 인해 '탈공리화' 되어야 할 것이라고 생각한다. 그는 상반되는 번역 현실로 인해 번역학에서는 서로 대립된 여러 이론들이 공존할 수 있음을 인정한다.[16] 이러한 공존으로 인해 '성찰적 담론'의 성격이 강할 수밖에 없는 번역학 논의에서는 '선택'이 중요한 문제로 대두된다. 다양한 선택들 사이에서 결정을 하려면, 묵시적이건 명시적이건, 수사학적 논증에 기대지 않을 수 없다. 뒤리외(2006)가 '경계의 분야'라고 부르는 번역학에서는 사실 인문학의 다른 어떤 분야보다 진리나 진리성을 말하기가 어렵다. 그래서 번역학의 인식론도 엄밀학문이 말하는 것과는 상당히 다른, 완화된 기준의 것이 될 수밖에 없다. 예를 들어, '주관상호성'이나 '그럼직함'(plausibilité), 혹은 타당성이나 적절성 등이 논증의 중요한 고려사항이 되는 것이다. 이러한 기준들

14 정혜용(2012:90, 258-9) 참고.

15 이 책 8장 참고.

16 라드미랄(2009a:15) 참고.

은 유무의 문제가 아니라 정도의 문제이니, 이 '정도'를 높이기 위한 부단한 노력과 탐구가 필요해진다. 프룉리제르(2005:1)는 번역학을 '불순한 분야' 라 칭한다. 다른 분야들과 혼합되면서 이들로부터 끊임없이 영향받기 때문이다. 그래서 번역의 이론 구축, 즉 번역으로부터 번역학으로의 도약은 '위태롭다'고도 말한다. 그렇다면 핌(2010c)이 말하는 '위험 관리'를 번역뿐 아니라 번역론에서도 적극 고려해야 하지 않을까?

발라르(2007)가 말하는 번역학에서의 '인식론적 균형 회복'도 인문학번역론의 주요 고려사항의 하나이다. 그는, 번역학이 언어학에 대한 종속적 위치를 벗어나기 위해 고려 자체가 등한시되었던, 번역론에서 언어와 언어의 차이에 대한 고려가 중요함을 다시금 일깨운다. 발라르(2006a)에 의하면, 번역학은 '관찰의 학문'이고, 그 관찰의 일차적 대상은 텍스트의 재료인 언어이다. 번역이 언어들에 대한 작업이 아니라 담론, 텍스트에 대한 작업이라 말하는 이들이 적지 않다. 하지만 —우리가 자주 목격하듯이— 텍스트 언어에 대한 성찰을 소홀히 하기 위한 구실이 되어서는 안될 것이다. 번역학에서 언어학을 배제하려다 번역에서 관찰의 일차적 대상인 텍스트의 언어를 소홀히 하는 결과가 초래되었으니, 이를 바로잡아야 한다는 것이 발라르의 생각이다. 우리 오역 논쟁들의 제일 큰 부분도 실은 이 언어 문제이다. 그렇기 때문에도 등가의 텍스트비교문법인 '번역문법'의 활발한 연구가 절실히 필요하지만, 아직은 문제제기도 제대로 되어 있지 않다.[17]

발라르(2006a:182-3)는 번역론이 다양해져야 할 필요성. 번역론들이 각기 나름대로 우리의 번역 지식에 무언가 보탬이 된다는 부분적 공헌성은 기꺼이 인정한다. 하지만 모든 것을 자신의 통로를 통해 보도록 하는 순간 일그러진 프리즘이 되어버릴 위험이 있음을 그는 경계한다. 특정 학파 소속이 아니더라도 우리가 이러한 유혹에 자주 빠지는 것이 사실이나, 문제가 동일하지 않다면 동일한 이론을 적용하기는 어려울 수 있음을 생각해야 할 것이다. 발라르(2007:21)는 번역의 성찰에서 관점이 다양할 수밖에 없는 이유로

17 이 책 8장, 10장, 12장, 전성기(2016a) 참고.

이론가의 주관성, 이론화의 근본 토양, 성찰에 사용된 개념적 도구들을 든다. 사실 인간의 작품 중 어쩌면 가장 복잡한 것이라 할 '언어문화'의 번역을 한두 가지 이론으로 모두 기술하거나 설명할 수 있기를 바란다는 것 자체가 무리이다. 사회언어적 기준들과 결부되어 있는 번역자의 작업이 번역학의 중심 연구 대상이라는 발라르의 생각은 번역자의 '번역 의식'이 중요한 역할을 하는 탐구번역의 정신과도 맥이 통한다.[18]

2. 번역론의 학문성

번역론의 인식론은 번역학의 메타담론의 하나로서, 라드미랄이 '인간적인, 너무도 인간적인' 학문이라고 토로한 번역학[19]의 '됨됨이'에 대해 묻고 따지고 성찰하는 담론이다.[20] 번역(학) 인식론과 관련하여 위에 언급된 사항들은 거의 모두 번역(학)의 '됨됨이'에 관한, 또는 이와 관련된 것이라고 말할 수 있다. 이는 '사람됨', '사람다움'에 대한 탐구가 되어야 하리라는 인문학의 성격과도 연관되는 것이다. 번역론의 메타담론에서는 진리성이나 과학성 탐구 전통에서 비롯된 인식론을 살필 필요도 있지만,[21] 인간의 가치, 무늬, 향기를 중시하는 인문학의 한 분야로서의 번역(학)의 학문적 성격, 그 '됨됨이'를 살피는 것도 필요하다. 라틴어 'scientia', 같은 철자가 쓰이는 영어와 불어의 'science', 독어 'Wissenschaft'에 해당하는 '학문'은 말 그대로 '배워 물음[묻고 배움]'이다.[22] 학문의 이러한 이해는 학문을 '묻기' 과정으로, 이를 탐구하는 제문론을 '질문의 철학'으로 규정하는 미셸 메이에르

18 사야 · 시메온(2007:82): "미묘하면서도 열정을 불러일으키는 번역행위는 머리와 마음이 열려 있음을 전제로 한다."

19 라드미랄(1989:12).

20 인문학번역은 바이위(2004:54)의 표현을 빌리면 '매우 인간적인 실천'이다.

21 강영안(1995:17)은 한치진이 그의 《철학개론》(1936)에서 인식론을 '현대철학의 중심문제로서 지식의 기원과 표준을 경험주의와 합리주의의 견지에서 논급한다'고 기술하였음을 보여준다.

22 이기상(2003:250-1) 참고.

의 관점과도 깊이 통하는 것이다.

메타담론이 우리 번역학계에 드문 것은 위기가 계속 운위되고 있는 우리의 척박한 인문학 번역문화와 무관하지 않다.[23] 위기의 큰 부분은 일단 부실하고 허술한 번역에서 비롯된 것이겠지만, 더 큰 문제는 그런 식의 번역을 낳게 한 '정신적 풍토'의 문제일 것이다. 바로 인문학번역에서 인문정신의 제고가 크게 필요한 이유이다. '위기'란 말은 인문학의 폄하에 사용되기도 하지만, 인문학의 생래적 '정체성'을 드러내는 데에 쓰이기도 한다.[24] 안재원(2007)에 의하면, 인문학은 생래적으로 그리스 로마 시대에 '삶의 한복판에서 사회적 위기와 함께 태어난 학문'이다. 인문학 자체를 '위기의 학문'으로 규정하는 이태수·장경렬(2003:7)도 '인간의 삶이란 무엇인가라는 물음에 답이 없다면 삶 자체가 무의미해질 수 있다는 위기의식에서 출발한 위기의 학문이 바로 인문학'이며, 삶 자체가 그러하듯이 인문학도 '미완의 기획'일 수밖에 없다고 주장한다(15). 하지만 인문학이 학문적 연구이고자 하는 이상, 미완의 기획일지라도 그 학문성에 대한 성찰은 피해갈 수 없는 과제이다. 인문학번역을 포괄적으로 성찰하고자 하는 번역인문학도 학문성 제고를 위한 메타적 성찰에 소홀함이 없어야 할 것이다.

이기상(2003:252)에 의하면, '배워 묻기[묻고 배우기]'는 '동양의 학문이 가지고 있는 독특함'이다.[25] 이때 '배운다'는 의미 안에는, 배워서 아는 것을

23 이향(2011:200): "《번역학연구》에 지난 10년(2000-2009)간 실린 총 244편의 논문을 일차적으로 분류하여, 소위 '메타담론'에 속하는 논문들의 비중을 살펴보았다. (…) 번역의 역사, 번역학의 정의, 혹은 연구방법론 등 메타담론적 성격의 연구물은 지난 10여 년을 통틀어 대략 19편 미만으로, 사실 진정한 메타담론이 개진되었다고 보기에는 어려운 면이 있다."

24 고영섭(2008): "오늘 우리 인문학의 위기는 어학, 문학, 역사, 철학(윤리) 등을 근간으로 하는 학문의 뿌리로서의 '인문학'이 그 이름과 달리 그 글을 쓴 사람의 '삶의 질'을 기반으로 하는 '인간의 향기', '인간의 무늬', '인간의 가치' 등을 탈색시킴으로써 스스로 소외를 자초해 온 측면이 없지 않다."

25 김용옥(1994:24): "언제부터인가 '지식을 배우고 익힌다'는 의미가 학문(學問)으로 쓰이고 있지만 옛글에서는 이와 반대로 '묻고 배우는' 문학(問學)이다. 동서를 떠나 무릇 배우려는 자가 먼저 물으면 현자는 그에 대하여 응답한다. 즉 서기관이 묻고 예수는 답하며(막 12:28), 자공이 묻고 공자는 설명한다." 김용옥에 의하면, 물음[問]은 '學'의 전제가 없이 일어나며 '學'은 그 질문[問]의 결과로써 생각난다. 이것이 바로 진정한 의미의 '問學'이라고 할 수 있다

삶 속에 실천한다는 뜻이 담겨 있다는 것이 저자의 설명이다. '동양 전통에서는 이론과 실천을 따로 떼어놓고 생각하지 않았다'고 한다. '실천으로서의 수양, 즉 몸살이에서 자신의 몸을 닦아 맘살이, 얼살이까지 이어나가는 길을 닦는 것이 자기 수양의 길'이라는 것이다.[26] 임재해(1999:31)도 '기존 지식을 사실이라 믿고 익히는 일은 학문이 아니라 학습'이라며 유사한 지적을 한 바 있다. '학문은 학습과 달리 기존 지식에 회의를 가지고 의심하며 따져보는 과정을 거쳐 새로운 지식을 생산하는 창조적 활동'이라는 것이다. 두 저자가 앎과 삶을 둘로 보지 않는 것은 동일하다. 이기상(2003:251)은 '앎이 필요한 것은 앎이 삶을 이끌어가기 때문'이라 말하고, 임재해(1999:23)는 '인문학문은 사람을 사람답게 하는 학문'이라고 말한다. 번역인문학은 이와 같이 앎과 삶이 융합된 혹은 회통하는 학문을 지향해야 할 것이다.

학문에 대한 임재해의 생각은, 체계적은 아니라 해도, 메이에르의 '제문론'을 많이 닮았다. 제문론이 답보다 물음을 더 중시하듯이, 임재해(1999:29-31)도 '학문의 세계에서는 해답보다 의문이 더 중요'하다고 말한다. '효과적인 질문을 던지며 새로운 문제를 제기하는 사람이야말로 학문적 역량을 갖춘 사람'이라는 것이다. 그러니까 학문을 하는 것은 '질문하는 법', '의문을 제기하는 법'을 익히는 것이다. '학문에서 의문을 가지는 것이 더 중요하다고 여기기 때문에 학문을 '물어서 배운다'는 데 무게 중심을 둔다'는 것이 그의 입장이다. 저자는 '학문하는 사람들은 모르는 문제에 대해

는 것이다.

26 이기상(2003: 252-53): "인간만이 물을 수 있다. 물을 수 있는 능력이 인간의 인간다움을 이루고 있다. 물음이 가지고 있는 가장 파격적인 힘은 모든 것을 뒤집어엎는 데 있다. 물음의 대상이 될 수 없는 것은 없다. 모든 것에 대해서 물을 수 있다는 것은 물음의 대상이 되는 그 모든 것을 다 의심스러운 것으로 만들 수 있다는 뜻이다. '묻고 배운다'는 것은 여태까지 자신이 서 있는 틀, 전통, 역사 등에 물음을 던져 그 타당성을 일단 유보시켜 옳은 것은 받아들이고 틀린 것은 버리겠다는 뜻이다. 그것이 가지고 있는 의미, 가치, 효용성 등을 다시 검토해보겠다는 것이다. 그리하여 다시 삶 가운데 되돌려 놓겠다는 것이다. 이 점이 우리 전통 학문의 가장 중요한 차원이었다. 그런데 우리는 언제부터인가 이 모든 것을 잃어버렸다. 우리가 서양철학을 배운다 하더라도 우리가 이러한 의미의 차원을 살린다면 서양 학문이 우리에게 어떤 의미가 있는지를 물어서 우리의 삶의 현실에 맞게 변형시켜서 우리의 삶을 위한 앎으로 삼을 수 있을 것이다."

서도 질문을 던져야 하지만, 이미 확실히 알고 있다고 여기는 상식에 관해서도 새롭게 의문을 제기할 수 있어야 학문을 생산적으로 발전시킬 수 있다'고 주장한다. 이는 인문학번역을 넓고 깊게 반성적으로 성찰하고자 하는 번역인문학의 기본적 입장이기도 하다. 로비타이유(2005:208)에게 '진정으로 대화에 열린 인간 공동체'는 '하나의 답이나 공유된 답들의 종합에서가 아니라 〈공유된 질문〉에서 사회적 윤리적 기반을 발견하는' 공동체를 말한다. 번역인문학이 인문학 연구의 하나의 패러다임이 되기 위해선 이러한 학문적 공동체의 구축이 필요하다.

이기상(2003:255-56)은 '〈묻고 배움〉은 끊임없이 어떤 문제를 가슴에 품고 계속 돌리면서 다각적으로 생각하고 해결책을 찾아내서 삶 속에 풀어놓는' 것이고, '이런 식으로 진행되는 것이 배움의 과정'이라고 말한다. '배운 것'이 '삶 가운데 실행되어 삶에 되먹임'되는 것이다. '삶의 문제가 이와 같은 방법으로 앎을 낳고, 이 앎이 다시 삶에 되먹임되어 이러한 되풀이 속에 배움으로 굳어져서 아무 어려움 없이 문제를 해결해나가는 수준이 되면 그 배움은 그 사람의 삶 속에 결로 새겨진다'는 것이 저자의 생각이다. 인문학번역이 인문학 연구의 중요한 기본적 작업임을 이해하고 이를 소홀히 하지 않으려는 연구자들이 깊이 곰삭여 볼 말이다. 인문학번역을 직업으로 하는 사람들에게 배움이 삶 속에 결로 새겨지기를 요구할 수는 없으나, 인문학번역을 중요한 연구과제로 삼는 인문학자들에게는 이것이 지나친 요구나 기대라고 말하기 어렵다. 〈묻고 배움〉과 맥을 같이하는, 이완재(1998:7)가 말하는 선인들의 공부 방법인 '침잠완색(沈潛玩索) 적구점숙(積久漸熟)'(푹 잠겨 즐겁게 탐색하고, 오래 쌓아 점차 익어가게 한다)은 인문학적 사유의 방법을 말하는 것이지만, 인문학번역의 방법으로도 충분히 활용될 수 있을 것이다.

인문학번역에는 매우 미묘하면서 비체계적인 면도 다분히 있는 만큼,[27]

27 프륄리제르(2010:18)는 번역을 '매우 미묘한 비체계적인 예술이며, 진정으로 인간적인 것을 우리에게 알려주는 기법'으로 묘사한다.

엄밀성을 부단히 추구하는 것은 바람직하나, 자연과학의 과학성을 모방하려고 하는 것은 문제가 있다. 적어도 방법론의 이름으로 탐구의 대상 자체가 제외되거나 왜곡되어서는 안 된다. 앞서 라드미랄이 번역학 담론을 엄밀한 의미의 과학적 담론이기보다 실천을 위한 실천학의 담론으로 본다는 것을 언급한 바 있는데, 이 번역의 '실천학적' 담론도 학문적 담론을 지향할 필요가 있다. 유일한 선택을 위한 방법이 논리수학적인 방법이라면, 다양한 선택이 가능한 번역의 경우에는 수사학적 논증에 의거한 '주관상호성'의 논증적 추구를 통해 '번역 선택'의 타당성을 높일 수 있다. 물론 이러한 타당성은 번역 시 고려된 사항들의 다른 해석이나 새로운 요소(들)의 고려 등을 통해 다시 문제시될 수 있다. 특히 인문학번역에서는 번역자가 중심에 놓이게 되기에,[28] 자연과학을 연상케 하는 과학성보다 이를 아우르며 동양의 학문적 전통의 맥을 잇기도 하는 '학문성'을 말하는 것이 바람직할 것이다.

3. 텍스트 유형과 번역

인문학번역에서는 누가, 무엇을, 왜, 누구를 위해 번역하는가 등에 따라 '어떻게'도 영향을 받지 않을 수 없다. 학문적 연구로서의 번역과 일반 독자들을 위한 번역을 동일한 기준으로 평가하거나 판단하기는 어렵다. 번역의 목적에 따라서도 번역의 방식은 달라질 수 있다. 계몽을 위한 번역과 작품성 재현을 위한 번역이 같을 수는 없다. 번역과 관련하여 특히 주목받은 것 중 하나가 대상 텍스트의 성격이다. 우리에게 친숙한 구분은 문학텍스트와 비문학텍스트의 구분, 또는 문학텍스트와 실용텍스트의 구분이나, 최근에 자주 언급되는 것은 라이스(2000)의 텍스트 유형 구분이다. 라이스는 뷜러의 언어의 세 기능인 서술기능, 표현기능, 호소기능에 따라 정보 텍스트, 표현 텍스트, 호소 텍스트를 구분하며, 번역 방법도 이 텍스트 유형에 적합

28 프룀리제르(2005)는 직업번역(전문번역)에서도 번역자가 번역의 중심이 되어야 한다고 강조한다.

하도록 이뤄져야 한다고 주장한다.[29] 그러나 라드미랄(2006e:xi)은 이들을 폐쇄적 요소가 아니라 연속체 속에서의 우세 요소로 보아야 할 것이라는 견해를 피력한다. 라드미랄(1981)은 문학번역, 기술번역 외에 이 둘과 동시에 관계를 가지는 철학번역을 설정하는 것이 독특하다. 도식상으로 보면 철학번역은 역삼각형의 아래 꼭짓점에 자리한다.

이난희(1995:449)는 라이스의 텍스트 유형 구분에서 언어의 기능이 세 가지로 국한된 것, 텍스트의 다기능성이 고려되지 않은 것, 텍스트의 기능에 대해 언어 외적인 종합적 요소들을 고려하지 않은 채 텍스트 내적인 요소를 통해 설명을 시도한 것, 번역자의 역할이 충분히 고려되지 않은 것 등을 들어 문제의 구분을 비판한다. 한편, 슈톨제의 '번역 범주' 모델의 특징은 텍스트를 실용텍스트, 전문텍스트, 문학텍스트 등으로 구분하는 대신, 주제·의미·어휘·화용·문체라는 '번역 범주'를 설정하여 '모든 텍스트'에 적용한 것이다.[30] 이는 '번역자에 초점을 맞추어 번역에 중요하게 관여하는 요소들의 해석과, 그 요소들 서로 간의 연관 관계를 고려'한 것인데, '객관적으로 활용될 수 있는 번역 범주의 제공 문제와 등가 문제'가 '해결해야 할 과제'로 꼽힌다(462). 하임·티모프스키(2006)도 인문학 텍스트가 과학이나 기술 텍스트와도 다르고 문학 텍스트와도 다른 몇 가지 특징을 든다. 인문학 텍스트가 자연과학 텍스트의 일반성을 지향하지만 사회문화적 환경에 의해 제한받는다는 점, 문학 텍스트와 달리 인문학 텍스트에서는 문체의 영향이 적다는 점도 언급된다. 문학 텍스트에서 뉘앙스가 중요하다면, 인문학 텍스트에서는 명료성이 중요한 것으로 여겨진다. 인문학 담론에서는 개념이 중요한 역할을 하는 것도 그 특성의 하나로 꼽힌다.

로버츠(1995)는 들릴, 뉴마크 등 여러 학자의 다양한 번역 유형을 검토한 후, 크게 원텍스트 관점에서의 번역과 번역텍스트 관점에서의 번역으로 나누어 자신의 번역 유형을 자세히 제시한다. 큰 대목만 살펴보자. 우선, 원

29 이난희(1995: 444-7) 참고.

30 이난희(1995: 454-9) 참고.

텍스트의 전반적 관점에서 그는 번역을 실용텍스트와 문학텍스트로 나누고, 특성 중심 텍스트에서 정보텍스트 번역, 호소텍스트 번역, 표현텍스트 번역을 구분한다. 원텍스트의 내용과 어휘의 전문화 정도에 따라서는 일반 번역과 전문번역을 구분한다. 원텍스트가 포괄하는 전문화의 일반 영역에 대해서는 과학기술 번역과 사회경제 번역이 구분된다. 원텍스트의 문체와 관련해서는 기술(description), 논증, 서술, 대화가 구분된다. 원텍스트 장르에서는 책, 논문, 교과서, 리포트, 편지, 소설, 에세이, 시 등의 구분을 볼 수 있다. 번역의 일반 목적에 대해서는 직업적 번역과 비직업적 번역이 구분된다. 번역텍스트 산출에 쓰인 번역 방식에서는 '의미 번역'과 '소통 번역'이 구분된다. 전자가 저자 지향적, 원어 지향적이라면, 후자는 더 독자 지향적, 번역어 지향적이다. 번역의 매개와 관련해서는 넓은 의미의 번역이 통역과 좁은 의미의 번역으로 구분된다. 이러한 구분들이 완전히 서로 독립적인 것은 아니다. 저자가 지적하듯이, 이러한 구분들은 해당 분야 지식 분류뿐 아니라 '번역 탐구의 기본적인 도구'로도 쓰일 수 있다.

번역학자들은 이러한 유형을 연구를 위한 균질적 코퍼스 구축에도 이용할 수 있고, 번역 교육에도 적절히 활용할 수 있다. 각 유형들에 빈번하게 나타나는 어휘들이나 문장 유형들을 알고 있다면, 그러한 사전 지식이 번역에 상당히 도움이 될 것이다. 무엇보다 광의의 인문학은 다양한 텍스트 유형으로 나타날 수 있기에, 위에 언급된 다양한 텍스트 유형, 그리고 그들에 쓰이는 언어적 수단들을 알아두는 것이 번역에 유용할 것이다. 언급된 텍스트의 유형 구분이 번역의 이해와 실천에 도움이 되는 것은 사실이나, 그것으로 충분치는 않다. 텍스트와 유형이 일대일로 대응되는 관계가 아니기 때문이다. 유형의 구분은 대개의 경우는, 라드미랄이 지적하듯이, '우세 요소'의 구분에 해당한다. 그래서 이 요소들에 대한 이해가 중요한데, 대표적인 것으로 작품성, 기술성, 실용성을 들 수 있다. 모든 문학작품이 작품성을 갖는 것도 아니고, 인문학번역에서 작품성이 고려되어야 하는 번역이 양적으로는 우세하지 않을지 모르나, 질적으로는 작품성 번역이 매우 중요하다고 말할 수 있다.

로슐리츠(2001)가 '성찰의 작품'이라 부르는 철학서들도 포함되는, '작품성'을 갖춘 텍스트들에서 이 작품성이 번역되지 못한다면, 사실 품격있는 번역이나 이른바 '명역'이 되기 어렵다. 기술성은 용어 번역에 국한되는 것이 아니라 논증 방식 등과도 관련된다. 뒤리외(2006:103)는 문학적인 것 속에 기술적인 것도 있고 그 반대도 마찬가지라며 문학번역과 기술번역의 분리는 부적절하다고 지적하는데, 이는 인문학번역에서도 마찬가지이다. 마지막으로, 실용성도 대중적 인문학서 번역에서 주요한 고려 대상이다. 그렇지만 거의 대부분의 인문학 텍스트는 작품성, 기술성, 실용성이 뒤섞여 나타나는 '혼합적 텍스트'이기 때문에,[31] 다양한 번역 방식에 대한 다양한 지식이 필요할 것이다. 각 텍스트는 나름의 독특한 존재이다. 텍스트의 유형을 아는 것이 번역에 큰 도움이 되는 것은 사실이나, 어느 텍스트도 똑같지는 않다. 인문학번역에서는 각 텍스트의 개성과 독특함을 파악하여 이를 살리려는 노력이 필요하다. 이러한 노력은 이른바 '작품'(oeuvre)의 번역에는 필수적이다.

에코의 텍스트 범주 구분도 인문학 텍스트를 번역할 때 관심을 가져야 할 부분이다. 에코는 일반적으로 텍스트를 '닫힌 텍스트'와 '열린 텍스트'로 구분한다.[32] 매우 드문 극단적으로 닫히거나 열린 텍스트를 제외한다면, 텍스트의 닫힘과 열림은 상대적이다. 닫힘과 열림은 동일 축 위에서의 정도의 구분으로 보아야 할 것이다. 좁은 의미의 인문학이라 할 수 있는 문사철의 경우, 그 텍스트들은 대체로 열린 것들이나, 비교적 닫힌 경우들도 없지 않다. 번역과 관련하여 '닫힘', '열림'이 중요한 것은 맥락과의 연관성 때문이다. 닫힌 텍스트는 맥락의 고려가 소극적이어도 큰 문제가 없으나, 열린 텍스트일수록 맥락 고려의 중요성이 커진다. 일견 단순해 보이는 낱말 하나도 그 의미는 맥락에 크게 영향 받을 수 있다. 텍스트 맥락은 좁은 의미의 맥락에서 사회적 역사적 문화적 맥락으로까지 확장될 수 있다. 맥락의 영향

31 뒤리외(2006:103) 참고.

32 이 구분의 자세한 논의에 대해서는 박상진(2003)을 참고할 것.

이 커질수록 번역의 어려움은 커지게 마련이고, 심지어 번역불가능성까지도 자주 거론된다. 대개의 인문학 텍스트들은 열린 텍스트들이고, 따라서 맥락의 고려가 매우 중요하다.[33] 이러한 점은 번역비평에서도 충분히 고려되어야 할 것이다.

텍스트의 상대적인 닫힘과 열림은 의미의 안정성/불안정성과 맞물려 있다. 인문학 소개서들과 같이 인문학 관련 텍스트들에도 의미가 비교적 안정적인 경우들도 있겠으나, 문학과 철학을 비롯한 대개의 인문학 텍스트들은 의미의 '불안정성'이 대체로 높다. 때로는 말라르메의 시들이나 제임스 조이스의《피네간의 경야》, 또는 일부 철학서들처럼 그 '불안정성'이 매우 큰 경우들도 결코 드물지 않다. 문학번역이 '텍스트 외부에 남아 텍스트를 불활성의 객관적 대상처럼 관찰하는 것이 아니라, 낱말들 사이의 파동을 재현하는 것'이라는 데위스(1997:386)의 양자물리학에 빗댄 말이 타당하다면, 그러한 문학번역에 준하는 인문학번역은 매우 '불안정한' 것일 수밖에 없다. 의미의 불안정성은 실용적 텍스트들보다는 문화적 역사적 감수성의 상호작용이 훨씬 큰 인문학 텍스트들에서 크게 증가되고, 그에 따라 번역의 불확실성 또한 크게 증가할 수밖에 없다.[34] 이스라엘(2006:15)은 독자의 '비판 정신의 틈입'을 의미의 불안정성의 한 원인으로 보는데, 이러한 비판 정신은 인문정신의 핵심적 요소이기도 하다. 탐구번역은 이 비판 정신을 불안정한 의미의 적절한 혹은 타당한 해석을 위해, 그리고 그 적절성이나 타당성의 설득력을 높이기 위해 십분 활용해야 할 것이다.

4. 인문학번역론

인문학번역을 논하면서 일정한 길이를 가진 글들은 많지 않다. 그중 하나인 로슐리츠의 번역론은 인문학의 이론적 텍스트들의 번역에 초점이 맞

---

33 이때 '맥락'은 작은 맥락(co-texte), 큰 맥락(con-texte)을 모두 아우른다.

34 불랑제(2006) 참고.

추어져 있다. 로슐리츠(2001:66-7)는 인문학번역을, '시적 번역'과 달리, '원전을 읽는 것이 면제되는' 번역으로 본다.[35] 인문학번역자가 번역 분야에 대해 최소한의 지식과 더불어 일반교양을 갖출 것을 요구하는 로슐리츠는 '신뢰성'(le caractère fiable)을 인문학번역의 주요 덕목으로 본다. 이해와 표현에서 오류들이 없어야 한다는 것이다. 번역은 이해와 표현의 이중적 어려움으로 인해 복잡한 '해석 실습'이 되는데, 실제에서는 어느 정도의 '정보 손실'과 이에 따른 '최소악'의 선택이 불가피하다. 이 선택들에는 그래도 다른 것들보다 나아서 저술의 핵심 내용이 다른 언어로 전해질 수 있도록 하는 것들이 있다. 바로 이러한 선택들을 해야 한다는 것이다.

로슐리츠(2001:67-9)는 인문학번역자가 무엇보다 '글쓰기 능력'을 갖추어야 한다고 역설한다.[36] 우리 인문학번역자들이 크게 유념해야 할 대목이다. 번역 글쓰기도 엄연한 글쓰기이다. 글쓰기가 제대로 되지 않은 번역은 제대로 된 번역이 아니거나 '되다 만 번역', '반쪽짜리' 번역이다. 저자는 일부 이론가들이 철학과 인문학을 포함하는 일반 번역을 원어의 이타성에 대한 '열림의 실습'으로 간주하는데, 이는 시적 번역에서 발전된 원리들을 인문학번역에 적용하는 것으로, 헤겔이나 하이데거의 텍스트 등 몇몇 예외가 있기는 하나, 전반적으로 인문학번역의 문제는 아닌 것으로 여긴다. 인문학번역에서 그가 중요하게 여기는 것은 '가독성'과 '이해가능성'이다. 번역에서 일정 정도의 정보 손실은 불가피하지만, 핵심이 손실되지 않도록 이해와 표현에서 최선을 다하는 것을 번역의 목표로 삼는다.

로슐리츠(2001:73-7)는 인문학번역에서 문화의 차이에 주목한다. 독일어 텍스트를 불어로 번역할 때, '독어는 불어보다 더 종합적'이기에 '직역'을 하게 되면 무슨 소린지 모르는 결과가 된다고 그는 말한다. 이러한 번역의 경우, 불역은 원전을 분석하고 명시화하고 해석하는 작업이 된다고 한다. 그래서 번역된 문장이 원문의 두 배가 되는 경우도 드물지 않으며, 일련의 문

35 라드미랄(1981:25)도 유사한 견해를 표명한다.

36 로슐리츠(2001:66-9) 참고.

장들을 번역할 때 문장들 사이의 관계를 나타내는 명시적인 수사적 표현들이 필요한 경우들도 있다고 한다. 로슐리츠는 원문화에 깊숙이 뿌리박힌 하나의 사유가 타문화에서는 별다른 관심을 불러일으키지 못할 수도 있고, 자국에서보다 더 환영받을 수도 있다고 지적한다. 번역자가 사유를 변질시킬 수는 없으나, 그 울림이 타 언어문화 독자들에게 전해질 수 있도록 도울 수는 있다고 그는 말한다. 책 제목도 언어문화와 사유의 차이로 인해 그대로 옮길 수 없는 경우가 허다하다고 한다. 문학번역에서 '이국적 매력'이 될 수 있는 '이국성'의 번역도 철학서 같은 '성찰의 작품'에서는 원저자가 번역문화에서 이미 상당히 알려진 경우가 아니라면 거북함이나 거부감을 느끼게 할 수 있다는 것이 로슐리츠의 생각이다.

퐁샤랄은 'Social Science Translation Project'(SSTP)의 참여자였고, 그 결과로 출간된, 전 세계 인문사회과학 관련 출판자, 번역자, 연구자들 등을 대상으로 한 *Guidelines for the Translation of Social Science Texts*의 불어본 번역자이다.[37] 퐁샤랄은 이 텍스트 제목의 'Social Science'를 'sciences humaines'로 옮기고 있는데, 이 명칭들이 가리키는 원문과 번역문에 제시된 '인류학', '커뮤니케이션학', '경제학', '법학', '정치학' 같은 분야들의 면면을 보면,[38] 우리말로는 인문사회과학이나 광의의 인문학으로 이해될 수 있을 것이다. 퐁샤랄(2007a:102)은 인문학번역에서 완전히 일반적인 의미의 번역을 말하기는 어렵다고 지적한다. 텍스트 유형마다, 나아가 경우마다 번역이 달라질 수 있다는 것이다. 게다가 영미권에서는 번역학이 주로 문학텍스트, 픽션, 시에 관심을 갖는가 하면, 번역에 대한 성찰이 지난 몇 세기 동안 성경번역

37 SSTP는 Ford Foundation의 지원을 받아 American Council of Learned Societies(ACLS)의 주관하에 2004-2005년 사이에 진행되어 2006년에 완료된 국제적 프로젝트이다. 그 결과물인 *Guidelines for the Translation of Social Science Texts*는 30쪽 분량의 영어 소책자로 불어, 아랍어, 중국어, 일본어, 러시아어, 스페인어, 월남어로 번역되었다.

38 'Social Science Texts'에 포함되는 것들로 인류학, 커뮤니케이션학, 문화학, 경제학, 젠더연구, 지리학, 역사학, 국제관계, 법학, 정치학, 심리학, 공중보건, 사회학 그리고 관련 분야들이 우선 언급되어 있다. 문제의 텍스트들에는 정부기관이나 비정부기관 문서, 신문이나 여타 미디어 자료들을 비롯하여, 철학, 역사, 예술사, 음악학, 문학비평 등의 인문학 연구들도 포함된다.

에 집중되어 있었고, 서로 다른 텍스트 유형을 명료하게 경계짓는 것도 수월치 않다고 그는 토로한다.

인문학 텍스트 번역을 흔히 개념 번역이라고 하지만, 실은 그 이상의 것이라고 퐁샤랄(2007a:103)은 말한다. 거의 읽을 수 없는 번역, 활용이 거의 불가능한 번역, 즉 실패한 번역은 진정한 의미의 텍스트가 못 되는 번역이고, 그러한 텍스트는 독자들과의 소통에 실패한 텍스트이다. 인문학 텍스트에서는 개념들뿐 아니라 이 개념들이 텍스트 구성에서 구축되는 방식, 언어 내적 논리에 상당 부분 의존하는 논증이 구성되는 방식들에 대한 고려도 그 못지않게 중요하다고 퐁샤랄은 생각한다. 논증, 담화적 일관성이 모든 언어에서 동일하게 이루어지는 것이 아님을 고려하지 않는다면, 직역상으로는 그럭저럭 통하는 번역이라 할지라도, 번역어로서 읽기에는 부적합한 텍스트가 되는 것이다. 퐁샤랄은 인문학서나 철학서를 번역할 때, 특히 잘 읽히지 않는 텍스트의 경우, 번역자가 이를 진정으로 '제것화'해야 한다고 말한다.[39] 주관적일 수밖에 없는 개인적 해석을 해야 하고, 이를 자신의 언어로 구현할 최선의 방식에 대해 성찰해야 한다는 것이다. 퐁샤랄은 인문학의 경우, 번역은 긍정적 의미에서 원전의 '비판적 읽기'가 되어야 한다고 강조한다. 원텍스트를 다른 언어로 동일한 '대응물'로 만들어낼 방법이 전혀 없으니, '텍스트를 텍스트로 번역'할 수밖에 없다는 것이다.

언어들 사이의 차이로 인한 간극을 메울 방법이 없다는 생각은 카생(2007)이 말하는 이른바 '번역불가능 표현들'(les intraduisibles) 문제로 이어진다. 이들은 주어진 하나의 언어문화에 너무도 깊이 뿌리박고 있어 번역에 저항하는 표현들이다. 퐁샤랄(2007a:104)은 영어의 'anticlerical laws'를 과연 불어로 'lois anticléricales'이라고 옮겨도 좋은가 하는 문제를 하나의 예로 드는데, 언어·문화·법·행정·관습 등의 차이로 여러 문제가 야기됨을 알 수 있다. 그는 '번역불가능어'나 개념적 '헛짝'(faux-amis)의 경우에는 전달에 실패 위험이 따르기에, 번역자가 그 문제의 지점이 정확히 어디인지 주(註)나

39 흔히 '전유'로 번역되는 이 '제것화'(appropriation)는 다양한 모습으로 나타날 수 있다.

서문 등을 통해 밝혀야 하는 경우들이 있다고 지적한다. 번역자는 이러한 경우 '지적 토론'의 행위자라고 퐁샤랄은 말하는데, 그러한 '지적 토론'은 비단 저자가 말하는 경우들에 국한되지 않는다. 다소 과장해 말하면, 한 텍스트의 많은 낱말들이 그러한 '지적 토론'의 대상이 될 수 있다. 문화 차이가 문제된다면 특히 그러할 것이다.

퐁샤랄(2007a:105)에 의하면, 번역에서의 '읽기'는 독자-번역자의 능력이 그 가정된 일관성의 재구축에 부단히 시련당할 수밖에 없는 작업이다. 원텍스트의 품질, 그 내용과 논증의 일관성이 어떠하건, 그 일관성에는 한계가 있을 수밖에 없고, 그 번역작업은 모든 여타 비판적 작업과 마찬가지로 한계를 가질 수밖에 없다. 독자가 전문가들이고 관련 분야들이 첨단의 것일수록, 번역자도 전문가일 필요가 있다고 저자는 말한다. 완벽한 전달이 힘들다는 것을 알면서 이국적 개념들을 어느 정도까지 자신의 언어에 끌어들여야 하는지 혹은 끌어들일 수 있는지에 대한 판단의 책임은 번역자에게 달려 있다는 것이다. 또한 번역자는 번역이 전문가 집단이 아닌 독자들에게 텍스트 접근이 가능하도록 하는 것이고, 학제적 문화 간 대화가 이루어질 수 있도록 하는 것임을 잊지 말아야 한다고 그는 조언한다. 번역은 단순 도구가 아니라 하나의 온전한 분야로 인정되어야 한다고 퐁샤랄은 주장한다. 하임·티모프스키(2006)의 《인문학 텍스트 번역 가이드》는 광의의 인문학번역에 대한 '옹호와 선양'이다. 이 '옹호와 선양'에서 중요한 것은 바로 '모국어로 글쓰기'라고 퐁샤랄(2007a:103)은 크게 강조한다. 번역을 단순한 '재표현'이나 '다시쓰기' 정도로 생각하는 것과 모국어로 본격적인 '번역글쓰기'로 생각하는 것 사이에는 큰 차이가 있다.

하임·티모프스키(2006)는 '인문학 텍스트 번역'에 대해 몇 가지 조언을 한다. 그 하나는 번역자에게 명료성과 문체적 특성 사이에서 타협하라는 것이고, 다른 하나는 번역어의 문체적 한계를 한껏 늘이되 번역텍스트가 어색해보이지 않도록 하라는 것이다. 번역텍스트가 처음부터 번역어로 쓰인 것처럼 옮기라는 것이 아니라 이해될 수 있도록, 수긍할 만한 텍스트가 되도록 하라는 것이다. 이들이 인문학번역의 장애물로 꼽는 것들로는 원텍스트의 수정, 문체적 특성 지우기, 논증 전략의 수정, 개념적 헛짝(faux-amis) 발생, 길이가 늘어나는 경향, 용어들의 일관성 결여, 한 시기의 특정 언어, 전문용어의 사용 등이다. 이들은 주(註)의 필요성과 유용성에 대해 말하면서 그 생략 가능성도 언급한다. 이들은 타고난 번역가는 없다고 잘라 말한다. 원어와 번역어를 잘 아는 것도 필요하지만, 번역의 전문교육도 중요하다는 것이다. 학술텍스트는 해당 분야의 전문연구자가 번역하는 것이 바람직하다고 이들은 덧붙인다.

이 밖에도 여러 자료들에서 인문학번역에 대한 언급들을 찾아볼 수 있으나, 몇 경우만 보자. 빅케·푸아쉬(2006)는 인문학번역에 대한 학술대회 논문집[40] 서문에서 앞의 두 연구자와는 달리, 인문학번역을 문학번역에 준하는 것으로 간주한다. 인문학번역도 문학번역과 마찬가지로, 한 언어에서 다른 언어로의 메시지 전달에 국한될 수 없다는 것이다. 이들은 인문학 텍스트를 문학 텍스트처럼 '작품' 텍스트로 간주한다. 이들이 제시한 예들은 프로이트와 벤담의 텍스트 번역이다. 프라이스(2008:350)는 사회과학 번역에 대한 글을 썼지만, 그가 지적한 내용들은 광의의 인문학번역에도 거의 그대로 해당된다. 그는 사회과학 텍스트 번역이 단지 개념들의 번역에 지나지 않는다는 많은 사람들의 견해에 반대 의사를 분명히 한다. 그는 우선 사회과학에서 개념들 자체가 고정되어 있지 않다고 지적한다. 그리고 그 개념을 명료하게 하는 것은 번역에서 끝나는 것이 아니라 번역을 통해 제고되는 것이라고 말한다. '괜찮은 이상주의자는 번역의 파도를 헤쳐나가지만, 신통찮은 이상주의자는 보편적 개념들의 두터운 얼음을 믿는다'(355)는 비유로, 그는 개념 번역의 어려움과 위험성에 대해 우리의 주의를 환기시킨다.[41]

우리 학계에서도 인문학번역에 대한 언급이 종종 눈에 띈다. 정준영

40 프랑스 루앙 대학에서 2006년 3월에 "인문학번역: 방법과 쟁점들"(«Traduire les sciences humaines: méthodes et enjeux»)을 주제로 국제학술회의가 개최되었고, 그 결과는 잡지 *La Tribune Internationale des Langues Vivantes*, 41호에 1부와 2부로 나뉘어 출간되었다.

41 프라이스(2008:354)는 사회과학의 번역도 사람들이 어떻게 살고 일하고 사랑하며, 그들이 어떤 의식들을 행하는가 하는 더 인간적인 이해, 이를 통한 더 깊은 소통에 관심을 가질 필요가 있음을 지적한다.

(2001:57)은 우리가 서양 고전어를 번역할 때 가능한 길은 의역의 길밖에 없는데, 의역에는 두 길이 있다고 말한다.[42] 하나는 '직역에 가까운 의역'이고 다른 하나는 '완전한 의역'으로, 후자는 '두 전통(언어) 간에 상당한 이해의 토대가 갖추어졌을 때에만 가능'하다고 한다. '직역에 가까운 의역'은 교육적 측면이 고려된 번역 방식이다. 그는 독자의 이해를 돕는 번역이 '좋은 번역'이고, '이를 위해서는 번역문의 가독성이 중시되어야 하며, 또한 주석의 작업이 반드시 동반되어야 한다'고 주장한다(37).[43] 이기상(2011)은 소통을 인문학번역의 최우선 목표로 삼는다. 그는 하이데거 번역을 통해, 일본어 용어나 표현들의 거의 무책임한 차용으로 인한 번역 소통상의 폐해를 절감한다. 특히 하이데거 철학에서 중요한 역할을 하는 일상어들이 우리말 번역에서는 일상어와는 거의 무관하게 번역된 것을 그는 큰 문제로 판단한다. 이러한 문제의식 때문에도 그에게는 소통이 인문학번역의 주요 과제로 대두된다. 변광배(2010)는 사르트르의 《벽》의 우리말 번역들을 검토하며, 철학번역에서 '철학적 사유'의 번역의 중요성을 강조한다.[44] 이러한 '사유의 번역' 문제는 인문학번역에서 깊이 성찰되어야 할 필요가 있다.[45]

홍성욱(2000:230)은 인문학적 사유를 '텍스트를 읽고, 질문을 던지고, 그

---

42 정준영(2001:56-7): "일차적으로 쉽게 확인되는 것은, 서양 고전어를 한국어로 옮기는 과정에는 엄밀한 의미의 직역이란 불가능하다는 것이다."

43 전성기(2008a:142-3) 참고.

44 변광배(2010:141): "단편 〈벽〉의 경우에는 사르트르의 철학에서 중요한 위치를 점하고 있는 '타자'에 관계된 개념들, 예컨대 '시선'과 '신체' 개념 등이 대거 등장하고 있는 것으로 보인다. 그런데 그중에서도 '시선' 개념은 '타자'의 현전을 설명해주는 개념이자, 그 끝에 와 닿는 모든 것을 객체로 사로잡아버리는 개념으로 이해된다. 따라서 '시선'에 관계된 표현이 나올 경우 그 시선의 주체와 이 주체의 시선을 받는 자의 반응 등에 특히 주의해야 한다. 그럴 경우에만 시선과 시선에 관계된 표현들의 우리말 번역에서 사르트르가 말하고자 하는 바를 제대로 전달할 수 있을 것이다."

45 김유중(2003:40): "번역이란 기본적으로 이러한 심연, 즉 공동체들 사이의 본질적인 차이로 말미암아 빚어지는 사고방식의 차이, 사유의 엇갈림 문제를 해결하고 이어주는 중개 기술이다. 그것은 특정의 공동체 내부에서는 도저히 사유될 수 없는 것을 사유할 수 있게끔 만들어주는 기술인 것이다. 거기서는 모종의 도전정신과 도약이 개입한다. 그런 뜻에서 번역이란 공동체의 갇힌 구조가 지닌 한계와 울타리를 넘어서고자 하는 '사회'적 기술이다."

질문에 대한 설명을 찾기 위해 또 다른 텍스트를 읽고, 다양한 가능성에 대해 생각해 보고, 다양한 설명의 차이의 근원에 대해 생각해 보고, 한 단계 높은 차원에서 이를 결합시켜 보고, 이런 이해를 바탕으로 한 단계 더 높은 질문을 던지는 나선형 과정의 끊임없는 연속'이라고 설명한다. 사실 탐구번역의 과정은 그러한 사유의 과정이고, 또한 그러한 사유의 과정이 되어야 한다. 소광희(2011:231)는 '번역은 단순히 말만을 옮기는 것이 아니다. 말을 옮기면서 동시에 우리말을 세련되게 하고 새로운 창조적 사유를 계발하는 것'이라고 말한다. '여기에서 새 문명과 문화가 생성된다'는 것이다. '아라비아의 철학과 과학이 그랬고, 중세의 스콜라철학과 근대를 개창한 인문주의 운동이 그랬으며, 르네상스가 그랬다'는 것이다. '불교경전의 한역도 그것을 통해 한자문화권의 나라마다 대장경을 발간하면서 각기 자기에게 알맞은 새로운 사상을 담아내서 새로운 문화와 생활양식을 개발'했고, '일본의 서양문헌 번역 또한 자기네의 고유한 예술 감각과 탐구정신을 거기에 얹어 개발하면서 새로운 문학과 과학을 창출하는 데 기여했다'는 것이다. 왜 우리라고 그러한 일들을 할 수 없겠는가. 우선 생각을 일으키는 것이 중요하지만, 그보다 더 중요한 것은 그 생각을 실천에 옮기는 것이다. 번역인문학은 인문학번역이 창조적인 인문적 사유를 통해 그러한 결과에 이르기를 크게 기대한다.

인문학번역론을 표방하지는 않으나 인문학번역론으로 활용 가능한 번역론들이나 이와 관련된 주장들은 매우 많고 다양하다. 그중에서도 베르만이나 메쇼닉 등의 문학번역 관련 저술들은 중요한 참고 자료들이다.[46] 번역학을 '관찰의 학문'이라면서 텍스트의 언어자료부터 섬세하게 살필 것을 주문하는 발라르의 글들도 눈여겨 보아야 한다. 발라르는 번역자들의 작업 분석이 번역을 전체적으로 조망하기 위한 하나의 좋은 방법이라 말한다.[47] 이는 번역과정에서 다양한 자료들을 활용하며 자신의 번역을 성찰적으로

46 조재룡(2003, 2007), 정혜용(2006a, 2012), 전성기(2009a, 2009b, 2010b) 참고.

47 발라르(2008:220) 참고.

탐구하는 탐구번역에 대해 시사하는 바가 크다. 그런데 번역자들이 과연 그 수많은 명시적 묵시적 인문학번역론들을 익혀야 할 필요가 있을까? 꼭 그럴 필요는 없을 것이다. 그렇지만 그 일부를 알아두는 것은 분명 번역 실천에 도움이 될 것이다. 핌(2010a:4)은 서로 다른 이론들을 다소간 알아두는 것은 정형화된 해결책이 없는 문제에 봉착했을 때 실제적 도움이 될 수 있다고 말한다. 그는 번역학에서 패러다임의 복수성을 기꺼이 인정한다. 이는 무엇보다 그가 하나의 번역론을 어떤 문제에 대한 하나의 답으로 간주하기 때문이다. 번역론의 차이는 '제기된 문제가 다르기 때문에 답이 다른' 데에서 비롯되었다고 이해하는 것으로, 이 점은 메이에르의 '제문론' 관점과 일치한다. 서구의 번역론들은 서구의 번역 문제들에서 비롯되었다는 것이 핌의 주장이다. 이는 우리의 번역 문제들의 해결에는 우리 나름의 관점이 필요하다는 것을 시사하는 것이다.

과거의 번역론들을 대할 때 우리가 물어야 할 것은 우선 그 이론들이 어떤 문제를 해결하고자 했나 하는 것이다.[48] 이론이 먼저가 아니라 문제가 먼저인 것이다. 이는 우리 인문학번역에서도 마찬가지이다. 핌은 이러한 문답의 관련성을 결정론적으로 보지 말라고 조언한다. 일단 문제가 생기면 그것을 해결하기 위해 사용할 수 있는 아이디어들은 어디서라도 끌어올 수 있다는 것이다. 그렇기 때문에 우리의 문제들뿐 아니라 다른 사람들이 그들의 문제를 가지고 어떻게 했나 알아두는 것이 도움이 될 수 있다.[49] 문제가 유사하다면 물론 기존의 답들을 거의 그대로 쓸 수도 있을 것이다. 핌은 많은 경우 하나의 번역 개념이 서로 다른 시기에, 서로 다른 상황에서, 서로 다른 문제들의 해결에 쓰이기도 했다고 지적한다. 이는 번역론들에서 문답 관계가 결정론적으로 작용하는 것이 아님을 뜻하는 것이다. 번역에서는 언어·문화·역사의 차이로 인해 문제도 같기 어렵고, 따라서 답도 동일하지 않을 수 있으니 유의해야 할 것이다. 많은 경우 문제는 겉으로 드러나 있지

48 정혜용(2012)은 베르만의 '문자번역'이 프랑스 특유의 '자민족 중심주의' 번역에 대한 냉엄한 자기비판에서 생겨난 것임을 지적한다.

49 핌(2010b:1) 참고.

않다. 그러한 경우, 문제는 여러 단서들을 통해 재구성되어야 할 것이다.[50]

서구의 다양한 번역론들도 제문론 관점에서 이해하여 번역에 도움을 받을 수 있지만, 인문학번역론, 그리고 나아가 인문학번역과 명시적 묵시적으로 관련된, 혹은 관련된 것으로 간주되는 수많은 단편적인 지적들도 인문학번역을 위해 적절히 활용될 수 있다. 우선적으로 문학작품에 대한 수많은 연구자료들은 인문학 텍스트들의 '작품성' 번역과 번역비평에 긴요하게 쓰일 수 있다. 근자에 문학번역 논의에서 빈번하게 거론되는 베르만의 '문자번역'이나 메쇼닉의 '리듬번역'을 비롯하여 이스라엘의 '재창조 번역'[51] 등도 인문학 텍스트의 '작품성' 번역에 좋은 성찰의 자료들이 될 수 있다. 근자에 늘어나는 추세에 있는 철학저술들과 관련된 글들도 '성찰의 작품'들의 번역에 큰 도움이 될 수 있다. 철학번역과 관련해서는 라드미랄과 리쾨르가 근자에 자주 언급된다.[52] 이러한 문학번역이나 철학번역과 관련된 글들도 어떤 문제에 대한 답으로 쓰인 것인가 제문론적으로 살펴볼 필요가 있다.

라드미랄(1981)은 철학번역이 번역 일반에 크게 공헌할 수 있다고 말한다. 일반번역에서도 번역자가 어휘 선택 전에 해석을 해야 하지만, 철학번역은 어려움이나 문화·성찰의 측면에서 그 정도가 훨씬 높다. 철학번역은 그래서 번역자의 '기본교육'(formation fondamentale) 역할에 적합하며, 이는 문학번역과 그 정도가 유사하거나 그 이상이라고 저자는 주장한다. 그는 번역 어휘 하나하나를 선택할 때 텍스트의 '동위성'(isotopie)의 전반적 해석이 충분히 고려되어야 한다고 말한다. 철학번역은 가독성이 좋아야 하지만, 정확성이 희생되어서는 안 된다는 입장도 그는 표명한다. 원칙적으로 철학번역자는 번역에 대한 자신의 선택들을 논증적으로 뒷받침할 수 있어야 한다는 것이 그의 견해이다.[53] 이러한 철학번역은 탐구번역의 한 형태,

50 핌(2010b) 참고.

51 이스라엘(2001)은 문학번역의 주요 세 경향으로 '복제-번역', '번안-번역', '재창조-번역', 이 세 가지를 든다.

52 라드미랄(2004b, 2005, 2007a), 리쾨르(2006) 참고.

철학번역에 특화된 탐구번역이라고 말할 수 있다. 라드미랄(2004b:63)은 철학번역은 '텍스트들에 대한 철학적 작업'이라 말하는데, 인문학의 탐구번역은 '텍스트들에 대한 인문학적 작업'이 되어야 할 것이다. 라드미랄의 철학번역에는 인문학번역론 탐구에 도움되는 요소들이 적잖이 있으니,[54] 이들에 대한 폭넓은 탐구가 필요하다.[55]

여기서 한 가지 생각해보아야 할 것은 조성택(2009b:106)이 말하는 번역텍스트에 대한 '독립된 텍스트라는 인식' 문제이다. 그는 '동아시아 불교는 이해가 아닌 오해에서 출발'한다면서 그 '오해'를 두 가지로 요약한다. 하나는 '인도 불교사에 대한 무지'이고, 다른 하나는 이와 직결된 '오역 혹은 불충분한 번역'이다. 그런데 '오역 혹은 불충분한 번역에서 비롯된 오해가 어떤 면에서는 동아시아 불교의 정체성의 원천이기도 하다'는 것이 그의 주장이다(101-4).[56] 그는 '지나친 원전주의'는 '사상의 토착화라든지 독창적 이해를 가로막는 걸림돌'이 될 수 있음을 경계하며, 동아시아 불교의 '역사적 사례'를 '오늘날 학자들의 지나친 〈원전중심주의〉를 반성해보는 계기로 삼'자고 제안한다.[57] 그는 '원전중심주의'의 폐해의 하나로 '지식의 일방성'을 짚어낸다. '번역텍스트를 원전에 종속되어 있는 Text A'로만 생각할 경우,

53 라드미랄(1981:23-32) 참고.

54 라드미랄(2004b, 2005, 2007a, 2009b, 2010b) 참고.

55 이 책 8장 참고.

56 조성택(2009b:104): 각주 36) "그런 점에서 볼 때 오늘날 漢譯금강경을 한글로 번역한다는 것은 인도 사상의 산물인 금강경을 번역하는 것이 아니라 도안, 천태 지의, 원효, 지눌 등 우리 동아시아 선배들이 이해한(혹은 오해한)금강경을 번역하는 것이라 해도 좋을 것 같다. 원효, 지눌 등 선배들의 이해에 동참하는 데에 한글 번역의 한 의미가 있기 때문이다. 그렇게 볼 때 최근 한국에서 금강경에 관한 '정확한 이해'를 주장하면서 산스크리트본 금강경 번역을 통해 소위 '오리지날'을 추구하는 경향이 있는데 어떤 면에서는 (적어도 한국불교의 발전이라는 측면에서) 바람직한 번역 방식이 아닐 수도 있다는 생각이 든다. 지나친 '원전주의'는 사상의 토착화라든지 독창적 이해를 가로막는 걸림돌이 되기도 하기 때문이다."

57 조성택(2009b:87-8)은 한 예로 파알리어 원문 'atta-dīpa, dhamma dīpa'의 번역 '自燈明 法燈明'을 든다. 여기서 문제가 되는 것은 'dīpa'라는 낱말이다. 그에 의하면, '파알리어 dīpa는 同音異語(homonym)'로서 '섬'을 뜻하기도 하고 '등불'을 뜻하기도 하는데, '등불'은 '오역'이다. 하지만 '自燈明 法燈明'은 '900년이 넘는 동아시아의 오랜 불교경전 번역사에서 우연하게 만들어진 〈아름다운 오역〉'이라는 것이다.

지식은 항상 Text A의 생산지로부터 수입 지역으로 흐르는 일방통행일 경우가 대부분'이고, '이러한 지식의 일방통행은 결국 학문의 종속성으로 귀결되게 마련'이라는 것이다(105). '원전을 철저히 읽고 정확하게 이해하는 것은 매우 중요'하지만, '외래문화를 이해하는 단계를 넘어서서 자신의 것으로 소화하여 새로운 의미를 창출하기 위해서는 원전에 대한 정확한 이해만으로는' 부족하다는 것이다. '외래문화의 제것화'를 위해서는 번역텍스트가 단순히 '오리지날 텍스트'의 '그림자'가 아니라 '하나의 독립된 텍스트라는 인식'을 가져야 하며, 이것이 '자생적이며 독창적인 인문학'을 위한 첫걸음일 것이라고 저자는 주장한다(106). 번역텍스트에 대한 이러한 인식은 번역인문학에 대해 매우 문제제기적이다. 이러한 문제제기에 대한 성찰은 인문학번역자들이 '오역 콤플렉스'에서 벗어나 원전과 대등한 '독립적 텍스트'의 위상을 갖는 나름의 번역텍스트를 산출하는 데 하나의 중요한 계기가 될 수 있을 것이다.

5. 번역과 일반의미론

언어와 문화, 텍스트와 언어, 텍스트 언어와 그 지시물 혹은 지시세계는, 몸과 마음이나 물질과 정신이 그러하듯이, 실제에서는 명료하게 '분리'되지 않는다. 이를 코르지프스키의 '일반의미론'에서는 '비요소주의'(non-elementalism)라고 말한다.[58] 문장의 의미를 그 구성 낱말들의 의미의 합으로 생각하는 것도, 텍스트 의미를 그 구성 문장들의 의미의 합으로 생각하는 것도, 텍스트와 그 언어를 분리적으로 생각하는 것도 다분히 '요소주의적' 발상이다. '지도는 현지가 아니다', '지도는 현지의 모든 것을 다 표현하지 않는다'는 '일반의미론'의 중요한 두 '비(非)아리스토텔레스적 전제들'

58 코디쉬 · 코디쉬(2001:46): "우리에겐 '느낌들'로부터 유리된 '생각들'이 없다는 것을 인정한다. 우리에겐 '감정들'로부터 유리된 '이지'(intellect)가 없다. 우리에겐 '몸'으로부터 유리된 '마음'이 없다. 우리에겐 우리가 하는 것의 언어적 양상들로부터 유리된 비언어적 양상이 없다. 우리에겐 비언어적 양상들로부터 유리된 언어적 양상이 없다."

이다. 이들은 '비동일성'과 '비총칭성'으로 불리기도 한다. 여기서 '지도'를 '말'로, '현지'를 '사물(혹은 세상)'로 대체해 보면, 번역자들이 번역과정에서 범하는 '평가 오류들'의 주원인이 대략 짐작될 것이다. 사실, 언어는 사물이 아니고, 사물에 대해 전부를 말하는 것도 아니다. 말과 그 말이 대신하는 대상이나 사물과의 사이에는 '필연적 연관'이 없다. 말은 경험을 대신하거나 복제할 수 없으며, 단지 가리키거나 분류하거나 기술할 수 있을 뿐이다.[59] 번역자가 원언어문화에 대해 상당한 지식을 갖추고 있어도, '텍스트-언어들'의 외연적 접근에 철저하지 않다 보면, 부지불식간에 '낱말번역', '언어번역'을 할 위험이 다분하다. 우리가 언어에 대해 말할 수 있고 생각할 수 있는 것은, '일반의미론'의 셋째 전제 '지도는 재귀적이다'로 표현되기도 하는, 언어의 '재귀성'(réflexivité)과 이에 기반한 우리의 '메타언어적 능력' 덕분이다.[60] 번역과정에서는 일반의미론이 말하는, 언어의 '비동일성'과 '비총칭성', '재귀성'을 고려한 메타언어적 성찰이 필요하다.

문학번역의 경우, 문체나 에크리튀르는 중요한 번역 문제로 대두된다. 바흐친은 문법과 문체론이 모든 구체적 언어 현상에서 서로 만나고 서로 나뉘는 것으로 본다. 언어 현상을 '랑그의 시점에서 보면 문법 현상이고, 개별적 발화의 시점에서 보면 문체 현상'이라는 것이다. 그는 '화자가 하나의 한정된 문법 형태에서 행하는 선택은 이미 문체적 행위'라고 천명한다.[61] 아담 · 노엘(1995:64)도, 바흐친이 시사하듯이, 문법적 측면과 문체적 측면의 상보성을 고려해야 한다는 입장이다. 텍스트의 비교문법이며 맥락상의 등가문법인 번역문법에서도 문법과 문체는 서로 불가분의 관계에 있다. 단일어 문법에서는 문법이 주로 '의무'나 '예속성'에 대한 것이나, 번역문법에서는 문법이 '의무'뿐 아니라 '선택들'과도 깊게 관련된다. 텍스트번역에서 낱말들의 선택은 텍스트 문체와의 관계에서 공감할 수 있어야 한다. 텍스트-언어의 번역은 곧 문체의 번역, 에크리튀르의 번역이 되어야 한다. 텍스트번역

59 전성기(2007b:86) 참고.

60 전성기(1996, 2007b:91) 참고.

61 아담 · 노엘(1995:64)에서 재인용.

은 '언어번역'을 넘어선 본격적인 '텍스트번역'이 되어야 한다. 이 텍스트번역에서 '문법'과 '문체'는 별개의 것이 아니다. 번역문법도 문법과 문체를 '요소주의적'으로 보지 말아야 한다. 텍스트에 따라 에크리튀르의 중요성에 다소간의 차이는 있으나, 텍스트의 번역문법적 접근은 원텍스트의 문체적 특성들의 포괄적 포착과 그 재현에 큰 관심을 가져야 한다.

번역학에서는 '문화적 전환'을 말할 정도로 번역에서 문화의 중요성이 증대되어 왔다.[62] 라드미랄(2009a:6)이 인간 언어는 '실제로 속깊이 언어문화'라고도 말하기도 하지만, 사실 언어와 문화는 거의 불가분의 관계에 있다. 어찌 보면, '문화어'가 따로 있다기보다 거의 모든 일상어가 실은 곧 문화어라고 해야 할 정도이다. 예를 들어, 'house', 'maison', '집'은 언어 표현만 다른 것이 아니라, 그 일반적 지시대상도 문화적 함의도 원칙적으로 서로 다르다. 이러한 언어문화의 차이로 인한 문제들이 우리의 텍스트번역에서 다수 발생하고 있는 것이 우리의 현실인데, 그 주요 원인은 '맥락적 사고의 결여'임을 《문화의 오역》에서 이재호(2005:61)가 잘 보이고 있다. 예를 들어 'queen'의 오역에 대해, 그는 영어 'queen'에는 '여왕'과 '왕비'라는 뜻이 있지만 맥락에 따라 '여왕'도 되고 '왕비'도 되는데, 영어를 배울 적에 '여왕'의 뜻으로 많이 배우거나 사용하여, 무의식적으로 queen만 나오면 '여왕'이라고 홀린 듯이 생각하는 버릇이 몸에 배어 있기 때문'이라고 그 이유를 지적한다. 이 밖에도 'Moving story'(감동적인 이야기)를 '움직이는 이야기'로 오역한 것이나 'great victory'(대승)을 '위대한 승리'로 오역한 것이나,[63] 모두 '맥락적 사고의 결여'로 인한 것이다. 문장 번역 예를 하나 보자(22).

1) a. Le nez de Cléopâtre, s'il eut été plus <u>court</u>, toute la face de la terre aurait changé.
   b. 클레오파트라의 코가 조금만이라도 <u>비뚤어졌더라면</u> 세계사는 전혀 달라졌을 것이다.
   c. 클레오파트라의 코가 좀더 <u>낮았더라면</u>, 지구의 온 얼굴이 달라졌으리라.

62 스넬-혼비(2006)는 1980년대를 번역학에서 '문화적 전환'의 시기로 본다.
63 이재호(2005:31-2) 참고.

이재호(2005:22)는 파스칼의 《수상록(Pensées)》의 한 구절인 1a)의 'court'를 '비뚤어졌더라면'으로 번역한 어느 일간지 칼럼의 '오역' 1b)를 지적하며, 1c)와 같이 수정 제안하고 있다. 하지만 이 'court'의 '낮다'라는 해석은 재고의 여지가 있다. 1a)에서의 'court'는 실은 코가 미간쯤에서 시작되는가 그 아래쯤에서 시작되는가 하는 '문화인류학적' 문제와 관련된다. 즉, 1a)에서 'court'는 일반 동양인들의 코처럼 '낮다'는 의미가 아니라, 말 그대로 '짧다'는 의미이다. 다만, 코에 대해 '짧다'라는 표현을 쓰지 않아온 우리말의 '결'이 고려되어야 할 터인데, 'nez'를 '코'가 아니라 '콧날'로 해석하면 이 '결' 문제도 어느 정도 해결된다.[64] 그렇다면 1a)의 더 적절한 번역은 '클레오파트라의 콧날이 조금 짧았더라면, 지구의 판도가 뒤바뀌었으리라'가 된다.[65] '콧날이 덜 오똑했더라면'도 충분히 가능한 번역이다. 이는 문화번역을 '언어번역'이 아니라 '맥락번역'을 하더라도, 관련된 문화를 '외연적으로' 더 깊이 살필 필요가 있음을 잘 보여준다. 텍스트 언어와 불가분의 관계가 있는 이러한 외연적 지시관계의 탐색은 번역문법이 큰 관심을 가져야 할 부분이다.

문화와 관련된 내용을 잘 이해하지 못해서 범하는 오류들도 근원적으로는 텍스트 언어와 표상된(혹은 지시된) 문화의 관계를 '내포적'으로, 지시세계와 '분리적'인 것으로 이해한 데에 기인하는 경우들이 잦다. 텍스트 언어가 나타내는 문화적 내용을 '맥락적' '외연적'으로 충분히 이해하려 하지 않고, 낱말들만 '언어번역'한 데 그 원인이 있다는 것이다. 이 '외연적 접근'은 코르지프스키의 '일반의미론'이 '평가 오류'를 피하기 위해 적극 권하는 주요 방식이다. 코디쉬·코디쉬(2001:169)가 말하는 '지연 평가'(delayed evaluating)도 '평가 오류'를 피하기 위한 하나의 방법이다. 이는 성급히 판단내리기에 앞서 한 걸음 물러서 관찰하고 성찰하는 '메타언어적 성찰'과 통하는 것이다.[66] 번역에서도 이 '평가 오류'를 피하기 위해서는, 코디쉬·코디

---

64 이 '콧날'은 《프라임 불한사전》에는 나와 있지 않은 해석이다.

65 김화영(2012:119-27) 참고.

66 데이비스(1997)는 지연(delay) 기능이 '사띠', 즉 '온마음'(mindfulness)이 되는 것과 직결되어 있음을 지적한다.

쉬(2001:157-166)가 권하듯이, '정의 기반 접근' 대신 '사실 기반 접근'을, '내포적 의미 포착' 대신 '외연적 의미 포착'을 지향할 필요가 있다.[67] 안삼환(2008)은 쇼펜하우어의 주저 *Die Welt als Wille und Vorstellung*의 제목이 일본과 한국에서 대부분 '意志와 表象으로서의 세계'로 번역되어 있는 것을 '문화전이(文化轉移)'를 제대로 하지 못한 탓이라고 비판하면서, 긴 우회적 설명 끝에 '慾望과 幻相으로서의 세계'라는 대안을 제시한다.[68] 충분히 공감이 가는 대안이다. 이 제목 번역 문제는 '문화전이'의 문제이기도 하지만, 기본적으로 제목의 함의와 저서의 문화적 내용이 외연적으로, 그리고 상호텍스트적으로 충분히 성찰되지 못한 탓이 크다고 말할 수 있다.

일반의미론학자 소세(1996:161)는 주제가 어떤 것이건, 우리는 책에서, 외연적 세계가 아니라, 저자의 내포적 세계에만 접근이 가능하다고 말한다. 여행에 관한 책자라면, 저자가 기술하는 것은 풍경이나 주민들이 아니라 그의 머릿속의 그 무엇이고, 그가 본 것을 우리는 전혀 알 수 없다고 한다. 그가 전하는 것은 그가 글로 나타낸 현실의 '추상화'일 뿐이다. 소세는 이 상황을 일반의미론적으로 다음과 같이 기술한다.

- 저자가 보는 것은 현실(la réalité)이 아니다.
- 저자가 쓰는 것은 그가 생각하는 것이 아니다.
- 당신이 읽는 것은 그가 쓴 것이 아니다.
- 당신이 해석하는 것은 당신이 읽은 것이 아니다.[69]

67 전성기(2007b), 5장 '번역과 일반의미론' 참고.

68 안삼환(2008:391): "서양인들은 동양에 대한 그들의 편견과 무지 때문에 쇼펜하우어 철학에서 칸트 철학의 아류만 보면서—쇼펜하우어가 그의 주저의 서문에서 '우파니샤드'와 '옛 인도의 지혜'의 중요성을 강조하고 있음에도 불구하고—인도철학의 영향을 간과해 온 것이며, 한편, 동양인들은 쇼펜하우어 철학에서 플라톤과 칸트 등 서양철학의 논리를 따라가고자 전전긍긍하는 사이에 불교의 영향 즉 동양의 지혜를 재발견하지 못한 것입니다. 이것은 문화전이(文化轉移, Kulturtransfer)에서 번역이 얼마나 중요한가를 다시 한 번 환기시켜 주는 좋은 사례라 하겠습니다."

69 전성기(2007b:96) 참고.

이 같은 기술은 가공적 현실에 대해 말하는 문학텍스트들에도 마찬가지로 적용된다. 엄밀하게 말하면, 원저자가 쓴 텍스트는 그가 생각한 것이 아니고, 번역자가 읽은 것은 원저자가 쓴 것도, 생각한 것도 아니다. 번역자가 이해한 것은 그가 읽은 것도, 생각한 것도 정확히는 아니다. 그리고 그가 번역한 것은 그가 읽은 것과도, 이해한 것과도 똑같지는 않다. 같은 번역자라도 읽은 때에 따라서도 거의 모든 것이 사뭇 달라질 판인데, 번역자가 다르다면 더할 것이다. 자신이 쓴 텍스트가 완성되고 나서야 비로소 자신이 무슨 말을 하고자 했는지 깨닫게 되었다는 앙세(1999:177)의 고백을 단지 예외로만 치부하기는 어려울 것이다. 상황이 그렇다면, 번역자나 번역비평자 모두 자신의 한계, 불가피한 차이들을 인정하고, 더 공감적으로, 더 대화적으로 되어야 할 것이다. 상황이 그러하니, 번역과 번역비평의 묵시적 명시적 논증에서도 '설득의 논증'보다 '탐구의 논증'의 중요성이 더 커질 수밖에 없다.[70] 번역과 번역비평에서는 오해, 혹은 미흡한 이해의 가능성이 상존하게 마련이다.

6. 탐구번역과 우리말로 학문하기

탐구번역은 '탐구로서의 번역'의 줄임말로, 인문학번역을 인문적인 작업답게 하도록 하기 위한 번역 방식이다. 인문학번역을 위한 탐구번역은 그 자체로도 메타적 성찰의 대상이 될 필요가 있다. '탐구번역'은 물론 인문학번역이 아닌 '일반번역'에도 쓰일 수 있지만, 주로 넓은 의미의 인문학번역에서 그 쓰임새가 더 크다. 탐구번역의 탐구는 낮은 정도에서 높은 정도의 학문적 연구번역에 이르기까지 다양하게 나타날 수 있다. 탐구번역의 탐구과정은 크게 두 단계로 구분할 수 있는데, 세부적으로는 단계 1의 [읽기⇄해석]과 단계 2의 [번역비평⇄번역글쓰기]로 구성된다. 각 단계 내의 구성요소 사이에도 메타적 피드백이 부단히 일어나지만, 단계 1과 단계 2 사이

70 전성기(2012a, 2013a) 참고.

에서도 메타적 피드백이 활발히 일어날 수 있다. 이러한 '분석적' 탐구번역의 과정은 '전일적' 접근에 의해 보완될 필요가 있다. '종합적'이란 표현 대신에 '전일적'이란 표현을 쓴 것은 텍스트에서 '부분의 합이 전체'가 아니기 때문이다. 전일적 접근에서는 '직관'의 측면이 강하게 작용하기도 한다. 전일적 접근은 번역과정에서 분석적 접근을 보완하기 위해 지속적으로 이루어질 필요가 있다.

탐구번역은 발라르(2004a)가 말하는 [해석-바꿔쓰기-조정]의 번역과정과 번역자에게 필요한 세 능력, 즉 해석 능력, 바꿔쓰기 능력, 다시쓰기 능력을 포괄한다. 이 능력들은 모두 인문(학)적 사유의 구체적 실천에 필요한 것들이다. 탐구번역의 각 과정과 과정들 간의 메타적 피드백은 넓은 의미의 인문학번역의 인문학적 연구를 지향하는 번역인문학을 위해 깊은 탐구와 성찰의 대상이 되어야 한다. 특히 번역글쓰기는 근자에 인문학에 하나의 화두로 떠오르고 있는 '우리말로 학문하기'와 관련지어 성찰해볼 필요가 있다. 학문(學問)은 사전적으로는 지식이나 어떤 분야를 배워서 익힌다는 뜻이고, 글자 그대로는 '배우며 묻는다' 혹은 '물어서 배운다'는 의미이다.[71] 이러한 물음과 배움은 인문학을 하는 데에만 쓰이는 것이 아니라 번역을 할 때에도 쓰여야 한다. 인문학번역을 탐구적으로 한다는 것은 인문학번역을 인문(학)적으로 하는 것이다. 물론 그 정도나 심도는 다양하게 나타날 수 있다. 중요한 것은 번역 소통의 시도가 단지 이른바 메시지의 전달-수용에 국한되지 않고, 서로 다른 언어문화와 깊은 교감에 이르는 것이다. 탐구번역자는 그래서 생각과 마음이 크게 열려 있을 필요가 있다.

임홍배(2000:334)는 '작품 하나하나의 번역에 임하는 자세와 작품을 이해하는 문제가 종국에는 삶의 이치와 닿아 있는 하나의 문제'라고 지적한다. 인문학번역자들이 음미해볼 만한 지적이다. 탐구번역과 직간접으로 관련된 말들은 우리 인문학 관련 자료들에서 찾아보기 어렵지 않다. 예를 들어, 유재원(2002:67)은 '한 낱말 한 낱말을 조심스레 신경을 쓰며 번역한다는 것

71 임재해(1999:23).

은 어렵고 힘든 작업'이나, '한 사람이 그런 작업을 함으로써 수많은 다른 사람들이 덕을 본다면 그것이 바로 학자가 남들에게 베풀어야 할 본분'이라 말한다. 이러한 '정성 어린 번역'이 '우리말로 학문하기'의 '본질 가운데 하나'인데, '이런 과정을 게을리했기에 지난 세월 동안 이 땅의 학문이 바로 서지' 못한 것이라고 그는 비판적 지적을 한다.[72] 탐구번역의 대상이 꼭 대단한 학술적인 개념이나 사상만은 아니다. 평소 별로 관심 갖지 않던 일상적 표현 하나, 대단치 않아 보이는 문법적 표현 하나도 탐구번역의 대상이 될 수 있다. 텍스트번역에서 부분들을 잘 번역한다고 해서 전체가 훌륭한 번역이 된다는 보장은 없지만, 부분들을 소홀히하다 보면 전체 의미가 적잖이 훼손될 수 있다. 우리의 척박한 번역문화도 근본적으로는 번역자들의 '안이한' 인식과 그로 인한 '소홀한 번역'이 쌓여서 그러한 결과가 된 것 아닌가.

'우리말로 학문하기'는 번역인문학의 하나의 화두이기도 하다. 인문학번역의 결과가 우리의 인문학으로 녹아들지 못하고, 출판이 되었어도 추천받지 못하는 번역본 처지에 놓인다면, 그리고 그러한 결과가 대부분의 인문학번역 텍스트의 경우라면, 이는 잘못되어도 한참 잘못된 것이다. 백종현(2002:50)은 '글을 이루는 대부분의 말이 한국어일지라도, 외국에서 수입한 중심개념들이 우리말로 이해되고 표현되지 않은 채 쓰인다거나, 우리말 어감과는 다른 일본식 한자어로 대치되어 있는 글은 우리글이 아니'라고 단호히 말한다. 이어 그는 '우리말로 학문한다는 것은 외국학문을 외면한다는 것이 아니라, 그에 함몰되지 않고, 우리 자신의 문젯거리를 우리의 자연언어에 녹아 있는 우리들의 오랜 삶의 체험, 사고구조, 생각과 느낌의 표현

---

72 유재원(2002:69): "공부하는 사람이 이웃에게 내놓을 가장 좋은 것은 전공으로부터 배우고 깨달은 유용한 지식과 지혜이다. 우리보다 공부를 덜한 사람들에게 우리가 애써 공부하고 연구해서 얻은 지식을 나누어줄 때, 우리는 진정한 학자가 된다. (…) 우리가 우리나라 사람들과 함께 우리의 전문지식과 정보를 나누는 가장 좋은 방법은 우리가 아는 것을 쉬운 우리말로 푸는 일이다. 그러기 위해서 우리는 '우리말로 학문하기'를 하는 것이다. 우리말로 학문하기는 결국 조상과 이웃, 그리고 후손에 대한 사랑과 의무인 동시에 자신의 전공에 대한 사랑이며 긍지인 것이다."

방식으로 들춰내고 해결하려고 노력한다는 뜻'이라고 설명한다. '그뿐만 아니라 우리말로 학문한다는 것은 학문탐구의 결실을 대중들과 함께 나눈다는 뜻'임을 그는 강조한다. 이러한 '결실 나누기'는 학문적 '보시'이고 '보살행'이다. '학문하기'에 대한 생각들도 서로 다르더라도, '우리말'에 대한 생각들이 서로 상당히 다르더라도, 학문적 대화를 통해 풀어나가야 하고, 또 그러기 위해 서로 노력해야 한다. 유의할 것은 그러한 경우, '나'를 앞세우거나 내세우는 '설득의 논증'보다는 '우리', 보다 더 큰 우리를 우선적으로 고려하고 지향하는 '탐구의 논증'이 더 널리 실천될 필요가 있다는 것이다.

2007년 한국고전번역원의 설립을 계기로 한문 고전들의 번역과 관련된 고찰들이 예전에 비해 크게 활성화되고 있는 것은 분명하다.[73] 이에 따라 학자나 전문가들뿐 아니라 일반 대중도 이해할 수 있는 번역을 주문하는 요구도 늘고 있는 추세이고, 이는 충분히 타당한 요구이다.[74] 어떻게 보면, 이보다 더 중요한 것이 한문번역에 대한 '우리말로 학문하기' 차원에서의 성찰일지 모른다. 적어도 이러한 성찰은 매우 중요한 번역인문학 과제로 생각되는데, 이에 대한 자료들이 그다지 두드러지지 않는 상황에서, 개정판 머리말에서 김학주(2006:iii-iv)가 자신의 번역을 대상으로 삼은 비판적 성찰이 눈에 띈다. 《대학》(大學)의 첫 구절 '大學之道, 在明明德, 在親民, 在止於至善'을 전의 번역본에서는 '《대학》의 도는 밝은 덕을 밝힘에 있으며, 백성을 친근히 함에 있으며, 지극한 선에 처신함에 있다'고 옮겼는데, '지금 읽어보면 이건 번역이 아니라는 생각조차 든다'고 그는 토로한다. 저자는 '여러 가지 의문을 분명히 하기에 애쓴 끝에', 즉 다양한 제문론적 탐구 끝

73 심경호(2008), 송재소(2010), 김승룡(2013) 참고.

74 한문번역에서 '학술번역'과 '대중번역'을 구분하는 장유승(2012:168)은 후자에 대해 다음과 같은 견해를 표명한다: "진정한 의미의 대중번역이라면 '고등학생 이상이라면 누구나 읽을 수 있는 수준'을 목표로 삼아야 한다. 현재 고전번역에 대한 시대적 요구는 대중의 눈높이에 맞추어야 한다는 쪽으로 기울고 있다. 현대의 젊은 세대가 얼마나 한문을 모르고 심지어 싫어하는지를 심각한 문제로 여기지 않고 관습적으로 번역을 하는 것은 문제이며, 고전과 인문학에 대한 관심이 쇠퇴하는 이유 중 하나가 접근불가능성 때문이니, 이해하기 어려운 텍스트를 이해할 수 있도록 만드는 것이 연구자의 본분이라는 것이다. 이러한 지적은 경청할 필요가 있다."

에,[75] '위대한 사람이 되려는 학문의 이상은 자신의 올바르고 밝은 덕을 밝히는 데 있으며, 사람들을 올바로 이끌어 새롭게 함에 있으며, 이러한 노력이 지극히 훌륭한 경지에 놓이도록 처신함에 있다'라는 '새로운 번역'에 이른다. 그는 '이렇게 번역하려면 원전에 대한 이해가 투철해야 하고 우리말을 잘 다룰 줄 알아야 한다'고 지적하는데, 이는 그의 다양한 한문 고전번역의 경험과 성찰에서 우러난 번역인문학적 지적이기도 하다. 저자의 수정번역은 '설명적 번역'이나 다소 과한 '명시화' 혹은 '정언화'가 아닌가 하는 의구심을 불러일으킬 소지도 없지 않으나, 이 같은 고찰들이 더욱 풍성해져야 하고, 폭넓은 학술적 토론과 깊은 성찰의 대상이 되어야 마땅하다.

⁂

어느 분야이건 지식이 어느 정도 축적되다 보면 메타 차원의 담론, 즉 인식론적 담론을 필요로 하게 마련이다. 인문학번역론 자체는 아직 크게 성숙되지 못했다 해도, 관련된 번역학 지식들은 이미 상당히 축적된 상태이다. 더 나은 인문학번역을 하기 위해서는 인문학번역자들이 번역이 인문학의 매우 중요한 문제라는 문제의식을 가지고 축적되어온 지식들을 잘 활용할 필요가 있다. 물론 모든 인문학번역자가 모두 높은 정도의 번역학 지식을 체계적으로 갖추어야 하는 것은 아니다. 이는 인문학번역론이나 번역인문학에 더 관심이 큰 연구자들의 몫이다. 하지만 일반 인문학번역자들도 탐구번역을 하려면, 그리고 번역과정에서 부딪친 문제들을 해결하려면, 부분적이라 할지라도 번역담론과 그 메타담론들에서 적절한 도움을 받을

75 김학주(2006:iii): "우선 '대학'이란 무엇인가? 옛날에는 지금과 같은 대학이란 존재하지도 않았지 않은가? 그렇다면 그것은 지금 우리가 쓰는 다른 말로 옮겨져야만 한다. 그 뒤의 '도'는 또 무엇을 뜻하는가? 도리인가, 길인가? 그렇지 않으면 원리 · 목표 · 방법이나 이상 같은 말 중의 하나를 번역 말로 선택하여야만 할 것이다. '명덕'이란 '밝은 덕'은 어디에 있는 누구의 것인가? 밝힌다면 그것을 어디에 밝힌다는 말인가? 이 구절의 주어는? '백성을 친근히 한다'면 누가 어떻게 하는 것인가? '지극한 선'이란 어디에 있는 어떤 것인가? 그 밖에도 모두가 분명치 않다."

필요가 있다. 이는 번역학을 공부해야 번역을 잘 할 수 있다는 것과는 아주 다른 것이다.

인문학의 위기와 척박한 번역문화라는 우리 사회문화적 문제에 대한 나름의 하나의 답으로 제시되는 번역인문학은 우리 인문학의 '번역학적 전환'을 지향하지만, 문제에 대한 부분적 답에 지나지 않는다. 그렇지만 인문학의 핵심으로 인정받고 있는 읽기와 쓰기가 인문학번역의 주요 지향 방향으로 제시된 탐구번역에서 핵심적 역할을 한다는 것은 인문학 일반의 관점에서도 주목할 만하다. 더구나 탐구번역에서의 읽기와 쓰기는 두 해당 언어문화와 관련된 것들을 비교 차원에서 살펴야 하는 이중적 과제이므로, 훨씬 폭넓은 인문적 사유가 필요한 작업이다. 뿐만 아니라, 탐구번역은 원텍스트의 해석과 번역텍스트의 해석, 이들의 교차적 해석을 통한 비평적 성찰도 포함하는, 지성과 감성이 동시에 요구되는 작업이기도 하다. 번역글쓰기도 이제는 단순 '재표현'이 아닌 창의적인 본격적 글쓰기의 문제로 '우리말로 학문하기'의 차원에서 성찰되어야 할 필요가 크다.

최재목(2004)은 그간 소홀히 여겨졌던 인문학에서의 '편집술'의 중요성을 말한다. '인문학의 창의성은 편집술에서 나온다'라고 말하는 그는 퇴계의 탁월한 작품 〈성학십도〉도 창의적 발상에 의한 훌륭한 편집의 결과로 해석한다. 인문학번역론에서도 이와 유사한 기획을 화쟁적으로 시도해볼 수 있지 않을까? 혼자서는 어렵더라도 공통 관심사를 가진 연구자들이 힘과 지혜를 모은다면 어려운 일만은 아닐 것이다. 협업을 통해 제시된 하나의 답이 허술하거나 부족하다면, 새로운 문제제기를 통해 다시 하나의 새로운 답을 이끌어낼 수도 있을 것이다. 인문학번역에 대한 생각들이 다르더라도 문제의 공유에 관심을 가질 필요가 있다. 이 문제의 공유를 통해 서로 어긋나 보이는 답들의 상통점들을 발견하고, 이로부터 다시 새로운 문제를 제기할 수도 있을 것이다. 하이데거의 말을 빌리면, '번역은 오늘 우리의 모든 철학과 학문에 대한 기초존재론을 구성'한다.[76] 이는 인문학번역에 대한 메

76 허경(2010:458)에서 재인용.

타적 성찰들의 필요성과 중요성을 크게 시사하는 것이다. 번역인문학의 장래는 이러한 작업들의 성공적 진척 여부에 달려 있다.

제4장 번역, 번역비평, 번역수사학

번역에 대해 언어를 옮기는 것이다, 텍스트를 재현하는 것이다, 언어문화를 옮기는 것이다 등 번역을 정의하거나 규정하는 표현들, 혹은 기술하거나 설명하는 표현들은 무척 다양하다.[1] 우리의 관심을 끄는 것은 그중 다수가 '수사'와 관련된다는 사실이다. 번역을 교섭으로, 타협으로, 협상으로, 의사결정으로 보는 관점들이 그러한 것들이다. 서로 거의 유의어로 간주되기도 하는 이들은 수사를 '주어진 문제에 대한 주체 사이의 거리 교섭(négociation)'으로 정의하는 미셸 메이에르의 '제문론적 수사'(rhétorique problématologique)의 포괄적 정의에 포괄될 수 있는 것들이다. 번역과 관련된 정의·규정·기술·설명 등에서 '수사'와 관련된 것들을 자세히 살피는 것은 '번역수사학'의 주요 작업의 하나이다. 윈(2009)이 말하는, '21세기 인문문화 구축의 중심'이 되어야 한다는 '논증 능력'도 넓은 의미의 이 '거리 교섭' 능력에 포함된다. 이들 외에, 번역(학)의 핵심 개념 가운데 하나로 인정받고 있는 '충실성'도 실은 '거리 교섭'과 관련된 것이다. 뿐만 아니라, 따지고 보면 번역과정 전체가, 적어도 성찰적 번역의 경우라면, 실질적으로 일종의 거리 교섭과정이다. 번역에 대해 일견 무관해 보이는 듯한 상당히 다

1 라드미랄(1995) 참고.

양한 주장들이 '거리 교섭'이라는 하나의 메타적 개념에 의해 서로 깊게 관계지어진다는 것은 메이에르의 수사 개념이 번역의 포괄적 이해와 설명에 크게 기여할 수 있음을 의미하는 것이다.

1. 제문론적 수사

그리스 로마 시대에 '수사'는 '설득의 기술'에 이어 '말 잘하는 기술'로 알려졌다.[2] 고전수사학에서는 수사(학)적 '기술'이 발견·배열·표현·암기·발표의 다섯 부분 혹은 단계로 구분된다. 발견은 주어진 주제들에 대한 논거들을 찾아내는 것이고, 배열은 발견한 논거를 효과적인 순서로 나열하는 것이며, 표현은 배열된 것에 언어의 옷을 입히는 과정이다. 암기는 표현한 것을 머릿속에 저장하는 것이고, 발표는 암기한 것을 그 내용에 맞는 목소리와 몸짓으로 행동에 옮기는 것이다. 그러나 이는 말의 경우이고, 글에서는 발견·배열·표현의 세 과정만 남는다. 여기에 아리스토텔레스 이래로 중요히 여겨지는 수사(학)적 삼분법인 에토스-파토스-로고스가 더해지면 텍스트의 기본적인 수사학적 분석틀이 구축된다. 이는 고전수사학이 기본적으로는 오늘날에도 여전히 유효한 인문적 사유와 글쓰기의 틀이 될 수 있음을 시사하는 것이다.[3] 번역에서의 사유와 글쓰기라고 해서 이와 크게 다를 이유가 없다. 용어와 관련하여 한 가지 유의해야 할 것은 불어의 'rhétorique'이나 영어의 'rhetoric' 등이 '수사학', '수사법'이나 '수사술'뿐 아니라 '수사'를 뜻하는 경우도 있으니 그 사용 맥락을 잘 살펴야 한다는 것이다.

로버츠·굿(1993:3-4)은 수사학이 '19세기에 인문학의 형성, 발전, 정당화

2 이때 '기술'은 그리스어로 'technè'인데, 이 'technè'는 '자발적인 능력', '교육에 의해 획득되고 전수될 수 있는 능력', '창조적 능력'의 세 뜻을 갖는다고 한다.

3 예를 들어, 인문학 연구의 하나의 새로운 패러다임이라 할 수 있는 '탐구수사학'은 고전수사학을 현대의 텍스트나 담론 중심의 사회 · 문화적, 인식론적 환경 속에서 재조명함으로써 인문학의 제 연구 방법론들을 통합적으로 설명하고자 한다.

에 중심 역할'을 하였으며, 인문학의 수사학적 연구는 현대 수사학의 주요 경향 중 하나라고 기술한다. 모란·밸리프(2000:xi)는 20세기를 '수사학의 세기'로 특징짓기도 한다. '세기 초에 수사학은 그 풍요로운 유산에도 불구하고 지적 활기가 결여되어 있었으나, 중반기를 지나면서 전통적 분야들인 영어와 스피치 커뮤니케이션에서뿐 아니라 거의 대부분의 사회과학 분야에서 핵심 개념, 핵심 용어가 되었다'는 것이다. 하지만 수사학의 역사적 추이에 대해 생각이 다른 학자들도 있다. 크로스화이트(2001:321)는 '대부분의 관점에서 볼 때, 19세기와 20세기의 수사학의 역사는 꾸준한 퇴보의 역사'라고 지적한다. '18세기에 부분적이고 일시적인 회복이 있은 후 수사학은 근대 과학과 그것이 지닌 강력하게 반(反)수사학적인 방법 개념 앞에서 계속 약화된다'는 것이다. 사이먼스(1990:9)의 생각은 이와 다르다. 그는 '모든 학문적 담론은 잠재적으로 수사적'이라 말한다. '잠재적으로 모든 학술 담론은, 논점들이 명명되고 틀지어져야 하고 사실들이 해석되어야 하며 결론들은 정당화되어야 한다는 점에서 수사적'이라는 것이다.[4] 이러한 '수사성'의 탐구는 '과학성'을 주장하기 어려운 사회과학, 특히 인문학 분야들에서 그 중요성이 특히 두드러진다.

미셸 메이에르(2012:19-20)는 '수사'가 1) 납득과 설득, 동의의 창출, 2) 즐겁게 하기, 유혹이나 조종, 자신의 생각의 정당화, 3) 적절한 이유들과 논거들을 들어 추론들을 암시하거나 이끌어내며, 그럼직한 것, 견해, 개연적인 것을 받아들이게 하기 등 다양한 목적들과 관련된다고 기술한다. 이러한 수사(학)의 다양한 정의의 풍성함—혹은 혼동—의 이면에는 매우 분명한 하나의 구조가 숨겨져 있는데, 이는 '언어(로고스)나 커뮤니케이션 수단을 통한 자신과 타자(아리스토텔레스에 의하면 에토스와 파토스) 사이의 관계'라고 한다. 그런데 과거와 현재의 수사학 이론들에서는 이들 중 한 요소가 두드러지는 경향을 줄곧 보여왔다는 것이다. 사실 에토스에 초점이 맞춰지면 화자의 의도나 덕(les vertus)이 강조되고, 로고스가 결정적 요소가 되면 언

4 전성기(2007b:21).

어와 추론 측면이 강조되어 수사(학)가 논증이 되기도 하고 문학이론이 되기도 한다. 파토스에 초점이 맞추어지면 수사가 상대의 마음에 대한 조작 작용이 되기도 한다. 이른바 조작-수사, 소피스트 수사, 감정과 믿음들에 대한 개입, 언어에 의한 속임수가 되는 것이다.[5]

저자는 묻는다. 어떤 것이 맞는가? 그는 답한다. 다 옳지만, 어느 것도 전적으로 옳지는 않다고. 수사는 에토스-로고스-파토스 전체의 관계라서, 어느 하나만을 강조한다는 것은 다른 둘을 소홀히 하는 결과를 낳게 마련이다. 로고스가 강조되면 명제가 중심이 되며, 필연적인 하나의 해결책만을 요구하는 논리나 논리학이 된다. 수사학의 현대적 복원에 핵심적 역할을 한 페렐만이나 툴민에게서도 수사(학)는 논리하고만 관련지어져 있다는 것이 메이에르의 지적이다. 로고스뿐 아니라 에토스와 파토스가 모두 관련되는 수사의 다양한 쓰임새에 대해 메이에르는 제문론적 수사학의 관점에서 통합적 설명을 제시한다. 그에게 수사는 '주어진 문제에 대한 주체 간의 거리 교섭'이며, 불확실한 상황, 그럴 법한 상황, 개연적 상황에서, 결정의 합리적 절차이다. 메이에르에게 수사학은 광의로는 논증도 포함되는 하나의 분야를 나타내지만, 협의로는 다양한 담론적 절차들을 나타낸다.[6] 수사가 주어진 한 문제에 대한 주체들 사이의 거리 교섭으로서, 즐겁게 하기(le plaire)에서 따지기(le raisonner), 말다툼(le combattre)에까지 이를 수 있다면, 논증은 거리의 해결, 즉 문제 해결의 구체적 기법이다.[7] 논증 이론들은 지지라는 절대적 필요성에서 출발하여 이 지지를 얻을 목적의 기법들에 집중하며 논증의 정의나 장을 설득 기법의 구체적 실현에 국한시키는데, 이는 '제기된 문제'라는 가장 중요한 바탕을 소홀히 하는 것이라고 메이에르는 비판한다. 제기된 문제 없이는 논쟁도 차이도 거리도 없다는 것이다. 거리는 문제에 의해 표현되며, 교섭은 문제제기적인 것의 해결이기 때문이다.

그렇다면 수사와 논증의 차이는 무엇인가? 메이에르는 수사는 답들을

---

5 메이에르(1995, 2012) 참고.

6 메이에르(2009b:2) 참고.

7 메이에르(1995:151) 참고.

간접적인 수단으로 하여, 마치 이미 해결된 것처럼 문제들에 접근한다는 것이라고 답한다. 문체와 형식은 그래서 필요하다. 문제제기적인 것을 그렇지 않은 것으로 바꾸기 위한 기법도 있다. 논증은 법이 그 모델이 되는 경향이 커지고 있는데, 여기서는 문제들이 의도적으로 처음부터 대안들(alternatives)로 제시된다. 수사는 이와 달리 주관상호적인 것, 열정, 감정, 개인 간 차이들에 더 관심을 갖는다.[8] 메이에르는 수사와 논증의 차이를 초점의 차이로도 설명한다. 논증이 수사(학)에 속하는 것은 바로 그 목적이 주체 간에 거리가 생기게 한 문제를 해결하면서 그 거리를 좁히는 것이기 때문인데, 논증에서는 초점이 수사에서처럼 '거리'가 아니라 '문제'에 맞춰져 있다는 것이다. 메이에르는 논증이 '단일한 답을 유발하기 위한 방법들을 찾아내고, 대화자가 자신의 답을 지지하도록 하는 것'이라고 말하는데, 제미슨(1991:64)의 표현은 더 완곡하다. 그는 '논증의 기능은 특정 맥락에서 특정 문제에 대해 하나의 귀결을 요구하는 것'이라고 말한다. 이 '귀결'은 새로운 문제제기에 열려 있기에, 번역의 상황에 더 적합한 수사적 논증 기능의 해석이다. 이러한 열린 문제들의 자질은, 제미슨(1991:65-6)에 의하면, 제문론과 논증의 관계를 잘 보여준다. 제미슨은 논증을 '문제들을 문제제기적으로 만드는 과정'으로, 즉 답들에 내재하는 문제들을 인지하는 과정으로 이해한다.

메이에르의 제문론(problématologie)이 '질문의 철학'으로 불리기도 하지만, 질문 혹은 묻기는 제문론적 수사에서 매우 중요하다. 저자는 이 '묻기와의 관계'를 수사에서 에토스, 로고스, 파토스와 더불어 네 번째 요소로 꼽는다. 수사는 다소간 문제제기적인 답들을 제공한다. 수사는 확정적 주장들(thèses)이 아니라 질문들을 다룬다. 이 질문들이 유효한 것이 되도록 정당화를 요구받게 되면 논거들을 발견해야 하는데, 이것이 수사의 합리적 측면이다. 그런데 진부한 답들과 유효한 답들이 뒤섞여 있으니 화자가 더 이상 답이 아닌 것을 답으로 믿게 하며 청중을 조종할 가능성도 없지 않은

8 메이에르(2005b:18-9), 메이에르(1996:18-21) 참고.

것이다. 플라톤이 강조한 것은 바로 수사의 이러한 부정적 측면이다. 문제제기적인 답들과 해결책으로 가치있는 답들이 뒤섞여 있으니, '진리라는 환상'을 낳을 수 있고, 따라서 상대를 속일 수도 있는 것이다. 매혹하는 수사와 설득하는 논증 사이에 균열이 생긴 것인데, 이 균열은 여전히 존재한다. 이들이 하나 되게 할 수 있는 것이 바로 '묻기'라고 메이에르는 단언한다. 협의의 수사가 형식·문체 등에 의해 답들이 이미 해결된 것으로 제시하는 것과 달리, 논증이 질문을 직접적으로 다루는 것은 그 갈등야기적이며 문제제기적인 성격으로 인해 문제들을 정면으로 다루지 않을 수가 없기 때문이다.[9]

제문론적 수사학의 관점에서 언어에서 가장 중요한 것은 문답의 쌍이다. 답에는 두 종류가 있는데, 하나는 '응답적'(apocritique) 답이고, 다른 하나는 '제문적'(problématologique) 답이다. 전자는 해결책을 나타내는 답이고, 후자는 문제되는 것을 보이는 답이다. 외견상 응답적 답이 답처럼 보이지 않을 수 있고, 제문적 답도 문제를 제기하는 것으로 보이지 않을 수 있다. 질문이 의문문은 아니다. 한 답이 이 두 답의 성격을 모두 가질 수도 있으나, 동일한 문제에 대한 것은 아니다. 또한 화자에게 응답적 답이 청자에게는 제문적 답이 될 수 있다. 언어에 지시관계가 있는 것은 근본적으로 언어가 인간이 현실에 대해 갖는 질문으로부터 비롯되기 때문이라는 것이 메이에르의 생각이다. 지시관계가 질문성에서 비롯된다는 것은 번역에도 큰 의미가 있다.[10] 문답의 차이는 제문적 차이인데, 이 차이는 번역의 제문론적 이해에 중요하다. 예를 들어, 메이에르(2012:100)는 '사용된 어휘들은 더 이상 제기되지 않는 문제들'이라 말하는데, 그것은 저자에게 그러할 뿐 번역자에게는 문제로 다가올 수 있다. 이러한 문답과정은 번역에서 최종 선택이 이루어질 때까지 되풀이된다. 번역에서는 번역자가 이 '화자'와 '청자'의 역할을 동시에 맡게 된다는 점에 유의해야 할 것이다.

9 메이에르(2009b:3-5) 참고.

10 전성기(2007b:65) 참고.

2. 거리 교섭과 협상, 타협

메이에르(2012)는 수사를 주어진 문제에 대한 주체 간 혹은 개인 간 거리 교섭으로 정의하는데, 번역에서는 교섭 대상의 재고가 필요하다. 번역의 한쪽 주체는 당연히 번역자가 될 것이나, 다른 주체 혹은 상대는 번역이라는 문제의 성격상 다양해질 수 있다. 번역자에게 직접적 교섭의 대상은 원텍스트 그리고 번역중인 텍스트이다. 이러한 교섭들을 위해서는 원저자(혹은 그의 의도)를 포함하여, 원텍스트의 독자, 번역텍스트의 독자들도 수사적 청중으로 교섭의 대상이 될 수 있다. 많은 경우, 번역자는 자신도 청중으로, 자신의 생각도 교섭 대상으로 삼아야 할 것이다. 번역에서 거리 교섭은, 거의 대부분의 경우 거리를 좁히는 과정이 되겠지만, 번역자의 번역관에 따라 이 과정은 상당히 다양한 모습으로 나타날 수 있다. 번역의 한쪽 주체가 번역자라는 것은 번역자를 번역의 의식적 주체로 인정하는 것이다. 물론 번역의 전 과정이 의식적으로 이루어지는 것은 아니다. 번역의 상당 부분은, 특히 유능한 경험 많은 번역자의 경우, 거의 무의식적으로 이루어질 것이다. 여기서 말하는 번역에서의 거리 교섭은 의식적 성찰적 작업을 염두에 둔 것이다.

일견 투명해 보이는 번역에서도 번역자의 흔적들을 읽을 수 있다. 바이위(2004:52)는 라드미랄이 번역한 칸트를 읽는 것은 라드미랄의 칸트를 읽는 것이고, 칸트를 통해 라드미랄을 읽는 것이기도 하다고 말한다. 그리고 그것은 자신의 읽기의 틀을 통해 라드미랄을 읽는 것이기도 하다는 것이다. 결국 그것은 완전히 칸트를 읽는 것도, 완전히 라드미랄을 읽는 것도 아니다, 약간은 둘 다이기도 하지만. 마지막으로 이는 암묵적으로 자기 자신을 읽는 것이기도 하다. 그래서 바이위는 말한다. 만일 이 말이 맞다면—그는 그렇다고 생각한다—, 적어도 이 말의 상당 부분이 옳다면, 번역이 객관적이란 믿음은 잘못되었거나 지나친 것이라고. 사실 번역의 타당성은 그냥 주어지는 것이 아니다. 그 타당성은 오히려 부단한 교섭의 결과이다. 김애주(2009:22)는 르페브르가 번역가를 '타협의 장인'이라고 규정한 것은 '시대상황, 문학적 전통, 언어적 특성 등 번역에 영향을 미치는 제반 요소들을 적절히 조율해가며 재창조해야 하는 번역가의 입장을 가리킨 것'으로 이해한다. 오스트(2009:244-57)는 번역자의 '아틀리에'에서의 작업으로 '무게 재기', '비교', '가추법'(abduction)과 더불어 '협상'을 제시한다.

이인숙(2001:508)은 '가장 좋은 번역'은 두말할 나위 없이 '충실한 번역'이라고 단언한다. 다만 이 '충실한 번역'에 대한 정의가 다양할 뿐이라는 것이다.[11] 그가 언급하는 충실성의 대상은 출발어, 도착어, 작가의 의도, 번역서의 독자, 원전의 사회 문화적 배경이나 시대적 배경이나, 결론적으로 강조하는 것은 원문의 효과이다. 그러니까 '원문과 똑같은 효과를 낼 수 있는 번역'이 가장 충실한 번역이라는 것이다.[12] 앙리(1995)도 충실성의 대상으로 적어도 네 가지를 지적한 바 있다. 텍스트의 언어, 텍스트의 문자, 텍스트의 정신, 의미 혹은 의미효과가 그것들이다. 이러한 충실성의 대상들 모두가 실은 거리 교섭의 대상이다. 그런데 앙리는 '충실성'이라는 말 자체가 종교적, 도덕적 혹은 윤리적 함의 때문에 문제가 있다고 판단한다. 그는 그래서 더욱 중립적인 '존중'이란 표현을 선호한다. 그는 저자·텍스트·수용의 테두리(시기·장소·언어·번역자/독자)의 존중이 번역 작업의 수행을 위해 필요하다고 말한다.[13] 번역이 불가피하게 두 극단 사이에서 균형잡기를 해야 한다면, 그 양 극단은 충실성과 반역보다는 자유와 제약이나, 번역자들의 권리와 의무가 되어야 할 것이라고 그는 생각한다. 번역텍스트의 '정확성'이란 말도 '텍스트의 일관성과 기능성 유지에서의 엄밀함'으로 대체되어야 할 것이라고 그는 주장한다. 번역은 과학이 아니기 때문이라는 것이다.[14] 에코(2010:544)는 '충실함'은, '언제나 번역이 가능하다고 믿으려는 경향이며, 우리에게 텍스트의 심층 의미가 되는 것을 찾아내려는 책임감이

11 거리 교섭의 방식이나 양상은 번역자의 문제나 문제의식에 따라 크게 달라질 수 있다. 예를 들어 기술번역학이나 스코포스 이론에서는 충실성이 그렇게 중요한 문제가 아니다.

12 이인숙(2001:508, 510, 530) 참고.

13 앙리(1995:370)는 존중의 감정이, 번역하는 텍스트에 대한 독자로서의 감탄이나 열정의 감정들과 전혀 상충되지 않는다고 지적한다.

14 앙리(1995:371).

며, 매 순간마다 옳다고 생각되는 해결책을 협상할 수 있는 능력'이라는 견해를 피력한다. 여러 학자들이 주장하듯이, 원텍스트의 '절대성'이 인정되기 어려운 것이라면,[15] 원텍스트와의 거리 교섭도 새롭게 다시 성찰되어야 할 것이다.

충실성뿐 아니라 가독성도 거리 교섭의 대상이다. 충실성이 원저자·원언어문화·원텍스트 등 출처에 가까워지고자 하는 기준이라면, 가독성은 번역독자·번역언어문화·번역텍스트 등 목표에 가까이 이르고자 하는 기준이라고 말할 수 있다. 조성원(2007:105-06)은 흔히 '가독성의 가장 이상적인 형태'로 '자연스러운 번역' 혹은 '번역 같지 않은 번역'을 언급하는데, 이는 '번역이 아니라 마치 원저자가 번역어로 바로 쓴 원래의 작품을 읽고 있다고 믿게 만드는 그런 번역을 일컫는 것'이다. 그의 표현을 빌리면, '한마디로 번역물의 독자와 원작자 사이에 존재하는 모든 문화적·언어적 거리를 투명하게—즉 제로 상태로—만들어 번역물의 독자를 원저자와 직접 만나게' 하는 것으로, 베누티가 '투명성에 대한 환상'이라 부르는 것이다. 문제의 거리 '제거'는 '번역가가 외국 텍스트에 끼어들 수 있는 여지를 비롯하여, 번역이 이루어지는 과정에 관여된 많은 (번역의) 조건들을 보이지 않게 덮어'버린다. 이에 대해 조성원은 '가독성의 개념 뒤에는 독자의 편의를 내세워 번역가의 존재를 말살하고 원저자의 존재를 내세우려는 원전/원저자 중심적 음모가 숨어' 있다고 비판한다. '충실성'이든 '가독성'이든 번역자의 흔적을 완전히 지우기는 어려울 것이다. 어떤 식이로든 번역자는 흔적을 남기게 마련이다. 화행언어학적 분석은 이러한 번역자의 주관성의 흔적 추적을 가능하게 한다.

사실 원언어문화와 번역언어문화 사이에, 그리고 이들로 이루어진 텍스트들 사이에는 거리 혹은 차이가 필연적으로 존재하고, 따라서 이들은 없는 것으로 치부될 수가 없다. 문제는 이 차이를 어떠한 방식으로 대할 것인

15 조성원(2007:110): "굳이 데리다Derrida나 폴 드만Paul de Man 같은 비평가의 이름을 거론하지 않더라도 이미 '글'이라든가, '의미' '원작' 또는 '저자' 등의 개념 속에 더 이상 절대적인 가치 같은 것은 존재하지 않는다."

가 하는 것이다. 차이를 그대로 두거나 완전히 동일시하는 것 모두 진정한 번역과는 거리가 멀다. 방식에 차이는 있으나, 남는 것은 '거리 교섭', '차이 교섭'뿐이다. 정혜용(2006b:339-40)은 '가독성, 충실성이라는 랑그 차원의 잣대가 텍스트 층위에서 이루어지는 문학번역 실천 앞에서는 변별력이 없는 규범'이라 말하는데, 가독성과 충실성이 꼭 랑그 차원의 기준이라고 말하기는 어렵다. 이들은 텍스트 차원에서도 충분히 고려될 수 있기 때문이다. 그렇지만 '번역주체가 새로운 작품을 만날 때마다 그 작품만의 시적 논리를 읽어내어 자신의 모국어로 되살려주듯이', '번역문학 작품을 비평하는 비평 주체 역시 새로운 번역문학 작품을 만날 때마다 그에 맞는 규범을 찾아내어야 한다'는 그의 주장에는 많은 이들이 공감할 것이다. 다만, 한 평가자가 선택한 '좋은' 혹은 '훌륭한' 기준이 다른 평가자의 입장에서는 얼마든지 달리 평가될 수 있으며, 원작에 대한 이해라는 것도 사람마다 다를 수 있다는 점은 번역비평에서 충분히 고려되어야 할 것이다.[16]

에코(2010)는 번역이 도달해야 할 목표를 '거의 같은 것을 말하는 것'으로 보았다. 번역이 동일성에 기반할 수 없는 이상, 번역에서 차이를 인정하지 않을 수 없기 때문이다. 그는 이 '거의 똑같은 것을 말하기'를 '협상' 과정으로 본다. 협상은 '무엇인가를 얻기 위해 다른 무엇인가를 포기하는 과정'이다. 그는 '결국 당사자들은 모든 것을 가질 수는 없다는 황금률에 비추어 일종의 합리적인 상호 만족감을 가져야 할 것'이라고 조언한다. 에코는 '거의'의 가변성과 그 범위를 '교섭'의 대상으로 보았는데, 이 교섭 과정이 바로 '타협'이다(15-6). 에코(2010:136)에 의하면, '협상은 언제나 당사자들 사이의 상실과 이득을 균등하게 배분하는 절충'이 아니다. 그렇기 때문에 상실과 보상 사이에 적절한 협상과 타협이 필요한 것이다.[17] 그는 독자를 저자에게 데려가거나 저자를 독자에게 데려가거나 둘 중 하나를 택해야 한다는 슐라이어마허의 주장에 대해, '그렇게 엄격한 기준은 단지 고대의 오래된 텍

16 조성원(2007:109) 참고.

17 에코(2010:137-204) 참고.

스트나 문화적으로 완전히 상이한 텍스트들에만 해당'되며, '현대 텍스트들에 대해서는 좀 더 유연해야' 한다는 입장을 취한다. 선택이 각 문장마다 타협되어야 할 기준으로 남아 있는 경우들이 많다는 것이다(289-90). 이스라엘(1991a:29)도 일반번역과 달리 문학번역은 근본적으로 '제약된 담론'이며 '타협의 기술'이라 말한다. 어떤 하나를 선택하기 위해서는 다른 것들을 배제할 수밖에 없다는 것이다.[18]

라보(2002:113-15)는, '협상으로서의 번역'을 '비유적인 의미'로 조금 더 확장하면, 모든 번역을 번역자가 몇몇 변수들을 가지고 의미에 대해 협상한 결과로 볼 수 있다고 생각한다. 번역자는 자신의 '인지적 축적물' 그리고 경험을 통해 발화 상황에 개입된 언어외적 변수들에 따라 언어기호들을 이해하는데, 이해된 의미는, 번역어의 언어적 가능성과 제약들(어휘적, 통사적, 문체적 층위에서), 번역독자들의 사회문화적 상황 등의 언어외적 변수들에 대한 심도 있는 협상 결과에 따라 재표현이 이루어진다는 것이다. 그런데 이 협상은 '충실성에 대한 강박에 가까운 염려' 때문에 방해받는다. 번역된 의미는 복잡다단하고 여러 가지 다른 해석들도 가능하기에 번역자는 여러 요인들을 검토하여 서로 모순되는 요인들을 다듬어주어야 한다고 저자는 지적한다. 이 모든 것이 타협의 과정이다. '타협'은 라보에게 '협상'과 '짝을 이루는' 개념으로, 번역의 상대성을 인식시키는 데 유용한 개념이다. 라보는 어떤 번역도 유일하지도 절대적이지도 않고 결코 완벽하지도 않다고 말한다. 라보에게는 번역자의 '저자의 의도를 저버리지 않고 저자의 생각과 문체를 왜곡하지 않으려는' 염려, '가능한 한 가장 폭넓은 독자층을 확보하려는' 염려도 번역상의 협상 대상이다.

프랜스(2000:261)는 번역자가 처한 상황을 '수사적 상황'으로 규정한다. 전략들의 선택, 언어의 선택이 불가피하기 때문이다. 매 경우마다 선택들에 직면하는 번역자는 저자와 독자들 사이에서, 원문화와 목표문화 사이에서 협상을 한다. 그는 '직역이냐 번안이냐, 이국화냐 자국화냐'라는 해묵

18 아고스티니-콰피(2006:39) 참고.

은 소비적 논란이나 번역의 '정확한' 방법이 무엇인가 따지기보다, 번역자가 주제와 청중 사이에서 상황에 적합한 수사를 찾으면서 교섭하는 방식을 알아야 한다고 말한다(267-8). 이러한 교섭을 잘 하기 위해 번역자는 이에 필요한 것들을 미리 갖추고 있거나 갖추어나가야 한다. 이는 탐구번역에 필요한 조건들이기도 하다. 에머리(2004:150)는 모든 화자가 협상자이지만, 번역자는 이중적 협상자라고 말한다. 번역은 해석하고 추론하고 텍스트의 일관성을 구축하는 단계와 이러한 텍스트의 화용적 의미를 번역어의 기대 규범들에 따라 도착텍스트로 옮기는, 2단계의 이중의 협상이기 때문이다. 언어 간 커뮤니케이션의 중재자인 번역자는 타협을 모색하며 협상 전략을 구사하는데, 차용에서 치환, 번안에까지 이를 수 있다고 그는 지적한다.

지금까지 번역에서의 거리 교섭을 수평적 차원에서 살폈는데, 수직적 차원도 고려되어야 한다. 우선 번역자의 경우를 보자. 유안(1999:73)은 대개의 번역자들이 '충실성'의 이름으로 원텍스트에 대해 열등한 태도를 보인다고 비판하는데, 열등한 태도는 수직적 거리를 나타낸다. 번역자는 탐구적 번역을 통해 번역텍스트가 원텍스트에 대해 대등한 위상을 가지도록 최대한 노력하는 것이 바람직하나 그렇지 못한 경우들이 허다하다. 번역평가에서도 수직적 태도가 관찰되는데, 이상원(2008:154-55)은 '오류 중심 번역평가'에서 분석자의 '위에서 내려다보는' 태도를 문제삼는다. 분석자는 '정답을 알고 있고 번역자가 과연 그 정답을 제대로 맞혔는지 아닌지를 확인해 본다는 태도'를 가지며, 나아가 '분석자만이 알고 있는 정답'까지도 '친절하게' 제시하기도 한다는 것이다. 이러한 태도는 번역자의 반발을 사기 십상이다. 저자는 번역평가와 번역비평의 구분을 태도의 문제로 가름한다. '학생에 대한 선생의 태도를 선택'하면 번역평가이고, '번역 결과물과 번역자를 인정하고 존중하는 태도를 선택'하면 번역비평이 된다는 것이다(161). 이와 달리, '경청'과 '역지사지'를 주요 덕목으로 생각하는 탐구번역이나 탐구번역비평은 기본적으로 수평적 관계를 추구한다.

휴슨(2004:132)은 '좋은' 문학번역은 원천지향적도 목표지향적도 아니라고 말한다. 그에 의하면, 문학번역은 '진정한 에크리튀르'를 통해 원텍스트의 효과를 재현하는 번역이다. 이때의 '에크리튀르'는 번역자가 나름의 역할을 하는 '창조적 번역'이다. 그간 많은 이론가들이 번역자의 작업을 지우고자 했으나, 이제는 번역자의 위상을 '복권'시켜야 할 때라고 그는 목소리를 높인다. 바스탱(2007:42)은 번역에서의 창조적 양상이 두드러지게 하기 위해, 번역자들의 진정한 역할을 심화시켜 번역가의 낮은 위상을 제고하는 것이 중요하다고 역설한다. 그러기 위해서는, 페르메어가 제안하듯이, 원텍스트의 '왕관을 벗겨내야 한다'는 것이다. 그렇게 함으로써 어쩌면 번역의 새로운 윤리가 구축될 것이라는 것이 그의 기대이다. 케론(2007:9)은 원천주의와 목표주의는 실제에서는 그다지 문제되지 않는다고 말한다. 번역은 '타협의 기법(art)'이라는 것이다. 케론은 번역에서는 선택을 해야 하는데, 선택은 한쪽으로만 기울지 않는다고 지적한다. '번역은 잘 해야' 하는 것이 분명하지만, 이는 원천이나 목표 어느 한편을 드는 것과 상관없다는 것이 그의 입장이다.

번역인문학의 관점에서는, 우리 인문학번역의 현상황을 고려할 때, 일단 출처와 목표 양쪽을 균형 있게 고려하는 '중용적 상태'의 도달을 번역의 목표로 삼을 필요가 있다. 그런데 '중용적 선택'이 '하나'는 아니다. 번역자, 번역 목표, 번역 상황 등 여러 변수에 따라 텍스트 차원의 다양한 '중용적 선택'이 가능할 수 있다. 프룉리제르(2010:12-4)는 라드미랄의 '실천적 번역학', 발라르의 '현실적 번역학'과 맥을 같이하는 '타협'(compromis)의 번역학을 말한다. 프룉리제르(2010:19)는 '번역 적성'은 무엇보다 '정신상태'에서 비롯되는 것이니, 이 적성을 키워야 한다고 주장한다. '타협하는 기술'은 '자유의 한 형태'인데, 이 원리에 대해서는 타협의 여지가 전혀 없다고 그는 단언한다. 번역이 언어와 문화, 역사, 상황이나 맥락 등의 제약을 의식하지 않는다면, '타당한 번역'이 되기 어렵다. 하지만 제약들 속에서도 나름대로 자유로울 수 없다면, 그것은 번역이라기보다 '타당한 번역'을 표방하는 조악한 모사품이 되고 말 것이다.

3. 번역과정과 거리교섭

누스(1995:335)는 번역을 '이상한 인식론적 대상'이라고 평한다. 그는 번역을 'UFO', 즉 '미확인 비행물체'라고 부른다. 그만큼 파악이 힘든 대상이라는 것이다. 베글리앙트(1996:43)는 의미는 유동적이고 다중적이어서 단번에 이해되지 않는다고 말한다. 사야·시메온(2007:73)은 번역을 언어가 유동적이고 의미가 주관성의 공간을 '떠도는' 증거로 여긴다. '저자는 쓰기도 하지만 쓰여지기도 한다'는 윌마르(2001:26)의 지적은 저자가 자신의 쓴 텍스트의 의미를 완벽하게 제어하는 것이 아님을 잘 보여준다. 번역을 우리는 흔히 '옮김'이라고 표현한다. 이는 출판번역에서 거의 관용화된 표현이기도 한데, 이 말은 '의미'가 이미 확정되어 있어 짐 옮기듯이 옮기기만 하면 되는 그러한 대상 쯤으로 여기게 할 위험성이 크다는 약점이 있다. 의미가 그러한 옮김의 대상이라면, 번역자는 '운반자'나 '운송자'로 전락하게 된다. 일상적 언어 간 커뮤니케이션에서라면 혹 몰라도, 문학이나 철학 같은 인문학 텍스트들의 번역에서는 상황이 크게 다르다. 우선 의미 자체가 잘 이해되지 않는 경우들이 적지 않다. 키안 후(1994:427)가 말하는 내용과 형식의 불가분성으로 인한 의미의 '이전 불가능성'이 심각하게 고려되어야 하는 것이다. 그에게는 번역이 '의미의 이전'이 아니라 원어의 내용--형태에 대해 상응하는 역어 내용--형태의 대체이고, 등가 효과는 도달 불가능한 목표에 지나지 않는다.

사실 의미가 투명하지 않은 경우들에서 번역자가 투명해지기는 어렵다. 번역자의 '존재'와 의미의 '불확정성'이 적극적으로 고려되어야 하는 것이다. 비달(1995:376)은 번역자가 발화자로서 번역텍스트에 자신의 발화행위를 기록하기에, 번역텍스트에 그의 흔적이 남는 것은 불가피하다고 본다. 그가 번역자의 '투명성'이란 '속임수' 혹은 '신화'로부터 속히 벗어날 것을 촉구하는 이유이다. 폴카르(1990:42)도, 이와 유사하게, 아주 충실한 번역도 다른 어떤 재발화행위와 마찬가지로 원저자의 텍스트에 대한 일종의 재발화이기에, 번역텍스트에서의 이타성의 존재가 불가피하다고 주장한다. 그에게 이 이타성을 감추려 하는 것은 부정직한 짓이다. 그렇지만 번역자가 의도적으로 '가시성'을 주장하는 것에도 윤리적 문제의 소지는 있다. 라오(2004)가 말하는 새로운 차원의 '불가시성' 혹은 번역자의 '침묵의 윤리'는 그래서 가볍지 않은 주제이다. 텍스트 의미의 불확정성으로 인해 번역자의 적극적 교섭의 역할은 불가피하나, 한편으로는 번역자가 자신을 의도적으로 드러내지는 않아야 하는 복잡미묘한 윤리적 문제가 대부분의 인문학 텍스트들의 번역에 제기되는 것이다.[19]

번역과정에 대해서는 다양한 견해들이 제시되어 있다. 이해와 재표현의 간단한 이분법이나 에지트의 이해-탈언어화-재표현의 삼분법,[20] 번역과정을 더 잘 나타낸다는 뒤리외(2007:53)의 '번역자→지각→평가 appréciation→감정émotion→선택적 주의→정보 처리→결정' 같은 방식도 있고, 이보다 더 복잡한 도식들도 있다. 다 나름대로 설명의 역할과 기능이 있으나, 탐구번역의 과정을 나타내는 다음의 도식은, 각 과정과 단계가 서로 엄밀히 구분되는 것은 아니나, 번역과정의 협상과 타협의 수사적 성격을 나름대로 함축적으로 잘 나타낸다고 생각된다.[21]

단계 (1):　　읽기 ⇄ 해석

↓↑

단계 (2): 번역비평 ⇄ 번역글쓰기

우선 단계 (1)의 '읽기⇄해석'은 메타적 피드백을 통한 거리 좁히기 과정이며, 협상과 타협의 과정이다. 잘 읽고 이해했나 살피고, 제대로 이해했나 다시 읽어보는 이 과정은 여러 차례 되풀이 될 수 있다. 라드미랄(2006b:136-7)은 '해석'을 '의미적 해석'과 '해석적 해석'의 두 층위의 해석으로 구분한다. 전자가 '언어적 발화'의 의미 해석에 국한된다면, 후자는 텍스

19 핌(2008) 참고.

20 라드미랄(2006:136) 참고.

21 이 책 7장 참고.

트를 체화하여 철학적·미학적·문학적·신학적 차원 등에서 포괄적으로 해석한 의미이다. 언어적 발화 의미가 마치 맥락과 무관한 것같이 보이는 것은 문제이나, 이러한 구분은 교육적 목적에는 유용할 것이다. 단계 (2)의 번역비평과 번역글쓰기도 상호작용을 통한 거리좁히기 과정이며, 협상과 타협의 과정이다. 단계 (1)과 단계 (2) 사이에서도 번역글쓰기의 최종 선택이 이루어지기까지 협상과 타협을 통해 거리 좁히기 작업이 반복적으로 이루어질 수 있다. 제대로 된 번역비평과 번역글쓰기를 위해서는 원텍스트와 번역텍스트의 세밀한 비교를 통한 번역자의 의사결정과정과 문제해결과정들이 되풀이되어야 할 것이다.[22] 이 번역과정은 '거리'의 관점에서 보면, 번역자와 원텍스트 사이뿐 아니라 번역자와 저자, 번역자와 번역독자, 번역자와 원독자 사이 등의 '거리두기'와 '거리 좁히기'의 반복된 과정이기도 하다.

뒤리외(2009:358)는 읽기에 의한 의미 구축은 읽는이의 인지적 바탕에 따라 달라진다고 말하는데, 이 의미 구축은 반복된 읽기에 의해서도 크게 달라질 수 있다. 그는 주제와 상황의 큰 맥락과 다른 텍스트들과의 상호적 연계망들을 고려할 때, 텍스트는 세 측면에서 살필 수 있다고 본다. 우선 수평면은 연속되는 문장들의 관계인 연계(connexion)에 해당되고, 수직면은 텍스트 내적 의미들의 분절, 텍스트의 역동성을 뜻하는 결속성(cohésion)에 해당된다. 횡단면은 일관성(cohérence)에 해당되는 것으로, 번역할 텍스트가 앞서 번역된 텍스트들과 갖는 관계들과 관련된다. 텍스트의 이해가 단편적으로 되지 않으려면 연계, 결속성, 일관성이 모두 충분히 고려되어야 한다. 그런데 텍스트에서 전체는 부분들의 합보다 늘 크다. 문장 의미도 구성 낱말들의 의미의 합보다 크다. 이는 텍스트 번역에 당연히 영향을 끼칠 수밖에 없다. 그래서 번역에서 언어상의 대응관계가 아니라 텍스트상의 등가 표현들을 찾아야 하는 것이다. 원텍스트의 세 측면이 번역텍스트에서도 거의 유사하게 나타나게 하려면, 그 과정은 협상과 타협을 통한 부단한 '선택'

22 쿠엘라르(2002:85)는 그의 DTM (Dynamic Translation Model)의 적용을 위해 이러한 작업을 요구한다.

과 '결정'의 과정이 되지 않을 수 없다.

뒤리외(2007:48-51)는 번역에서의 연속적인 결정과정이 엄밀한 추론 규칙에 기반한 순수한 추론의 결과가 아니라 '제한된 합리성'에 의해 특징지어지는 기제의 결과라고 말한다. 그에 의하면, 번역의 결정과정은 '선택적 주의'에 의해 조율되며[23] 감정들의 영향도 받는 이성과 감성 사이의 작용이다. 번역자는 번역과정 내내 무의식적 의식적 결정을 내리는데, 무의식적 결정은 주로 이해과정에서, 의식적 결정은 주로 '재표현과정'에서 가능한 여러 표현들 중에서 더 효과적인 선택을 해야 할 경우에 하게 된다. 하지만 다소 어려운 텍스트의 경우에는 이해과정에서부터 다양한 가능성을 모색하고 선택을 해야 한다고 그는 지적한다.[24] 그에 의하면, 의미 구축은 발화를 구성하는 낱말들의 의미의 합이 아니라 언어적 정보들과 다루어진 주제에 대한 지식, 커뮤니케이션 상황과 같은 비언어적 정보들, 그리고 텍스트의 준언어적 구성요소들을 십분 활용한 추론의 결과이다. 이러한 작업을 하는 번역자의 머릿속에서 이루어지는 작용은 'si…, alors (if…, then; …라면, …이다)'이다. 뒤리외는 '어려움의 감지', '어려움의 자리 선정과 정의', '가능한 해결책의 시사', '시사된 것의 함의들의 추론에 의한 진전', '보충 관찰과 실험에 의해 시사된 것의 수용 혹은 거부'의 5단계로 이루어지는 존 듀이의 '탐구 이론'이 번역과정에도 유용하게 적용될 수 있다고 첨언한다.[25]

키안 후(1994:428)에 의하면, 읽기는 수동적 수용이 아니다. 원텍스트의 이해는 번역자의 문화적 배경, 언어 습관, 교육 정도, 경험이나 다른 변별적 요소들에 의해 크게 영향받는다. 텍스트의 이해에서는 이처럼 번역자의 주관성에 영향을 받기에 원저자의 의도와 일치되지 않는 경우들이 종종 발생하며,[26] 심지어 원저자가 텍스트를 저술할 당시 의도하지 않았거나 알지

23 달리 말하면, 주의가 있는 곳에 선택이 있다; 뒤리외(2007:51-2) 참고.

24 뒤리외(2009:360) 참고.

25 이러한 논리적 추론이 에지트(ESIT)의 '탈언어화'라는 모호한 개념보다 유용하다는 것이 뒤리외의 생각이다.

26 해석학적으로 말하면, 번역자의 선입견과 선입관에 영향을 받는다는 것이다.

못했던 의미들을 번역자가 그 텍스트에서 추출해낼 수도 있다. 그러한 결과로 얻어지는 것은 '창조적 반역'일 수 있다. 이해 자체가 '창조적 반역'이라면, 번역독자의 이해는, 저자의 말대로, 이중으로 '창조적 반역'이 될 수밖에 없다. 앙세(1999:181)도 번역이 반역임을 유감스러워하기보다, 번역이 '이중 반역'임을 알아야 한다고 주장한 바 있다. 번역은 우선 원어 자체가 제거되기에 원어에 대한 '반역'이고, 다음으로는 '이타성'의 낯선 목소리를 번역어에서 듣게 하기에 번역어에 대한 '배반'이기도 하다. 그러나 이 '이중 반역'을 통한 원텍스트의 의미에 대한 깊은 이해가 자국어의 잠재력을 일깨워내는 계기가 될 수 있다면, 그리고 그것이 '창조적 번역'이라면, 이는 오히려 바람직한 것이다.[27] 이중 반역은 외견상 이중적 '거리 벌리기'이나, '창조적 번역'은 원천과 목표 사이 거리 좁히기의 한 방법이 된다.[28]

이러한 창조적 번역이나 '이중 반역'이 반역이 아닐 수 있는 것은 번역상의 협상과 타협들 덕분이다. 번역과정의 끊임없는 타협, 협상 그리고 결정들의 과정은 사전이나 문법서들에 미리 주어져 있는 '자연적 등가'로서는 소임을 다하기 어렵기 때문에, 핌(2010a)이 말하는 이른바 '지향적 등가'(directional equivalence)의 적극적 탐색이 불가피해진다.[29] 즉, 미지의 새로운 등가표현들이 새롭게 창출되어야 하는 것이다. 트뢰거(2004:759)는 번역은 '번역자의 언어가 보유하고 있는 수단들로부터 이국성의 언어가 드러내는 현실-의미들에 이르는 길을 찾아내는 것'이라 말한다. 그러하기에 원어에 대한 충실성의 야망은 지켜질 수 없고, 결과적으로 번역은 얼마간 성공한 하나의 원전일 수밖에 없다는 것이 그의 생각이다. 번역이 '창조'가 아니라 '재창조'라는 것은 원전이 진지한 번역자에게는 늘 되돌아가야 하는 '규범'이기 때문이다.[30] 뒤리외(2010:29)는 하나의 문화적 지시대상을 번역하

27 전성기(2010c:145-6) 참고.

28 오세키-데프레(2007)가 말하는 'transcréation'은 창조적 번역으로 볼 수 있다.

29 핌(2010a) 2장, 3장 참고.

30 규범에서 원텍스트의 시니피앙들은 조정과 처방에서 중요한 역할을 한다; 트뢰거(2004:759) 참고.

기 위한 최상의 유일무이한 타협책이 미리 주어져 있는 것은 아니라고 말한다. 제일 좋은 타협책은 저자의 의도·맥락·커뮤니케이션 상황 등의 변수들에 따라 결정된다. 저자는 특히 해결책이 원텍스트 자체에 종속된 것이 아니라 텍스트와 번역독자 사이의 쌍방적 관계와 상관이 있다고 지적한다. 번역은 바로 커뮤니케이션 행위이기 때문이라는 것인데, 인문학번역자가 유의해야 할 지적이다.

그런데 위에서도 잠깐 살펴본 언어문화 사이의 비대칭적인 불균형한 관계들로 인해, 등가관계들은 늘 조화롭게 이루어지지 않는다. 그래서 '창조성' 못지않게 필요한 것이 '결핍과 위험의 관리'이다. 메즈리(2005:126)는 어떤 전언이건 일단 전해지면 변형되게 마련인 것이 커뮤니케이션의 일반 법칙의 하나라고 말한다.[31] 그래서 우리가 할 일은 손실이 없도록 하는 것이 아니라, 처음 전언이 너무 변형된 나머지 알아볼 수 없게 되지 않도록 '관리'하는 것이다. 이러한 관리의 중요성을 그는 크게 강조한다. 메즈리(2005:122)에게 번역을 하는 것은 공유된 믿음의 결핍, 언어적 결핍 등 온갖 종류의 다양한 결핍들을 '관리'하는 것이다. 번역에 대한 작업들에서 늘 이러한 결핍들을 의식은 해왔으나, 지금까지는 이것이 원텍스트에 대한 충실성이란 개념으로 관리되어 왔다는 것이 저자의 지적이다. 그러다 보니 번역자의 능력이나 자격이 '모랄'의 문제로 귀착되었다는 것이다. 하지만 번역은—언어 내적 해석에서도 그러하지만—늘 '근접적' 혹은 '개략적'일 수밖에 없다. 메즈리(2005:125)에게 결핍은, 위험과 마찬가지로, 정도를 나타내는 개념이다. 하나의 균형은 전적이지도 결정적이지도 않다. 그래서 '다중적인 협상들과 부단한 문제화들의 대상'일 수밖에 없는 것이다. 그래서 '상황적 윤리'라고 할 수 있는 중용적 모색과 선택이 중요하다.[32]

핌(2007:281)은 '자연적 등가'도 '지향적 등가'도 통하지 않을 경우, 그가

31 구연상(2008:219): "그런데 더 본질적인 문제는 말이란 것이 옮겨질수록 미끄러진다는 데 있다. 같은 말을 쓰는 사람들 사이에서도 '의미의 미끄러짐'은 피할 길이 없다. 따라서 저 '다르지 않음'에 대한 객관적 증명이란 불가능하다."

32 박재주(2007b:195) 참고.

덧붙이고 싶은 전략은 '보상'(compensation)이라 말한다. 핌 역시 번역에서 위험관리의 중요성을 크게 강조한다. 핌(2010a:165-6)에게 번역과정은 '위험관리 과정'이다. 그는 서로 다른 번역 해결책들을 '맞다/틀리다'나 어떤 종류의 등가로보다, '얼마나 많은 위험을 내포하고 있는가'라는 기준으로 평가한다. 번역자의 작업은 위험관리 연습 과정인 셈이다. 그는 이러한 기반 위에서 여러 등가 양식들을 위험을 줄이거나 옮기는 다양한 방식들로 설명한다. 핌(2010b:1-2)은 '위험'을 '번역자의 목적을 충족시키지 못할 가능성'으로 설정한다. 텍스트에서 어떤 요소들은 고도로 위험하고, 어떤 것들은 위험이 아주 낮지만, 대개의 요소들은 양자 사이에 자리한다. 번역에서 위험이 높은 요소들에 대해서는 아주 열심히 작업을 해야 하나, 위험이 낮은 요소들에 대해 꼭 그렇게 할 필요는 없다고 그는 지적한다. 특히 생략은 상당히 공통적인 전략으로, 특히 위험이 낮은 상황에서 쓰인다고 하는데, 인문학번역에서도 널리 통용될 수 있다고 보기는 어렵지 않을까? 핌(2010a)은 우리가 어떤 번역이론을 발전시키려고 선택하던 '불확실성'과 더불어 사는 법을 배워야 한다고 조언한다(114). 또한 그는 번역을 이론화할 때, 우리 자신의 번역론을 발전시키고자 할 때, 먼저 문제를 발견하라고도 조언한다. 그 다음에 그 문제에 대해 작업하는 데 도움이 될 아이디어들을 찾으라는 것이다. 번역 이론들의 어느 한 패러다임에서 출발할 필요도, 어느 패러다임에 속할 필요도 없다는 것은 마음에 와닿는 그의 조언이다(166).[33]

4. 번역과 논증

메이에르의 '제문론적 수사학'과 크로스화이트의 '이성의 수사학'은 여러 면에서 유사성이 크다. 사실 둘 다 페렐만의 신수사학을 발전적으로 계승하고자 하는 수사학 이론이다. 전자에 개혁의 성격이 더 강하다면,[34] 후자

33 핌(2010b)은 번역이론들을 역사적 문제 해결 방식들로 설명하기도 한다..

34 카릴류는 메이에르의 제문론에 대해 철학에서의 '혁명'이란 표현까지도 사용한다; 프랭

는 페렐만의 논리와 의도에 더 충실하려는 차이가 있다. 번역의 구체적 논증 문제와 관련해서는 후자에서 직접적으로 유용한 면들이 더 많이 발견되나, 논증에서 문제를 답보다 우선시하는 제문론적 시각도 번역과 번역비평에서 크게 유용하다. 양자역학이 관찰 대상과 관찰자의 의도가 무관하지 않음을 이미 잘 보여주었지만, 해석에서도 해석자의 선이해와 선입견이 중요한 작용을 하는 것을 우리는 가다머를 통해 알고 있다. 번역, 그중에서도 문학번역이나 철학번역 같은 인문학번역의 경우에는 특히 번역자의 선이해와 선입견이 큰 비중을 차지할 것이다. 그렇기 때문에도 번역의 타당성이나 적절성의 확보를 위해 번역과정에서 논증이 중요하다. 이 논증은 연구번역에서는 물론 일반 인문학번역에서도 역주 등에 의해 표면화될 수도 있지만, 그렇지 않은 경우가 오히려 더 많을 것이다. 적절한 번역어를 찾기 위한 번역자의 고뇌어린 모색은 체계적은 아니더라도, 많은 경우, 논증적 추론 과정으로 볼 수 있다. 번역비평자가 역지사지하는 공감적 태도를 견지하려 애쓰지 않는다면, 이러한 고심어린 논증의 결과들을 어설픈 직관적 번역의 소산으로 오해할 위험이 크다.

여기서는 논증의 큰 틀은 제문론의 관점을 존중하되, 세부적인 면에서는 크로스화이트(2001)의 《이성의 수사학》의 방식을 빌린다. 이는, 더 구체적으로 말하면, '번역의 시각에서의 《이성의 수사학》 읽기'로서, 크로스화이트의 논증에 대한 설명들을 대략 순차적으로 따라가는 방식이 될 것이다.[35] 마넬리(2006:226)는 '페렐만의 가장 중요하고 포괄적인 업적'을 '아리스토텔레스 수사학을 창조적으로 되살린 것'이라고 말한다. 신수사학은, 마넬리(2006:36-7)에 의하면, '망설이고 반성한 후, 마침내 행동 방향을 수정하는 이들을 격려하는 유일한 철학'이다. '수사학적 정치철학'에 따르면, 유일한

크(2003:260) 참고.

35 크로스화이트(2010:31)의 '이성의 수사학'은 '지난 3세기 동안 서구 철학에 흔적을 남겨온 데카르트에 기인하는 이성 및 추론의 개념과 단절'하는 것을 목표로 한 페렐만과 올브레히츠-티테카의 《신수사학》을 발전적으로 계승하는 것을 목표로 한다. '이성의 수사학'의 주된 목적은 '함께 더 잘 살게 해주는 논증 행위의 특징들을 조명하는 하나의 방식으로 논증 행위의 이론을 재구성하는 것'이다.

진정한 도덕적·사회적 덕목은 '깊이 생각하고, 대화를 재개하고, 열린 마음을 유지하고, 융통성을 갖고, 남의 제안을 수용하고, 새롭고 합리적인 충고를 기꺼이 따를 줄 아는' 우리의 '능력'이다. 이러한 능력의 습득은 '번역수사학'과 번역의 논증에 크게 필요한 것이기도 하다. 마넬리는 특히 '신수사학은 곰곰이 생각하고, 망설이고, 주저하며 회의하는, 그러나 궁극적으로는 신중하게 행동할 줄 아는 사람들을 북돋아 주는 유일한 철학'이라고 천명하는데, 이러한 사고와 태도는 탐구번역이나 탐구번역비평, 나아가 번역인문학에 절실히 필요한 덕목들이기도 하다.

논증에 대해 '제문론적 수사학'과 '이성의 수사학' 사이에 에토스-로고스-파토스의 전체적 유기적 고려의 유무 등 차이가 없는 것은 아니다. 하지만 문제의 중요성에 대한 인식 등 유사성이 더 크기 때문에 후자의 논증에 대한 설명들을 전자 관점의 논증에 활용하는 것에, 특히 초점이 로고스에 맞추어질 경우, 별 무리는 없을 것이다. 적어도 '주어진 문제에 대한 주체 사이의 거리 교섭'이라는 제문론적 수사의 큰 틀에는 어긋나지 않는다. 크로스화이트(2010:440)는 신수사학이 논증을 통해 상호적 이해와 새로운 동의들에 도달하는 문제와 관련되어 있다고 말한다. 이는 번역에서-번역자가 자신의 번역에 대해 메타적으로 하는-논증이 담당해야 할 역할이기도 하다. 뒤리외 등이 말하는 추론은 광의의 논증 안에 포함된다. 크로스화이트(2010:52)는 모든 논증이 내적으로 '의사소통의 과정, 즉 질문과 대답, 도전과 대응, 긍정과 부정의 과정'이라 말한다. 그리고 이들 모두가 '요구와 응답이라는 일반 범주의 하위 분류'이고, '본질적으로 사회적 행위'라고 한다. 논증에는 세 가지 역할이 있는데, 이들을 한 개인이 모두 수행할 수도 여러 사람이 분담할 수도 있으나, 역할들 자체는 별개의 것으로 간주된다. 이들은 각각 '주장을 하고 그것을 뒷받침하는 이유들을 제시하는 사람'인 주장자, '주장에 대해 질문하거나 그것을 명백하게 하도록 요구하거나 어떤 방식으로 그것에 도전하는 사람'인 응답자, 그리고 '논증 행위를 판단하는 사람'인 청중이다.[36] '배우는 것은 변화하는 것이고, 논증을 배우는 것은 질문자의 입장을 취하는 것을 의미한다'(106)는 저자에게 '질문자로서의 응답자'(99)의 역할은 논증의 실천 못지않게 학습에서도 중요하다. 번역과정에서는, 특히 탐구번역처럼 의식적 성찰적 번역의 경우, 번역자가 주장자, 응답자, 청중의 역할을 모두 수행하게 된다.

크로스화이트는 하나의 명제가 논증되기 위해서는 단언되어야 한다고 하는데, 이는 하나의 명제가 '하나의 주장이 되어야 한다'는 것을 의미한다(56). 주장하는 이유가 있는 주장이 논증이다. 주장이 어떤 식으로든 질문의 대상이 되거나 도전받지 않는다면, 그것을 뒷받침하는 이유를 제시할 이유가 없을 것이다. 이러한 점에서 논증은 하나의 갈등 해결 형식으로 볼 수 있다(87). 그런데 어떤 이유가 이유로서 중요시되는지, 혹은 신뢰할 만한 것인지 아닌지의 판단은 청중의 몫이다(88). 단언이나 확언을 하나의 주장으로 듣는 것은 질문자의 역할을 하는 것이다(101-2). 번역의 경우, 주장이나 질문의 대상은 낱말 단위까지도 포함하는 것으로 보아야 할 것이다. 원텍스트의 저자가 우선적으로 주장자라면, 번역자는 우선적으로 질문자이다. 그러나 번역자는 자신의 번역에 대해 주장자이며, 동시에 질문자이기도 하다. 번역자는 자신의 번역에 대해 질문자도 되고, 그 질문에 대한 응답자도 되지만, 질문자의 정당화 요구에 대한 응답자도 되어야 한다. 그리고 번역자는 스스로 비평자 청중이 되어 주장자와 질문자 사이의 대화에 의해 얻어진 답에 대해 최종 선택 시까지 계속 비평적 판단을 내려야 한다.

문어적 추론은 단순히 기본적인 기술을 숙달하고 나서 그것들을 새로운 상황에 적용시키는 문제가 아니라, 새로운 상황에서 새로운 종류와 수준의 언어 능력을 계발하는 문제, 즉, 다양한 상황에서 어떤 종류의 주장과 질문 행위가 적절한지를 파악하는 것이라고 크로스화이트는 말한다(108). 번역의 시각에서 보면, 이는 번역의 각 과정에서 유효적절한 질문을 계속할 수 있어야 함을, 그리고 협상과 타협을 통해 적절한 번역글쓰기에 이를 수 있어야 함을 의미한다. 논증 과정에서 한 주장에 대해 제시될 수 있는 다양

36 마넬리(2006:72): "청중은 일반적으로 '화자가 그의 논증을 통해 영향을 주고자 하는 사람들의 집합'으로 규정된다."

한 종류의 응답 중 가장 흔한 것들은 (1) 이유에 대한 요구, (2) 명료화에 대한 요구, (2) 반대 요구인데(112),[37] 앞의 두 요구는 번역자가 스스로에게 할 수 있는 질문들 중 대표적인 것들이기도 하다. 저자는 '어떤 형태의 갈등은 참여자들 사이의 심층적이고 지속적인 협동의 바탕에서만 가능하다'고 말하는데(123), 번역에서의 '갈등'은 이러한 '건설적인' 협동이 기반이 되어야 한다. 번역과정에서의 번역비평이 번역자 자신과의 협동이 되어야 하듯이, 타자의 번역에 대한 번역비평에서도 이러한 협동 정신은 매우 중요하다. 그렇지 않다면, 번역비평은, 우리가 흔히 목격하듯이, '언어 폭력'이 될 위험성이 크다. 이는 '수사 정신'에 크게 어긋나는 것이다.

크로스화이트는 논증 행위의 목표를 논증을 통해 주장을 받아들이도록 청중을 설득하는 것이라고 말한다.[38] 갈등을 해결하는 사람은 청중, 혹은 독자이다(132). 가장 명백한 갈등은 단언자와 도전자 사이에 있다. 한 주장에 대해 명백한 불일치를 보여주는 이들은 논증을 통해 이 논쟁을 해결할 것인데, 이때 청중은 논쟁의 심판 역할을 맡는다. 청중에게 영향력을 발휘할 필요 없이는, 모든 문제에 대한 청중의 응답 없이는 어떠한 논증도 없을 것이라고 크로스화이트는 단언한다(133-4). 그는 어떠한 논증에서든 매 순간, 매 국면에서 청중이 역할을 한다는 점을 크게 강조한다(169). 청중은 '특정 청중'과 '보편 청중'으로 구분된다. 전자는 특정 시간, 특정 장소에서 특정 성격을 지닌 특정 집단으로, 사실뿐 아니라 구체적인 가치, 이익, 목적 등의 일치에 의해 구성된다. 신수사학에서 제시된 '보편 청중'은 아직도 논란이 매우 많은 개념이다. 크로스화이트는 모든 보편 청중의 구성은 특정 청중과 함께 시작된다고 말한다(179).[39] 이성의 수사학은 합리성이나 보

37 크로스화이트(2010:114): "반대 주장(contradictions)을 제시함으써 어떤 주장에 응답하는 것은 그러나 다른 종류의 응답이다. (…) 반대 주장과 이를 뒷받침하는 논증은 처음의 주장에 대한 명료화나 제한을 낳을 수 있으며, 대부분의 문어적 논증 행위에서 주장과 논증 사이의 이와 같은 상호 영향은 새로운 지식을 만들어 내고, 탐구하고, 그리고 갈등을 해결하는 논증 행위 능력의 중요한 한 부분으로 간주된다."

38 이는 신수사학이나 이성의 수사학에서의 논증은 로고스에 초점이 맞추어져 있음을 시사한다.

편성을 논증보다는 청중의 특징으로 본다(175). 타당한 논증은 '보편 청중'의 동의를 얻는 논증이다. 단순히 효과적인 논증은 특정 청중에게만 성공을 거두는 논증이고, '오류 논증'은 '보편 청중'을 설득하는 것처럼 보이나 실은 특정 청중만을 설득하는 논증이다(218). 논증의 실천은 '어떤 이미 확립된 의미에서 공통된 인간 본성이 있음을 가정하는 것'이 아니라, '우리와는 다른 사람들과 추론을 계속하기를 희망하고 합의하는 하나의 실천'이라고 저자는 강조한다(235).

번역에서도 이러한 방식의 논증이 실천될 수 있다. 의식적 반성적 성찰적으로 하는 대부분의 번역이 그러하겠지만, 대화적 논증을 통해 더 나은 결론에 이르고자 하는 탐구번역도 그러한 실천을 목표로 삼는다. 크로스화이트는 '논증행위는 긍정하는 것보다 질문하는 행위에 중요한 특권'을 부여한다고 말한다. '주장하기 그 자체가 질문하기에 대한 일종의 존중'이라는 것인데(253), 이는 제문론적 수사학과 깊이 통하는 부분이기도 하다. 논증의 전반적 목표는 사람들이 동의할 수 있는 결론에 도달함으로써 갈등과 불일치를 해결하는 것인데, 이는 논증이 차이보다는 일치에, 불일치보다는 합의에 특권을 부여한다는 것을 의미한다(255). 번역도 자신이 보편 청중으로 상정한 청중과의 합의에 이르는 것을 목표로 한다. 논증이 하시라도 비판받을 수 있듯이(270), 번역도 작업 종료 시까지 지속적 비판과 비평의 대상이다. '이성의 수사학'은 모든 경험이 명백한 주장으로 제시될 수는 없으며, 모든 갈등이 추론에 의하여 해결될 수는 없음을 인정한다(271). 읽기-해석, 번역비평-번역글쓰기의 번역과정에서도 모든 것이 논증은 아니다. 주장, 도전, 응답이 늘 명시적으로 나타나는 것이 아니기 때문이다. 언

39 논증자는 특정 청중을 마음에 품고 그 청중에 보편적인 성격을 부여하기 위해 상상을 하는데, 이 방식의 예들이 몇 개 《이성의 수사학》(179-180)에 예시되어 있다. 그 하나는 청중의 특정하고 지역적인 특징들을 모두 배제하고 보편적이라 생각되는 특징들만을 고려하는 것이다. 다른 하나는 특정 청중 중에서 제시된 논증에 대해 편견이 있거나, 상상력이나 공감이 부족하거나, 비합리적이거나 무능력한 구성원들을 모두 배제하고, 상대적으로 편견이 없고 적절한 능력을 갖춘 사람들만을 포함시키는 것이다. 또 하나는 특정 청중들을 모두 합치는 것이다.

어를 통해 비폭력적으로 갈등을 해결하는 법도 배워야 할 가치있는 일이지만, 글쓰기를 통해 추론 능력을 키우는 것 역시 가치 있는 일이라고 크로스화이트는 말한다(271). 번역글쓰기가 매우 중요한 과정의 하나인 번역에 대해서도 같은 말을 할 수 있다. 수사학적 접근에서 보편성은 언제나 정도의 문제이며, 언제나 비확정적 보편 청중에 의하여 판단된다고 저자는 지적하는데(274), 번역자도 여하히 청중의 보편성을 키울지 부단히 고민하고 성찰해야 한다.

마지막으로 지적할 것은 '탐구로서의 논증', 즉 논증의 탐구적 측면이다. 크로스화이트에게 진정한 탐구와 수사학은 서로 별개의 것이 아니다. 탐구 역시 갈등을 이용하여 새로운 지식을 향해 나아가는 힘을 얻는다. 쟁점이 되는 것이 지식이거나 진리일 때, 논증은 보편 청중이나 모범 청중에게 설득력 있는 논증일 가능성이 크다고 저자는 말한다. 해결할 수 없는 논쟁은 갈등의 당사자들이 아무런 보편 청중을 찾아내지 못하는 논쟁이다(323). 예를 들어, '번역 불가능성'이나 '번역불가능 표현들'[40]이 바로 그러한 경우들일 것이다. 크로스화이트는 어떤 쟁점에 관하여 이미 마음을 정해 놓고 단지 다른 사람들을 설득하여 우리 편으로 끌어들이려 할 때 우리가 참여하는 종류의 추론과, 우리가 아직 마음을 정하지 않았지만 우리 스스로 결론에 도달하려 애쓸 때 진행되는 종류의 추론을 구분한다(327). 전자는 '설득으로서의 논증'이고, 후자는 '탐구로서의 논증'이다. 번역에서는 전자도 중요하지만, 많은 인문학번역에서 그러하듯이, '자연적 등가'보다 창조적인 '지향적 등가'의 중요성이 훨씬 더 크기 때문에, '탐구적 논증'에 더 큰 관심을 가질 필요가 있다. 자신의 번역이 맞다고 주장하기에 앞서, 어째서 타당한 번역인지, 더 나은 번역은 없는지 번역자는 자문에 자문을 거듭해야 할 것이다. 그렇게 하면서 타당하거나 설득력 있는 선택이 이루어지도록 힘써야 할 것이다.

크로스화이트가 든 '탐구로서의 논증' 예와 그 설명을 잠깐 보자. 효율적

---

40 카생(1998a, 1998b) 참고.

인 물리학자-교사는 물리학자들이 논증에 의하여 설득되는 이유와 방식을 보여줄 뿐 아니라, 물리학자들이 하는 방식을, 그들 자신을 설득하는 방법을 학생들에게 보여준다. 중요한 것은 교사가 물리학자처럼 생각하는 것이 왜 바람직하고 가치 있는 일인지 보여주는 것이다. 특정 청중으로서의 학생들과 유능한 과학적 청중으로서의 학생들 사이의 차이를 점차 줄이고 화해시키는 것이 저자가 말하는 교육의 중심 목표 중 하나이다. 물리학자들이 하는 식으로 추론하는 법을 배우는 것은 낯선 시각으로, 끊임없이 새로운 방식으로 문제를 제기하는 법을 배우는 것이다(329). 번역교육이나 번역학습에서의 논증도 이와 크게 다를 것이 없다. 번역에서의 논증은 그러한 논증을 실제 번역에서 실천하는 것이다. 저자는 '어떤 의미에서 근본적인 발견은 기존의 확립된 의견에 동의하지 않는 낯선 청중을 상상하는 것을 요구한다'고 말한다(332). 우리도 새로운 '지향적 등가', '창조적 번역'의 창출을 위해서는 '낯선 청중'을 부단히 상상해야 할 것이다. 탐구의 논증은, 한 마디로, 더 보편적인 보편 청중의 구축에 주장자와 응답자가 부단히 협력하며 거리 좁히기를 하는 것이라고 말할 수 있다.[41] 이러한 수사적 작업을 번역자가 자신과 대화하며 수행해야 하는 것이다. 번역과정의 논증에 대한 탐구는 '번역수사학'의 주요 과제이다.

5. 번역비평과 수사 양식

비문과 오역은 열악한 우리 번역문화의 아킬레스건이라고 할 만하다. 이들은 문법서들의 예문 번역에서부터 문학작품들의 번역에 이르기까지 다양한 번역서들에서 흔히 발견된다. 최근 출간된 영미연 번역평가사업단의 《영미명작, 좋은 번역을 찾아서》 1, 2권도 일종의 '오역평가보고서'이고, 서양 고전이나 신화에 관련된 책들의 오류들을 지적한 강대진(2004)이나, 문화의 오역 문제를 이윤기의 번역서들을 중심으로 다양하게 지적한 이재호

41 크로스화이트(2010:440) 참고.

(2005)의 저서도 오역비평서이다. '이러저러한 여러 이유로 이 세상에 '완벽한 번역'이란 존재하지 않으며 번역자란 '차선'을 목표로 삼아야 한다고 전제할 때 '오역'은 번역자로서는 피할 수 없는 운명과 같은 것이라고 할 수 있다'는 김욱동(2014:134)의 지적을 감안하더라도, 《영미명작》의 평가 결과 추천본이 1할 정도밖에 안 된다는 것은 우리 오역현상의 심각성을 단적으로 보여주는 상징적 예라 하지 않을 수 없다.[42]

오역 못지않게 심각한 것은 오역평가나 오역비평의 담론 형식이다. 정혜용(2007a:27-8)은 이재호(2005)의 《문화의 오역》을 읽다 보면 '한국 번역계를 대표한다는 번역자가 게으른 손이 저지른 불성실을 타고난 글재주로 때우려고 든 것에 대한 분노 섞인 실망감과, 번역자 개인에 대한 이해할 수 없는 적개심으로 똘똘 뭉친듯한 번역비평가의 비이성적 비평방식에 대한 절망감이 상승작용을 일으키면서 번역계 전반에 대해 만정이 떨어지고 만다'고 토로한다. '비평 대상이 되고 있는 번역자나 비평을 하고 있는 번역비평가 둘 다 우리 번역문화의 미성숙을 상징하는 것은 아닐까라는 자괴감이 들 정도'라는 것이다. 《문화의 오역》 인터넷 서평 중 어떤 것은 '개인적인 이해관계나 사적이고 감정적인 앙금으로 급하게 작성된(이 책에는 왠지 '쓰다'는 동사보다 이 말이 어울린다) 것이 아닌가 싶을 정도로 독자로서 보기에 억지스러운 오역 시비가 적지 않다'고 그는 지적한다. 이 책의 2부 "문화의 오역이 많은 책들"에 대해서는 '이윤기의 저작들, 특히 저·역서를 망라한 그리스·로마 신화 관련 책들을 중심으로 오역에 대한 저자의 주장이 이어'지는데, '독자로서 보기에 억지스러운 오역 시비(그리스·로마 신화 관련 책들 부분은 오역시비가 아니라 이윤기는 무식하다는 지적들이다)가 적지 않'다고 그는 덧붙인다. '적절하고 눈에 띄는 지적들도 많이 있'으나, '이윤기가 다시 쓴 책들의 사소한 실수들조차 '날조'를 운운하며 비난하고 있다'며, 평자는 눈살을 찌푸린다.

42 김효중(2004b:7)은 '현대인의 생존에 필수적인 번역은 정확성을 그 생명으로 하는데, 문제는 너무나 많은 오역이 양산되고 있는 점'이고, '문제의 심각성은 오역이 인간의 지적 활동에 지대한 영향을 끼치는 심각한 정신공해라는 데 있다'고 지적한다.

1927년 잡지 '《해외문학》이 출간되면서 외국 문학 연구자들 사이에 불이 붙은 번역 논쟁'은, 김욱동(2014:21)이 지적하듯이, '한국 번역사에서 그야말로 획기적인 사건'이었다. '그들의 논쟁은 단순히 번역 차원을 뛰어넘어 외국 문학의 수용 태도, 국어와 외래어의 문제, 어휘 생성 등 외국 문학과 자국 문학 연구와 관련한 거의 모든 문제를 다루고 있다'는 점에서 우리의 관심을 끌기에 충분하다. 그런데 여기서 우리가 특히 관심 갖는 것은 반론자들의 '표현 방식'이다. '양주동이 외국문학연구회 회원들이 《해외문학》에 번역한 외국 문학 작품과 관련하여 문제 삼는 것은 ① 문체, ② 직역과 의역, ③ 번역어 등 크게 세 가지로 요약'되는데(41), 그 반론의 표현들이 우리가 짐작하는 정도를 크게 넘어선다. 김욱동(2014:71)에서 한 대목을 인용한다.

> 어찌 되었든 이하윤의 어조는 꽤 격앙되어 있고 인신공격에 가깝기 때문에 그만큼 설득력이 약하다. 예를 들어 양주동을 두고 '그리 명석치 못한 일 독자'라든지, '가장 불충실한 독자'라든지, '우둔한 씨氏'이라든지, '우둔한 감상력과 비겁한 태도'를 지닌 사람이라든지 하고 부른다. 또한 그의 비평을 두고는 '아모러한 가치도 업는 독후감'이니, '철업는 버릇 건방진 태도'라든지, 또는 '헷 수작인지'니 하고 몰아세우기도 한다. '또한 너무 길게 또는 너무 넓게 말하기는 나로서는 우이독경牛耳讀經의 염念을 일게' 한다고 밝히기도 한다. 그러면서 이하윤은 이 글을 쓰는 것은 어디까지나 '그릇된 독자를 사랑하는 의미에서'라고 못 박아 말한다.

이 반론들의 상당 부분이 1927년에 《동아일보》에 실린 것이라고 하니, 당시와 오늘의 번역비평 상황을 견주어 생각할 때, 착잡한 마음이 들기도 한다. 양주동의 비판에 대한 김진섭의 반박 방식도 우리의 놀라움을 자아낸다. 김욱동(2014:80)에게서 다시 한 대목을 인용한다.

> 김진섭은 "적어도 4개 국어의 진지한 번역을 포함한 《해외문학》에 대하야 일개의 양주동 씨가 지극히 모호한 총체적 비평을 한다는 것은 근본적으로 용서치 못할 일

이다"라고 포문을 연다. 또한 "씨氏가 씨의 사소한 유능을 과시함으로 위대한 무능을 독자의 압혜 호도하랴는 비윤리적 비미학적 수작酬酌에서 이 기괴한 비평 현상이 출발한 것임을 나는 여겨 아니꼬운 구토를 늣긴다"고 밝힌다.

김욱동은 김진섭이 "양주동의 비판을 '용서치 못한다'느니 '사소한 유능'으로 '위대한 무능'을 드러낸다느니 하는 표현은 건전한 문학논쟁보다는 자칫 인신공격으로 비칠 수도 있다"고 지적하는데(80), 실은 '자칫'이 아니라 '실제적' 인신공격이다. '양주동과 외국문학연구회 회원들이 벌인 논쟁'에 '마땅히 귀담아 들어야 할 중요한 내용이 담겨 있'는 것은 부인 못한 사실이나(126), 당시 논쟁의 '매우 거친' 방식이 여전히 끈질기게 그 명맥이 이어지고 있다는 느낌을 지울 수 없다. 번역비평의 내용 못지않게 그 방식에도 우리가 큰 관심을 가지지 않을 수 없는 이유이다. 학술적 담론은 그 내용뿐 아니라 그 형식도 학술적 품격을 갖추어야 마땅하지 않겠는가.

포스·포스(2003:4-7)는 다섯가지 '수사 양식', 즉 '소통 양식'을 구분한다. 이들은 '정복의 수사', '바꿈의 수사', '호의의 수사', '조언의 수사', '초대의 수사'이다. 첫째 양식의 목표는 이기는 것이고, 그래서 그 결과는 대개 '승자'와 '패자'의 구분으로 마무리된다. 둘째 양식은 다른 사람들의 전망이나 행동들을 바꾸려는 의도의 수사로서, 그 핵심 방법은 '설득'이다. 광고, 마케팅, 세일즈 등이 이러한 '바꿈의 수사'의 예들이고, 종교적 수사들도 대개 이 '바꿈의 수사'들이다. 이 두 양식이 고전적 전통수사학에서 주로 이야기되는 것들이다. 셋째 양식은 다른 사람들에게 활용될 수 있는 정보들을 호의적으로 제공하는 것이고, 넷째 양식은 묵시적 혹은 명시적으로 요청된 조언이나 정보의 도움을 주는 것을 목적으로 한다. 마지막 양식에서는 화자와 청중이 합심하여 고찰을 하고, 주어진 문제에 대한 생각에 동참하여 각 참여자가 그 문제의 미묘함, 풍요함, 복잡함에 대해 더 큰 이해를 하게 된다. 상호작용을 위해 구축된 비판단적 비대립적인 틀로 인해 참여자들 사이에 더 큰 이해가 도출되는 것이다.[43] 포스·포스(2003:9-11)는 초대의

43 전성기(2007a:168-9), 전성기(2008c:43-4) 참고.

수사가 1) 이해가 커뮤니케이션의 목적, 2) 화자와 청중의 동등성, 3) 다양한 전망들이 원천, 4) 자신이 선택한 변화, 5) 양보를 하려는 선의, 이 다섯 가정에 의해 특징지어진다고 말한다. 번역비평에 사용되는 논증이 '설득의 논증'보다 '탐구의 논증'을 지향한다면, '호의의 수사', '조언의 수사', '초대의 수사' 같은 '파동적 수사'의 구사도 그만큼 필요성이 커질 것이다.[44]

이러한 소통 양식의 관점에서 보면, 이재호(2005)의 오역비평은 중립적으로 보이는 기술들도 상당수 있으나, '정복의 수사'와 '바꿈의 수사'가 비난이나 비꼼의 수사와 더불어[45] 두드러지다 보니, 비평 전체에서 전반적으로 상당히 부정적인 느낌을 받게 된다. 비평자 이재호는 한 인터뷰에서 '오역은 불가피한 것인데, 사소한 것까지 잡아내다 보면 한이 없지 않은가, 오역을 번역가나 작가의 수준 문제로까지 연결시킬 필요가 있는가'라는 질문에 대해, 자신도 '번역 실수'는 하나, 문제는 '지적한 오역이 구조적이고 치명적이라는 데 있다'고 답한다. 그는 '아이들 교과서에 엉뚱하게 번역된 문장이 나오고, 역사적 사실과 문화를 왜곡하는 결과를 초래하는 오역'은 '사소한 실수'가 아닐뿐더러, '더 심각한 문제는 이 같은 문제점을 지적해도 당사자들이 반성하는 자세를 전혀 보이지 않는다는 것'이라고 각을 세운다.[46] 그런데 저자의 근본적 의도가 '정복'이나 '바꿈'인 데다 문제점들의 지적이 비난이나 힐난 식으로 제기된다면, 당사자가 선선히 혹은 기꺼이 받아들이기는 쉽지 않을 것이다. 당사자 이윤기(2013:112)의 다음과 같은 답변은 번역비평에 대해 시사하는 바가 적지 않다. "잡초 없는 뜰은 없다는 말이 있다. 없으면 좋겠지만 뜰 가꾸는 자에게 잡초는 숙명이다. 문화의 번역자들에게는 오독 또한 숙명이다. 내 뜰로 들어와 잡초를 뽑아주는 것은 고맙지만 저주에 가

44 전성기(2012a, 2013a) 참고.

45 이재호(2005)는 '이 정도면 그의 지식의 깊이를 넉넉히 짐작하고도 남음이 있을 것이다', '…하는 걸 보면 기본적인 지식이 약한 것이 드러나 보인다'(139), '평생 신화를 연구했다는 분이 이런 오류를 범했으리라고는 독자들은 상상조차 못하리라'(158), '이제 이윤기 씨 전체의 모습이 드러났으리라', '이렇게 된 근본 원인은 물론 번역을 각색 정도로 착각하고 있는 번역가 이윤기 씨 자신의 그릇된 번역관에 있다'(253) 등의 표현을 대수롭지 않게 쓰고 있다.

46 《서울신문》, 2005. 7. 5. 참고.

까운 비아냥은 문화 번역 현장을 전쟁터로 만들 뿐, 도움되는 바가 적다."

강대진(2004)의 '소통 양식'은 《문화의 오역》의 경우와 상당히 대조적이다. 강대진의 저서는 그 제목부터가 '잔혹한 책읽기'이고, '잔혹한 서평'을 표방한다(37). 그는 서문에서 자신의 책이 '번역평', 그것도 매우 '악의적인' 평들을 모아 놓은 책이라고 자평하는데, 그 주된 내용은 '우리말로 번역된 책들에서 서양 고전과 신화에 대한 언급들이 제대로 옮겨졌는지 감시하고 그 결과를 보고하는 것'이다(5). 그가 염두에 두고 있는 것이 '바꿈의 수사'인 것은 그가 '번역상의 오류'를 지적하는 주된 목적이 '독자들에게는 일종의 정오표를 제공하고, 앞으로의 독자들에게는 번역의 지침을 제공하려는 것'임을 서문에 밝힌 데에서도 잘 드러나지만(14), 다음과 같은 대목도 이를 잘 보여준다: "내가 어쩌면 (혹은 분명히) 사람들의 미움을 받을 만한 이런 행각을 되풀이하는 것은, 알량하나마 내가 제공할 수 있는 지식들을 나누자는 것이고, 앞으로 더 좋은 번역이 나올 수 있도록 하자는 것이다.(그러니 너무 미워하지 마시기 바란다.)"(95) 하지만 그가 의도하는 '바꿈'은 대개 '호의의 수사'와 '조언의 수사'의 통해 이루어지는데, 그 구체적 방식은 '시시콜콜함', '쩨쩨함', '좀스러움'이다. 그의 말을 직접 들어보자: "내가 너무 시시콜콜히 따지는 것으로 느껴질 수도 있을 것이다. 그러나 우리에게 부족한 것은 바로 그 시시콜콜한 면이다. 나는 우리 민족이 좀더 쩨쩨하고 좀스러워져야 한다고 믿는 사람이다. 지식의 축적은 세부까지 엄격하게 따지는 데서 가능할 것이다"(36).

저자가 그 필요성을 적극 옹호하는 이 '시시콜콜함', '쩨쩨함', '좀스러움'은 오늘의 우리 지식인들에게 상당히 부족하다고 느껴지는 덕목이고, 번역문법이 주장하고 옹호하고 싶은 덕목이기도 하다. 이들은 달리 말하면 '세밀히 낱낱이 빈틈없이 따지는 것'이다. 이러한 따짐이 역사적 사실, 신화적 맥락, 상호텍스트성을 비롯한 맥락의 적극적 고려를 통해 이루어지고 있기 때문에 《잔혹한 책읽기》의 설득력이 높은 것이리라. 배수찬(2013)은 《잔혹한 책읽기》의 서평에서 '이 책은 국문학을 연구하는 소장 교수인 나의 관점에서 볼 때 한국의 문화사에서 큰 기념비가 될 책'이라고 천명한다. '많은 사람들이 읽지 않더라도 그러하다'는 것이다. 그의 평을 들어보자: "이것은 단순히 번역서를 비판한 책이 아니다. 한국인들에게 희랍어 공부의 필요성을 알려주는 '희랍어학 들어가기'이며, 우리 한국어 문장의 정확도를 높여야 한다는 선언이며, 차분한 공부가 얼마나 중요한지 일깨워주는 일종의 계몽서이다. 우리는 아직 이러한 기능을 하는 책들 가운데《잔혹한 책읽기》를 넘어선 책을 갖고 있지 못하므로, 이 책의 시효는 이제 겨우 시작됐다고 말해야 할 것이다." 이러한 평은 해당서의 '호의'와 '조언'의 수사의 성격을 잘 보여주는 것이다. '초대의 수사'의 실현은 오역비평에서는 다소 어려운 일일지 몰라도, 일반적 번역비평에서는 크게 어렵지 않을 수 있다. 서로 공감하는 더 나은 번역을 위해서도 번역비평에서 '정복의 수사'와 '바꿈의 수사'를 넘어서는 수사들에 대한 관심과 그 실현의 노력이 필요하다. '초대의 수사'의 실현은 역지사지를 포함하여 '비평자'의 인문적 상상력이 탁월할수록 그만큼 용이해질 것이다.[47]

단세트가 지적하듯이, '번역자들은 누구나, 심지어 가장 훌륭한 번역자들까지도, 실수 아니 엄청난 실수들을 할 수가 있다'면, 그리고 카리가 진술하듯이, '번역자들은 그 누구도 오역, 아니 어처구니없는 오역을 할 수 있'으며, '가장 유명한 번역가들도 나름대로의 결점들을 가지고 있었'던 것이 사실이라면,[48] 우리는 오역에 대해 조금 더 관대해질 필요가 있다.[49] 최의식(2008:164)은 '오역을 지적하고 비판하는 일은 마땅히 학문적으로 논의되어야 할 일'이지만, '오역의 불가피성 자체'는 인정하자는 견해를 피력한다. 그러면서 그는 번역자들에게는 '오역을 최대한 줄일 수 있도록 노력해야 할 의무 역시 있다는 점을 항상 염두에 두'기를 요구한다.[50] 심재기(2006:240)가

47 뇌는 상상과 현실을 구분 못한다고 하니, 상상력이 탁월하다면 힘은 그만큼 덜 들 것이다.

48 최의식(2008:164) 각주 64에서 재인용.

49 김욱동(2014:135): "폴란드 태생의 미국 작가로 1978년 노벨 문학상을 수상한 아이작 바셰비스 싱어는 '이 세상에 훌륭한 번역자 같은 것은 아예 존재하지 않는다. 가장 훌륭한 번역자들도 최악의 실수를 저지른다. 내가 모든 번역자들을 아무리 사랑한다고 하더라도 그들을 조심스럽게 경계해야 한다'고 말한 적이 있다."

지적하듯이, '한국 사회에서 번역비평은 자칫 인신공격으로 오해될 위험의 소지가 있'는 것이 사실이다. 그러한 '위험의 소지'가 다분히 있는 만큼, 번역비평이 '오해'이거나 오해가 되지 않도록 적절한 '소통 양식'을 신중히 선택할 필요가 있다. 아울러, '완전한 번역'이란 것이 있을 수 없음을 깊이 공감한다면, 자신의 주장이 옳음을 전제하는 '설득의 수사'보다는 '탐구의 수사'를 통해 더 나은 견해의 도출을 위해 노력하는 것이 더욱 필요할 것이다. 오역이, 최의식(2008:163)이 주장하듯이, '번역가 양성의 귀중한 교육적 도구'라면,[51] 그 평가나 비평의 수사 양식에도 각별히 유의할 필요가 있다.

리쾨르(2006)가 번역에 대해 제시한 '언어적 환대' 개념에 깊이 공감하는 왕은철(2007:125)은 '번역비평의 윤리'도 '리쾨르의 말에서 그 실마리를 찾'는다. '자국적인 것과 이국적인 것이 하나로 환원될 수 없음을 인정하고 받아들이면서 외국어와 모국어 사이를 끝없이 왕래하는 것이 번역활동의 본질'이라면, 번역비평도 '그 복잡다단한 왕래의 본질을 제대로 이해하고 조심스럽게 비평에 임해야 한다'는 것이다. '번역비평은 조심하지 않으면 자칫 비평가의 기호에 의존한 대단히 주관적인 비평으로 흐를 수 있'으며, 그 때문에 '나름의 기준과 원칙을 세워 나름의 언어적 능력과 직관력을 동원하여 번역을 하는 번역가의 입장을 고려하지 않으면 자칫 고압적인 자체를 취하며 번역가를 혼내는 형태의 비평이 될 가능성이 다분하다'는 것이 그의 지적인데, 우리가 흔히 목격하는 바이다. 저자는 번역가를 '비판적 안목으로 텍스트를 해석하고 비평하고 창작하는 자'로 본다. '번역은 일종의 비평이자 창작행위'이기 때문에, '비평가가 번역자를 낮춰볼 게 아니라 오히려 자신의 우월한 입장을 포기해야' 한다는 것이 그의 조언이다(126). 번역비평에서도 '황금률'에 입각한 '역지사지'가 중요한 덕목임을 우리는 유념해야 할 것이다.[52]

---

50 최의식(2008:161): "그 누구도 오역의 문제에서 자유로울 수는 없으며, 오역이 없는 번역은 없다고 말할 수 있을 것이다. 오죽하면 해럴드 블룸 같은 이는 '모든 독서는 오독이고, 모든 번역은 오역이다'라고까지 말하겠는가."

51 이는 질(1992:251)의 견해이기도 하다.

***

번역의 수사(학)적 접근은 번역의 이해와 문제해결에 큰 도움을 준다. 메이에르는 수사를 '주어진 문제에 대한 주체 간의 거리 교섭'으로 규정하는데, 번역에 대한 다양한 규정, 기술, 설명들을 이러한 메타적 '거리 교섭' 개념으로 포괄할 수 있다. 그중 대표적인 것이 라보가 서로 짝을 이룬다고 말하는 '협상'과 '타협'이다. 많은 번역학자들이 번역을 협상과 타협을 통해 선택이라는 결과에 이르는 것으로 보고 있음을 여러 예들을 통해 확인할 수 있다. 읽기-해석과 번역비평-번역글쓰기의 두 단계와 그 구성소들의 반복적인 메타적 상호적 피드백으로 이루어져 있다고 볼 수 있는 탐구번역과정도 부단한 거리 교섭 과정이다. 탐구번역이나 탐구번역비평의 의식적 반성적 성찰적 작업의 핵심이 되는 논증도 거리 교섭으로 이해될 수 있다. 오역은 대개의 경우 낱말이나 구 차원의 부분적 거리 교섭의 실패이다. 그렇지만 이러한 부분적 실패가 반드시 텍스트 차원 거리 교섭 실패로 이어지는 것은 아니다. 많은 번역 오류에도 불구하고 명역으로 인정받는 보들레르의 포 번역들은 이를 잘 보여준다. 이는 번역에서도 번역비평에서도, 특히 문학작품의 경우, 하위 단위 차원 거리 교섭보다 텍스트 차원 거리 교섭이 더 중요할 수 있음을 의미하는 것이다.

번역자의 의도나 목적에 따라 이 거리 교섭은 때로는 원천에 다가가는 형태로, 때로는 목표에 다가가는 형태로 나타날 수 있다. 이는 틀리다 맞다의 문제가 아니라 목표와 문제의식의 문제이다. 그렇지만 번역을 할 때, 먼저 원어와 원텍스트의 성격을 섬세하게 고려할 필요가 있다. 이러한 고려를 통해 원텍스트와 번역텍스트 사이에 보다 섬세한 거리 교섭이 이루어질 수 있다. 번역론 차원의 원천 중심이냐 목표 중심이냐라는 선택은 실은 그 다음 문제이다. 수사학은 선택의 다양성을 십분 인정한다. 우리의 인문학번역이라는 수사적 상황에서도 번역자의 문제와 문제의식에 따라 다양한 선택이

52 이 책 1장 참고.

가능하나, 인문학의 번역과 그 비평에서 성찰적 탐구를 지향하는 번역인문학은, 일반적인 경우, 원천이나 목표 어느 한쪽을 지향하기보다 제3의 선택이라 할 수 있는 '중용적 균형과 조화'를 선호한다. 여기에서도 다양한 미묘한 선택들이 가능하다. 마넬리(2006)는 '신수사학의 본질과 기초는 관용'이고(241), '서로에 대한 존중'이 '관용의 핵심'이라 말한다(245). 어느 누구도 절대적으로 혹은 전적으로 옳을 수 없다면, 우리는 번역에서도 번역비평에서도 탐구적으로 되지 않을 수 없고, 관용적으로 되지 않을 수 없다. 번역인문학은 수사적 탐구와 관용의 인문정신을 통해 더 넓고 더 깊은 언어문화 간 소통을 도모해야 할 것이다. 앞으로 '번역수사학'은, 지금까지 오역평가나 오역비평이 중시해온 텍스트의 부분들에 대한 거리 교섭 못지않게, 텍스트 차원에서의 소통의 탐구에—어쩌면 보다 더—힘써야 할 것이다.

제5장 번역, 번역비평, 번역해석학

번역이나 번역비평의 '해석'과의 관련성은 새삼 말이 필요 없을 정도이다. 사실 '번역은 해석이다', '해석은 번역이다' 같은 '정의적' 표현은 번역 관련 글들에서 쉽게 접할 수 있다.[1] 하지만 번역이나 번역비평에 대하여 '해석학'을 이야기하는 경우는 비교적 적으며, '번역해석학'[2]을 말하는 경우는 상당히 드물다. 피시크나(2013:149)는 '번역해석학'을 잘 알려지지 않은 번역학의 하위 분야로 규정하며, 그 주창자로 슈톨제를 비롯한 독일학자 몇 사람을 언급한다. '1970년대 이래로 펩케'가 '번역에 대한 해석학적 접근을 대표해'온 것으로 기술하는 슈톨제(2011a:253)도 *The Translator's Approach: Introduction to translational hermeneutics: Theory and Examples from Practice* 이외에서는 '번역해석학'이란 명칭 대신 '해석학적 접근'이란 표현을 글 제목에서 대개 사용하고 있다. 다른 번역학자들의 경우에도 거의 마찬가지인데, 이는 '번역해석학'이 아직 충분히 무르익지 않았다는 것으로 이해된다. 여기

1 하이데거는 '모든 번역은 그 자체로 하나의 해석이다', '그 본질에 비추어보면 해석과 번역은 하나이며 동일한 것'과 다름없다고 말한다; 베르만(2011:24)에서 재인용.

2 영어로는 대개 'Translational hermenetics'나 'Hermeneutics of translation'으로, 불어로는 'herméneutique de la traduction', 'herméneutique du traduire', 'herméneutique traductive' 등으로 표현된다.

서는 번역학 담론에서 '해석' 개념과 관련된 논의들은 일단 광의의 '번역해석학'에 포함되는 것으로 간주하고, 중요하게 생각되는 일부 자료들만 살필 것이다. 슐라이어마허는 해석에서 '느슨한' 실천과 '적극적' 실천을 구분한 바 있다. 번역해석학에서는, 특히 문학작품을 비롯한 작품성을 가진 텍스트들의 번역과 번역비평이 탐구의 주요 대상인 만큼, 해석의 '적극적 실천'이 필요하다. 베르만은 '이론/실천' 대신에 '성찰/경험'을 통해 번역의 해석적 측면에 대해 사유하고자 하였다.[3] 이러한 사유는 번역인문학의 핵심적 탐구 대상인 번역과 번역비평이 더 깊이 있고 공감적·대화적으로 이루어지는 데 의미 있는 기여가 될 것이다. 번역해석학은 매우 광범위한 주제이므로, 여기서는 개괄적인 메타적 성찰에 만족하기로 한다.

1. 해석, 번역, 번역비평

번역 주체와 의미의 불확실성 문제는 번역해석학의 주요 주제들이다. 정혜용(2012:98)은 '여러 번역이론가들과 번역가들의 노력으로 번역학계에서는 이미, 번역은 출발어를 그에 상응하는 도착어로 맞바꾸어주는 작업이 아니라, 번역 주체가 자신을 둘러싼 번역 지평과의 상호 작용 속에서 주체적으로 텍스트를 읽어내고 그 텍스트를 모국어로 다시 쓰는 작업이라는 인식이 자리잡'았다고 선언한다. 의미의 불확실성은 문학번역을 비롯한 인문학 텍스트들에서 두드러진다.[4] 번역을 양자물리학적으로 접근하는 데위스(1997:386)는 문학번역의 작업이 '텍스트 외부에 남아 텍스트를 불활성의 객관적 대상들처럼 관찰'하는 것이 아니라, '낱말들 사이의 파동을 재현하는 것'이라 말한다. 아원자들이 '사물들'이 아니라 '사물들' 사이의 '연계관계들'이듯이, '한 텍스트의 낱말들 또한 그들 사이의 연계관계들로 영위된다'는 것이다. 낱말들은 '불활성적 대상, 구성과 동떨어진 요소들'이라기보

3 베르만(2011:15-30) 참고.

4 김선형(2008:65): "발터 벤야민의 유명한 주장과도 같이 문학텍스트에서 전달해야 하는 이른바 '의미'는 미끄럽고 유동적이고 포착하기 어려운 어떤 것이다."

다는, '개연성으로 표현되는 존재의 경향들'이라고 한다. 그렇기 때문에 한 낱말은 한 텍스트에서도 '맥락에 따라 다르게 번역될 수 있'는 것이다. 그는 번역자가 낱말뿐 아니라 낱말들 사이에 존재하는, '파동'이라 불리는 그 보이지 않는 흐름을 번역해야 한다고 역설한다. 이 '파동'의 재현을 위해서는 번역자가 텍스트의 바깥에서 텍스트를 '불활성의 객관적 물질처럼 관찰'하는 데 만족할 수 없다. 사실 텍스트와 번역 주체는 분리가 불가능하다. 번역자가 원텍스트 속에 녹아 들어가 양자 사이에 융합이 일어나는 것이다. 그래서 데위스는 '사랑하지 않는 텍스트는 잘 번역할 수 없다'고 말한다. 열정적인 탐구적 번역자는 '사랑에 빠진 사람이나 연금술사와 근본적으로 다르지 않다'는 것이다.[5]

카오스이론을 문학번역에 적용하는 불랑제(2006:121)는 의미의 '불안정성'이 번역에서 '문화적 역사적 감수성들이 상호작용할 때 크게 증가한다'고 지적한다. 카오스 이론에서 '복잡계의 초기 조건들이 한정 불가능하고 이 복잡계 변화의 정확한 예측이 거의 불가능'하듯이, 번역도 '원텍스트의 의미라는 초기 조건이 그 다양한 잠재적 해석 가능성으로 인해 늘 대략적'일 수밖에 없는, '비선형적' 형태라는 것이다. 방건웅(2005:492)은 선형적/비선형적 경우를 1+1=2가 되는 경우와 1+1〉2가 되는 경우와 대비하여 설명한다. 그는 '선형 시스템은 예측이 가능하나 비선형 시스템은 분석하여 얻어진 정보를 종합하여도 상승 작용에 의해 새로이 등장하는 특성을 예측할 수 없으며 이해하기도 어렵다는 특징이 있다'고 말한다. '1+1이 3이 될지 30이 될지 알 수 없'다는 것이다. 그는 '비선형계에는 분석적 방법으로 알 수 없는 무언가가 있기 때문에 전체 시스템을 있는 그대로 연구하여야 한다'며, '이러한 예의 대표적인 것'으로 '생명체'를 언급한다. 생명체에는 못 미치더라도, 작품 텍스트들은 상당한 정도의 '비선형적' 성격을 갖는 것으로 보아야 할 것이다. 비선형적 성격의 텍스트들은 다른 텍스트들보다 의미의 '불확실성'이 훨씬 높다. 인문학 텍스트들에는 숫자나 날짜처럼 해석이 거

5 전성기(2012c:220) 참고.

의 바뀌지 않는 '고요한 영역들'도 물론 있지만, 해석 정도가 크게 증가되는 이른바 '난류 영역들'이 일반텍스트들에 비해 훨씬 많고, 따라서 그러한 '영역들'에서는 의미 예측의 '확실성'을 주장하기가 어려울 수밖에 없다.

이러한 의미의 '불확실성' 때문에, 일반텍스트들도 그러하지만, 특히 문학텍스트를 비롯한 일정 난도 이상 텍스트들의 해석을 위해서는 해석학적 접근이 필요하고 또 중요하다. 최신한(2007:30)은 해석학을 '가능한 한 오해를 피하고 이해에 이를 수 있는 방법에 대한 모색'으로 규정하는데, 번역해석학은 이를 번역과 번역비평 측면에서 살피는 것이다. 대개가 '열린 텍스트들'인 인문학 텍스트들의 번역 주체는 이러한 성찰적 주체여야 할 필요가 크다. 이선관(2003:200)은 슐라이어마허의 '해석학적 사유의 독창성'은 '해석의 보다 엄밀한 실천'이라고 지적한다. 이는 '말이나 작품의 이해'가 '그 첫 출발부터 언제나 '이해의 불확실성'을 내포하고 있음을 해석학의 기본적 상황으로 설정하는 것'이다. '모든 이해와 해석에는 처음부터 언제나 잘못 이해하고 해석할 가능성이 내포'되어 있기 때문이다. 따라서 '보다 더 잘 이해'하기 위한 해석작업이 필요한데, 이는 '결코 궁극적으로 도달할 수 없는, 어떤 이해의 목적을 향해 끊임없이 항상 새롭게 나아가는 해석학적 사유의 운동'이라고 저자는 설명한다(203).[6] 의미의 '불확실성', '불안정성' 때문에 대개의 인문학 텍스트들의 번역 주체에게도 텍스트와의 '대화'를 통한 이러한 부단한 '해석학적 사유 운동'이 요구된다.

쿠엘라르(2008:73)는 번역해석학적 접근들이 번역과정의 핵심 문제로서 '번역자의 이해와 해석과정들'에 힘써 집중한다고 기술한다. 이와 관련하여, 슐라이어마허의 '문법적 해석'과 '심리적(혹은 기술적) 해석'의 구분은 유용한 고려 사항이다. 김용일(1995:243)에 의하면, '문법적 해석은 저자가 표현한 텍스트의 의미내용에 대한 단어와 문장의 의미내용을 개념적으로

---

6 조경식(2002:345): "전통의 해석학에 따르면 이해는 자명한 것이었고 오해나 이해하지 못함은 바로 이해되어야 할 사안 자체에 기인한 것이었던 반면, 쉴라이어마허는 오해가 오히려 자연스러운 사태이고 이해가 극히 힘든 것으로서 온갖 노력이 추구되어야 할 것이라는 데서 일반학으로서 해석학의 틀을 마련한다."

정리되어진 단순한 문법적인 형식을 넘어서서 생동적이고 실천적인 관점에서 텍스트의 개별성과 고유성을 찾아내는 것'이다. 하지만 '문법적인 해석이 시도하는 문장과 언어에 대한 이해, 그리고 언어로 표현되는 저서의 구조분석은 텍스트를 충분히 이해하는 데에는 부족'하다. '텍스트 전체가 드러내려고 하는 내적인 의미'는 '텍스트의 전체 연관관계 속에서 저자가 드러내려고 하는 저자의 사상적이고 심리적인 의도 이해를 통하여 전달'되는 것이다(248). 김용일에 의하면, '문법적 이해는 기술적인 이해 없이는 불가능하고 기술적인 이해는 문법적인 이해 없이는 불가능'하다. '텍스트 이해를 위하여 문법적이고 기술적인 해석작용은 동시에 수행되어야 한다'는 것이다. '이러한 순환성은 무한한 순환운동의 지속적인 과정에 의하여 보편성을 획득한다'고 저자는 설명한다(253). 번역이나 번역비평에서는 원텍스트의 측면, 번역텍스트의 측면, 비교의 측면이 내적으로 외적으로 고려되어야 하니, 이러한 순환운동이 삼중으로 작용한다고 말할 수 있다.

최신한(2003:73)은 슐라이어마허에게서 문법적 해석과 심리적 해석이 서로 보완 관계에 있고, 비교의 방법과 예감의 방법도 서로 보완 관계에 있다고 지적하면서, 이러한 관계는 '변증법적 철학의 단면'이라고 설명한다. '이해는 해석작업과 더불어 완성'되는데, '이러한 해석 작업은 그 자체가 무한하다'는 것이다. '해석 작업의 대상을 이루는 언어와 개인의 사고가 무한'하기 때문이다. 최신한(2007:31)은 '두 해석 기술이 올바로 적용될 때 진정한 이해가 가능하며 오해를 최대한 회피할 수 있다'며, '번역에서도 원서에 용해되어 있는 이 두 차원에 대한 고려가 필수적'이라고 조언한다. 최신한(2004:423-4)에 의하면, '오해를 피하고 이해를 추구하려는 해석학은 이해주체의 활동 없이 성취될 수 없'다. '이해는 기존의 이해에 대한 주체의 이해를 요구한다는 점에서 항상 비판을 수반'하는데, 이러한 '이해와 비판(혹은 비평)'의 '동반적 관계'는 외적 번역비평은 물론, 번역에 포함된 내적 '번역비평'에도 적용된다. 그는 '주어진 말의 이해에만 집중하는 데서는 비판의 과제가 아예 발생하지 않을 수 있'고, 이는 '느슨한 이해의 실제'가 잘 보여주는 것이지만, '이해의 시선을 텍스트의 표면적 차원을 넘어서'는 '심층적인 차원'으로 돌리면, '엄격한 이해의 실제'와, '문헌학적 관점이 발생한다'고 기술하고 있다. 이러한 기술은 텍스트의 심층적 이해를 지향하는 번역문법적 분석에 대해 시사하는 바가 크다.

이와 같은 슐라이어마허의 해석학이 번역해석학에 많은 도움을 주는 것이 사실이지만, 우선적으로 두어 가지 유의해야 할 것이 있다. 먼저 초점의 문제이다. '문법적 접근은 공동체의 총체적인 언어 현상에 근거해서 개인의 언어를 이해하는 반면에, 심리적 접근은 겉으로 표현된 언어를 통해서 한 개인의 내면세계를 탐구한다'는 이기언(2008:282)의 기술에서 보듯이,[7] 슐라이어마허의 두 해석은 '개인'의 '언어'와 '내면세계'에 초점이 맞추어져 있다. 하지만 번역해석학은 일단 텍스트의 '언어'와 그 '맥락적 의미'에 초점을 맞출 필요가 있다. 저자의 '의도'에 앞서 '텍스트의 의도'를 우선적으로 고려하자는 것이다.[8] 그래서 용어도 슐라이어마허가 후기에 선호했던 '심리적 해석'보다는 '기술적 해석'이 번역해석학에 더 적합하다. 또 한 가지는 이기언(2008:282)처럼, '문법적 해석은 랑그 차원에서 담화를 이해하는 것인 반면에, 심리적 해석은 파롤 차원에서 접근하는 것'으로 이해하는 경우들도 있지만, 번역해석학에서의 문법적 해석과 기술적 해석은 모두 텍스트 층위의 것들로 이해되어야 한다는 것이다. 번역문법은 '텍스트 언어'에서 '분석적 차원'과 '전일적 차원'을 구분한다. 일단 전자는 문법적 기술과, 후자는 기술적 해석과 관련이 깊은 것으로 간주할 수 있다.

2. 번역과정과 번역해석학

번역학에서 흔히 '읽기는 곧 해석이고, 해석은 곧 읽기'로 이해되는데, 번역해석학은 이러한 등식에 의문을 제기할 필요가 있다. 발라르(2002:29)는

---

7 이기언(2008:282)처럼 '문법적 해석'과 '심리적 해석'을 각각 랑그와 파롤 차원의 것으로 이해하는 연구자들보다는 양자 모두를 '파롤' 차원의 것으로 이해하는 연구자들이 더 많은 것으로 보인다.

8 비뇨(1999:174)도 '텍스트의 의도'와 '저자의 의도'를 혼동하지 말라고 조언한다.

번역자가 의미가 아니라 '유의미 형태들'에서 출발하는 것이라고 지적한다. 번역자는 이 형태들을 먼저 '읽어야' 하고, 그런 다음 하나의 '의미를 구축' 하기 위해 '해석'을 해야 한다는 것이다.[9] 번역해석학은 몇몇 번역학자들이 강조하는 이러한 '읽기'의 중요성에 특히 유의해야 한다. 모렐(2006:25)은 번역자의 읽기를 '상상할 수 있는 가장 완벽한 읽기행위'라고 주장한다. '모든 읽기행위는 우리가 생각하는 것보다 훨씬 더 가정적인 것'이고(29), 그래서 번역은 '우선적으로 읽기, 잘 읽기'라는 것이다(30). '나쁜 번역'은 원텍스트의 읽기가 '원텍스트를 특징짓는 개별적 특성과 집단적 소속 사이의 정확한 균형'의 포착에 성공하지 못했다는 '글쓰기상의 징표'라고 저자는 진단한다. 그는 심지어 '절묘한 읽기 없이 좋은 번역은 없다'고 단언한다(36). 윌마르(2001:24-7)에게도 '번역은 우선적으로 그리고 무엇보다 읽기'이다. 저자는 번역은 '젖어들기'와 '복원'으로 이루어지는데, 후자는 충실성과 배반 개념 등을 통해서도 많이 논의되었으나, 전자는 상대적으로 덜 알려져 있다고 지적한다. 그는 이 '젖어들기'가 '재창조의 핵심적 기반'이며, 그 대상은 저자가 아니라 텍스트임을 강조한다.

윌마르(2001:26-8)는 저자는 '쓰기도(écrit)' 하지만 '쓰이기도(est écrit)' 한다고 말하는데, 이는 저자가 자신의 텍스트를 전적으로 관장하는 것이 아님을 잘 보여주는 것이다. '읽을 줄 안다'는 것은 '하나의 텍스트를 구성하는 모든 요소들을 찾아내는 것'으로, 텍스트 논리와 관련되는 핵심 줄기, 글의 특색과 관련되는 의미장들, 문체와 관련되는 음악적·구문적 리듬의 형태 등이 언급되어 있다. 윌마르는 좋은 번역가는 작업을 심층적 텍스트 분석으로부터 시작해야 한다고 조언한다. 사실, 부분밖에 포착하지 못한 텍스트를 제대로 '복원'하기는 어려울 것이다. 그에게 번역은 '예리한 주석가의 눈으로, 음악 해석자의 귀로, 오감이 열려 있는 예술가의 감수성으로, 정확히 읽는 것'이다. 그에게 이는 '곤충의 다중눈(l'oeil multiple)으로, 다의

9 발라르(1993:243)도 번역자의 출발점이 '의미가 아니라 언어적 형태들'이라고 지적한 바 있다; 전성기(2008a:107-8) 참고.

적 충실성에 관심을 기울이며, 모든 가능한 읽기들 가운데, 타당한 그 유일한 읽기를 포착해내는 것'이다. 월마르는 '전체 모습이 어떤지도 모른 채, 모자이크의 모든 돌들을 꼼꼼하게 붙여놓기만 하는 번역가, 일에 꼼꼼하기만 하고 번역하는 작가의 전모를 파악하지 못하는' 그런 번역가는 '직업을 바꿔야 할 수밖에 없을 것'이라고 차갑게 지적한다. 하지만 전체와 부분들이 조화를 이루도록 하는 것은 결코 쉬운 일이 아니다. 그것은 고도의 '인문적 상상력'과 글쓰기의 숙련된 솜씨가 요구되는 작업이다.

해석학에서는 거의 언급되지 않지만, 번역해석학에서는 번역글쓰기의 중요성을 결코 간과할 수 없다. '거칠고 허술한' 번역들은 그와 유사한 텍스트 읽기에도 기인하지만, 그에 못지않게 '거칠고 허술한' 번역글쓰기 탓이 크다. 이 읽기와 쓰기가 원텍스트의 텍스트적 성격과 두루 조화를 이루어야 '작품번역'이 되는 것이다. 이때의 '작품'은 문사철 등 인문학의 '작품'들을 우선적으로 일컫는 것이나, 예술은 물론, 사회과학 텍스트를 비롯하여 때로 기술이나 과학의 텍스트들까지도 아우를 수 있다.[10] 메쇼닉(2007b)에게 번역은 '글쓰기'(écrire)가 될 수도 '탈쓰기'(désécrire)가 될 수도 있다. 콘스탄티네스쿠(2007:15)에 의하면, 원전의 의미와 표현을 분리하여 대어역을 하는 것은 원전의 '연속체'의 '일관성'을 지우는 '탈쓰기'를 하는 것이고, 반면에 '리듬번역'을 하는 것은 '글쓰기'(écrire)를 하는 것이다. 제대로 된 '번역-글쓰기'(traduire-écrire)는 원전의 '힘'(force)과 '효과들'(effets)의 번역이 되어야 한다. 조재룡(2009a:148)에 의하면, 메쇼닉의 사유에서 중요한 것은 '단어들이 말하는 것이 아니라, 바로 단어들이 생성해내는 것, 즉 단어들이 서로 맺고 있는 〈관계〉를 헤아릴 때야 비로소 드러나는 어떤 〈힘〉'이다. 여기서 '단어들이 말하는 것'은 주로 의역 방식을 주장한 학자들이 기대고 있는 발화(énoncé) 수준에서 번역을 파악하는 관점을 가리키고, '단어들이 생성해내는 것'은 '화행'(énonciation) 차원에 번역을 위치시키며 '단어들의 힘'에 주목하는 '시학 차원 번역'을 가리킨다.[11] 번역해석학에서도 '전일적' 관

10 코르도니에(1995:20)는 '작품'(oeuvre)을 이러한 광의의 의미로 받아들이고 있다.

점에서, 리듬번역, 연속성 번역에 의해, 분석적 관점의 미흡함을 보완하려는 노력을 지속적으로 경주할 필요가 있다.[12] 직관적 통찰력은 이 과정에서 중요한 역할을 할 수 있다.

번역에서 내적 '번역비평'의 측면도 매우 중요하다. 최신한(2000:9)은 슐라이어마허의《해석학과 비평》이 '언어와 사고의 이중성'을 근간으로 펼쳐지는데, '문법적 해석 가운데 사고의 요소가 중요하게 다루어'지고 '심리적 해석 가운데 언어의 요소가 함께 다루어'지며, '이러한 상호 교차의 긴장'은 '해석과 비평의 상호 교차로까지 확대'된다고 말한다. 이러한 '해석과 비평'의 '상호교차'는 '상호 전제'로, 그리고 '이해는 비판적 방법을 통해 늘 새롭게 추구되어야' 한다고 그는 강조한다.[13] 최신한(2004:423-4)은 '슐라이어마허의 해석학 강의에 붙여진 제목과 같이 〈해석과 비판(비평)〉은 항상 함께 이루어진다'고 역설한다. '언어에 대한 새로운 이해와 새로운 의미는 비판적 의식을 통해서만 출현할 수 있다'는 것이다. '비판의 어원학적 의미가 지시하듯이 비판은 옳고 그름을 판별하는 법정이면서 동시에 하나와 다른 하나를 비교하는 활동'이라고 그는 진술하는데, 번역상의 번역비평에서는 '옳고 그름'의 문제라기보다 '적절함' 혹은 '타당함'과 그렇지 못함의 문제로 이해되어야 할 것이다. 저자는 '역사적으로 주어진 언어의 의미가 오로지 비판에 의해서만 새로운 의미를 부여받는 것이 아니라, 비판의 상황이 주어질 때 텍스트에 대해서뿐만 아니라 이것과 관계하는 비판의 주체에 대해서도 반성하는 것이 진정한 의미의 비판'이라고 설명하는데, 이러한 설명은 번역의 내적 번역비평에서도 유효하다.

'언어'는, 최신한(2004:428)에 의하면, '존재라기보다 비판과 반성'이다. '언어의 의미는 전통과 역사를 통해 자동적으로 발생하는 것이 아니라 의미를 구성하고 산출하는 언어 주체를 통해서 확정된다'는 것이다. '언어 주체

11 '번역 경험'이 '성찰 경험'과 별개의 것일 수 없다는 입장을 취하는 셸로티(2003:37)는 메쇼닉의 '번역 시학'의 관점에서 번역자에게 리듬번역의 중요성을 강조한다.

12 전성기(2009b, 2012b) 참고.

13 최신한(2000:9)의 이 문장에서는 '해석'이 '해석학'으로 되어 있다.

를 제약하는 역사적 조건이 의미 산출에 작용하지 않는 것은 아니지만, 주체의 언어적 반성 없는 의미 산출의 자동화과정은 존재하지 않는다'는 것이다. 그래서 그는 그 '사변적 언어 이해'가 '동일성의 재현이라는 차원에서 필연적으로 〈지평 융합〉에 이를 수밖에 없는' 가다머가 아니라, 그 '언어 이해'가 '언어 사용자의 시간적 역동성으로 인해 늘 새로운 의미를 산출'하는 '지평 확대'를 주장하는 슐라이어마허를 지지한다(425-6).[14] 이러한 '지평 확대'는 '해석적 순환'을 통해 이루어진다. 최신한(2008:151-3)은 '아스트가 주장하며 슐라이어마허가 적극적으로 수용하는 해석학의 근본명제'는 '모든 개별은 오로지 전체를 매개로 해서만 이해될 수 있으며, 그렇기 때문에 개별에 대한 모든 설명은 전체에 대한 이해를 전제'하고, '전체가 개별로부터 이해될 수 있는 것처럼 개별도 전체로부터만 이해될 수 있다'는 것이다. 저자는 '전체에 대한 예감 없이 개별에 대한 완전한 이해가 불가능하다는 사실'이 '슐라이어마허가 해석에서 강조하는 포인트'라고 역설하는데, 이는 나선형의 '해석적 순환'의 불가피성을 말하는 것이다. 그러니까 '해석자가 해결해야 하는 우선적인 과제는 전체를 예감하는 일'인데, 이 '전체에 대한 예감'은 '이해 대상이 속하는 작품의 장르', '저자에 대한 일반적인 지식 및 그의 삶의 양식에 대한 일반적인 지식'에서 비롯된다고 한다. '전체에 대한 예감이 전제되어 있는 경우에도 개별이나 부분에 대한 확실한 이해는 점진적으로 이루어'지며, '전체의 예감마저 결여되어 있는 경우 개별에 대한 이

14 최신한(2004:426): "결국 슐라이어마허에게 언어의 새로운 의미는 주관성의 개입 없이 발생하지 않는다. 주관성이 역사적 조건의 영향을 피할 수 없지만 역사적 조건이 주관성을 일방적으로 결정하지 않는다. 언어는 역사적 조건의 일부를 차지한다는 점에서 주관성을 제약하지만, 주관성에 의해서 새로운 언어의 의미가 결정된다. 이러한 의미에서 슐라이어마허는 언어를 직관으로 간주한다. 언어는 수용성에서 자발성으로 이행하는 과정에 있는 주관성의 근원적이고 종합적인 능력이다. 언어공동체의 구성원에게 똑같은 모습으로 주어져 있는 언어가 의미를 동일한 의미로 결정하는 것이 아니라, 언어사용자의 상이하고 고유한 언어 결합방식이 그때마다 구체적인 의미를 결정한다. 따라서 언어는 세계나 존재를 지시하는 것으로서 초주관적으로 확정되어 있는 것이 아니다. 오히려 언어는 언어사용자의 수사학적인 결합방식에 따라 다르게 사용되며 이를 이해하는 사람의 해석학적 반성에 의해 또 다른 의미를 획득할 수 있다."

해가 단박에 이루어지는 것은 거의 불가능'해서, '이 경우에는 오로지 개별로부터 이해가 시도될 수밖에 없다'고 저자는 지적한다.

최신한(2008)이 지적하는 이러한 전체와 부분, 부분과 전체의 이해의 관계는 번역과 번역비평에서 핵심적 고려 사항이다. 슐라이어마허의 해석학적 관점은 '저자'뿐 아니라 '텍스트' 번역에서의 해석, 이해, 비평에도 활용 가능하다. 아래의 도식은 위에 기술된 내용들이 포괄적으로 고려된 번역과정을 간략히 나타낸다. 이 도식에서 화살표 '→'는 '메타적 피드백'(혹은 상호작용)을 나타내는데, 이는 메이에르(2012)가 '제문론적 수사학'에서 말하는 '수사적 거리 교섭'이다. 단계 (2)의 '번역비평'은 번역자의 자신의 번역에 대한 '내적' 번역비평이다. 디 스테파노(1982)는 '문학번역은 내재적으로 하나의 문학비평행위'이어야 한다고 말하는데, 탐구적 번역 혹은 해석적 번역도, 그 정도가 약해도, 그 자체로 비평행위여야 한다. 탐구번역에서 번역 주체는 비평 주체이기도 해야 한다는 것이다.[15]

단계 (1):　　읽기 ⇄ 해석

↓↑

단계 (2): 번역비평 ⇄ 번역글쓰기

이 도식은 번역문법의 분석적 접근 방식을 나타내지만, 전일적 접근 방식에 대한 시사도 없지 않다. 반복적인 상호작용들의 표시가 그것이다. 슐라이어마허의 개별과 전체의 나선적인 '해석적 순환'관계에서 보듯이, 전체가 고려되지 않는 개별 혹은 부분들의 해석은 설득력을 갖기 어렵다. 전체의 해석도 부분들이 충분히 고려되지 않으면, 번역이 번안이 될 위험성이 커질 것이다. 정혜용(2012:230)이 지적하듯이, '텍스트란 그 사소한 어휘들과 표현들이 하나하나 쌓이면서 생성되는 유기적 관계망 그 자체이기 때문'이

15 전성기(2008a:156): "베르만은 번역을 그 자체로 하나의 비평행위로 보았는데, 문학번역이 하나의 내재적 문학비평이듯이, 인문학번역도 그 자체로 하나의 내재적 '인문학비평'이 되어야 할 것이다."

다.[16] 그런데 명역으로 널리 인정되고 있는 보들레르의 포 번역이나 네르발의 파우스트 번역에 세부적 오류들이 상당히 많다는 연구자들의 지적들이 있는 것을 보면, 일반적인 명역평가들에서는 부분들보다는 전체의 '텍스트성' 혹은 '작품성'에 비평의 무게가 더 실리는 것으로 짐작된다. 그렇지만 나선형의 '해석적 순환'을 통해 전체와 부분이 조화를 이루는 번역이 이루어질 수 있다면 더욱 바람직하지 않을까? 이른바 '세계적 명역'으로 알려진 것들 중 이러한 '조화로운 번역'이 거의 없다는 것은 어떠한 의미일까? 그러한 번역의 부재는 단지 그것이 '이상적 번역'이기 때문일까? 명역으로 널리 알려진 샤토브리앙이 번역한 밀턴의 《실락원》은 이른바 '문자적 번역'이 아닌가? 번역해석학은 이를 비롯한 다양한 문제들에 대해 깊이 성찰해보아야 할 것이다.

우리가 유의해야 할 것은 해석이 번역의 전 과정과 거의 불가분한 관계에 있다는 것이다. 우리의 텍스트 이해가 미흡할수록 원텍스트의 읽기와 해석은 그만큼 되풀이될 수밖에 없고, 그에 따라 반성적 성찰적 해석과 밀접한 내적 번역비평과 번역글쓰기도 반복하여 이루어질 수밖에 없다. 이러한 과정들은 다양한 정도의 이해 사이에서 이루어지는 '거리 교섭'의 수사적 과정이다. 해석의 과제는 번역자의 텍스트 언어에 대한 인식에 따라 크게 달라질 수도 있다. 번역자가 언어를 단순히 소통이나 전달의 도구나 수단으로 인식하는 경우, 집중적 관심 대상인 '의미'를 '출발언어로부터 떼어내어서 수용언어 안에 담아낼 수 있는 어떤 것으로 전제'하는 경향이 있다. 이러한 경우에는 번역과정에서의 해석의 과제 역시 상대적으로 경감될 것이다. 이와 달리, 번역자가 언어를 '처소'(le milieu)로 인식하거나 텍스트 언어의 시니피앙스에 관심을 집중하는 경우, 의미를 넘어선 텍스트와 그 관련 요소들의 다양한 것들이 재현의 대상이 되고, 그에 따라 번역과정에서의 해석 역시 그 불확실성으로 인한 과제의 부담이 커질 수밖에 없을 것이다.[17]

---

16 정혜용(2012)은 장 콕토의 《무서운 아이들》, 모파상의 《비곗덩어리》, 네르발의 《옥타비》 번역비평을 통해 이를 잘 보이고 있다.

17 윤성우 · 이향(2012b:97-8) 참고.

3. 슈톨제의 번역해석학적 번역

슈톨제의 번역해석학은 대체로 번역과 번역자에 초점이 맞추어져 있다.[18] 김효중(2004a:90)은 '해석학적 번역이론'에 대해 '너무나 일반적이고 이론적일 뿐만 아니라 주관적이어서 정확한 판단기준, 즉 과학적으로 확고한 입증방법이 없기 때문에 학자들은 이러한 해석방법을 더 정확하고 효과적으로 만들기 위해서 언어학적 범주를 원용했다'고 슈톨체의 1994년 저서를 요약해 기술한다. 슈톨제는 '모든 텍스트 번역에 통용되는 유용한 언어학적 범주'로 주제, 의미론, 어휘론, 화용론, 문체론을 제시했는데, 이들이 '어느 특정한 텍스트의 번역과정에 모두 적용되는 것은 아니고 텍스트에 따라' 그 적용 정도가 다르다고 한다. '번역과정에서 기계적으로 사용할 수 있는 공식이라기보다는 번역자가 주의해야 할 텍스트의 문제점을 인식하고 평가하는 데 도움이 된다'는 것이 인용자의 평이다.[19] 슈톨제의 최근 저서(2011a:260)에는 그의 2003년 저술 《해석학과 번역》에 제시된 '번역 범주의 모델'이 다시 제시되어 있다. '번역자가 주목하는 개별 측면들'이라는 이 범주들은 크게 '이해'와 '표현'으로 나뉘고, 이들은 다시 맥락, 담론장, 개념들 사이의 관계, 진술형태와 매체성, 문체, 결속성, 텍스트 기능으로 구분된다. 이 범주들은 '생활세계의 의사소통'인가 '전문적 의사소통'인가에 따라 그 세부 내용이 다르게 제시되어 있다.

슈톨제(2011b:265-6)는 '번역은 텍스트 생산'이기에, '메시지를 신뢰할 수 있게 재현하기 위해 다양한 측면들을 조정해야 한다'고 말한다. '번역 초안을 교정할 때는 언급된 기준 범주들이 모두 중요한 역할'을 하는데, 이들은 '서로 연결되지만 모두가 똑같이 중요한 것은 아니'라고 그는 지적한다. '번역자는 어떤 측면이 지배적인지 새롭게 확인해야 한다'는 것이다. 그렇지만 '다관점적인 텍스트는 전체의 다양한 차원에서 이 모든 측면을 포함'한다고

18 슈톨제(2004)는 번역자의 비판적 성찰과 문제해결과정에 초점을 맞추고 있다.

19 전성기(2008a:119) 참고.

저자는 첨언한다. '해석학적 번역 모델'은, 그에 의하면, '다관점적인 텍스트를 다양하게 다루는 번역자를 제시하고자' 하는 것인데, '번역 범주는 원본 텍스트의 번역을 하나의 전체로 간주할 때만 의미 있게 적용될 수' 있다. 특별히 우리의 관심을 끄는 것은 '의미 자질'에 대한 그의 언급이다. '원본 텍스트와 번역은 서로 일치하는 관계가 되어야' 하는데, 이 '일치성'은 '출발텍스트와 목표텍스트에서 의미 자질의 전체적 수량이 대체로 같아야 함을 의미한다'고 한다. 이러한 '생각'은 '현대 자연과학의 진화 패러다임에 해당하는 〈균형〉 개념에서 비롯되었'으며, '대등한 개별요소들이 더 높은 차원에서 조화로운 통일을 이루는 것과 관련된다'고 그는 설명한다. 구아덱(1974)의 저서에서는 번역에서의 '변별적 의미'가 주로 문장 차원에서 기술되어 있는데, 슈톨제가 말하는 '의미 자질의 전체적 수량의 대체적 일치'는 이를 텍스트 차원으로 확장시킨 것으로 볼 수 있다.

최근의 한 글에서 슈톨제(2012:31)는 번역과정에서의 '주된 요소'는 언어들, 문화들, 기술적 요소들과 글쓰기 전략들을 갖춘 번역자라고 기술하고 있다. 초점이 이해와 글쓰기와 관련되는 본질적 주관적 현상으로서의 '번역 능력'에 맞춰져 있는 것이다. 스넬-혼비(1992:9)에 의하면, 16세기의 돌레, 17세기의 드라이든, 18세기의 타이틀러가 공통적으로 도달한 '좋은 번역'의 '전제 조건들'은 원어와 번역어의 통달, 관련된 주제 지식, 유연한 문체, 저자의 전언의 이해로 요약될 수 있다. 슈톨제(2011b:57)는 이러한 '조건들'을 번역자의 번역 능력의 '개략적 표현'으로 간주한다. 그러한 능력을 번역자가 갖추는 것이 바람직하다는 것이겠지만, 대개의 실제 사정은 상당히 다를 것이다. 슈톨제(2012:34)도 해석적 번역능력의 요소들은 자기비판적 성찰에 대한 대비, 지속적 배움에 대한 열린 태도, 새로운 인지적 요소들의 수용 능력, 언어적 창의성에 대한 용기, 전언에 대한 공감적 동일화를 포함한다며 열린 태도를 견지한다. 이러한 번역능력은 지속적으로 신장되기 때문에, 우리의 최근 번역도 다시 읽게 되면 오류나 부적절한 표현, 문체 문제 등이 발견되어 수정하게 된다는 것이다.

피시크나(2013:150)는 슈톨제(2011b)의 번역해석학 패러다임이 '능력자

(competent person)로서의 번역자' 개념, 그리고 이 개념의 여섯 주요 양상, 즉 '주관성', '역사성', '과정 성격', '전일성', '현상학',[20] '성찰'에 초점이 맞춰져 있다고 지적한다. 번역행위의 핵심이 이해와 해석이라고 지적하는 피시크나는 번역해석학이, 번역학의 연구 패러다임으로서, 번역 이론, 특히 새로운 번역 능력 모델들의 창출과 관련하여 새로운 통찰을 제공할 수 있을 것으로 기대한다. 슈톨제(2011b)에서 번역의 '해석 과정'은 크게 '번역 위한 읽기'(translational reading)와 '번역 글쓰기'(translational writing) 두 단계로 구분된다. '읽기' 단계에서는 원텍스트에서 가시적인 '상황적 배경', '담론 영역', '의미 측면'과 '서술 양식'(predicative mode)[21]의 네 요소가 고려되는데, 이들은 상호연관되어 있다. 해석적 이해는 '담론 영역'과 '의미 측면'에 대한 '상황적 배경'으로부터 '서술 양식'에 이르기까지 '톱-다운' 형식으로 나아가며, 텍스트의 표층 구조에서 발견된 언어적 정보와 보완적인, 첨가된 정보에 의해 텍스트의 확장에 이르게 된다(125). 즉, '텍스트 읽기'가 전체적 전언(message)으로 보이는 원텍스트의 포괄적 전일적 이해로 나아가는 것이다(151). 번역을 위해 번역자는 읽기 단계를 통해 발견한 것들을 사용하여 이들을 목표언어의 형태로 나타내는데, 번역자가 유의하는 영역들은 '장르', '일관성', '문체', '기능'이다.[22] 읽기 단계에서와 마찬가지로, 이 네 요소는 상호연관되어 있고, 번역텍스트 구성에 각기 기여한다. 피시크나(2013:152)는 '번역 글쓰기'에서 이 네 요소들 중 어느 하나라도 고려에서 빠지게 되면 텍스트의 소통의 목표에 괴리가 생긴다고 지적한다.

'번역 위한 읽기'에서나 '번역 글쓰기'에서나, 그 중심에 자리하는 것은 번역자의 번역 '능력'(competence)이다.[23] 피시크나(2013:153-4)는 법률 번역 능

20 슈톨제(2013:58): "사물의 현상학은 문화적으로 한정되는 것이라서, 번역자는 성찰을 해야 하고, 자신의 이해와 전략들에 대해 비판적이 되어야 한다."

21 슈톨제(2011b:125)에게 '서술 양식'은 '번역될 텍스트에 나타난 표현의 구체적 방식과 문체 구조'이다.

22 슈톨제(2011b:153-76) 참고.

23 피시크나(2013:151-2)는 읽기와 글쓰기 모델에서 각각의 네 요소를 원의 주위에, 그리고 번역자를 그 정중앙에 그려놓고 있다.

력의 해석학적 모델을 제시하고 있다. 그는 심리적 하위 능력, 주제적 하위 능력, 텍스트적 하위 능력, 언어적 하위 능력이라는 네 범주의 하위 능력을 구분하는데, 이들은 순차적인 포함과 상보의 관계에 있는 것으로 제시되어 있다. 이 네 하위 능력은 법률번역에 대한 해석적 번역능력의 '전일적 모델'을 반영한다. 순차적 포함관계에 있는 이 요소들의 형상은 법률번역과정이 여타 특수번역 영역과 다름을 보여준다. 법률번역자는 무엇보다 주어진 텍스트를 이해해야 하고, 원천 법률체계와 목표 법률체계와 관련하여 특별한 '상황적 맥락' 내에 그 텍스트가 자리하도록 할 수 있어야 한다. 두 법률체계에 대한 지식과 이들 사이의 차이들에 대한 이해, 그리고 이를 통한 법률텍스트들의 해석은 법률번역자에게 요구되는 필수 조건이다. 그렇지만 이는 다른 특별 하위능력들의 필수적 요소들이 고려될 때 비로소 가능하다. 주어진 법률텍스트의 이해는 번역자가 적절한 심리적, 주제적, 언어적 하위 능력들을 갖추고 있어야 가능하다는 것이다. 번역학에서의 번역능력의 구축에 대한 점증적 인식과 관심에도 불구하고, 법률번역, 기술번역, 문학번역 등 특수번역 유형에 할애된 이론적 경험적 연구들은 여전히 부족하다는 것이 저자의 결론적 지적이다.[24]

4. 베르만의 번역해석학적 번역비평

정혜용(2012:23)은 베르만이 '자국의 지배적인 번역 유형인 〈자민족 중심주의 번역, 위 텍스트[25]에서 파생된 번역, 플라톤주의에 의한 번역〉을 대체할 새로운 번역으로, 〈윤리적 번역, 시적 번역, 사유하는 번역〉'을 제안하며, '〈나쁜 번역〉[26]을 낳게 되는 이론적 배경인 〈의미 중심 번역론〉에 맞서 〈글-몸 번역traduction de la lettre〉을 정립'하였다고 그의 '번역론'을 요약한

24 슈톨제(2011b:177-99) 참고.

25 '위 텍스트'는 'hypertexte'를 말한다.

26 이 '나쁜 번역'은 '13가지 왜곡의 경향들'에서 비롯되는 것이다. 베르만(2011:74-96) 참고.

다.[27] 베르만의 번역해석학은 이러한 그의 번역론보다 번역비평론에서 뚜렷하게 드러난다. 베르만(1995:15)은 번역비평에 대한 그의 저술에서 '번역해석학'이라는 말을 사용하기도 했지만,[28] 자신의 '생산적' 번역비평 작업이 리쾨르와 야우스에 나타나는 '절제된 형식'의 '현대 해석학에 기반'하고 있다고 명시적으로 밝힌 바도 있다. 이를 통해 번역자, 번역 독자, 번역 분석가, 나아가 번역사가로서의 자신의 경험을 밝힐 수 있었다는 것이다. 윤성우·이향(2013:231-2)은 이를 베르만의 다른 저서들에서는 '찾아볼 수 없는 이례적 변화'라고 지적하며, 베르만의 '해석학적 기획'과 '해석학적 전환'을 말한다. 그렇다면 베르만(1995)의 번역비평을 하나의 '번역해석학적 번역비평'으로 보아도 무리가 없을 것이다. 앞에서도 지적했듯이, 번역해석학에서는 '번역 주체'가 핵심 문제의 하나인데, 베르만(1995)은 방법론의 '초안' 장(Esquisse d'une méthode) 가운데 '번역자를 찾아서'라고 명명된 부분에서 '번역자가 누구'인지, 특히 번역자의 '번역 위치', 번역자의 '번역 기획'과 '번역 지평'에 대해 세밀하게 기술하면서, 이 범주를 '해석학적 범주'라고 명명한 바 있다(16). 그는 '지나치게 논쟁적'인 메쇼닉, 너무 '기능주의적, 사회학적'인 투리나 브리세에 반하여 다른 담론을 펼친다(62). 코너(2011:255)에 의하면, 베르만에게 '좋은 번역비평'은 '해석행위'에서 시작된다. '생산적' 번역비평자는 무엇보다 번역들의 '주의깊고 숙련된 독자'이다. 이러한 독자는 '타고나는 것'이 아니라 '만들어지는' 것이다.[29]

베르만(1995:13-4)은 자신의 작업이 문학비평 못지않은 '진정한 번역비평'이 되기를 바랐다. 판단과 평가에 머무는 비평이 아니라, 번역에 대한 엄밀한 분석, 즉 그 근본적 자질들, 그 번역을 낳게 한 기획, 그 번역이 발현되게 한 지평, '번역의 진리' 포착을 가능하게 하는 번역자의 위치 등에 대한 엄밀한 분석 작업이 되고자 했다.[30] 그는 자신의 '번역비평 기획'이 하이데거

---

27 정혜용(2012:23)의 '글-몸 번역'은 일반적으로는 '문자번역'으로 직역된다.

28 베르만(1995)은 'herméneutique du traduire'를 한 번(73쪽), 'herméneutique traductive'라는 표현을 세 번(79쪽에서 한 번, 82쪽에서 두 번) 사용하였다.

29 베르만(1995:65) 참고.

의 해석학과 관련이 있음을 밝히고 있는데(15), 윤성우·이향(2013:231)은 이 관련성에 대해 세 가지 키워드를 제시한다. 첫 번째는 '체험/경험', 두 번째는 '진리', 세 번째는 '언어에 대한 반성과 물음'이다. 저자들은 이 키워드들에 대한 논의를 통해 '베르만의 번역해석학의 원천으로 하이데거 해석학을 지명'한다(235-9). 베르만(2011:21)이 번역이 번역에 대한 이론 없이 존재할 수 있을지 모르나, 번역에 대한 '사유' 없이 존재할 수는 없다고 할 때의 '사유'는 '해석학적 사유를 의미한다'는 것이다. 저자들은 '진리와 언어에 대한 하이데거의 독특한 해석학은 베르만의 번역 개념 전반에 영향을 미쳤으며, 더 나아가 번역의 진리와 언어의 계시적 능력에 대한 베르만의 성찰에 큰 영향을 미쳤다'고 기술한다. 이런 점에서 '베르만의 번역해석학'이 '하이데거에 토대를 두고 있는 것으로 볼 수 있다'는 것이다. 다만, '베르만의 해석학적 기획은 여전히 미완 상태'라고 이들은 지적한다. 이때의 '미완은 실패나 좌절'이 아니라 '수많은 번역분석을 통해 그가 가야 했을, 그러나 가지 못한 남은 여정에 대한 아쉬움의 표현'이다(240).[31]

베르만은 '직역주의자' 혹은 '원천주의자'로 널리 알려져 있다. 그가 특히 주목받은 것은 '번역 윤리'와 관련해서인데, 그 이해에 섬세한 주의가 필요한 번역학자로 근자에 다시 주목받고 있다.[32] 베르만의 진정한 '핵심 과제'는, 그의 1995년 저술《번역비평을 위하여》에서 보듯이, 번역비평이 '문학비평의 품위와 깊이'를 가지도록 하는 것이었다.[33] 베르만(1995:43)은 문학작품들에 대해 문학비평이 핵심적이듯이, 번역비평 역시 그러하다고 말한다. 번역비평에 결여되어 있는 것은 일종의 '상징적 위상', '은밀한 품격부여'(dignification secrète)로 그는 보았다. 이러한 품격부여가 번역들에 대한—그리고 어쩌면 번역자들에게도—품격부여에 기여할 것은 두말할 필요없다

30 사이몬(1995:283) 참고.

31 마사르디에-케니(2010:266-7)는 베르만의 '충실성 수사(rhetoric)의 포기'는 가다머의 해석학에 힙입고 있다고 지적한다.

32 마사르디에-케니(2010) 참고.

33 베르만(1995:43), 사이먼(2001:19) 참고.

고 그는 단언한다. 베르만은 1984년 출간된《낯섦의 시련》에서 '번역과 번역가에 대한 근대적 성찰을 규정할 수 있는 세 가지 축'으로 '번역의 역사, 번역의 윤리, 번역의 정신분석'을 제시한 바 있으며, 그 다음 해에는 자국의 지배적인 번역 유형인 '자민족중심주의 번역', '하이퍼텍스트적 번역', '플라톤주의적 번역'을 대체할 새로운 번역으로, '윤리적 번역, 시적 번역, 사유하는 번역'을 제안한 바 있다.[34] 정혜용(2008:563)은 '베르만의 사유'에서 '번역의 윤리'와 '번역의 역사'가 불가분의 관계에 있다고 지적한다. '낯섦의 시련'을 핵심어로 하는 베르만의 '번역의 윤리'는 '자민족중심주의 이데올로기에 대한 비판적 인식과 한 짝'을 이루면서, '번역현장에서 이루어지는 번역실천과 직결된 실천 윤리의 성격을 띠게' 되는 것으로 그는 파악한다. 사이먼(2001:26)도 베르만의 이론적 도구들, 특히 '낯섦' 개념은 80년대의 프랑스의 문화적 논쟁, 그리고 독일 및 영국과의 전통적 대화와 연관되어 있음을 지적한 바 있다.

조재룡(2009b:10)에 의하면, '번역학 연구에서 타자를 위한 공간을 마련'하고자 하는 '의지의 소산'이 바로 베르만이 말하는 '윤리적 번역, 시적 번역, 사유하는 번역'이고, 베르만이 '기존의 번역풍토'를 비판하며 '새로운 대안'으로 내세운 '타자를 존중하는 번역'이 즉 '문자번역'이다(14). '문자번역'은 사실 베르만 번역론의 일종의 '깃발' 역할을 해왔다. 베르만(2011:31) 자신이 '문자번역, 즉 문자로서의 텍스트의 번역이라는 명제'가 자신의 '출발점'이며, '이것이 번역의 궁극적이고 최종적인 본질임이 점차 밝혀질 것'이라고《먼곳의 거처》에서 단호하게 천명한 바도 있다. 이러한 '문자번역'은 흔히 말하는 '단순 직역'과는 거리가 먼, '시니피앙들 간의 유희에 주목하는, 문자적 작업'이다.[35] 조재룡(2009b:15)은 이때의 '문자'를 메쇼닉의 '의미-형태' 개념과 비교하여 '의미와 별개로 형태적(형식적) 측면에서 결부된 '자구'를 뜻하는 것이 아니라, 오히려 문학 작품에서 의미와 형태, 이 양자

34 정혜용(2008:560-3) 참고.

35 베르만(2011:18).

의 결속력과 불가분한 성질을 고려하고자 메쇼닉이 제안한 바 있는 '의미-형태'(forme-sens) 개념과 근본적으로 동일한 맥락에 위치한다고 볼 수 있다'고 설명한다. 말하자면, '문자번역'은 '작품번역'이나 다름없는 것이고, 이는 '번역 윤리'와 직결되어 있다.[36]

이러한 번역 윤리는 번역비평과 관련하여 자리매김될 필요가 있다. 번역비평 과정으로 베르만(1995:64-97)은 번역 읽기와 다시 읽기, 원텍스트 읽기들, 번역자의 탐구, 번역 분석, 번역 수용, 생산적 비평의 6단계를 제시한다.[37] 1단계는 원텍스트를 읽지 않은 상태에서 번역을 읽고 또 읽어, 번역텍스트에 내적 일관성이 있는지 평가하는 것이다. 2단계는 원텍스트 읽기로서, 텍스트를 사전 분석하여 기본적 문체적 자질들을 드러내고, 핵심어들, 특히 은유망을 포착해낸다. 이 단계에서 비평자는 작품의 의미를 밝혀줄—텍스트의 주(notes), 어휘풀이, 서문 등을 포함한—다양한 자료들의 도움을 받는다. 3단계는 번역자에 초점이 맞추어져 있는데, 번역자의 '번역 위치', '번역 기획'과 '번역 지평'을 알아내는 과정이다. 4단계는 원텍스트와 번역을 비교하는 작업으로서, 번역비평의 중심이 된다. 베르만은 다른 언어 번역본들의 참고의 중요성을 강조한다. 이 단계에서 윤리적 시적 기반에 입각한 번역텍스트에 대한 '판단'이 비롯된다. '번역 수용'과 관련된 5단

36 조재룡(2011a:453-4)에 의하면, 번역에서의 이분법은 '번역의 윤리'의 '가장 치명적인 적'이다. '예컨대, 직역-의역, 형식-의미, 문자-정신, 구조-내용, 원문중심-역문중심, 문학성-가독성, 충실성-창조성, 탈중심-병합, 보존-변형, 딱딱함-유려함, 이국화-자국화, 출발어-도착어, 들이대기-길들이기, 이타성-정체성, 낯섦-친숙함, 운문-산문, 시-소설, 등은 둘 가운데에서 임의로 하나를 선택하여 나머지를 배척해야 할 대립의 요소들'이 아니라고 그는 주장한다. '이분법에 대한 절대적인 믿음은 매 순간 텍스트의 종류와 번역의 조건에 따라 가변적일 수 있는 번역의 방법을 오로지 두 가지 형태의 선택적 사안으로 고착시킬 뿐'이다. '번역의 윤리와는 상반되는 인식의 결과물, 번역의 윤리에 있어서 가장 치명적인 적(敵)이 바로 이분법'이라는 것이다. 그는 '옮겨와야 할 것이 있다면, 그것은 다름 아닌 텍스트가 조직되는 고유한 방식이며, 텍스트의 고유한 조직이 다른 언어로 변형되는 과정과 그 과정에서 구체적으로 발생하는 현상을 포착하는 것으로부터 번역의 윤리의 문제가 논의되어야 할 것'이라고 강조한다.

37 바네즈(2001) 참고.

계는 전 단계들에 쉽게 포섭될 수 있다. 마지막 6단계는 관련 작품의 재번역 원리들과 이들에 따른 새 번역 기획들을 제시하면서 재번역을 하는 것이다.[38] 이 단계는 원칙적으로 재번역이 꼭 필요한 경우에 해당된다고 베르만은 기술한다.[39]

베르만(1995:75)에 의하면, 번역자의 '번역 위치'는 번역자가 '번역 충동'을 가진 주체로서 번역 과제를 지각하는 방식과 그가 번역에 대한 주변의 담론(규범들)을 내면화한 방식 사이의 절충이다. '번역 위치는, 번역자의 번역에 대한 위치 설정으로서, 일단 선택되면 번역자를 구속하는 성격'을 갖는다. 번역자의 '번역 위치', '언어 위치', '표기 위치'가 동시에 고려된다면, '번역 주체 이론'이 가능하리라고 베르만은 전망한다. '번역 기획'은, 한편으로는, 번역자가 문학적 '전이'(translation)를 수행하는 방식을, 다른 한편으로는, 번역자가 번역의 한 방식(혹은 양식)을 선택하는 방식을 규정한다(76). 번역은 '번역 기획'이 실현된 것일 뿐이어서, 어떤 번역이 '제대로 안 된 것'은 '번역 기획'이나 그 일부 측면 때문이라고 그는 설명한다. '번역 위치'와 '번역 기획'이 자리하는 '번역 지평'은 번역자의 느낌, 행동과 사고를 '한정'하는 일련의 언어적, 문학적, 문화적, 역사적 기준들로 정의된다(79). 이러한 '번역 지평' 개념 덕분에, 번역자가 사회-이데올로기적으로 전적으로 한정된 '중계자' 역할에서, 현실을 법칙과 체계들의 연쇄들에 국한시키는 기능주의나 '구조주의'에서 벗어날 수 있는 것으로 베르만은 생각한다(81). 번역의 3단계는 이러한 '번역 위치', '번역 기획', '번역 지평'의 연구로 이루어진다(82-3).

38 베르만(1995:96) 참고.

39 정혜용(2009:308): "그[베르만]의 [번역비평]방법론은, 번역평가대상을 외국작품으로서 한 번, 번역작품으로서 또 한 번 읽기를 권고하는 번역읽기 단계에서부터 시작하여, 문체분석을 겸한 원문 읽기 단계, 원문과의 차이를 통해 드러나는 번역물의 시스템을 탐구하는 단계, 번역관과 번역기획안, 번역지평을 통해 번역주체를 찾아나서는 단계로 이어진다. 이 단계를 모두 거치고 나서야 비평주체는 비로소 다양한 방식으로 진행되는 번역 대조분석 단계로 들어서며, 그 다음에 자신의 번역관에 의거해 번역물을 평가하며, 마지막으로 번역물의 수용과정을 검토하게 된다."

베르만(1995:92-3)은 모든 번역 평가(évaluation)를 광의의 '윤리적' 측면과 '시적' 측면의 이중 기준에 기반하여 수행할 수 있다고 주장한다. 한 번역의 '시성'(poéticité)은 '번역자가 진정한 텍스트 작업을 실현하여, 원본의 텍스트성과 비교적 긴밀한 상응관계에 있는 텍스트를 만들었는가'에 있다. 번역자가 '항상 텍스트를 만들어야 한다'는 것이 번역의 '양식'(mode)이나 '목적'(visée)에 어떤 편견을 갖는 것은 아니다. 갈랑의 《천일야화》, 보들레르의 포, 샤토브리앙의 《실락원》, 클로소프스키의 《아이네이스》 등 사이에는 모두 (광의의) 텍스트 작업이 있고, 진정한 '작품'(oeuvre)을 산출했다는 점 이외에는 전혀 공통점이 없다고 그는 말한다. 번역자는, 자신의 작품이 원작의 '희미한 투영물'이나 '진정한' 작품의 메아리에 지나지 않는다 여길지라도, '작품을 만들고자' 해야 한다고 베르만은 강조한다. '윤리성'은 '원전을 존중하는 데'[40] 있으며, 이 존중(respect)은 원전 앞에 '당당해지는'[41] 것이다. 이는 단지 원텍스트의 이타성을 존중해서 번역자가 '무화'되고 문자에 예속적으로 되는 것이 아니라고 저자는 강조한다. 오히려 번역자가 하려는 것—예를 들어, 번역 대신 번안을 하는 것—을 말하지 않거나, 하겠다고 한 것을 하지 않았다면, 비평자는 이를 준엄하게 따져야 한다는 것이다. '번역 윤리'는 번역 기획을 분명히 밝히고, 이를 지켜나가는 '행동의 윤리'로 새로이 부각된다.[42]

베르만이 그의 1995년 저술에서 말하는 '번역'은 비평자 관점에서의 번역뿐 아니라, 번역자 관점에서의 번역에도 해당된다. 그래서 번역비평에 대한 베르만의 지적의 중요 부분들을 번역자 자신의 번역에도 적용해 고찰해볼 필요가 있다. 베르만(1995:94)은 번역비평의 판단 기준인 '윤리성'(éthicité)

---

40 원문은 '*L'éthicité réside dans le respect, ou plutôt, dans un certain respect de l'original*.'로 되어 있다.

41 이 부분은 원전에 '« faire face » au texte, lui « tenir tête »'로 되어 있다.

42 이영훈(2015:136)은 베르만의 '번역비평이론'이 가지는 '발견 모델'로서의 의미를 높이 평가한다.

과 '시성'(poéticité)이 전통적 번역과 현대적 번역 모두에 적용된다고 말한다. 그는 이 기준들이 '원전과 그 언어와의 상응(correspondance)'을 보증한다고 믿는다. 이 '상응'이란 말은 '그 풍부한 다의성과 비한정성 때문에 의도적으로 선택'된 것이다. 그는 보들레르의 '상응'을 상기할 것을 주문한다. 그는 번역이 이 'correspondance'의 모든 의미의 복수성에서 늘 '상응'할 것을 요구한다. '윤리성'과 '시성'이 번역어에서 작품이 되도록 보증하여, 번역어를 확장하고, 증폭시키고, 모든 면에서 풍요롭게 하는 것이다. 그런데 '상응하는 작품이 되도록 하는 것'이란 제안은 베르만 자신이 새롭게 제시한 것이 아니라, 번역의 가장 고귀한 과제로 여겨져온 것이다. 이 '과제'에 비하면, '직역주의(littralisme)냐 자유역(liberté)이냐, 원천지향 번역이냐 목표지향 번역이냐' 하는 것들은 무의미한 것은 아니나, '찻잔 속 태풍'[43]이라고, 그는 《말과 사물》의 푸코를 인용하여 비유한다. 이 비유를 '문자번역'이라는 그의 번역론의 포기로 해석해서는 안 될 것이다. 그는 '순진한 문자주의'는 배격하지만, 여전히 '언어적 정밀성'(précision langagière)을 '그대로'(à la lettre) 존중하고 있기 때문이다(175).

사이먼(1995:286)은 번역분석에 대해 베르만(1995)이 제시한 두 기준이 '시성'(poéticité)과 '윤리'(éthique)라고 지적하며, 번역의 윤리에 대해서는 《낯섦의 시련》에서의 결연한 결론과는 사뭇 다른 전도를 읽어낸다.[44] 사이먼은 베르만(1995:93)이 '문자'에 대한 의무를 강조하는 대신, '진솔하게 임하는 번역자에게는 권한이 충분히 있다'[45]는 견해를 표명한 것을 중요한 단서로 제시한다. '번역자의 의무는 텍스트에 대해 미리 결정된 어떤 의무에 의해 규정되는 것이 아니라, 번역자와 텍스트의 관계를—그것이 어떠한 것

43 원텍스트에 쓰인 표현을 직역하면 '아기 욕조 속 태풍'(ce ne sont tempêtes qu'aux bassin des enfants)이 된다.

44 빌라뢸(2010:13)도 베르만이 그의 유작 1995년 저술에서 '문자번역에서 멀어져 번역 기획의 존중을 강조'한다고 지적한다.

45 원문은 'Le traducteur a tous les droits dès lors qu'il joue franc jeu.'이고, 마사르디에-케니의 영어 번역문은 'The translator has every right as soon as he is open.', 플로토의 영어 번역문은 "Translators have *all the rights* provided they play with an open hand."로 되어 있다.

이든—투명하게 드러내는 데 있다'는 것이다. 원천주의자와 목표주의자 사이의 소모적인 논쟁들을 뒤로 하고 '번역 주체'의 '기획'(projet)의 중요성을 보다 더 강조하게 된 베르만의 입장 전환에, 사이먼은 전적으로 공감한다. 베르만(1995)은 그의 저서 2부에서 어떤 '번역 기획'이건 선선히 다 받아주는 것이 아니라, '일관성 의무'(un devoir de cohérence)를 부과하고 있는데, 이러한 목표의 도달이 쉬운 일은 아니라고 사이먼은 덧붙인다. 베르만의 번역론인 '문자번역'도 그의 '번역 기획'인 만큼, 그의 실제 번역들에 대한 번역비평도 그의 '번역 기획'에 대한 일관성 여부에 초점이 맞춰져야 할 터인데, 그 실천이 항상 성공적이었던 건 아닌 것으로 평가되기도 한다.[46]

베르만(1995:93)의 입장 변화는 그의 저서 여러 대목에서 읽힌다. 예를 들어, 가르노가 그의 〈맥베스(Macbeth)〉 번역에서 '38행에서 47행까지를 난삽하기 때문에 건너뛰었다'고 하는데, '있을 수 없는 일'(inadimissible)이라고 할 필요는 없다고 베르만은 옹호한다. 번역자가 문제의 삭제를 드러낸 것이고, 번역을—부분적으로—번안 쪽으로 끌고간 것일 뿐이라고 그는 사뭇 너그러운 태도를 보인다. 그는 '본느푸아가 예이츠의 *Sailing to Byzantium*을, 달리 방법이 없어, *Byzance, l'autre rive*라고 번역한 것은 아주… 본느푸아적인 것'으로, '자신의 시학을 예이츠의 시학에 덧대었다고 말할 필요가 없다'고 변호하면서, 그 이유로, 본느푸아가 '이 부분 번역에 대해, 그리고 번역자의 자유에 대해 길게 설명'했다는 것을 그 근거로 제시한다. 베르만은 페로 달랑쿠르가 자신이 삭제하고, 덧붙이고, 미화한 것 등을 전혀 감추지 않고, 이를 서문과 주들에서 솔직히 털어놓은 것, 아르멜 궤를이 노발리스의 *Fragments*을 명시화, 불어화 번역을 하면서 이를 솔직하게 밝힌 것도 '번역 기획'을 드러낸 예들로 제시한다. 이렇게 번역자가 자신의 '번역 기획'을 드러내고 입장을 밝힌 이상, 이에 대해 왈가왈부할 필요가 없다는 것이다. 그의 바뀐 입장에서 중요한 것은 번역자가 자신이 천명한 '번역 기획'을 일관성 있게 수행했는가라는 것이다. 이 대목은 사이먼(2001:25)이, 베르만이

46 샤롱(2001)은 베르만의 '번역 기획'에 대한 일관성에 대해 다소 부정적 평가를 내린다.

비록 명시적으로 선언하지는 않았으나, 《번역비평을 위하여》에서 '문자번역'에 대한 애착에서 벗어나, '번역 기획'을 중시하는 방향으로 중요한 선회를 한 것으로 판단하는 근거이기도 하다.

'번역 윤리', 즉 '윤리성'에 대한 베르만의 입장이 유연해짐에 따라, 베르만의 번역론에서 '시성'과 관련된 '작품번역'의 중요성이나 비중은 그만큼 더 커진다. 이는 베르만의 진정한 '핵심 과제'가, 앞서도 말했듯이, 번역비평이 '문학비평의 품위와 깊이'를 가지도록 하는 것임을 생각하면 어쩌면 당연한 결과이다. 그간 '문자번역'에 대한 논란으로 인해 다소간 우여곡절이 있었을 뿐이다. 베르만(1995:177)은 오랫동안 '번역'과 '창조'의 구분을 고집해왔으나, 이제 이러한 구분을 '의문시하는' 입장으로 바뀌었음을 내비친다. 사이먼(2001:25)은 이러한 '의문시'를 1984년의 《낯섦의 시련》으로부터 1995년의 《번역비평을 위하여》 사이의 '중대한 변화', 즉 '번역 윤리'로부터 '번역 기획'으로의 무게 중심 이동과 연관짓는다. 사이먼은 베르만에게 번역은 원텍스트를 되비추는 단순한 거울이 아니라고 말한다. 번역은 되먹임 행위를 통해 원텍스트와 자신의 관계를 변화시킨다는 것이다. 이 관계에 대해, 사이먼(2001:22)은 후자가 전자에 '새로운 시선'을 던짐으로 인해, 번역은 '자기와 타자 사이 관계'에 개입할 뿐 아니라 '자기와 자기 사이 관계'에도 개입된다고 기술한다. 이것이 베르만이 '모어' 개념을 약화시키면서, '민족문화'(culture nationale)의 정체성에 문제를 제기하면서, 번역비평을 불가능한 원천으로 늘 이끌어가면서, 발전시키려 한 '핵심적 사고'(l'idée-clé)였다는 것이다.

사이먼(2001:23)은 '번역이 번역에 대한 비평과 주해가 되는 것' 이것이 베르만의 요구라고 지적한다. 번역인문학의 관점에서 이러한 번역은 높은 정도의 '탐구번역'이고, 그 번역비평 역시 높은 정도의 '탐구번역비평'이다. 사이먼은 베르만이 섬세한 분석과 포괄적 시각을 결코 분리하지 않으며, 미세 분석이 전체적 조망과 어우러져야 한다고 보았다고 말하는데, 이는 탐구번역의 '분석적 접근'과 '전일적 접근'의 조화와도 맥을 같이하는 부분이다. 탐구번역이 반드시 작품번역을 뜻하는 것은 아니나, 작품번역이 탐구번역이 아닐 수는 없다. 작품번역은 치밀하고 섬세한 탐구번역이 되어야 한다. 번역비평도 '주관상호성'을 높이기 위해 공감적 탐구번역비평이 될 필요가 있다. 베르만의 번역해석학적 번역비평은 '문학비평의 품위와 깊이'를 갖는 것을 목표로 하였지만, 그의 번역비평 기획에 공감하는 번역비평이 모든 면에서 그의 '번역비평 기획'을 반드시 그대로 좇아야 하는 것은 아니라고 생각된다. 중요한 것은 베르만에 공감하는 번역비평이 번역해석학적 '품위와 깊이'를 갖도록 하는 것이 아닐까? 이러한 번역비평의 실천에는 현실적 어려움이 적지 않다. 정혜용(2012:130-1)은 '베르만이 정립한 일련의 번역 비평 단계들을 곧이곧대로 밟아 가기가 어려운 이유'로, '비평 주체 개인의 역량이라는 실제적인 조건은 논외로 친다 하더라도, 나라마다 번역 풍토도, 번역 지평도, 번역의 역사도 동일하지 않'다는 것을 지적한다. 우리의 경우, '번역자에 대한 정보나 번역자의 변을 만나기란 거의 불가능'하고, '번역 평가자가 참조할 만한 번역 수용사에 대한 연구 성과 역시 아직은 터무니없이 얄팍한 실정'이라는 것이다. 그렇기 때문에도 번역비평은 역지사지하는 공감적 탐구번역비평이 되어야 할 필요가 크다.

5. 리쾨르의 번역해석학

베르만의 번역비평이 번역해석학 방법의 측면에서 하나의 좋은 본보기라면, 리쾨르의 번역해석학은 번역 철학과 번역 윤리 측면에서 깊은 공감을 불러일으킨다. 커니(2007:147-8)는 리쾨르가 번역을 주제화하기 이전부터 번역의 기법을 철학적 실천에서 수행해왔다고 말한다. 리쾨르는 경쟁 입장들 사이의 불굴의 중재자였고, 일견 양립 불가능해보이는 관점들 사이에서 조우점이나 해결점을 찾아내는, 철학적 교류의 보기 드문 외교가였다고 그는 찬탄한다. 리쾨르는 논쟁의 당사자 모두를 십분 존중했고, 신념의 깊이나 평가의 예리함을 희생시키지 않으면서 능숙하게 논쟁을 대화로 변화시켰다고 저자는 감탄한다. 그에 의하면, 리쾨르는 가장 큰 범위에서는 대륙 철학과 앵글로 색슨 철학 사이에서, 대륙 철학 내에서는 실존주의와 구조주의, 해석학과 비판이론, 현상학과 인문학, 프로이트의 정신분석과 헤겔의 변증법, 문학이론과 종교철학, 역사적 이해와 과학적 설명, 심리학과 신경과학, 윤리학과 정치학 사이를 매개했으며, 이와 더불어 해석학에서는 낭만주의적 해석학과 비판적 혹은 급진적 해석학 사이를 중개했다.[47] 커니는 '번역자로서의 철학적 역할에서 당대 최고'였던 리쾨르의 사상을 '번역으로서의 철학'과 '번역의 철학'으로 압축한다. 김정현(2009:95)은 리쾨르의 '철학 여정' 자체가 '번역적 성격'을 가진다고 지적한다. '그는 다양한 철학 전통들 사이를 오가며 대화와 소통을 추구'했으며, 그의 《번역론》의 출간은 '이런 철학적 성격에 바탕을 두고 있다'는 것이다.[48]

리쾨르의 번역해석학 관점은 윤성우·이향(2013)이 말하는 리쾨르와 베르만의 번역과 해석의 수렴점들에서 비교적 잘 드러난다. 첫째는 해석학과 번역학이 '공히 혼질적이고 비과학적'이라는 것이다(207). 즉 두 분야는 '엄밀한 의미에서 과학적일 수도, 또 그럴 필요도 없다'는 것이다(209). 둘째는 '우회없는 텍스트 읽기는 불가능하다'는 것이다(209). 리쾨르는 '더 많이 설명할수록, 더 잘 이해한다'고 말하는데, 이때의 '설명'은 '자연과학적 의미에서의 설명이 아니라, 언어학적 설명, 구조적 설명'이다. 즉 '하나의 대상을 그것을 구성하는 요소와 그 요소들간의 특징적 관계와 성격을 통해 설명하는 것'이다(211). 셋째는 '번역과 해석의 대상은 의미만이 아니'라는 것이다(212). 베르만의 '문자'에 해당하는 것은 '리쾨르의 담론의 형태들'이라고 저자들은 지적한다. '담론 형태들에 대한 구조적 설명이라는 긴 우회로를 거치지 않고서 의미들(significations)을 해석하는 것은 불가능하다'는 것이다(214). 넷째는 '번역과 해석은 의미를 넘어서 하나의 세계로 이끈다'는 것인데, 베르만과 리쾨르가 추구해온 '번역과 해석이 궁극적으로 이르게

---

47 김정현(2009:97) 참고.

48 김정현(2009:95): "그[리쾨르]는 언어적 차원에서 먼저 번역을 분석한 후, 문화적 차원에 적용한다. 언어적 차원에서 번역을 분석하면서, 그는 번역이 서로 다른 언어 간에만 필요한 것이 아니라, 동일 언어 내에서도 번역이 필요하다는 점에 주목한다. 여기서 번역론은 해석학과 만난다."

되는 지점'은 '작품의 세계'와 '텍스트의 세계'이다(215). 리쾨르에게 '해석의 지향은 결국 텍스트 세계의 발견'이라는 것이 두 저자의 주장이다(216). 이는 리쾨르의 번역해석학에서 텍스트해석학이 여전히 중요한 자리를 점하고 있음을 잘 보여준다.

커니(2008:163-5)는 모든 번역은 자기와 낯섦 사이의 일종의 대화의 공간으로 초대하는데, 'dialogue'(대화)는 어원적으로 '차이를 받아들인다'는 의미라고 한다. 그런 의미에서 리쾨르가 "번역의 패러다임"이란 글에서 번역을 '해석학의 모델'로 제안한 것이라고 그는 설명한다. 그는 번역에 대한 리쾨르의 이론은 해석 모델로서의 그의 텍스트 이론과 유사한 길을 따른다고 지적한다. 두 경우 모두에서 리쾨르는 의미의 '거리두기'(distanciation)를 강조한다. 텍스트의 경우, 이 거리두기 덕분에 의미는 저자에 대해, 텍스트 산출 상황이나 텍스트가 말하는 세계에 대해, 그리고 원텍스트의 독자들에 대해 '자율성'을 가질 수 있다.[49] 이 '거리두기'의 또 한 측면은, 낯선 의미가 제시되어 원의미의 새로운 '재제것화'(réappropriation)로서의 읽기를 유발하기까지 하는 번역에서 나타난다. 번역에서는 언어적 문화적, 시간적 공간적 '거리의 극복'이 주요 과제가 된다.[50] 빌러(2011:151)는 리쾨르의 해석학 전체에서 이 '거리두기'가 하나의 '핵심 개념'이라고 지적한다. 슐라이어마허와 그 후계자들이 원의미로의 복귀라는 플라톤적 대화 모델을 따랐다면, 리쾨르는 그보다 더 아리스토텔레스적인 모델을 권장하며, 의미의 다양성과 의미의 언어적 해석에 담긴 '시적' '수사적' 측면들을 인정한다고 저자는 차이를 설명한다. 리쾨르에게 기호들, 상징들, 서술들과 텍스트들의 매개 작업 없이 저절로 이루어지는 이해는 없음을 저자는 분명히 한다. 이는 텍스트 이해에서 '거리두기'와 '제것화'가 변증법적으로, 그리고 '거리 교섭'의 수사적 형태로 지속적으로 작용한다는 것, 부분들도 전체의 해석에서 상당한 역할을 한다는 것을 뜻하는 것으로 이해된다.[51]

---

49 이는 '텍스트의 의미적 자율성'을 말하는 것이다.

50 빌헬름(2004:773-4) 참고.

51 황수영(2009:84) 참고.

라신느(1999:210-1)는 슐라이어마허가 문법적 해석과 심리적 해석의 구분에서 해석자가 저자처럼 텍스트를 이해하기를 바란 것은 무망한 일로 보나, 그가 문법적 연구를 중요하게 여긴 것에는 의미를 부여한다. 그는 슐라이어마허와 리쾨르 사이의 차이가 텍스트 의미의 위치에 있는 것으로 생각한다. 전자에게는 그 위치가 텍스트 뒤의 세계인데, 후자에게는 그 위치가 텍스트 '앞', 즉 '텍스트에 의해 열린 전망들'이다. 하지만 후자는 전자에게서 텍스트의 언어적 특성들에 대한 유의를 수용했다고 라신느는 지적한다. 게다가 거기에 비판적 텍스트의 단계를 더하여 해석의 왜곡을 피하도록 했다고 한다. 이 비판적 텍스트는 해당 텍스트에 대한 설명과 그 텍스트와 그 해석자에게서 드러나는 이데올로기를 포함한다고 그는 덧붙인다. 가능한 다양한 해석들 가운데에는 옳은 것들, 덜 옳은 것들, 잘못된 것들이 있는데, 어느 해석이 결정적 해석이라고 말할 수는 없어도 텍스트의 '문법적' 분석을 통해 해석의 '한계들'을 보일 수는 있다고 저자는 말한다. '비판적 방법들'은 모두 '독자에게 텍스트와 시간을 많이 보내고 텍스트와의 거리를 두도록 해주는 것들'이다. 독자가 텍스트를 자주 접할수록, 그만큼 텍스트의 목소리를 들을 가능성이 그만큼 높아진다는 것이다(214).[52]

리쾨르(2006:74)는 번역자가 처한 곤혹스러운 상황을 로젠츠바이크와 슐라이어마허의 말을 빌려 표현한다. 전자에 의하면, 번역은 원작에서의 '이국인'과 제것화 욕망에 찬 '독자'라는 두 주인을 섬겨야 하는, '충실성의 염원'과 '배반의 의혹'에 이중으로 제재받는, 역설적인 작업이다.[53] 슐라이어마허는 '이러한 번역의 역설을 독자를 저자에게 데려가는 것과 저자를 독자에게 데려가는 것이라는 두 문장으로 표현'한 바 있다. 리쾨르 자신은 '번역 작업을 프로이트적 의미의 회상의 작업을 넘어선 애도의 작업으로 설명'한다(117). 그가 정신분석학에서 '회상의 작업'과 '애도의 작업' 개념을 빌려온 것은 '다르게 번역할 수 있다는 것'과, '완전한 합치와 등가 간의 간극을

52 이는 데이비스(1997)가 말하는, '지연'(delay) 기능을 통해 '온마음'(mindfulness)이 되는 것과 통하는 것이다.

53 이 부분은 리쾨르(2004)의 원문에서 직접 번역한 것이다.

메우겠다는 희망 없이도 번역을 할 수 있'음을 말하기 위해서이다(89). 리쾨르에 의하면, 번역은 '이국적인 것에 대한 공포와 증오로 인하여 발생하는 내적 저항을 물리치고 이루어진 회상의 작업'이지만, '완벽한 번역이라는 이상 자체를 포기한다는 의미에서 애도의 작업'이다(118). 이러한 번역은 '지적, 이론적 실무적 차원에서뿐 아니라 윤리적 차원의 문제를 제기'한다(118-9).[54] 리쾨르에 의하면, '두 주인을 섬기려다 모두 배신하는 위험을 무릅쓰고' 데려감과 데려옴을 행하는 것은 '언어적 환대'를 실천하는 것이다(119). '낯섦'이 주는 시련이 없다면, 우리 자신의 언어의 '이국성'의 감지도 어려워져, '모놀로그의 씁쓸함 속에 우리의 모국어로 쓰여진 우리의 책 속에만 갇'힐 위험이 크다는 것이 그의 진단이다. '해석적 환대'이기도 한[55] '언어적 환대'의 실천은 그래서 매우 중요하다(129). 번역가는 수행해야 할 극단적인 '과제의 어려움'에도 불구하고, '언어적 환대'에서 행복을 발견할 수 있다. '언어적 환대'는 '이국의 언어를 모국어라는 자신의 집에 맞아들임으로써 타자의 언어를 체험하는 기쁨을 누리는 것'이다(88-9).[56]

브래넌(2007:33)에 의하면, 리쾨르가 번역을 '철학을 위한 패러다임'으로 생각한 것은 번역이 원어와 번역어 사이에 '적정 거리'를 설정하도록 하기 때문이고, '정의의 윤리'가 적용되도록, 즉 '형평-평등'이 그 실천에서 작동하도록 하기 때문이다. '친숙함과 낯섦 사이의 균형잡기'로도 풀이될 수 있는 리쾨르의 이 '적정 거리'는 '윤리'와 '도덕'을 아우르는 개념으로 제시된다.[57]

---

54 미투라(2010:595)는 번역의 윤리적 측면이 번역의 리쾨르식 인식에서 하나의 중심적 자리를 점하고 있으며, 번역자의 역할이 시련의 불편한 상황에서 중개를 하는 것이라는 점에 베르만과 의견을 같이하고 있다고 지적한다.

55 무와에르(2008:339) 참고.

56 김정현(2013:51-2) 참고.

57 윤성우(2003:158-9): "리쾨르는 '윤리'를 말할 때 항상 '지향'(la visée)이라는 용어를 덧붙이고, '도덕'을 말할 때는 항상 '규범'(la norme)이라는 용어를 덧붙임으로써 이 둘의 운명을 갈라놓고 있다. 그래서 윤리는 목표, 이상, 신념이나 소신, 바램이나 소망 등과 짝하고, 도덕은 규범, 규칙, 의무 또는 당위, 옳고 그름과 짝한다. 이렇게 말함으로써 우리는 괴쾨르가 윤리를 가리킬 때는 아리스토텔레스의 목적론적 윤리학에 연계되어 있고, 도덕을 가리킬 때는 칸트의 의무론적 도덕론에 연계되어 있음을 간파할 수 있다."

그는 궁극적으로는 '언어적 환대의 실천'으로 인해 번역이 '철학을 위한 패러다임'이 되는 것이라고 설명한다. 브래넌은 리쾨르(2007)의 서문의 일부 내용을 언급하며, 법관의 작업에 빗댄 번역가의 작업을 '적정 거리 설정'으로 규정한다. 이 '적정 거리'는 저자와 독자 사이에서도 설정되지만, 이른바 '완벽한 번역'에 대해서도 설정된다. 일종의 '수사적 교섭'인 이 언어 사이의 '적정 거리 설정'에서 번역자의 목적은 언어의 특별한 창의적 사용의 여건을 구축하는 것인데, 이것이 바로 '언어적 환대'이다(42). 번역자는 '완벽한 번역'을 애도하고, 고유성과 이국성의 '환원불가능성'을 인지하면서, 그 '보상' 혹은 '행복'을 '언어적 환대'에서 찾는 것이다. 스콧-바우만(2010:73)은 이러한 '불완전성과 성공의 제한성의 감수'와 '절대적인 것들 없이 삶을 마주하려는 결연함'의 번역철학을 '관용의 철학'으로 이해한다. 번역은 우리와 다른 사람들을 어떻게 '용서'하는지 보여줄 수 있고, 그래서 '관용의 패러다임'(69)으로 작용할 수 있다는 그는 '관용으로서의 번역'을 말한다(76). '언어적 환대'는 '고유함'과 '낯섦'이 하나의 '타협점'을 발견하는 지점이기도 하고,[58] 우리가 모국어에서 낯섦을 만나는 지점이기도 하다.

리쾨르(2006)는 번역 가능성과 번역 불가능성의 이론적 대립의 굴레에서 벗어나 '실제의 번역 활동'에서 제기되는 '충실성 대 반역'의 대립이라는 '딜레마'[59]에 대해 '제3의 대안'을 생각해 볼 것을 제안한다(99). 리쾨르에게 '좋은 번역'은 원문과 등가로 '추정된 번역'이다. 하지만 '좋은 번역이란 동일성이 없는 등가성'일 뿐이다. 저자는 번역을 비평 혹은 비판하는 '유일한 방법은 기존의 번역보다 더 낫거나 혹은 다르다고 표방되는 또 하나의 추정된 번역을 제시하는 길뿐'이고, '이것이 바로 전문 번역자들 사이에서 일어나고 있는 현상'이라고 지적한다(116). 저자가 관심갖는 비평의 방향은 '단어에서 시작해서 문장으로, 텍스트로, 문화 전체로 나아가는 것'이 아니라, 그 반대로 '폭넓은 읽기를 통해 한 문화의 정신에 깊이 침잠하면서 텍스트에서

58 제르볼리노(2007:100) 참고.

59 리쾨르(2006:142-3)에게 이것이 '딜레마'인 것은 '좋은 번역에 대한 절대적 기준이 존재하지 않기 때문'이다.

문장으로 그리고 끝으로 단어 차원으로 내려'가는 것이다(137). 이는 텍스트에 대한 '전일적' 차원의 고려가 없거나 소홀한 단위들에 대한 '분석적' 접근에 대한 문제제기이다. 그가 제시한 구체적 방법은 '비교가능한 것의 구성'이다. 이러한 '구성'을 통해, '동시에 섬길 수 없었던 두 주인을 동시에' 섬기는 '이중적 배반'의 '정당화'가 가능해진다. 예를 들면, '도(道)'를 불어로 'voie'로 옮겨 '본래 철학적 운명을 갖지는 않았던 일상적 단어들'이 '번역의 결과로 인해 일상의 맥락들에서 벗어나 등가적인 것의 품위를 갖게 되는' 것이다. 이들은 '동일성 없는 등가어들'이다(150-1).

리쾨르(2006)는 '번역의 위험이면서도 번역의 위대함이란 바로 원문에 대한 창조적 배반이 발생한다는 것'이고, '수용 언어를 통한 창조적인 제것화가 이루어진다는 것'이라고 말한다. '이것이 비교 가능한 것의 구성'이고, 이러한 구성은 '우리 고유한 문화의 여러 시대를 걸쳐 이미 일어'났다는 것이다. 70인 역 성경 번역, 성 제롬의 불가타 성경, 루터의 독일어 성경 번역이 그러한 예들이다(151-2). '이런 종류의 비교 가능한 것의 구성'을 통해 '이중적 배반이 정당화'되고, '동시에 두 주인을 섬길 수 있게' 되었는데, 이 구성은 의미(sens) 차원에서 이루어진 것이다(153). 이와 달리, 횔덜린과 파울 첼란을 따르거나 앙리 메쇼닉을 모범으로 삼는 일부 번역가들이 '의미지상주의에 반대하는 운동을 주창'하며, '의미의 등가가 제공하는 안락한 보호막'을 떠나, '이른바 위험한 영역 속으로 모험을 감행했는데, 이 영역들 속에서는 단어들 사이의 울림, 맛, 리듬, 간격, 침묵, 운율과 운(韻)이 중요한 문제로 등장'한다(154-5). 리쾨르는 '대다수의 번역가들'이 '이런 모험의 감행에 명백한 근거 없이 저항을 한다'고 지적하며, 이를 '현대 기호학의 성과를 부인'하는 것으로 비판한다. 한편, 그는 베르만이 '독일어로 그리스를 말하는 횔덜린'과 '프랑스어로 히브리어를 말하는 메쇼닉' 같은 사람이 거둔 '염려스러운 성공'[60]에 기반하여 '비교 가능한 것의 구성을 한 단계 높여' '문

60 역자들은 'l'inquiétante réussite'를 '우려할 만한 성공'으로 옮기고 있는데, '염려스러운'으로 의미를 다소 약화시킬 필요가 있다.

자의 수준에까지 올려놓'긴 했으나, '자신이 믿는 만큼' 그 '구성'을 '멀리 밀고 나아갔는가'에 대해서는 회의적이다(156). 리쾨르는 '비교 가능한 것의 구성'의 이 두 경우 모두를 나름대로 '언어적 환대'를 실천한 경우들로 인정하지만, 그리고 전자보다 후자를 선호하지만, 자신은 '적정 거리' 설정을 실천하는 제3의 길을 택한다. 브래넌(2007:48)이 '번역의 패러다임적 성격'의 '열쇠'는 번역자들이 그들의 두 '주인' 사이에서 '적정 거리'를 설정하려 애쓰면서 언어를 사용하는 방식에 있다고 지적한 것은 이를 말하는 것이다.

윤성우(2003:159)에 의하면, '리쾨르에게 윤리란 인간이 삶을 영위하고, 삶에서 행위하는 데'에서 '보다 나은, 보다 좋은 그리고 보다 바람직한 방식이 존재한다는 신념에서 나오는 것'이고, '리쾨르의 〈윤리적 지향〉은 정의로운 제도들 속에서 타인과 더불어 그리고 타인을 위하여 〈좋은 삶〉을 지향하는 것'이다. 리쾨르에게서 사법적 실천과 번역 행위의 유추관계를 고려하면, '좋은 번역'은 '형평-평등'의 '윤리적 지향'을 하는 것이라고 말할 수 있다. 이러한 지향을 하는 리쾨르에게서의 번역 주체는 '에고'(Ego)나 '나'(je)나 '자아'(moi) 같은 주체가 아니라, 기본적으로 자기(soi, self, Selbst)로서의 주체[61]이다. 윤성우(2003:161)는 '한 인간의 자기 관심이 또 다른 한 인간이 가진 관심보다 철학적으로 우월하거나, 근본이나 토대의 자리를 점할 이유는 없으며, 오히려 그 자기 관심들은 모두 동등한 권리를 가지며, 대등한 가치와 중요성을 지닌 것'이고, 더 나아가 '한 인간의 자기 관심은 또 다른 한 인간의 자기 관심과 상호적으로 인정됨은 물론 서로 호혜적이기까지 할 수 있어야 한다'고 말한다. 리쾨르에게 '윤리적 관점'에서의 '이런 자기 관심'은 '자기 존중'이다. 윤성우는 '인간의 〈좋은 삶〉에 대한 바람, 소망, 한 마디로 지향은 자기 관심에서 유래하며, 자기 존중에서 솟아나는 것'이며, '자기 관심과 자기 존중 없는 〈참된 삶〉에 대한 지향은 생각할 수 없다'고 단언한다. 번역 주체의 언어적 환대도 이러한 '윤리적 지향'과 조화를 이루어야 할 것으로 생각된다. 이러한 '윤리적 지향'은 '중용적 균형과 조화'와 맥을 같이

61 윤성우(2003:159-60) 참고.

하는 것으로 생각된다.

다르비쉬(2011:14-5)에 의하면, 리쾨르의 해석학에 세 번의 '패러다임'[62] 변화가 있었는데, 이들은 각각 '상징', '텍스트', '번역'에 대한 것이다. 그런데 이 해석학들은 서로 단절된 것이 아니라 연속 혹은 순차적 겹침관계에 있다. 이는 상징해석학과 텍스트해석학의 결과들이 번역해석학에 포괄된다는 것을 뜻한다.[63] 저자는 리쾨르의 번역해석학의 연장선상에서 '대화의 해석학'을 제시한다. 그는 대화에서 '몰이해 현상'이 큰 자리를 차지한다고 기술하며, 부분적으로 병적인 것으로 간주되는 이 현상에 대해 하나의 치유책을 제시한다. 이 치유책은 '대화와 이해의 윤리'라고 불린다. 그는 리쾨르의 '번역의 패러다임'이 '대화의 해석학의 패러다임'으로 간주될 수 있다고 주장한다. 다르비쉬(2011:200)는 완벽한 번역이나 이해, 완전한 앎을 거부하는 것은 타자, 세계, 우리 자신에 대한 우리 이해의 '해석적 성격'을 인지하는 것이라고 말한다. 이해의 일시적이고 불완전한 위상은 몰이해가 모든 이해—부족한 것일지라도—의 일부분임을 잘 보여준다. 번역가능성/번역불가능성의 양자택일이—리쾨르가 보여주듯이—번역문제를 다루기 위한 좋은 방식이 아니듯이, 이해가능성/이해불가능성의 양자택일도 타자와의 대화관계를 분석하기 위한 좋은 접근방식은 아니라고 그는 지적한다. 문제는 오히려 '타자를 이해할 수 있는가', 그리고 '어떤 조건에서인가'이다.

다르비쉬(2011)는 '대화의 윤리'가 필요한 것은 이 윤리가 부분적으로 몰이해 현상에 대한 치료책이 되기 때문이라고 말한다. 그렇지만 이 윤리가 전적이며 결정적인 것이 못 되는 것은 이 현상의 원천이 상대의 태도뿐 아니라 언어와 담론의 내재적 모호성에 기인하는 바가 매우 크기 때문이다. 그가 제시하는 '대화의 윤리'는 '이해와 해석의 윤리'인데, 대화의 목적이 상호이해이고, 따라서 '대화의 정신이 이해의 정신'이기 때문이다(173). 그는 청자나 독자의 타자에 대한 '선의의 태도'를 '하나의 이해의 조건' 혹은 '해석학

62 빌헬름(2010:79)은 이때의 '패러다임'은 오히려 '모델'의 의미에 가깝다고 지적한다.

63 제르볼리노(2000:64) 참고.

의 하나의 중심적 규칙이나 원칙'으로 간주한다(174). 그러니까 그에게 '대화의 윤리'는 '주변적인 것'인 아니라 대화의 존재에 '구성적' 요소이다(177). 이 윤리는 상대의 말을, 적어도 그 반대의 증명 이전까지는, 일단 '참'(vérité)을 이야기하는 것으로 간주한다(178). 이러한 전제는 '이해의 가능성 조건'으로 간주된다(177-8). 리쾨르가 말하는 '상상적 공감력'(imaginary sympathy)은 대화의 하나의 '필수적 조건'으로, '자기의 이해의 한계와 타자의 이해의 그럼직함'을 인정함에 따른 조건이다.[64] 다르비쉬(2011:197)에 의하면, '환대'는 '대화와 이해의 윤리'를 잘 요약하는 말이다. 번역해석학은, 커니(2007:155)에 의하면, '환대의 윤리'의 기저이고, 이 윤리는 타자의 이야기에 대한 '상상'과 '공감'에 책임감을 갖는 것을 포함한다.[65] '대화의 윤리'에 기반한 '대화의 해석학'은 번역뿐 아니라 번역비평에도 절실히 필요하다.

***

마넬리(2006:82)는 '완벽한 것은 아무것도 없다는 전제가 바로 수사학적 방법론과 변증법 그리고 다원주의를 맺어 주는 본질적인 연결고리'라고 말한다.[66] 이 전제는 번역해석학의 전제이기도 하다. 텍스트의 '완벽한 읽기-해석-이해'가 가능하지 않기 때문에, 의미를 넘어서는, 형태·리듬 등을 포함하는, 텍스트의 더 나은 '읽기-해석-이해'를 위해 번역해석학이 필요한 것이다. 더 나은 '읽기-해석-이해'를 위해 애쓰는 번역과정은 번역자와 원텍스트, 번역자와 번역과정의 번역텍스트, 번역자와 원저자 등 사이에 부단한 '거리 교섭'이 되풀이되는 과정이고, 이는 번역수사학적 성찰의 대상이기도 하다. 언어가 단지 수단이나 도구에 지나지 않는다면, 번역과 번역비

64 다르비쉬(2011:180) 참고.

65 커니(2007:155-9)는 번역의 윤리적 기능으로 다섯가지를 든다: 1) 번역해석학은 '환대의 윤리'의 기저를 제공한다. 2) 번역해석학은 서술적 유연성의 윤리를 요구한다. 3) 세 번째 윤리적 원칙은 '서술적 다양성'(narrative plurality)이다. 4) 번역의 네 번째 윤리적 기능은 과거를 변화시키는 것이다. 5) 번역해석학의 마지막 단계는 용서이다.

66 전성기(2008a:157) 참고.

평에 대한 번역해석학적 성찰의 필요성이 그다지 크지 않았으리라. 문화와 불가분의 관계에 있기에 '언어문화'[67]라고 불리기도 하는 우리의 '언어'는 그 사용자와 불가분의 관계에 있다. 라스티에(2003:2-3)에 의하면, 언어는 도구가 아니라 우리가 '처소'(le milieu), '새들에게 공기와 같은 것'이다. 번역의 양자역학적 접근이나 카오스이론적 접근이 잘 보여주듯이, 문학번역을 비롯한 작품번역에서의 해석 문제는 번역자의 선지식이나 선이해는 물론 번역 주체의 관찰과도 분리가 어렵기 때문에, 다양한 번역해석학적 고찰과 성찰들이 불가피하다.

'모든 이해와 해석에는 처음부터 언제나 잘못 이해하고 해석할 가능성이 내포'되어 있으므로, 번역자와 번역비평자는 '해석의 적극적 실천'을 도모하지 않을 수 없다. 특히 인문학 텍스트들의 번역 주체에게는 텍스트들에 대한 부단한 '해석학적 사유 운동'이 요구되며, 고도의 '인문적 상상력'과 '공감 능력'이 필요하다. 번역에서 '해석학적 접근의 옹호와 선양'을 주장하는 벌러체스쿠·스테파닌크(2005a)는 '객관적 번역'의 환상에서 깨어나 '주관상호적 그럼직함'에 눈뜰 것을 촉구하는데, 이는 번역비평에도 유효한 지적이다. 번역해석학의 관심은 슈톨제처럼 번역에 집중될 수도, 베르만처럼 번역비평에 초점이 맞춰질 수도, 리쾨르처럼 양자를 아우를 수도 있다. 번역해석학은 그 방법도 다양할 수 있어 선택적 활용의 여지도 있지만, 번역수사학[68]이나 '윤리적 해석학'과 연계된 폭넓은 탐구도 요구된다. '윤리적 해석학'에 기반한 베르만의 번역비평도 우리의 관심 대상이지만,[69] '형평-평등'의 실천으로 이해되기도 하고, '대화의 윤리'로 이어지기도 하는 리쾨르의 '언어적 환대'에 우리는 큰 관심을 가질 필요가 있다. 빌헬름(2010:79)은 '언어적 환대'로서의 '번역의 윤리'를 실현하는 번역을 궁극적으로 모든 인간 커뮤니케이션의 모델로 여기는데, '언어적 환대'는 '번역비평의 윤리'로도 추구할 필요가 있다. '랑가주의 단일성'과 '랑그들의 복수성' 사이의 '차이'

67 이는 대개 영어로는 'languaculture', 불어로는 'langue-culture'로 표기된다.

68 이 책 4장 참고.

69 크리스테바(2009:6) 참고.

와 '거리'를 사유하는 '언어적 환대'의 사유[70]는 '개별 경전의 개성과 독특성을 인정하면서도 불설(佛說)이라고 하는 하나의 체계로 그 다양성들을 통합하고자' 했던 원효의 '화쟁적 사유'[71]와 친근성이 무척 커 보인다. 두 사유 사이의 긴밀한 대화 가능성에 대한 더 깊은 탐구가 필요하다.

70 크리스테바(2009:5) 참고.

71 조성택(2011:134) 참고.

제6장 번역문법의 메타적 성찰

야콥슨(1963:80)은 일찍이 '차이 속에서의 등가'를 '언어의 중심 문제이며 언어학의 핵심적 대상'이라고 제시한 바 있으며, 비네·다르벨네(2002)는 그들의 '비교문체론'에서 이러한 '차이 속에서의 등가'의 모습들을 우리에게 선보인 바 있다. '번역문법'[1]은 이러한 등가에 대해 맥락을 적극 고려해 텍스트번역 차원에서 성찰해보려는 하나의 번역인문학적 '기획'이다.[2] 야콥슨(1963:84)은 '언어들은 표현할 수 있는 것으로 인해서가 아니라 표현해야 하는 것으로 인해 차이가 난다'고 말한다. '언어 성격'이 충분히 고려되는 번역문법적 분석을 위해서는 관련된 다양한 측면들에 대한 메타텍스트적 성찰이 필요하다. 번역문법은 언어학에 크게 힘입는 연구이기는 하나, 단순 '응용언어학'은 물론 아니다. 번역문법은 이론적으로 언어학과 번역학은 물론, 문학·철학·수사학·해석학을 비롯한 다양한 분야들의 도움을 받는다. 이는 비교 차원의 원텍스트와 번역텍스트의 세밀한 검토·분석을 통해 적절하고 타당한 재현을 하기 위한 것이다. 이러한 분석의 결과들은 다른 번역과정들에 '유추적'으로 적용될 것이다.[3]

---

1 '번역문법'이란 표현은 전성기(2000)에서 처음 사용되었고, 지속적 사용은 전성기(2006)부터이다.

2 이 책 1장 참고.

번역문법은 '미니텍스트'라 할 수 있는 문법 예문들의 번역 고찰로부터 비롯되었으나, 이에 머무르지 않고, 문학번역을 비롯한 다양한 텍스트 번역(비평), 작품성 번역(비평), 에크리튀르 번역(비평) 등으로 그 적용 대상을 넓혀 나가고 있다. 번역문법은 기본적으로 분석적 접근을 지향하지만, 전일적 접근이 충분히 고려되지 않으면 그 타당성을 확보하기 어렵다. 번역문법은 텍스트언어의 표층에서 그 심층적 의미의 읽기·해석·재현과 이에 대한 비판적 성찰에 큰 비중을 둔다. 다시 말해, 번역문법은 읽기·해석·재현·검증의 텍스트비교문법이다. 척박한 우리 번역문화의 쇄신을 위해서도 텍스트번역에서 번역학의 번역론들과 상보적 역할을 할 수 있는 '번역문법'의 적극적 탐구가 필요하다. 번역문법의 주요 영역은 대략 텍스트에 대한 언어학적 접근과 번역학적 접근이 겹치는 부분으로서, 번역학이 새롭게 관심 가져야 할 부분이다. 의학자들이 병으로부터 건강에 대해 배우듯이, 번역문법은 '잘못된' 번역들로부터 배울 바가 많다. 이들은 번역문법의 귀한 자료들이다. 번역문법은 기본적으로 언어의 '재귀성'과 번역주체의 '메타언어적 능력'에 기반한 담론이다.

1. 번역학의 전제

벤투라(2009:93-4)에 의하면, 번역 이론들에는 원칙적으로 그리고 일반적으로, '번역자는 언어병용자이다', '번역자는 항상 모국어로 번역한다'는 '두 대전제'가 깔려 있다고 한다. 저자는 이를 '번역자가 외국 언어와 문화에 대해 완벽한 지식을 보유한 것으로 전제하는 것'이고,[4] '언어의 역할을 단순 도구(outil)로 격하시키는 것'이라고 지적한다. 그는 이러한 번역론들의 전제들이 '현장에서 일하는 혹은 일하려고 하는 번역가들의 1/3에 정도에만 해당된다'고 단언한다. 번역자의 '필수 조건'이 실제로는 자주 '환상'

3 들릴(1980)은 '유추'(analogie)를 에지트 해석번역이론의 가장 중요한 번역 원리로 생각한다.

4 라드미랄(1997:29-30) 참고.

에 지나지 않는다는 것이다. 그는 번역과 관련된 스페인의 구체적 데이터들을 제시하며, 통번역 전공과정 상급생들이 텍스트들의 의미 파악과 재현에 상당한 어려움을 느끼고 있으며, 원천 언어와 문화에 대한 지식도 제대로 가지고 있지 않다고 보고한다. 에코, 르페브르, 핌 등 여러 번역학자들이 번역에서 언어뿐 아니라 광의의 문화도 고려되어야 한다는 주장을 하는데, 벤투라는 언어와 문화는 '결국 하나'라고 말한다. 근자에 'languaculture', 'langue-culture', '언어문화'라는 표현이 자주 쓰이는 것도 그 때문일 것이다.

벤투라(2012:325)는 누구도 자신의 언어에 대해 '통달'(maîtrise)이나 그와 유사한 경지에 있지 못하다고 단언한다.[5] 전문 통번역사들조차도 오류에서 자유롭지 못한데, 외국어에 '통달'하지 못한 수련과정 통번역사들은 말할 것도 없다는 것이다. 이들에게는 외국어가 '도구'(outil)나 '방법'(moyen)이 아니라, '일종의 퍼즐이고 골칫거리'이다. 인문학번역에서는 이러한 '퍼즐'이나 '골칫거리'에 부딪히는 것이 다반사이다. 라드미랄(1994:12)도 원어와 번역어는 예비번역가들이 번역대학원에 입학하기 전에 이미 '통달'하고 있어야 하지만, 그렇지 못해서 교육과정에 '하나의 근본적 요소'가 되어 있다고 지적한다. 누스(1995:339)는 '불확실성'이 번역의 핵심에 자리하고 있다고 말하는데, 이 '불확실성'은 번역 문제이기도 하지만, 그 이전에 텍스트 언어 문제이기도 하다. 하지만 텍스트 언어 문제를 본격적인 번역 문제로 거의 보지 않는 것은 서양 번역학계의 거의 일반적 인식인 것으로 보인다. 번역 실천을 두 언어에 대한 지식을 넓힐 수 있는 '훈련'의 기회로 삼는 로쉬리츠(2001:65) 같은 번역학자도 번역자가 원텍스트의 뉘앙스들을 포착하여 이들을 목표어에 복원할 수 있을 정도로 양쪽 언어를 아주 잘 알아야 할 것을 요구한다. 비네·다르벨레(2002:4)도 '전문 번역가는 해당 외국어의 모든 뉘앙스들을 알아야 하고, 자신의 모국어의 모든 자원들을 보유하고 있어야

5 파보(2011:7)도 자신의 언어의 '통달'이라는 생각은 '환상'이라고 단언한다. 그는 언어의 '도구' 개념에 대해서도 단호히 반대 입장에 선다.

한다'고 전제한 바 있다.

그런데 오역이 난무하는 우리 번역 현실에서는 '번역자의 두 언어(문화) 통달'이라는 번역학의 '전제' 혹은 '기본 조건'이 그대로 받아들여지기 어렵다. 언어의 도구적 인식도, 전문통역사의 작업에 대한 것이라면 혹 모르지만, 문학번역이나 철학번역 같은 인문학번역의 관점에서는 받아들이기 어렵다.[6] 오히려 '번역자에게 원어(문화)와 번역어(문화)에 대해 상당한 예비 지식을 기본적으로 갖추되, 번역과정에서도 텍스트 관련 지식을 확충해 가면서 두 텍스트 언어에 대해 필요한 메타텍스트적 성찰을 지속할 것을 요구하는 것'이 더 현실적일 것이다. 원어와 번역어를 '잘 알' 필요가 있지만, '잘 알아도' 번역에 충분치 않을 수가 있다. 바이워(2004:57)는 '한 언어를 잘 알면 어디서나 편하지만, 한 언어를 아주 잘 알면 아무 데서도 편치가 않다'고 말하는데, 이는 인문학 텍스트들의 '탐구번역'[7]의 필요성에 대해 시사하는 바가 크다. 문학이나 철학 원텍스트를 번역할 때, 번역자가 원어를 '잘 안다'고 해서 유능한 전문통역사가 통역하듯이 번역을 할 수는 없다. 원작자가 작품을 쓸 때 못지않게 고통을 겪으며 번역을 해도 번역자는 오역으로부터 자유롭지 못할 수 있다. 오역은 그야말로 번역자의 '병가지상사'(兵家之常事)이다. 오역은 근본적으로 오해에서 비롯되는 것이니, 맥락적 등가의 텍스트 비교문법인 번역문법은, 적어도 부분적으로는, 이에 대한 '대비책'을 마련해야 한다.[8] 메타언어적 성찰을 중시하는 번역문법의 역할은 번역론들의 대체가 아니라 보완이다. 번역문법과 번역학(론)은 텍스트번역에서 상호보완관계에 있다.

언어를 아무리 '잘 안다'고 해도 텍스트의 번역과정에서 언어 문제들은 계속 제기될 수 있다. 실은 낱말 하나하나가 번역 문제가 될 수 있다.[9] 그

---

6 벤투라(2012:316)는 언어를 단지 '방법'(moyen)으로 인식하는 20세기의 번역학자로 라드미랄(1979)과 들릴(1981)을 지목하는데, 이들이 이러한 지적에 동의할지 의문이다.

7 이 책 8장 참고.

8 전성기(2013b, 2013d) 참고.

9 이는 라드미랄(1998b:985)의 견해이기도 하다.

래서 그때그때 필요한 조치를 취해야 한다. 그런데 심각한 문제는, 들릴(2001:211)이 지적하듯이, '전면적으로 재검토 수정보완'된 번역본들이라 해도 이전 것들보다 반드시 낫다는 보장이 없다는 것이다. '문헌학적' '차이 언어학적' 정확성이 작품성 재현을 담보해주지 못한다는 것이다. 사실 텍스트에서 부분들의 합이 전체가 아니니, 전체가 충분히 고려되어도, 아마 그러한 경우가 적지 않을 것이다. 정영목(2004:220)도 《영미명작, 좋은 번역을 찾아서》의 충실성과 가독성 기준에 대해 '결국 오역과 비문이 적을수록 점수를 많이 얻은 번역'이 된 것인데, 이 기준들은 '부실하지 않은 번역을 선정하는 기준은 될지언정 적극적인 의미의 좋은 번역을 선정하는 기준은 되지 못한다'고 영미연평가단의 오류 평가를 비판한다. 오류 평가가 번역의 정확성 개선으로 이어지는 것은 분명 바람직한 일이다. 하지만 텍스트성 개선과 직접 관련된 구체적 기반 연구들은 현재의 번역학에서는 쉽게 찾아지지 않는다. 번역문법은 이러한 번역학의 미흡한 부분을 보완해주는 역할을 할 수 있다.

2. 번역과 언어학

발라르(2007:22)는 번역학의 '인식론적 균형 회복'을 주장한다. 그는 번역학이 언어학으로부터의 종속적 위치를 벗어나기 위해 진력하다 언어학의 고려 자체를 등한시하게 되었다고 진단한다. 번역학에서 언어학을 내치려다 번역에서 관찰의 일차적 대상인 텍스트에서 '언어적인 것'을 내치는 결과가 초래되었으니, '인식론적 균형 회복'을 해야 한다는 것이 그의 처방이다. 그는 번역의 중심에 번역자의 작업이 있고, 이 작업은 언어들, 텍스트에 대한 것이라고 말한다. 이러한 작업이 번역학의 중심 연구 대상이 되어야 한다는 것이다. 발라르(2006a)에 의하면, 번역학은 '관찰의 학문'이고, 그 관찰의 일차적 대상은 텍스트의 재료인 언어이다. 흔히 번역이 언어들에 대한 작업이 아니라 담론, 텍스트에 대한 작업이라고 말하는데, 텍스트와 텍스트 언어는 별개의 것이 아니다. 다만, 텍스트성과 맥락을 도외시하거나 소홀히하면 별개의 것이 될 뿐이다. 우리 오역 논쟁들의 제일 큰 부분도 실은 이 텍스트 언어 문제이고, 광의의 문법 문제이다. 그래서 이를 해소하기 위한 '번역문법'의 활발한 연구가 절실히 필요한데, 아직은 문제의 인식 자체가 제대로 되어 있지 않다.

페르니에(2004:15-6)는 번역과 언어학의 관계에 대해 다소 '비관적' 진단을 내린 바 있다. 60년대부터 '응용언어학'의 한 분야라는, 언어학에 대한 '종속적' 위치로부터 '번역학'이 독자적 위치로의 격상을 꾀한 이래, 번역과 언어학이 거리가 멀어질 대로 멀어진 사실을 직시한 것이다. 심지어 번역은 언어학과 아무런 상관도 없다는 주장이나, 번역이 언어학으로부터 '해방'되었다는 주장도 찾아보기 어렵지 않다고 그는 지적한다. '차이 속에서의 등가'가 '언어의 중심 문제이며 언어학의 핵심적 대상'이라는 야콥슨의 견해가 타당하다면, 번역은 언어의 이론화에서 부록쯤이 아니라 중심에 자리해야 하며, 언어학도 번역의 특화된 연구들의 결과들을 겸허히 받아들여야 할 것이라는 입장을 저자는 표명한다. 다소 부풀려 말하자면, 언어학의 '과학화'에 열중한 나머지 번역을 크게 홀대한 대부분들의 언어학자들과, 언어학에 대한 종속적 위치로부터의 번역학의 '해방'을 적극 주도했던 대개의 번역학자들 사이에서 번역에 대한 언어학적 성찰이 거의 '실종' 내지 '방기' 상태에 있었던 셈이다. 이제 번역문법적 성찰을 통해 번역에서의 텍스트 언어들에 대한 '인식론적 균형 회복'을 적극 도모할 필요가 있다.

번역과 언어학의 관계 발전의 장애 요인은 '공통언어의 부재'라고 페르니에(2004:17-8)는 진단한다. 그는 언어학과 번역학의 관계들에 대해 지속되는 오해는 서로 경쟁하는 학파들 사이의 나쁜 의도 때문이라기보다, 오해된 '인식론적 현실' 때문인 것으로 추정한다. 언어학자들은 주로 '랑그의 언어학'에 전념하는데, 번역은 '파롤의 언어학'과 관련되며, 번역학 연구들은 텍스트들에 대해 추론을 하는데, 언어학 연구들은 기호체계들에 대해 추론한다는 것이다. 그래서 언어학자들은 번역 연구를 비교 혹은 대조적 접근에 국한시키는 경향이 있고, 번역학자들은 이러한 접근을 거부하지는 않더라도, 그 역할을 매우 제한적인 것으로 여긴다는 것이다. 이러한 번역학과 언어학의 괴리는 '랑그 현상들과 파롤 현상들을 동시에 아울러 사고하지 못하는 능력 부족'의 소치이다. 페르니에(2004:24)에 의하면, 번역학과 언어학이 많은 경우 서로 대립하는 것은 양자가 동일한 질문을 하지 않기 때문이다. 번역문법은 이러한 인식의 괴리를 텍스트 언어를 중심으로, 텍스트번역의 시각에서, 번역학과 언어학을 비롯한 여러 분야들의 긴밀한 학제적 대화를 통해 극복하고자 노력한다.

오늘의 언어학은 랑그가 대상이던 예전의 구조주의 언어학이 아니라, 파롤의 언어학, 화행(l'énonciation) 언어학을 포함하는 '랑가주(langage)의 언어학'이다. 이제 번역학과 언어학 사이에 새로운 차원의 깊은 대화가 필요하다. 번역에서의 오류 발생은 번역 방법을 잘 모르는 데에도 기인하지만, 그보다는 미흡한 광의의 번역문법 지식에 기인하는 바가 훨씬 더 크다는 것을 번역 오류분석들은 잘 말해주고 있다.[10] 언어가 다르면 언어문법뿐 아니라 텍스트문법도 서로 다르다는 것을 번역문법은 구체적 예들을 통해 잘 보여줄 필요가 있다. 번역문법은 그 어느 분야보다도 언어학의 도움이 크게 필요하다. 번역문법은 언어학의 다양한 의미 관련 연구 결과들을 적극적으로 수렴해야 한다. 텍스트번역이 오역이나 '거칠고 허술한' 번역에서 '정교하고 세밀한' 번역으로 나아가기 위해서는, 문법의미론을 비롯하여 어휘론, 화용론, 화행론, 문체론 등 다양한 텍스트 언어 관련 지식들이 필요하다. 번역문법은 이들을 통해 대개 규범적 지적에 그치고 있는 오역평가나 오역비평의 개선에도 큰 역할을 할 수 있을 것이다.

3. 언어문법, 텍스트문법, 텍스트비교문법

파레(2003:84)는 '텍스트문법'에서 '문법'이란 명칭의 적절성에 대해 약간 회의적이다. 문장 단위 이하의 언어문법에 전통적으로 쓰여온 '문법'을 텍스트에 확장시킨 것은 텍스트가 문장들의 임의적 나열이 아니라 그 구성

10 전성기(2002) 참고.

에 실제적 제한이 있기 때문이긴 하나, 그는 이를 일종의 '은유'적 사용으로 간주한다.[11] '문법'이란 명칭의 사용이 '텍스트의 구성 규칙들에 문장 구성 규칙들과 동일한 정도의 제약이 있음을 전제'하는 것으로 여겨지기 때문이다. 실제로 '조응'(anaphore) 같은 일부 경우에는 문법적 성격을 충분히 인정할 수 있지만, 그렇지 않은 경우들이 훨씬 더 많다. 그래서 텍스트문법에서 '문법'이란 표현이 적잖이 비판의 대상이 되었으나, 마땅한 대안은 제시되어 있지 않다고 저자는 지적한다.[12] 텍스트비교문법인 번역문법에도 직역으로 인한 '이해 불가', '모호함', '어색함', '비문' 등이 보여주는 상당한 제약들이 있고, 이들을 문법적 성격의 것들로 볼 수 있는 것이 사실이나, 언어문법이나 텍스트문법보다도, 맥락이나 텍스트 내용과의 긴밀한 상호작용으로 인해, 엄밀성이나 제약성이 상대적으로 더 취약하다는 점은 인정하지 않을 수 없다. 엄밀성이나 제약성의 측면에서 보자면, '언어문법 〉 텍스트문법 〉 텍스트비교문법'의 순서가 될 것이다.

일반적으로 문법은 형태와 구문(혹은 통사)을 지칭하는 것으로 이해되고, 전통적으로는 여기에 발음과 철자법 등이 포함된다. 하지만 번역문법은 더 넓은 의미로 이해할 필요가 있다. 펠라(2003:36)는 좁은 의미의 문법은 형태와 통사에 국한되나, 광의의 문법, 즉 '포괄적 문법'(grammaire globale)은 언어의 구성과 작용의 원리들의 집합으로, 형태통사론·음운론·철자법·의미론·화용론을 다룬다고 말하면서, 이러한 문법의 모델로 리젤 등의 *Grammaire méthodique du français*(1994, PUF)를 들고 있다. 번역문법은 문체론 등을 포함하는 더 광의의 문법이 그 틀이 된다. 맹그노(2010)의 *Manuel de linguistique pour les textes littéraires* 같은 언어학서도 이러한 틀에 포함된다.[13] 실천적 번역문법은 '텍스트에서 무엇이 어떻게 쓰여 있는가'라

11 여기서 '은유'라는 표현의 적절성은 다소 의심스럽다.

12 텍스트문법에서 일관성(cohérence), 결속성(cohésion), 주제의 진전, 시제 사용 등은 흔히 언급되는 문제들이다.

13 칼(2003)을 비롯하여 일부 연구자들이 '자동번역' 관점에서 '번역문법'을 말하는 경우들은 있다. 드물게 '번역문법'(grammaire de traduction)이란 표현을 사용한 스필카(1988:182)는 그 '문법'에 두 언어에 공통적인 '일반 규칙들'과 각 언어에 고유한 '특수 규칙들', '특수한

는 표현으로 집약되는 광의의 '텍스트문법'을 번역 차원에서 다루는 것이다.[14] 리만(2001:19)은 문법이 학습자들에게 관찰·추론·논증·일반화·분석·종합의 기회로 인식되고 있지 않다고 비판한다. 번역문법에서는 이러한 작업들이 '공감적'(empathique) 대화적 방식으로 이루어져야 할 것이다.

번역문법의 영역은 대략 번역의 (텍스트)언어학적 접근과 번역학적 접근이 겹치는 부분이다. 텍스트 차원에서 '차이 속에서의 맥락적 등가' 구축을 지향하는 번역문법은, 언어 성격론과 '직역'에 대한 폭넓은 재성찰에 기반하여 이루어진다. 문제가 없는 직역이 일종의 번역의 '영도'(degré zéro)라면, 문제가 있는 직역은 그 정도에 따라 다양한 '부적절한 번역'이 되고, 이를 보완한 다양한 번역은 다양한 정도의 '적절한 번역'이 된다. 번역문법은 언어와 주체, 맥락과 상황이 고려되는 광의의 텍스트비교문법이다. 텍스트번역에서는 그 언어의 맥락적, 외연적 고려가 매우 중요하다. 번역자는 시니피앙들의 '노예'가 되어서도 안 되지만, 시피니앙들을 홀대해서도 안 된다. 텍스트 표층의 심층적 의미를 올바로 알아야 한다. 슈발리에·로네·몰로(1986:96)는 '언어에서 표층보다 더 심층적인 것은 없다'고 천명한다. '표층을 읽을 줄 아는 사람에게 표층은 언어의 심층적인 것의 번역 그 자체'라는 것이다. 이들이 염두에 둔 것은 '랑그'의 언어지만, 이는 텍스트 언어에 대해서도 마찬가지이다. 슈발리에·델포르(1995:74)는 '텍스트의 특수성들(혹은 독특성들)을 애써 복원하려는' 번역을 '직역'(traduction littérale)이라 부르는데, 이는 텍스트의 시니피앙들과 그 구성망들을 존중하는 번역이다.

번역문법은 고전어학습에서 시작되어 오랫동안 외국어교육에서 쓰여왔던 '문법·번역'과는 크게 다르다. 한 언어의 토대가 되는 것이 '문법'이듯이, 텍스트번역의 맥락적 등가관계들의 토대가 되는 것이 번역문법이다. 언어문법은 전통문법의 발음, 철자, 형태, 구문 중심에서 이제는 문법의미는 물

제한들'과 등가로 간주되는 구조를 대체하기 위한 '이동 규칙들'이 필요하다고 말한다. 그는 그 적용 예로 구두법을 들고 있는데, 이러한 형식적 번역문법을 텍스트번역에 적용하기는 어렵다.

14 아담(2002) 참고.

론 어휘 의미, 문체, 화용(pragmatique), 화행(énonciation) 등을 포괄하는 광의의 문법으로 크게 확장되었다. 텍스트의 맥락적 등가 문법인 번역문법은 기본적으로 '변별적 의미들'(sens pertinents)의 추출과 재현에 초점이 맞추어진, 맥락을 적극 고려하는 의미문법이며, 텍스트비교문법이다.[15] 번역문법과 번역론(학)의 관계는 번역자에 따라 다양하게 나타날 수 있다. 번역문법과 번역론이 거의 제대로 기능하지 않는 '짜깁기식 낱말번역'으로부터, 번역문법이 크게 작용하나 번역론은 섬세하게 쓰이지 않는 경우, 번역문법은 별로 작용하지 않으나 번역론이 크게 활성화되는 경우 등 다양한 경우들이 있을 수 있다. 탐구번역과 탐구번역비평은 양자가 조화롭게 기능하는 경우들을 선호하고 추구한다. 현재의 번역학에서는 '번역문법'이란 명칭조차 낯설지만, 수많은 번역 오류분석이나 텍스트비교분석들의 결과들은 이러한 인식이 근본적으로 바뀌어야 할 필요가 있음을 잘 보여준다.[16]

비네·다르벨네(2002:28)의 비교문체론에서 '직역'은 번역 판단에서 중요한 기준 역할을 한다. 비교문체론에 의하면, 직역으로 인해, 1) 원문장의 의미가 달라지거나, 2) 번역어의 구조에 무리를 주거나, 3) 구조적으로 가능하나 관용적이 아니거나, 4) 원문장의 톤과 달라지거나, 5) 번역어에서 사용하지 않는 이미지를 담고 있거나, 6) 번역독자가 이해하지 못할 수 있는 문화 현상을 암시하는 등의 결과들이 초래되면, 차용·모사·직역 같은 '직접 번역'(traduction directe)이 아니라, 치환·변조·등가·번안 같은 '비낀 번역'(traduction oblique)을 해야 한다.[17] 동일 어족 간 번역, 특히 동일 문화 간 번역에서 가장 많이 볼 수 있다고 하는 직역의 가능성은 우리가 생각하는 것보다 훨씬 제한적이다. 스카베·인트라바이아(1979:214)는 불어와 이태리어는 서로 80%가량 직역이 가능하지만, 많은 경우, 그 직역 표현들을 원어

15 어떤 의미가 '변별적 의미'인가 아닌가 하는 것에 대해서는 의견의 차이가 있을 수 있다. 그 타당성은 탐구적 논증에 대한 주관상호적 '그럼직함'(plausibilité)에 대개 의존하게 될 것이다; 전성기(2013b) 참고.

16 이 책 12장 참고.

17 다르벨네(1970:94) 참고.

민들이 자연스럽게 사용할 가능성은 전혀 없다고 단언한다. 하물며 거리가 먼 언어 사이에서의 '직역'은 문제 야기의 소지가 클 수밖에 없다.[18] 번역문법에서도 '직역'이 무리없이 되느냐 안 되느냐는 중요한 척도이다. 언어 성격의 차이를 보여주는 핵심적 기준이기 때문이다.[19]

번역문법적 등가는, 대부분의 경우, 주어진 것이 아니라 구축의 대상이며, 수사적 '거리 교섭'의 대상이다.[20] 에코(2010)에 의하면, 번역은 '거의 같은 것을 말하는 것'이다. 완전한 동의어가 없듯이, 완전한 번역 등가도 없다. 번역은 더 나은 번역을 위한 지속적인 등가 교섭과정이다. '해석한다는 것은 텍스트의 의미에 대해 내기를 건다는 것'을 뜻한다(228). 같은 것을 말할 수 없기 때문에, 번역자는 어휘, 문체, 구문 등 다양한 층위에서 끊임없이 '교섭'(혹은 협상)을 한다. 에코는 '번역론에 확산된 많은 개념들(등가, 목표에의 부합, 충실함 또는 번역가의 주도권 등)'이 자신에게는 '협상의 깃발로 제시된다'는 점을 강조한다(23). 그는 '어떤 사전을 참조해' 보아도 '충실함'의 동의어들 중에 '정확함'이라는 단어는 없다고 단언한다. 오히려 '성실함', '정직함', '존중', '경건함'이 그 동의어들이라는 것이다(544). 한 가지 분명히 해야 할 것은, 에코가 '하나의 명백한 원리'로 지적하듯이, 번역이 '체계들 사이에 이루어지는 것이 아니라 텍스트들 사이에서 이루어진다'는 것이다(53). 이러한 원리는 '미니 텍스트'인 문법 예문들의 번역에서 문학텍스트들의 번역에 이르기까지 동일하게 적용된다.

4. 생산적 번역문법과 브리콜라주

라드미랄(2010a:7)은 네 종류의 번역학을 말한다. 규범적 번역학, 기술적

---

18 발라르(1988:130)는, 영불 번역의 경우, 불어가 영어보다 10% 정도 길게 번역되는 것이 통상적이라고 지적하는데, 이는 근본적으로 두 언어의 성격 차이에 기인한다.

19 이 책 11장 참고.

20 메이에르(2012)는 수사를 '제문론'(problématologie)의 관점에서 '주어진 문제에 대한 주체 간의 거리 교섭'으로 규정한다.

번역학, 생산적 번역학, 과학적(혹은 귀납적) 번역학이 그것들이다.[21] 이들은 저자가 자신의 이전 연구들에서 각각 '그제의 번역학', '어제의 번역학', '오늘의 번역학', '내일의 번역학'이라 불러온 것들이나, 지금은 이러한 시기적 구분을 번역학 이론의 인식론적 메타이론상 구분으로 재인식한다. 이들 중 저자가 추구하는 것은 '생산적' 번역학으로, 번역 실천을 용이하게 해줄 목적의, 일련의 개념과 원리들을 '짜맞추는'(bricoler) '편익적'(facilitateur) 담론들로 이루어진다. 그는 이러한 '편익적' 담론이 번역자의 심리적 고충이나 고통들을 일시적이나마 해결해준다는 점에서 '치료적 담론'이라고도 부른다.[22] 라드미랄이 그의 '생산적 번역학'의 구체적 방법들로 제시하는 것은 '번역을 위한 이론소들(théorèmes)'이다. 라드미랄은 이 '번역(비평) 이론소들'이 번역의 결과가 아니라 과정에 초점이 맞추어져 있음을 여러 글에서 누누이 강조한다.

라드미랄(2010a:11)은 그의 1979년 저서 *Traduire: théorèmes pour la traduction*을 '생산적 번역학'의 저술로 제시한다. 번역 이론소는, 이 저서에서 보듯이, '귀납적 일반화가 가능한 번역 실천을 위한' 것으로, 일종의 금언, 권고, 조언 같은 것, 혹은 '핵심.개념', '번역의 원리' 같은 것들이다. '이화'(異化, dissimilation) 이론소, '양자택일'(dichotomie) 이론소 등이 대표적인 것들이나,[23] 이 밖에도 다양한 '개념'이나 '원리'들이 이론소들로 제시되어 있다.[24] '이화'를 자신의 번역학의 근본적 '이론소'로 제시하는 라드미랄(2004a:29-30)은 '번역적 이화'의 한 멋진 경우로, 셰익스피어의 유명한 구절 'To be or not to be, that's the question.'을 로비타이유가 'Vivre ou mourir,

---

21 라드미랄(1997:42)은 번역학의 제5 유형으로 '사변적 번역학'을 제1유형에서 구분해내기도 한다.

22 라드미랄(1987), 전성기(2008a:98) 참고.

23 음성학에서 개념을 빌린 '이화'는 원어의 '문자' 대신 '정신'을 택하는 것이고, '양자택일' 이론소는 번역에서 부단히 마주하게 되는 '양자간의 선택과 결정'을 말하는 것이다. 예를 들어, 어떤 표현을 용어로 번역할 것인가 일반어로 번역할 것인가 하는 '선택과 결정'도 그 한 경우이다.

24 이 책 13장-14장, 라드미랄(2014) 참고.

tout est là.'로 번역한 것을 든다. 'Vivre ou mourir'에 대해서는 어쩌면 이의를 제기할 수도 있겠으나, 'tout est là'는 부러운 성공적 번역이라고 그는 칭찬을 아끼지 않는다. 라드미랄(1979:223-4)은 '번역적 -할지성'(quodité traductive)도 그의 번역론의 또 하나의 '근본적 이론소'로 제시한다. 이는 '번역 선택'과 관련된 것이다. 첨가냐 손실이냐의 선택도 '번역의 -할지성' 문제이고, 등가, 상쇄, 이화(異化) 등도 이 '번역적 -할지성'에 답하는 것이다. '용어적 -할지성'도 '번역적 -할지성'의 한 경우이다.[25]

라드미랄의 네 유형 번역학 구분은 번역문법에도 유추적 적용이 가능하다. 이론적으로는 라드미랄의 유형들에 따라 규범적 번역문법, 기술적 번역문법, 생산적 번역문법, 과학적 번역문법을 구분할 수 있으나, 현재로서 유용한 구체적 설정은 앞의 세 경우에 국한된다. 규범적 번역문법은 맞다/틀리다 문제에 집중하는 오역평가에서 그 전형적 모습을 찾아볼 수 있다. 번역이 자연스러워야 한다는 것도 하나의 규범적 번역문법 차원 판단이다. 이 '자연스러움'은 원텍스트 언어의 성격과 관련지어 고찰되어야 한다. 기술적 번역문법에 대해서는 비네·다르벨네의 비교문체론과 발라르의 '사실적 번역학' 외에도 관련 자료들이 적잖이 축적되어 있다.[26] 티스-로가체바(2011:3)는 대조언어학이 비네·다르벨네의 《영어와 불어의 비교문체론》과 기유맹-플레셰르(1981)의 《불어와 영어의 비교통사론》에서 발전되어 쉬케·파이야르(1987)의 《번역 문제들의 언어학적 접근》에 의해 보완되었다는 견해를 표명한다.[27]

대조언어학 연구들은 결과에 대한 기술로만 볼 것이 아니라 번역과정에 대한 구체적 지침이나 길잡이가 되도록 모색해야 한다. 기술적 번역문법은 번역 오류들의 진단과 처방을 가능하게 하는 '번역 이론소' 차원 지침들을 제공할 수 있다. 들릴(1980:91-2)은 비교문체론은 두 언어체계 작용방식

25 이 책 8장 "4. 라드미랄의 생산적 번역학" 참고.

26 구아덱(1974), 기유맹-플레셰르(1981), 쉬케 · 파이야르(1987), 미셸 발라르(2003, 2004) 참고.

27 기술적 번역론들에 대해서는 전성기(2013b) 참고.

의 관찰의 도구이지 번역의 방법은 아니라고 주장하는데, 비교문체론 기술들은 유추적으로 번역에 활용될 수 있을 뿐 아니라, '번역(비평) 이론소화'하여 번역과 번역비평에 이용할 수 있다. 예를 들어, 비교문체론의 기술을 바탕으로, '직역 가능성 여부를 확인하라', '언어 성격을 고려하라', '헛짝(faux-amis)을 조심하라' 같은 것들도 '번역 이론소'로 제시될 수 있다. 라드미랄(2002:340)은 문학번역에서 언어의 정확성을 소홀히 하면 번역들은 '부정한 미녀들'에 지나지 않게 되고, 반대로 문학적 측면을 희생시키고 원텍스트의 언어적 충실성만 지키면 '정숙한 추녀'가 된다고 지적한다. 다양한 번역 관련 자료들을 '번역 이론소'화하여 적절히 활용한다면, '정숙한 미녀'라는 '좋은' 텍스트번역의 실현이 불가능하기만 한 목표는 아닐 것이다.

라드미랄의 생산적 번역학에 대한 논의에서 특히 관심이 가는 것은 '생산적 번역학'의 '브리콜라주'의 성격이다.[28] 이 '브리콜라주' 기법은 생산적 번역문법에도 유용하게 적용될 수 있다. 바르텔레미(2007:186)도 번역을 가능성에 대한 '모험'이고, '브리콜라주'이며, '덧쓰기'이고 '망설임'이라고 말한다. 번역학이 '인간적인, 너무 인간적인' 학문이라서 형식적 엄밀성이 요구되는 과학을 표방할 수는 없다는 라드미랄(1989:12-3)은 자신의 번역론을 '실천의 격랑에 맞서는 산발적 이론소들의 랩소디'[29]로 묘사한다. 사전적으로 '즉흥성을 중시하는 악곡의 한 형식'이라는 '랩소디'는 '번역 실천을 용이하게 해 줄 목적으로 일련의 개념과 원리들을 짜맞추는(bricoler) 편익적 담론'이란 그의 생산적 번역학의 정의[30]에 잘 어울리는 수사이다. 라드미랄의 '생산적 번역학'의 '편익적' 담론이 '번역 심리'에 초점이 맞추어져 있다면, 번역문법은 텍스트 언어에 대한 번역자의 '메타언어적 성찰'에 중점이 두어

28 김애주(2005:14): "레비-스트로스에 따르면 브리콜라주는 자연과 사회뿐 아니라 거의 모든 영역에서 발견되는 대항적 요소들을 동일하게 보는 사고 체계라는 것인데, 이러한 통합적 사고 체계는 '인간의 삶과 자연의 삶 간의 만족스런 유추 관계'를 만듦으로써 '세상을 만족스럽게 설명하고 살만한 곳으로 만들게 한다'. (…) 이와 같이 브리콜라주는 현대에 와서도 대립적 요소들을 화해하려는 양식으로 예술과 철학 영역에서 발현되고 있는 것이다"

29 라드미랄(1979:110), 라드미랄(1989:13) 참고.

30 라드미랄(1997:36) 참고.

져 있다. 라드미랄(2012:558)은 그의 번역학에 대해 언어학, 철학, 심리학에 힘입은 '학제적 삼각형', 나아가 '비교문학'까지 포함된 '학제적 사각형'을 말하는데,[31] 번역문법은 '언어학, 수사학, 해석학'에 크게 힘입은 학제적 번역학에 핵심적으로 기반하고 있다.

번역문법은 '생산적 번역문법'의 '번역(비평) 이론소들'의 '브리콜라주'를 활용하여 실용번역은 물론, 문학작품의 탐구번역, 문학번역의 작품성 번역비평까지도 수행할 수 있다. 예를 들어, 갈랑베르(2006:12)는 생텍쥐페리의 *Le petit prince*를 신화와 동화의 성격을 아울러 가진 '시적 담론'으로 규정하는데, 이러한 작품의 성격은 《어린 왕자》의 하나의 기본적 '번역(비평) 이론소'가 된다.[32] 브랑쉬(2013:105)가 지적한 저자 생텍쥐페리의 '표현들에 대한 세밀한 주의'도 《어린 왕자》의 번역과 번역비평이 관심을 가져야 할 또 하나의 '번역(비평) 이론소'이다. 밀리건(1955:250)이 생텍쥐페리 '표현 글쓰기'의 '요체'로 주목한 '간결성', 시적 담론과 긴밀한 관계가 있는 '단형문구'(formule), 동화 성격에 텍스트에서 두드러지는 '반복' 등도 *Le petit prince*의 중요한 '번역(비평) 이론소들'이다. 이러한 '번역 이론소들'을 섬세하게 재현한 번역은 그만큼 '좋은 번역'일 가능성이 높다.[33] '번역(비평) 이론소들' 자체는 산만하고 산발적으로 보일 수 있으나, 이들의 '브리콜라주'는 구체적 작품의 작품성 번역이나 작품성 번역비평이라는 주제로 인해 나름의 '편집적 타당성'을 획득한다. '제문론'적으로 보면, '번역(비평) 이론소들'이라는 요소들이 하나의 구체적 '작품성' 질문에 부분적 답들로 제시된 것이다.[34]

라드미랄(2014:78)은 '번역 이론소들'이 나름의 '포괄적 전략의 일관성'을 갖추게 되면, 베르만이 말하는 하나의 '번역 기획'이 된다고 본다. 마찬가지로, '번역비평 이론소들'의 브리콜라주가 나름의 '포괄적 전략의 일관성'을 갖추게 되면 하나의 '번역비평 기획'이 될 것이다. 언어문법이 체계적 지식

31 라드미랄(2013:ix-x) 참고.

32 '시적 담론'은 일종의 '메타 이론소'이기도 하다; 라드미랄(1979:224) 참고.

33 이 책 13장 참고.

34 베이에르(2012) 참고.

중심이라면, 번역문법은 사례 중심적이다. '탐구'로서의 번역이 어떻게 '발견'으로서의 번역에 이르고, '탐구'로서의 번역비평이 어떻게 '발견'으로서의 번역비평에 이르는지, 번역문법은 그 과정을 가급적 자세히 보여줄 필요가 있다. 사례 중심적이다 보니 번역문법은 브리콜라주의 성격이 강할 수밖에 없지만, 번역인문학의 주요 영역이니, 적어도 부분적으로는, 명시적 메타담론으로도 구축될 필요가 있다. 다만 그 내용과 담론들의 다양성과 이질성으로 인해, 그 형식은 '브리콜라주' 성격을 크게 벗어나기 어려울 것이다. 그렇다고 해서 그 나름의 '주관상호적 그럼직함'이나 '논증적 합리화'를 위한 노력이 면제되는 것은 물론 아니다. 번역문법의 메타담론 차원의 타당성과 그 설득력을 높이기 위한 추구는 꾸준히 지속되어야 할 것이다.

여기서 한 가지 지적해야 할 것은 번역문법적 분석에서 '오류들'로 평가되는 사항일지라도 전일적 텍스트비평 차원에서는 오류, 적어도 심각한 '오류'가 아닐 수 있다는 것이다. 적지 않은 오류들에도 불구하고 명역으로 인정받는 경우들은 오역 문제를 다시 생각하도록 우리를 이끈다. 텍스트번역에서는 전일적 시각에서의 텍스트성이 매우 중요하다. 텍스트번역에서의 오역은 번역텍스트의 전일성에 의해, 적어도 부분적으로는, 상쇄될 가능성이 충분히 있다. 그래서 번역에서 '새로운 텍스트성, 하나의 온전한 텍스트성'[35] 구축 문제는 텍스트번역의 중요한 과제가 된다.[36] 외국어 문법 예문 번역분석으로부터, 일반적 텍스트나 문학텍스트의 번역분석, 그리고 번역평가, 작품성 번역비평에 대한 고찰에 이르기까지, 번역문법이 포괄하는 영역이 광범위하지만, '하나의 온전한 텍스트성' 구축 문제도 소홀히 해서는 안 될 것이다. 번역문법은 탐구번역과 탐구번역비평을 통해, 다양한 작업을 수행할 수 있다. 이 작업들에서 그 타당성과 효율성을 높일 수 있는

35 이 표현은 폴 벤시몽이 보들레르의 포 번역에 대해 사용한 것으로, 우스티노프(2006:37)에서 재인용.

36 '오역 혹은 불충분한 번역에서 비롯된 오해가 어떤 면에서는 동아시아 불교의 정체성의 원천이기도 하다'고 지적하는 조성택(2009b)은 번역텍스트에 대한 '독립된 텍스트라는 인식'의 중요성을 주장한다. 이러한 주장은 폴 벤시몽의 '하나의 온전한 텍스트성'과 관련지어 폭넓게 검토되어야 할 것이다.

'번역(비평) 이론소들'의 '브리콜라주' 방식에 대해서도 깊은 메타적 성찰이 필요하다.

5. 번역문법, 번역수사학, 번역해석학

슐라이어마허는 한 텍스트를 이해하기 위해서는 그 텍스트에 사용된 언어를 정확하게 해석해야 하고, 그 텍스트에 표현된 사고를 이해해야 한다고 보았다. 전자는 '문법적 해석'이고 해석의 '객관적 측면'이며, 후자는 심리적 해석(혹은 기술적 해석)이고 해석의 '주관적 측면'이다.[37] 텍스트 해석에서 문법적 해석과 심리적 해석은 '해석적 순환'의 관계에 있다. 이기언(2008:283)은 '문법적 해석은 랑그 차원에서 담화를 이해하는 것인 반면에, 심리적 해석은 파롤 차원에서 접근하는 것이라고 비유할 수 있다'고 주장하는데, 이러한 랑그/파롤 해석을 소쉬르적이라고 보기는 어렵다. 문법적 해석은 '파롤' 차원에서 이루어져야 하기 때문이다. 김용일(2000:31)은 '문법적 이해가 표현된 단어와 문장의 단순한 의미만을 이해하는 것이 아니라, 단어와 문장이 갖는 종합적인 의미를 텍스트 전체의 맥락에서 해석'하는 것이라는 견해를 표명한다. 번역문법도 우선적으로 전체 맥락을 고려하는 분석적 번역을 목표로 하되, '전일적 해석'도 충분히 고려하는 접근 방식을 취한다. 번역에서 '전일적'[38] 이해는, 슐라이어마허의 '예지력'(혹은 '예감')과 맥이 통하는 것으로, 작품성에 대한 포괄적 이해가 중심이 되나, 작품에 대한 '직관적' 이해와도 무관하지 않다.

리쾨르(2006:138)는 '번역가의 과제'를 '단어에서 시작해서 문장으로, 텍스트로, 문화 전체로 나아가는 것이 아니라, 오히려 그 반대로 나아가야 하

---

37 최신한(2007:31): "슐라이어마허의 해석학은 언어와 관련해서 '문법적 해석'을 제시하며 정신과 관련해서 '심리적 해석' 또는 '기술적 해석'을 제시한다. 이 두 해석 기술이 올바로 적용될 때 진정한 이해가 가능하며 오해를 최대한 회피할 수 있다. 번역에서도 원서에 용해되어 있는 이 두 차원에 대한 고려가 필수적이다."

38 '종합적'이란 말 대신 '전일적'이란 표현을 쓴 것은 전체는 구성요소들의 합이 아니기 때문이다.

는 것'이라고 말하는데, 리쾨르가 의미하는 이 '문화 전체'에 대한 이해도 '전일적 이해'와 관련되는 것으로 볼 수 있다. 분석적 접근과 전일적 접근은, 슐라이어마허의 부분과 전체의 관계와 같이, 나선형의 '해석적 순환' 관계에 있다. '교섭과 등가의 텍스트문법'인 번역문법은 실천적으로는 원텍스트의 읽기와 해석, 그리고 이를 통한 번역의 시도, 이 시도들에 대한 번역평가와 번역글쓰기, 그리고 이들 사이의 피드백을 포함한 상호작용들을 통해 구현된다. 맥락적인 번역문법적 등가는 협의의 문법적 등가, 어휘적 등가, 화행적 등가, 화용적 등가를 비롯하여, 일관성의 등가, 결속성의 등가, 리듬의 등가 등을 모두 아우르는 포괄적인 '텍스트적 등가'이다. 선택된 등가의 적절성이나 타당성 판단을 위해서는 원문과 유사문들 사이의 대조, 번역문과 유사문들 사이의 대조, 그리고 이들 사이의 대조로 이루어지는 '삼중대조분석'을 활용할 필요도 자주 있을 것이다.[39] 분석적 접근에 초점이 맞추어진 번역문법적 등가는 전일적 관점에서의 등가와 일치하지 않을 수 있으니, 번역과 번역비평에서 유의해야 한다.

읽기와 해석, 분석적 읽기-해석과 전일적 읽기-해석 사이에 분명한 선이 있는 것이 아니듯이, 분석적 번역문법적 등가와 전일적인 텍스트적 등가가 늘 명료하게 구분되지는 않는다. 일반번역에서는 분석적 등가에 중심이 놓인다면, 베르만이 말하는 '작품번역'이나, 메쇼닉이 말하는 '리듬번역'에서는 전일적 등가에 큰 비중이 두어진다. 전체를 소홀히하는 분석적 번역은 자칫하면 '단순 직역' 쪽으로 기울게 될 위험이 있고, 부분들을 소홀히 하는 전일적 번역은 번안의 방향으로 나아가게 될 위험성이 크다. 그래서 '읽기-해석'과 '번역비평-번역글쓰기' 과정의 수사적 교섭에서 텍스트성에 대한 부단한 탐색이 요구된다. 탐구번역이 이른바 원천지향번역이나 목표지향번역을 배제하는 것은 아니나, 번역인문학이 추구하는 탐구번역은 기본적으로 중용적 균형과 조화를 지향한다. 김선형(2004)은 '번역과 평가의 행복한 협동'을 말하는데, 이러한 협동은 번역자 자신의 내적 번역비평에서 우선적

39 전성기(2002:2-3) 참고.

으로 이루어져야 한다. 일반의미론 학자 아인혼(2006)도 타자들과의 공감적 소통에 앞선 '자기 공감'(self-empathy)의 필요성을 강조한다.

텍스트의 재료이자 바탕은 언어이고, 그 언어의 토대는 '문법'이다. 그리고 번역과 번역비평의 토대는 원어와 번역어의 맥락적 등가 교섭의 문법인 번역문법이다. 최근 번역론들은 번역의 대상은 언어가 아니라 텍스트라고 강조하지만, 텍스트는 언어로 되어 있다. 번역의 일차적 고려 대상은 텍스트 언어이고, 텍스트 언어의 시니피앙들과 시니피앙스이다.[40] 맥락이 적극 고려되는 이 텍스트 언어의 번역과정에서 그 언어의 성격이 우선 고려되어야 하고, 텍스트가 '나타내는 것', 슈발리에·델포르(1995:61)가 말하는 '경험의 개념적 표상(représentation)'[41]을 면밀히 살펴야 한다. 텍스트의 '변별적 의미들'은 언어만의 산물이 아니라, 맥락과 언어 외적 대상(지시물)을 포함한 종합적 고려의 산물이다. 슈발리에의 번역 도식을 단순화하면 '출발텍스트(T1)→경험의 개념적 표상(R)→도착텍스트(T2)'가 되는데, T1과 T2의 등가관계의 교섭은 R에 대한 고려 없이 이루어질 수 없다. 게다가 저자의 R1과 번역자의 R2가 일치한다는 보장도 없다. 오히려 어느 정도의 차이는 불가피하다(R1≃R2). 번역독자에 대해서도 같은 지적을 해야 할 것이다. 다양한 상호관계들을 나타내는 다음 도식을 보자.

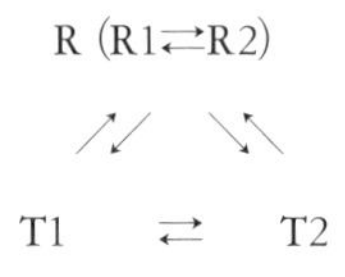

'지도는 현지가 아니다', '지도는 현지의 모든 것을 다 표현하지 않는다'는 일반의미론의 '비동일성 원리'와 '비총칭성 원리'[42]는 'T1→R', 'T2→R' 사이

40 발라르(2007) 참고.

41 이 표상(représentation)은 슈톨제(2004)가 번역해석학에서 말하는 '정신적'(mental) 표상과 실질적으로 다르지 않은 것으로 보인다.

42 전성기(2007b:85-6) 참고.

에도 적용된다.[43] 플로베르의 《마담 보바리》처럼, T1과 R1 사이에 수많은 상호작용(T1⇄R)이 있음을 보여주는 적잖은 자료들이 남아 있는 경우는 물론이려니와, T1의 확정 시까지, 대개의 경우, R1과 적지 않은 상호작용이 있을 것이다. 그래서 왜 T1이라는 형태가 최종적으로 선택되었는지, T1과 그 구성요소들에 대한 다양한 가정과 추론들이 불가피하다.[44] 이러한 가정과 추론들은 T1과 T2의 비교과정에서도 필요하다(T1⇄T2). 어떤 번역 방식이나 번역론에 의거하여 번역 선택을 하기 전에, 하고자 하는 선택이 번역문법적으로 적절한지 혹은 타당한지 충분히 검토되어야 할 것이다. 만약 회의적 결과나 부정적 결과가 나온다면, 만족스런 결과가 얻어질 때까지 가정과 추론들이 반복되어야 할 것이다.[45] 시니피앙들과 그 구성망들이 중요한 역할을 하는 문학텍스트의 번역에서는, 번역의 적절성이나 타당성을 높이기 위해서도 이러한 작업과정의 중요성이 더 커진다. T1과 T2 사이의 등가관계의 제고를 위해 R1과 R2 사이의 반복적인 '수사적 교섭'도 불가피하다(R1⇄R2). T1과 T2 사이의 교섭에서 두 텍스트의 언어적 성격이 충분히 고려된다면, 적절하고 타당한 번역 결과를 얻을 가능성이 그만큼 커질 것이다.[46]

번역문법은, 관련된 언어문화 사이의 차이에서 비롯된, 맥락적 등가 구축을 위한 '수사적 교섭'의 텍스트문법이다. 직역을 해도 별문제가 없는 경

---

43 전성기(2007b:87): "일반의미론에서는 '현지'와 '지도'를 엄격하게 구별하여 항상 현지에 가장 가까운 지도를 그리려고 노력해야 한다는 것이 강조되는데, 성실한 저자라면 당연히 이러한 입장을 취할 것이다. 마음에 들 때까지 텍스트를 계속 고쳐 쓰는 것도 자신의 '지도'가 자신의 생각과 경험이라는 '현지'와 더 가까워지게 하려는 노력의 일환으로 볼 수 있을 것이다. 그러나, 아무리 노력을 하더라도 – 저자의 재능에 따라 그 결과에 다소간의 차이는 있겠으나 – 텍스트라는 '지도'가 그것이 나타내고자 하는 '현지'와 동일해질 수는 없다. 그리고 번역의 경우도 '현지'와 동일해질 수는 없다. 원저자의 '지도'와 동일해질 수는 더더구나 없는 노릇이다. 번역은 번역이다. 번역은 원본이 아니다."

44 이러한 다양한 해석과 교섭과정의 존재는 통역과 번역의 중요한 차이 중 하나라고 말할 수 있다.

45 이는 질(2005:102)이 기술하는 IDRC(Interpretation-Decisions-Resources-Constraints)의 '일련모델'과 유사하다.

46 이 책 11장 참고.

우들이 없지는 않고, 이러한 경우에는 직역도 하나의 좋은 번역 방법이 된다. 하지만 어휘, 구문, 문체 등의 측면에서 직역할 수 없는 경우들이 오히려 훨씬 더 많다. 이러한 경우들의 문제들을 해결하기 위해 번역문법에서 '창의성'의 역할이 크게 요구된다.[47] 들릴(1980)이 에지트 해석번역이론의 가장 중요한 번역 원리로 생각하는, 사전 등의 '미등재 표현'을 이끌어내는 '유추'(analogie)는 매우 의미 있는 활용성이 큰 개념이다.[48] 제약과 창조는 번역문법에서 중요한 상보적 측면이다. 번역에서 제약이 과하게 두드러지면 수용이 어려운 대어역이 될 가능성이 높지만, 창조 측면이 너무 두드러지면 번안 형태의 자유역이 될 위험성이 크게 높아진다. 그래서 균형과 조화의 중용적 모색이 무엇보다 중요한데, 이는 '수사적 교섭'의 작업이다.

번역은 번역론(들)을 단순 적용하는 것이 아니다. 번역은 부분들과 전체 사이의 조화의 모색 작업인데, 이는 '브리콜라주'와 상당히 유사한 작업이다. 번역과정에서 번역에 도움이 되는 이론들은, 비교문체론이건 사실적 번역학이건 에지트 해석이론이건, 어떤 번역론이건 마다할 필요가 없다. 중요한 것은 '언어번역'이 아니라 '텍스트번역'이 되도록 하는 것이다. 그리고 번역과정에서 부단한 번역문법적 분석과 성찰을 통해, '주관상호적 그럼직함'이나 타당성이 높아지는 번역이 되도록 '탐구적 논증'을 하는 것이다.[49] 이러한 논증과정은 원텍스트와 번역텍스트 사이의 '거리 교섭' 과정이기도 하다. 번역에서 번역단위의 설정이 중요하긴 하나, 혹 그 설정이 잘못되었어도, 번역이 잘못되거나 미흡하게 되었어도, 탐구번역의 반복된 피드백과 번역비평과정에서 대개는 수정될 것이고, 잘못 설정된 '변별적 의미자질들'도 대개는 수정될 것이다. 이들에 관한 번역문법, 번역해석학, 번역수사학의 관련 측면들에 대한 더 깊은 탐구가 필요하다.[50]

---

47 발라르(1997), 앙세(1999), 벌러체스쿠 · 스테파닌크(2003) 참고.

48 예를 들어, 영어의 'Working'은 문자적으로는 'en marche'로 번역되나 이는 '작동 태세가 되어 있는'이란 의미를 나타내지 못하기에, 'Working'과 비슷한 'Not working'이나 'Out of Order', 'Out of Service'를 생각하고 이들의 부정 형태인 'Hors d'usage', 'En panne', 'Hors service'에서 'En service'란 표현을 이끌어내는 과정 같은 것이다.

49 이 책 4장 참고.

⁂

들릴(2001:210)은 의미가 모호한 '충실성'을 비롯한 여타 모호한 표현들이 번역학의 '메타언어'에서 언젠가 완전히 사라져야 한다고 주장한다. '충실성'(fidélité)은 오해의 여지가 많은 개념이라서 '존중'(respect)이라는 개념으로 대체되어야 한다는 주장이 설득력을 얻기도 한다.[51] 하지만 우선 그 다양성부터 인정할 필요가 있다. 이세욱(2013:153)은 쿤데라의 체코어 소설 《농담》의 불어 번역에 대해 이야기하면서 '에모냉의 번역과 쿤데라의 개역이 모두 〈충실성〉을 지향하면서 이루어졌다'고 말한다. '에모냉은 체코에 살았던 경험을 살려 체코 특유의 문화적 요소들을 충실하게 전달하려고 애썼던' 반면, '쿤데라는 그 번역을 수정하면서 자신의 소설 미학과 문체를 구현하려고 노력했다'는 것이다. 이는 충실성의 차이가 '번역 기획'의 차이와 맞물려 있음을 보여주는 것이다. 번역문법은 원텍스트에 대한 미세하고 섬세한 읽기와 이해, 그리고 번역자의 '번역 기획'에 따른, 다양한 '충실성'과 번역글쓰기를 논의하고 실현하기 위한 '밑그림' 역할을 할 수 있다. 레카나티(1984)에 의하면, 분석철학은 '과학적 정신'과 결부되는 명확성과 절제, 논거의 명시, 주장과 논거의 정밀성과 세밀성 등의 '스타일'(혹은 '정신')에 의해 특징지어진다.[52] 번역문법은 문제 해결을 위해 분석철학의 이러한 '스타일'도 배울 필요가 있지만,[53] '대립적 요소들의 소통'을 위한 텍스트 중심의 '브리콜라주'적 접근도 마다하지 말아야 한다. 특히 중요한 것은 '일반의미론'이 '평가 오류'를 피하기 위해 그 중요성을 강조하는 '외연적 접근'의

---

50 실제 번역에서는 탐구번역 도식과 위 도식이 융합적으로 고려되어야 할 것이다; 이 책 4장, 5장, 7장 참고.

51 라스티에(1996)는 '텍스트에 대한, 저자에 대한, 두 언어에 대한, 역사와 두 문화의 시기들에 대한 경의'인 '번역자의 규범'에 대해 말하는데, 이때의 '경의'는 여전히 번역학 연구의 주류를 이루는, '봉건성'(féodalité)을 연상시키는 '충실성'(fidélité)보다는 보다 중립적인 '신뢰도'나 '존중' 개념에 훨씬 더 가깝다.

52 전성기(2007b:40) 참고.

53 레카나티(1992:60)는 분석철학이 논증적, 대화적 성격으로 인해 '본질적으로 개방적 성격'을 가지고 있다고 설명한다.

적극적 활용이다. 우리 인문학의 번역인문학적 전환을 위해서는 기술적 번역문법, 생산적 번역문법의 탐구들이 광범위한 텍스트 번역자료들에 기반하여 이루어질 필요가 있다. 다양한 기술적 번역론들은 기술적 번역문법에 유용한 자료들이 될뿐더러, 생산적 번역문법에 '번역(비평) 이론소들'을 제공할 수도 있다. 번역문법은 번역은 물론 번역비평과 번역교육에서도 충분히 활용될 필요가 있다.

베르만(2011:24)은 '번역학은 성찰과 체험이어야 하기 때문에, 하나의 객관적인 학문이 아니라 번역에 대한 사유'라고 말한다. 번역문법은 텍스트 언어에 대한 사유이면서, 번역에 대한 사유이다. 베르만에게 그의 번역학이 '번역에 대한 주석이고 비평이면서 담론들'이듯이[54], 번역문법도 번역의 광의의 '문법적' 측면에 대한 '주석이고 비평이면서 담론들'이고자 한다. 번역의 실천에서 번역문법과 번역론(들)의 교섭관계는 다양하게 나타날 수 있다. 번역문법이 최소화되고 번역론이 극대화되는 경우와, 그 반대로, 번역문법이 극대화되고 번역론이 최소화되는 경우 사이에 다양한 경우들이 자리할 수 있다. 극단적 대어역이나 극단적 자유역은 번역문법과 번역론의 '거리 교섭'이 거의 작용하지 않는 번역들이나, 번역문법과 번역론이 조화롭게 작용하는 번역들도 다양하게 존재한다. 클라스(2004:100-1)가 지적하듯이, 번역에서 근본적 어려움은 원텍스트와 번역텍스트 사이의 등가 관계이다. 그가 말하듯이, 양자 사이의 '등가'는 형식적, 역동적, 의미적, 소통적, 직접적, 간접적, 자료적, 도구적, 모방적, 기능적, 문제적, 텍스트적, 통계적 측면을 가진 융통성이 큰 개념이다. 그렇기 때문에, 원텍스트와 번역텍스트 사이에 '맥락적 외연적 등가' 구축을 위한 번역문법과 번역학간의 긴밀한 대화와 '수사적 거리 교섭'은 불가피하다. 이 '거리 교섭'에서 늘 염두에 두어야 할 것은 부분과 전체의 해석적 순환관계이다. 이제 언어학과 거리두기로부터 시작된 텍스트 언어에 대한 경시와 홀대의 시선을 거두고, 번역학은 번역문법의 필요성과 그 역할을 흔연히 인정해야 할 것이다.

---

54 빗소리스(1996:53) 참고.

제7장 문학 해석번역론 재해석

흔히 '에지트'(ESIT)라고 불리는 파리 통번역대학원의 번역 이론의 공식 명칭은 '번역해석이론'(Interpretive Theory of Translation, ITT)이다.[1] 그렇지만 이를, '이중해석'이 핵심 개념이라는 점에서 그리고 '해석이론' 혹은 '해석모델'로도 불리고 있다는 점에서, '해석번역론'이라 불러도 무방할 것이다.[2] 통역과 번역의 실천을 이론화하고 이를 다시 실천과 접목하려는 노력을 부단히 해온 것으로 평가되는 에지트 해석번역론은 포르투나토 이스라엘 교수가 중심이 되어 90년대 초부터 문학번역으로도 그 영역을 넓혀왔다. 그런데 실용번역이나 기술번역에서와 달리 문학번역에서는 해석번역론이 그다지 활발히 논의되지 못하고 있다. 이 장에서는 에지트의 '해석번역론'과 이와 다른 견해를 제시하는 학자들의 견해를 아울러 살펴보면서, 이를 바탕으로 '탐구번역'[3]의 관점에서 이스라엘의 '문학 해석번역론' 모델의 비판적 재해석을 시도할 것이다. 이는 번역자들이 문학번역의 어려움들을 해결해

---

1 불어로는 'Théorie Interprétative de la Traduction'(TIT)이다.

2 해석번역론에는 에지트 것 이외에도 리쾨르의 번역론 등 해석학 전통의 것들이 여럿 있다. 네그리(2000), 렌켄(2002), 리쾨르(2006), 제르볼리노(2007), 빌헬름(2004), 벌러체스쿠 · 스페타닌크(2005a, 2005b) 등의 번역론을 살필 필요가 있다.

3 이 책 8장 참고.

나가기 위한 성찰의 자료로 삼도록 하기 위해서이다.

번역의 실천은 이론과 불가분의 관계에 있다. 실천은 이론으로 이어져야 하고, 이론은 실천으로 이어져야 한다. 이론적 바탕 없이 번역한다는 번역자들도 실제의 번역에서는 대개 묵시적 혹은 무의식적 번역론에 기반하고 있다. 대략적인 형태일지라도 명시적 번역론이 결여되면 번역상의 선택을 충분히 제어하지 못할 가능성이 그만큼 높다.[4] 이는 문학번역에서도 마찬가지이다. 최근 들어 번역학이 문학번역에 대해 적잖은 성찰의 자료들을 제시하고 있지만, 막상 문학번역의 현실과는 잘 연계되지 못하고 있다. 그래서 실천 지향적인 문학번역론 구축의 필요성이 큰 것이다. 우리는 우리 번역문화의 현실을 출발점으로 삼지 않을 수 없다. 두 권의 《영미명작, 좋은 번역을 찾아서》가 보여주는 추천본 1할대(표절본들을 제외하면 추천본들은 2할대)라는 현실, 이 열악한 현실의 조속한 극복을 위해서는 문학번역에 대한 폭넓은 탐구가 필요한데, 이스라엘의 '문학 해석번역론'은 우리 문학번역 실천의 개선을 위한 하나의 좋은 탐구의 방향이다.

1. 문학번역과 탐구번역

문학번역이란 무엇인가, 어떻게 해야 하는가? 지금까지는 많은 문학번역자들이 이러한 문제들을 심각하게 고려해보지 않았을 수 있으나, 이제는 더 이상 그럴 수 없다. 문학번역을 위해 그리고 그 비평을 위해 그러한 문제들에 대해 우리 나름대로 성찰적 반성을 하지 않을 수 없다. 최근 영미문학연구회 번역평가사업단에서 펴낸, 추천본이 1할 안팎에 지나지 않는 두 권의 《영미명작, 좋은 번역을 찾아서》의 평가 결과는 이러한 필요성을 더욱 절감하게 한다. 인문학번역이 인문학적이기 위해 '탐구번역'이 되는 것이 바람직하듯이, 철학번역과 더불어 인문학번역의 중심의 하나라 할 수 있는 문학번역도 명실상부한 '문학번역'이 되기 위해서는 '탐구번역'이 되는 것이

4 벌러체스쿠 · 스페타닌크(2005b:51) 참고.

바람직하다.[5] 어떤 번역이 '좋은' 문학번역이고, '잘된' 문학번역인가에 대해 모든 연구자들이 동의하는 단 하나의 확정적 답이 있는 것은 아니다. 하지만 바로 그렇기 때문에라도 문학번역의 방법들에 대해 심도 있는 탐구들이 필요하다. 실천은 이론으로 이어져야 하고, 이론은 다시 실천에 접목되어야 한다. 이스라엘의 문학 해석번역론의 비판적 재해석 시도는 이러한 탐구의 일환이다.

루-포카르(2005:81)는 에지트 설립자 셀레스코비치가 해석이 상당 부분 직관적, 자연적, 비성찰적으로 이루어짐을 강조했다고 지적한다.[6] 그런데 문학번역에서의 해석도 역시 '직관적, 자연적, 비성찰적'으로 이루어진다고 말할 수 있을까? 어쩌면 지금까지의 우리의 문학번역도 상당 부분 그러한 식으로 이루어져왔기에 많은 문제가 야기되고 있는 것이 아닐까? 문학번역의 탐구번역은 번역자가 의식적·성찰적·비판적 주체가 될 것을 요구한다. 문학번역은 단순 실천이 아니라, 성찰과 비판이 동반되는 실천이 되어야 한다. 문학번역이 어떤 특정 번역론을 적용하는 것이 될 수도 있으나, 반드시 그래야 하는 것은 물론 아니다. 사실 적용하기만 하면 되는 그러한 문학번역론은 있지도 않다. 문학번역의 탐구번역은 실천이 이론과 무관하지 않음을 깨닫고, 번역 실천을 하면서도 단편적으로라도 이론적 성찰들에 의식적으로 귀를 기울인다. 뷔즐랭(2004:731)도 '성찰성'의 추구는 특히 문학 영역에서 두드러진다고 지적한 바 있다.

라드미랄(2006d:115)에 의하면, 번역학의 핵심 기능은 번역자가 곤경에 처했을 때 도움을 주는 것이다. 문학번역이 더 나은 실천을 목적으로 한다면 다양한 번역학 담론, 번역비평 담론들의 도움을 마다하지 않아야 한다. 벌러체스쿠·스테파닌크(2005b:56)는 자신들의 번역론은 실천에서 비롯된 것이고 실천에 쓰이기 위한 것이며, 번역자를 번역의 선택들에서 도와주는 것이라고 말한다. 이는 문학번역의 탐구번역이 지향하는 바이기도 하다.

---

5 이 책 8장 참고.

6 루-포카르(2005:81)는 이어, 두 저자가 해석능력이 분석되어야 하고, 의미에 대한 접근이 합리적으로 기술될 수 있고 그렇게 되어야 함을 보여준다고 덧붙이고 있다.

이들의 번역론에서 실천과 이론이 변증법적으로 부단히 이어지듯이(65-6), 문학번역의 탐구번역에서의 실천-이론의 관계도 그러해야 할 것이다. 이들은 실천과 이론 사이의 괴리를 해소하는 '화해적 실천-이론'의 구축[7]을 말하는데, 문학번역의 탐구번역은 한 걸음 더 나아가, 다양한 번역론, 번역비평론들과 대화적 관계 구축도 적극 시도할 필요가 있다. 이러한 번역에 대한 성찰과 비판들은 '탐구번역론'으로 지속적으로 구축되면서 담론화되어야 할 것이다.

문학번역의 탐구번역은 '역자 후기'나 소략한 '역주' 등을 통해 번역자의 번역에 대한 성찰의 정도를 가늠할 수도 있지만, 형태적으로는 여타 문학번역과 외견상 차이가 나지 않을 수 있다. 번역비평자와 번역자의 번역론이 다른 경우, 번역자의 번역론은 단지 '다른' 것이 아니라 '틀린' 것으로 평가될 가능성도 있다. 사실 번역상의 소통, 번역비평상의 소통에도, 다른 경우들과 마찬가지로, 오해의 소지가 다분히 있다. 그래서 섣부른 판단을 내리기 전에 공감적으로 '역지사지' 해보아야 한다. '공감적 소통'(empathic communication), '파동적 소통'[8]은 '일반 소통'뿐 아니라 번역 소통, 번역비평 소통에서도 필요하다. 이는 자신의 번역에 대한 번역비평에서도, 타인의 번역에 대한 번역비평에서도 모두 필요하다. 문학번역의 탐구번역은 상당 분량의 '해제', 풍부한 '각주', 참고문헌, 색인 등의 존재가 특징인 연구번역으로 이어질 수 있다. 연구번역이 풍성해지면 문학번역의 탐구번역이 향상될 가능성도 그만큼 커진다.

탐구번역의 대상은, 연구번역에서와 마찬가지로, 매우 다양할 수 있으나, 그 넓이와 깊이에서는 탐구의 결과가 명시적 형태로 나타나는 연구번역에 비해 다소 소극적일 수 있다. 문학번역의 경우, 연구번역은 해당 원텍스트 자체에 대한 언어학적 문체론적 문학비평적 연구들을 비롯하여, 그 작가나 그 작가의 다른 작품들에 대한 연구, 원텍스트의 해당 시기의 사회·

7 벌러체스쿠 · 스페타닌크(2005b:52)는 'pratico-théorie réconciliatrice'라는 표현을 쓰고 있다.

8 전성기(2007a) 참고.

문화·정치 등에 대한 연구, 번역텍스트(들)에 대한 연구, 원텍스트의 다른 번역자들에 대한 연구 등 그 대상이 매우 다양할 수 있다. 탐구번역에서도 이들이 약한 정도로 탐구의 대상이 될 수 있다. 두 번역 사이에는 형태 이외의 차이도 있을 수 있다. 예를 들어, 탐구번역론이 우선적으로 번역자의 번역론이기에 그 번역평가나 번역비평이 대개 내재적이라면, 연구번역은 그 대상이 원칙적으로 타자의 것(들)이기에 그 번역비평이 외재적이라는 것도 큰 차이점의 하나이다. 탐구번역은 탐구번역비평과 긴밀한 관계가 있다. 후자에서는 전자를 충분히 고려할 필요가 있다.

2. 해석번역 번역과정 비판

에지트 연구자들은 '이해-탈언어화-재표현'의 세 단계로 요약되는, 통역 연구에서 비롯된 초기 에지트 해석번역론이 단절 없이 지속적으로 발전해 온 것으로 간주한다.[9] 그렇지만 적어도 들릴(1980)에 의해 '정당화' 과정이 추가된 것은 하나의 중요한 '변화'나 전환점으로 인정되어야 할 것이다. 들릴(1980:70)은 '번역 등가'가 '이해·재표현·정당화'의 3 단계 과정으로 이루어지는 것으로 설정하고, '탈언어화'는 '정당화' 단계에 포함시킨다. 이 세 단계는 각각 '언어 기호들의 코드풀이와 의미 포착', '유추적 추론과 개념들의 탈언어화', '역방향 해석과 해결책 선택'으로 이루어진다. 이 3 단계 과정에서 '이해'와 '정당화'는 모두 '해석' 과정이기에 들릴은 '이중해석'이라는 개념을 제시하게 된다(84). 플라사르(2007:16)는 해석번역론이 초기에 '랑그의 언어학'에 얽매인 번역학을 커뮤니케이션과 인지과정에 초점을 맞춘 번역과정 탐구로 전환하였으나 번역의 특수성이나 그 소통방식에 대해서는 연구가 별로 이루어지지 않았는데, 들릴이 정당화 단계를 통해 통역과 대비되는 번역의 특수성을 처음으로 명백히 하였다고 밝힌다.

국제회의 통역 연구에서 비롯되어 실용번역과 기술번역뿐 아니라 문학번

9 르드레르(2005), 이향(2009) 참고.

역까지 포괄하게 된 에지트 해석번역론은 하나의 '통합 이론'을 표방한다. 그렇다면 해석이론의 번역 대상인 화자의 '의도' 개념도 문학번역에 그대로 적용이 되어야 마땅할 것이나, 다소간 문제가 있다. 르드레르(2001:26)는 의미는 저자가 말하고자 하는 것이고, 그가 그의 말을 통해 이해시키고자 하는 것이며, 이해가 잘 되는 경우, 이는 모든 독자에게 동일하다고 생각한다.[10] 이에 대해 슈톨제는 '오늘날에는 통용되지 않는 의미와 해석에 대한 매우 제한적 인식'이라는 매우 비판적인 견해를 피력한 바 있고, 벌러체스쿠·스테파닌크(2005b:55)도 이에 적극 동의한다. 스테파닌크(2005:131)는 저자의 '의도'(vouloir-dire) 대신에 텍스트 수용자의 의미 지각의 '주관상호적 그럼직함'(plausibilité intersubjective)이라는 개념의 사용을 권한다.

사실 적지 않은 연구자들이 저자의 '의도'와 텍스트의 '의도'가 반드시 일치하는 것이 아니라는 데에 의견을 같이하고 있다. 저자의 의도가 어떠하던 텍스트는 나름대로의 의미와 함의를 갖는 독자적 구축물이라는 것이다.[11] 이는 리쾨르(2006)같은 해석학자의 견해이기도 하다. 저자는 '쓰기도 하지만 쓰여지기도 한다'는 윌마르(2001:26-7)의 말은 이를 압축적으로 표현한다. 윌마르는 '번역은 우선적으로 그리고 무엇보다 읽기'라고 주장한다.[12] 번역에서는 통역에서처럼 이해가 즉각적이지 않기 때문에 읽기와 되읽기의 중요성이 충분히 강조될 필요가 있다. 모렐(2006:25)은 '상상할 수 있는 가장 완벽한 읽기행위'로서 번역자의 읽기를 꼽는다. 그에게 '모든 읽기행위는 우리가 생각하는 것보다 훨씬 더 가정적인 것'이고(29), 그래서 번역은 '우선적으로 읽기, 잘 읽기'라고 강조한다(30). 에지트 출신인 플라사르(2005, 2007)도 번역에서의 읽기의 중요성을 크게 강조한다.

'탈언어화'도 통역과 번역의 차이와 관련하여 살펴야 할 개념의 하나이다. 이스라엘(2005a:72)은 해석모델이 문학번역에 유효한 주요 이유로 이

10 드라고빅-드루에(2005:146)는 '의도'와 '의미'가, 각각 발화자로부터 비롯되고, 수취인이 지각하여 이해하는, 동일한 대상의 두 측면이라는 견해를 표명한다.

11 라드미랄(2006b:140) 참고.

12 발라르(1993:247-8) 참고.

'탈언어화' 개념을 든다. 문학번역처럼 형태가 중요하면 할수록, 고심하여 다듬어진 정도가 클수록, 원형태를 재현하기 어렵기 때문에, 두 언어의 '분리'와 창조적 '등가물' 탐구만이 텍스트의 문학적 특수성과 그 작품의 성격을 보존하는 유일한 길이라는 것이다. 이스라엘(1990:36-7)은 해석이론이 소리 연쇄의 구성을 그 자체로 소통의 대상이라기보다 매체로 보기에 '탈언어화' 과정에 중요성이 부여된다고 설명한다. 일단 개념적 의미가 추출되면 원전의 형태는 벗어버리고, 두 언어 사이에 선축된 언어적 대응관계들로부터가 아니라, 목표어의 습관과 인지적 맥락에 따라 전언을 표현한다는 것이다. 그러나 에지트 출신 연구자들이 '탈언어화'를 '지시관계'나 '지시물'과 관계짓는 것을 감안하면, '탈언어화'보다 더 중립적인 언어의 '비활성화'라는 표현은 어떨까? 근래 주목 받고 있는 인지 차원의 다양한 연구들을 고려하면, 에지트에서도 사용한다는 '개념화'[13]가 오히려 더 적합한 표현일지 모른다.

기유맹-플레셰르(2003:8)는 용어의 관점에서 '탈언어화'나 화자의 '의도'는 적절치 못한 지나친 표현이라고 비판한다. 성공적 번역에 이르기 위해서는 원어의 통사구조와 어휘들로부터 멀어지는 것이 자주 필요하지만, 의미구축이 언어로부터 분리될 수 있을런지 의문이라는 것이다. 그리고 화자나 저자가 말하는 것을 안다 해도 그의 '의도'를 정말 알 수 있는지도 그는 의심스러워한다. 여기에 덧붙여, 그는 '재형태화'도 번역, 특히 문학번역에 사용하기는 적절치 않은 표현이라 판단한다. 문학작품의 경우 리듬과 시적 특질을 고려하는 것은 의미의 '재형태화' 이상의 일이라는 것이다. 이스라엘(2001:14)도 문학번역을 '낱말들에 대한 단순 작업'이 아닌, '에크리튀르와 문학적 소통의 법칙들'을 만족시킬 뿐 아니라, 저자의 의도를 존중하면서도 제2의 독자를 감동시켜야 하는 작업으로 본다. 그렇다면 문학번역의 경우, '형태화'나 '재표현' 대신 '에크리튀르'나 '번역글쓰기' 같은 표현을 사용하는 것이 더 적절하지 않을까?

---

13 라드미랄(2006c:64).

우르타도 알비르(2005:174)에 의하면, '의도'는 '언어행위 발현을 활성화하는 전언어적 의식상태'이고, 이 의도의 화자에 대한 관계는 탈언어화된 의미의 수신자에 대한 관계와 같다. 번역의 경우, 원텍스트 화자의 이 의도는 번역자가 찾고자 하는 것에 해당된다. 이스라엘(1994:110)은 탈언어화과정의 '비언어적 의미'를 저자가 그의 전언을 형태화하기 이전의 '선언어적인 것'과 '동일한' 것으로 간주한다. 하지만 비교적 짧은 전언들을 전하는 통역 경우라면 혹 모르지만, 문학번역이나 철학번역의 경우에도 그렇다고 말할 수 있을가? 자신이 쓴 텍스트가 완성되고 나서야 비로소 자신이 무슨 말을 하고자 했는지 깨닫게 되었다는 앙세(1999:177) 같은 경우를 단지 예외일 뿐이라고 치부할 것인가? 특별해 보이는, 예외적으로 보이는 이러한 경우가 오히려 번역의 특수성, 문학번역의 특수성을 잘 시사한다고 보아야 하지 않을까?

뒤리외(2007:49)도 '화자에게 비언어적인 선사고가 존재하고, 이것이 표현 의도, 언어화 의도를 발생시키고, 다시 이 언어화 의도에 그것을 표현하기 위한 언어의 옷이 입혀진 다음, 번역자 혹은 통역자가 개입하여 그 언어적 치장으로부터 사고를 추출하여, 옷이 벗겨진 상태의 사고에 접한 그가 그 사고에 다른 언어의 옷을 입힌다'는 식의 번역에 대한 발상은 순진한, 문제가 있는 생각이라는 비판적 견해를 표명한다. 그렇지만 이러한 발상이 교육 측면에서는 확실한 효과가 있음을 그는 인정한다. 예를 들어, 학생은 번역이 두 언어를 접촉시키는 선형적 작용도 아니고, 두 언어체계를 대응시키는 것도 아니며, 원어와 역어 사이에 단절을 함축하는 작업임을 이해하게 된다는 것이다. 하지만 이해와 재표현 사이에 끼어드는 탈언어화 단계의 존재를 단언하는 것은, 마치 우리가 두 의자 사이에 앉아 있을 수 있기라도 하는 것처럼, 탈언어화된 의미가 두 언어 사이를 떠돌게 하는 것이기에 받아들일 수 없다는 것이다.

에지트 출신이면서도 인지과학적 해석번역론의 입장을 취하는 뒤리외(2007:50-1)는 '탈언어화'[14] 단계를 인정하지 않는다. 그 대신 정신적 표상들의 형성에 의해 구체화되는 이해의 한 국면과 뒤이어지는 재표현의 국면이라는 2단계 도식을 제시한다. 그는 언어 간 문화 간 소통행위인 번역과정을 '연속적인 결정들의 과정'으로 본다. 번역과정 내내 무의식적 의식적 결정들이 이어지는데, 이 결정과정을 엄밀한 추론이 아니라 '제한된 합리성 원칙'이 적용되는 과정으로 그는 설정한다. 의미의 구축은 낱말들의 의미의 산물이 아니라, 언어적 정보들과 다루어진 주제에 대한 지식, 소통의 상황적 요소들 같은 비언어적 정보들, 그리고 텍스트의 준언어적 요소들을 활용한 추론들의 결과라는 것이다. 번역자의 머릿속에서 이루어지는 정신적 기제는 'si… alors'(if… then, …라면, 그러면)이다. 뒤리외에게 에지트 해석번역론은 '단수'가 아니라 '복수'이다. 탐구번역의 관점에서는 '탈언어화' 과정을 제외시키는 인지과학적 관점을 취하는 뒤리외의 견해에 더 공감이 간다.

3. 이스라엘의 문학 해석번역론

에지트의 문학 해석번역론 구축에는 이스라엘 교수의 공이 단연 크다. 사실 최근까지의 에지트의 문학 해석번역론은 거의 대부분 이스라엘 교수의 연구에 의존한다.[15] 그는 1990년 무렵부터 최근까지 열댓 편가량의 문학번역 관련 글들을 발표해왔다. 이스라엘(2001:9)에서는 해석모델이 시니피앙의 역할이 두드러지는 문학번역과 양립불가능하지 않을 뿐더러 문학번역의 모든 양상들을 제대로 통합할 수 있는 '유일한' 모델이라는 주장이 제기되기도 한다. 이스라엘(1990:35)은 실용텍스트와 문학텍스트의 차이는 의미포착 기제보다는 문학텍스트의 성격에 기인한다고 본다. 거의 대부분의 경우, 실용적 텍스트로부터는 정보들을 추출하여 의미를 밝혀낼 수 있지만,

14 '탈언어화' 단계는 라드미랄(2005)이 말하는 '죽음의 도약' 과정이다.

15 이스라엘(1990, 1991a, 2001, 2005b) 참고; 앙리(2005)는 해석번역론의 문학번역 적용가능성을 살핀 글인데, 여기서 저자는 'TIT의 인지적 보충물 개념이 문학번역에도 필요하다', '대응이 아닌 등가 번역을 해야 한다', '개념적 의미뿐 아니라 정서적 의미도 번역되어야 한다', '문학번역에서 수신자의 차이가 고려된다' 등의 이유를 들어 그 가능성에 긍정적으로 답한다. 그는 문학번역에서 탈중심화 번역, 자국화 번역 모두 가능하다고 보지만, 이것이 에지트 해석번역론 입장이라고 말하기는 어렵다.

문학텍스트의 경우에는 그렇지 않다고 한다. '문학텍스트를 밝혀 내는 것은 단순한 정신적 작업이 아니라 감성이 개입되며 무수한 가정들로 이어지는 탐구'이기 때문이다. 이러한 '탐구'는 적절한 번역상의 선택과 결정들로 귀결되어야 할 터인데, 이는 뒤리외가 말하는 '제한된 합리성 원칙'이 적용되는 추론과정과 흡사하다. 이스라엘이 말하는 실용텍스트와 문학텍스트의 대비는 에코가 말하는 하나의 해석만 허용하는 '닫힌 텍스트'와 복수의 읽기가 가능한 다중적 텍스트인 '열린 텍스트'의 대비를 생각하게 한다.[16]

이스라엘(2001:10-1)은 문학텍스트가 서로 긴밀히 연계되어 있는 세 가지 근본적 특징을 가지고 있다고 말한다. 첫째는 주어진 한 언어로 기록된 '언어적' 대상이라는 것이다. 둘째는 한 문화에 뿌리내리고 소통행위에 통합된 하나의 '담론적' 대상이라는 것이다. 셋째는, 가장 특징적인 것으로서, 의미와 형식이 불가분하게 구성되어 있는 '미적' 대상이라는 것이다. 이러한 내용과 표현 방식의 '공생'으로부터 새로운 복합적 에크리튀르가 비롯된다는 것이다. 저자는 문학텍스트가 이러한 특징들을 가진 것이라면, 시적 텍스트의 다른 언어문화로의 전이는 불가능한 것이어야 할 터인데, 바로 이 영역에서 지난 수세기 동안 번역행위가 줄기차게 이루어졌다고 지적한다. 이스라엘(1990:37-8)은 실용적 텍스트에서와 달리, '말하고자 하는 바'가 통사·어휘·리듬 등 언어적 소스들이 어떻게 짜여 있는가에 크게 의존하는 문학텍스트, 형태 자체가 의미 구축에 크게 작용하는 문학텍스트에서는 의미와 형태의 '분리'가 훨씬 어렵다고 말한다. 개념적 내용에 '고유 존재성'이 부여되는 실용텍스트와 달리, 문학텍스트에서는 형태와 실질이 상호침투하여 하나의 톤, 하나의 에크리튀르, 새롭고 독특한 글쓰기를 창출한다는 것이다.

이스라엘(1991a:28)은 문학작품의 '문학적 위상', '미적 성격'을 보존하고, 의미와 형태의 결합으로 산출된 '효과'(effets)를 재창출하는 것을 '전이'의 '궁극적 목적'으로 본다. 그런데 번역에서 두 언어는 '분리'되어 있기 때문

16 이스라엘(2006:13-4) 참고.

에, 즉 서로 다르기 때문에 '재창조'될 수밖에 없다는 것이다. 그러니까 '번역'과 '창조성'은 양립불가능한 것이 아니라 번역에서 '공존'의 대상이라는 것이다. 그는 '작품을 자연스럽게 번역하지는 말아야 한다', '이국성을 가급적 유지하는 것이 중요하다'고 십분 인정하면서도, 독자가 이해할 뿐 아니라 느끼도록 해야 하기 때문에 일부 손질이 불가피하다는 타협적인 입장을 취한다. 예를 들어, 영어에서 알렉상드랭, 즉 12음절 시구를 쓸 수 없어 10음절 시구를 쓰는 것은 그것이 통해야 하기 때문이라고 말한다. 이는 그가 '도착문화로의 통합'이라 부르는 것인데, 이러한 '통합'이 '번안'(adaptation)이나 '동화'(assimilation)는 아님을 그는 강조한다(35). 이스라엘(1991b:220)은 '효과' 개념이 저자가 어떤 기법들에 의해 산출하려는 미적 인상과 독자의 생각과 마음 속에 일으키려는 인상을 가리키는 이중 의미를 가지고 있다고 지적한다. 이들에서는 전언의 질료성보다 소통행위 참여자가 문제가 되고, 이는 문학에서 '시적 기능'의 우선성에 의해 가려진 '표현 기능'과 '환기 기능'이 제 자리를 찾게 되는 것을 뜻한다고 저자는 설명한다.

이스라엘(1991a:37)은 문학번역은 매우 치밀하고 정확해야 하나, 핵심은 그래도 텍스트가 읽히는 것이고, 그것이 근본적 기준이라 말한다. 등가는 세부사항들이 아니라, 텍스트 사이에서 이루어질 것을 그는 요구한다. 번역의 '근본적 원리'는 텍스트를 텍스트로 대체하는 것이라고 그는 말한다. 물론 경우에 따라 약간의 융통성은 있으나, 문학번역은 낱말들, 문장들, 문단들을 옮기는 것이 아니라, 작품을 작품으로 옮기는 것으로서, 이에는 내적 구성의 일관성, 균질성, 독자에 대한 임팩트 등을 재현하는 과제들이 뒤따른다. 그는 이러한 '근본적 원리'는 '동일한 효과'를 창출하는 것이고, 시를 시로, 비극을 비극으로 대체하는 것이라고 다시금 강조한다. 대체 방식들이 '유사한 것들'이냐 '못보던 것들'(inédits)이냐 하는 것은 중요치 않다. 이러한 작품성 번역 문제는 문학번역의 핵심으로서, 그 구체적 연구가 우선적으로 이루어져야 할 것이다. 연구가 어느 정도 진척되면, '작품성 번역론'으로 제시될 수도 있을 것이다.[17]

'제약'과 '자유'에 대한 이스라엘의 견해는 경청할 만하다. 이스라엘

(1991a)에 의하면, 모든 번역은 잘되었건 못 되었건 '제것화'하는 것인데, 이 '제것화'는 제약의 결과이기도 하지만 자유의 확인의 결과이기도 하다. 문학번역자는 말하자면 자유롭지 않을 수 없지만, 두 텍스트 사이의 '일치'(convergence)가 보장되려면 모종의 규칙들을 준수하지 않을 수 없다(18). 문학작품에서 '의미화된' 형식은 개념적 내용의 단순한 표현 수단이 아니라 전언 구축에 핵심적 요소가 되어, 말하는 방식이 말한 내용보다 자주 더 중요해지기까지 한다고 그는 지적한다. 표현의 마력을 젖혀놓는다면 셰익스피어의 희극도 철학적 공상에 지나지 않고, 베를렌의 시도 진부한 넋두리에 불과하다고 그는 과감히 주장한다(19). 그는 '의미에 국한된 충실성은 반역(trahison)의 한 방식'이라는 폴 발레리의 말을 인용하며, 겉모양에도 불구하고, '직설적 번역'도 '제것화'의 한 방식이고 원본 접근의 한 방식이며, 그 이해에 도움을 주기는 하나, 텍스트에서 향기를 제거하고 모든 미적 추구를 포기하며 텍스트를 탈기능화한다고 신랄하게 비판한다(22). 모든 전이는 탈맥락화를 전제하는데, 산출 맥락이라는 관계망 속에서 작품의 가독성이 보장되려면 문화변용 과정이 불가피하다는 것이 그의 입장이다(24).

문학번역에 대해 이스라엘(2001:11-4)은 세 주요 경향을 언급한다. 첫째는 직역적 접근 혹은 '복제-번역'으로서 번역에서 원텍스트의 형태들, 이국적 성격을 가능한 한 유지하는 것이다. 번역을 거의 낱말들에 대한 작업으로 인식하는, 형식들에 대한 이러한 '거짓 충실성'으로 인해 원텍스트가 적잖이 왜곡되고, 번역텍스트에도 미적 측면에 손상이 초래되는 경우가 잦다. 둘째는 이와 대립되는 것으로, 프랑스에서 17세기 이래 '정숙한 추녀들'과 대비되는 '부정한 미녀들'로 불린 '번안-번역'이다. 이는 원텍스트에 대한 의존성을 벗어나 새로운 작품을 창출하는 것으로서, 그 시각은 대놓고 병

17 선영아(2009:175): "번역본이 원작과 등가의 효과를 산출하기 위해서는, 우선 텍스트의 의미 구조에 대한 섬세한 분석을 거쳐 출발 텍스트의 효과가 '해석'되어야 하고, 해석된 효과는 번역본 독자에게 등가의 효과를 발휘할 수 있도록 새로운 언어적 질료 속에서 재구성되어야 한다. 이렇게 볼 때, 효과는 텍스트적인 차원과 의사소통적 차원에서 이중으로 주관성의 과잉을 차단하는 보호 장치로서 작용할 뿐만 아니라 번역의 적절성을 판단할 수 있는 구체적인 준거로서 작용할 수 있다."

합적이다. 주제면에서나 형식면에서나, 갖가지 시도들이 허용되는데, 이에서 비롯되는 자유로운 재구성에서는 대상언어문화의 관습과 번역독자들의 기대들이 특히 중시된다. 따라서 번역의 이유들이라 할 수 있는 문화적 기여, 지평의 확대, 일상에서의 벗어남 등의 개념들이 들어설 자리가 거의 없다. 이스라엘(2001:13)은 셰익스피어의 유명한 구절 'To be or not to be, that is the question'을 볼테르가 요란스런 12음절 알렉상드랭 시구인 'Demeure, il faut choisir et passer à l'instant.//De la vie à la mort et de l'être au néant.'으로 번역한 것을 한 예로 들고 있다. 베르만의 '문자번역', 메쇼닉의 '리듬번역'도 자민족중심적인 이러한 번역 경향에 반기를 든 것이다. 이 양극 사이에 텍스트의 언어가 아니라 텍스트 자체를 번역의 지평으로 삼는, 제3의 길인 '재창조-번역'이 자리한다.

이 '재창조-번역'의 '언어 지평'은 '텍스트 언어가 아니라 텍스트 그 자체'라고 이스라엘은 천명한다. '재창조-번역'은 텍스트의 위상과 그 '충만성'(plénitude)을 그대로 유지하면서도 목표문화에 통합되는 번역이다. 원텍스트의 미적 성격과 감성적 측면에 손상이 없으면서 가독성에도 지장이 없도록 하는 번역이며, 뿌리를 잊어버리게 하지도 않고 귀화시키지도 않는 번역이다. 또한 에크리튀르와 문학적 소통뿐 아니라 저자의 의도와 독자를 모두 존중하는 번역이기도 하다. 번역어의 언어와 문화의 관점에서 하나의 진정한 재창조인 이러한 번역이 '해석적' 접근이라는 것이 이스라엘의 주장이다. 저자의 이러한 '재창조-번역'은 흔히 원천지향적이라고 평가되는, 베르만의 '문자번역'이나 메쇼닉의 '번역 시학'이 추구하는 '시니피앙스 번역'과 근본적 차이가 있는 것으로 보이지는 않는다. 그러나 경향의 차이는 분명 있다. 후자들이 번역어에 원언어의 요소들(어휘, 통사, 리듬)의 도입이나 '혼혈화'를 주저하지 않는 반면, 전자는 이를 피해 가능한 한 '보수적'으로, 번역어의 '잠재력'에서 그 표현가능성을 찾고자 한다. 이는 라드미랄이 추구하는 것이기도 하다.[18]

18 보네(2006:33) 참고.

김유정(2007:31)은 '번역 텍스트를 언어활동의 총체적 산물로 바라보는 공감대에도 불구하고, 의미중심의 번역론과 메쇼닉의 번역 시학은 극명한 대척점에 위치'한다고 주장하는데, 이러한 비판이 문학 해석번역론에 그대로 해당된다고 보기는 어렵다. 오히려 이스라엘의 문학번역론은 내용상 메쇼닉의 번역 시학과 상통하는 부분이 상당히 많다.[19] 메쇼닉은, 김유정의 설명처럼, '의미중심 번역론이 추구하는 의미가 의미와 형태의 분리를 전제로 하는 불연속적 기호의 연장선상에 있음을 비판하며, 번역이 추구해야 하는 새로운 의미 단위'로 시니피앙스를 제시한다. 그런데 문학 해석번역론은 문학작품에서 의미와 형태가 융합된 '효과들'을 번역작품 속에 재현하려 하기 때문에 '의미중심 번역론'과 동일하게 보기 어렵다. 또한 메쇼닉이 일원론에 입각하여 비판하는 '이원론적' 접근은 실제 번역과 그 검증, 그리고 교육에서는 거의 불가피한 것이기도 하다. 원작의 '충만성'[20]의 재현에서 직관이 작동하지 않는 거의 대부분의 경우에는 대개 우선 '의미' 차원 번역을 먼저 하고, 그 다음에 '형태 의미'나 메쇼닉이 말하는 '시니피앙스' 차원의 의미를 추가적으로 고려하게 마련이다. 앙세(1999:185)도 단계적 작업을 말한다. 그는 번역자가 어휘, 구문, 운율 등의 정확성에 세심하게 주의를 기울여 첫 번째 버전을 구축한 다음에 해야 하는 큰 작업은 바로 원텍스트와 동일하지는 않지만, 유사한, '유추적' 관계에 있는 리듬을 발견하는 것이라고 지적한다.

텍스트 의미의 '불안정성'의 이유로 이스라엘(2006:14-5)은 번역자의 '주체성의 틈입'과 독자의 '비판 정신'을 언급한다. 텍스트 읽기를 불안정한 의미를 포착하기 위한 '추론 작업과 언어적 및 비언어적 데이터들의 통합 작업'에 기반한 '발견행위'로 그가 지적한 것도 주목할만 하다. 특히 텍스트의

19 김유정(2007:13-4)은 오늘날에는 '무엇을 말하는가'가 아니라 '어떻게 말하는가'하는 문제가 문학성을 포착하는 중요한 관건으로 대두되었다고 말한다. 나아가, '이런 점에서 이스라엘이 지적하는 서로 협력하여 효과를 창출하는 의미와 형태의 일치는 오늘날 문학성을 논하는 가장 핵심적인 쟁점일 뿐만 아니라, 나아가 문학성을 포괄하고자 하는 문학번역이 추구해야 할 이상적인 등가체의 모습이라고 할 수 있다'고 그는 지적한다.

20 이스라엘(1998) 참고.

의미는, 여하한 것이건, '작가의 의도', '작품의 의도', '독자의 의도'의 상호 작용 결과라고 그가 지적한 것은 충분히 음미해 보아야 할 것이다(16).[21] 지금까지 지적된 혹은 그가 기술한 성격을 가진 문학텍스트를 그 성격에 합당하게 번역하려면, 그가 제시하는, 통역연구에서 비롯된 '이해-탈언어화-재표현' 모델은, 그 교육적 의미는 십분 인정할 만하나, 문학번역의 실제 과정을 포괄하기에 충분히 적합해 보이지는 않는다. 슐라이어마허[22]를 비롯한 다양한 해석학자들의 번역해석학적 접근법, 언어와 문법에 관한 다양한 현대언어학의 지식들을 활용하면, 문학번역에 대한 더 나은 접근법을 제시할 수 있을 것이다. 이와 관련하여, 루-포카르(2006:213)가 '문학텍스트에서 의미의 특수한 지점으로 자리하는 것'으로 텍스트(혹은 담론) 차원의 '시니피앙스'를 제시한 것은 주목할 만하다. 그는 번역에서 시니피앙스는 그 문학성에 해당하는 우선적 불변체가 되며, 원텍스트와 번역텍스트 사이의 등가 개념을 밝혀준다는 견해를 표명하는데, 세밀히 살펴볼 필요가 있다.[23]

4. 읽기-해석과 번역비평-번역글쓰기

이제 이스라엘의 '이해-탈언어화-재표현' 모델을 해석번역론에 매우 우호적인 라드미랄의 모델과 비교하여 잠시 살펴보자.[24] 라드미랄(1997:31-2)은

21 이 세 '의도'는 이스라엘이 에코에게서 빌린 것이다.

22 이선관(2003), 최신한(2007), 이기언(2008) 참고.

23 최미경(2009:257): "특히 문학번역 방식에 있어서 의미에 대한 이해, 의미에 대한 처리 방식에 있어서 종종 2항적 대립으로 자국화/이국화, 직역/의역 등의 개념이 존재하는데, 시니피앙스는 형태와 의미적인 면을 결합한 작가 고유의 글쓰기로 원문에 대해 자주적으로 존재가능하며, 등가를 누리는 번역문의 결정체이기도 하다. 이런 점에서 문학번역은 고유의 글쓰기의 실현인 시니피앙스의 실현이라는 목표를 지향해야 할 것이다."

24 르드레르(2004)는 에지트 해석이론과 라드미랄의 번역론 사이에 거의 완벽한 일치가 있다며, 그 공통점들로 다음의 열두 가지 정도를 열거하고 있다: 1. 현장 중심 이론이다; 2. 번역은 코드전환이 아니다; 3. 번역론이 실천 제어 목적, 교육적 목적을 가진다; 4. 번역은 직역주의가 아니라 목표주의적이어야 한다; 5. 담론은 제유적 성격을 갖는데, 이는 언어마다 서로 다르다; 6. 번역학은 랑그가 아니라 랑가주의 인문학이다; 7. 번역과정은 몇 단계로 이루어진다; 8. 번역과정에 탈언어화가 있다; 9. 기술 텍스트나 문학 텍스트나 모두 목표주의

'탈언어화'는 '인터페이스'로 인정은 하되 하나의 단계로 주제화할 필요는 없다고 본다. 그래서 원텍스트의 이해와 관련되는 단계 (1)의 '읽기-해석', 번역텍스트 산출과 관련된 단계 (2)의 '재표현', 이 두 단계만을 구분한다.[25] 그는 이 2단계 외에 보충될 것으로 두 가지를 언급한다. 하나는, 그 필요성이 점차 증가되고 있는, 영단계(Ø)의 '사전 자료조사'이고, 다른 하나는, 저자가 단계 (2)에 포함시킨 두 개의 '다시 읽기' 준단계들이다. 그 첫째는 '목표텍스트 글쓰기 최적화'를 위한 '다시 읽기'이고, 그 둘째는 그 과정에서 원텍스트와의 '동의적 접촉'이 상실되지 않았나, 즉 '등가관계'가 계속 유지되는가 다시 따져보는 '다시 읽기'이다. 이 두 준단계는 들릴의 '정당화'와 유사하나 보다 세분된 것으로, 단계 (1), (2) 모두와 관련된다. 라드미랄의 2단계 도식은 다음과 같다.

[영단계(Ø): 사전 자료조사]
단계 (1): 읽기-해석
인터페이스로서의 '탈언어화'
단계 (2): 재표현, 또는 다시쓰기
[두 '다시 읽기' 준단계]

이 모델에는 '이해-탈언어화-재표현'의 에지트 초기 모델과 들릴의 '이해·재표현·정당화'의 3 단계 모델에 비해 진일보한 것으로 평가될 수 있는 면들이 분명 있다. '이해'를 '읽기-해석'으로 세분화한 것이 특히 그러하다. 그렇지만 두 개의 '다시 읽기'에 단계 (2)에서 '준단계'의 위상을 부여한 것이 들릴의 모델보다 실제에 더 부합한다고 말하기는 어렵다. 오히려 들릴의 '정당화'에 비해 오히려 일종의 '격하'처럼 느껴진다. 모델 자체에는 나타나지 않으나, 해석에 대해 라드미랄(2006b:136-7)은 '의미적 해석'과 '해석적 해석'

번역을 해야 한다; 10. 번역에서는 의미와 효과들의 재현이 중요하다; 11. 번역은 그 자체로 학문적 연구 분야이다; 12. 번역은 언어만의 문제가 아니다.

25 라드미랄(1997, 2005a, 2006b) 참고.

의 두 층위를 구분한다. 전자는 '시니피앙 연속체'에 기본적인 의미부여를 하는 것이고, 후자는 번역자의 주관성이 텍스트를 '제것화'하여, '언어적 의미'를 넘어선 '포괄적 의미'를 부여하는 것이다.[26] 전자는 맥락이 고려되지 않은 '언어적 의미'이고, 후자는 철학적·미학적·문학적·신학적 차원 등에서 해석된 맥락적 의미이다.

이렇게 두 층위의 '해석'을 구분하는 것이 명료해 보여 교육적 효과가 기대되기도 하나, 다소 인위적으로 생각되기도 한다. 해석의 결과가 '언어적 의미'와 '맥락적 의미'로 이분법적으로 구분된다고 보기보다, 해석이 '해석의 나선형'을 그려감에 따라 점진적으로 풍부해진다고 보는 것이 실제에 더 부합하지 않을까? 문학번역의 경우에는 텍스트 의미의 불확실성 때문에 원텍스트를 다시 읽고 다시 해석하는 경우들뿐 아니라, 다시 쓰고 다시 검토해보는 일이 빈번히 발생하는데, 이러한 반복적인 상호작용과 피드백의 과정은 라드미랄의 모델에서는 나타내기 어렵다. 이러한 문제들 때문에도 수정 보완된 '모델'이 필요하다. 다음은 탐구번역의 대략적 도식으로 제시된 모델이다. 이 모델에서 '해석의 나선형'은 반복적인 피드백들에 의해 간접적으로 표현되어 있다.

단계 (1): 읽기 ⇄ 해석

↓ ↑

단계 (2): 번역비평 ⇄ 번역글쓰기

단계 (1)은 읽기와 해석 사이의 반복적인 메타적 피드백을 보여준다. 이 과정에서 대개 이미 단계 (2)가 시도되기 때문에 두 단계가 명료하게 구분되는 것은 아니다. 사실, 읽기-해석을 통해 이해된 것을 예비적 번역글쓰기를 통해 표현하다 보면, 많은 경우, 번역글쓰기에서 모호한 부분이나 이상한 부분들이 나타나, 다시 읽기-해석으로 되돌아가지 않을 수 없다. 이 과정에

26 라드미랄(2006d:112-3) 참고.

서 메타언어적 작용이라 할 수 있는 내적 '번역비평'[27]이 계속 기능을 한다. 조재룡(2014a:74)은 '난해성으로 뒤발된' 대목들을 눈여겨보면서 '번역가가 여기서 무언가를 궁리하려고 애쓸 때, 번역가는 번역가인 동시에 비평가일 수밖에 없다'고 지적한다. 번역자가 동시에 비평자여야 하는 것은 문학번역 전반, 나아가 '탐구번역' 전반에 해당되는 것이다.

단계 (2)의 번역비평과 번역글쓰기 사이에도 반복적인 메타적 피드백이 생겨나게 마련이다. 번역이 최종적으로 마무리되기 전에는 두 단계 내에서뿐 아니라, 두 단계 사이에서도 메타적 피드백이 지속적으로 일어날 수 있다. 이러한 탐구번역과정에서, 원텍스트가 어렵지 않거나 문체가 까다롭지 않은 경우, 메타적 피드백들은 비교적 간략해진다. 그렇지만 어려운 텍스트의 번역의 경우에는 이 피드백들이 복잡해진다. 이 모델은 1차적으로는 탐구번역의 '분석적 접근'에 해당하는 것이나, 그 과정에서—도식에서 나타내지는 못하는—원텍스트와 번역텍스트 전체에 대한 '전일적 접근'도 어느 정도는 고려되어야 한다. 사실 전체가 어느 정도라도 고려되지 않은 부분의 번역은 그 타당성을 인정받기 어렵다. 휴슨(2003:301)은 '어떠한 세부적 분석도 작품 전반에 대한 시각이 선행되지 않는다면 유효하지 않다'고 지적한다. 충분히 공감이 가는 지적이다.

다시 말하지만, 단계 (2)의 '번역비평-번역글쓰기'는 단계 (1)의 '읽기-해석'이 종료된 다음에 이루어지는 것이 아니다. 전 단계가 시작된 후, 번역자의 번역글쓰기가 번역비평을 통해 종료되기까지 '읽기-해석'의 과정 중에 여러 차례 반복될 수 있다. '분석적 접근'을 위해서도 그렇지만, 특히 작품성의 이해와 해석을 위한 '전일적 접근'에서는 더욱 그러하다. 텍스트의 읽기-해석에서 부분들은, 번역비평-번역글쓰기를 거치면서, 전체를 통해 이해가

27 자신의 번역과정에 대한 메타적 고찰이나 성찰에는 '비평'보다는 '평가'란 말이 더 어울릴지 모르나, '평가'의 낮춤의 공시적 의미 때문에 '비평'이란 말이 더 적합해 보인다. 아인혼(2006)이 남들과의 '공감적 소통'에 앞선 자신과의 '공감적 소통'을 필요성을 제기한 바도 있지만, 자신의 번역에 대해서도, 비록 개략적인 것일지라도, 평가적 태도보다는 비평적 태도가 바람직해 보인다.

깊어지고, 전체는 부분들을 통해 이해가 더욱 깊어지는 '해석적 순환'이 나선형으로 작용한다. 번역비평은 '읽기-해석'에서 분석적 접근과 전일적 접근이 융합적으로 잘 이루어졌는지, 이들이 번역글쓰기를 통해 적절히 잘 이루어졌는지 비평적·비판적으로 지속적 성찰을 하는 것이다. 최종적으로는 원텍스트와 번역텍스트 사이에 등가관계가 분석적으로 전일적으로 조화롭게 구축되었는지 살펴야 한다.

해석은, 라드미랄처럼, '의미적 해석'과 '해석적 해석'으로 이분법적으로 구분할 수도 있지만, 이들을 포괄하는 분석적 읽기-해석과 '전일적' 읽기-해석의 구분이 인문학번역의 실제에 더 잘 부합한다고 생각된다. 언어학자가 아닌 일반 독자들에게 맥락이 고려되지 않은 '언어적 의미'는 지각이나 인지의 대상이라고 말하기 어렵다. 탐구번역의 분석적 접근이 맥락을 고려하되 주로 미시적인 것, 정확성과 엄밀성을 우선 고려하는 것이라면, 전일적 접근은 거시적 포괄적 직관적인 것과 관련된 것으로, 텍스트성, 작품성의 이해와 재현에 초점이 맞추어진 것이다. 물론 양자가 명료하게 구분되는 것은 아니다. 리쾨르(2006:138)는 '번역가의 과제'를 '단어에서 시작해서 문장으로, 텍스트로, 문화 전체로 나아가는 것'이라고 말하는데, 이는 분석적 접근보다 전일적, 포괄적 접근에 우선성을 부여한 것으로 해석할 수 있다. 하지만 분석적 접근의 중요성도 소홀히 하지 말아야 한다. 그렇지 않으면 번역이 번안이 될 위험성이 높아진다.

번역의 검토과정에서 원텍스트와 번역텍스트의 텍스트 차원 대조 혹은 비교분석 작업을 하는 것은 더 잘 '읽기' 위해서이기도 하지만, 더 잘 '쓰기' 위해서이기도 하다. 번역자가 더 나은 문학번역을 하기 위해서는 사용 가능한 다양한 소스들을 충분히 활용할 필요가 있다.[28] 사르트르는 그의 《문학이란 무엇인가》에서 말한다. "처음부터, 의미는 낱말 속에 간직되어 있는 것이 아니다. 그 반대로, 의미가 각 낱말의 어의를 이해할 수 있게 해주는 것이니까. 문학이란 대상이 비록 언어를 '거쳐' 실현되기는 하나, 언어 속

28 벌러체스쿠 · 스페타닌크(2005a:641) 참고.

에 주어진 것은 결코 아니다. (…) 따라서 한 책에 늘어놓인 수만 개의 낱말들을 하나하나 읽는다 해도 그 작품의 의미가 드러난다는 보장은 없다. 의미는 낱말들의 총화가 아니라 이들의 유기적 전체이다."라고.[29] 문학번역은 이러한 '유기적 전체'를 원전 못지않게 재현해야 한다. 이스라엘의 문학번역에 대한 담론들은 문학작품에 대한 사르트르의 생각과 크게 다르지 않다. 문학번역에 대해 많은 것을 생각하게 하고 많은 것들을 시사하는 좋은 성찰의 자료들이다. 그렇지만 그 내용을 보다 잘 반영하기 위해서는 에지트 초기 모델은 수정 보완될 필요가 있다. 들릴의 모델이나 라드미랄의 모델도 나름의 타당성을 가지지만, 위의 수정 보완된 모델이 좋은 문학번역의 방향을 보다 효과적으로 제시한다.

5. 이스라엘의 문학번역 평가

이스라엘(2005b)은 문학번역의 평가 기준으로 '개념적 일치', '시적 일치', '문화적 일치', '의사소통적 일치'의 네 기준을 드는데, 이 평가 기준들은 문학번역의 '번역 이론소들'[30]로도 기능할 수 있다. 이러한 일치들을 이루는 번역은 문학텍스트의 '텍스트성'을 존중하는 번역이다. 저자는 이 네 평가 기준에 대해 다음과 같은 '일반적 고찰'을 제시한다(11-3). 우선, '일련의 대조 관계들로 구축된 평가 기준의 개념 자체가 복합적'이라는 것이다. '이러한 기준들은 언어적, 텍스트적, 방법론적인 것이며, 객관적인 동시에 주관적이고, 일반적인 것인 동시에 문학텍스트 번역에 고유한 기준이기도 하다'고 저자는 말한다. 다음으로, '기준의 적용 및 평가 방식은 원문을 참고하느냐 하지 않느냐에 따라 달라진다'. 전자의 경우, '번역자의 선택이 적합한지 좀 더 확실히 검증해볼 수 있지만, 나무만 보고 숲은 못 보는 격으로, 사소한 것에 몰두하여 전체를 놓치게 할 우려가 있다'고 저자는 염려한다. '원

29 르드레르(2001:16)에서 재인용.

30 이 책 6장, 13장-14장 참고.

문을 참고하지 않는 경우, 평가는 좀더 총체적으로 이루어지는데, 미시구조 하나하나를 자세히 따지진 않지만, 그 대신 번역문의 〈내적 일관성〉과 〈자율성〉을 검토해보기에는 훨씬 적절한 방식'이라고 저자는 주장한다. 저자는 '이 두 가지 평가방식을 함께 적용하는 것이 바람직할 뿐 아니라 반드시 필요하다'고 표명한다. 이어 저자는 위 기준들의 '상호의존성'을 지적한다. '의미상의 부합, 텍스트들의 시적 등가관계, 문화적 적합성, 독서의 효율성 등, 평가 조건의 분류는 방법론적인 것일 뿐, 이들 사이에는 매우 활발한 상호작용'이 이루어진다. 마지막으로, 저자는 '문학번역의 질적 평가'에서 위의 기준들 간에 '우선순위가 없다'고 말한다. 저자는 특히 '어중간한 혹은 타협적인 문학번역이란 없다'고 단언한다. 성공한 문학번역, 아니면 실패한 문학번역만이 있을 뿐'이며, 그 '성패'는 '시적 텍스트의 미학적 측면과 원문과의 대체가능성 이 두 가지에 달려 있다'고 그는 확신한다.[31]

문학번역의 '평가'(évaluation)를 넘어 '문학번역비평'의 기준들로 쓰이는데 전혀 하자가 없어 보이는 위의 네 기준은 동시에 문학번역의 기준들, 더 넓게 말하면 '탐구번역'이 지향해야 할 기준들이기도 하다. 이스라엘은 일반적으로 원문을 참고하는 경우는 '미시적' 평가를 하고, 그렇지 않은 경우에는 '포괄적' 평가를 하지만, 이 두 방식을 동시에 적용하는 것이 필요하기도 하고 바람직하기도 하다고 말하는데, 이 두 가지 평가는, 크게 보면, 탐구번역과 번역문법에서 말하는 분석적 접근, 전일적 접근과 크게 다르지 않다.[32] 이스라엘(1991a:37)에게 번역은 낱말이나 문장이나 문단을 번역하는 것이 아니라, 하나의 '작품'을 번역하는 것이고, 이에는 내적 구성의 일관성, 균질성, 독자에 대한 임팩트의 재현이 포함된다. 이스라엘(1998:252)이 제시하는 '충만성'(plénitude) 개념은 번역행위의 포괄적 시각과 관련되는

31 이스라엘(2005b)의 발표문은 불어지만 콜로크 주최 측에서 한국어 번역문도 마련하였는데, 이 번역문의 도움을 받았음을 밝혀둔다.

32 전성기(2009a, 2013a) 참고; 이스라엘(2005b)에서는 '내적 일관성'과 '자율성'이 포괄적 평가 방식에 해당되는데, 생산적 번역문법의 분석적 접근에서도 이들을 '번역 이론소들'을 통해 적어도 부분적으로 다룰 수는 있을 것이다.

데, 이는 원텍스트를, 언어축(철자법, 문법), 지시축(말해진 것), 화용축(소통 의도에 적합), 미적 축(문체)을 존중하는 의미와 형태상의 적합성을 가진 번역텍스트로 대체하는 것이다. 이는 구두법, 철자, 어휘, 구문, 텍스트 구성 층위 등에서 원문에 못지않은 '충만성'을 보여야 하는 작업이다. 이스라엘(1998:263)은 '추구해야 하는 것은 원텍스트의 복제가 아니라 원텍스트와 등가인 새로운 텍스트의 산출'이라 말한다. 충실성과 가독성, 직역과 의역, 원천주의와 목표주의는 번역학에서 흔히 배타적 개념들로 제시되는데, '충만성'은 이 양 극단들을 넘어선 제3의 길로 이해되어야 할 것이다. 이 '제3의 길'도 하나가 아니라 다양할 수 있다. 이스라엘 자신의 주장에도 불구하고, 그의 입장은 목표주의 쪽으로 다소간 기울어 있는 것으로 보인다.

⁂

문학번역과 그 탐구의 '담론화'는 더 나은 문학번역 실천을 위해서도 중요하다. 이스라엘의 문학 해석번역론은 이러한 '담론화'에 좋은 성찰의 자료들을 제시하고 있다. 우리 문학번역의 번역문화 개선을 위한 다양한 방안이 있을 터이나, 문학 해석번역론을 비판적으로 수용한 탐구번역과 탐구번역비평은 적극 활용해 볼 만한 방식들이다. 해석번역론은 원칙적으로 보편주의적 입장을 취하는데, 탐구번역은 일종의 상황 모델로서, 번역 실천과 이론적 탐구의 진전에 따른 다양한 가능성에 크게 개방적이다. 직관적인 전일적 접근의 소산으로 볼 수 있는, 라드미랄(1998a:154)이 말하는 '의미적 통찰'은 문학번역의 경우 원하거나 기대하는 만큼 자주 경험할 수 있는 것이 아니고, 그 통찰이 창의적 재현으로 쉽게 이어지는 것도 아니다. '읽기-해석' 과정, '번역비평-번역글쓰기' 과정, 이 과정들의 상호작용이 최종적 번역글쓰기에 이르기까지 되풀이되어야 하는 경우들이 빈번하다.

텍스트의 세밀한 부분들의 해석에 초점이 맞추어진 '읽기-해석'도 텍스트의 전일적 포괄적 읽기-해석과 어긋나지 않는 것이 바람직하지만, 네르발이나 보들레르 같은 작가들의 번역들에서 볼 수 있듯이, 원텍스트와 번역텍스트의 분석적 읽기-해석의 비교분석에서 세밀한 부분들이 원텍스트와 일치하지 않는 경우들이 다수 나타날 수도 있다.[33] 크게 본다면, 분석적 읽기-해석과 번역비평-번역글쓰기가 상호작용하는 과정은 우선적으로 번역의 실천과정이지만, 부분적으로는 번역비평의 실천과정이기도 하다. 탐구번역은 일반번역과 본격적 연구번역 사이에 자리한다고 말할 수 있다. 이 세 번역유형은 명료하게 구분되기보다는 상당 부분 중첩된다고 보아야 할 것이다. 문학을 비롯한 인문학의 탐구번역은 관련된 연구들의 진전에 따라, 연구자의 문제의식에 따라 다양한 발전 경로를 보일 수 있다. 이러한 경로들이 번역인문학의 발전으로 이어지도록 다양한 모색들이 이루어져야 할 것이다.

33 콜롱바(2004:6)는 보들레르가 그 번역에서 형식에는 충실했더라도, 의미에서는―아마도 대개는 몰라서―얼마간 자유로웠다고 지적하면서, 보들레르의 포 번역은 '반의와 오류투성이라서 오늘날이라면 어느 출판사도 안 받아들였을 것'이라는 1972년 미셸 모르의 말을 전하고 있다.

제8장 탐구번역의 메타적 탐구

우리는 줄곧 인문학번역을 해왔지만 인문학번역론은 논의가 제대로 이루어지지 못하고 있다. 단편적 지적의 수준을 크게 넘어서지 못하고 있는 것이다. 우리의 척박한 번역문화는 번역론이나 번역비평 차원 논의들이 활발하지 못한 것과 무관하지 않다. 번역에 대한 비평적 성찰들이 부족하거나 빈약하다는 것은 '좋은 번역'을 하기 위한 여건이 그만큼 부실하다는 것이다. 바꾸어 말하면, 인문학번역자들이 인문학번역이 어떠한 것인지, 어떻게 해야 하는지 심도있게 탐구해오지 못했다는 것이다. 기존 인문학번역서들에 담겨 있는 번역에 대한 묵시적 물음과 나름의 답들을 포착하여 해석해내는 번역비평적 성찰도 분명 필요한 작업인데, 최근의《영미명작, 좋은 번역을 찾아서》두 권[1]의 평가 결과로 짐작해보면, 현재로서는 그러한 작업들에 대해 큰 기대를 하기 어려운 실정이다. 인문학번역의 중심 축의 하나라고 할 수 있는 문학번역의 상황이 이러한 것은, 그리고 인문학번역 전반의 사정도 이와 별반 다르지 않은 것은,[2] 아마 그간의 인문학번역이 '인

1 영미문학연구회가 발간하는《안과 밖》의 23권(2007), 24권(2008)에는 이 두 권과 관련되는 논문이 여러 편 실려 있다.

2 고명섭(2008:37): "번역서로 공부를 해본 사람이라면, 국내에 나와 있는 인문사회 고전들이 얼마나 엉망으로 번역되어 있는지 누구나 절감할 것이다. 한국어 문장이 어눌한 것은

문정신'에 입각해 이루어지지 못한 탓이리라.

번역을 탐구한다는 것은 번역에 대해 의식적·반성적·성찰적으로 되는 것이다. 이는 번역, 그리고 번역과 관련된 것들에 대해 부단히 묻고 답하는 것이다. 문제 해결을 인간행위의 중심에 자리하게 하며 문답관계를 언어에서의 근본적 관계로 보는 미셸 메이에르의 '제문론'은 탐구번역에 대해 시사하는 바가 크다.[3] 제문론적 접근에서는 질문행위가 중심에 놓이고 질문하는 인간 역시 물음의 대상이다. 탐구번역에서는 번역의 주체인 번역자 역시 중요한 고려 대상이 된다.[4] 탐구번역론은 엄밀한 의미의 번역 '이론'이라기보다 하나의 번역 '기획'(projet)[5]이다. 탐구번역에서는 다양한 방식의 탐구가 이루어질 수 있다. 어떤 한 번역 이론을 적용하는 탐구번역도 있을 수 있고, 여러 번역 이론이 절충적으로 활용될 수도 있다. 이 글에서는 탐구번역의 다양한 경우와 방향들이 제시되는데, 중용(中庸)적 탐구번역도 그 하나이다. 번역자는 단순 번역자가 아니라 '탐구자'가 될 필요가 있다. 탐구번역은 '오역문화'에 찌든 우리 번역문화의 현실을 개선하면서 '인문학 위기' 극복에 기여하는 하나의 중요한 방향이 될 것이다.

1. 탐구번역과 연구번역

탐구번역은 '탐구로서의 번역'의 줄인 말이다. '탐구'에는 '탐구'(探求)와

말할 것도 없고, 중요한 개념어가 날림으로 옮겨져 무슨 뜻인지 알 수 없는 것들이 허다하다. 원문의 뜻을 무수하게 왜곡한 범죄적 수준의 번역서들도 허다하게 발견된다. 게다가 잘못된 번역서가 일단 나오면, 저작권 연한이 지난 책이야 다시 번역하면 되지만, 저작권에 걸려 있는 책들은 재번역할 수도 없다. 사정이 이런데도 개선은 더디기만 하다."

3 제문론의 답에는 '제문적 답'과 '응답적 답', 두 가지가 있는데, 전자는 문제를 나타내고, 후자는 문제를 마감한다. 번역의 제문론적 접근의 번역은 역자가 자신의 번역을, 응답적 답으로 여겨지는, 원텍스트라는 제문적 답에 대해, 적어도 그 과정을 마감하기까지, 부단히 새로운 제문적 답을 제시하는 과정으로 이해할 수 있다; 전성기(2000), 메이에르(2004, 2008) 참고.

4 메이에르(2008:79) 참고.

5 라드미랄(1992:126-9) 참고.

'탐구'(探究)의 두 가지 의미가 있다. 《고려대 한국어대사전》은 전자를 '필요한 것을 더듬어 찾아내거나 구함'으로, 후자를 '진리나 학문 따위를 더듬고 파고들어 깊이 연구함'으로 정의하고 있다. 전자는 있는 것을 찾는다는 의미로 대개 쓰이는 반면, 후자는 미지의 것을 찾는다는 의미로 쓰이는 차이가 있다고 생각된다. 말하자면, 전자는 소극적으로 구하는 것이고, 후자는 적극적으로 구하는 것이다. '연구'(硏究)가, 이 사전의 정의에서 보듯이, '어떤 일이나 대상을 깊이 있게 조사하고 생각하여 이치나 진리를 밝'히는 것이라면, 적극적 의미의 '탐구'와 실질적인 의미 차이는 별로 없다. 그렇다면 우리말 표현 '탐구'를 소극적 구함에서 적극적 구함까지 두루 아우르는 '구하는 행위의 연속체'를 나타내는 표현으로 볼 수 있을 것이다. 이에 따라, '탐구번역'도 있는 것을 찾아 활용한다는 소극적 의미의 탐구번역에서 연구번역 같은 적극적 의미의 탐구번역까지를 모두 아우르는 표현으로 보기로 하자.

일반번역도 가급적 탐구번역이 되어야 할 필요가 있지만, 인문학번역은 —정도의 차이는 있겠으나—기본적으로 탐구가 되는 것이 바람직하다. 인문학번역은 '조건 반응적' 번역이 아니라, '탐구'로서의 번역을 지향해야 한다는 것이다. 이는 번역이 탐구가 되지 못했던 그간의 우리 인문학번역에 대한 반성과 성찰의 촉구이기도 하다. 인문학번역의 경우, 텍스트 언어에 대한 탐구는 거의 불가피하다. 맥락과 불가분의 관계에 있는 텍스트 언어의 탐구는 기본적으로 맥락을 비롯한 다양한 요소들을 고려하는 부단한 문답 과정이다.[6] 탐구번역에서의 탐구는 대부분의 번역론들에서 기본적 지식으로 전제하는 원언어문화와 번역언어문화에 대한 지식으로부터 원저자와 원저자의 저술과 관련된 것, 번역 대상 텍스트의 내용과 관련된 것, 그리고 관련된 번역 텍스트들에 이르기까지 다양한 자료들이 고려 대상이지만, 그중 기본이 되는 것은 텍스트 차원의, 언어-문화-맥락이 충분히 고려되는 번역문법적 성찰이다.

6 메이에르(2004)는 의미와 맥락과의 불가분성을 크게 강조한다.

소극적 탐구번역을 연구번역(혹은 학술번역)과 비교해보면, 전자는 우선 형식면에서 후자와 차이가 있다. 후자에는 때로 본텍스트의 분량을 넘어서는 풍부한 '역주'를 비롯하여 참고문헌, 부록, 찾아보기 등이 있으나, 전자에는 대개 없다.[7] 전자에도 '역자 서문'이나 '역자 후기', 역주가 달리는 경우들이 간혹 있긴 하나, 분량상으로 소략한 경우가 거의 대부분이다. 심경호(2008:132)는 한문고전번역에서의 '학술번역'을 '철저한 문헌 고증을 토대로 하면서 완전한 주석을 곁들인 번역'으로 규정한다. 이는 '한문 텍스트가 지닌 생성적 의미와 문맥적 의미를 명확하게 파악하여 적절한 주석과 원전에 충실한 번역문을 작성하는 일'이며, '한문고전을 현대화하고 대중화하기 위한 토대 작업'이기도 하다(152).[8] 일본의 플라톤 전집, 프루스트 전집 등의 전집 번역류와 이들의 재번역들은 연구번역의 좋은 예들이다. 번역대국 일본은 연구번역에서도 선진국이다. 근자에는 서구는 물론 우리에게서도 다양한 연구번역들을 찾아볼 수 있다. 연구번역에서 특히 중요한 부분은 풍부한 각주와 해설(혹은 해제)이다.[9] 왕양명의 《전습록(傳習錄)》(전 2권) 번역은《문화일보》 서평에 의하면, '국내 최초의 양명학 전공자에 의한 번역이란 사실 외에도 연구번역의 모범을 제시하고 있다는 점에서 의미가 크다'.[10]

---

7 장회익(1998:30)은 역주에 대해 '필요한 부분에 대한 주석을 풍부하게 마련함은 물론 문제점을 문제점으로 남기는 열린 자세를 마련할 필요가 있다'고 조언한다.

8 장유승(2012:171): "심경호는 학술번역을 위한 몇 가지 원칙을 제안하였는데, 요약하자면 저본 확정, 이본 교감, 표점 등을 통해 원문을 철저히 가공하고, 이를 바탕으로 관련 문헌을 두루 섭렵하여 풍부한 해설을 갖춘 역주 작업을 진행해야 한다는 것이다. 특히 번역 대상 텍스트가 초록, 전재한 선행 텍스트를 찾아 밝히는 작업을 중시해야 한다고 주장하였다. (…) 학술번역의 유형을 굳이 구분하자면 일본식 학술번역과 서구식 학술번역으로 구분할 수 있으며, 상술한 심경호의 주장은 일본식 학술번역에 가깝다."

9 다음은 고명섭(2008:38)이 김진성(2007)이 아리스토텔레스《형이상학》 역주에 들인 공에 대해 설명하는 부분이다: "2,371개에 이르는 옮긴이 각주는 그 꼼꼼함을 보여주는 단적인 실례다. 번역 작업에 활용한 참고문헌 목록만 30쪽이 넘는다. 특히 본문에 등장하는 아리스토텔레스의 용어 1,870개를 골라 150쪽에 걸쳐 '그리스어-한글', '한글-그리스어' 두 형식으로 설명한 부록은 그대로 그리스어 소사전을 이룬다." 평자의 말처럼 '고전 번역에 온몸을 바쳐 매진'한 경우라 해도 과장이 아니다.

내용면에서도 소극적 탐구번역과 연구번역은 차이가 있다. 일단 두 번역 모두 의식적, 성찰적, 반성적이라는 점에서는 공통적이다. 그런데 후자는 그 내용의 깊이에서 전자와 적지않은 차이가 난다. 이 차이는 후자가 반성이나 성찰에서 대개 전반적 혹은 체계적인 데에 비해, 전자는 대개 국소적 혹은 비체계적이라는 차이로 나타날 수 있다. 후자에서는 전자보다 비판의 성격이 더 두드러지게 나타나는 것이 일반적이다. 탐구번역은 그 과정에 번역비평적 측면이 포함되게 마련이지만, 바람직한 번역글쓰기를 위해서는 가급적 깊이 있는 자가번역비평적 탐구를 지향하는 것이 필요하다. 이러한 필요성은 연구번역의 경우 더욱 커진다. 인문학번역은, 특별한 학술적 목적이 있을 경우, 연구번역의 형태를 취할 수 있다. 이러한 경우, 연구번역은 상당한 식견을 가진 전문가나 연구자들의 작업이다. 일반 대중을 위한 인문학 입문서들의 번역의 경우에는 탐구의 농도가 약하더라도 별문제가 발생하지 않을 수 있다. 그렇지만 제임스 조이스의《피네간의 경야》나 말라르메의《시집》 같은 텍스트를 인문학 입문서 번역하듯이 번역할 수 있겠는가? 이러한 작품들은 전문 연구자들이 많은 시간과 노력을 들여 연구하면서 번역할 수밖에 없다. 그래도 좋은 결과를 얻는다는 보장이 없는 것이 사실이다.

일반번역, (소극적) 탐구번역, 연구번역은 하나의 연속선상에 자리하며, 일정 부분이 서로 중첩된다고 보아야 할 것이다. 상당한 정도의 탐구번역이면서도 외관상 일반번역과 뚜렷이 구분되지 않을 수 있기 때문에, 번역비평에서도 비평 대상 텍스트의 탐구적 측면에 각별히 주의를 기울일 필요가 있

10 최영창(2001): "책은 '왕양명전집'을 기본판본으로 중국 출신의 재미학자 천룽제(陳榮捷)의 '전습록상주집평(傳習錄詳註集評)'에 실린 '전습록' 각 조목에 대한 한 · 중 · 일 학자들의 논평을 덧붙였다. 책 말미에 번역된 '전습록습유(傳習錄拾遺)'나 '대학고본서(大學古本序)' 등은 국내에 처음 번역된 것이다. 중국이나 일본과는 달리 조선에서 양명학은 퇴계 이황의 비판 이래 노론 · 소론 · 남인 할 것 없이 모두에게서 배척을 당해 양명학자라곤 정제두 · 정인보 정도밖에 내세울 수 있는 사람이 없지만 이들의 학설도 빠짐없이 소개하고 있다.《전습록》 각 조목에 대해, 독자적인 해설과 상세한 각주를 붙여 놓아 '국내 어떤 박사학위 논문에 못지않은 훌륭한 번역서를 내겠다'는 번역자들의 각오가 빈말이 아니었음을 확인할 수 있다."

다. 탐구번역이나 연구번역은 번역평가나 번역비평과 분리될 수 없다. 번역평가나 번역비평은 일차적으로는 번역자의 번역과정에 대해 이루어져야 한다. 자신의 번역에 대한 탐구적 자가번역비평을 위해서는 원텍스트는 물론이려니와, 기존 번역들과 관련 자료들도 두루 살펴보지 않을 수 없다. 사실 자신의 번역에 대해 성찰이 이루어질 수 없다면, 남의 번역에 대해 깊은 성찰을 하기도 어려울 것이다. 아인혼(2006)은 내 자신과 공감적 소통을 이룰 수 있으면 남들과 공감적 소통을 이루는 것이 훨씬 용이해질 것이라고 말하는데, 이는 번역에서도 마찬가지이다.

들릴(2007:141)은 문학작품의 번역은 원전의 창작에 못지않은 글쓰기 작업이라고 말한다. 인문학번역도 역시 원전에 못지않은 번역글쓰기가 되어야 하는 만큼, 그 탐구에는 번역글쓰기의 탐구도 당연히 포함되고, 그 결과에 대한 평가는 '주관상호성'을 통해 이루어질 수밖에 없다. 상당한 비평적 안목을 갖춘 사람이라도 충분히 공감적이지 않고서는 비평 대상 번역이 탐구번역의 결과인지 아닌지 알아보기 어려울 수도 있다.[11] 잘못된 '직역관'으로 인한 번역자의 '투명성' 주장은 문제가 있지만, 번역자가 의도적으로 '가시성'을 주장하는 것은, 적어도 인문학번역에서는, 문제가 있어 보인다. 그렇지만 번역자가 그의 번역에 '흔적들'을 남기는 것은 불가피하다. 그래서 라오(2004)가 주장하는 새로운 차원의 '불가시성' 혹은 번역자의 '침묵의 윤리'는 충분히 음미되어야 할 필요가 있다.

인문학번역으로서의 탐구번역은 번역의 이론과 실천을 분리적으로 보지 않는다.[12] 베르만의 '문자번역'이 프랑스의 '자민족중심적' 번역 전통, '부정한 미녀들'(les belles infidèles) 번역 전통에 대한 반성이듯이, 탐구번역은 오역·중역·표절번역 등으로 얼룩진 우리의 척박한 번역문화, 특히 인문학번

11 프로이트 번역의 유효조건들이 '주관상호성'에 기반할 수밖에 없다는 케론(2006:41)의 지적에는 적극 동의하지만, '좋은 번역'이 그 품질이 전문가이든 아니든 '독자 공동체'에 의해 '명료함évidence'으로 받아들여져야 할 것이라는 그의 주장에는 문제가 있다. '좋은 번역'의 '설득 논증'이 '명료성'에 이른다는 보장은 없다.

12 부쉬(1997:64)는 이론과 실천을 분리하는 것이 특히 번역학에서 도움이 안 된다고 지적한다.

역문화를 개선하기 위한 하나의 과정 중심 번역이요, 실천적 번역 기획이다. 라드미랄(2006d:115)은 번역학의 핵심 기능으로 곤경에 처한 번역자들에게 도움을 주는 것을 꼽는다. 벌러체스쿠·스테파닌크(2005:56)도 그들이 생각하는 번역론은 실천에서 비롯된 것으로, 실천에서 쓰이기 위한 것이고 실천자를 번역의 선택들에서 도와주는 것이라 말한다. 이 번역론에서는 실천과 이론이 변증법적으로 부단히 지속적으로 엮인다(65-6). 탐구번역이 그런 역할을 하기 위해서는 다양한 번역론들을 활용할 수 있어야 할 것이다. '탐구'로서의 번역은 '발견'으로서의 번역으로 이어져야 한다. 탐구가 탐구의 결과로서 번역, 나아가 인문학에 대한 발견들로 이어져야 한다는 것이다.

김명환(2008:44-5)이 프란츠 파농의《대지의 저주받은 사람들》의 번역들이 처한 상황에 대해 한 기술은 '우리 번역 현실과 번역비평의 현주소'에 대해서뿐 아니라 탐구번역에 대해서도 시사하는 바가 적지 않다. 저자는 이 책의 한국어판이 '70년대 말에 영어판을 저본으로 번역되어 많이 읽혔으나' '번역 상태'가 '좋지 않았'고, '2004년에 좋은 한국어판이 재출간되었지만, 텍스트는 프랑스어가 아닌 영어판이었고, 역자 자신도 번역이 급한 고전이라는 생각에 영어판이라도 번역하게 되었다'는 발언을 남겼다고 한다. 저자는 우선 '이처럼 고전적인 작품을 프랑스어에서 직접 옮기지 못할 만큼 우리 문화 역량이 취약'한 것은 심각한 문제라고 우려를 표명한다. 이 작품의 번역비평에 대해서는 '그 비평가는 한국어판을 평가하면서 프랑스어판과 영어판 두 가지를 모두 알고 영어판 두 개의 장단점을 논할 수 있어야 할 터이니 높은 수준의 두 가지 언어 능력은 물론이고 파농의 사상을 포함한 배경지식도 남달라야 할 것'이라고 그는 지적한다. 이 같은 지적은《대지의 저주받은 사람들》같은 작품의 번역비평뿐 아니라 번역비평이 포함되어야 하는 인문학의 탐구번역에도 해당된다.

박상익(2002a)은 그 머리말에서 '이 책은 언론 자유의 경전(經典)으로 알려져 있는 존 밀턴의《아레오파기티카》에 대한 국내 최초의 본격적인 번역·주석·연구서'라고 밝히고 있다. 그 제1부에는《아레오파기티카》원문에 대한 번역과 주석을, 제2부에는 《아레오파기티카》 연구를 수록하고 있다. 번역·주석·연구 삼부작은 저자가 처음부터 기획한 것으로, 앞으로의 연구번역에 하나의 좋은 방향 제시가 된다. 박원호(2006)는 그 제목부터가 《최부 표해록 술평》이다. 저자는 박원호(2005:391)에서 '지난 46년간 출간된 최부 《표해록》의 역본 7종을 비평의 대상으로 삼아, 이들 역본의 장단점을 간략히 거론하였'으며, '역문 중에서 오역 또는 오주라고 판단한 부분을 제시'하였다. 저자는 이는 '오직 앞으로 보다 정확한 최부 《표해록》 역본을 탄생시키기 위해, 반드시 건너가야 할 징검다리를 건너려는 마음으로 쓴 것일 뿐'이라 겸양한다. '명역'을 위한 하나의 확실한 디딤돌이 되는 이러한 작업 역시 연구번역에 하나의 길을 제시한다. 서양의 최근 연구번역의 예로는 프리드리히와 사맹이 불어로 번역하고 주석한 칼 뷜러(2009)의 《언어 이론》을 들 수 있다. 원전이 1934년인 번역 주석 해석본은 연구번역에 하나의 좋은 전범이 될 것이다. '번역 시학'을 지향하는 앙리 메쇼닉의 시편 번역이나 창세기 번역도 연구번역의 훌륭한 예들로 볼 수 있다. 적극적 탐구번역에서는 번역자의 '세밀함'과 '성실성'이 매우 중요한 덕목들이다.

김덕영이 번역한 막스 베버의 《프로테스탄티즘의 윤리와 자본주의 정신》도 본격적인 연구번역이다. '막스 베버만 30여 년 가까이 연구한 학자'인 역자는 '한 권의 저서에 가까운 양의 해제를 덧붙'이고 있다. 서평자 이홍균(2010)은 역자를 '베버 연구에 혼신의 힘을 다 바친 진지한 연구자'라고 칭송하며, 베버의 묘비명을 모사하여 '우리는 이에 필적할 만한 번역서를 다시는 만날 수 없을 것'이라는 속생각을 내비친다. 윤성우·이향이 번역한 리쾨르의 《번역론》(2006)도 탐구번역의 한 예이다.[13] 1980년에 완간된 프랑스 달레 신부의 《韓國 天主敎會史》(전 3권)에는 당시 《가톨릭신문》에 '이 번역본은 특히 원저에 더해 그 동안 연구소가 연구하고 발굴한 국내외 200여 점

13 리쾨르(2006)의 원텍스트는 세 편의 비교적 짧은 글로 이루어져 있는데, 166쪽인 번역본은 '저자에 관하여'라는 폴 리쾨르에 대한 9쪽의 소개, 45쪽 남짓한 윤성우의 '역자 해제'와 역주가 상당히 달린 본문 번역에 이어 공동 역자 이향의 '역자 후기'로 이루어져 있다. 번역글쓰기가 원문에 다소 못 미치는 것은 아쉬운 점이라 할 수 있다.

의 사료 연구를 통해 축적된 풍부한 자료들을 바탕으로 충실한 각주 작업을 번역함으로써 단순한 번역서에 그치지 않고 연구 번역의 형식을 취함으로써 원저의 오류를 바로잡으면서 교회사 이해에 도움을 주도록 했다'는 해설이 달려 있다. '충실한 각주'는 때로 원전의 오류까지도 수정한다.

김시천(2004:95)은 표정훈이 번역한《중국의 '자유' 전통》을 '단순한 번역서라기보다 역자의 제2 창작물로 간주해도 무방할 정도'라고 평가한다. '체제상으로 역자는 18쪽에 달하는(221-38) 상당히 많은 역자주를 첨가'하고 있는데, 이 역자주는 '저술을 번역하는 과정에서 참고하기 위한 논의에 그치는 것이 아니라, 원저자의 서술에서 맥락이 불분명하거나 독자가 이해하기 어려운 생략된 배경에 대한 친절한 해설'을 추가하는 것은 물론, '관련된 내용을 이해하거나 비판적으로 검토하는 데 필요한 중국, 일본, 한국의 다양한 저술'도 소개하고 있다. '또한 국내에 번역본이 있는 경우에는 철저하게 그 서지 사항을 밝혀줌'으로써 그 자체가 하나의 '책 속의 책' 구실을 한다. 이어지는 '옮긴이의 말'(239-45)에서는 '저자가 취한 방법론에 대한 해설, 저자의 학적 입장, 그리고 저자의 입장이 현대 학술계에서 차지하는 위상이나 의미, 가치, 한계까지 논의하고 있으며, 저술과 관련된 학계의 다양한 논의에 대한 서지 사항까지 친절하게 제시하고 있다'고 저자는 덧붙인다.[14] 표정훈의 이 번역 역시 적극적 탐구번역의 하나라고 말할 수 있다.

라드미랄(2007a:126)은 번역이론이 실천으로부터 유도되지만 그 반대는 아니라고 지적한다. 이론으로부터 번역 기법들을 이끌어낼 수는 없다는 것이다. 다시 말해, 번역론은 '그냥 적용'할 수 있는 것이 아니라는 것이다. 번역론의 역할은 '번역학 문화'로서 번역자를 번역 실천에서 밝혀주는 것이라고 그는 말하는데, 탐구번역도 그러한 방향을 지향한다. 의미의 '불확실성'과 끊임없이 마주해야 하는 인문학번역자들은 다양한 관련 번역학 담론들과 부단히 대화하고 교섭하지 않을 수 없다. 번역은 그러한 과정들을 통한 지속적인 의사결정들의 결과이다. 더 나은 재번역의 가능성은 언제나 크게

14 전성기(2008a:121)에서 재인용.

열려 있다. 번역에 대한 탐구들을 통해 문법요소들이나 어휘들, 문장들, 나아가 텍스트의 새로운 해석들, 새로운 발견들이 가능해져야 한다. 인문학번역이 번역인문학을 지향한다면, 인문학번역은 예전의 것과 같을 수 없다. 특히, 낙후된 우리 번역문화의 많은 부분이 번역 윤리와 직접 관련된 것인 만큼, 번역 윤리도 성찰의 한 주제가 될 필요가 있다.[15]

끝으로 한 가지 지적할 것은 일반번역에서는 경제적 보상이 대개 매우 중요한 요소이지만, 대개의 탐구번역, 특히 연구번역에서는 그 중요성이 상대적으로 낮아진다는 것이다. 번역에 투입되는 시간도 매우 중요한 요소인데, 탐구번역에서는 일반번역에 비해 투입되는 시간이 상대적으로 길다. 인문학번역에서 열악한 품질은 투입된 시간의 부족과 무관하지 않다. 인문학번역, 특히 '고전들'의 번역을 거의 일반번역 하듯이 하는 것은 문제가 많을 수밖에 없다. 고전들의 번역의 의미는 경제적 측면보다 정신적 문화적 교육적 측면에서 찾는 것이 바람직하다. 이에 동의한다면, 고전들의 연구자들은 학문적 기여 차원에서뿐 아니라 사회문화적 기여 차원에서도 고전들의 번역이나 재번역에 적극 나서야 할 것이다.

2. 탐구번역과 작품번역

보들레르의 포 번역은 번역사에서 두드러지게 빛나는 한 예이다. 파베르(1989:253)는 보들레르가 포 번역을 시작한 것은 포의 작업에 대한 경탄과 자신과의 유사성 때문이라고 말한다. 그는 번역자와 저자의 '정신적 친

---

15 정명환(2007:8-9): "아무리 충실하고 멋있는 글로 옮긴다 하더라도 동질적인 것의 확인을 위한 번역은 가치가 없을 뿐만 아니라 해롭다는 것이 나의 생각입니다. 그것은 내가 젊어서부터 이의제기를 문학의 본령으로 삼아 왔기 때문일지도 모릅니다. 나는 나에게 도전하는 것, 나를 상대화하는 것, 나로부터 나를 떠나게 하는 것을 귀중하게 여겨 왔고 그 일은 무엇보다도 문학이 할 수 있다고 생각해 왔습니다. 이 신념은 지금도 변하지 않았으며, 번역의 작업은 번역자 자신의 각고의 과정을 통해서, 그리고 그 결과로서의 번역물을 통해서 이 이의제기의 의의를 확장시키는 것이라고 생각합니다. 근자에 나온 이론들을 보면 번역의 윤리에 관한 여러 가지 이야기가 많습니다만, 나로서 제창하고 싶은 것은 번역에 있어서도 작용해야 할 이의제기의 정신, 즉 타자와 대면하여 자신을 성찰하고 비판하는 것입니다."

근성'이나 '저자에 대한 믿음'이 번역과 관련된 언어들에 대한 완벽한 지식만큼, 어쩌면 그보다 훨씬 더 중요할 수 있다고 생각한다. 하지만 보들레르의 영어 지식은 완벽과는 거리가 멀었다는 것이 그의 솔직한 지적이다. 그는 번역자의 주 목적이 독자들에게 가능한 한 동일한 효과를 창출하는 것이라면, 보들레르의 번역은 전혀 완벽한 것이 아니었다고 단언한다. 보들레르는 포의 문체를 '충실하게' 재현하지 않았다는 것이다.[16] 보들레르의 포 번역은 오히려 포의 '정화되고 정련된 버전'이라고 그는 설명한다. 메조뇌브(1978:74)도 보들레르의 영어 지식은 불완전했으나, 포 번역은 경탄스럽다고 찬탄한다. 그는 번역자가 단지 하나의 언어만 마주하는 것이 아니라고 말한다. 번역자는 낱말들의 길을 빌어 그것들이 의미하는 복합적 세계에 이르러야 하고, 그것과 하나가 되어야 한다고 그는 말한다.

메조뇌브(1978:74)는 이러한 과정을 하나의 '긴 심층 여행'으로 묘사한다. 이는 번역자가 '텍스트를 바라보고, 숙고하고, 소리의 울림을 가늠해보고 리듬을 짚어가며, 스스로 되뇌어보는 과정'이다. 이는 마치 '한 젊은이가 사랑하는 연인을 조금씩 알아가는 과정' 같은 것이다. 그런 연후라야 번역자는 번역을 제대로 시작할 수 있다고 저자는 말한다. 그는 진정한 번역자에겐 카멜레온 같은 면이 있다고 말한다. 하지만 이는 미메티즘 같은 외적 현상이 아니라, 내적인 공감, 혹은 직관, 혹은 번역자를 사로잡는—그 자신에게는 새로운—하나의 경험의 추구라고 한다. 그래서 '부정한 미녀'는 결국 실망스러운 것이다. 눈길을 사로잡기는 하나, '빛좋은 개살구'라는 것이다. 그는 진정한 번역은 번역자가 스스로를 당당히 드러내는 번역이 아니라, 원저자가 드러나보이도록 하는 번역이라고 생각한다. 여기에 자신의 억양, 자신의 고유한 목소리의 무언가가 남지 않을 수 없지만, 독자가 듣는 것은 번역자를 통한 원저자라는 것이다. '좋은 번역'에 관심갖는 연구자나 비평자가 깊이 음미해볼 만한 지적들이다. 탐구번역에서는 크게 분석적 접근의 측면과 전일적 접근의 측면을 구분할 수 있는데, 보들레르의 포 번역은 전일

16 콜롱바(2004:6)도 유사한 견해를 표명하고 있다.

적 접근이 탁월하여, 분석적 접근에서 드러나는 상당수 오류들의 문제를 상쇄하고도 남는 번역이라고 평할 수 있지 않을까? 이 번역 오류들은 벤시몽이 보들레르의 포 번역에 대해 말하는 '새로운 텍스트성, 하나의 온전한 텍스트성'[17]의 관점에서는 심각한 오류들이 아닐 수 있다. 번역 오류는, 적어도 작품번역의 경우에는, 텍스트성과의 관련하에 심각하게 재고될 필요가 있다.

우스티노프(2007a:22-3)는 괴테가 네르발이 번역한 자신의 《파우스트》를 '크게 성공한 번역'으로 찬탄했다고 전한다. 괴테는 독일어로는 더 이상 《파우스트》를 읽고 싶어하지 않았지만, 불역본에서는 새로운 신선함을 느꼈다는 것이다. 이는 번역을 원전의 단순 재현으로 보지 않고, 번역만이 드러나게 할 수 있는 작품의 한 면모의 산출로 본 것이라고 우스티노프는 설명한다. 번역불가능성은 더 이상 재갈이 아니라 동력이며, 훔볼트의 표현을 빌리면, '에르곤'이 아니라 '에네르게이아'라고 그는 말한다. 바르텔레미(2007:186-7)는 번역을 '동등성'의 추구로 규정하는데, 이는 '정수'의 동등이 아니라 에너지의 동등이다. 번역이 '정수'의 문제가 아니라 '역동성'과 '효과'의 문제이고, '보존'이 아니라 다중(le multiple)과의 '대화'라는 것은 번역텍스트와 원텍스트의 관계가 동일성 논리를 전제하는 모방관계가 아니라, 가능성과 강도(intensité)의 논리를 전제하는, '동일성 없는 등가관계'라는 것이다. 저자에 의하면, 번역은 늘 가능성에 대한 '모험'이고, '브리콜라주'(bricolage)[18]이다. 그리고 '덧쓰기'이며 '망설임'의 작업이다. 번역의 이러한 성격으로 인해, '좋은 번역', '명역'은 '창조적 번역'이 되지 않을 수 없을 것이다.

앙세(1999:178)는, 말이 단지 낱말로 이루어지는 것이 아니라 억양, 성조, 표정, 몸짓 등에 힘입듯이, 텍스트의 의미 역시 어휘뿐 아니라 구문, 은유, 음소, 운율들의 형상, 즉 리듬에 의지하는 바가 크다고 말하는데, 이들은

17 우스티노프(2006:37) 참고.

18 바르텔레미(2007:186)는 '브리콜라주'와 관련하여 레비-스트로스와 클로드 시몽을 언급하고 있다.

모두 '화자'의 존재에 기인한다. 번역에서 번역자는 그래서 단순 '운반자'에 머물 수 없다. 저자는 이를 원전의 죽음을 넘어선 새로운 텍스트로의 '부활'이라고 묘사한다. 저자는 번역을 '이중 반역'으로 규정한다. 우선 원어가 사라지기 때문이고, 이타성의 낯선 목소리가 번역어에서 들리게 함으로써 평소 말하지 않던 방식으로 말하도록 강제하기 때문이다. 그렇지만 이는 번역자가 원텍스트의 깊은 의미를 읽어내어 자신의 언어, 자신의 모국어에 깊이를 더하고, 그 소진 불가능한 잠재력을 일깨울 수 있는 기회이기도 하다. 그래서 번역은 반역이 아니다(181).[19] 번역자가 번역에 필요한 모든 주의를 기울여 대비를 해도(어휘, 구문, 운율의 정확성 등) 가장 큰 몫이 남는데, 그것은 바로 원텍스트의 리듬과 '유사한 리듬'을 발견하는 것이다. 저자에 의하면, 모든 리듬은 독특하여 반복불가능하고, 번역텍스트는 하나의 '다른 몸'이다(185). 메쇼닉의 '리듬 번역'을 연상시키는 이 '유사 리듬의 발견'은 들릴(1981:146)이 말하는, 랑그상의 '창조의 원리'일 뿐 아니라 담론상의 '창조의 원리'이기도 한, '유추'의 과정이기도 하다. 탐구번역비평은 번역텍스트가 원텍스트의 이러한 '리듬'을 적절히 재현하고 있는지 잘 살펴야 할 것이다.

어떠한 번역 방식이나 전략을 구사하던, 탐구적이지 않은 번역이 '좋은 번역'이 되기는 매우 어려울 것이다. '좋은 번역'의 기준은 이론이나 학파 혹은 학자마다 달라지기도 한다. 충실성과 가독성이 그 기준들로 지목되는 경우가 빈번하지만,[20] 베르만이나 메쇼닉처럼 '문자번역'이나 '리듬번역'이 그 기준으로 제시되기도 한다. 베르만(1989:677)은 번역학의 과제의 하나가 '내용의 소통과 의미의 복원 이외의 것에 속하는 것'을 밝혀내는 것이라고 말하는데, 이는 '문자에 대한 작업'이다. 이는 번역 윤리의 영역이고, 시학의 영역이다. 윤리와 시는 '문자의 존중' 속에서만 존재하기 때문이라는 것이 저자의 주장인데, 이러한 입장은 나중에 다소 수정된다. 베르만

19 전성기(2008a:145) 참고.

20 영미연 번역평가사업단의 역작 《영미명작, 좋은 번역을 찾아서》 1, 2권의 경우도 그러하다.

(2011:74-96)은 번역에 대해 '합리화·명확화·길이 증가·고상화·질적 빈약화·양적 빈약화·균질화·리듬 파괴·기저 시니피앙 망 파괴·체계성 파괴·토착 언어망 파괴 및 이국화·관용구 파괴·언어들 간 중첩 소멸' 같은 13가지 '왜곡의 경향'을 열거한다. '문자는 이러한 왜곡 체계가 파괴하고자 하는 모든 차원들을 가리'킨다고 하니(96), 역으로, 이러한 왜곡을 하지 않고 해당 기준들을 적극 지켜내는 것이 바로 '문자번역'이다. 베르만은 이를 '작품(oeuvre) 번역'이라고 말하기도 한다.[21] 문제는 이러한 번역의 실현이 쉽지 않고, 그 평가에 대해서도 의견이 엇갈린다는 것이다. 심지어 '원천주의자'로 널리 알려진 베르만과 메쇼닉이, 그들의 이론적 주장과 달리, 실제 번역에서는 상당히 목표주의적인 모습을 보이고 있다는 비판적 지적들도 있다.[22]

정영목(2004:229-31)은 영미연의 번역평가사업에 대해 논하면서, '부실하지 않은 번역과 좋은 번역에 대한 이야기는 별로 나오지 않았으며, 그런 상황은 이번 번역평가사업으로도 크게 달라지지 않은 것 같다'고 평한다. '실제로 번역본을 만들어내는 번역자와 편집자들이 연구자들로부터 듣고 싶은 이야기는 무엇보다도 부실하지 않은 번역이 좋은 번역으로 올라가는 방식에 대한 이야기'라는 것이다. 그는 '오독이나 비문이라는 소극적 의미의 기준을 넘어서면 〈충실성〉이나 〈가독성〉이 과연 객관적 기준 역할을 할 수 있을지 의문'이라고 토로한다. 평자는 '외국문학 연구자들에게 요구되는 일은 사실 번역과 관련된 통념의 적용과 재생산이 아니라 통념 자체를 재평가하고 살아 있는 〈기준들〉을 만들어나가는 작업'이 아닌가 묻는다. 그는 '이런 작업이 이루어진다면, 이것은 답답하고 진부하게 되풀이되고 있는 부실번역에 대한 질타 수준의 논의에서 벗어나, 실제로 번역의 질을 높여나갈 수 있는 중요한 계기가 될 수 있을 것'으로 기대한다. '탐구번역'과 '탐구번역비평'을 통한 '작품성 번역'에 대한 성찰은 그러한 계기 조성에 적잖이 기여할 수 있을 것이다. 번역과 관련된 많은 것들이 탐구의 자료들이지만, 그중

---

21 이 책 13장-14장 참고.

22 샤롱(2001), 리쾨르(2006:156), 라드미랄(2014:40) 참고.

에서도 '텍스트 언어', 즉 원텍스트와 번역텍스트(들)의 언어와 관련된 것들은 번역문법의 관찰과 성찰의 주요 대상들이다.

정혜용(2009:415)은 '텍스트'를 '사소한 어휘들과 표현들이 하나하나 쌓이면서 생성되는 유기적 관계망 그 자체'로 규정한다. '하나의 어휘, 하나의 표현이 일단 미시적 차원과 거시적 차원을 종횡으로 누비며 뻗어나가는 유기적 관계망 내에 들어서게 되면, 각각의 어휘와 표현은 스스로를 넘어서는 의미를 부여받게 된다'는 것이다. 이러한 텍스트적 사고는 김종욱(2011:19-20)이 말하는, '레고 사유'와 대비되는 '그물 사유'(net-style thought)에 해당한다. 김종욱은 '선형 사유에서 〈전체〉는 레고 개수의 합이기에, 부분의 합이 곧 전체이지만, 비선형 사유에서 〈전체〉란 서로를 반영하는 무시무종의 그물망 자체이므로, 전체는 부분의 합 그 이상을 의미한다'고 설명한다. '또한 선형의 사유에서 〈부분〉은 하나의 레고 조각처럼 전체의 하부일 뿐이기 때문에, 전체에서 쉽게 떼어낼 수 있고, 그래서 조작과 통제와 지배가 용이'하나, '비선형의 사유에서 〈부분〉은 인드라망의 보석 구슬처럼 전체를 반영하므로, 전체에서 그것만 떼어내는 것은 불가능하고, 그래서 조작과 통제와 지배를 기획하기가 쉽지 않다'고 그는 부연 설명을 한다. 텍스트에서 모든 요소들은 상호의존적이다. 그렇기 때문에 텍스트의 번역에서도 '그물 사유'가 필요하다. 이러한 '그물 사유'를 현대적으로 표현하면 '네트워크의 사유'이고, 불교식으로 표현하면 '인드라망의 사유'인데,[23] 바로 이러한 사유가 특히 작품들의 번역에 필요하다.

텍스트는 '중층적 그물 사유'의 대상이기에, 탐구번역을 치열하게 수행한다고 해도 '만족스러운 해결책'을 얻기는 쉽지 않다. 토니 모리슨의 번역을 태산을 옮기는 일에 비유한 김선형(2004)은 그 일로 인한 심적 정신적 고통과 깊은 자괴감을 토로하는데,[24] 이에서 우리는 '만족스러운' 작품번역의 어

23 김종욱(2011:18-9) 참고.

24 김선형(2004:74): "토니 모리슨(Tony Morrison)을 번역한다는 일은 꼭 내 앞에 버티고 선, 하지만 내가 옮겨야 할 태산 같기만 했고, 그 일의 무게는 계속해서 나를 숨도 못 쉬게 덮쳐눌렀다. 그 책들을 번역하면서 나는 몸도 마음도 많이 앓았고, 날마다 스스로의 한계에,

려움을 가늠해볼 수 있다. 그래서 탐구번역에서는 자신의 견해의 옳음을 일단 전제하는 '설득의 논증'보다는 공감과 협력을 통해 문제를 해결해나가고자 하는 '탐구의 논증', 이를 통해 도달해야 할 '주관상호적 그럼직함'이 훨씬 중요하다.[25] 탐구번역과 탐구번역비평은 '그물 사유'와 '공감적 대화', '탐구의 논증' 등을 통해 번역과 번역비평에 대한 '주관상호적 그럼직함'을 지속적으로 추구해야 할 것이다. 이러한 추구의 구체화를 가능하게 하는 것이 '번역문법적 접근'이고, '유추적 사유'이다. 들릴(1981:146)에 의하면, 유추적 추론은 관용성이나 문체 때문에 혹은 두 이유 모두 때문에 직역을 피하는 것이 바람직할 경우, 타당한 표현을 발견하기 위해 언어 소스들의 활용을 가능하게 하는 방법이다. 번역문법과 유추적 사유의 관계에 대한 폭넓은 연구가 필요하다.

3. 인문학번역의 성격

인문학번역의 꽃이라 할 수 있는 문학번역은 수많은 글들의 주제가 되었어도, 인문학번역이 그 자체로 문제로 제기된 적은 별로 없다.[26] 그렇지만 요즈음도 거론되고 있는 '인문학의 위기'와 우리의 척박한 번역문화를 생각할 때, 인문학번역은 그 자체로 우리가 깊이 성찰해보아야 할 중요한 문제이다. 이성원(1994:13)이 지적하듯이, 인문학의 본령이 '반성적 탐구'이고, '모든 것을 비판적 검토의 대상으로 삼는' 것이라면, 우리 인문학번역 역시 마땅히 검토와 반성적 탐구의 대상이 되어야 한다. 인문학번역은 이른바 '문사철'의 저술들, 더 넓게는 한국사회에서 인문학으로 간주되는 미술비

서로 다른 언어와 문화에 다리를 놓는 소통작업의 원천적인 불가능성에 시달렸었다. 온전히 시간을 쏟아 붓고 또 부어도 모자랄 판인데, 출간되는 다른 책들에 비해 상대적으로 넉넉한 말미를 얻었음에도 불구하고 늘 시간에 쫓겼고, 생활에 쫓겼고, 그리고 무엇보다 자괴감에 쫓기며 정말로 다시는 기억하고 싶지 않을 정도로 고통스러웠다."

25 벌러체스쿠 · 스테파닌크(2004), 이 책 4장 참고.

26 고려대에서는 문과대학 창립 60주년을 기념하여 국제학술심포지엄 '번역과 인문학'이 2006년 가을에 개최된 바 있다.

평, 음악비평 등도 포함하는 광범위한 저술들의 번역을 말한다. 그런데 문학번역과 비문학번역이 뚜렷이 구분되지 않듯이, 인문학번역과 비인문학번역도 이분법적으로 뚜렷이 구분되지는 않는다.[27] 인문학번역을 일종의 문학번역으로 보는 학자들도 있고,[28] 문학번역을 제외한 인문학번역이 이른바 실용번역과 별로 다르지 않다고 보는 연구자들도 있다.

일반적으로는, 정도의 차이는 있으나, 인문학번역에 문학번역적 측면, 실용번역적 측면, 기술번역적 측면 모두가 공존한다고 보아야 할 것이다. 하지만 이들 중에서 일단 근자에 베르만이나 메쇼닉 등에 의해 강조되고 있는 '작품'(oeuvre)의 성격을 갖는 인문학 텍스트들에 우선 초점을 맞출 필요가 있다. 베르만(1989:677)에 의하면, 번역학의 과제의 하나는 '내용의 소통과 의미의 복원 이외의 것에 속하는 것'을 밝혀내는 것이고, 이는 곧 '문자에 대한 작업'이다. 이 관점에 의하면, 문학텍스트들 중에도 '작품'이 아닌 것들이 있다. 작품에는 문학작품뿐 아니라 로쉬리츠(2001:76-7)가 '성찰의 작품'이라 부르는 것도 있는데, 철학서, 역사서 등이 이들에 속한다. 이들의 공통점은 내용 못지않게 형식도 중요해서, 형식과 내용이 융합되어 하나의 에크리튀르를 이루는 것이다. 인문학의 모든 고전들은 '작품'으로 간주된다. 빅케·푸아쉬(2006:6)는 '인문학번역은, 문학번역과 마찬가지로, 단순 커뮤니케이션 과정, 한 언어에서 다른 언어로의 메시지 전달에 국한될 수 없다'고 말한다. 이들은 인문학 텍스트가 문학 텍스트처럼 '작품'인 텍스트라는 이유를 들며 프로이트와 벤담의 번역을 그 예들로 제시하는데, 칼뷜러의 《언어 이론》도 하나의 작품이고, 성경 같은 경전도 하나의 '작품'이다. 이들의 번역은 탐구번역이 되어야 한다.

정준영(2001:61)은 '고전 번역 자체가 인문학적 탐구의 성격을 가진다'는

---

27 법학번역이나 경제학번역을 협의의 인문학번역이라 보기는 어렵지만, 문학번역과 대비되는 기술번역의 범주에 넣기도 곤란하다. 이들 번역에서도, 예를 들어, 문화적 요소 등은 주요 요소이다. 심지어 과학텍스트의 번역에서도 '투명성'을 말하기 어려운 것으로 보인다; 브리세(2006) 참고.

28 베르만과 누스는 이러한 소수에 속한다.

점을 크게 강조한다. 그것은 바로 번역이 '다른 전통들 간의 만남이기 때문'이고, 또한 '그 과정에서 전통 간의 충돌과 승화의 현상이 일어날 수 있'기 때문이며, '더 나아가 그 같은 승화 과정 속에서 우리에게는 새로운 인문학적 물음이 동반되게 마련'이기 때문이다. '제문론'의 관점에서 볼 때, 이러한 답들을 이끌어내는 '고전 번역'에 대한 물음이 우선적으로 중요하다. 올바로 묻지 않는데 제대로 된 답이 나오기는 어렵다. 문학번역을 비롯한 인문학번역이 제대로 이루어지지 못한 근저에는 인문학번역을 인문학 문제로 올바로 인식하지 못하고 인문학적 탐구를 소홀히한 이유가 작지 않을 것이다. 인문학적 탐구는 서양이나 동양의 고전 번역이나 이른바 '명저'들의 번역에 국한되는 것이 아니라, 그 정도는 다소 덜하더라도, 거의 모든 인문학 텍스트들의 번역에 필요하다. 번역에 대한 인문학적 탐구는 대상의 문제이기도 하지만, 그 못지않게 의식의 문제이기도 하다.

그러면 인문학 텍스트는 어떠한 성격을 갖는지 에코의 경우를 보자. 에코는 장르를 막론하고 일반적으로 두 범주의 텍스트들을 구분한다. 하나는 조리법이나 계약서 등 의미의 불안정성이 원칙적으로 아주 약한 '닫힌 텍스트들'이고 다른 하나는 의미의 모호성이나 다중적 해석의 여지가 큰 문학텍스트나 철학 텍스트 같은 '열린 텍스트들'로, 제임스 조이스의 《피네간의 경야》가 대표적인 경우로 꼽힌다.[29] 이러한 열린 텍스트들에서는 해석이라는 것 자체가 근본적으로 매우 불확실하다. 이러한 '의미의 불확실성'으로 인해 '해석들의 갈등'이 발생하는 경우도 자주 목격된다. '닫힌 텍스트들'의 경우처럼 의미가 단선적이며 분명한 것이 아니라, 의미가 '미끄럽고 유동적이어서 포착하기 어려운' 경우들이 빈번하게 나타나기 때문이다.[30] 이러한 닫힘과 열림의 대비는 '해석(학)적 깊이'의 문제이기도 하다. 인문학 텍스트는 일반 텍스트들에 비해 상대적으로 일정 정도 혹은 그 이상의 '해석(학)적 깊이'를 가지고 있는 텍스트이기에 더 깊은 해석과 이해를 필요로 한다.

29 이스라엘(2006:13-4) 참고.

30 김선형(2008:65) 참고.

이스라엘(1990:35)은 거의 대부분의 경우, 실용적 텍스트로부터는 정보를 추출하여 의미를 밝혀낼 수 있지만, 문학텍스트의 경우에는 그렇지 않다고 지적한다. 이는 '문학텍스트를 밝혀내는 것은 단순한 정신적 작업이 아니라 감성이 개입되며 무수한 가정들로 이어지는 탐구'이기 때문인데, 이러한 지적은, 다소간 정도의 차이는 있지만, 인문학 텍스트 전반에 해당된다. 이스라엘(2001:11-4)은 문학번역의 세 주요 경향을 언급하는데, 그 첫째는 직역적 접근 혹은 '복제-번역'으로서 번역을 단지 낱말 차원의 작업으로 인식하는 것이다. 둘째는 이와 대립되는 것으로 프랑스에서 17세기 이래 '정숙한 추녀들'와 대비되는, '부정한 미녀들'로 불린 '번안-번역'이다. 이 양자 사이에 제3의 길로서 '재창조-번역'이 자리한다. 이 번역은 텍스트의 위상과 그 '충만성'을 그대로 유지하면서도 목표문화에 통합되어, 그 미적 성격에 손상이 없으면서 가독성에도 지장이 없도록 하는 번역이다. 이는 에크리튀르와 문학적 소통뿐 아니라, 저자의 의도와 독자를 모두 존중하는 번역이라는 것이 저자의 주장이다. 이는 이론적으로는 번역의 일종의 '중도노선'으로 보이나, 여러 단서들로 볼 때, 특히 그의 여러 다른 글들로 미루어 볼 때, 목표지향성이 상당히 강한 번역으로 생각된다.

반디아(2001:132-3)는 번역 윤리에 대한 성찰은 원텍스트, 목표 고객들이나 대중에 대한 충실성이나 충직성 논리를 넘어서, 문화 간 교류라는 더 큰 맥락 속에 자리해야 한다는 견해를 표명한다. 번역 주체가 자신의 번역 기획에 입각한 여러 이유들로 인해 번역에서 어느 한 방향을 지향할 수는 있겠지만, 언어적 문화적 요구사항들로 인해 늘 순수한 목표지향적 접근이나 순수한 원천지향적 접근 사이에서 선택할 여유가 있는 것은 아니라고 그는 말한다. 그에 의하면, 예를 들어, 베누티도 충실성이라는 장애를 피하기 위해, 원천지향 번역과 목표지향 번역 사이의 이분법적 대립을 최소화하려고 한다. 반디아는 제3의 길의 모색을 거부한 슐라이어마허와 달리, 베누티는 고전적 대립에 입각한 이분법을 최소화하면서, 다양한 정도의 목표지향적 혹은 원천지향적 실천들로 특징지어지는 제3의 길, 'textual middles'라는 중도의 길을 지향하는 것으로 평가한다. 하지만, 여러 자료들로 보아, 베누티에

게서는 전반적으로 상당히 원천 지향적이라는 느낌을 받을 수 있다.[31]

라드미랄이 그의 철학번역의 방법으로 제시한 '생산적' 번역론과 질이 그의 번역 방법으로 내세운 IDRC(Interpretation-Decisions-Resources-Constraints) 모델은 탐구번역의 좋은 예들이다. 탐구의 방식으로는 경우에 따라, 목적에 따라, 이들 이외에도 다양한 방식들이 활용될 수 있다. 이스라엘의 문학해석번역론,[32] 베르만의 '문자번역', 메쇼닉의 리듬번역 등도 탐구번역의 훌륭한 선택의 대상들이다. 다양한 번역학 지식들 중에서 불필요한 것들은 제외하고 필요한 것들만을 연결지어 특정 텍스트의 번역에 필요한 새로운 지식을 만들어내는, 레비-스트로스가 말하는 '브리콜라주'적 접근은 탐구번역에서도 유효하다.[33] 이 '브리콜라주'적 접근에서 어떤 방향이나 질서를 찾아낼 수 있다면 매우 유용할 것이다. 라드미랄(2008)이 말하는 '에큐메니컬'한 접근은 그러한 방향의 하나이다. 라드미랄(2008)은 자신의 '생산적 번역학'과 다니엘 질의 IDRC 모델 사이에 상대적으로 '이론적 최소주의'를 지향하는 것 외에도(22),[34] 더 큰 '이론적 에큐메니즘'이 있다고 생각한다(26). 이러한 '이론적 에큐메니즘'을 '이론들의 화쟁'으로 이끌 수 있다면 더욱 바람직할 것이다.

4. 라드미랄의 생산적 번역학

라드미랄(2010a:7)은 방법론적으로 네 종류의 번역학, 즉 '규범적' 번역학, '기술적' 번역학, '생산적' 번역학, '과학적'(혹은 귀납적) 번역학을 구분

31 베누티(2006) 참고.

32 이 책 7장 참고.

33 이선영(2012): "브리꼴뢰르나 브리꼴라주라는 개념은 인류학자 레비-스트로스가 [야생의 사고]에서 개진한 개념이다. 레비-스트로스에 의하면, 손재주꾼은 현대의 과학자나 기술자와 달리, 그 일의 목적에 맞게 고안되고 마련된 연장이나 재료가 있고 없고에 크게 좌우되지 않는다. 손재주꾼은 (…) 주어진 상황을 최대한 이용하여 자기 손으로 무엇인가 만드는 자이다. 어떠한 범주 내의 작업에서도 임의로 사용할 수 있는 요소들을 활용하는 손재주꾼의 사고방식은 과학적이기보다는 신화적이다."

34 라드미랄(2007b:17)은 이론에 대해 스스로 '최소주의자'라고 주장한다.

한다. 이들은 그가 각각 그제, 어제, 오늘, 내일의 번역학이라 불러온 것이나,[35] 지금은 이러한 시기상 구분을 인식론적 메타이론적 관점에서, '번역 담론에 대한 담론'상의 구분으로 인식한다. 이렇게 '이론에 대한 이론을 하는 것'이 우리의 '선택'의 방향을 잡아줌으로써 번역 실천과 직접 연관되는 것으로 그는 설명한다. 그가 자신의 방법론으로 제시하는 것은 '생산적 번역학'이다. 이는 '번역자가 번역을 수행하는 과정에서 접하게 되는 다양하고도 상호모순적인 문제들을 해결하고 치유하는 번역학'이다. 더 자세히 말하면, '장애나 콤플렉스를 극복하기 위해서 상담자의 언어적 조력을 받아 언어적 무능력에서 벗어나듯, 번역자가 도착어 텍스트를 생산하는 과정에서 직면하게 되는 문제들을 해결하는 데 필요한 개념이나 용어들, 혹은 팁(tip)'을 제공하는 일종의 〈도구 상자〉 같은 번역학이다.[36] 이 번역학은 구체적으로는 '번역을 위한 이론소들(théorèmes)', 줄여 말해 '번역 이론소들'로 이루어진다.

라드미랄(1992:14-5)에게 '생산적 번역학'이 할 일은 '번역자의 작업을 용이하게 하는 것', 즉 번역자의 '편익을 도모하는 것'이고, 이를 위해 번역자에게 '번역 이론소들'을 제공하는 것이다. 라드미랄(2010a:11)은 이 '번역 이론소들'을 '조각 상태'의 이론적 요소들인 개념들(낱말)과 원리들(문장)로 규정하는데, 이들은 '언어적인 것'이기도 하고, '심리적인 것'이기도 하다.[37] 라드미랄(1979)은 이 '번역 이론소들'을 일종의 금언, 권고, 조언 같은 것, 혹은 '핵심 개념', '번역의 원리' 같은 것으로, 복수적·병렬적·고립적·비체계적이라는 특징들을 가진 것으로 기술하고 있는데, 다양한 것들이 그 대상이 된다. 라드미랄은 이 '번역 이론소'들을 자신의 번역 실천은 물론, 다른 '번역 이론소'들로부터 귀납적으로 이끌어내기도 한다.[38] 이 '번역 이론소

35 '과학적' 번역학을 라드미랄(2003:161)은 '내일, 나아가 모레의 번역학'이라 칭하기도 한다.

36 윤성우 · 이향(2012a:111-2).

37 라드미랄(2006d:114)은 번역학의 '학제적 삼각형'을 이루는 것으로 언어학, 철학, 심리학을 제시한다.

38 라드미랄(1979:213, 219, 243) 참고; 라드미랄(1979)은 '번역 이론소들'로 랑그-파

들'이 축적되어 '잘된 번역들'의 등가를 재산출하게 되고, 만족스럽지 못한 해결책들을 억제하고 감소시키게 된다.

라드미랄(1979)은 자신의 번역론을 '계속 맞닥뜨리는 끊임없는 혼란에 지속적으로 맞서야 하기에 조화로운 하나의 구축물이 되기 어려운 산발적 이론소들의 랩소디'로 비유적으로 표현한다(110). 그에 의하면, 이론과 실천의 괴리로 인해, 번역학이나 번역론에서 기대할 수 있는 것은 번역의 난제들을 밝혀 분류하고 개념화하여, '결정의 논리'가 작용하도록 하는 것이고, 번역자의 이해를 도와 '결정'에 도움들을 주어, '번역의 선택들'을 용이하게 하는 것이다. 이 '개념적 도구들' 덕택에 번역자가 이 '번역의 선택들'을 의식하게 되는 것이다. 저자는 번역학의 이론적 담론이 '의외의 발견'이나 '신대륙들'을 가져다주는 것이 아니라, 추상적 개념들의 제시를 통해 번역 실천을 비춰주는 '창들'을 열어보이는 것이라고 비유적으로 말한다. 이는 '번역 담론에 대한 담론'이 '번역 실천'과 연동되는 하나의 방식이기도 하다. 번역학적인 '담론적 우회'는 개념적으로 '무장된 관찰'을 가능하게 하기 때문에 중요하다. 번역 이론은 보충지식을 제공하기 때문이라기보다 핵심 개념들을 제시하기 때문에, 그 덕분에 번역 실천에 대해 '말하고', 언어화하며, 개념화할 수 있게 되는 것이다(211-2).

라드미랄(1992:131)에게서 번역의 '결정' 논리는 성찰과 개념화, 추상적인 개념적 도구들의 사용을 통해 이루어진다. 그는 자신의 생산적 번역학의 '이론'이 '유일한' 이론도 아니고, '하나'의 이론도 아니며, 그저 '약간'의 이론일 뿐이라고 말한다.[39] 라드미랄(2003:158-9)에 의하면, 생산적 번역학은 하나의 단일한 구축물이 아니라 복수의 이론적 아이템들의 집합체이다.

롤 구분, 기호적 공시와 의미적 공시 대립, 번역 선택, 단편적 인용, 상쇄, 공시사(connotateur), 번역자의 언어적 보수주의, 최소 반의미(contresens minimal), 이화(dissimilation), 엔트로피, 번역 투명성의 환상, 첨가(incrémentialisation), 최소 해석, 미번역(intraduction), 언어문화, 가독성, 번역 주관성의 해석적 매개, 통합체화(syntagmatisation), 확장언어(périlangue), 확장환언문(péri-paraphrase), 용어현상, 용어화, 코드전환 등을 언급하고 있다.

39 'la théorie'나 'une théorie'가 아니라 'de la théorie'라는 것이다.

이 '부스러기 상태' 이론의 기능은 번역자가 필요할 때 꺼내쓰는 개념들의 '도구상자' 같은 것이다. 이 도구들 중에는 서로 상반된 기능을 갖는 것들도 있다. 예를 들어, '이화'(異化, dissimilation) 이론소와 '투명성' 이론소 같은 일부 개념들이나 원리들은, 마치 못 박는 망치와 못 빼는 펜치처럼, 서로 모순될 수도 있다. 라드미랄(1998a:156)은 번역에 대해 '정중(正中) 이론소'도 제시한다. 이는 '가능한 한 가까이, 필요한 만큼 멀게 번역하라'는 것이지만, 목표주의자를 대놓고 표방하는 라드미랄의 '정중'은 실은 '목표에 가깝게'로 해석된다. 라드미랄(2009c:45-6)은 일반번역은 목표지향적 이론으로 충분하나 문학번역에는 원천지향적 이론이 적용되어야 한다고 생각한 베르만과 달리(이는 라드미랄의 말이다), 번역 이론은 전체에 적용되는 하나의 일반적 이론이어야 한다고 천명한다. 그는 일반번역과 문학번역의 차이를 '성격의 차이'가 아니라 '정도의 차이'로 본다.[40]

라드미랄(1997:39)은 '생산적 번역학'의 작업을 자신에 국한시키지 않는다. 그는 유진 니다 같은 번역학자의 다양한 저술들도 기술적 번역학을 넘어 생산적 번역학의 영역에 이르렀다고 생각한다. 그는 다음과 같은 트뤼포(1997)의 '번역 십계명'에도 '번역 이론소'의 지격을 십분 인정한다: 1) 언어학과 번역을 구분한다, 2) 영역을 안다, 3) 의미를 인지한다, 4) 의미를 구축한다, 5) 정확한 낱말을 의심한다, 6) 창조적으로 된다, 7) 문화를 표현한다, 8) 상황을 고려한다, 9) 전언을 정리한다, 10) 시간과 스트레스를 관리한다. 여기에 라드미랄은 '실천에 대해 성찰한다'는 제11 계명을 덧붙인다. 트뤼포(1997:11)는 이 '계명들'이 이미 언어를 '통달'하고 있어 '낱말들에 휘둘리지 않을 사람들'과 '실용번역'을 대상으로 한다고 애초에 단서를 달았으나, 더 폭넓은 적용 가능성도 있다. 그의 '조언·약속·보상' 의미의 '계명들'은 더 나은 번역을 위한 '격려' 내지 '독려'의 역할을 한다.[41] 저자가 번역의

40 라드미랄(2007b:23).

41 트뤼포(1997:12)는 자신의 '번역 십계명'이 불어 십계명 버전과 다의적인 '미래 시제'만 공유할 뿐이라면서 그 비유적 성격을 기꺼이 인정한다. 그는 이 '계명들'을 '조언'으로, '약속'으로, '보상'으로 받아들이라고 권한다. 바로 이러한 불어 '번역 십계명'의 미래 시제가 가진

'항로표지들'의 역할을 할 것으로 기대하는 '번역 십계명'은 '더 나은 번역'을 위한 일종의 '브리콜라주 기획'이다. 이러한 '브리콜라주'는 그의 번역론을 '이론소화'한 결과이다.

라드미랄은 여러 글에서 그의 번역철학은 자신의 철학번역의 경험들로부터 비롯된 것임을 표명한 바 있는데, 관심이 가는 것은 그의 철학 개념 번역이다. 라드미랄(2010b:8)은 철학 개념이 '고립된 낱말'이 아님을 강조한다. 철학의 개념들은 밑바탕이 되는 사상체계나 지적 전통이 묵시적으로 나타내고 있는 것들과 밀접한 관련이 있기 때문에, 번역에서도 이러한 측면이 충분히 고려되어야 한다는 것이다. 라드미랄(1979)이 든 예는 독일어 'naturwüchsig'이다. 불어의 '외시적'(dénotatif) 등가는 'naturel'이지만 긍정적(혹은 중립적) 공시들로 인해 반의(反意)가 된다는 것이다(217). 그래서 하버마스를 번역하면서 'naturwüchsig'를 'naturel'이라고 옮긴 경우는 두 번밖에 없으며, 나머지는 '공시적'(connotatif) 의미들을 살리기 위해 '이화' 이론소를 사용하여 '통합적 등가'인 'naturel et incontrôlé', 'naturel et subi', 'naturel et anarchique', 'resté (encore) naturel', 'naturel et spontané', 'de façon naturelle' 등으로 다양하게 옮겼다고 기술한다(218). 이러한 '통합적 등가' 번역은 역주를 텍스트 속에 녹여넣는 역할을 한다. 이는 '첨가' 이론소(즉 번역이 원문보다 길어지는 경우)의 한 특별한 경우라고 저자는 말한다(219).[42]

그런데, 이와 반대로, 원어휘가 나타내는 공시적 의미들이 덜 중요하거나 비핵심적일 경우, 번역자는 번역을 안 할 수 있다고 그는 주장한다. 이는 '첨가'가 아니라 '엔트로피'의 경우이다. 정보상의 '손실'이 있는 것이다. 저자는 번역자가 늘 '첨가'나 '엔트로피'에 직면해 있다고 말한다. 번역자는 '번역 이론소'의 하나인 '번역 선택'을 해야 하는 것이다. 그러나 위처럼 다양한 번역을 할 경우, 용어가 비용어처럼 번역되는 문제가 발생할 수도 있고, 그

조언 · 약속 · 보상의 의미를 나타내기 위해, 위의 '번역 십계명' 번역에서, 계명의 전통적 번역방식인 '…할지어다' 대신, '…한다'라는 표현을 택한 것이다; 트뤼포(1997:134-5) 참고.

42 라드미랄(2010b:9)은 'naturwüchsig'를 'naturel et incontrôlé' 같은 '중복 번역' 방식 이외에 심지어 'capitaliste'라고 옮긴 적도 있다고 말한다.

래서 경우에 따른 대처가 필요하다고 저자는 덧붙인다. 저자에게 중요한 것은 여하튼 의미가 전달되게 하는 것이고, 'naturwüchsig'의 다양한 번역은 이를 위한 것이다. 또한 이는 '가독성'이라는 '핵심적 요구'를 충족시키기 위한 번역이라는 것이 저자의 설명이다(220-1).[43] 라드미랄은 번역에서 용어의 중요성과 그 어려움이 과장되는 경향이 있다고 지적한다. 마치 언어가 어휘 목록인 것처럼 생각하는 일종의 '어휘주의적 이데올로기'가 존재한다는 것이다. 이는 용어를 과대평가하여 그 자체로 고정되고 객관적인 것이며 모든 언어에 공통적인 것이어서 원칙적으로 쉽게 '코드전환'식 번역이 가능한 것으로 생각하는 것이다. 그러나 이러한 '용어적 환상'은 실상과 거리가 멀다는 것이 저자의 단호한 지적이다(222).

라드미랄(1997:31-2)의 생산적 번역학의 관점에서 번역과정은 원텍스트의 이해와 관련된 '읽기-해석', 번역텍스트의 산출과 관련된 '재표현'의 2단계로 기술된다. 이와 유사한 에지트 모델은 '이해-탈언어화-재표현'의 3단계 모델이고, 들릴의 수정 모델에는 '정당화' 과정이 추가되지만, '탈언어화'가 재표현과정에 흡수되어, 결과적으로 '이해-재표현-정당화'의 3단계 모델이 된다. 이 모델에서 이해도 '해석'이고 정당화도 '해석'이기 때문에 들릴의 모델은 '이중해석' 모델이다.[44] 라드미랄은 '해석이론'에서 핵심 역할을 하는 '탈언어화'에 대해 읽기-해석과 제표현의 사이의 '인터페이스'로 인정은 하되, 하나의 단계로 주제화할 필요는 없다는 입장을 취한다. 그는 이 2단계에 보충될 것 두 가지를 언급한다. 하나는, 경우에 따라 필요한, 영단계(Ø)의 '사전 자료조사'이고, 다른 하나는 단계 (2)의 두 개의 '다시 읽기' 준단계들이다.[45] '다시 읽기' (1)은 '목표텍스트 글쓰기 최적화'를 위한 것이고, (2)는 그 과정에서 원텍스트와의 '동의적 접촉', 즉 '등가 관계'가 상실되지 않

43 라드미랄(1979:221)은 'naturwüchsig'를 번역하며 이를 괄호 속에 병기하기도 했는데, 때로는 한 페이지에서 세 차례나 이러한 병기를 한 적도 있다고 한다. 물론 가독성도 고려해야 하지만, 저자는 철학번역에서 이러한 방식의 필요성을 적극 옹호한다.

44 들릴(1980:84) 참고.

45 라드미랄(1994:13)은 '준단계' 대신 '2.5 단계'라는 표현을 사용하기도 한다.

았나 따져보는 것이다. 이 2단계 도식은 다음과 같다.

[영단계(Ø): 사전 자료조사]
단계 (1): 읽기-해석
인터페이스로서의 '탈언어화'
단계 (2): 재표현, 또는 다시쓰기
[두 개의 다시 읽기 준단계]

번역과정에 대해 복잡한 도식들이 적잖이 제시되어 왔으나, 번역과정을 명료하게 보여주지도, 그 이해에 도움을 주지도 못한다고 라드미랄은 생각한다.[46] 그런데 번역과정에서 단계 (2)의 '재표현'에 집중하다 보니 전체적 관계에서 균형이 다소 어긋나는 결과가 초래된다. 라드미랄(2006b:136-7)은 '해석'에서 '의미적'(sémantique) 해석과 '해석적'(herméneutique) 해석을 구분하는데, 전자는 맥락이 고려되지 않은 '언어적 의미'이고, 후자는 맥락이 철학적·미학적·문학적·신학적 차원 등에서 해석된 포괄적 의미이다.[47] 저자는 2단계 모델에서 특히 '재표현'의 중요성을 강조하는데, 이는 '해석적 해석'의 중요성과 맞물려 있다. 라드미랄(2004a:19)에게 번역한다는 것은 번역글쓰기의 실천 층위뿐 아니라, 이미 이에 앞서 원텍스트 수용, 그 '읽기-해석'의 이론적 층위에서 '번역 선택'이 이루어진다는 것을 함축한다. 이것이 그가 '번역의 -할지성'(quodité traductive) 이론소라고 부르는 것이다. 이러한 일련의 이론적 실천적 선택들이 하나의 '번역 기획'[48]을 규정하는 포괄적 전략의 일관성을 유지할 것을 저자는 요구한다. 라드미랄(1979:224)에 의하면, 이 '-할지성'은 그의 번역론의 하나의 '메타이론소'로서, '근본적 이론소'

46 라드미랄(1997:31)은 '기술적 번역학'이 '예비번역가'에게 단계 (1)의 '읽기-해석'에서 도움이 될 것이라고 말한다.

47 라드미랄(2006d:112-3) 참고.

48 라드미랄(2004b:31)은 원천주의와 목표주의는 근본적으로 대립적인 '번역 기획'이라고 말한다.

이다. 거의 대부분의 다른 '이론소들'은 '파생적 이론소들'이거나 '직접적 귀결들'이다.[49]

라드미랄(1992:128-9)에게 번역의 하나의 근본적이며 구체적인 문제는 번역의 이 '-할지성' 문제이다. 그는 번역과정에서 정말 어려운 문제에 부닥쳤을 때, 가장 빈번하게 제기되는 문제는 '번역의 무엇'이나 번역의 '어떻게'가 아니라, 번역의 '-할지성'(…할지 …할지, 불어의 savoir si, 영어의 whether, 독어의 ob)이라고 말한다. 즉, '저' 아이템을 번역할지 말지, '그' 방향으로 번역할지 말지 등의 문제이다. 이는 번역자의 해석에서 '선택'의 문제이다. 니체를 철학자들을 위한 철학자로 번역할지, 아니면 작가로 번역할지 고민하는 것도 하나의 '-할지성' 문제이다. 문제가 이렇게 텍스트 전체에 대해 포괄적으로 제기될 때는 결정이 간단해 보이지만, 그때그때 부딪히는 번역 문제는 상당히 미묘해질 수 있다는 것이 저자의 지적이다. 그는 학생들을 가르칠 때 마주하게 되는 어려움들의 유형으로 1) 언어상의 어려움, 2) 자신의 언어의 '통달'과 관련된 어려움, 3) 용어상의 어려움, 4) 주제 분야 지식과 관련된 어려움이 있지만, 일단 이 어려움들이 해결되면, 번역의 진정한 어려움이라 할 수 있는 '위계화와 결정의 이중작업'이란 다섯 번째 어려움이 제기된다고 말한다. 이는 매번 원텍스트의 '에크리튀르 기획'과 번역자로서 채택하는 '번역 기획'에 대해 '이중적 가정'을 하는 것으로, 목표 독자에 따른 번역자의 주관성 차원의 문제이다.

이 유형의 어려움들에 대해 라드미랄(1992:129-31)은 하나의 이론적 혹은 담론적 답이 있음을 주장한다. 추상적 개념화들을 통해 번역학 담론에 접근하게 되면, 텍스트와의 거리두기와 문제의 객관화가 가능해지고, 이에 따라 텍스트와의 심리적 강박 관계도 완화되게 되며, 번역에 대해 이론화하고 이야기하고 담론을 만들어내다 보면, 번역에 대한 '원천-문제들'에 대해 '목표-해결책들'을 찾아내는 데 더 신속해지고 더 효율적으로 된다는 것이다. 원텍스트와 거리를 두면서 자유를 되찾음으로써 제5 유형의 어려움

49 라드미랄(1979:224) 참고.

들에 대한 해결이 가능하게 되는 것인데, 이에 두 가지 상반된 방식이 있다. 하나는 개념적 혹은 담론적 양식(번역학적 양식)이고, 다른 하나는 텍스트 전산처리인데, 라드미랄이 관심 갖는 개념적 양식은 자신의 번역 실천에 대해 말하도록 도와주면서, 번역 시 하는 일에 대해 의식적이 되도록 하는 것이다. 이러한 '언어화'는 어려움들에 라벨을 붙여, 번역 실천에서 얻어진 것들(긍정적인 것들과 부정적인 것들)을 자산화하는 것이다. 일단 이렇게 개념화되면, 잘못들은 피하게 되고, 잘한 것들은 다음에 다시 활용하게 된다. 이론적 성찰이 학문적 의미도 있지만, 번역 실천에도 직접적 도움이 되는 것이다. 한마디로, 라드미랄이 옹호하는 생각은 '추상화에 의한 우회'가 실천을 '관리'하도록 도와준다는 것이다(136).

실제 텍스트번역에서는 물론 이러한 제5 유형 문제들만 제기되는 것이 아니다. 1), 2), 3), 4) 유형의 문제들도 모두 텍스트번역 문제들로서, 번역과정에서 언제라도 제기될 수 있다. 상대적인 것이기는 하나, 사실 그 누구도 원어·번역어·용어·내용 관련 문제들이 모두 '완벽하게' 준비된 상태에서 번역에 임한다고 장담할 수 없다. 필요한 부분들은 번역과정에서 탐구적으로 해결되어야 한다. 라드미랄(1987:192)은 그의 '생산적 번역학'이 '체계적 기술적' 번역학이 아니라 '수행되어야 할 번역들을 지향하는, 기존 번역들의 귀납적 분석에 그렇게 큰 영향을 받지 않는 번역학'이라고 말한다. 이는 아마 '생산적 번역학'의 유연성 혹은 융통성 때문일 것이다. 그는 번역자가 지적으로 심리적으로 이론을 장악하기 위해서는 이론이 '가벼워야' 한다고 말한다. 저자는 논리적 형식화를 통한 통합적 이론을 추구하는 '과학적' 번역학이나 이러한 방향을 추구하는 번역학을 번역자의 '히말라야 등산 장비'에, 번역의 실제적 문제들을 다루고자 하는 자신의 생산적 번역학은 '알프스 등산 장비'에 비유한다. 실제적 번역의 실천적 결과들에 이르기 위해서는 기본적인 이론적 아이템들로 이루어진 '산발적 이론소들의 랩소디'인 '알프스용 장비'로 족하다는 것이다. 우리 인문학번역의 대개의 문제들은 '가벼운 장비'로도 해결될 수 있겠지만, 그렇지 않은 경우들도 상당수 있을 터이니, 이에 대비하여 다양한 '등산 장비들'과 '도구들'의 사용법을 익혀두면

필요할 때 요긴하게 쓸 수 있을 것이다.

5. 질의 IDRC 모델

라드미랄의 2단계 모델과 여러 면에서 유사성이 큰 질(2005)의 번역 모델 역시 '이해'와 '재표현'이 중심이나, 모델은 문제해결로서의 '결정'에 명시적으로 초점이 맞추어져 있는 것이 특색이다. 그의 IDRC 모델, 즉 '해석-결정-자원-제한'(Interpretation-Decision-Resources-Constraints) 모델은 '이론적 최소주의'를 지향한다는 점에서, 그리고 번역과정의 모델이라는 점에서 라드미랄의 모델과 유사성이 크다. 질(2009:249)은 번역과정을 '해석-결정-자원-제한'에 초점을 맞추어, 다음과 같이 간략하게 도식화한다.

출발 텍스트

↓

결정들이 포함된 해석

자원 ↓ 제약

결정들이 포함된 재표현

↓

도착 텍스트

라드미랄의 '생산적 번역학'이 표방하는, '번역 실천의 격랑에 대처'하며, '번역의 난제들을 밝히'기 위한 '편익적 담론'이란 성격도 실은 번역의 문제해결을 위한 것이고, '결정'이 번역의 '핵심어'라는 점도 IDRC 모델과의 큰 친근성을 잘 보여주는 것이다. 질(2009)은 '일련 모델'의 특징으로 네 가지를 언급한다. 첫째 특징은 그 '기술적 성격'이다. 이 모델은 '금지'의 성격은 전혀 가지고 않으며, 인간 번역의 모든 범주의 성찰들을 받아들일 수 있는 유연성을 가지고 있다. 둘째, 이 모델은 과정 모델이지 결과물 모델이 아니다. 셋째, 이해 단계에서 해석 개념이 중심에 자리한다. 이 해석 개념의 범위와 깊이는 가변적이나, 해석의 존재는 인간 번역에서, 설사 코드전환의 경우라도, 무시할 수 없다. 넷째는 번역자의 결정들이 핵심 위치에 있다는 것이다. 이는 이해에서나 재표현에서나 마찬가지이다.

이러한 특징들도, 외견상, 첫째의 '기술적 성격'을 빼고는 라드미랄의 '생산적 번역학'과 별로 다를 바 없다. 첫 번째 특징도, 라드미랄은 '번역자의 편익 도모'를 '기술적 성격'에 앞세우고 있으나, 그의 '도움'의 개념화도 실은 번역 실천의 '기술'(description)과 별다르지 않다. 라드미랄(2008:22)은 자신의 번역론과 질의 번역론 사이의 친근성을 언급하면서, 양자간의 차이에 대해, 후자는 '보다 구조화'되어 있고, 전자가 실천에서 출발한다는 점에서 '상향적'이라면 후자는 이론적 성격이 더 강하다는 점에서 '하향적'이라는 차이를 언급한다(26). 이 방향성 주장은 설득력이 약해 보이지만, 모델이 '보다 구조화'되어 있다는 것은 타당한 지적이다. 이는 질(2005:102)이 보여주는 번역과정의 '일련 모델'에서도 잘 드러난다. 다음은 이 '일련 모델'을 편의상 약식화한 것이다.[50] 이 도식 왼쪽에는 〈언어적 비언어적 지식 기반〉이, 오른쪽에는 자료조사를 통한 〈필요 지식 습득〉이 자리한다. 이 도식에

번역단위 ↓

↓ 용인할만한가? 충실한가? 아니오

(→ 발화 직전으로)

의미 가정 ↓ 예

↓ 〈부분 텍스트〉 용인할만한가? 충실한가? 아니오

(→ 발화 직전으로)

그럼직한가? 아니오

(→ 의미 가정 이전으로)

↓ 예 ↓ 예

발화 다음 번역단위로

50 김대영(2015) 참고.

서 번역단위에서 '발화' 직전까지가 '이해 단계'이고, 그 이후는 '재표현 단계'이다. 도식 오른쪽의 '부분 텍스트'는 여러 번역단위의 집합체를 말한다. 여기서 묻는 충실성과 용인성은 전체 텍스트 층위에서 집합체 안의 각 번역단위에 대한 것이다(103).

'도움'이 중심이 되는 라드미랄의 '생산적 번역학'이나, 의미 가정과 그럼직함, 충실성/용인성 질문을 통한 문제해결 과정에 초점이 맞추어져 있는 질의 IDRC 모델이나 모두 '이론적 최소주의'를 지향하면서 번역자의 번역과정에 실질적 도움을 주는 것을 목표로 삼는 '탐구번역론'의 좋은 구체적 예들이다. 번역 문제들의 실제적 해결을 위해 다양한 번역론들의 에큐메니컬한 종합이나 화쟁적 융합의 시도가 탐구번역의 과제일 수는 있으나, 그 자체가 어떤 텍스트의 탐구번역의 목표는 아니다. 탐구번역이 목표하는 것은 의식적·반성적·성찰적 작업을 통하여 더 나은 번역을 산출하는 것이다. 이를 위해서는 '탐구번역의 지평'에 대한 다양한 논의와 성찰들을 접해 보는 것이 도움이 될 것이다.

6. 탐구번역의 지평과 중용적 번역론

우즈워드(1988:122-4)는 문학번역에 대한 세 유형의 담론, 즉 번역자들의 경험적이며 규범적인 언술들, 번역이론가들의 언어학적 사회학적 분석들, 문학이론가들의 기술적 작업들, 이 모두가 문학번역 현상의 전반적인 설명에 이르지 못한다고 지적하며, 문학번역을 번역 주체의 시각에서 검토할 것을 제안한다. 저자가 본보기로 든 예는 보들레르의 에드가 앨런 포 작품들 번역이다. 우즈워드는 보들레르에게 포의 번역이 하나의 '강박관념', 일종의 종교적 '사명' 같은 것이었다고 말한다. 그는 보들레르의 포 번역을, 번역자와 원저자의 관계가 친근성을 느끼고 사랑하며 존경하기에 열정과 열의를 가지고 헌신적으로 번역을 해야 하는 문학번역의 하나의 전범으로 보았다.[51] 이는 탐구번역의 한 지극한 경우이다. 인문학번역의 역자와 원저자의 관계가 그러할 수 있다면 그 탐구는 지극해질 수밖에 없을 것이다. 인문학

번역도 '강박관념'까지는 아니더라도, 작가 혹은 작품에 대한 '즐거움',[52] 나아가 '좋아함'이나 '사랑'이 바탕이 되어야 하지 않을까?

적어도 '친근성'을 느끼지 않는 저자의 저술을 정성들여 번역하기는 어려울 것이다.[53] 굳이 경제적 보상이 아니더라도 번역으로 인한 고통과 고뇌를 넘어[54] 인문학을 하는 즐거움, '번역의 즐거움'을 느낄 수 있다면 그 자체가 하나의 큰 보상이다. 그러한 번역이 많은 사람들에게 도움이 된다면 그 보람은 더 말할 나위 없다. 이러한 보람을 느끼는 것은 우리가 인문학을 하는 주요 목적의 하나이기도 하다. 윌마르(1990:236-9)가 그의 오랜 문학번역 경험을 통해 말하듯이, 번역자가 원저자에 대해, 원텍스트에 대해 '공감적'(empathique)이어야 할 필요성도 크게 요청된다. 저자는 '공감'(empathie)이 개인 차원을 넘어 문화 간 공감으로 이어져야 한다고 강조한다. 사실 공감(empathie) 없는 번역은 공감(sympathie)을 얻기도 어려울 것이다. 라신느(1999:158)는 '텍스트를 자주 오래 접할수록 텍스트의 목소리가 들리게 할 가능성이 그만큼 커진다고 말한다.[55] 이는 이완재(1998:7)가 우리 선인들의 공부 방법으로 소개한 침잠완색(沈潛玩索), 적구점숙(積久漸熟)과도 일맥상통하는 것이다.

김영무(1996:128)는 원작과 번역의 관계를 서로 다른 악기로 하나의 콘서트를 열고 있는 경우로 비유한다. '문학 활동으로서의 번역이란 바로 그런 것이고, 그런 한에서 시를 포함한 문학작품의 번역도 불가능한 것만은 아니'라는 것이다. '서로 다른 악기가 내는 상이한 소리가 스타일, 장르, 경향 등의 커다란 흐름 속에 상호 조응 관계를 얼마나 잘 이루어내느냐에 따라 번역의 성패'가 갈린다는 것이다. 원전에 대한 충실성과 모국어에 대한

---

51 전성기(2008a:113).

52 라오(2005:3)는 번역의 '즐거움'을 말한다.

53 스크레탄(2000) 참고.

54 정명환(2007:10): "극히 작은 어법의 문제로부터 세계관의 문제에 이르기까지 자진해서 이질적인 것과 만나면서, 때로는 조용하게 또 때로는 불안과 흥분에 휩싸여서 영위되는 번역의 체험은 역자와 그 독자에게 있어서 다 같이 존재 그 자체의 체험입니다."

55 '텍스트의 목소리'에 대해서는 윌마르(2012) 참고.

충실성이라는 '이중적 충실성'을 옹호하는 선영아(2006:169)는 두 충실성이 조화를 이루어 독자가 '읽는 기쁨'을 누릴 수 있어야 한다고 강조한다. 휴슨(2004:132)은 '잘된' 문학번역은 '원천 지향적'도 '목표 지향적'도 아니며, 번역자의 '복권'을 통한 '창조적 글쓰기'가 되어야 할 것이라고 천명한다. 이는 '창조성'을 '충실성'의 보완 개념으로, '충실성'을 '재창조의 선행 조건'으로 보는 유안(1999:73)의 견해와 맥을 같이 한다. 유안은 번역자가 원텍스트에 대해 취하는 태도로 우월·대등·열등의 세 가지를 열거하며, 대개의 번역자들이 '충실성'의 미명하에 열등한 태도를 수용한다고 비판하는데, 이러한 태도가 우리 대부분의 인문학번역 태도가 아니었다고 우리가 자신있게 말할 수 있을까?[56]

여기서 한 가지 강조할 것은 인문학 텍스트의 번역론은 하나가 아니라는 것이다. 탐구번역은 번역 주체의 선택에 따라 다양하게 나타날 수 있다. 텍스트의 종류의 따라, 번역자의 의도, 번역의 사회·문화적 여건 등에 따라 달라질 수 있다. 동일한 텍스트에 대해서도 여러 다른 번역방식이 적용될 수 있고, 하나의 텍스트에 대해서도 그러할 수 있다. 중요한 것은 탐구 정신으로 번역하는 것이다. 그리고 무엇보다 '성실히' 공들여 번역하는 것이다. 표정훈(2003:212-3)은 번역자의 '덕목'으로 '역지사지(易地思之)의 태도', '보고 또 보고', '절문(切問)의 태도'를 언급한 다음, 이 덕목들은 '결국 성실(誠實)이라는 덕목으로 수렴된다'고 말한다. 《중용》(中庸)은 '성이란 모든 것의 처음이며 끝이니, 성실하지 못하면 이 모든 것이 불가능하다(誠者 物之終始 不誠無物)'고 하는데, '성실함이야말로 번역의 처음이며 끝이니, 성실하지 못하면 좋은 번역이란 없다'고 표정훈은 단언한다.

이 '성실한 번역'을 더 구체적으로 살펴보자. 《중용》(中庸)은 '공부법'으로 '널리 배우고(博學), 세밀하게 질문하며(審問), 신중하게 생각하고(愼思), 명확하게 분별하며(明辯), 독실하게 행동하는 것(篤行)'을 제시하는데, 이는 학문에서는 물론, 번역에서도 매우 훌륭한 방법이 된다. 중용의 이 '박학,

56 전성기(2008a:122).

심문, 신사, 명변, 독행'의 5단계 과정을 윤홍식(2014b:283)은 '정보의 수집', '정보의 정확성 검토', '정보의 체계적 정리', '결론의 도출', '실천에 적용'으로 풀이하며 '5단계 연구법'으로 명명하는데, 이렇게 재해석된 중용의 '학문사변행 연구법'은 매우 훌륭한 큰 테두리의 '번역법'도 될 것이다. 번역에서 원천(언어문화)과 목표(언어문화) 사이에 '균형'이 잡히게 하려는 것은 번역의 일종의 '이론적' 목표이다. 그런데 번역자의 능력과 시공간적 제약, 즉 역사적 문화적 제약들로 인해 그 구체적인 실현들은 제한적일 수밖에 없다. 최선의 노력을 다해도 결과는 그다지 만족스럽지 않을 수 있다. 그렇기 때문에 '적절한' 번역을 얻을 수 있도록, 중용의 '학문사변행 5단계 연구법'을 통해 번역을 지속적으로 탐구하며, 번역 상황에 성실히 임해야 할 필요가 있다.[57]

박재주(2007b:195)는 유가의 중용(中庸)을 상황 윤리로 이해한다. 그는 상황 윤리의 특징으로 다음의 세가지를 지적한다: '선과 악에 대한 판단보다는 상황에의 적합성을 윤리 문제의 핵심으로 간주한다', '모든 윤리적 원리나 규범을 인정하지만, 그것들을 절대적인 것으로 받아들이지 않는다', '그것은 절대적인 삶의 윤리로서 사랑을 제시한다'. 유가의 중용 윤리도 이 세 가지 특징을 가진 일종의 상황 윤리라는 것이다. 다음은 중용 윤리에 대한 그의 설명이다: "① 중용 윤리에서 '중을 잡는다'[執中]는 것은 고정된 규범을 준수하거나 하나의 극단에 치우치지 않고 그 상황과 때에 알맞음을 선택한다는 것이다. ② 중용 윤리의 '권'(權)과 '시중'(時中)도 원리(=經)을 인정하면서도 상황을 충분히 고려하여(=저울질하여) 그 적절함과 올바름을 동시에 지켜나간다는 것이다." 이러한 중용의 상황 윤리를 '맥락 윤리'로 이해한다면 탐구번역의 번역 윤리로도 충분히 활용될 수 있다. 이러한 '맥락 윤리'에서 부분은 전체와 나선형의 '해석적 순환' 관계에 있다. '작품'의 인문학번역에서는 하나의 낱말 의미도 텍스트 전체와의 관계 속에서 음미되

57 신정근(2010:193-4)은 '《중용》의 핵심 얼개는 중(中)=도(道)=성(誠)이라는 등식'이고, 이러한 '중과 도와 성은 그리스도교의 교의를 빌려 표현한다면 삼위일체(trinitas)에 해당된다'고 말한다.

고 재현되어야 한다.

'의사결정 논리'로서의 중용에도 우리는 충분히 관심을 가질 필요가 있다. 김진경(2011:242)은 '중용'이 '현실에서 다양한 가능성이 분열되고 다양한 방향으로 분리될 때 이러한 다양성을 종합하고 균형점을 찾아 상황에 가장 적절하게 판단하는 것을 가능하게 하는 최고 원리를 제공해 준다'고 말한다. '중용은 다양성을 종합하고 균형점을 찾아 상황에 맞게 판단하는 실천의 원리'라는 것인데, 이러한 중용의 정신은 탐구번역에서도 추구할 필요가 있다. 번역에서의 중용적 선택은 번역자에 따라, '번역 기획'에 따라, 대상 텍스트와 독자 등에 따라 다양해질 수 있다. 박재희(2014)에 의하면, '넘치지도 않고 모자라지도 않으며, 변화하는 상황을 정확히 읽어내고 처지를 정확히 파악하여, 역동적인 변화에 정확한 판단과 지속적인 실행을 옮길 수 있는 사람'이 '오늘날 우리에게 요구되는 진정한 중용을 실천하는' 사람이다. 오늘의 인문학번역자는 그러한 '중용의 실천자'가 되는 것이 바람직할 것이다.

***

인문학번역이 수많은 오역들로 얼룩져 있고 번역평가나 번역비평이 오역 시비에 머물고 있는 것은 새로운 사고와 사상의 표현을 위한 번역글쓰기 계발에 힘쏟았던 우리 선현들의 업적들을 '법고창신' 혹은 '온고이지신'하지 못하고 인문정신과 탐구정신이 결여된 채, 습관적인 번역을 크게 벗어나지 못하고 답보해온 우리 모두의 책임이다.[58] 인문학번역을 번역인문학적 성찰로 고양시키지도 못했고, 인문학번역의 성찰에서 번역 주체가 핵심이라는 사실에 대해서도 우리는 그간 무심하거나 어두웠었다. 탐구번역, 그리고 이와 불가분한 탐구번역비평은 인문학번역을 명실공히 인문학 작업답게 행하기 위한 하나의 '기획'이고, '방향'이며 '전망'이다. '탐구'로서의 번역은

58 이 책 9장 참고.

연구번역뿐 아니라 번역교육으로, 번역비평과 번역비평교육으로도 이어질 수 있다. 다만 유의할 것은 인문학번역 탐구에 한 가지 방법이나 방향만 있는 것은 아니라는 것이다. 누가, 어디서, 어떤 목적으로, 누구를 위해 어떤 상황에서 번역을 하느냐에 따라, 다양한 선택이 가능하다. 중요한 것은 그 선택에 충분히 의식적으로 성찰적으로 성실히 임하는 것이다. 그리고 텍스트의 번역과 비평에 '레고 사유'를 벗어나 '그물 사유'로 접근하는 것이다. 우리 인문학번역이 아직 제대로 가보지 못한, 다양한 여건들을 십분 고려하는 탐구번역의 길들을 우리는 부지런히 답사해보아야 할 것이다. 이 과정에서 탐구에 따라야 하는 반성적 비평적 성찰도 우리는 소홀히 하지 말아야 한다.

구체적으로는 《중용》의 '박학·심문·신사·명변·독행'의 5단계 과정을 '정보의 수집', '정보의 정확성 검토', '정보의 체계적 정리', '결론의 도출', '실천에 적용'의 '5단계 연구법'으로 새롭게 해석한 윤홍식(2014b:283)의 '연구법'을 '학문사변행 5단계 번역법'으로 번역에 적극 활용하여 '적절한' 번역을 얻도록 힘쓰는 것은 기본적으로 하나의 온고이지신의 좋은 방향이 될 것이다. 번역에서 현대번역학의 다양한 구체적 이론들이나 방법들을 적용하거나 활용하더라도 텍스트 차원의 번역문법적 분석과 종합이 토대 역할을 해야 할 것이다. 인문학번역은 부분적으로는 다양하고 다채로운 시도를 포함할 수 있으며, 또한 그럴 수 있어야 한다. 중요한 것은 역사적·사회적·문화적 주체로서의 번역 주체가 부단한 문답과 대화의 과정을 통해 원텍스트를 깊이 이해하고 이를 비평적 번역글쓰기를 통해 조화롭게 재현해내어, 깊은 인문적 소통의 길을 열어가는 것이다. 인문학의 고전들은 적극적 탐구번역의 대상이 되어야 한다. 탐구번역은 번역과 번역비평이 탐구·발견·비판(성찰)을 통해 조화롭게 작용할 때, 즉 번역 주체가 동시에 비평 주체일 때, 원텍스트와 번역텍스트가 전체적으로 균형과 조화를 이루는 좋은 결과를 얻을 수 있다. 인문학번역은 번역론과 비평론이 조화롭게 작용하는 탐구번역과 탐구번역비평을 통해 번역인문학으로 꽃필 수 있을 것이다.

제2부

번역인문학, 그 실천적 모색

제9장 우리 번역글쓰기의 지형도

오늘날 '우리말다운 번역', '자연스러운 번역'은 거의 하나의 '미신'이 되어 있다.[1] 그러한 번역은 어떤 것인가? '애초부터' 있던 글쓰기를 따르는 번역인가? 애초부터 그런 글쓰기가 있었단 말인가? 우리는 인간 언어를 흔히 '자연어'라 부르지만, '자연스레' 주어진 것이 있다면 그것은 언어 능력이지 언어 자체가 아니다. 언어는 사회적 역사적 문화적 산물이다. 글쓰기 역시 사회적 역사적 문화적 산물일 수밖에 없다. 우리 글쓰기의 역사를 살펴보면 번안을 포함한 번역이 핵심 내지 중심 역할을 했음을 알 수 있다. 그래서 번역인문학은 번역글쓰기가 이루어져온 추이를 살펴보고, 번역글쓰기는 어떻게 이루어져야 하는가 하는 문제에 주목할 필요가 있는 것이다. 우리 번역글쓰기가 어떻게 '이타성'을 수용하고 '제것화' 했는지 알게 된다면, 즉 우리말이 '낯섦의 시련'[2]을 어떻게 견뎌냈는지 알게 되면, 우리말과 우리말 글쓰기에 대한 생각도 아마 사뭇 달라질 것이다. 번역글쓰기 문제는 번역의 문제일 뿐 아니라, 상호텍스트성의 문제이기도 하고, 번역문화의 문제

1 황현산(1986) 참고.

2 베르만(2009)의 번역 제목은 '낯선 것으로부터 오는 시련'인데, 이것이 지금은 대개 '낯섦의 시련'으로 쓰여진다. 이러한 과정은 우리말이 '낯섦의 시련'을 견뎌내는 정련의 과정이기도 하다.

이기도 하다.

표정훈(2005)은 그의 〈몇 가지 지형도〉라는 짧은 글에서, 지형도의 '地'를 '知'로 바꾸어 여러 동형어를 선보이고 있다.[3] 그는 '지식의 지형도'를 '다양한 학문 분야 및 주제들 사이의 상호 관계, 시대의 변화에 따른 학문 전통의 계승 과정, 사상사의 흐름 속에서 개별적인 주제 혹은 인물이 차지하는 위치와 의의, 이런 것들을 공시적, 통시적으로 조감한다는 차원에서 쓰는 말'로 정의한다. 번역글쓰기에 대해서도 이러한 의미의 '知形圖'를 그려낼 수 있기를 바라지만, 현재로서는 하나의 엉성한 거푸집, 하나의 '知型圖'를 그려보이는 수밖에 없다. 이 '지형도'는 평면도가 아니라 하나의 '시공간도'이나, 앞으로 번역글쓰기에 대한 이러한 '거푸집'은 번역글쓰기에 대한 '앎을 갈고 닦는 길'인 '知鎣道'가 될 수 있어야 할 것이다. 이는 우리말의 구성을 살피는 하나의 '고고학 혹은 계보학적 작업'이기도 하고, '말의 자연주의를 비판하는 작업'이기도 하다.[4] 글쓰기 방법은 최재목(2004)이 말하는 '편집술'에 일정 부분 의존할 것이다. 이것이 단순 짜깁기가 아니라 더 심도 깊은 논의를 위한 하나의 '초대', 하나의 '초대의 수사'가 되도록 시도할 것이나,[5] 현 단계에서 번역글쓰기에 대한 탐구가 다른 많은 저자들의 연구 성과들에 기댈 수밖에 없는 만큼, 현재로서는 얽어매는 수준을 크게 벗어나기 힘들다.

1. 언해

훈민정음 창제 이전에도 여러 차자 표기법이 존재했으나, 이 표기법을 일

---

3 지형도(知形圖: 앎의 모양과 세(勢)를 조망하는 그림); 지형도(知型圖: 앎의 틀 혹은 거푸집을 나타내는 그림); 지형도(知衡圖: 앎의 가치와 의미를 저울질하는 그림); 지형도(知詗道: 앎을 구하여 똑똑히 깨닫는 길); 지형도(知亨道: 앎에 형통하기 위한 길); 지형도(知鎣道: 앎을 갈고 닦는 길). [이상에서 '앎'을 '지식'으로 바꾸어도 좋다.] http://www.kungree.com/pen/pencil94.htm.

4 황호덕(2007:173) 참고.

5 전성기(2007a) 참고.

종의 번역법으로 볼 수 있느냐 하는 문제에 대해서는 의견들이 다소 엇갈린다. 양인종(2003:36)에 의하면, '鄕札, 吏讀, 吏吐, 吏道, 吏刀, 吏套 등으로 불린 한자 차자법은 대개 한어와 상이한 한국어의 문법 체계를 표현하기 위해 한자의 의미와 발음을 빌려 창출한 창작법이기도 하고 번역법이기도 하다'. 유명우(2002:15)는 '한문 차자법(借字法) 연구와 같은 고대와 중세의 국어 국문학의 연구는 한문이 한국어의 번역에 개입한 과정을 연구하는 것이기 때문에 한국 번역학의 기초 연구로 볼 수 있다'고 주장한다. 그러나 차자 표기법이 우리 번역글쓰기의 '선역사'는 될 수 있어도 엄밀한 의미의 우리 번역글쓰기라 말하기는 어려울 것이다. 민관동(2008:14)은 '1446년 세종의 한글 창제 이전까지는 중국의 한문을 우리의 문자로 그대로 사용하였기에 번역의 문제는 존재하지 않았다'고 단언하지만, 김정우(2008:49)는 석의(釋義) 뿐 아니라 구결도 '일종의 번역 양식'으로 인정한다.[6]

여하튼 본격적인 우리 번역글쓰기는 '언해'와 더불어 시작된다고 보아야 할 것이다. '언해'는, 김무봉(2004:190)에 의하면, '훈민정음 창제 후 한문 문장을 우리말로 읽고 적기 위해 창안된 독특한 번역 양식이요, 인출 양식'이다. 저자는 국어학계에서는 갑오경장 이전에 간행된 한문 문헌의 번역본을 가리켜 통상 '언해'라 부르고 있으나, 이는 15세기에는 적용할 수 없는 말이라 지적한다. 실록에 '언해'란 말이 처음 등장한 것은 16세기 초반인 중종 때이고, 실록 이외의 기록에서도 1510년대에 처음 나타날 뿐이며, 게다가 서명에 '언해'가 처음 쓰인 것은 그보다 훨씬 뒤인 16세기 말 교정청에서 간행된 유교 경서 언해부터이기 때문이라는 것이다(186-7). 강식진(1999:35)은 '훈민정음 창제 후 한문을 이른바 언문(諺文)으로 풀이한 것을 언해(諺解)라고 하였는데, 언해란 어휘는 주로 한문을 번역한 것에 국한되어 쓰였'고, '한문이 아닌 기타 인접국의 말을 번역한 경우'에는 '신번(新飜) 혹은 '신역(新譯)'이라고 하였다고 지적한다.

6 김정우(2008:36-7)는 '한국어식 어순을 지정하는 역독점(譯讀點)이 덧붙여 있는 고려시대의 것으로 생각된다는 석독구결문에 대해 '의사번역'(pseudo translation)이란 표현을 사용한다.

황호덕(2005)은 언해(諺解) 작업이 '백성에 대한 사대부들의 작업으로서 계급적인 성격, 교화의 목적에 종속되어 있었다'고 말한다(80). '경서와 연관된 문자 체계로서의 언해문은 설사 그것이 국한문혼용의 것이라 할지라도 쉽사리 시정의 문제를 논의하는 문체로 쓰이기 힘든 면이 없지 않았'고, '국한혼용의 문자 체계는 창조의 차원이 아니라, 해석과 주해의 차원에서 존재하는 문자였으며, 실제로 '읽는 책'은 경서였다는 것이다(356). 저자는 '조선시대를 통틀어 백성과 치자(治者)들이 함께 쓰고 함께 생각하는 매체로서의 한글은 한 번도 상상된 적이 없'었으며, '훈민정음의 이해 역시 거의 훈민(訓民)보다는 정음(正音) 쪽에 집중'되어 있었음을 강조한다. '어린 백성이 쉽게 익혀 쓰는 글자'라는 그러한 '생각 자체가 어떤 경우에는 극복해야 할 억견(臆見)이기조차 했다'는 것이 그의 지적이다(413). 정광(2006:6-7)은, 여기서 한 걸음 더 나아가, '지금까지 훈민정음의 반포로 알려진《해례본 훈민정음》'은 '한자음 정리와 고유어 표기, 그리고 중국어 표준음 발음 전사에 사용되는 원리를 설명한 이론서로서 어리석은 백성들을 대상으로 하여 신문자를 반포한 것으로 보기에는 너무나 전문적인 이론서라고 아니할 수 없다'고 주장한다.[7]

배수찬(2006:358-9)도 '실제로 국문을 창제하고 그것을 이용해 문장짓기를 시험한 엘리트들은 자유로운 생각을 쓴 것이 아니라 이미 한문으로 존재하는 서적을 번역함으로써 국문 글쓰기의 모델을 만들어' 간 것이라고 지적한다. '경서언해에서 쉽게 확인할 수 있는 것이지만, 당시의 한문 번역은 그 자체로 읽힐 것을 염두에 두었다기보다 한문 독해를 위한 참고 자료의 성격

7 정광(2006:5): "이 논문은 신문자의 창제와 관련된 새로운 자료와 시각으로 훈민정음의 제정에 대하여 고찰한 것이다. 우선 이 논문에서 훈민정음을 제정하여《龍飛御天歌》에 시험하고 이를 반포한 것이라는 종래의 통념에 대하여 의문을 제기하면서 훈민정음이 지금까지 알려진 바와 같이 집현전 학자들의 도움을 받아 만든 것이라는 주장을 부정하였다. 즉, 훈민정음의 제정은 세종이 그의 가족들과 함께 비밀리에 수행한 것으로 세종이 한자음 학습을 위하여 발음기호로 만든 것을 정의공주에 의하여 한문 구결을 변음토착한 것이라고 보았다. 여기서 '變音吐着'은 한자나 그 약자로 기록한 吐, 즉 구결을 훈민정음으로 기록하였으며 이로부터 우리말의 고유어를 훈민정음으로 기록하기에 이른 것이라고 주장하였다."

을 강하게 띠었다'고 한다. '자체적인 국문의 콘텐츠를 갖고 있지 못했던 당대인들은 한문의 구결, 의역, 석의, 직역, 주역의 단계를 거쳐 국문의 내용을 형성하여 갔고, 그 가운데서 언해라는 독특한 글쓰기 양식을 발전'시킨 것인데, '언해는 독음·구결·번역의 세 요소로 이루어지며, 독음과 구결은 한문체를 국문 글쓰기체의 일종으로 전환하는 중요한 기능을 담당하고 있었다'는 것이 저자의 설명이다.[8] 김인회(2012:39)는 '우리나라에서 번역이란 초기부터 한문을 모르는 사람을 위한 것이 아니라 한문 문장을 해독할 줄 아는 사람에게 그 문장의 참뜻에 대한 이해를 도와주기 위한 것이었다'고 진술한다. 여찬영(2006:20)에 의하면, '언해문의 한자어는 한문 원문의 한자를 고대 한어 번역의 어휘 처리 방법의 하나인 연용법에 의해 그대로 가져다 쓴 것'으로, '언해문의 연용적 한자어 과다 사용'은 '원문의 원의 유지'라는 목적 이외에 '화용적 측면'에서 '번역자가 상정한 예상 독자의 지식 수준과 깊은 연관'이 있다.

언해서들의 번역상의 특징에 대해 김무봉(2004:179)은 '훈민정음 언해본 이후 잇따라 간행된 대부분의 불전언해본들'이 '앞 시대 구결불경의 영향을 받아서 직역 위주의 문어투 문장이라는 한계를 벗어나지 못하'였다고 기술한다. '이는 창제 직후의 국문자 보급과 관련하여 왕실 등의 중앙 관서가 직접 개입한 데다가 자유로운 번역이 이루어지지 않았기 때문'이라고 한다.[9] '또한 당시의 불전언해본들은 대부분 한문불경에 언해문을 대응시킨 번역

8 김정우(2008:49): "이충구(1989:11-77)에서는 고려말부터 약 540여 년간 이루어진 한문 경서(經書)의 한국화 과정(=해독 내지 번역)을 구결→의역→석의→직역→주석 등 5단계로 설정하고, 구결과 의역과 석의를 경문 해독의 최종 단계인 직역(=언해)에 이르기 위한 예비 단계로 보았다."

9 김학주(1988:171-2): "조선시대의 유교 경전 번역의 경우, 우리의 눈길을 끄는 것은 초기의 권근의 사서오경에 대한 〈定吐〉나 유숭조의 칠서에 대한 〈諺解口讀〉은 말할 것도 없고, 이율곡의 〈四書諺解〉 및 선조조의 〈四書五經諺解〉가 모두 칙령에 의하여 이루어졌다는 점이다. 그것은 곧 유학을 나라의 정치이념 및 사회의 윤리기강으로 받들어 온 조선에 있어서, 그 경전들에 대한 독법에서부터 뜻의 해석을 통일하려 했다는 것을 뜻한다. 따라서 조선시대에는 성현들의 말씀이라고 전하여지는 경전에 대한 해석에 있어서, 통일된 방향 이외의 이론은 거의 용납되지 않았던 것이다."

양식, 이른바 대역의 형식을 취하고 있는데, 이러한 번역 방식으로 인해 의역을 할 경우 원의를 손상시킬지도 모른다는 우려가 작용했을 가능성도 배제할 수 없다'는 것이 그의 추정이다. 저자는 '언해가 우리 나름의 독특한 번역 양식으로 자리 잡기는 하였지만 한자어가 많고 번역투라는 한계를 가지고 있었'음을 지적한 다음, '비록 정음이 표기되어 있다고는 해도 당시의 일반 민중이나 신도들이 어떻게 이용하였을까 하는 의문이 남는다'(208)며 언해 독자의 제한적 성격에 대해 언급한다.

그러나 강식진(1999:33)은 '훈민정음 창제 이후 약 50년간에 40여 종 200여 권의 번역서가 나오게 된 것은 한문 식자층 전유물이었던 지식을 일반에게 훈민정음이라는 쉽고도 실용적인 문자로 보급하자는 당시 집권층의 깊은 배려라고 할 수 있다'며 상이한 견해를 보인다. 한편, 심경호 교수는 '언해나 최소한의 현토를 하여야 의미가 분명해진다는 의식은 분명히 고려 말 조선 초에 형성되어 있었던 것 같'다고 추정하며, '조선에서는 왕과 신하의 학문 및 현안 토론 기구인 경연에서 언해와 현토를 끊임없이 개정하였고, 일반 지식인들도 그 작업에 직간접으로 간여하여 왔'다고 지적한다. 경전 번역의 경우에도 성현의 말씀에 어긋나지 않기 위해서라기보다는 '명증한 이해를 위해 현토와 언해를 시도하여 왔다고 해야 옳을 듯하다'는 심 교수의 견해는 일반적 견해와는 다소 차이가 있다.[10] '자유역'을 하고 있는《飜譯小學》을 제외한 거의 모든 언해가 '직역'을 하고 있는 것을 '고대로부터 이어져온 한문 독법의 전통' 때문인 것으로 보는 이기문(1988:355)의 견해는 경청할 만하다.

김미형(2003a:7-8)은 언해문이라는 번역문이 '메타의사소통적 번역관'에 의해 도출되었다고 기술한다. '한글을 사용하며 이루어진 우리 문장의 시작은 한문 문장의 번역으로 이루어진 언해문이었고, 언해문은 번역이라는 특별한 의식 속에서 발생함으로써 의고체(擬古體)라고 하는 문체적 특징을

---

10 개인적 문의에 대해 메일로 이러한 답을 주신 고려대 심경호 교수에게 감사의 뜻을 전한다.

띠게' 되는데, 이때 작용한 '특징적인 번역관'은 '메타의사소통적 번역관'과 '구조등가적 번역관', 이 두 가지였다고 한다. '메타의사소통적 번역의 틀'이란 '하나의 텍스트를 의사소통하기 위한 또 하나의 의사소통 체계로서 이루어진 번역이란 뜻으로, 이 번역의 틀에서 우리 문장은 구연조(口演調)의 성격'을 가지게 되며, 이것이 '의고체의 한 요인이 된다'는 것이다.[11] '현대 번역은 출발언어의 존재를 잊게 하는 목표언어의 구현을 번역의 이상으로 여기지만, 15세기 우리의 현실은 그렇지 못했'고, '따라서 메타의사소통으로서의 번역 인식이 개입하게 되었'다는 것이다. 저자의 말대로 '이러한 메타의사소통적 번역관으로 인해 형성된 우리 문체'가 '우리말 문어 문장의 정형이 되는 것'이라면, 그리고 '이후 번역의 장르가 아닌 창작 장르에까지 영향을 미친' 것이 사실이라면,[12] 우리말 글쓰기 역사에서 언해의 영향은 새롭게 재조명되고 재평가되어야 할 것이다.[13]

2. 중국고전 소설/야담 번역

우리 번역사에서 중국고전소설 번역은 그간 소홀히 다루어져 온 분야이다.[14] 민관동(2008:14-6)에 의하면, 최초의 중국고전소설 번역은 중종 38년(1543)의 유향의 《烈女傳》이고, 명종(1545-1569) 연간을 전후한 《太平廣記

11 김미형(2003a:17): "(…) 한문 문장의 번역문에 쓰인 종결형 '-라'형은 한문 구절을 소개하는 입장에서 남에게 그 내용을 제시해주는 기능을 갖는다. '-라'형 대신에 '-다'형으로 바꾸어 보면, 한문 구절의 내용이 자신의 의도 표현이거나 단정 표현인 것처럼 되어버린다. 곧, 이 두 형태는 화행적 기능이 다른 것이다. '-라' 형태는 그 문장 전체를 들어 이것을 청자에게 제시한다는 표현을 하는 것이다. 따라서 서술어의 종결형 '이라'를 한문 문장의 명제와는 독립된 상위 술어의 위치에 있게 한다. 반면에 '-다' 형태는 서술어의 종결형 '이다'를 한문 문장 명제 속의 한 구절에 걸리는 술어로서 인식되게 한다."

12 김미형(2003b:80): "15세기 이후 20세기 초엽까지 내간체를 제외한 거의 모든 산문 문헌 자료, 곧 경전의 언해문, 소설, 기사문, 논설문에 나타난 문체는 결코 내간체 문제를 닮지 않은 언해문 문체였다. 그러므로 15세기의 언해문 문체가 현대성을 결여한 우리 문장의 기본적 전형을 이루었다고 하는 기본 전제가 성립되는 것으로 본다."

13 유명우(2002), 김정우(2008) 참고.

14 이에 대한 언급은 김정우(2008)에서도 빠져 있다.

諺解》인데, 전자는 조정의 예조에서, 그리고 후자는 당시의 문인층 인사가 번역한 것으로 추측된다고 한다. 그 후 '임진왜란과 병자호란을 전후로 중국통속소설이 대량으로 유입되면서 독자층 또한 한문을 해독할 수 없는 일반 서민이나 부녀층까지 확대'되었다고 한다. '이러한 독자층의 확대는 통속연의류 소설에 대한 번역의 활성화로 연결'되었고, 당시 이러한 활성화에 18세기 전후로 출현한, 영리추구가 기본 목적이었던 '세책업과 방각본소설의 등장'이 큰 역할을 했다고 한다. 그 후 '꾸준히 번역이 이루어져 조선시대 번역소설은 대략 60여 종에 이르'렀으며, '여기에 번안류 소설까지 합하면 근 100여 종'이 넘는데, '이들 대부분의 소설은 대략 17-19세기에 번역 혹은 번안된 것'이라고 한다. 이러한 번역·번안의 주체는 주로 '과거에 실의한 빈궁한 문사들'이었고, 여기에 '조선 말기로 오면서 이들 외에도 역관들'이 가세하였다고 저자는 지적한다. 저자는 중국고전소설의 번역 목적을 크게 '교화', '흥미와 관심에 의한 소장 욕구', '영리 목적', '환심 목적' 네 가지로 나누는데, 역관들이 '궁중의 여성층 독자들에게 환심을 사고자' 번역을 하여 윗전에 바쳐 '궁중에 모여진 한글 번역본과 필사본이 4,000책이나 되었다'고 하니,[15] 중국고전소설들의 번역/번안의 우리 번역글쓰기에 대한 기여가 그 실상에 비해 지나치게 홀대받아왔다고 생각하지 않을 수 없다.

민관동은 번역을 '형태에 따라 번역·번안·재창작 등'으로 구분하고, '번역의 분량'에 따라 전문번역과 부분번역으로 나누며, '번역의 질량'에 따라 '완역과 축역', 그리고 '번역의 기교'에 따라 '직역과 의역'으로 분류한다. 그런데 당시의 번역은 '흥미본위'로 이루어진 것이기에 '독자들을 즐겁게 하면 그만이었다'고 한다. '그러기에 의역을 하는 것이 원칙'이었고, 그래서 '줄이고, 보태고, 고치고 해도 그만이었다'는 것이다. '독자는 번역인지 창작인지 가릴 필요가 없었다'는 것이다. 그래서 '번역과 번안의 관계가 더욱 모호해졌다'는 것이 저자의 설명이다. 특히 '한 작품에도 번역부분이 있고 번안부분이 엄연히 병존할 수 있기 때문에 명확하게 번안으로 구별되는 작품을 제

15 민관동(1998) 참고.

외하고는 구태여' 번역작품과 번안작품을 구별하는 것은 별로 의미가 없다고 저자는 판단한다. 또한 저자는 '국내 중국고전소설 번역본 가운데는 비록 원문의 서문이나 개장시·삽입시·산장시 및 회후평 등과 상투어가 대부분 생략되었으나 그 외의 것들은 비교적 원문에 충실하게 의역 및 직역으로 시종일관 번역을 마무리하고 있다'고 기술한다. 번역기교 측면에 대해서는 '전반적으로 원전에 충실하게 번역을 하고자 노력하였고 가급적 직역을 피해가며 평이한 의역으로 꾸며진 작품이 많다'고 한다. '시대적 차이가 문화환경의 차이로 독자들에게 설명하기 어렵거나 번역하기 난해한 부분'에 대해서는 '과감히 생략해 버리는 부분도 종종 발견된다'는 것이 그의 지적이다(21-3).[16]

김동욱(2006:121-2)은 '해방 이후 1960년대까지만 해도 번안은 일본과 서구의 작품들을 받아들인 일련의 신소설 작품에 나타난 것으로 간주했었'는데, '이후 학계에서 《삼국지연의》와 관련하여 한중 소설 사이의 번역 또는 번안 문제가 거론되기 시작'했으며, 그 후 '번안소설에 대한 비교문학적인 연구가 활발히 진행되는 한편, 번안문학을 하나의 창작으로 인정하여 긍정적이고 적극적인 가치평가'를 내리게 되었다고 기술한다. 그런데 '이러한 논의는 대체로 소설에 한정되어 있었'으며, '소설의 원천으로 통설화 되어 있는 설화, 그 가운데서도 문헌설화 혹은 야담의 경우에도 번안이 이루어졌다는 사실에 대해서는 별반 주목하지 않'았기에, 자신은 '번안야담의 문학적 의의를 가늠해 보고자' 했다는 것이다. 또한 김동욱(2007:33)은 '지금까지 우리의 소설사에서는 설화를 바탕으로, 또는 설화를 바탕으로 한 판소리에서 소설이 형성된 것으로 말해 왔'는데, '그러한 과정이 대세를 이루고 있음에는 틀림이 없으나, 부분적으로는 번역과 번안을 통해 설화, 야담 등의 이야기나 소설이 형성된 사실도 인정해야 할 것'이라고 지적한다. 그러한 점에서 '번역된 이야기나 번안설화, 번안야담의 문학사적 의의를 결코 과소평가해서는 안' 된다는 것이 그의 주장이다.

16 조선시대 중국 통속소설 번역본의 연구에 대해서는 박재연(1993) 참고.

김동욱(2007:138-9)은 '중세 해체기부터 근대 형성기 사이에 본격적으로 나타난 소설의 형성과 성장과정'에서 '번역과 번안의 문제가 결코 도외시 될 수 없는 것임에도 불구하고 지금껏 소홀히 지나쳐 왔'다고 비판한다. 그는 '중세 후기 이 땅의 작가들'이 '소설을 포함한 중국의 이야기를 단순 언해 혹은 국역하는 차원'에 머문 것은 아니라고 지적하며, 그 구체적인 번역과정'을 첫째는 '내용이 번거로운 곳은 축약하거나 생략하기'이고, 둘째는 '간략한 곳은 부연하기', 셋째는 '풍속이나 언어의 차이가 있는 것은 고치고 윤색하기'라고 기술한다. 당시에는 번역과 다른 번안이라는 개념이 정립되어 있지 않았지만, 이러한 과정은 소설과 소설 사이에만 일어난 것이 아니라, 야담과 야담 사이에도 일어났다는 것이 저자의 주장이다. 그는 '1차적으로는 소설을 포함한 중국의 서사체를 원천으로 하여, 첫째와 둘째의 과정을 거쳐 첨삭을 가한 단순번안의 야담이 나타나고, 그 다음으로 창의적 변형을 가한 부분적 번안의 단계를 거쳐 환골탈태적 번안야담에까지 이르렀으리라는 것'이 자신의 '지론'임을 피력한다.

조동일(1999)은 동아시아의 번역사에서 1) 원문을 그대로 읽기 위한 일차적인 번역, 2) 원문 번역을 자국어로 옮겨 적는 이차적인 번역, 3) 번역하면서 개작하는 삼차적인 번역을 구분한 바 있다. 이 세 번째 방법은 중세에서 근대로의 이행기에 나타난 번역방법으로, '흥미본위의 문학인 소설은 원문에 충실할 필요가 없고, 번역임을 밝히고 번역하지 않았으며, 자유롭게 개작할 수 있었'다고 한다.[17] 김동욱(2007:32-3)도, 번역에서 번안으로서의 전환과정에 대해, '외교문서나 학문적인 성과의 번역에서 비롯하여 시문의 번역으로 이어지던 것이 중세 후기에 이르면 이야기의 번역과 번안으로 확대되다가 마침내 소설의 번역과 번안으로 나아가게 된 것'이라고 그 추이를 기술한다. '시문의 번역 단계까지도 대체로 축자적 번역이 이루어졌겠'지만, '이야기의 번역 단계'에서는 '흥미'를 위해, '낯선 분위기를 친숙한 분위기'로 바꾸기 위해, '개작적 번역', '단순 모방적 번안'을 하다가, '이야기나 소설의

17 김동욱(2007:7).

주제 의식까지 달리하는 환골탈태적 번안'도 시도하게 되었다는 것이다.

번안작품들의 '문학사적 의의'는 번안의 '번역글쓰기'적 측면과 맞물려 있다고 생각된다. 번안에 대한 글들은 대개 번안작품의 내용과 구성에 초점이 맞추어져 있으며, 번역글쓰기 측면에 대해서는 직접적인 명확한 언급을 찾아보기 힘들다. 이는 개화기 시기의 번안에 대해서도 거의 마찬가지이다. 그런데, 정하영(2000:66)이 지적하듯이, 우리 고소설[18] 가운데 상당수가 '중국소설의 번역이나 번안으로 확인되고 있'는 것이 사실이라면, 우리 번역글쓰기 연구를 위해서는 언해 못지않게 중세로부터 근세에 이르는 시기의 작품들의 번역, 특히 번안에 대해 깊은 관심을 가질 필요가 있다. 또한 이른바 '낙선재본들'을 비롯한 여러 고소설에 대해 번역과 창작을 분별하기가 어려운 여러 경우가 있었고 또 있다는 사실은 우리 번역글쓰기에 대해 시사하는 바가 적지 않다. 번역글쓰기의 지형도 고찰에는 중국고전소설이나 야담의 번역 문제 이외에 우리 한문소설 국역 문제도 충분히 검토되어야 할 것이다.[19] 이제 '텬로력뎡'을 번역문학의 효시로 보는 단견은 시급히 수정되어야 할 것이다.[20]

3. 개화기 번역글쓰기

김동언(2001:2)은 '개화기[21]의 번역 작품은 번안 혹은 초역(抄譯)이 대부분이고, 완역인 경우는 거의 없'으며, '원서로부터의 번역보다는 일어 내지는 중국어역의 중역이 대부분이었다는 점도 중요한 특징'이라고 말한다. 권보드래(2003:375-6)도 '한국의 근대가, 또한 근대의 언어와 문학이 번역되었다는 사실은 익히 알려져 있'으며, '특히 1900년대부터 1910년대까지 창

18 우리 고소설은 15-6세기까지 거슬러 올라간다; 소재영(1998) 참고.

19 권혁래(2004) 참고.

20 김동언(2001:2)에서 재인용.

21 개화기는 일반적으로 1876년 개항부터 1910년 국권 상실 때까지의 시기를 지칭한다; 민현식(1994:39), 홍종선(1996:33) 참고,

작된 신소설에서 번역·번안의 비중은 절대적이었다'고 지적한다. 정선태(2006:27)는 근대계몽기에 초점을 맞출 때 '다른 나라의 말을 우리말로 옮기는 것'이라는 번역의 정의는 부분적으로 적용될 수밖에 없다고 말한다. '이중적 또는 삼중적 문자체계하에서 번역의 문제는 보다 복잡한 양상을' 보이기 때문인데, '한 나라 안에서 생산된, 다른 문자로 씌어진 텍스트를 또 다른 문자로 번역하는 현상이 벌어'지는 것이다. 예를 들어, 국문체로 씌어진 것을 국한문체로 '번역'한다거나 국한문체로 씌어진 것을 국문체로 '번역'하는 예를 얼마든지 발견할 수 있는데, 이러한 활발한 '언어내 번역'의 경우는 세계 번역사에서도 드문 경우가 아닐까 생각된다.[22]

신지연(2006:19)은 '이해를 못하는 독자들이 상정되면 쓰는 자(번역자)와 읽는 자 사이'에는 우열관계가 성립되는데, '이때 번역되는 것은 열등한 독자들이 이해할 수 있는 수준의 것으로 경계가 지어지며, 쉽게 번역될 수 없는 부분들은 삭제되거나 왜곡된다'고 말한다. 이어 '이런 점을 염두에 둔다면 근대적 인식 체계 속에서는 번역된 내용이 아니라 번역이라는 양식 자체가 계몽의 성격'을 가진다고 보아야 할 것이라고 저자는 말하는데, 이러한 '계몽성'은 개화기 번역 양식의 중요한 특성이다. 한편 서은주(2004:62-3)는 '근대화 과정에서의 번역은 필연적으로 〈어떤〉 언어로 〈어떻게〉 번역하느냐의 문제에 직면함으로써 무엇보다 근대적 언어의 정비 작업을 필수적으로 요구하게 되며, 더불어 그러한 근대 〈국어〉의 형성은 신문이나 잡지 등의 근대적 매체, 교육 제도 등을 매개로 근대 국민 국가로서의 정체성을 구성하는 과정과 궤를 같이 한다'고 지적한다. '조선의 근대화 과정을 번역과 관련시켜 볼 때 피할 수 없는 문제는 결국 그것이 서구문명의 직접 번

---

22 김욱동(2010:265): "근대 계몽기에 이루어진 번역은 상당 부분 로만 야콥슨이 말하는 '언어내 번역'과 크게 다름없었다. 이 무렵 번역은 세계 번역사에서 좀처럼 그 유례를 찾아보기 어려울 만큼 몇 가지 점에서 아주 독특하다. 19세기 말엽과 20세기 초엽 목표 언어로서 한국어로 번역할 때 번역자들은 ① 한문, ② 국한문혼용, ③ 순국문(한글)의 세 유형 가운데 어느 하나를 선택하였다. 번역 이론이나 번역사와 관련하여 근대 계몽기 번역이 중요한 위치를 차지하고 있는 까닭이 바로 여기에 있다. 세계 번역사에서 이렇게 목표 언어가 세 가지 종류나 있는 경우란 여간 드물지 않다."

역이 아닌, 중국, 일본을 거친 간접 혹은 이중 번역의 절차를 거쳤다'는 것인데,[23] 이러한 중역 과정은 당시의 사정을 고려할 때 거의 불가피했다고 보지 않을 수 없다. 말하자면 이러한 중역을 해방 이후, 특히 70년 이후의 중역과 동일시해서는 곤란하다는 것이다.

'어떤 언어'로의 문제는 주로 이른바 '문체'의 문제이다. 김현주(2001:2)는 유길준이 《서유견문》을 쓰면서 '어떻게 번역할 것인가'의 문제를 여러 각도에서 고심했던 것으로 보이는데, '국한문의 혼용 역시 번역 방식에 대한 고민의 결론이었'으며, 《서유견문》에서는 비단 어휘만이 아니라 문장과 문체에 이르기까지 '번역'이라는 문제와 관련지어져 있는 것으로 이해한다. 황호덕(2005:291)도 '순한글체 혹은 국한문체의 공적 담론으로의 편입은 쓰는 행위보다는 번역하는 행위 속에서 관철'된 것이고, '《한성주보》의 순한글체·국한문체 기사'도 '씌어졌다기보다는 번역된 것, 되받아쓰인 것'이었다고 기술한다. 구인모(1998:74-5)도 '국한문체는 설명적이거나 논증적인 기술 방법에 적응하는 문체로서 자연스럽게 정착되었'고, 특히 애국 계몽기의 지식인들에게 국한문체는 '신학문의 보급을 통한 민지(民智)의 계발'이라는 그들의 목표에 잘 부합했을 것이라고 추측한다. 저자는 '국한문체'가 '신흥 지식인들이 외국의 지식을 번안하고 소개하는 과정에서 탄생했다는 점'에 주목할 필요가 있다고 우리의 주의를 환기시킨다.[24]

---

23 김병철(1975:308): "이상의 결과로 개화기 당시의 우리 번역문학의 원류는 서양인에 의하여 씌어진 작품이라 할지라도 전부 漢·日譯本의 중역이 아니면 漢·日書가 대본으로 사용되었음을 알 수 있을 것이다. (…) 개화기 우리 조상들은 자기들의 안목에서 직접 자신의 선택으로 원저자가 의도한 대로 서구작품을 읽은 것이 아니라 일인의 안목에서 수용되고 굴절된 범위에서 서구작품을 수용했으니, 이것은 그 당시의 우리나라의 개화수준으로 보아 불가피한 일이었을 것이라고 생각된다. 이처럼 우리의 수용태도가 개화초부터 일본적 소지 밑에서 일본의 수용을 그 영양소로 하고서 자라났다는 것은 민족적 숙명이었으리라. 이 문제는 곧 그대로 수용태도(번역태도)에도 반영된다. 완역·축자역이 극히 적고 당시의 일인이 서구문학을 수용해 들일 때 사용한 태도인 번안·초역·의역·역술·경개역 따위가 그대로 우리의 수용태도로 통용되었다는 것은 이것을 말해주는 증좌이다."

24 니린지(2000:81): "국한혼용체의 성립 근거에 대해서 김윤식은 일본문체의 영향, 양계초 문체의 영향, 개화기 지식인의 계층 등 세 가지 측면에서 설명하고 있다. 이 세 가지 측면 가운데 일본문체의 영향과 양계초 문체의 영향이 모두 번역과 관련된다는 점을 보면 번역

신지연(2006:23)은 심재기가 '국문과 한문 사이의 스펙트럼'을 살핀 한 글에서 '약간의 단서와 함께 오늘날의 국문체 문장이 일단 한문체 문장의 해체화 과정의 최후 종착점이라는 가설을 세운 바 있'음을 언급하며, '글이 정보 전달 체계로 인식되는 지점과 번역이 일반화되는 지점은 많은 부분 겹쳐진다'는 중요한 지적을 한다. '이 시기의 글들이 거칠고 허술하다면, 그것은 사유의 거칢과 허술함 이전에 번역 기술의 문제로 돌려져야 하며, 번역 기술의 문제로 돌려지기 전에 원본과 번역본 사이의 먼 거리가 고려되어야만 한다'는 것이다. '한문식으로 사유한 것을 한국어문으로 옮기는 것은 중세의 질서를 근대의 질서로 재조직하는 작업이며, 근대의 두 외국어 사이보다 더 넓은 간극을 메우는 작업이라 할 수 있을 것'이라는 저자의 지적은 당시 사유와 글쓰기의 문제가 결코 단순한 것이 아니었음을 잘 보여준다.[25]

'어떻게 문제'는 '어떤 언어'의 문제와 밀접한 관련이 있다. 권용선(2004:53)은 결국, '중요한 말'은 그 말의 중요성 때문에라도 한자를 사용할 수밖에 없다는 것이 '서양의 문명'을 번역해야 했던 근대 초 동아시아 지식인들이 경험했던 공통된 딜레마였다고 지적한다. 황호덕(2005:287)은 '특히 《한성순보》와 《한성주보》에서 일본 신문의 번역을 맡았던 이노우에 가쿠

문체가 개화기 문체에 미친 영향이 매우 컸음을 짐작할 수 있다. 특히 양계초의 서술을 포함한 중국어로 된 서식을 번역할 때, 국한혼용체는 가장 효율적인 문체였다. 양계초의 서술을 국한혼용체로 번역할 때, 내용의 전달이 쉬워질 뿐만 아니라 원전의 문체를 살리는 데도 도움이 된다.(…) 물론 원전의 문체와 비교하는 차원에서 볼 때, 국문체로 번역된 양계초의 저술에서는 원전의 어휘나 문장구조가 국한혼용체보다 더 많이 달라지는 경우가 많을 수밖에 없다."

25 신지연(2006:23): "이 시기 글들의 특성은 "축적과 집합의 메커니즘"이란 말로 설명된 바 있다. 조선의 후진성과 전면적 결핍에 대한 조급함이, 글의 논리를 섬세하게 구축하도록 하는 대신 사회 개혁과 계몽 촉구를 무차별적으로 강조하게 만들었다는 것이다. 당대 지식인들의 의식을 해명하는 좋은 해석이지만, 또 한편으로는 정교하게 숙련된 논리를 전개하기 위해서는 이들이 중세 보편 언어에 의지해야 했다는 점, 근대인의 인식틀로는 이 보편 언어로 표현된 것들을 온전하게 이해할 수 없다는 점, 그리고 대중적 소통을 지향하기 위해 한문으로 구상된 의미 체계가 번역이라는 계기를 통과해야만 했다는 점이 함께 고려되어야 할 것이다. 글쓰기로 물질화되기 위해 번역이라는 생경한 작업을 몇 차례나 치뤄내야 했던 문장들이 앙상한 요약의 수준을 넘어서기 위해서는, 또 다른 비약적 계기를 필요로 하게 된다."

고로가 일본 문장에서 가나만 한글로 바꾸자 갑자기 편리함이 드러났다고 한 진술은 번역에 의한 에크리튀르의 창안이라는 논제와 관련해 시사하는 바가 매우 크다'고 우리의 주의를 환기시킨다. 이는 '한문과 한국어가 통사론과 그 이상의 표상의미론의 문제로서 좀더 복잡한 면이 있었던 것에 비해, 일본 문장과 한국어는 일종의 코드-스위칭의 문제로서 인식되었음을 알 수 있'게 하는 대목이라는 것이다. '한자를 그대로 두더라도 통사론적인 구조만 일본어식으로 변경하고, 여기에 한글을 첨가할 경우 바로 읽힐 수 있는 새로운 형태의 문장이 된다'는 것인데, 이는 개화기 번역의 '어떻게'에 대해 시사하는 바가 매우 크다. 저자는 에크리튀르를 '어느 개인에 의해 창출되지는 않'는 '역사적 위기와 관련된 연대의 산물'로 보지만, '개인의 것이 어떤 종류의 연대나 공감을 통해 동시다발적으로 확산'될 수 있는 가능성은 열어두고 있다.

이러한 '코드-스위칭'을 황호덕(2005)은 근대 국어 성립의 중요한 계기 중 하나로 본다. 저자는 '가령 국내 기사의 국한문체가 주로 왕의 칙유 등을 통사론적으로 재배치한 문장이었다면, 외보의 국한문체는 일본 신문에서 한자를 그대로 둔 채 부속성분을 코드-스위칭하여 작성된 것이라고 할 수 있'는데, 이것이야말로 '번역으로서의 한국 근대의 특징적인 면모이면서, 근대 국어 성립의 중요한 계기 중 하나'임을 강조한다(303). 예를 들어, '《한성주보》의 국한문체는 어느 모로 보나 틀림없는 번역의 산물'로 '이 번역은 글자 자체를 한국어로 푸는 일이 아니라, 주로 한문의 어휘를 쪼개어 한국어의 통사론적 체계로 재배치하는 일을 의미했'는데, '이러한 통사론적 재배치는 결코 녹록치 않은 중요성'을 가진다고 저자는 판단한다. '국어 어순에 의한 통사법상의 재배치는 한자 표상의 권위를 어느 정도 존중하는 듯하면서도, 한'문'을 한'자'로 강등시키는 기능을 수행'했기 때문이라는 것이다(297). '결론적으로, 국한문체는 기본적으로 번역이 문제'였는데, 그 번역은 첫째 '언해(諺解)라는 계급적 속성을 갖고 출발하였'고, 둘째 '문명 이해를 위한 문명론적인 속성'을 가졌는데, '칙유와 외보라는 두 계기를 통해 국한문체가 공적 담론에 자리잡기 시작'했다는 것이다(303). 그렇기에 저자는

'언문으로서의 한글은 존재했지만, 국문은 발견된 것'(308)이라고 말한다. 저자에게 '국어란 번역된 것이면서 동시에 창안된 것'으로, 그런 까닭에 '우리의 것(我文)이면서 동시에 타자의 것(輯術)'일 수밖에 없다(363). 이러한 상황에서 '자연스러운 번역'은 어떤 것을 뜻할 수 있겠는가?

신지연(2006:21-2)은 '번역이 글쓰기의 계기로 작동하고' 있는 경우들에 대해 말한다. 저자는 '한문으로 구상한 후 그것을 한국어문으로 번안하는 방식을 통해 글을 작성'하거나, '한국어문에 대한 경험이 없던 김동인이 일본말로 상상하고 조선말로 글쓰기를 하'는, '이런 방식으로 씌어진 글들은 구상 단계의 질서와 글쓰기로 실현된 질서가 다르다는 점에서, 원문이 물질적 텍스트로 존재하지 않더라도 번역이 글쓰기의 한 계기로 작동하고 있'는 것으로 생각한다. '이때 한문 통사 구문이 적극적으로 해체되면 될수록 그 글은 한국어문에 가까워'지나, '한문이 원래 가지고 있던 고유한 품위 역시 그 해체가 적극적이면 적극적일수록 사라져버'리기 때문에, '쉽고 평등하려면 왜곡되고, 깊고 품위 있으려면 어려워지는' 딜레마에 빠지는 것이다. '새로운 글쓰기의 필요성을 절실히 느끼면서도 어려서부터 몸에 익은 한문 감각으로부터 쉽게 벗어날 수 없었던 유학자 지식인 계층의 혼란과 난감함은, 이 양날의 칼 같은 '번역성'에서 나'온다고 저자는 보았다. 그런데 이러한 '번역'의 계기는 한번의 개입에 멈추지 않았다. 당대 지식인들의 필독서였던 양계초의 저술은 이미 일본의 번역서들을 한문으로 다시 번역한 것이고, '그 저술들은 조선에 널리 유통되기 위해 다시 현토가 붙었으며, 현토본은 또다시 국문으로 번역되었'는데, 이는 '한국어문이 만들어지기 위해 얼마나 많은 번역 작업이 개입되었는가'를 짐작하게 하는 '좋은 사례'이다.

한편, 박진영(2004:200-1)은, '왜색신파'니 '통속위안'이니 하는 기이한 조합의 수식어들이 드러내듯이, '번안'은 늘 이중의 모방이자 두 겹의 이식으로 여겨져왔다고 지적한다. 그는 '그 자체로 한국의 근대와 근대문학이 거쳐온 굴곡을 표상하는 이 문학사적 사생아는 종종 불순하고 음험한 의도를 지니고 틈입해 들어온 식민지적 특수성의 한 표현에 불과할 뿐' 아닌가 하는 의혹의 눈초리에 대해, 적어도 '조중환은 1900년대와는 다른 기반 위에서 매우 자각적이고 의식적인 번안 활동을 펼쳤으며, 소설이라는 장르에 대해서도 썩 다른 태도를 보여준 드문 사례'라고 내세운다. 저자는 '대중적으로도 큰 성공을 거두었던 《쌍옥루》와 《장한몽》'의 분석을 통해 그의 '번안적 상상력'이 '문학(소설)을 번역한다'는 새로운 의식을 만들어낼 수 있었는데, '신문 독자들의 입장에서 보자면 새로운 감각과 읽기 방법을 요구하는 것이었다'(224)고 설명한다. 저자는 조중환의 번안소설의 '좌표'를 설정한다. '소설'은 '소설'로 번안되어야 한다는 것, 여기서 한 걸음 더 나아갔을 때 이제 소설로 '번역'되어야 한다는 것, 여기서 '소설(novel)이라는 장르에 대한 새로운 관념이 비롯'된 것인데, 이는 '조중환의 번안소설이 한국 근대소설사에서 담당한 최대의 문학사적 공적'으로 평가한다. 이광수의 '《무정》은 그 길목들을 고루 거친 뒤에야 비로소 탄생할 수 있었다'는 것이다(226).[26] 박진영(2007b:213)에게 1910년대부터 1923년 사이에 다섯 차례에 걸쳐 이루어진 《레미제라블》의 다중 번안은 한국 근대 번안소설사의 성격과 의의를 집약적으로 드러내'는 하나의 '축도'이다.

4. 근대 번역글쓰기

여기서의 근대는 개화기 이후 1920년대와 30년대를 거쳐 해방에 이르는 시기를 말한다. 서은주(2004:63)는 '근대 초기의 번역이 계몽성이나 대중성을 표방하여 번역에 대한 전문성이나 자의식이 없는 번안, 의역, 경개역, 초역 등이 지배적이었음에 비해, 20년대로 갈수록 중역이나 초역의 무책임한 번역 태도를 지양하고 원작명이나, 원작자, 역자의 이름을 명기하는 방식을 취하게 되었'다고 말한다. '그런 의미에서 《해외문학》의 창간은 외국문학

26 박진영(2004:226-7): "번안이라는 실천은 단순히 번역과 창작의 위계질서 속에서만 설정될 수 있는 특수한 행위라기보다는 언어와 관념의 위치 변이를 가능하게 하는 구체적인 매개이자 역사적인 기제이다. 일본 메이지 문학의 강력한 자장 안에 놓여 있던 한국 근대소설사는 이 점에서 보다 민감한 문제점들을 내포하고 있다. '소설(novel)'이라는 관념에서부터 장르와 양식, 그리고 문체에 이르기까지 '번안'된 형태로서 새롭게 '창안'하지 않으면 안 되었기 때문이다."

작품의 번역이 어느 정도 정상적인 궤도에 올랐음을 보여주는 것이며, 외국 문학에 대비되는 대타항으로서의 조선문학을 의식함과 동시에 필연적으로 서구의 외국어에 상응하는 조선어의 확장과 정비라는 실질적인 문제를 제기하기에 이른다'는 것이다. 그런데 근대적 번역과 관련해서는 협의의 번역과 광의의 번역을 구분할 필요가 있다. 그래야 번역글쓰기에 대해서도 직접적인 것과 간접적인 것의 구분도 어느 정도 가능해진다. 윤대석(2007:314)은 '번역은 근대 초기에만 문제적인 것이 아니라, 식민지 시대 내내 중요한 역할을 했다고 할 수 있다'고 말한다. '이때 번역이란 외국어 문학을 한글로 옮기는 것만이 아니라, 외국의 새로운 소설문법을 전용하여 한글 창작에 적용하는 것까지를 포함하는데, 이러한 번역 행위는 작가들의 개인적 창작 행위에서뿐만 아니라, 한국 근대문학사에서 새로운 소설문법을 만들어내는 데에도 큰 역할을 했다'는 것이 저자의 판단이다.

김경수(2007:222)는 기존 연구들이 '한국 근대소설의 형성기에 활동했던 많은 작가들'이 '번역 소개된 외국 문학작품들을 자신들의 문학적 자양으로 섭취했다는 것을 분명히 입증하고 있'음을 상기시킨다. '춘원과 현진건, 그리고 박영희와 주요한 등 근대문학 초창기에 활동한 많은 작가들이 외국소설을 여러 지면에 번역·발표했다는 것은 이미 주지의 사실'인데, '이들이 의식적이든 무의식적이든 문학적 수련의 일환으로 외국 문학작품의 번역에 나섰을 개연성'이 충분히 있다는 것이다. 김경수는 염상섭 또한 그렇게 서양 문학작품들로부터 자신의 문학적 역량을 함양하고 그로부터 독창적인 자신만의 문학적 기법을 발전시켜 나간 작가 중의 한 사람으로 본다. 안영희(2006:268)는 '한일근대문학은 서구의 영향에 의해 완성되었다고 해도 과언이 아'닌데, '그 당시 번역은 한 나라의 말을 다른 나라의 말로 옮기는 단순한 문제가 아니라 전근대적인 문체를 근대적인 문체로 변화시키는 역할도 하였다'고 지적한다. 윤대석(2007:314)도 '일본어로 구상하고 그것을 한글로 옮기는 머릿속 번역을 시도한 김동인은 물론, 카프, 30년대 모더니즘 등 새로운 소설문법은 모두 번역을 통해서 가능했'다고 판단한다. 저자는 '넓은 의미의 번역은 개별 작가들의 습작에서도 잘 드러'나는데, '구상은 일본어로' 한 김동인을 비롯하여 '상당수의 작가들이 '한문→일본어→한글' 이라는 과정을 거쳤'으며, 한설야·유진오·이효석 등도 '일본어 습작을 거친 이후에 비로소 한글 창작을 시도했다'고 한다(315).

'일본을 경유한 근대의 번역'에 대해 정선태(2004:94-5)는 이것이 '문학텍스트의 에크리튀르에 혁신을 초래했'으며, '번역이 번역으로 끝난 게 아니라 근대소설을 가능케 한 핵심적인 요소인 글쓰기의 변화를 추동했고, 이광수의 〈헌신자〉에서 볼 수 있듯, 창작으로까지 이어졌다'고 기술한다. 저자는 '그 변화를 번역이 전적으로 담당했다는 것은 물론 아니'나, '번역이 한국 근대 소설 문체의 형성에 결정적인 기여를 했다는 것만은 분명하게 말할 수 있다'고 단언한다. 저자는 '유길준에서 이광수에 이르기까지 어떤 문체를 선택할 것인가를 둘러싸고 많은 논란이 있어왔으며, 문학의 영역에서도 다양한 각도에서 문체를 실험해왔'는데, '잡지 《소년》에 이르러 소설 문체의 근대적 성격을 확보'하게 된다고 저간의 사정을 설명한다.[27] 그는 '근대적이라고 해서 다른 문체보다 낫다거나 훌륭하다는 것은 아니'고, 다만 '순문학 작품들을 지속적으로 번역하는 과정에서 근대적 소설 문체 또는 번역된 문학에 어울리는 문체를 발견했고, 그것이 향후 한국 근대 소설 문체의 주류로 자리잡게 되었다는 점을 말하고 싶을 따름'이라고 '근대적 문체'의 성격을 설명한다.

양문규(2005:148-9)는 1910년대 소설이 이전의 신소설과는 달리 '인간의 내면을 그리는 단편 양식이 근대소설로서의 역할을 떠맡게' 되는데, '이러한 양식의 등장은 언어의 측면에서 자국어는 자국어로되, 순국문 대신 국한문 혼용체를 선호하는 결과를 낳는다'고 진술한다. '이러한 국한문 혼용체의 선호는 일본의 그것과 밀접한 관련을 맺고 있을 뿐만 아니라, 일본 지식인의 서구에 대한 맹목적 추수와도 깊게 관련되어 있다'고 한다. 메이지 시대 일본에서는 '새롭게 만들어진 한자숙어를 대량으로 사용한 문체'를

27 정선태(2004:88): "《소년》은 톨스토이의 소설을 근대문학의 전범으로 이해하고 이를 적극 수용하고자 했으며, 톨스토이 단편을 번역하는 과정에서 근대적 단편소설 문체의 가능성을 발견했다."

'구문직역체'(歐文直譯體)라 불렀는데, '번역어인 한자숙어가 많아지면 많아질수록 그것은 서구적으로 문명개화한 주체라는 것의 증거'였고, '이러한 한자숙어 없이는 지식인들 사이에서는 지적으로 의미있는 의사소통이 불가능했다'고 저자는 지적한다. 그는 이어, 이와 유사하게, '《학지광》, 《청춘》 등으로 대변되는 1910년대 작가들'도 '오락적이고 경박한 성격을 띤 줄거리, 사건 중심의 고서설이나 신소설의 기술은 순국문체로 가능하나, 그것이 내면화된 생을 중시하는 근대소설의 시술에서 사색적인 진지함을 담을 수 있는 것으로 적당하지 않았다고 생각했던 듯'하고, 이광수의 《어린 벗에게》의 문장들에서도 이러한 일종의 '사회적 방언'이 나타난다고 서술한다(150).

한편, 배개화(2004:419)는 '식민지 시대의 작가들 중에서 조선어를 문학어 혹은 예술어로 만들기 위해서 노력한 사람 중 대표적인 이로 이태준'을 든다. 그는 '문체는 곧 그 사람이다'라고 주장하며 '소설가'보다는 '문장가'이기를 자신의 문학적 이상으로 삼았는데, '이태준이 《문장강화》를 저술한 목적은 현대적인 문장과 문체를 개발함으로써 〈국어적 문학〉이 형성되는 데 기여하고자 한 것'이라 기술한다. 이러한 이태준의 문체도 번역에 큰 영향을 받았다고 한다. 박진숙(2003:155)에 의하면, 이태준은 투르게네프의 〈그 전날 밤〉(《학생》 5, 1929. 8)을 경개역했고, 〈오오, 청춘〉(《신생》 1931. 10), 〈둥지도 없이〉(《신생》, 1931. 10) 등과 같은 작품을 번역한 적도 있는데, '이 번역의 원문이 영어였는지 일본어였는지 확인할 수 있는 대목은 없지만, 그것이 이태준 문체가 탄생하는 기반으로 작용하고 있다는 사실만은 분명하다'고 단언한다. 즉 '번역이 문체를 탄생'시켰다는 것이다. 저자는 '명문장으로 평가받는 이태준의 문장은 식민지 지식인으로서 번역이란 표현의 경계를 넘나들면서, 스스로 만들어낸 문체라고 할 수 있다'고 진술한다.[28] 번역이 이태준뿐 아니라 다른 작가들의 문체에 어떻게 영향을 미쳤는

28 최시한(2003:117): "출간된 후 다시 반세기 이상 지난 오늘까지 읽히고 있는 이 《문장강화》만큼 중요한 저술은 찾기 어렵다. 오랜 동안 국어교육에 큰 영향을 끼친 사실에서 알 수 있듯이, 이 책은 한국의 근대적 '글[文]' 혹은 '글쓰기' 개념의 형성에 큰 역할을 한 것으로 보

지에 대해서는 더 구체적인 연구가 필요하다.

5. 번역투

번역투는 지금까지 다뤄온 문제들과는 다른 차원의 문제라는 느낌을 받을 수도 있겠으나, 이 문제들을 관통하고 있는 문제인 번역글쓰기를 생각할 때, 그리고 일반인들이 번역 하면 흔히 떠올리는 것이 번역투라는 것을 고려할 때, 몇 마디 언급하지 않을 수 없는 문제이다. '번역투'를 김정우(2007:63)는 '원천언어(외국어)의 제반 특성이 목표언어(모국어)에 간섭을 일으켜 목표언어의 표현에 남긴 일체의 흔적을 가리'키는 것으로 규정한다.[29] 번역투를 '원문구조에 치우친 직역의 결과로 번역문에 나타나는 상투적이고 어색한 외국어식 표현'으로 정의하는 오경순(2007)은 번역투의 역기능으로 '번역문의 품질 저하', '번역문의 가독성 및 이해력 저하', '번역문의 어휘체계 구조 왜곡', '번역문의 어휘체계의 비속화', '번역문의 정상적인 발달 저해'를, 순기능으로는 '번역문의 부족한 어휘 체계 보완', '번역문 문체의 다양함에 기여', '낯설게 하기 번역 전략 효과', '번역교육의 훌륭한 교재'를 든다(240-55). 여기서 더 나아가, 번역글쓰기를 통한 글쓰기 자체의 개선이나 변혁도 마땅히 언급되어야 할 것이다. 이러한 번역투가 대개 부정적으로 인식되고 있는 것은 그것이 대개 오역이나 서툰 번역과 관련되어 언급되어 온 우리의 번역문화의 '관습' 때문이기도 할 것이다.

사실, 고전 시대 한문번역도 우리말에 적지 않은 흔적을 남겼지만 우리는 그것을 잘 인식하지 못한다. 이기문(1988:361)은 우리가 글을 쓸 때에나 말을 할 때 자주 사용하는 '서, 및, 하여금, 바'는 '以, 及, 使, 所'의 한문 직역체 '뻐, 밋, ᄒᆞ여곰, 바'에서 온 것으로, 이들의 용법은 비롯 번역문이라 해도 매우 어색한 것이었다고 한다. 하지만, 저자도 지적하듯이, 이들은 오늘

인다."

29 박여성(2003) 참고.

날에는 번역체에서 비롯된 것이라는 느낌을 거의 주지 않는다. '그만큼 우리 국어 속에 깊숙이 용해되어 버린 것'이다. 지금까지 우리가 번역투에 대해 대개 부정적인 혐의의 눈초리를 던져온 것에 대해 고종석(1999:24)은 언해를 언급하며, '실은 서양말 번역문투나 일본어 번역문투 이전에 한문 번역문투가 있었'음을 상기시킨다. '한국어 문장의 탄생-발전-정착 과정 그 자체가 번역의 과정'이었다는 것이다. 고종석은 '외래어가 됐든 번역투가 됐든, 그것들을 인위적으로 몰아내 한국어를 순화하겠다는 충동은 근본적으로 전체적주의적이라는 점이 강조돼야 한다'고 지적한다(121). 번역투를 '원래 어떤 언어에서 전통적 문체와 구별될 만큼 외국어의 영향을 받은 문체들 모두를 가리키는 말'로 정의하는 복거일(1998:122-3)도 그 특징과 상징성을 다음과 같이 기술한다: "번역투는 결코 외생적이지도 이질적이지도 않다. 한국어의 처지와 특질이 가장 잘 나타나는 부면이란 점에서, 그것은 우리 언어에서 가장 한국적인 부분이다. 번역투는 서양 문명을 받아들여 사회를 발전시키려 애쓰면서 정체성을 찾는 우리 사회를 가장 잘 상징한다. 우리가 할 일은 그것을 폄하하고 배척하는 것이 아니라 그것을 우아하고 섬세하게 다듬어서 그것이 자신에 맡겨진 힘든 과업을 제대로 해내도록 돕는 것이다."

오늘날의 우리 글쓰기는 언해 때나 17-8세기 때나 개화기 때의 글쓰기와는 판연히 다르다. 이는 독자들이 느끼는 번역글의 자연스러움이나 유창성 같은 것이 결코 그냥 주어진 것이 아니라, 주어진 시점에서 당시의 저작물들 등과의 지속적인 접촉을 통해 거의 무의식적으로 익숙해진 결과라는 것을 시사하는 것이다. 우리가 '번역투'에 부정적 시각을 가지고 있다는 것은 낯선 것에 대해, 새로운 것에 대한 필요를 크게 느끼지 못해서는 아닐까? 그러나 새로운 내용, 낯선 사상을 전래의 것에 충분히 담아낼 수 있을까? '불순함의 옹호자'를 자처하는 고종석(1999:25)은 자신은 '한문투로 휘어지고 일본 문투로 굽어지고 서양 문투로 닳은 한국어 문장 속에서 풍요와 세련을 느낀다'고 토로한다. '순수한 토박이말과 토박이 문체(그런 것이 만일 있을 수 있다면 하는 말이지만)로 이루어진 한국어 속'에서라면 '질식할 것 같다'는 것이다. 이제 두려움에서 비롯된 것으로 보이는 배타적인 '언어순결주의'에서 벗어나 리쾨르가 말하는 '언어적 환대'에 대해,[30] 그리고 홍성욱(1997)이 말하는 '잡종의 창조적 존재학'에 대해 깊이 성찰해보아야 할 때이다.[31] 번역투도 번역글쓰기의 측면에서, 그리고 '언어와 사유의 관계'의 측면에서 새롭게 인식될 필요가 있다.[32]

***

언해로부터 불가피하게 시작되어 그로부터 벗어나려는 탐구의 과정으로 이해될 수 있는 우리말 글쓰기는 복잡다단한 오랜 인고의 과정을 거쳤다. 김미형(2003b:77)은 '우리 문장의 현대화 과정'을 '한문 구조의 영향을 벗어나고자 하는 과정의 역사로 이해했고, 심재기(1999:4)도 '국어 문체의 역사'를 '한문으로부터 오랜 세월에 걸쳐 언문일치의 글월로 탈바꿈한 변신의 역사'로 보았다. 개화기나 그 이후의 글들에 대해서뿐 아니라, 중국고전소설이나 야담, 그리고 우리 한문소설의 한글 번역에 대해서도 상당한 정도의 언문일치를 이야기해야 할 것으로 보인다. 이 '변신의 역사'에서 번역글쓰기는 적어도 중세의 언해로부터 그 후의 번역·번안, 그리고 개화기와 그 이후의 번역·번안에 이르기까지 매우 중요한 역할을 수행했다고 말할 수 있다.[33] 특히 개화기는 '문명 번역-자국어의 발견-한자의 상대화-언문일치라는 복잡한 단계'[34]의 대부분에 걸쳐 있는, 애국과 계몽을 위한 번역과 번안에 대한 노력이 치열했던 우리 번역글쓰기 역사의 핵심적 시기이다. 근대적 번역글쓰기의 시기는 이러한 노력들이 문학글쓰기 등의 다양한 노력을 통

30 리쾨르(2006) 참고.

31 황호덕(2007:183)도 우리말에서의 '漢文脈과 歐文脈의 잡종화'를 언급하고 있다.

32 황호덕(2007) 참고.

33 이 '변신의 역사'의 탐구를 위해서는 여기에 언급된 것들 이외에도 다양한 자료들이 검토되어야 할 것이다. 이에는 '조선 후기 서학서의 보급' 문제도 포함된다; 조광(2006) 참고.

34 황호덕(2005:421) 참고.

해 정리되고 다듬어진 시기라고 말할 수 있다.[35]

우리의 번역문화의 치부가 '오역'과 '비문' 등으로 범벅된 '날림 번역'이라는 것은 어제 오늘의 일이 아니다. 물론 '오역'과 '비문'이 평자의 주관에 따라 적잖이 달라질 수도 있는, 어느 정도 가변적인 개념이기는 하지만, 그러한 문제가 수십 년이 지나도록 크게 개선되지 않고 있는 데에는 번역을 '글쓰기 문제'로 제대로 인식하지 못해온 것도 하나의 이유일 수 있다. 번역문화가 척박한 것은, 어떤 번역이 맞다 틀리다를 따지기 전에, '번역글쓰기' 문화 자체가 매우 척박함을 말해주는 것이다. 그러나 우리 18세기에 '신문체'가 크게 성했듯이, 그리고 개화기의 격렬한 '문체논쟁'을 통해 볼수 있듯이, 우리의 글쓰기 전통 자체가 척박한 것은 결코 아니다. 우리는 근자의 젊은 연구자들의 업적을 통해, 개화기의 신문과 잡지들, 그리고 다양한 문학 작품들이 새로운 글쓰기 개발에 큰 노력을 아끼지 않았음을 알고 있다.[36] 조재룡(2015)은 '중역'의 '의미를 저평가하는 한국 지식인 사회의 통념을 비판'한다. '한국 근대 문학은 서양 문학을 번역한 일본어 책을 우리말로 중역한 것에서 출발'했다고 그는 인정한다. 그렇지만 '최남선은 중역을 했지만, 일본 번역을 그대로 베끼지는 않았'고, '나름대로 우리말에 맞게 다시 쓰면서 근대적 한국어의 표본을 만들었'으며, '시인 김억도 프랑스 시를 번역하면서 일본어 번역과는 달리 시행을 늘리면서까지 우리말에 맞게 내용을 가다듬었다'고 한다. 이것이 '김소월을 비롯한 한국 시인들의 어법에 큰 영향을 미쳤다'는 것이다. '이런 역사적 과정을 무시하고 일본어 중역을 무조건 폄하할 수는 없다'는 것이 조재룡의 주장이다.

역사적으로 번역은 기존 글쓰기를 넘어서는 새로운 글쓰기의 계기가 되어 왔고, 앞으로도 그럴 수 있어야 한다. 조재룡(2011b:31)은 '한국 근대문학의 출발이나 그 시기의 규정뿐만 아니라, 텍스트의 횡단(trans)으로서, 텍

---

35 물론 국어 문장의 현대화가 번안을 포함한 번역에 기인한 것만은 아니다; 김미형(2004) 참고.

36 이러한 우리의 글쓰기는 '닮음의 수사학'의 관점에서 살필 수 있다; 전성기(2007b:131-5), 전성기(2008d) 참고.

스트 간의 이행의 주체라는 관점에서, 타자의 존재양식을 근대문학의 형성 과정에 결부시켜 촘촘히 살피려한다면, 한국문학사에 중역(번역)의 문학사가 반드시 추가되어야 한다'고 천명한다. '자연스러운 번역', '유려한 번역'도 분명 하나의 필요한 글쓰기이다. 그러나 그것이 번역이 도달해야 할 유일한 목표, 궁극의 목표는 아니고, 그러한 번역이 모든 표현의 필요를 다 감당해낼 수 있는 것도 아니다. 우리는 때로는 그러한 번역도 과감히 넘어설 수 있어야 한다. 그러한 때의 글쓰기가 번역투라면 그것은 불가피한 것이다. 우리의 선현들이 그러한 일을 마다하지 않았음은 우리 번역글쓰기의 역사가 잘 보여주고 있다. 새로운 내용을 표현하기 위해서는 번역글쓰기, 특히 사유와 언어의 문제를 성찰하는 인문학의 번역글쓰기가 더 다양하고 풍요로워져야 한다. 번역인문학은 이러한 번역글쓰기가 적극 모색해야 할 하나의 중요한 방향인데, 이에 우선적으로 필요한 것은 기존의 고전번역들을 포함한 다양한 인문학번역들의 '탐구적 번역비평'이다. 이러한 번역비평의 활성화는 번역인문학의 구축뿐 아니라 새로운 번역글쓰기의 활로를 여는 좋은 계기가 될 수 있을 것이다.

제10장 번역과 번역문법

번역의 존재 이유를 발라르(1993:246)는 '언어 차이'라고 말한다. 더 정확히 말하면 '언어문화 차이'이다. 번역은 언어문화 차이를 넘어 등가를 구축하는 작업이다. 언어문화 간 차이에도 불구하고 소통이 가능한 것은 등가관계 덕분이다. 그런데 이 등가관계는 주어진 것이 아니라 구축의 대상이고 교섭(혹은 협상)의 대상이다.[1] 랑그문법도 고려되는 텍스트 문법인 번역문법은 원어와 번역의 교섭과정에서 드러나는 '언어문화적 등가'에 주목한다. 이 등가관계에는 아주 '거친 등가'에서 매우 '섬세한 등가'에 이르기까지 다양한 경우들이 존재한다. 메이에르(2012)의 '제문론적 수사학'[2]은 '수사'를 '주어진 문제에 대한 주체 간의 거리 교섭'으로 정의한다. 번역에서 텍스트 언어 간 차이 혹은 거리에 대한 교섭도 일종의 '수사적 거리 교섭'이다.[3] 사전이나 문법서 등의 기존 등가표현들이 적용되지 않는 경우들이 무척 많은 텍스트번역에서 '언어문화적 등가'는 '수사적 거리 교섭'의 산물이다. 에코(2010:53)가 지적하듯이, 번역은 체계를 번역하는 것이 아니라 텍스트를 번역하는 것이다. 번역을 단순히 '한 언어를 다른 언어로 옮기는 작업'으로 생

1 에코(2010) 참고.

2 미셸 메이에르의 제문론(problématologie)은 '질문의 철학'으로도 불린다.

3 이 책 4장 참고.

각한다면 주체는 물론 텍스트와 맥락도 거의 고려되지 않을 것이나, 텍스트 차원의 '언어문화적 등가'에서는 주체와 맥락, 나아가 상호텍스트성 등이 매우 중요한 고려 사항들이다.

'문법'은 사전에서 대개 '언어의 구성 및 운용상의 규칙 또는 그것을 체계적이고 기술적으로 연구하는 학문'으로, '규칙'은 '다 함께 지키기로 정한 사항이나 법칙'으로 정의되는데,[4] 번역문법은 그러한 의미의 '문법'은 물론 아니다. 비네·다르벨네(2002:11)에 의하면, 문법은 '예속적인 것들의 영역'에, 선택 사항들의 대부분은 '문체론의 영역'에 속한다. '표현 형태들을 연구하는 내적 문체론에서는 선택 사항들이 우세'하나, '외적 문체론', 즉 '비교문체론'은 '예속성과 선택'을 모두 다룬다. 번역문법도 '제약'과 '선택'을 모두 다루지만, 비교문체론에서는 언어 성격 차이를 드러내는 것이 중심인데, 번역문법에서는, 언어 성격 차이도 충분히 고려하지만, 등가 텍스트의 산출이 핵심이다. 그래서 오역들이 매우 중요한 고찰 대상이다. 번역문법의 중요한 한 부분도 오역의 진단과 처방이다. '직역'은 번역문법의 매우 유용한 기준이다. 원문을 직역하여 비문이나 어색한 문장이 된다면, 이는 등가상의 제약을 어긴 것이다. 등가의 한계 내에서는 다양한 선택들이 가능하나, 이들이 모두 동일한 의미를 갖는 것은 아니다. '삼중대조분석'은 그 등가상의 차이의 명시화를 가능하게 하는 하나의 방법이다.

비교문체론이 '랑그의 번역', '번역결과의 대조', '성격적 경향'[5]에 주로 관심을 갖는다면, 번역문법은 이들을 충분히 고려하되 '텍스트번역', '번역과정 탐구', '변별적 의미들'의 재현에 초점을 맞춘다는 차이가 있다.[6] 번역문법은, 라드미랄(1997)의 번역학 구분을 참조틀로 하여, 유추적으로 '규범

4 《고려대 한국어대사전》 참고.

5 프티(1997:9)는 비교문체론을 '경향적 문체론'이라 칭하며 비판적 견해를 제시하고 있다.

6 '번역문법'이 최적의 표현은 아니나, 마땅한 대안이 없다. 관련된 이름들 중에 '비교문법'은 역사적 연구들에서 이미 오래전부터 쓰이고 있고, '대조문법'은 랑그상의 구조 차원 분석에 쓰여져왔다. '비교문체론'은 랑그 차원에 초점이 맞춰진 대조 · 문체 분석으로, 그동안 영불, 독불, 이태리어-불어 등의 언어쌍 연구에서 나름의 분야를 개척해왔기에 그 명칭의 사용도 적절치 않다. 그러하니 부득불 '번역문법'이란 명칭을 사용하기로 한다.

적' 번역문법, '기술적' 번역문법, '생산적' 번역문법, '과학적' 번역문법을 일단 구분하지만,[7] '과학적' 번역문법은 '과학적' 번역학보다 더 말하기 어려우니 고려에서 제외한다. 대략적으로 말하면, '규범적' 번역문법은 '어떻게 번역해야 하나'와, '기술적' 번역문법은 '어떻게 번역했나'와, 그리고 생산적 번역문법은 번역과정의 '어떻게 번역할까'와 주로 관련된다고 말할 수 있다. 외국어 문법서들의 대개의 번역 예문들은, 적어도 암묵적으로, 규범적 번역문법을 함축하고 있다고 볼 수 있다. 사실 문법서라는 성격 때문에 '이렇게 번역해야 한다'는 암묵적 의미를 함축하고 있는 것으로 학습자들이 해석할 가능성이 높다. 모든 번역은 암묵적으로 그 '번역론'을 표출한다. 이 암묵적 '번역론'의 '읽기'는 '기술적' 번역문법의 몫이기도 하고, '메타적' 번역문법의 몫이기도 하다. 여기서는 번역문법의 '규범적', '기술적' 측면을 주로 살필 것이다. 번역에서 번역문법의 구체적 활용은 분석적 접근뿐 아니라 전일적 접근에 의해 보완되어야 하고, 부분들은 전체와의 '해석적 순환' 속에서 이해되어야 한다.[8]

1. 문법서 예문 번역

먼저 불문법서 예문 번역의 등가문제를 살펴보자. 문법 예문은 일종의 '미니텍스트'이다. 라드미랄(2006b:132)은 번역학을 '지식의 학문'과 대비되는 '성찰의 학문'으로 규정한다. '사실적 번역학'(traductologie réaliste)을 주창하는 발라르(2006a)도 번역학을 '관찰의 학문'으로 제시하며 원텍스트들과 번역가들의 번역텍스트를 주요 비교 관찰 대상으로 삼는다.[9] 번역문법은 문법 예문들과 그 번역들 사이의 등가관계에 대한 고찰이 그 출발점이다. 외국어 문법서 예문 번역들은 대개 간단하고 짧기 때문에 문법번역 문제 고찰에 아주 좋은 분석 대상이다. 문법은 기본적으로는 형태와 통사의

7 라드미랄(1997), 이 책 6장 참고.

8 이 책 5장 참고.

9 발라르(1997) 참고.

문제지만, 의미·화용·화행 등도 매우 중요한 문법 문제이다. 그런데 문법 예문들에 맥락이나 상황이 명시적으로 제시되는 경우는 거의 없으니, 그 번역들을 통해 맥락이나 상황을 짐작할 뿐이다. 그래서 번역이 올바로 되어 있지 않으면 예문이나 그 구성소들의 쓰임새를 좀체 제대로 알기 어렵다. 예문 번역은 문법 의미, 어휘 의미, 구문 의미, 화행 의미 등이 결합되어 포괄적으로 결합되어 이루어지는 것인데, 번역이 잘못되면 학습자들을 문법 의미의 〈이해〉보다 〈오해〉의 방향으로 잘못 이끌게 된다. 이것이, 유감스럽게도, 상당수의 불문법서 예문 번역들의 상황이다. 이는 얼핏 작은 문제로 보이나, 실은 그 파장이 만만치 않은 심각한 문제이다. 우선 쉬운 한 예를 보자.

1) a. Je vais à l'école.

b. 나는 학교에 간다.

이 예문 번역은 불문법 학교번역의 하나의 '표본'이다. 우리는 오랫동안 불어교실에서 'Je vais à l'école.'은 당연히 '나는 학교에 간다'로 옮겨야 하는 것으로 배워왔고 또 그렇게 가르쳤다. 그러나 과연 적절한 번역인가? 'Je vais à l'école.'의 〈의미를 안다〉는 것은 〈어떤 상황에서 어떻게 쓰인다〉는 것을 아는 것인데, 1b) '나는 학교에 간다'는 어떤 상황에서, 어떤 의미를 전하기 위해 쓰이는가? 가장 간단한 것은 이 문장이 어떤 질문에 대한 답으로 쓰이는가 생각해보는 것이다. 이는 바로 등가성 테스트의 주요 방법의 하나인 '문답 테스트'이다. 그런데 이 쉬워 보이는 우리말이 '글자 그대로' 쓰이는 경우는 의외로 쉽게 생각해내기 어렵다.[10] 반면에 1a)는 'Tu vas où?'나 'Où est-ce que vous allez?' 같은 물음에 대한 답으로 흔히 쓰인다. 이는 각각 '어디 가(니)?'와 '어디 가세요?' 정도에 해당하는 것이니, 이에 답으로서의 'Je vais à l'école.'의 의미는 '학교 가'나 '학교 갑니다' 정도가 된다. 상황에 따

10 '오늘' 같은 부사가 1b) 앞에 놓이는 상황은 '글자 그대로' 쓰이는 상황이 아니다.

라, 질문이 'tu'의 복수로서의 'vous'에 대해 물을 때에는 그 답이 '학교 가'가 될 수도, '학교에 가요'가 될 수도, '학교 갑니다'가 될 수도 있다. 1b)에 '대략' 해당된다고 볼 수 있는 표현은 강세형 대명사가 앞에 쓰인 'Moi, je vais à l'école.'이다.[11] 그런데 대부분의 교사들은 1a)에 대해 '나는 학교에 간다' 이외의 답들은 틀렸거나 부정확한 답으로 평가해왔다.[12] 이는 하나의 작은 예지만, 맥락이나 상황을 거의 고려하지 않는, 경직된 문법교육의 모습을 잘 보여준다.[13] 외국어의 학교번역에서 맥락이나 상황의 의미를 충분히 고려하지 않고 낱말 번역(mot-àmot)의 '단순 직역'을 되풀이해온 것이 오늘날 우리의 척박한 번역문화와 아마 무관하지 않을 것이다. 어쩌면 그것이 하나의 중요한 원인일지 모른다. 불문법서에서 취한 다른 예를 살펴보자.[14]

2) a. Ouvrez *la* fenêtre !

b. 저 창을 열어라.

우리말에 없는 관사의 형태를 배우는 것은, 비록 성과 수에 따른 변화들이 있기는 하나, 그다지 어렵지 않다. 그렇지만 형태를 알았다고 해서 의미가 저절로 깨우쳐지는 것은 유감스럽게도 아니다. 그래서 설명 못지않게 예문 번역의 역할이 중요해질 수밖에 없다. 혹 2a)에서 정관사 'la'의 의미가 다소 모호하게 느껴진다면 'Ouvrez une fenêtre!', 'Ouvrez cette fenêtre!', 'Ouvrez *cette* fenêtre-*là*!', 'Ouvrez *la* fenêtre *là-bas*!' 등과 비교 혹은 대조해보는 것도 좋은 방법이다. 또한 2b)가 의심쩍게 여겨진다면 이와 관련되는 '창문 하나 열어라', '이 창문 열어라', '그 창문 열어라', '저 창문 열어라' 등과

11 '대략'이라고 한 것은 대비의 의미로 쓰인 문장이더라도, '나는 학교에 가'와 달리, '나는 학교에 간다'가 쓰이는 상황은 생각해내기가 쉽지 않다.

12 이는 한국교원대학에서 정교사 연수과정에 있던 많은 불어교사들에게서 여러 해 동안의 반복된 질문을 통해 확인된 사실이다.

13 전성기(2002:28-9) 참고.

14 여기서의 예들은 다섯 권의 불문법서에서 추출된 것으로, 전성기(2002)에서 제시된 것들 중 일부를 다시 취한 것이다.

대조적으로 살필 수도 있을 것이다. 이러한 과정이 '삼중대조분석' 과정이다. 원문과 문법적 어휘적으로 환언관계에 있는 문장들 사이의 대조, 이들의 가능한 번역문들 사이의 대조, 그리고 두 환언문군 사이의 대조, 그래서 '삼중대조'인 것이다.

3) a. Ouvrez une fenêtre !

b. Ouvrez *cette* fenêtre !

c. Ouvrez *cette* fenêtre-*là* !

d. Ouvrez *la* fenêtre *là-bas* !

4) a. 창 하나 여세요.

b. 이 창 여세요.

c. 그 창 여세요.

d. 저 창 여세요.

e. 창 여세요.

다시 말해, 2a)와 3a)-3d)의 대조, 2b)와 4a)-4e)의 대조, 그리고 두 환언문군 사이의 대조로 인해 '삼중대조분석'이 되는 것이다. 이를 통해 4e)가 적절한 번역임을 확인할 수 있다. 물론 'Ouvrez'가 복수의 'tu'를 대상으로 하는 상황에서는 '창 열어라'도 가능한 번역이다. 창이 여럿인 경우에 자연스럽게 쓰이는 '저 창문'이란 표현에 해당하는 것은 'la fenêtre'가 아니라 'la fenêtre là-bas' 정도가 될 것이다. 이러한 분석은 번역에서도, 번역의 평가나 비평에서도 유용하게 쓰일 수 있다. 이 〈삼중대조분석〉에는, 위의 경우보다 더 복잡하게, 계열축의 환입(commutation)과 통합축의 환치(permutation)를 동시에 활용하는 경우들도 물론 있을 수 있다. 예문 2a) 이해의 핵심은 이 문장이 방에 창이 하나밖에 없고, 그 창이 닫혀 있는 경우에 사용된다는 것을 아는 것이다. 이러한 의미를 〈변별적 의미〉라고 부를 수 있는데, 이 '변별적 의미'는 삼중대조분석의 '대조'와 '대체'를 통해 특히 잘 드러난다. 문법 예문 번역에서도 날말을 번역하는 것이 아니라, 이러한 '변별적 의미들' 혹은 '변별적 자질들'(traits pertinents)을 포착해서 재현해야 한다. 그러자면 상황이나(과) 맥락이 반드시 고려되어야 한다. 문장이나 텍스트에서 사용된 문법요소나 어휘요소들의 구체적인 변별적 의미들은 그 사용의 상황이나 맥락을 고려하지 않으면 추출하기 어렵다. 일반적으로 번역에서 나타내야 하는 것은 이러한 '변별적 의미들'이다. 변별적 의미는 언어만의 의미가 아니라, 상황이나 맥락이 충분히 고려된 텍스트상의 의미이다. 지시적 혹은 외시적(dénotatif) 의미 외에, '공시적'(connotatif) 의미는 물론 함의(sous-entendu)나 전제(présupposé)도 중요한 변별적 의미가 될 수 있다. 다음 예를 보자.

5) a. Tu as pris *ton* café?

b. 너는 너의 커피를 마셨니?

불문법이나 한국어문법이나 모두 '대명사'라는 문법 용어를 사용한다. 그렇지만 이들의 기능이나 성격은 같지 않다. 불문법에서 이를 기술하거나 설명하고 있지만, 이러한 기술이나 설명이 번역을 대신할 수는 없다. 예문 번역은 언어의 차이와 그 차이를 넘어선 등가를 보여주는 중요한 수단이다. 자못 희화적으로 느껴지는 5a)의 번역은 번역자가 질문 5a)에서 'tu'와 'ton'의 '문법적 의미'를 제대로 이해했다고 보기 어렵게 만든다. 5a)가 점심 식사 후 으레 마시는 커피를 마셨냐 묻고 싶은 것이라면, 도치보다 끝의 억양만 올리는 'Tu as pris ton café?'가 더 자연스러운 물음이다. 이 경우, '커피 마셨어?' 정도로 번역할 수 있다. 그렇다면 5a)에서 소유한정사 'ton' 대신에 부정관사 'un'이나 정관사 'le'가 쓰이면 어떤 의미가 될까? 'Tu as pris un café?'는, 예를 들어, 커피를 조금이라도 마시면 밤에 통 잠을 못잔다는 사람이 잠을 못이루고 있을 때 할 수 있는 질문이다. 이때도 번역은 '커피 마셨어?'이나, 강세가 '커-'에 놓인다. 'Tu as pris le café?'는 테이블 위 커피, 차, 쥬스 중에서 커피를 택해 마신 듯한 사람에게 물은 것이라면, '커피 마셨어?'로 번역할 수 있으나, 강세는 앞의 경우보다 약할 것이다. 뒤집어 말하면, 한국어 문장 '커피 마셨어?'가 경우에 따라 불어로는 다양한 한정사 문장으로 번역된다는 것이다. 이러한 언어 성격의 차이와 의미의 등가를 이해하지 못하면 한정사를 제대로 이해한 것이 아니다. 다른 예들을 보자.

6) a. Jeanne est étudiante.
   b. 잔은 여학생이다.

7) a. Je ne le lui donne pas.
   b. 나는 그것을 그에게 주지 않는다.

예문 6a)에서 여성형 'étudiante'는 주어와 속사와의 '성수 일치'라는 규칙 때문에 불가피한 형태이다. 하지만 형태소 '-e'에 의미의 '변별성'(pertinence)은 없다. 'Qu'est-ce qu'elle fait, Jeanne?' 같은 질문에 대한 답으로 쓰인 경우를 생각하면, '잔 (대)학생이야' 정도로 번역된다. 6b)같은 표현이 '자연스럽게' 쓰이는 상황은 찾기 힘들다. '여자애야'에 해당되는 불어표현은 'C'est une fille'이다. 7a)에서 중요한 문법 사항은 대명사이다. 여기서 'je', 'le', 'lui'가 각각 '나', '그것', '그(그녀)에게'에 대략 해당된다는 것을 아는 것으로는 부족하다. 이들이 어떤 상황에서 어떤 의미를 전달하기 위해 쓰였는가, 한국어로 옮길 때 적절한 표현은 어떤 것인가, 이런 것들까지도 알아야 한다. 불어의 대명사와 한국어의 대명사가 명칭은 같아도 그 기능에 차이가 적잖이 있음을 이해해야 한다는 것이다. 불어에서 대명사의 사용은 거의 대부분의 경우 필수적이나, 한국어에서는 오히려 대부분 생략된다. 이 경우 '있음/없음'이나 '쓰임/안 쓰임'은 중요한 문법적 차이이다. 국문법을 불문법에 꿰맞춰서는 곤란하다. 7a)의 번역은 한국어 대명사 문법을 불어 대명사 문법에 '꿰맞춘' 것이다. 7b) 같은 문장은 어느 맥락이나 상황에서도 거의 쓰이지 않는다. 부정의 'ne …pas'도 '…하지 않는다'뿐 아니라 '아니 …하다'를 뜻할 수도 있다. 'donne'의 현재시제는 '미래'를 뜻할 수도 있다. 7b)는 개략적인 '중간번역'으로는 인정될 수 있으나, 타당한 최종 번역으로는 받아들이기 어렵다. 실은 7a)도 'D'accord, je ne le lui donne pas.' 같은 맥락에서의 사용이 더 자연스럽다. 불어와 한국어의 문법적 차이와 상황을 고려한 '안 준다'는 가능한 번역이다. 7a)에서 'Je', 'le', 'lui'가 불문법적으로는 필수적 요소들이나, 번역상으로는 그렇지 않다. 7b)는 7a)를 제대로 이해하지 못한 것이다. 다음 예들을 보자.

8) a. Vous *autres*, vous vous taisez toujours.

b. 당신들 다른 사람들은 언제나 침묵합니다.

9) a. Hélène a-t-elle été avertie?

b. 엘렌은 미리 알고 있었니?

10) a. Jalouse, elle l'est.

b. 그녀는 샘이 많다.

이 예들은 구문 관련 예들이다. 우선 전치 분리 구문 8b)는, 특히 '다른 사람들'로 인해, 비문을 면하기 어렵다. 말이 되지 않는 문장이다. 8a)의 상황에서 'se taire'가 과연 '침묵하다'의 뜻으로 쓰였는가도 살펴야 할 문제이다. 이러한 예는 '어휘와 구문과의 밀접한 관련성'을 잘 보여준다. 주어의 'vous'가 존칭의 이인칭인지, 'tu'의 복수인지, 혹은 존칭의 'vous'의 복수인지 생각해보아야 한다. 다소 거창하게 말하면, 8a)는 문법 예문 번역에도 '인문적 상상력'이 필요하다는 것을 잘 보여주는 하나의 예이다. 가능한 실제 상황들을 고려하면, '이쪽 분들은 여전히 아무 말씀도 없으시군요', '이쪽 사람들은 여전히 아무 말이 없군' 등이 가능한 번역들이다. 9b), 10b)는 모두 비문은 아니다. 하지만 그 자체로 번역의 적절성이 보증되는 것은 아니다. 9b)는 오히려 'Hélène le savait-elle?'(엘렌은 알고 있었어?)의 의미와 가깝다. 9a)의 수동형은 '변별적 의미'를 갖는 것으로서, 엘렌에게 누군가 알려주었느냐는 뜻이다. 이러한 형태의 수동문은 'tutoyer' 하는 사이보다는 'vouvoyer' 하는 사이에서 쓰일 법하다는 '언어 층위'(niveau de langue) 측면까지 고려하면, '엘렌한테 알려주었습니까?', '엘렌한테 통보되었나요?' 정도로는 옮겨야 할 것이다. 10b)는 오히려 'Elle est jalouse.'에 더 적합한 표현이다. 'jalouse'의 위치는 나름의 '변별적 의미'를 갖는데, 이것이 10b)에서는 간과되어 있다. '샘이 많은 건 맞아' 정도로는 번역이 되어야 할 것이다. 중성대명사 'le'는 'jalouse'를 받는 것인데, 한국어의 구문법으로는 동일한 처리가 어렵다. 이 예는 'Elle est jalouse'라는 상대의 발화에 대해, 그 사실을 'Jalouse, elle l'est.'라고 일단 수긍하면서도 'Mais(하지만), …' 하며 'elle'을 두둔하는 얘기를 하고자 할 때 쓸 수 있는 표현이다. 구문의 의미도 더 적확한 의미가 어떠한 것인가 따져보아야 한다. 구문 번역에서도 앞서 말한 삼중대조분석이 도움이 될 것이다. 마지막으로 '시제' 예들을 살펴보자.

11) a. Il est possible qu'il ait réussi à l'examen.

b. 그가 시험에 성공했다는 것은 가능하다.

12) a. Il est mort *en combattant*.

b. 그는 싸우고 죽었다.

13) a. Dans cinq ans, je prends ma retraite.

b. 5년 후에는 퇴직할 작정이다.

14) a. Que *faisiez*-vous là?

b. 당신은 거기에서 무엇을 하였지요?

15) a. Il *fut saisi* de peur.

b. 그는 두려움에 사로잡혔었다.

16) a. On *avait fini* de déjeuner quand nous sommes arrivés.

b. 우리가 도착했을 때에는 점심은 벌써 끝나고 있었다.

17) a. Une légère erreur *serait* catastrophique.

b. 가벼운 실수가 재앙을 불러올 것이다.

시제 관련 번역도 부적절한 경우가 꽤 눈에 띈다. 11a)의 접속법 과거는 과거의 가능 사실을 나타내는데, 11b)는 거의 비문이다. '…했다'는 이미 사실임을 전제하는 표현이니 '가능하다'와는 같이 쓰이기 어렵다. 11a)는 '시험에 붙었을 가능성은(이) 있습니다'나 '시험에 붙었을 수 있습니다'라는 뜻이다. 12b)는 제롱디프(gérondif)를 결과로 해석하고 있는데, 부적절하다. 'Ayant appris la nouvelle, elle s'est évanouie.'를 '그 소식을 들은 다음 그녀는 기절해 버렸다'라고 하는 것 못지않게 어색하다. 앞의 문장을 '그 소식을 듣고 그녀는 기절했다'로 해야 하듯이, 12b)도 '그는 전사했다'나 '전사했습니다'라고 옮겨야 할 것이다. 13a)의 현재는 단정적인 미래의 사실을 각각 나타내므로, '5년 후면 퇴직입니다'로 해석되어야 할 것이다. 13b)에 해당하는 불어 표현은 'Dans cinq ans, je prendrai ma retraite.'이다. 여기서 현재시제와 미래시제의 차이는 중요한 '변별적 의미' 차이가 된다. 14b)는 번역자가 단순과거와 반과거, 복합과거와 반과거의 의미 차이를 충분히 인지하지 못한 때문이 아닌가 싶다. 14a)에서 변별적인 반과거의 형태소 '-iez'는 현재시제의 형태소 '-tes', 그리고 문장 'Qu'avez-vous fait là?'(거기서 뭐 했어요?)의 복합과거 형태 'avez fait'와 대립된다. 14a)의 시제의 정확한 의미를 알기 위해서는 이들과 대조해보는 과정이 필요하다. 이러한 과정을 통해 살펴보면, 14b)는 '거기서 뭐하고 있었어요?' 정도가 되어야 함을 알 수 있다. 15a)의 수동형 단순과거는 '과거에서의 상태'가 아니라 시작상(inchoatif)의 의미를 갖는 '행위'이다. '그는 두려워졌다' 정도로는 옮겨주어야 할 것이다. 16a)의 대과거는 맥락상 과거에서의 행위의 결과를 나타내는 것이므로, '우리가 도착했을 때는 점심 식사가 끝난 뒤였다' 정도로 번역될 수 있다. 17b)는 마치 '재앙'의 원인이 '큰 실수'가 아니라 '가벼운 실수'일 것임을 예측 내지 예언하는 문장처럼 읽힌다. 17a)의 맥락에서의 조건형 현재의 의미를 고려한다면, '가벼운 실수도 치명적일 수 있다' 정도로는 번역되어야 한다. 'catastrophique'라는 표현이 쓰인 것은 단순히 주의하라는 의미 정도가 아니라 '극히 조심해야 할 상황'임을 말해주는 것이다.

이백여 년간의 프랑스 학교문법 전통을 다룬, '학교문법의 역사'라는 부제가 붙은 셰르벨(1977)의 저서 … *et il fallut apprendre à écrire à tous les petits français*(그래서 모든 프랑스 아이들에게 글쓰기를 가르쳐야 했다)의 제목이 잘 말해주듯이, 프랑스 전통 문법서들의 기본 목적은 불어를 이미 꽤 잘 아는 프랑스 아이들에게 정서법을 비롯한 글쓰기의 기본을 가르치는 것이었다. 그런데 낯선 불어를 외국어로 배우는 한국인들을 위한 거의 모든 불문법서들도 프랑스의 전통 문법서들과 그 구성이나 내용에서 별반 다르지 않다. 한 가지 크게 다른 것은 예문들에 번역이 달려 있다는 것인데, 이 번역이 학습자들의 문법 이해를 도와주지 못한다면, 아니 그 이해에 장애가 된다면, 정말 문제가 아닐 수 없다. 예문 번역이야말로 '차이 속에서의 등가'[15]를 잘 보여줄 수 있는 절호의 기회인데, 불문법서들의 많은 예문들이 오히려 거꾸로 문제들을 야기하고 있는 것이다. 불한학습사전들의 예문 번역들은 전반적으로 불문법서들의 경우보다는 양호하나, 유사한 문제들이 발견된다.[16]

우리가 학교 외국어 교육이나 학습에서 흔히 '해석'과 '작문'이라고 부르는 것을 프랑스에서는 각각 'version'과 'thème'라고 부르고, 이들을 '전문 번역'(traduction professionnelle)과 대비하여 '교육적 번역'(traduction pédagogique)이라고 통칭한다.[17] '베르시옹'과 '템'은 전문번역가들이 하는 번역에는 못 미치나, 그 교육적 의미와 효과는 나름대로 인정받을 수 있다는 뜻이리라. 그런데 위의 불문법서 예문 번역들은 어떠한가? 우선 원문의 문법의미를 올바로 파악하지 못한 것으로 볼 수밖에 없는 경우들이 적지 않다. 2b), 8b), 9b), 10b), 11b), 12b), 14b), 15b), 16b), 17b)는 모두 그러한 경우들이다. 5b), 6b), 7b)는 원문을 잘 이해하지 못했다기보다, 문법서에서 으레 쓰이는 표현들이니 그러한 표현이 적절치 못하다는 생각을 미처 하지 못한 것으로 볼 수도 있다. 어쨌건 예문 번역에서 나타나는 문제들은 해당 문장의 해석에 요구되는 섬세한 번역문법 지식을 갖추지 못한 때문인 것으로 짐작된다. 문법번역도 번역인 이상 최소한의 번역에 대한 지식은 필요하게 마련인데, 위의 예문 번역들을 보면 그러한 관심이나 문제의식이 별로 없지 않았나 싶다. 하지만 라드미랄(1981:26)이 '선택을 안 하는 것 또한 선

15 야콥슨(1963:80)은 '차이 속에서의 등가'가 '언어의 중심 문제이며 언어학의 핵심적 대상'이라고 지적한 바 있다; 전성기(2013b) 참고.

16 전성기(2002) 3장, 4장 참고.

17 라드미랄(1998b:155) 참고.

택하는 것'이란 사르트르의 말을 빌려 말하듯이, '이론을 안 하기로 선택하는 것 또한 하나의 이론을 선택하는 것'이다. 위 예문 번역들은, 의식적이건 무의식적이건, '단순 직역'을 택한 것인데, 문법의 교육이나 학습을 위한 바람직한 선택으로 보기 어렵다.

예문의 '단순 직역' 문제는 '번역글쓰기' 문제이기도 하다. 우선 번역문이 제대로 된 우리말이 아니라는 것, 일그러진 우리말이라는 것이 큰 문제이다. 외국어의 교육과 학습이 우리말 어법을 훼손하는 계기가 된다면 정말 문제가 아니겠는가? 번역 관점에서 보더라도, 불어 원문들은 비교적 자연스러운 문장들인데 번역문들이 이에 못 미치는 아주 부자연스러운 문장들이라면, 이는 적절한 등가문이 아니다. 그런데 섬세한 등가가 안 되는 정도가 아니라, 등가관계 자체가 의심스럽다면, 그러한 번역들을 과연 '교육적' 번역이라고 말할 수 있겠는가? 유감스럽지만 아니다. 이는 비단 불문법서들만의 상황은 아닐 것이다. 이러한 상황은 시급히 개선되어야 한다. '학교번역'이 전문번역을 교육적으로 활용하지는 못하더라도,[18] 적어도 '비교육적' 번역은 하지 말아야 하지 않겠는가? 척박한 우리 번역문화의 개선을 위해서도 이러한 상황에 획기적 변화가 필요하다. 불문법교육뿐 아니라 외국어 문법교육이 전반적으로 개선되지 않으면 안 된다. 번역문법은 이러한 변화에 대한 촉구이고, 변화를 위한 하나의 대안적 기획이다. 번역문법은 번역 오류들의 원인들을 진단하고, 그 오류들에 대한 처방들을 내야 할 것이다. 다양한 번역 문제들에 대해 이러한 처방들이 제시된다면 매우 유용한 기본적 번역문법서가 구축될 것이다.

2. 충실성/가독성과 번역 오류

충실성과 가독성은 번역평가나 번역비평의 기준으로 흔히 거론되는 기

18 라보(1998)는 파리통번역대학원(에지트)의 번역해석이론을 활용한 영어교육방법을 제시하고 있다.

준들이다. 대표적인 경우라 할 수 있는 영미연평가단(2005:21-3)의 경우를 보자. 이들의 '주안점'은 '번역본이 갖추어야 할 최소한의 요건을 중심으로 우선 믿고 추천할 만한 판본을 골라내는 수준의 평가'이고, 평가 기준은 '번역본의 신뢰도를 판정하는 가장 기본적인 기준'이라는 '충실성'과 '가독성'이다. 전자는, 사업단에 의하면, '번역문이 원문을 정확하게 이해하고 적절하게 번역했는가를 판단하는 영역으로, 단어·구절·문장 등에서 부정확하거나 부적절한 번역의 빈도나 정도를 판별'하는 것이고, 후자는 '번역문의 우리말 구사 수준을 판단하는 영역으로, 대개 문장 차원에서 어색하거나 생경하거나 비문인 정도가 어떠한지를 판별'하는 것이다. '충실성'은 번역문이 원텍스트를 텍스트문법적으로 '정확히 이해했는가'와 그 이해가 번역문법적으로 '적절히 재현되었는가' 하는 두 조건의 충족을 말하는 것이니, 원문에 대한 기준만은 아니다. 그리고 '적절한 번역'이란 것도 실은 가독성의 기준이라는 '어색하거나 생경하거나 비문이 아닌가' 하는 판단과 겹치는 기준이다. 평가자들은 두 범주에서 심각한 오류 빈도를 기준으로 각 번역본에 등급을 부여했고, 두 영역 모두에서 오류가 적을수록 추천 가능성이 높은 번역서가 된다(24-5).

영미연평가단(2005)의 '규범적 평가방식'은 여러 비평자들의 비판적 고찰들을 유발했다. 예를 들어, 성초림(2013:176)은 영미연평가단의 평가기준이 '원칙적으로는 두 가지 요건을 모두 충족할 것을 요구하지만 실제 평가의 과정을 관찰해보면 원문을 얼마나 충실하게 옮겼느냐가 평가의 핵심임을 알 수 있다'고 지적한다. 저자는 '충실성'과 '가독성'은 '그 대립적 구도로 말미암아, 한쪽이 성盛하면 다른 한쪽은 필연적으로 쇠衰하게 마련인 제로섬 게임이라는 것을 우리 모두가 알고 있다'고 단언한다. '원문에 충실하면 할수록 가독성은 떨어지게 마련이고 가독성에 무게를 둘수록 원문과의 거리가 생긴다'는 것인데, 과연 충실성과 가독성이 '대립적 구도'이고, '제로섬 게임'의 대상인가? 반드시 그러한 것은 아니다. 원문에 충실하면서 가독성이 높은 번역도 충분히 가능하다.

조성원(2007:105)은 영미연평가단이 '충실성과 가독성을 가장 기초적인 평가의 기준'으로 내세운 이유를 '최대한 공정한 평가'가 되도록 하기 위함이나, 한편으로는 '가독성이 충실성을 견제하고 보완할 수 있는 개념이라고 이해한 데서 온 결과'로 추정한다. 또한 '가독성의 개념 뒤에는 독자의 편의를 내세워 번역가의 존재를 말살하고 원저자의 존재를 내세우려는 원전/원저자 중심적 음모가 숨어 있'다고 그는 짐작한다(106). 《영미명작, 좋은 번역을 찾아서》를 읽으면서 그가 느꼈던 '혼란함'의 이유가 '원작/원저자/원문화 중심의 번역인식, 그리고 거기에서 비롯되는 〈규정적〉(prescriptive)인 번역평가 태도'라는 것이다(107-8).[19] 가독성 기준과 관련된 문제점으로 '번역된 작품의 장르적·문체적 특징을 고려하지 않고 천편일률적으로 그 기준이 적용되고 있다는 사실'도(113), '비평가 중심의 시선'이 문제의 저서를 '지배하고' 있는 점도 저자를 불편스럽게 한다(117). 그래서 '최선의 대안은 물론 아니'라면서도 홈즈, 투리 등의 '기술번역학'(DTS)을 그 대안으로 제시하는데(118), 영미연평가단이 의도한 '믿고 추천할 만한 판본을 골라내는 수준의 평가'와는 목표 자체가 달라진다. 문제의 사업은 '번역본이 난립하고 좋은 번역본 선별이 어려운 상황에 대한 문제의식에서 출발'한 것이고, '등급 판정에서 문제삼은 경우는 대다수 원문의 의미-혹은 의미군-의 가능한 번역어군의 범위를 벗어나는 경우들, 즉 명백한 오역이거나 부적절한 번역, 그리고 우리말로 의미가 통하지 않거나 우리말 어법에 어긋나는 경우들'임을 1차 사업의 책임연구자였던 김영희(2008:34)는 밝힌 바 있다.[20]

이상원(2008:150-2)은 '현재 이루어지는 번역 평가'의 '압도적인 다수'가 '번역본이 가진 오류와 단점을 파헤치는 데 치중'하고 있다고 지적한다. 영미연 '번역평가사업단'의 '각 작품별 번역본 분석 내용'도 충실성 기준에 할

---

19 '가독성'은 '그 바탕에 원자자 혹은 지배문화 중심의 사고가 깔려 있는 개념인 데다 대상 독자들에게 익숙한 언어적 용법과 번역자의 글쓰기 습관의 문제까지도 중첩된 개념이어서 가독성에 의한 번역문의 적절/부적절 판정은 충실성 못지않게 평가자의 주관적 해석에 좌우된다'는 것이 조성원(2007:113)의 우려 섞인 진단이다.

20 정혜용(2007a:36)도 사업단이 '충실성과 가독성 규범'이 '번역본으로서 갖추어야 할 최소한의 요건'을 따지는 잣대가 되지 '번역의 문체 등 좀더 고차원의 분석이나 평가'에는 적합하지 않다는 것을 분명하게 밝히고 있다'고 지적한 바 있다.

애되어 있고, '원 작품의 단어, 구절, 문장이 제대로 이해되었는지에 초점'이 맞춰져 있으며, 이러한 경향은《최고의 고전 번역을 찾아서》(2006)의 경우도 다르지 않아서, 문학으로 분류 가능한 경우들을 보면, '원문에 대한 충실성, 충실한 직역, 원문 전달, 충분한 각주 등이 강조되고 있다'고 한다. 저자는 이를 '문학 전공자들의 충실성 편향 성향'에 기인하는 것으로 판단한다. 이러한 오류 분석 중심의 번역 평가는 '특정 번역이 얼마나 문제가 많고 수준이 낮은지'를 보여주는 데는 효과적이지만, '그 분석 단위가 지나치게 미시적이라는 점'은 문제라고 저자는 지적한다(154).[21] 분석단위의 '미시성'도 그 자체가 문제라기보다는, 맥락이 충분히 고려되지 않은 '미시적 분석'이기 때문에 문제가 되는 것이다. 이상원(2008:155)은 분석자의 '위에서 내려다보는 태도'도 문제로 삼는데, 이러한 태도의 유무에 따라 '평가'와 '비평'이 구분되기도 한다. '파동적 수사'를 지향하는 번역문법은 이러한 문제점에 유의하며, 공감적 대화의 접근을 해야 할 것이다.[22]

충실성과 가독성의 평가가 번역 오류 평가에 기반해 있다는 것은 충실성과 가독성이, 전체는 아니더라도 적어도 그 상당 부분이, 번역문법적 측면에서 충분히 접근 가능하다는 것을 보여주는 것이다. 한센(2010:385)은 원텍스트와 번역텍스트 사이의 등가 개념에 입각한 이론들에서 번역 오류(error)는 양자 사이의 일종의 비등가(non-equivalence)나 번역텍스트의 비적합성(non-adequacy)으로 간주된다고 지적하는데, '비적합성'도 넓은 의미의 '비등가'의 한 경우이다. 원텍스트와 번역텍스트의 등가관계 구축이 목표인 번역문법이 우선적으로 해결해야 하는 것은 바로 번역 오류들로 인한 '비등가' 문제이다. 모든 번역 오류의 비중이 동등한 것은 아니다. 텍스트의 핵심적 부분들과 관련되는 번역 오류들은 그렇지 않은 오류들에 비해 그 심각성이 더 클 수밖에 없다. 문학작품들의 경우에는 번역텍스트에 원문 못지않은 '새로운 텍스트성, 하나의 온전한 텍스트성'[23]이 전반적으로 제대로

21 이상원(2008:151-3) 참고.

22 전성기(2009c, 2013a) 참고.

23 우스티노프(2006:37) 참고.

구축된다면, 사소한 번역 오류들은 크게 문제되지 않을 수도 있다. 문학작품의 번역평가에서는 번역 오류 평가도 섬세한 작품성 평가와 관련지어져 이루어지는 게 바람직하다.

강대진(2004:36)은 그의 《잔혹한 책읽기》에서 '우리에게 부족한 것'은 '시시콜콜한 면'이라고 지적한다. 우리는 '좀더 쩨쩨하고 좀스러워져야 한다'는 것이 그의 역설적 주장이다. '지식의 축적은 세부까지 엄격하게 따지는 데서 가능'하기 때문이라는 것인데, 번역문법도 그러한 '쩨쩨함'과 '좀스러움'을 번역과 번역비평의 덕목들로 삼아야 할 것이다. 예전의 지식과 문화의 번안의 관점에서는 그 핵심 내용의 전달이 목적인 만큼 사소한 오역은 문제삼을 여지가 없었다. 하지만 이제는 사정이 사뭇 달라졌다. 우리는 이제 '정확한 번역'을 넘어 '섬세한 번역'과 '작품성 번역'을 지향할 필요가 있다. 안정효(2013:6)는 '우리나라에서는 오랫동안 전통적으로 에누리와 덤으로 상징되는 흐릿한 계산을 미덕으로 여겨 왔고, 꼬장꼬장 따지는 사람은 촌스럽다고 욕을 먹기도 했다'고 하면서, '이러한 무책임한 계산법이 번역에서는 상당한 폐해로 작용한다'고 지적한다. '부정확성에 대한 무감각은 이른바 전문 번역인들 사이에서까지도 만연하는 일종의 전염병'이라는 것이 그의 진단이다. 이러한 '전염병'의 예방과 진단과 '치료'에 번역문법이 나름의 역할을 해야 할 것이다.

3. TQA 연구단 번역평가

영미연평가단의 '영미고전문학 번역평가 사업'을 '비판적으로 계승'하고자 하는 이영훈(2010:130-1)의 TQA 연구단 번역평가의 궁극적 목표는 '정량적 오역평가의 한계를 극복하고 번역의 질적 평가를 바탕으로 한 명역비평으로까지 번역평가의 영역을 확대해 나가는 것'이다. '번역평가 절차'는 크게 '예비적 고찰, 토대평가, 심화평가, 종합평가의 네 단계'로 이루어지는데, 그 중심은 '토대평가'와 '심화평가'의 이원체계이다. 영미연평가단(2005/2007)의 연구 결과들을 충분히 검토한 바탕 위에 이루어졌다는 번역

평가를 이원체제로 구성한 근거에 대해, 이영훈(2010:156-7)은 예측·기대·의지를 표명한다. 먼저 '토대평가 및 심화평가에서 활용한 평가기준들은 연역과 귀납 과정을 동시에 거치면서 만들어진 기준들'로서, '번역평가 현장에서 종종 목격되는 평가기준과 번역실천 사이의 괴리 발생 가능성을 사전에 최대한 낮출 수 있'을 것으로 예측한다. 다음으로, '실증적 정신과의 공생 전략이 필요'함으로 이원체제를 통해 '실증적 방식과 해석적 방식의 상보적 효과'를 그는 기대한다. 마지막으로, 저자는 이원적 평가체제에는 '객관성 대신 평가 방식의 체계성을 통하여 평가의 신뢰성과 공정성을 확보하겠다는 의도'와 '문학성 평가의 근원에 자리한 번역주체와 비평주체의 주체성을 수용하겠다는 적극적 의지가 담겨 있다'고 표명한다.[24]

이영훈(2010)에 의하면, '토대평가'는 '원문에서 번역문으로 옮겨지는 과정에서 발생하는 오류에 대해 정량적 평가'를 행하는 것이고, '심화평가'는 '언어·문화적 요소, 문학적 요소들을 고려하여 번역문을 이해'하는 것이다(142). 전자는 '원문과 번역문 사이의 용인될 수 없는 불일치, 즉 오류를 파악'하는 것이고, 후자는 '일차적으로 의미에 큰 영향을 끼치지 않는 불일치, 즉 관점에 따라 오류 여부가 달라질 수 있는 경우들을 대상으로 하며, 더 적극적으로는 번역자의 선호도나 번역 전략을 반영하는 용인될 수 있는 불일치를 파악'하는 것이다. 또한, 전자가 '출발텍스트의 정보가 목표텍스트 속에 정확하게 전달되었는지를 파악함으로써 번역텍스트의 기본적 자질을 평가'하는 것이라면, 후자는 '각 번역본의 특성과 번역전략을 기술하는 것을 목적'으로 한다. 특히 심화평가에서 번역텍스트는 '출발 텍스트를

24 김경희(2004)는 한국소설들의 한불번역에서 발생하는 오역에 대해 고찰하며, 오역을 1) 단순한 오역, 2) 작품에 대한 이해 부족으로 인한 오역, 3) 문화 차이로 인한 오역, 4) 언어 차이로 인한 오역으로 나누고 있다. 1)에서 '번역자의 단순한 실수로 인한 오역'은 번역문법의 문제로 보기 어렵지만, '지나친 직역으로 인한 오역', '생략으로 인한 오역', '첨가로 인한 오역'은 모두 번역문법과 관련이 있다. 2)에서 '원문에서의 오자', '동음이의어로 착각', '유사한 어휘로 착각'은 앞의 '단순한 실수'와 크게 다르지 않은 경우들이지만, '이해 부족'으로 인한 오역은 번역문법과 관련된다고 볼 수 있다. 3)의 '문화 차이', 4)의 '언어 차이'로 인한 오역에서 언급된 예들은 거의 모두 번역문법의 문제로 보아야 할 것이다.

기반으로 하되 번역자가 나름의 방식으로 재구성해낸 고유의 텍스트라고 보는 관점에서 출발하여, 실제 번역 환경이나 번역자의 선호도 및 번역 전략에 따라서 달라질 수 있는 요소들을 다양한 관점에서 살펴봄으로써 무엇보다도 번역자의 노력을 긍정적으로 읽어내게 된다'고 저자는 설명한다(146-7). 이러한 설명은 기본적으로 토대평가가 '규범적' 평가라면 심화평가는 '기술적' 평가임을 시사하는 것인데, 실제 번역평가에서는 후자에서도 규범적 성격이 종종 나타난다. 김용석(2011:61)은 전자를 '번역본의 오류를 파악하는' 평가로, 후자를 '번역본의 변별적 특징을 파악하는' 평가로 기술한다.

이영훈(2010)은 TQA 연구단이 번역평가에서 충실성과 가독성 중 어느 것과 관련된 것이든 '오류의 범위를 최소화하여, 서로 다른 평가자들 사이에서 논란의 여지가 없을 정도로 명백한 오류만을 오류로 분류'하였다고 밝힌다(146). 이 연구단이 최종적으로 선택한 토대평가의 기준들은 ① 어휘 누락, ② 구, 절, 문장 누락, ③ 어휘 첨가, ④ 구, 절, 문장 첨가, ⑤ 지시 관계 오류, ⑥ 구문 오류, ⑦ 어휘 의미 오류, ⑧ 문장 의미 오류이다(153-4). 이들은 기본적으로 원텍스트 언어의 이해의 부족이나 잘못으로 인해 비롯된 것들로서, 대개는 범하지 않을 수 있는 오류들이고, 따라서 평가자와 번역자와의 갈등의 소지도 작아 보인다. 다만 뒤 네 기준이 오류의 성격이 비교적 분명한 기준이라면, 앞 네 기준은 그렇지 않을 소지를 배제할 수 없다. 또한 '누락'은 '오류'(erreur)이기보다는 '실수'(faute)일 가능성도 배제할 수 없다는 점에서, '첨가'와는 위상이 다를 수 있다.[25] '각 번역본의 특성과 번역전략을 기술하는 것을 목적'(147)으로 한다는 심화평가의 기준들은 ① 언어적 완결성, ② 논리적 완결성, ③ 어휘 의미장의 변조, ④ 어휘 요소의 생략 및 부가, ⑤ 문장 형태 변조, ⑥ 문장 표현 변조, ⑦ 치환에 의한 문화어 처리, ⑧ 설명에 의한 문화어 처리이다(154-5).

이영훈(2010:154)에 의하면, 심화평가에서 '언어적 완결성'은 '번역문의

25 콜롱바(2009) 참고.

논리를 그대로 옮겨오면서 우리말 의미전달이 어색해진 경우와 문장요소들의 호응관계가 부정확하여 문장이 모호해진 경우'에, 그리고 '논리적 완결성'은 '사건들의 관계가 명확하게 설정되지 않은 경우, 인물들의 성격이나 인물들 간의 관계가 모호해진 경우, 화자의 서술에 일관성이 없는 경우'에 적용된다. 원문에 없는 '모호성'이나 '어색함'이 번역문에 나타나는 것은 원문의 이해나 번역글쓰기에 문제가 있는 것이다. 이 두 완결성의 경우에는 평가에 규범적 성격이 가미될 가능성이 있다.[26] 변조, 치환, 생략, 부가 등의 기준들(154-5)은 모두 비네와 다르벨네의 '비교문체론'에서 '언어 차이'를 해결하는 방식으로 제시된 것들로서, 그 사용이 의무적인 경우도 있고 선택적인 경우도 있다. '번역자의 선호도 및 번역 전략'에 따른 차이가 평가 대상이 되는 것은 원칙적으로 후자에 국한된다고 보아야 할 것이다. 의무적 사용의 위반이 '번역관'과 무관하지 않을 수도 있지만, 해당 언어의 성격을 소홀히 한 이유가 더 클 것으로 짐작된다. 치환이나 변조에 의한 번역(155)의 적절성 여부 판단에 대해서는 여러 측면에서 더욱 신중한 고려가 필요하다. 특히, 언어는 그것이 나타내고자 하는 것과 '제유', 즉 부분과 전체의 관계에 있으며, 이 관계는 언어에 따라 다르다는 데에 평가자는 유의해야 할 것이다.[27]

이러한 '제유'가 번역에 중요한 것은, 르드레르(2004:78)가 말하듯이, '텍스트' 자체가 제유들로 구성되어 있기 때문이다.[28] 명시적 언어 표현이 의미의 일부만 나타내더라도 번역자가 옮겨야 하는 것은 명시적 의미와 묵시적 의미가 어우러진 전체이다. 그런데 언어마다 '(거의) 같은 것들'[29]을 서로 다르게 말하기 때문에 명시적인 것과 묵시적인 것의 관계도 달라질 수밖에 없

26 이영훈 · 구하나(2009:149)의 '텍스트의 완결성'에 대한 평에서 '가독성이 상당히 우수한 번역이나 언어적 완결성이 부족한 몇몇 부분이 발견되었다. 논리적 완결성이 부적합한 예는 한 번도 나타나지 않았다'라고 한 것은 규범적 평가의 일면을 느끼게 하는 한 예이다.

27 르드레르(1976) 참고.

28 르드레르가 사용한 표현은 'discours'이나 '텍스트'의 의미로 이해해도 무방할 것이다.

29 에코(2010)의 제목의 우리말 번역은'번역한다는 것'이나, 이태리어나 불어 제목은 직역하면 '거의 같은 것을 말하기' 정도가 된다.

다고 저자는 지적한다. '제유의 존재'는 '문자역의 부질없음과 텍스트상 등가물 창조의 필요성'을 보여주는 것이니, 낱말의 대응번역은 불가피한 경우 이외에는 사용하지 말아야 한다고 저자는 조언한다. 변조, 치환, 생략, 부가 등의 적절성도 이와 관련지어 전반적으로 다시 살펴보아야 할 것이다. '상위개념화, 자국화 및 고유명사와 외래어 발음 표기 문제를 나타낸다'고 하는 '치환에 의한 문화어 처리'(155)는 번역문법과의 관련성이 비교적 적다고 생각된다. 마지막 기준인 '설명에 의한 문화어 처리'(155)는 등가 번역의 예외적 경우가 될 것이다. 전체적으로 볼 때, '오류들'이 토대평가의 핵심적 고찰 대상이라면, 심화평가의 주요 고찰 대상은 '적절성'이라고 말할 수 있는데, 이 '적절성'은 '전일적 접근'에서는 '분석적 접근'과 판단이 달라질 수 있으니 유의할 필요가 있다. 번역 오류들은 번역문법의 당연한 일차적 분석과 기술의 대상이지만, '완결성'이나 '변조' 등 '적절성' 관련 문제들도 '전일적 접근'을 고려하는 번역문법적 고찰의 대상이 되어야 할 것이다. 문화의 '적절한' 번역에는 섬세한 번역학적 고찰이 필요할 수도 있다.

4. 비교문체론

비네·다르벨네(2002:2-3)는 《영불번역 비교문체론》에서 그들이 '제시하는 방법은 전문가들의 작업뿐 아니라 번역의 여러 다른 분야에도 적용된다'며, 교육에 쓰이는 번역, 전문 번역 그리고 언어학 연구에서의 번역의 사용을 그 예들로 든다. 이들은 '두 언어 사이의 비교'가 '각 언어의 성격과 작용 방식을 보다 잘 드러낸다'고 말한다. '단지 한 언어에 대한 작업을 하는 언어학자에게는 눈에 띄지 않을 성격들을 밝혀내는 것이 가능'하다는 것이다. 저자들은 이러한 작업이 '교육적 과제들과 전문 번역가들의 양성'에 모두 도움이 될 것으로 기대한다. 저자들이 영불번역을 할 때 '문법과 어휘에 대한 보충서 같은 것'으로 생각한 비교문체론은 비록 맥락 외적 예들에 치중되기는 했으나, 번역문법에 유용한 자료들을 많이 담고 있다. 저자들은 '문법'을 '예속적인 것들의 영역'으로, '선택 사항들의 대부분은 문체론의 영역'에 속하는 것으로 보았는데, 선택 사항들이 우세한 '내적 문체론'과 달리, '외적 문체론'인 비교문체론에서는 예속성과 선택이 모두 다루어진다(11). 번역문법에서도 '제약'과 '선택'이 모두 고려되는데, 선택에 따르는 '의미 차이'의 파악이 중요하다.

비네·다르벨네(2002:24-5)는 '번역 단위들의 확인', '원텍스트의 검토', '전언이 비롯되게 하는 상황의 재구성', '문체 효과들의 검토와 평가 등' '번역자가 밟는 초기 단계들'을 언급하면서, 이 '절차를 세부적으로 기술'한다. 이 '절차들'은 직접 번역의 '차용', '모사', '직역', 비낀 번역(traduction oblique)의 '치환', '변조', '등가', '번안'으로 요약되는데, 이 순서는 '점차적으로 어려움이 커지는 순서'이다. 이들은 '독자적 쓰일 수도', '결합되어 쓰일 수도' 있다. 이들은 '번역의 어려움들에 대한 일곱 유형의 해결책'이고, 예비 번역가들이 언어적 '간섭'을 피해 관용적 표현으로 번역하도록 고안된 것들이다.[30] 비네·다르벨네는 '번역자와 비교문체론학자의 접근 방식은 밀접하게 연관되어 있으나 그 방향은 반대'라고 말한다. '비교문체론은 번역에서 출발하여 그 법칙들을 찾아'내는데, '번역자는 비교문체론의 법칙들을 사용하여 번역을 수행'한다는 것이다(v). 이러한 번역은 '랑그 차원' 혹은 '병행 텍스트 차원'의 것이라는 게 여러 연구자들의 공통된 지적이다.[31]

그 '절차들'을 간단히 살펴보자. 차용은 '번역의 모든 방식들 중 가장 간단한 방식'으로 '데생' dessin, '부티크' boutique 등 외국어를 빌려 말하는 것이고, 모사는 '특별한 종류의 차용'으로, 'Season's Greetings'를 'Compliments de la Saison'으로 옮기는 것처럼, '외국어에서 구를 빌려 그 구성 요소들을 문자적으로 번역'하는 것이다. 직역은 '번역자가 언어적 예속성 측면들 이외의 것에는 신경을 쓰지 않아도 정확한 관용적 텍스트에 도

30 마레샬(1991:146)은 번역문체론이 불어와 영어 사이에 존재하는 특징적 차이들에 대해 이론적 실천적 성찰의 토대를 제공하면서 두 언어에서 동일한 효과들을 창출할 수 있는 표현 수단들과 문체적 절차들을 명확히 한 것으로 평가한다; 라드미랄(1979:19), 페르니에(2004:22) 참고.

31 머클(1996:244) 참고.

달'하는 번역이다. 'Where are you?'의 번역 'Où êtes-vous?' 등이 여기에 해당된다. 이러한 직접 번역들은 '특별한 문체적 방법의 개입 없이도 번역이 가능'한 경우들이다. 번역이 늘 이런 식으로 된다면 비교문체론의 '존재 이유도 없을 것'이다. 비네·다르벨네(2002:300)는 '직역과 자유역의 대립은 잘못 제기된 것이고, 진짜 선택은 정확한 번역과 부정확한 번역 사이의 선택'이라 말한다. 직역은 문제가 없다면 충분히 사용 가능하다는 것이다. 하지만 직역을 했을 때 문제가 발생한다면 비낀 번역에 의존해야 한다. 비네·다르벨네(2002:29)는 다음과 같은 경우들을 제시한다: 1) 다른 의미가 된다, 2) 의미가 없다, 3) 구조적인 이유 때문에 불가능하다, 4) 도착어의 메터언어적 성격의 아무것과도 상응하지 않는다, 5) 어떤 것과 상응하긴 하지만 층위가 동일하지 않다.

첫째 비낀 번역은 치환으로, '하나의 품사를 전언의 의미를 바꾸지 않고 다른 품사로 대치하는 방식'이다. 'He swam across the river.'를 'Il a traversé la rivière à la nage.'(강을 헤엄쳐 건넜다)로 옮기는 것이 그 한 예이다. 둘째는 변조로, '직역이나 치환이 문법적으로 정확하나 도착어의 정서와 어긋난다고 느껴질 때 사용'된다. 'Come out of the rain!'의 번역 'Ne restez pas sous la pluie.'(비맞고 있지 마), 'No vacancies'에 대한 'Complet'(만원)가 여기에 해당된다. 셋째 방법인 등가는 '두 텍스트가 서로 완전히 다른 구조적·문체적 방법들을 사용'하여 '동일한 상황을 옮기는 것'으로, 감탄사의 번역도 여기에 속하나, 속담 번역이 전형적 예이다. 'Too many cooks spoil the broth.'에 대한 'Deux patrons font chavirer la barque.'(사공이 많으면 배가 산으로 간다)가 이에 해당된다. 마지막으로 번안은 '전언이 나타내는 상황이 도착어에 존재하는 않는 경우들에 적용되며, 등가적이라고 판단되는 다른 상황과 관련지어 창출되어야' 한다. 'He kissed his daughter on the mouth.'의 'Il serra tendrement sa fille dans ses bras.'(그는 딸을 따듯이 포옹했다)로의 번역이 여기에 해당된다.[32]

32 비네 · 다르벨네(2002:26-34) 참고.

위에 언급된 직역으로 인한 문제들에서 '비문'이나 '어색한 표현' 같은 우리가 익히 아는 직역의 문제들은 포함하지 못하는 것으로 보여 다소 아쉬움이 있다. 다르벨네(1970:94)가 제시한 기준들은 조금 더 구체적이다. 그는 1) 원문장의 의미가 달라지거나, 2) 번역어의 구조에 무리를 주거나, 3) 구조적으로 가능하나 관용적이 아니거나, 4) 원문장의 톤과 달라지거나, 5) 번역어에서 사용하지 않는 이미지를 담고 있거나, 6) 번역독자가 이해하지 못할 수 있는 문화 현상을 암시하는 등의 결과들이 초래되면, '비낀 번역'을 해야 한다고 말한다. 그런데 유의해야 할 것은, 비네·다르벨네(2002:300)가 지적하듯이, '비낀 번역'도 '그 이유가 타당할 경우, 그리고 분명한 한계 내에서 사용되어야 한다'는 것이다. 이러한 비교문체론의 번역 방식들에 대한 평가들은 다양하다. 라드미랄(1979:20)은 직접 번역 세 가지는 '진정한 번역 행위' 이전이고, 마지막의 번안은 더 이상 번역이 아니라고 본다. 라드미랄(1979:20-1)은 번역 전체의 목표인 '등가'가 기법 혹은 절차의 하나로 되어 있는 것은 문제지만, 비교문체론이 풍부한 예문 등으로 인해 매우 귀중한 방법론적 보조자료인 것은 기꺼이 인정한다. 발라르(1992:27)는, 보다 유연하게, 번역은 적절하면 직역도 하는 것이고, 필요하면 번안도 하는 것이라고 말한다. 쉬케·파이야르(1987)는 퀼리올리의 화행언어학에 기반하여 영불 번역 문제를 다루면서, 비교문체론 방법에 대해서는 치환과 변조에 집중적 관심을 보인다.

발라르(1993:231)는 번역과정이 7단계 '절차'(procédés)로 요약될 수 있다는 주장에 대해 매우 비판적이다. 다른 글에서도 발라르(2006a:187)는 '절차' 개념이 번역자에게 '억압적이며 전적으로 비현실적'이라며 신랄하게 비판한다.[33] 그는 '절차'가 '미리 구축된 등가의 기계적 자동적 적용'을 뜻하는 것이라면, 그러한 의미의 절차는 없다고 잘라 말한다. '성찰'이 번역에서 '중심어'이기 때문이다(189). 사실 비교문체론에 그러한 비판의 여지는 분

33 발라르(2004b:53)에도 동일한 견해가 표명되어 있다; 발라르(2006b)는 '번역 절차(혹은 기법)' 전반에 대한 비판적 글이다.

명히 있으나, 전반적으로 볼 때, 비네·다르벨네의 '7단계 절차'가 '기계적 절차'를 뜻한 것이 아님은 분명하다. 공저자인 비네(1983:422)도 번역의 '절차'라는 대신에 '과정'(passages)이란 표현을 썼으면 더 좋았을 것이라는 아쉬움을 토로한 바 있다. 비월러(1992:2)는 비네·다르벨네의 관점이 교육적 측면의 것으로서, 다년간에 걸쳐 수집된 수많은 예들을 범주로 구성할 필요에서 비롯된 것으로 이해한다. 들릴(1980:88)은 비교문체론의 '절차들'에 대해 번역 등가의 인지에 기여하기보다 결과들에 붙여진 라벨 같은 것이라고 비판하는데, 발라르(1992:28)는 이를 다소 부당한 평가라고 평한다. 우선 '절차들'은 결과들이 아니라 '텍스트들의 비교에 붙여진 것이고, 형태에 현혹되는 번역자, 특히 초보 번역자들을 현혹에서 벗어나도록 도와주기 때문'이다. 들릴(1980:91-2)은 비교문체론을 '번역 방법(론)'이라기보다 '두 언어체계의 관찰의 도구'로 간주하는데, 언어 성격의 차이를 관찰 가능하게 하는 '관찰 도구'로서의 유용성은 결코 작은 것이 아니다.

이와 관련하여, 비네·다르벨네(2002:267)도 '등가를 창출할 필요는 상황에서 비롯되며, 역자가 해결책을 찾아야 하는 것도 원텍스트의 상황'임을 분명히 한다.[34] 이들은 '훌륭한 번역자는 낱말들만을 번역하는 것이 아니라, 그 배후에 있는 사고를 번역하는 것이고, 이를 위해 번역자들은 끊임없이 맥락과 상황을 살핀다는 것을 우리는 알아야 한다'고 기술한다(174). 비네(1983:423)는 번역을 하기 전에 텍스트를 주의깊게 읽을 것을 요구한다. 분석의 단계들과 그 테두리들을 권장한 것은 서술과 검증의 편의상 그랬을 뿐, 자신들도 전언이 나타내는 상황을 폭넓게 고려했다는 것이다. 비네는 자신들이 관심 갖는 것은 두 언어 사이의 '차이들'이지만, 목표하는 것은 등가관계들을 찾아내는 것이고, '절차들'도 이에서 비롯된 것이라고 말한다. 많은 사람들이 이 기법들에 대해 비판을 했지만, '검증'과 '탐색'의 도구로서 여전히 유효하다(421-2). 번역문법에도 이러한 '검증과 탐색의 도구'가 필요하다. 비교문체론이 밝히고 정리한 것들이 번역에 그대로 적용되는 경우들

34 파누(2013:2)도 비교문체론적 고찰에서 이러한 '상황'의 중요성을 언급하고 있다.

은 제한적이겠지만, 우선 이들을 충분히 활용할 수 있어야 한다.[35]

비교문체론이 번역 방법이라기보다 성격 비교 방법이라고도 말하지만, 원어를 충분히 알기 못하는 학습자에게는 번역단위 파악도, 텍스트의 번역단위로의 분할도 어려울 수밖에 없다. 비교문체론은 실천이나 적용의 대상이기에 앞서 관찰과 학습의 대상이 되어야 할 것이다. 번역단위가 랑그 중심적이라는 비판도 있는데, 랑그가 비네·다르벨네(2002:9)가 말하듯이 '전통적인 어휘와 문법 개념들과 상응하는 것'이라면, 비교문체론에서 전언의 장과 달리, 어휘의 장과 구조의 장[36]은 랑그 중심적이라고 말할 수 있다. 비네·다르벨네(2000:22)는 어휘장에 대한 설명에서 어휘를 '그 자체로서 고려된 기호들, 즉 대개 관련 전언들을 고려하지 않은 상태의 일련의 기호들로 이루어진다'고 기술하고 있고,[37] 이러한 기술은 구조의 장에도 거의 동일하게 적용되지만, '전언은 파롤에 속하'는 것임을 분명히 밝히고 있다(23). 저자들은 '많은 번역의 어려움들이 랑그보다는 파롤에 기인한다는 것'도 잘 인식하고 있다(9).[38] 그렇지만 번역에서 대응표현들이 미리 주어져 있는 것이 아니고, 한 표현의 등가표현 탐색은 맥락을 고려한 의미 분석을 통해야 한다는 것을 명백히 드러내지 못하고 있다는 페르니에(2004:23)의 지적에는 아마 다수가 공감할 것이다.

영불번역에서 '간섭' 현상을 피하고, '정확한 관용적' 텍스트 산출을 적극 권장하는 것을 중심 과제로 삼은 비교문체론[39]을 번역의 과정이 아니라 결

35 라드미랄(1979:206), 발라르(1993:228) 참고.

36 비네 · 다르벨네(2002)는 어휘, 구조, 전언 각 장에 45, 80, 136페이지를 할애하고 있다.

37 예를 들어 'street'는 미국 영어에서 불어의 'chaussée'의 의미로도, 'rue'의 의미로도 쓰인다는 것이다.

38 비네 · 다르벨네(2002:9): "랑그는 전통적인 어휘와 문법 개념들과 상응하는 것이고, 파롤은 모든 발화를 특징짓는 문제—글이나 말—현상에 존재한다. 전언은 특히 파롤의 지배를 받는다. 전언의 작성자는 랑그의 재원들을 사용하여 개인적이며 예측불가능한 무엇인가를 말하는데, 이는 파롤 현상이다. 이제 많은 번역의 어려움들이 랑그보다는 파롤에 기인한다는 것을 알 수 있다. 게다가 가치는 랑그에 속하고 의미는 파롤에 속한다."

39 비네 · 다르벨네(2002:28), 페르니에(2004:22) 참고.

과를 정리한 것이라는 이유만으로 홀대하는 것은 온당치 않다. 문제는 비교문체론의 번역 예들을 맥락에 대한 검토없이 단순히 적용하는 것이다. 들릴(1980)이 말하는 '관찰의 도구', 비네(1983)가 주장하는 '검증과 탐색의 수단'으로서의 비교문체론은 지금도 여전히 유효하다. 기술의 엄밀성에서는, 여러 번역학자들이 지적하듯이, 다소 취약한 점들이 있지만, '기술적·규범적' 번역문법 차원에서는 활용 가치가 여전히 크다. 번역에서 언어 성격의 차이가 충분히 고려되어야 한다는 비교문체론의 주장은 경청의 가치가 충분하다. '직역'의 결과에 대한 판단이 '비낀 번역'의 사용 여부의 판단 기준이 되는 것도 눈여겨볼 만하다. 우리 번역학계도 텍스트번역의 비교분석에 입각한 '영한', '불한', '독한' 등 다양한 언어쌍의 '비교문체론'들을 개발할 필요가 있다.[40] 이에 기유맹-플레셰르(1981)의 《불어와 영어의 비교통사론》, 쉬케·파이야르(1987)의 《번역 문제들의 언어학적 접근》 등의 비교나 대조 분석들이 좋은 참고자료들이 될 것이다.

5. 발라르의 사실적 번역학

발라르(2006a:184)는 '사실적 번역학'(traductologie réaliste)을 주창한다. '관찰의 학문'으로서의 이 번역학은 외재적이고 선험적인 것들로부터 출발하는 것이 아니라, 번역의 성격과 실천으로부터 그 방법을 찾는다. 그러한 점에서 사실적이고 개방적이다. 그는 번역이 단순히 언어들에 대한 작업이 아니라, 언어의 사용을 통해 서로 다른 문화에서 산출된 담론으로 본다. 번역은 텍스트들에 대한 것이니, 그 분석에서 텍스트의 성격, 그 읽기, 그 쓰기가 고려되어야 한다는 것이다. 이러한 텍스트의 '목적성'과 번역의 '주관성'이라는 근본적 개념으로 인해, 언어학적 접근과 번역을 통한 외국어 학습에는 한계가 있을 수밖에 없다고 저자는 지적한다. 발라르(2004b:52)는 자신이 실천하는 번역학은 번역된 텍스트들과 원텍스트의 관찰에 근거한

40 독불비교문체론의 말블랑(1977), 이태리어-불어 비교문체론의 스카베·인트라비아(1979) 참고.

것이라고 밝힌다. 번역의 균형잡힌 이론은 원텍스트와 번역텍스트의 관계에 대한 판단을 가능하게 하는—비교들을 포함하여—모든 양상들을 포괄해야 한다는 것이 그의 주장이다. 특히, 발라르(1993:243)는 번역자의 출발점은 의미가 아니라 '언어적 형태들'이라고 지적한다. 번역에 대한 충실성과 품질의 판단도 의미와 문체적 효과들이 구현하는 '형태들'을 통해 행해질 수밖에 없음을 그는 강조한다(247).

발라르(1993:260)에게는 단위 개념이 번역에서나 번역학에서나 핵심이다. 저자는 번역학에서 단위 개념이 핵심인 것은 이 개념이 등가, 분석 번역 과정들의 위계화 개념들에 근거하기 때문이라고 설명한다. 단위 개념은 '번역에 대한 코멘트의 실천에서 관찰과 분석의 도구'이며, '이러한 탐색을 통해 얻은 결과들에 대한 구조화된 점진적 기술의 방식'이기도 하다. 발라르(2005:12-6)는 세 가지 등가를 구분한다. 첫째는 '직접적 등가'로서 '직역'에 해당하는 것이고, 둘째는 '간접적 등가'로서 다양한 경우들이 있다. 마지막은 비분석적으로 다루어지는 '관용적 등가'이다. 이 셋은 언어들 사이의 세 특징을 나타낸다고 하는데, 이들은 유사성, 통사적 혹은 형태통사적 차이 속에서의 유추, 달리 처리할 수 없는 차이들이다. 저자는 이 등가들 외에도 실제 번역에서는 도착 텍스트와 관련지어 생성되거나 삭제되는 요소들도 있고 재구성 등도 이루어져야 한다고 지적한다. 그런데 번역단위가 '사실적' 번역학에서 비평적 추론과 기술의 주요 도구이긴 하지만, 번역 실천에서의 중요성은 다소 과장되어 있다는 느낌이다. 번역단위를 잘 몰라도 번역이 가능하고, 그 번역의 타당성 검증과정에서 수정 보완이 충분히 가능하기 때문이다. 또한 실제 번역에서는 번역단위보다 원텍스트와 번역텍스트의 '변별적 의미들' 사이의 등가관계 구축이 더 중요할 수 있다.

우리가 발라르(2007)에게서 주목해야 할 것은 그가 말하는 번역학에서의 '인식론적 균형 회복'의 중요성이다. 번역학은, 언어학에 대한 종속적 위치에서 벗어나기 위한 이유가 아마 제일 컸겠지만, 언어 사이의 차이에 대한 고려를 소홀히해왔다. 저자가 이러한 고려의 중요성을 다시금 일깨우는 것은 최근의 여타 번역론(학)들과 크게 다른 차이점의 하나이다. 언어학은 랑그의 언어학에서 랑가주의 언어학으로 크게 변모해왔는데, 번역문법 구축에는 양자 모두가, 특히 후자가 잘 활용되어야 한다. 발라르(2006a)에 의하면, 번역학은 '관찰의 학문'이고, 그 관찰의 일차적 대상은 텍스트의 재료인 언어이다. 번역문법의 관찰의 자료도 텍스트의 언어이다. 발라르는 비교문체론의 세밀한 분석을 통해, 관찰과 성찰의 학문적 성격이 더 강화된 '사실적' 번역학을 우리에게 제시하고 있고, 그 비교 대상도 거의 모두 번역가들의 출판번역들이다.[41] 발라르(2006a:192)가 제시하는 번역학은 번역의 실재에 뿌리박고 있으면서 학제적 기여들에 열려 있어 진정으로 인문적 학문으로의 발전을 도모한다. 비교문체론의 기술보다 더 엄밀한 그의 대조분석들과 이들에 대한 코멘트들에서 번역문법은 큰 도움을 받을 수 있을 것이다. 하지만 '사실적' 번역학이 번역학에서의 학문적 탐색에는 가치가 있어도, 외국어 교육과 학습에는 효용성을 가질 가능성이 아주 적다는 네노풀루(2006:82)의 평가에 우리는 상당 부분 공감한다.

사실, '사실적' 번역학도 번역의 교육과 실천에 그대로 '적용'되는 것은 아니다. 이 번역학의 분석 결과들이 이해와 학습의 대상이기는 하나, 그 기술 방식이나 설명 방식까지 이해와 학습의 대상이라 말하기는 어렵다. 번역자들은 '사실적' 번역학의 복잡한 용어와 설명들 때문에도 그 활용에 어려움이 적지 않을 것이다. 번역학적 기술과, 이의 도움이 필요한 번역의 실천, 번역의 평가나 비평은 구분되어야 한다. 번역문법에서도 번역학적 기술과 번역 실천은 분명히 구분되어야 한다. 번역에서 관찰과 성찰을 중요시하는 발라르(2002:38)는 번역 등가의 모색에는 한 텍스트를 유지하려는 '시각'과 하나의 다른 텍스트를 구축하려는 '시각' 사이에서 지속적인 균형잡기 연습들이 동반된다고 지적한다. 번역이 '신중하고 합리적으로' 이루어져야 할 필요가 있다고 생각하는 저자는 이러한 식의 번역이 학습자들의 판단력 신장에 '형성적 역할'을 할 것으로 기대한다. 휴슨(2003:297)은 《마담 보바리》 원텍스트와 영어 번역본 몇 종을 비교분석해 보이면서 '비규범적'인 '진정한

41 발라르(2003, 2004a, 2005) 참고.

비교문체론은 아직 빛을 보지 못했다'고 단언한다. 그러한 '진정한 비교문체론' 역시 기술적 번역학에 속하는 것이니 기술적 번역학의 갈 길은 아직 멀다. 이러한 기술적 번역학들에 크게 힘입어야 하는 '기술적 번역문법'이 가야 할 길 역시 멀다. 그렇지만 발라르의 '사실적 번역학'이 다양한 '영불텍스트 비교분석'을 통해 '기술적 번역문법'의 한 모습을 섬세하게 보여준 것은 충분히 의미가 있다. '성찰'이 번역에서의 '으뜸말'(le maître mot)이고, '핵심적 행위'(l'acte essentiel)라는 발라르(2006a:189)의 말도 '기술적 번역학'을 넘어 번역과 번역학 전반에 대해 생각케 하는 바가 크다.

6. 번역과 변별적 의미

발라르(1993:234)는 구아덱(1974)의 《이해와 번역》이 번역에서 '이해행위'의 중요성을 강조하고 있다는 점에서 에지트의 번역의 해석이론과 맥을 같이하면서, 비교문체론 이래로, 부족하긴 하나, 처음으로 번역단위에 대한 새로운 시각을 제시하였는데, 번역학자들로부터 아무런 호응도 받지 못한 것을 '의아해'한다. 사실 구아덱(1974)은 그의 저서에서 '번역단위'란 말을 적어도 15회 이상 사용하고 있으며, '변별적 자질들'의 탐색을 시작하기 전에 모든 '번역단위들'을 분할해야 한다는 지적도 한다(48). 그러나 정작 '번역과정'[42]을 설명하는 부분(10-5)에서는 문법과 '변별적 자질들'의 중요성이 크게 부각되어 있다. 그는 번역의 '메커니즘들'을 기술하면서 등가가 없는 경우도 있으나 대부분의 경우에는 등가가 가능하고, 이 등가는 '상황'(혹은 지시)에 대한 것으로 기술한다. 그는 '상황'을 '언어적 재료 단위에 의해 표시된 구체적 의미들의 집합'으로 규정한다. 예를 들어 'He eats his soup.'에서 표현된 '상황'은 '남자', '3인칭', '먹는 행위', '현재', '먹는 것의 성격'이다. 그는 '상황'의 '내용'을 나타내기 위해 '이마주'와 '변별적 자질'이라는 개념들을 사용한다(10).

42 구아덱(1974:10)은 '번역의 메커니즘들'이란 표현을 사용하고 있다.

구아덱(1974:10-1)에게 번역은 '원텍스트가 환기시킨 이마주와 동일한 번역텍스트의 이마주를 환기시키는 것'이고, 이 이마주의 분석을 가능하게 하는 일정한 수의 '변별적 자질들'의 포착과 재현의 작업이다. 상황의 '변별적 자질'은 다른 모든 상황들과 다르게 하는 모든 요소이고, 이 자질들의 집합이 출발 이마주를 구성한다. 따라서 도착 이마주는 가능하면 동일한 수의 동일한 변별적 자질들을 포함하고 있어야 한다. 이 변별적 자질들이 출발 이마주에 가까울수록 번역은 그만큼 적절하고(juste), 변별적 자질들의 수가 출발 텍스트에 표현된 상황의 내용에 가까울수록 번역은 그만큼 세밀한(précise) 것이다. 이는 변별적 자질들의 파악이 모든 번역에 선행되어야 할 필수적 작업임을 뜻한다.[43] 일련의 과정을 거쳐서 이루어지는 출발 텍스트로부터 도착 텍스트로의 전이는 '영불번역의 경우, 출발 이마주는 영문법(의미와 구문)의 필터를 거치고, 도착 이마주는 불문법의 기저 위에 구축'된다. 번역자는 '상황'을 나타내는 언어적 재료로부터 출발하여 이중의 문법적 처리 과정을 거친다. 다음은 저자가 영불번역에 대해 제시한 도식을 불한텍스트번역의 경우로 바꾸어 간략히 제시한 것이다.

불문법 =	②	한국어문법 =	
의미 집합 +구문 집합	→	의미 집합+구문 집합	언어
·········①↑···········		·········③↓························	
불어 텍스트 =		한국어 텍스트 =	
의미효과들+문체효과들		의미효과들+문체효과들	텍스트
〈출발 이마주 환기〉		〈도착 이마주 환기〉	
······↓···························		······↓······························	
출발 상황		도착 상황	비언어적 현실

43 구아덱(1974:11)은 출발상황에서 등가인 도착상황으로 바뀜에 따라 '벡터'가 바뀌면서 '시각'이 다소 달라질 수 있음을 인정한다.

구아덱(1974:12-3)에 의하면, 문법(낱말 의미들과 구문)은 이해의 근본적 테두리이고, 문법에 덧붙여지는, 고려 대상 텍스트에 고유한 수사의 가늠을 가능하게 한다. 저자는 이 첫째 단계에서 번역자가 해당 이마주의 모든 변별적 자질들을 포착해야 한다고 말한다. 둘째 단계는 이 변별적 자질들을 복원하는 과정인데, 두 과정으로 구성된다. 첫째 과정은 원어문법에서 번역어문법으로의 전이과정이다. 이 전이는 도착 이마주가 전개될 테두리를 제공한다. 둘째 과정은 번역텍스트가, 원텍스트가 그 독자들에게 환기시킨 이마주와 거의 동일한 이마주를 환기시키는 과정이다. 다시 말해, 불문법이 개입되는 첫째 단계에서 '포괄적 이해'와 텍스트 효과들의 전체 이해가 이루어지고, 한국어문법이 개입되는 둘째 단계에서는 문법적 테두리가 복원되고, 여기에 텍스트의 효과들이 접목되는 것이다. 저자는 이 문법 개입의 두 단계 중 어느 하나가 생략되면 심각한 오류가 초대될 위험이 있다고 지적한다. 원어문법을 모르면 텍스트의 비이해와 텍스트 효과들의 미지각의 위험이 있고, 두번째 단계가 생략되면 '색깔'과 뉘앙스들이 고려되지 않는 개략적 번역을 하게 된다고 말한다. 문법의 모사는 번역의 이해를 자주 어렵게하는 요인이 되기도 한다고 저자는 덧붙인다.

번역에서 이해와 복원이라는 핵심 과정의 테두리로 '문법'을 제시한 것은 여타 번역론(학)에서 보기 어려운 구아덱의 번역론의 독특한 점이다. 번역의 등가가 출발텍스트와 도착텍스트 의해 표시된 '이마주들의 등가'라는 점은 '지시적 의미의 동일성'이라는 번역에 대한 일반적 개념과 유사한 발상으로 볼 수 있지만, 이 '이마주들의 등가'를 '변별적 자질들'의 동일성과 차이의 문제로 본 것은 다른 번역론들과 다른 점이다. 이는 번역문법의 이론과 실천 측면에서도 활용 가치가 충분히 있다고 생각된다. '변별적 자질'은 기능주의 음운론에서 의미의 '변별성'을 갖는 소리의 최소 단위로 정의되고, 구조주의 의미론에서는 의미의 최소 단위로 이해된다. 하지만 번역에서의 '변별적 자질'은 의미의 최소 단위만을 뜻하는 것은 아니다. 번역에서의 '변별적 자질'은 형태소, 낱말, 구, 문장 차원의 구분 자질, 어순이나 문체 변이의 의미 차이, '화행 의미'(sens énonciatif), '공시적 의미'(sens connotatifs), '언행 의미'(sens illocutoire), '함의'(sous-entendu)와 '전제'(présupposé)에 이르기까지 그 모습이 매우 다양하게 나타날 수 있다. '언향 효과'(effet perlocutoire)도 '변별적 자질'(trait pertinent)의 하나로 인정될 수 있을 것이다.

간단한 예를 하나 보자. 18a)는 한 신문의 기사 제목이다. 들릴(1980:82-3)에 의하면, 18a)의 번역으로 적합한 것은 18b)나 18c)가 아니라 18d)이다. 최선의 번역이나 생각할 수 있는 유일한 번역이 아니라, '용인할 만한 기능적 번역'이라는 것이다. 저자가 18a)의 의미적 특징으로 언급한 것은 « froid rigoureux »(혹한)와 « persistance+connotation péjorative »(지속+경멸의 공시적 의미), '기사 제목 적합성'인데, 이들은 모두 의미의 '변별적 자질들'이다. 18b), 18c)가 18a)의 번역으로 적합지 않은 것은, 18d)와 달리, '기사 제목 적합성'이라는 '상황 의미'(혹은 문체 의미)를 갖추고 있지 못하기 때문이다. 18a)는 우리말로는 '동장군 여전히 기승' 정도로 옮길 수 있을 것이다.

18) a. The Icy Grip Tightens.

b. La prise glaciale (se) resserre.

c. L'étreinte glaciale (se) resserre.

d. Le froid ne démord pas.

경우에 따라서는 변별적 의미들을 모두 재현하는 표현들이 하나가 아니라 여럿이 될 수가 있는데, 이들은 '변이형'으로 간주된다. '변별성'의 관점에서는 번역단위의 결정보다 추출된 의미가, 원어에서이건 역어에서건, 시니피앙의 변이에 따라 의미가 달라지는가 파악하는 것이 더 중요하다. 일반적으로는 원문이나 역문의 한 부분을 다른 표현으로 대치했을 때, 다른 뜻이 되는가 그렇지 않은가에 따라 해당 의미의 '변별성' 여부가 확인된다. 전성기(2002:2-3)가 말하는 '삼중대조분석'도 이러한 '변별적 의미들'의 추출과 재현에 유용하게 쓰일 수 있다. 삼중대조분석은 '원문의 환언문들 사이의—환입과 환치를 통한—대조분석, 이 과정에서 추출된 변별적 의미를 역문이 적절히 재현했는가 확인하기 위한 번역문의 환언문들 사이의 대조분석, 그리고 두 환언문 군들 사이의 교차대조분석'을 말한다. 이 삼중대조분석은 약식으로 이루어질 수도 있고, 대응표현이 제로가 될 수도 있다. 이러한 분석은 맥락이나 상황을 고려하지 않으면 제대로 이루어지기 어렵다. 외국어 문법교육이 제대로 이루어지려면 문법 예문과 그 번역에 대한 인식부터 바뀌어야 할 것이다.

의미의 '변별성' 고찰은 하나의 작은 형태소에서 텍스트 차원의 '시니피앙스'(signifiance)에 이르기까지 다층적으로 이루어질 수 있다. 외시적(dénotatif) 의미, 공시적(connotatif) 의미, 화행적(énonciatif) 의미를 비롯한 다양한 의미들이 번역에서 적극 고려되어야 한다. 특히, 의미의 변별성 판단에서 언어 차이를 간과하면 안된다. 예를 들어, 문법적으로는 의무적인 정보가 번역상으로는 비변별적인 정보일 수 있으니 유의해야 한다. 위의 예 2a) 'Ouvrez la fenêtre!'에서 'la' 대신 'une'나 'cette'가 쓰일 수 있고, 이들은 모두 변별적 의미를 가지지만, 문법적 '예속성'[44]을 보여주는 예 6a) 'Elle est étudiante.'의 'étudiante'의 여성형 형태소 '-e', 7a) 'Je ne le lui donne pas.'의 대명사 'Je', 'le', 'lui'는 대개 의미상의 변별성을 가지지 못한다. 하지만 대화 상황이 아니라 텍스트의 경우라면 'Je'나 'le' 등도 의미적 변별성을 가질 수 있다. 《어린 왕자》의 7장 앞부분에 나오는 예 19)와 두 번역을 보자.

19) a. Je ne le savais pas. J'étais alors très occupé à essayer de dévisser un boulon trop serré de mon moteur. J'étais très soucieux car ma panne commençait de m'apparaître comme très grave, et l'eau à boire qui s'épuisait me faisait craindre le pire.

b. 나는 그걸 알 수가 없었다. 나는 그때 엔진에 너무 꽉 조여진 볼트를 빼내는 일에 잔뜩 정신이 팔려 있었다. 비행기의 고장이 매우 심각하다는 느낌이 들기 시작했고 또 마실 물도 얼마 남지 않은지라 최악의 경우가 예상되는 상황이었기 때문에 걱정이 이만저만이 아니었다.

c. 나는 그걸 몰랐다. 나는 그때 엔진에 너무 꽉 조여진 볼트를 푸는 일에 온통

44 질(1982)은 '변별적 정보', '비변별적 정보', '언어적 예속성'을 구분한다.

정신이 팔려 있었다. 나는 몹시 걱정스러웠다. 비행기 고장이 매우 심각하다는 느낌이 들기 시작했고, 마실 물도 얼마 남지 않은지라 최악의 경우가 예상되는 상황이었기 때문이다.

19b)는 'Je'의 첫째, 둘째 것만 변별적인 것으로 보았으나, 19c)는 셋째 'Je'까지 변별적인 것으로 해석했다. 이는 'car'의 해석과 관련이 있다. 19b)는 'car'를 종속적 기능을 하는 것으로 보았는데, 이는 등위 접속사이다. 19c)는 이 차이를 변별적인 것으로 해석했고, 그래서 'car' 이하를 별도 문장으로 처리했고, 이에 따라 그 앞 문장의 'Je'도 변별성을 가지게 된 것이다. 이처럼 무엇을, 어떤 것을 변별적으로 보느냐에 따라 해석이 달라질 수 있다.

일반적으로 섬세한 읽기가 요구되는 텍스트일수록 포착해야 하는 변별적 자질들이 많아지는 경향이 있다. 물론, 언어 차이로 인해 변별적 의미의 재현이 불가능하거나 어려울 수도 있다. 예를 들어, 카뮈의 《이방인》이나 사르트르의 《벽》에서 복합과거와 대비되는 단순과거는 의미의 변별성을 갖지만, 이 의미의 영어나 한국어로의 전적인 재현은 불가능하다. '상쇄' 등을 통해 그 의미의 부분적 재현을 시도할 수 있을 뿐이다. 그래서 변별적 의미들의 재현에는 대개 '가능한 한, 그리고 적절하게'라는 단서가 붙는다. 포착하지 못한 변별적 의미들을 재현해낼 수는 없는 만큼, 텍스트 읽기는 우선적으로 변별적 의미들의 '섬세한 읽기'가 되어야 할 것이다. 이들을 잘 살려내야 하는 번역글쓰기는 성찰적 번역비평 과정이 동반되어야 한다. 이상옥(2013:324)은 책읽기에 대해 '자세히 읽기'를 하나의 방향으로 제시한다. 그는 '자세히 읽기'는 '무엇보다도 우리가 어떤 작품에 대한 담론을 펼 때, 그 담론의 근거를 작품 자체에서 찾아내자는 것'이라고 말한다. '모든 담론은 작품 자체에서 나온 증거에 의해 지탱될 수 있어야 한다는 것'이다. 그래서 그 방법은 '귀납적'이라 할 수 있다. '가령 어떤 것이 a, b, c… n으로 구성되어 있을 때, a가 이러하고 b가 이러하고, c 또한 이러하고… n 역시 이러하다면 그 전체에 대해서 우리는 〈이러하다〉는 보편적 결론을 내릴 수 있다'는 것이 그의 설명이다.[45] 번역문법적 읽기는, 원칙적으로(적어도 가급적), 원텍스트와 번역텍스트(번역과정의 텍스트도 포함해서)에 대해 이러한 '자세히 읽기'가 되어야 한다. 그래야 두 텍스트간의 섬세한 비교와 이를 통한 새로운 번역이나, 적절한 번역비평도 가능해질 것이다.

⁂

각 언어는 서로 다르다. 언어가 서로 다르다는 것은 근본적으로, 언어문법에서나 텍스트문법에서나, 문법이 서로 다르다는 것을 뜻한다. 번역은 원텍스트와 번역텍스트 사이에 등가관계를 구축하기 위한 '수사적 거리 교섭'인데, 문법이 서로 다름으로 인해 이 등가 구축 자체가 매우 문제제기적이다. 이 등가는 번역학적 성찰도 필요로 하지만, 그 이전에 혹은 동시에 번역문법적 고찰도 중요하다. 번역문법 구축을 위한 일차적 고려 대상은 '번역 오류들'이지만, '어색한' 번역, '이상한' 번역 등도 유용한 관찰 대상들이 된다. 오류 중심으로 한 충실성과 가독성의 평가가 부정적인 것만은 아니다. 나름의 유용한 역할이 분명히 있다. 그렇지만 분석이 번역문법적으로 훨씬 섬세해질 필요가 있고, 전일적 측면에 대한 고려의 미흡함으로 인해 한계가 분명히 있다는 점도 염두에 두어야 한다. 영미연평가단(2005/2007)과 TQA 연구단의 평가 방식들과 그 결과들도 이런 점들을 감안하여 잘 활용할 필요가 있다. 이러한 활용을 더 크게 할 수 있는 것이 비네·다르벨네의 비교문체론(2002)이나 발라르 등의 '기술적 번역학의 비교나 대조의 기술 결과들이다. 구아덱(1974)이 제시하는 번역문법, 특히 변별적 의미의 기술도 번역문법적인 활용 가치가 상당히 크다.

거의 대부분의 번역론들이 번역자의 언어에 대한 지식을 문화 지식과 더불어 번역을 하기 위한 기본으로 전제한다. 하지만 어느 정도의 언어 지식이 기본 조건으로 전제될 수 있을까? 언어 지식이 상당히 있다고 해서 반드

45 이러한 설명은 뒤리외(2009)가 말하는 '제한적 합리성의 원리'를 연상시킨다.

시 적절하게 번역을 하는 것은 아니다. 더구나 문학번역의 경우, 모국어는 물론 번역할 외국어를 상당히 잘 안다고 해서 그것으로 충분하다고 볼 수 없다. 번역을 위해 텍스트 내용과 관련된 자료조사를 상당히 해야 하는 것 이상으로, 텍스트 언어 자체에 대해서도, 번역과정에서 상당한 정도의 탐구 없이는 번역을 만족스럽게 수행하기 어려운 경우들이 적지 않다. 더구나 '작품성'을 살리는 수준 높은 텍스트번역을 하고자 할 때는 번역자의 평소 언어 지식만으로는 해결하기 어려운 문제들과 자주 마주할 가능성이 매우 높다. 문학번역의 경우, 텍스트언어는 번역의 단순 대상이 아니라 메타언어적 성찰, 인문적 성찰의 대상이다. 모든 텍스트번역 문제가 언어 문제는 아닐지라도, 상당히 많은 문제가 언어 문제이거나 이와 직간접적으로 관련이 있다. 또한 번역문법 문제들도 해당 텍스트뿐 아니라 관련 연구를 비롯한 다양한 참고자료들의 도움을 받지 않고서는 적절하게 해결할 수 없는 경우들이 허다하다. '탐구번역'이나 '탐구적 번역비평'의 문제들이 기본적으로 번역문법의 문제들이나, 번역문법만의 문제는 아니다. 이 번역문법도 텍스트를 어떻게 읽느냐에 따라 상당히 가변적일 수 있다. 텍스트번역의 언어 문제를 비롯하여 오역이나 오역평가(비평) 문제 등에 대한 구체적 분석방법으로서의 번역문법이 번역인문학적으로 폭넓게 탐구될 필요가 있다.

제11장 번역과 언어 성격론

인간 언어의 성격에 대해 지금까지 다양한 지적이 있었다. 특히 구조주의 언어학 이래로 언어의 기호성, 자의성, 사회성, 역사성을 비롯하여 체계성, 분절성, 개방성 등이 다수의 연구자들에 의해 지적되었다. 이들은 모두 언어의 '언어적 성격'이면서 동시에 '언어학적 성격'에 해당된다. 자연어의 '유형적 성격' 역시 '언어학적 성격'의 한 모습이나, 이러한 '언어학적 성격들'이 번역과 직접적 관련성이 크다고 보기는 어렵다. 번역과 관련하여 언어 성격을 본격적으로 살핀 연구들은, 비네와 다르벨네의 '비교문체론'을 비롯한 다양한 비교문체론 계열 연구들[1]과 언어들의 서로 다른 제유의 성격을 강조한 르드레르(1976)나 리드닝(2004) 등을 제외하면, 쉽게 눈에 띄지 않는다. 대조분석은 그간 적지 않은 연구들을 축적해왔지만, 언어 차이들에 대한 연구가 번역에 대한 직접적 기여로 충분히 이어지지는 못하고 있다. 아마 텍스트번역에서는 맥락의 고려가 핵심이기 때문일 것이다. 번역학에서도 그간의 논의는 직역이냐 의역이냐, 충실성이냐 가독성이냐 등 번역의 방법이나 평가 혹은 비평에 집중되었을 뿐, 이들의 언어 성격과의 관련성에 대해서는 별로 관심을 갖지 않았다. 야콥슨(1963:80)이 일찍이 '언어의 중심

1 말블랑(1977), 스카베 · 인트라비아(1979), 슈케 · 파이야르(1987) 참고.

문제이며 언어학의 핵심적 대상'이라고 지적한 '차이 속에서의 등가' 문제[2] 성찰에서 언어 성격 문제가 번역학에서 소홀히 여겨져온 것이다. 서로 다른 성격의 언어들이 어떻게 속깊은 소통에 이를 수 있는가, 이는 중요한 번역 인문학적 문제이다. 이제 번역과 관련하여 언어 성격론을 포괄적으로 다시 살펴야 할 시점에 우리는 와 있다.

1. 비교문체론과 언어 성격론

비네·다르벨네(2002)의 비교문체론에서 가장 두드러진 중요한 점은 비교를 통한 언어의 '성격론적 기술'이라고 생각된다.[3] 비네·다르벨네(2002:3)[4]도 '두 언어 사이의 비교'가 '각 언어의 성격과 작용 방식을 보다 잘 드러낸다'고 명시한 바 있고, 비월러(1992:12-4)도 '비교 방법'이 '단일언어에 대한 전통문법과 기술언어학이 알려주지 못하는 차이의 특징들을 드러낸다'며 이에 동의한다. 비교문체론의 주된 작업은 번역 대상 텍스트들이 보여주는 많은 예들의 '특징적 차이들'을 '인지'하고 '분류'하는 것인데, '비낀 번역들'이 특히 유용한 것은 이들이 구조면이나 언어적 관점의 차이로 인한 것이기 때문이다. 저자는 번역과정에 대한 지속적 성찰이 비교문체론을 '형태의 횡포'(la tyrannie de la forme), 즉 '대어역으로 만족하는 번역'에 대해 주의를 기울이도록 이끌었다고 말한다.[5] 언어의 '성격론적 기술'과 더불어 비교문체론의 가장 중요한 부분은 오해로 인한 '직역'의 횡포와 폐해에 맞서 건강한 언어 간 소통을 도모하려는 시도였다고 말할 수 있다. 이러한 노력은 비교문체론 출간 이후 '차이언어학'(linguistique différentielle)에 대한 다르벨네

2 야콥슨(1963:84)은 '언어들은 표현할 수 있는 것으로 인해서가 아니라 표현해야 하는 것으로 인해 차이가 난다'고 지적한다.

3 다르벨네(1983:417)에 의하면, 비교문체론은 핵심적으로는 대상이 된 언어 사이의 '특징적 차이들의 목록집'이다.

4 이 책의 불어 원본의 출간 연도는 1958년이다.

5 비월러(1992:4)가 명시적으로 언급한 것은 다르벨네이나, 비교문체론 전반에 적용할 수 있을 것이다.

의 꾸준한 연구로 이어진다.[6]

들릴(1980:90)도 비네·다르벨네의 《영어와 불어의 비교문체론》에서 '압권'은 영어와 불어의 '성격론'(caractérologie)을 다룬 부분이라고 기술한다. 두 언어의 성격 차이는 비교문체론에서 크게 어휘, 구문, 전언의 측면에서 광범위하게 다루어지고 있다. 그는 비교문체론을 본격적 번역 학습의 이상적 도구로, 훌륭한 예비과정으로 인정한다. '텍스트번역을 하기 전에 언어번역을 배워야' 하는데, 이 점에서는 '비교문체론'이 훌륭한 준비과정이 된다는 것이다(93). 비네(1966:5)는 이제 비교문체론이 번역의 간접방법의 '어떻게'를 넘어 '왜'로 나아가야 한다고 강조하면서 촘스키의 변형문법적 접근을 시도해 보였으나, 그다지 공감을 얻은 것 같지는 않다. 서로 다른 언어의 성격의 자질들은, 들릴(1980:91)이 지적하듯이, 절대적이 아니라 일반적 경향의 것이기는 하지만, 이들을 무시하거나 소홀히 하는 번역을 비교문체론은 크게 경계한다. 번역문법도 언어의 비교를 통해 비로소 드러나는 언어의 '성격적 자질들', 특히 텍스트 언어들의 성격에 주목하며 '차이언어학'을 '텍스트언어학'으로 발전시켜야 할 것이다.

직역이냐 의역이냐, 충실성이냐 가독성이냐 등 번역의 방법에 대한 논의들은 여전히 번역학의 뜨거운 감자이다. 하지만 번역 방법을 이야기하기 전에 언어 성격에 대한 고려가 우선이다.[7] 우선 우리는 비교문체론에서의 '문자역' 혹은 '직역'(traduction littérale)의 역할에 주목할 필요가 있다. 비네·다르벨네(2002:28)에 의하면, '직역 혹은 대어역은 번역자가 언어적 예속성 측면들 이외의 것에는 신경을 쓰지 않아도 정확한 관용적 텍스트에 도달하는, 출발어로부터 도착어로의 전이 과정'을 가리킨다. '이러한 번역의 예들은 동일 어족(불어-이태리어)의 언어 간 번역, 특히 동일 문화의 번역에서

6 비월러(1992:29-30)는 비교문체론은 여러 해에 걸쳐 축적된 예문들을, 두 언어 체계를 비교할 목적으로, 기술적 범주들로 분류할 필요에서 비롯된 것인데, 이러한 목적은 차이언어학에서도 마찬가지라고 말한다. 다만 연구의 장을 분명히 한정함으로써 차이언어학의 이론적 테두리를 명확히 하려고 노력했고, 그래서 일부 개념들이 재정의되었고, 일부는 심도 있는 재검토의 대상이 되었다고 그는 지적한다.

7 스카베/인트라바이아(1979:200)는 '성격학caractérologie'이라는 표현을 사용하고 있다.

가장 많이 볼 수 있'는데, '불어와 영어 사이에서도 많은 직역의 경우들을 확인할 수 있는 것은, 공통적 메타언어적 인식들로 인해, 지적 혹은 정치적 이유 등의 명성에 기인한 의식적 혹은 무의식적 모방과 더불어, 물리적 공존 현상들, 이중언어 사용의 시기들이 부각될 수 있기 때문'이라고 이들은 설명한다. 저자들은 '한 문장이 직역될 수 있다는 것은 문화적 공동체를 반영하는 것이고, 보다 상층적으로는 개념적 철학적 공동체를 반영하는 것' 임을 '하나의 원리로 제시할 수 있다'고 주장한다.

비네·다르벨네가 영어와 불어 사이에 직역이 제법 있다고 판단한 것은, 비교문체론의 적잖은 예들에서 확인할 수 있는 것이기도 하지만, '직역'을 다소 넓은 의미로 받아들인 때문으로 보인다. 하지만 스카베·인트라바이아(1979)는 직역을 더 좁게 해석한다. 불어와 이태리어의 비교문체론을 기술한 이들은 양 언어 사이의 번역에서 80%가량 직역이 가능하지만, 그 번역의 결과들이 자연스럽게 받아들여질 가능성은 그다지 높지 않다는 견해를 표명한다.[8] 직역의 이해에 다소간의 진폭은 있더라도, 중요한 것은 직역이 번역 방법 이전에 언어 성격의 차이를 보여주는 '핵심적 기준'으로 작용한다는 점이다. 직역이 대략 된다는 것은 언어 성격이 유사하다는 것이고, 그렇지 않다는 것은 언어 성격이 다르다는 것을 뜻한다. 이 언어 성격의 차이에는 광의의 문법상의 차이를 비롯한 다양한 측면들이 포함된다. 불어와 이태리어처럼 동일한 로망어 계열 언어로서 언어 간 유사성이 커도 '단순 직역'에 문제가 상당히 발생하는데, 언어 간 차이가 상당히 큰데 '단순 직역'을 한다는 것은 문제를 야기할 소지가 클 수밖에 없다.

다르벨네(1970:89)는 잘된 번역을 하는 데 직역으로 충분하다면 비교문체론의 존재 이유가 없다고 단언한 바 있다. 저자가 '번역이 비난받지 않기 위해 지켜야 할 몇 가지 기준'으로 든 것은 다음의 것들이다. 1) 정확하게 원텍스트의 전언을 전할 것, 2) 당대의 문법 규범들을 준수할 것, 3) 관용적일 것, 4) 원텍스트의 톤을 유지할 것(문체적 등가), 그리고 5) 이문화의 번역독

8 스카베 · 인트라바이아(1979:214) 참고.

자가 충분히 이해할 수 있어야 한다는 것이다(문화적 번안). '구조가 사고에 우선해서는 안 된다는 것'도 그가 언급한 중요한 사항의 하나이다. 사고를 유지하기 위해서는 구조의 희생도 감수해야 한다는 것이다. 이해가 안 되는 직역을 하면 전언의 의미에 반하게 될 수밖에 없다는 것이다(90). 한편, 문장의 직역에서 발생하는 문제들로 다르벨네(1970:94)가 꼽은 것은 다음과 같은 것들이다: 1) 원문장의 의미가 달라진다, 2) 번역어의 구조에 무리를 준다, 3) 구조적으로 가능하나 관용적이 아니다, 4) 원문장의 톤과 달라진다, 5) 번역어에서 사용하지 않는 이미지를 담고 있다, 6) 번역독자가 이해하지 못할 수 있는 문화 현상을 암시한다.[9] 비교문체론에 의하면, 문자역 혹은 직역에 이러한 위험들이 따를 경우 번역자는 차용, 모사, 문자역 같은 '직접 번역'이 아니라 치환, 변조, 등가,[10] 번안이라는 '비낀 번역'을 해야 한다.[11] 이 비낀 번역을 통해 위반사항들이 발생하지 않도록 해야 하는 것이다. 말하자면 번역자의 '자유'는 '자의적'일 수 없는 것이다. 번역은 '문자적으로'도 '자유롭게'도 하지 말고, '정확하게' 해야 한다는 것이 다르벨네의 주장이다. 다시 말해, 번역은 원문의 의미와 톤을 존중하는 번역(1, 4항)이 되어야 하고, 원문의 구조, 특질(génie), 이미지, 문화 현상에서 번역어의 '온전성'(intégrité)을 존중하는 번역(2, 3, 5, 6항)이 되어야 한다는 것이다.

비네·다르벨네(2002)가 말하는 '정확한 번역'은 번역어의 '성격을 존중하는 번역'이다. '번역 방식들의 전체 도식'은 번역의 '난도의 점증 순서에 따라 제안된 분류'인데, '직역과 치환을 제대로 하기' 위해서는 '출발어와 도착어의 구조들에 대한 심층적 지식이 필요'하고, '변조, 등가, 번안의 성공

9 문자역을 받아들일 수 없는 경우들로 비네 · 다르벨네(2002:29-30)가 언급한 것은 다음과 같은 경우들이다. 1) 다른 의미가 된다, 2) 의미가 없다, 3) 구조적인 이유 때문에 불가능하다, 4) 도착어의 메타언어적 성격의 아무것과도 상응하지 않는다, 5) 어떤 것과 상응하긴 하지만, 층위가 동일하지 않다. 저자들은 직역이 '문법적으로는 정확하나 도착어의 정서와 어긋'나는 것으로 보여 변조를 해야 할 경우도 있음을 지적한다.

10 발라르(2006b)는 이 '등가' 개념의 이중적 사용(좁은 의미와 넓은 의미) 등에 대해 매우 비판적이다.

11 비네 · 다르벨네(2002:24-35) 참고.

적 적용을 위해서는 번역자들에게 다른 자질들이 필요'하다. 텍스트는 '사회적 맥락 속에 자리'해야 하고, 번역자는 '그가 번역하는 텍스트들에 반영된 문학, 과학, 정치 등에 대해 잘 알고 있어야' 한다. 이를 위한 '자료조사'의 중요성을 비네·다르벨네(2002:35-6)는 크게 강조한다. 비교문체론은 흔히 '언어의 번역', 맥락 외적 번역에 치중한 번역 방법으로 간주된다. 두 저자가 한 낱말이 그 자체로 의미를 갖는 것이 아니라 맥락 속에서, 맥락에 의해 의미를 갖게 된다는 것을 잘 인식하고 있음을 부분적으로 보여주기는 하나,[12] 전반적으로 비교문체론이 그러한 인상을 주는 것은 사실이다. 들릴(1992:31)은 비교문체론학자들의 관심 대상은 번역의 결과들에 대한 등가 분석으로, 그 방식은 비교와 분류인데, 번역자의 작업은 '해석적이고 소통적'인 것으로서 랑그가 아니라 담화 차원의 것이라고 지적한다. 담화 차원의 등가는 미리 주어져 있는 않은 경우가 많은 것이 사실이다. 그렇지만 비네·다르벨네(2002)에서는 영어의 불어의 성격적 차이에 대한 수많은 섬세한 어휘 차원, 구문 차원, 전언 차원의 관찰들을 살펴볼 수 있어 번역공부에 적잖이 도움이 된다. 이들은 7가지 번역 방법 외에도 희석, 확장, 절감, 상쇄 등 번역과 관련된 기술들 외에 '헛짝'(faux-amis) 문제 등 다양한 번역에 대한 유용한 성찰들을 제시하고 있어 텍스트 번역에 매우 유용한 참고자료가 된다.

---

12 비네 · 다르벨네(2002:24)는 G. 갈리셰의 《프랑스어의 생리학》(PUF, 1958)으로부터 다음 대목을 인용하고 있다: "문장에서 낱말들은 상호 한정된다. 그렇게 해서 낱말들의 가능한 다양한 의미들 가운데에서 하나가 선택되는 것이다. 그리고, 이렇게 선택된 의미에 낱말들이 서로 소통하고, 서로 영향을 끼치며, 뉘앙스들이 가미되는 것이다. 이러한 뉘앙스들은 흔히 문장 전체에 의해 좌우된다. 이 뉘앙스들은 낱말의 어휘 의미를 크게 변화시킬 수도 있다. 이는 결국 한 낱말이 그 자체로 의미를 갖는 것은 아니라는 것이다. 낱말은 맥락 속에서, 맥락에 의해 의미를 갖게 된다는 것이다."; 다르벨네(1970:91)도 상황의 중요성을 강조한다. 영국 상점에서 흔히 사용되는 'May I help you?'에 직역은 'Puis-je vous aider?'이나 실제 상황에서 대개 쓰이는 표현은 'Est-ce qu'on s'occupe de vous?'나 'Vous desirez?'라고 한다. 'Puis-je vous aider?'는 아주 정확하고 자주 쓰이는 표현이지만 고객을 맞는 점원의 상황에서는 아니라는 것이다.

2. 영한번역과 언어 성격론

이희재(2009:35)는 한국어는 '동적'이고, 영어는 '정적'이며, 불어는 영어보다 '더 정적'이라고 말한다. 그는 불어는 '형식, 확정된 상태, 분석을 통해 현실에서 잘라낸 조각들을 나타내려는 성향', '사건을 실체로 제시하려는 성향이 강'하다고 지적한다. '그래서 프랑스어를 영어로 번역할 때는 영어를 한국어로 번역할 때처럼 명사를 동사나 부사, 형용사 같은 다른 품사로 바꾸어줘야 할 때가 많'다는 것이다. 다시 말해, 품사도 '직역'을 해서는 마땅치 않은 경우가 적지 않다는 것이다. 이희재(2009:44-5)는 한국어가 '과도한 직역주의 때문에 외국어에 너무 많이 물들'어 있어, '균형을 잡는다는 뜻에서도 의역을 하는 것이 옳다고 생각'한다. '자연스러운 한국어 번역문을 만들려면', 예를 들어 '영어 형용사는 될수록 한국어 부사로 바꿔주는 것이 좋'다는 것이다. 저자는 또한 '주어 자리가 아니라 목적어 자리에 오는 형용사와 명사도 부사와 동사로 바꿔주면 좋'다고 말한다. 'The president had a sudden fall in his popularity.'를 '대통령은 지지도의 갑작스러운 하락을 경험했다'보다는 '대통령 인기가 뚝 떨어졌다'로 옮긴 것이 '열 배는 더 친근한 한국어 문장'이라고 평가한다. 저자는 '보어 자리에 오는 형용사도 마찬가지'라고 말한다. 'The film was a beautiful evocation of traditional Korea.'는 역시 '영화는 한국 전통의 아름다운 재현이었다.'보다는 '영화는 한국의 전통을 아름답게 재현했다.'고 하는 쪽이 '한결 아름다운 한국어 문장'이라는 것이다. 다음 예에서는 이러한 직역과 의역의 차이들이 잘 드러난다.

1) Hitler's later patronizing contempt for the submissiveness of women, the thirst for dominance, the inability to form deep personal relatioships, and the cold brutality towards humankind must surely have had roots in the subliminal influences of the young Adolf's family circumstances.

직역: 히틀러의 훗날의 여자의 순종에 대한 시건방진 경멸, 군림에 대한 욕구, 깊은 개인적 관계를 맺지 못하는 무능력, 인간에 대한 냉정한 잔혹성은 틀림없

이 어린 아돌프의 가정 환경의 잠재의식적 성향에 뿌리가 있었을 것이다.

의역: 나중에 (어른이 되어서) 여자의 순종을 건방지게 얕잡아보고 사람과 깊이 사귀지 못하고 군림하려 들고 인간에게 냉정하고 잔인하게 군 것도 그 뿌리를 거슬러 올라가면 암암리에 어린 아돌프가 가정 환경에서 받은 영향도 틀림없이 있었을 것이다.[13]

이희재(2009:46-8)는 'Like all art, photography is communication.'을 '**모든** 예술이 그렇지만 사진도 결국은 교감이다.'로 옮기는 것은 '형용사 문체' 번역이고 '예술이 **모두** 그렇지만 사진도 결국은 교감이다.'로 옮기는 것은 '부사 문체' 번역인데, 전자는 '형용사 중심의 영어 문체를 직역한 문체'이고, 후자가 '더 안정감 있게 보인다'고 지적한다. '부사가 자꾸만 형용사로 바'뀌는 것이 현대 한국어의 하나의 변화이나, 자신은 '직역보다는 의역을 중시하는 번역자'이기에 '이런 흐름에 맞서려고 노력'한다고 말한다. 시제 번역에 대해서도 'John told me that he had met Jane three days before.' 같은 문장을 '과거와 대과거를 구분'하여, '존은 사흘 전에 제인을 만났었다고 나에게 말했다.'라고 옮기는 것은 '불필요하고 문장을 지저분하게' 만드는 것이라고 판단한다. '존은 사흘 전에 제인을 만났다고 나에게 말했다.'로 충분하다는 것이다.[14] '영어를 한국어로 번역할 때까지 영어 시제를 들이미는 것은 월권'이라는 것이 그의 생각이다.

구문에 대해서도, 이희재(2009:77-8)는 '타동사가 들어간 문장을 직역해서 어색할 때 가장 무난하게 바꾸는 방법은 목적어를 주어로 삼는 것'이라고 말한다. 'These shoes rub your heels.' 같은 문장을 '이 신발은 당신의 뒤꿈치를 까지게 한다.'로 직역할 것이 아니라, '이 신발 때문에 네 뒤꿈치가 까진다'나, '좀 더 적극적으로 사람의 관점을 고려'한 '이 신발을 신으면 네 뒤꿈치가 까진다.' 정도의 번역이 '무난'하다는 것이다. 그렇지만 '더 한국어다

13 이희재(2009:43-4).

14 대개는 '나에게'도 불필요할 것이다.

운 문장'은 '이 신발은 뒤꿈치가 까진다.'라고 그는 말한다. 이렇게 옮기면 '능동성을 좋아하는 훌륭한 한국어 문장', '자연스러운' 문장이 된다는 것이다. 그래서 'Beer is made from barley.'는 '맥주는 보리로 만든다.'로, 'I am overwhelmed with worries.' 같은 수동태 영문은 '걱정이 태산이다.' 또는 '걱정이 앞을 가린다.' 정도로 옮긴다는 것이다. 저자는 영문 '수동태 번역'에 대해서는 '수동태 문장은 될수록 능동태 문장으로 바꾼다는 것'을 '자연스러운 한국어 번역문을 만드는 데 가장 중요한 원칙'으로 제시한다.[15]

이희재(2009:114)는 '영어는 한국어에 비해 명사와 형용사의 비중이 상대적으로 크고, 한국어는 영어에 비해 동사와 부사의 비중이 크다'고 말한다. 달리 표현하면, '영어는 한국어보다 추상성과 보편성을 담아내는 데 강하고, 한국어는 영어보다 구체성과 특수성을 나타내는 데 강하다'는 것이다. '영어에서 명사와 형용사의 비중이 상대적으로 크다는 것'은, 한국어에 비해, '영어가 대상을 고정된 실체로 분석하고 추상화하고 일반화하는 데 그만큼 강한 언어라는 사실'을 보여준다고 저자는 설명한다. 이희재(2009:116-7)는 '한국어에서 부사는 영어에서보다 섬세하게 쓰'인다고 지적한다. 가령 'A dog suddenly attacked me.'를 '개가 나한테 갑자기 덤벼들었다.'고 옮기는 것은 '무난한 번역'이면서도 '아쉬움이 남는 번역'이라고 저자는 평한다. '한국어가 지닌 장점을 살리지 못했기 때문'이라는 것이다. '뜻은 같더라도 누구한테 갑자기 덤벼드는 상황을 묘사할 때', '홱 덤벼들었다'라고 하면 '더 실감'이 난다는 것이다. 저자는 'Dark flames suddenly rose up.'이나 'A policemen suddenly appeared.' 같은 문장도 '검은 연기가 갑자기 치솟았다.'보다는 '검은 연기가 확 치솟았다.'로, '경찰이 갑자기 나타났다.'보다는 '경찰이 불쑥 나타났다.'로 번역하는 것을 선호한다. 후자가 훨씬 '더 실감'나는 표현이기 때문이라는 것이다.[16]

15 이희재(2009:89-93) 참고.

16 이희재(2009:118): "영한사전에 풀이어로 나온 한국어 부사는 빙산의 일각입니다. 영한사전에서 automatically를 찾으면 보통 '자동적으로'나 '기계적으로'가 나옵니다. 하지만 영한사전의 풀이에 얽매이지 말고 맥락에 알맞게 automatically를 때로는 '알아서'로, 때로는 '척

‘좋은 번역’, ‘충실한 번역’에 대한 이희재(2009:119-20)의 견해는 경청할 만하다. 그는 한국어는 ‘부사가 정교하게 발달’했고 영어는 ‘상대적으로 동사가 정교하게 발달’했다면, ‘영어 동사를 한국어로 번역할 때는 그 동사에 담겨 있는 뉘앙스를 살려주는 번역을 할 필요가 있’다고 말한다. 가령 ‘The wind was howling around the house.’는 ‘바람이 집을 휘감으며 울부짖었다.’고 해도 좋지만, 의성어 부사를 넣어서 ‘바람이 집을 휘감으며 우우 울부짖었다.’고 하면 더 좋다는 것이다. 저자는 ‘좋은 번역의 기준을 도착어인 한국어가 아니라 출발어인 영어에 얼마나 충실한가로 따지는 사람일수록 그냥 ‘울부짖었다’보다는 ‘우우 울부짖었다’라고 해야 원어에 더 충실한 번역’이 된다고 말한다. ‘원문에 동사가 하나뿐이라고 해서 번역문에서도 동사를 달랑 하나로 번역해주어야만 충실한 직역은 아니’라는 것이다. ‘영어는 동사 하나로 한국어 동사와 부사의 듯을 한꺼번에 나타내는 경우가 많다는 두 언어의 구조적 차이를 감안하면 ‘우우 울부짖었다’는 의역이긴커녕 오히려 원문에 더 충실한 직역이라고 말할 수 있’다는 것이다. 저자는 ‘영어 동사를 한국어로 번역할 때는 달랑 한국어 동사 하나로만 번역하지 말고 한국어 부사를 덧붙일 수 있으면 과감히 덧붙여라’, 이를 영한번역의 ‘원칙’의 하나로 제시한다.[17]

이희재(2009:155-7)는 접사의 중요성에 대한 지적도 한다. ‘영어 단어를 한국어 접사에 대응시켜서 간결한 표현을 만들어낸 예’는 영한사전에도 많은데, ‘complete defeat’이 ‘완패’, ‘heavy work’가 ‘중노동’으로 옮긴 경우들이다. 하지만 ‘severe penalty’를 ‘엄벌’이 아니라 ‘엄한 형벌’로, ‘heavy fighting’을 ‘격전’이 아니라 ‘치열한 전투’로 여전히 옮기고 있는 것은 문제라고 저자는 비판한다. ‘The police dismidded her with a caution.’는 ‘경찰은 여자에게 주의를 주어서 내보냈다.’라고 하기보다는 ‘경찰은 여자를 훈방했다.’라고 하는 것이 ‘훨씬 간결하고 자연스럽’다는 것이다. 저자는 ‘접사를 잘 이용해

칙’으로, 때로는 ‘저절로’로 옮길 수 있어야 합니다.”

17 이는 영한번역에서, 라드미랄(1979)이 말하는, ‘번역 이론소’의 하나가 될 수 있을 것이다.

서 번역문을 간결하게 만들려면 번역은 단어를 일대일로 대응시키는 것이라는 고정관념에서 벗어나야' 한다고 지적한다.[18] 그는 '번역자가 창조적으로 접사를 발굴할 수 있는 가능성은 무한'하다고 말한다. '영어와 한국어 사이에는 아직 뚫리지 않은 회로가 무궁무진하기 때문'이라는 것이다. '어떻게 보면 번역이란 그 미지의 회로를 뚫는 작업이라고 말할 수 있'다는 것이다.

한국어의 어미 활용에 대한 이희재(2009:171)의 지적은 특히 공감이 가는 부분이다. 저자는 한국어 같은 '교착어의 개성은 바로 변화무쌍하고 풍부한 어미에 있'다고 말한다. '따라서 외국어를 한국어로 번역할 때도 출발어에 충실한 번역보다 도착어에 충실한 번역'을 하고 싶다면, 그는 '한국어의 개성이 담긴 어미를 적극적으로 활용'할 것을 적극 권한다. 가령 "I doubt if that is what she told."는 '(설마) 그 여자가 그런 말을 **했을라고**.'로 옮길 수 있다는 것이다. 'Just because it sounds good doesn't mean it's right, you know.'를 굳이 '아시다시피 듣기 좋은 말이 꼭 옳은 말은 아닙니다.'라고 할 것이 아니라, '아닙니다'를 '아니**죠**'라고만 바꿔줘도 '아시다시피' 같은 군더더기는 불필요해진다는 것이다. '듣기 좋은 말이 꼭 좋은 말은 아니**죠**.'라고 하면 한결 더 자연스러워진다는 것이 저자의 생각이다.[19] 저자는 영어 접속사들의 한국어 어미로의 번역에 대해서도 설득력 있는 지적을 한다. 영어에서는 접속사가 중요한데, 이는 '문장과 문장을 잇는 논리적 연결 고리가 접속사밖에 없기 때문'이라고 한다. '반면에 한국어는 영어에 비하면 접속사에 많이 기대지 않는 언어'라고 한다. '접속사 대신 어미로 글의 논리 관계를 간결하게

---

18 이희재(2009:157): "He used to read the book with great pleasure when young."이라는 문장을 "그는 젊었을 때 그 책을 아주 즐거운 마음으로 읽곤 했다."라고 원문에 충실하게 옮겨도 좋겠지만 "그는 젊어서 그 책을 애독했다."라고 하는 편이 훨씬 간결하면서도 머리에 바로 와 닿습니다. 어떤 행동을 좋아서 자주 했다는 뜻이 '애-'라는 접두사 한 글자에 모두 담겨 있기 때문입니다. 한번 '애-'에 맛을 들인 번역자는 다음에는 '애창, 애용, 애송, 애호' 따위로 얼마든지 쓰임새를 넓혀 나갈 수 있을 것입니다."

19 물론 상대방에 따라서는, 저자가 지적하듯이, '아니**지**'나 '아니**거든**', 또는 '아니**란다**'나 '아닐**세**'처럼 다양한 표현을 구사할 수 있다. 이러한 '한국어의 묘미'를 살리자는 것이 저자의 한결같은 주장이다.

나타낼 수 있기 때문'이라는 것이다. 다음 예들은 이를 잘 보여준다.

2) He was punished because he lied.

a. 거짓말을 **했기 때문에** 처벌을 받았다.

b. 거짓말을 **해서** 처벌을 받았다.

3) Even if I fail, I won't give up.

a. **비록 실패한다 할지라도** 포기하지 않겠다.

b. **실패할망정** 포기하지 않겠다.

이희재(2009)의 11장 제목은 '살빼기'로서 '군살은 뺄수록 아름답다'는 부제가 붙어 있다.[20] 이희재(2009:199)는 '영어는 또 say, explain, reply처럼 주어의 발언 행위를 묘사하는 동사를 꼬박꼬박 넣어주는 경향이 있는데 이것도 한국어 문장에서는 빼도 무방할 때가 많'다고 지적한다. 한국어 번역문에서 '물었다', '설명했다', '말했다', '대답했다' 같은 표현을 너무 남발하면 부자연스러운 느낌을 준다는 것이다. 가령 "Your sister — the famous actress? Jane asked with raised eyebrows'는 "배우 한다는 그 유명한 동생? 제인은 눈을 동그랗게 떴다.'라고 하면 되지 굳이 '눈을 동그렇게 뜨면서 물었다.'라고 할 필요가 없다는 것이다. 저자는 '한국어의 가장 큰 특징은 생략할 수 있는 내용은 생략한다는 것'인데, 이러한 특성은 지문 처리에서도 드러난다고 말한다. 예를 들어 'Suddenly, I noticed that the rain had stopped.' 같은 문장은 '어느새 비가 멈춘 것을 알아차렸다.'보다 '어느새 비가 멎어 있었다.'가 '훨씬 자연스럽고 또 정확'하다고 저자는 지적한다. '-어 있었다'는 표현 자체에 '알아차렸다'라는 뜻이 들어가기 때문이라는 것이다."[21]

지금까지 여러 예들을 통해 살펴본 이희재(2009)의 영한번역에 대한 비교

---

20 이에 충분히 공감한다면 영한번역에서 '살빼기'도 '번역 이론소'의 하나로 제시될 수 있다.

21 이희재(2009:200).

문체론적 언어 성격론은 저자의 번역가로서의 오랜 경험에서 비롯된 것으로서, 번역에 대한 공감가는 성찰을 많이 담고 있다. 저자는 '성격론'이라는 말은 사용하지 않았지만, 영한번역에서 양 언어, 특히 번역어의 성격을 고려하는 것의 중요성을 잘 보여주고 있다. 저자는 다양한 방식으로 우리말 번역글쓰기의 중요성을 강조한다. 이는 우리 번역문화 개선을 위해서도 우리가 음미해보아야 할 부분이다.[22] 그런데, 저자는 번역에서 원어의 성격이나 원저자보다 번역어의 성격이나 번역독자를 더 중시하는 경향을 감추지 않는다. 그는 '번역은 저자를 위해서 하는 것이 아니라 독자를 위해서 하는 것'이라며, '오해를 막기 위해서 살을 덧붙여야 할 때도 있'다고 주장한다(234). 이러한 '덧붙이기'는 정보 전달이 핵심인 일반 번역일 경우에는 별문제가 없을 수 있지만, 작품성이 중요한 텍스트들의 경우에는 그 재현에 문제 발생의 소지가 있다.

이희재(2009)는 '덧붙이기'를 '문화와 풍습이 다른 두 언어의 번역에서 나타나는 현상'으로서, '두 언어의 공통점이 적을수록 덧붙이기는 중요해'진다고 말한다. 예를 들어, "'I suppose so', said she with a shrug."를 "'그런데요.' 여자는 어깨를 으쓱했다."라고 옮기면 한국 독자에게는 으쓱하는 행동의 의미가 잘 전달되지 않을 수 있기 때문에, '이럴 때는 shrug의 의미를 분명히 밝혀줄 필요가 있'다고 한다. "'그런데요.' 여자는 관심 없다는 듯이 어깨를 으쓱했다."는 식으로 번역을 해야 한다는 것이다. 이는, 저자의 표현에 따르면, '일종의 좁히기이자 덧붙이기'이다(253). 번역은 '단어와 단어를 일대일로 대응시키는 작업'이 아니며, '얼개와 짜임새가 다른 두 언어를 일대일로 대응시키다 보면 오히려 뜻을 왜곡하기 십상'이라는 그의 지적(258)에는 십분 공감한다. 그렇지만 원어, 특히 원텍스트 언어의 성격에 대한 배려는 상대적으로 부족하다는 느낌을 가지지 않을 수 없다. 문학텍스트를 비롯한 인문학 텍스트 번역을 위해서는 원어와 원텍스트 언어, 번역어와 번역텍스트 언어 모두의 성격에 대해 조금 더 균형있는 배려가 필요해 보인다.

22 이종인(2009) 참고.

3. 번역과 정언성

포티에(1987)는 '한 문화의 모든 일상적 지시물들'에 대해 한 언어 공동체 구성원들의 머릿속에 즉각적으로 떠오르는 것을 '바른 말', 즉 '정어'(正語, l'orthonyme)라고 부른 바 있다. 이를테면, 이 종이의 색은 '흰' 것이고, 낱말들을 종이 위에 순서적으로 배열하는 것은 '쓰는' 것이다. '정어'는 그러니까 지시물을 가리키기 위한 가장 적합한, 어떠한 공시적(connotatif) 의미도 포함되지 않은 표현인 것이다.[23] 어휘 차원에서 제시된 이러한 '정어' 개념을 슈발리에·델포르(1995)는 번역에 확장하여 적용한다. 이러한 착안은 '현실의 무게에 대한 성찰'에서 비롯된 것으로서, '영도(degré zéro)의 현실에 대한 존중과 합치의 느낌'을 나타낼 필요가 있었던 것이다.[24] 이는 사물을 나타내는 규범이라 생각되는 것, 가장 자연스러운 방식과 관련된다. 델포르(1995b:74)는 한 경험에 대해 말하는 '일상적이고, 자연스러우며 전통적인' 방식을 '정어성'(正語性, l'orthonymie)으로 규정한다. 슈발리에(1995a:91)는 하나의 지칭, 구, 발화의 '정어성'에 대해 개인간 의견이 일치하지 않는 경우들이 있지만, 그렇다고 해서 '정어성' 개념 자체가 손상되는 것은 아니라고 지적한다. 슈발리에는 어휘 차원을 가리키는 '정어성' 외에 지시의미 차원과 구문 구성 차원을 구분하기도 한다. 어휘와 관련된 것은 '정어성', 지시적 재현과 관련된 것은 '정현성'(正現性, l'orthologie), 그리고 낱말들의 구성과 관련된 것은 '정구문성'(正構文性, l'orthosyntaxie)이라 불린다.[25] 이들을 불어로는 'l'orthonymie', 우리말로는 '정언성'(正言性)으로 통칭할 수 있을 것이다.[26]

페(2006:157)에 의하면, 정언적 표현들을 사용하는 번역은 번역어에 고유한 규범이나 관습들에 적합한 재현체계를 제시함으로써 '번역임을 잊어

23 슈발리에(1995a:90)에서 재인용.

24 자이투니(2009) 참고.

25 브리나-니콜로프(2001:37) 참고.

26 콘스탄티누(2007:14)도 '잘 쓰려는, 더 잘 쓰려는' 번역자들의 '정언적' 성향을 지적한다.

버리게 하는 번역이며, 번역자의 존재를 지워버리는 번역'이다. 정언성에 나타나는 이러한 의도가 슈발리에·델포르(1995)가 '수사 무늬'(figures de rhétorique)를 따라 이름지은 '번역 무늬'(figures de traduction)의 근저에 자리하고 있다고 저자는 생각한다. 델포르(1995b:74)는 이 '번역 무늬'는 번역의 '영도 degré zéro'에 해당하는 '직역'(traduction littérale)에 의해 가늠된다고 말한다. 이 '무늬'는 저자가 슈발리에와 더불어 여러 텍스트들의 다양한 언어들로의 번역들에서 관찰하여 얻어낸 것으로서, 번역자가 누구든 어떤 언어로 번역하건 다양한 종류의 번역에서 쉽게 감지되는 공통된 '변화들'을 일컫는다. 저자는 다양한 '번역 무늬들'을 관찰하면서, 번역자의 언어에서, 원저자가 원어의 관습적 언어에 맞추려 하였던 것보다, 번역어에 더 잘 맞게 하려는 경향을 발견한다. 번역자에게, 원텍스트가 원어에서 아주 흔히 쓰이는 어법에서 벗어나 있을 때조차, 의식적이건 무의식적이건, 더 '자연스러운' 표현을 쓰려는 경향이 있다는 것이다. 과도한 직역주의의 폐해를 바로잡으려는 이희재(2009)에게서도 우리는 이러한 '정언적' 경향을 발견한다. 정언적 표현은 '그래, 그렇게 말하는 거야'가 시사하는 표현 방식에 해당된다.[27] 슈발리에(1995b:92)에 의하면, 이는 '고양이를 고양이라고 하는 것'이다. 레비(2011:161)는 '정언성'과 '번역 무늬'를 독자들의 수용 능력을 지레짐작한 나머지 텍스트를 왜곡하는 결과를 초래하는, 번역자의 '해석과 재표현의 태도'를 나타내는 것으로 규정한다. 우리 번역가들에게도 이러한 성향이 다분히 있음을 우리는 익히 알고 있다. 브리나-니콜로프(2001:37)는 정언성의 성향이 일반 독자들보다 출판사의 편집자들에게 훨씬 더 강하다고 자신의 경험담을 털어놓는다.

델포르(1995a:46)는 '번역 무늬'를 번역어에서 언어적 제약이 없어 번역자가 직역을 할 수도 있는 경우들이라고 말한다. 수사나 번역이나 '자유'가 있기에 '무늬'가 있다는 것이다. 번역어들에서 강요되지 않는 이 무늬들의 대표적인 것으로는 '명시화'와 '증폭'이 있다.[28] 페(2006:158)는 전자는 '일관

27 슐만(1996:91)은 이를 'C'est comme ça que ça se dit.'라고 표현한다.

성'(cohérence)과, 후자는 '결속성'(cohésion)과 더 관련이 깊다고 지적하면서, 양자 모두 출발텍스트의 지시적 구조를 번역독자들에게 잘 드러나게 하는 것이 목적이라는 델포르의 견해에 공감한다. 레비(2011:11-2)는 정언성 기제는 시간성과 상(aspectualité)의 영역에도 크게 작용해서, 흔히 번역자의 결정들에서 우선하는 것은 원텍스트 저자의 의도와의 합치보다는 도착텍스트에서 가장 기대하는 표현과의 부합이라고 지적한다. 다음은 명시화와 증폭이—그 몫에는 다소 차이가 있지만—동시에 작용하는 것으로 보이는 한 예이다.

4) The conversational style reminds one of Rabelais at times, at other times of Sir Thomas Browne, a near-contemporary of Burton's.

a. 자연스러운 대화체는 어떨 때는 라블레가 떠오르게 하고 또 어떨 때는 버튼과 엇비슷한 시대를 살았던 토머스 브라운 경이 떠오르게 한다.

b. 자연스러운 대화체를 **따라가노라면** 어떨 때는 라블레가 떠오르고 또 어떨 때는 버튼과 엇비슷한 시대를 살았던 토머스 브라운 경이 떠오른다.[29]

이희재(2009:75-6)는 '한국어는 이렇게 능동적으로 표현할 때 안정감'이 든다고 말한다. 영어 문장과 달리 '떠오르고'라는 능동태를 써주기 위해서 그 앞에 원문에는 없는 '따라가노라면'이라는 동사를 번역문에 집어넣었다고 저자는 진술한다. 이러한 4b)를 번역 무늬와 정언성이 작용하는 경우로 볼 수 있을까? 4a)는 직역이고 4b)는 의역이라고 해야 할까? 4b)가 더 자연스럽다 해도 4a)도 가능한 문장이다. 물론 수동적 표현 대신에 능동적 표현을 택한다면 '따라가노라면'까지는 아니더라도 묵시적인 것을 명시화할 수밖에 없고, 발라르(1997)가 말하는 '변화' 혹은 '형태전환들'도 불가피하다. 원문을 '거의 정언적 표현'으로 판단한다면, 그리고 번역 4b)도 정언적 표현으로 간주한다면, 후자는 전자의 '거의 직역'이라고 말할 수도 있다. 다만

28 페(2006:157-8) 참고.

29 이희재(2009:75).

'자연스러운'은 '명시화'와 '증폭'이 된 부분으로 보아야 할 것이다.

델포르(1995b:74)에 의하면, 원텍스트가 정언적 표현들을 사용하고 있고, 번역텍스트도 그러하다면 이는 '직역'을 한 것이다. 하지만 원텍스트가 정언적 표현을 사용하고 있지 않다면 정언적 번역은 '직역'(traduction littérale)이 아니다. 그런데 정언성을 거부하는 경우, 직역은 원텍스트가 정언성에서 벗어나기 위해 사용한 것들과 가장 유사한 방식들에 따라 정언성에서 벗어나는 것이라고 저자는 설명한다. 정언성 관점에서 본다면, 원텍스트가 정언성을 거부하는 경우 '직역'은 이에 따른 '정언성의 거부'를 뜻한다. 정언성을 택하는가 혹은 그 반대로 정언성을 벗어나는 선택을 하는가는 우선적으로 원텍스트의 성격에 달려 있다. '직역을 한다는 것'은 바로 '텍스트의 특수성들(혹은 독특성들, spécificités)들을 애써 복원하는 것'이다. 이는 텍스트번역에서 우선적인 일은 대상 텍스트의 텍스트적 특수성들을 읽어내고 이해하는 것임을 뜻하는 것이다. 이러한 특수성은 텍스트의 장르적 특수성 외에 역사적·사회적·문화적 맥락, 미학적 고려 등도 포함하는 것이니,[30] 번역에서는 이들의 '재맥락화'(recontexualisation)가 중요한 과제가 된다.[31] 레비(2011:339)도 '직역성'을 '정언성'과 관련지어 '원텍스트의 특수성들을 보존하려는 하나의 시도'로 받아들인다.

이러한 의미의 '직역'은 원텍스트의 특성의 복원 혹은 재현이라는 면에서 베르만의 '문자번역'[32]이나 메쇼닉의 '리듬번역' 주장과 다르지 않다. 베르만(2011:74-97)은 '합리화', '명확화', '길이 증가' 등 번역의 13가지 왜곡의 경향들을 열거한다. 서로 중첩되기도 하는 이 기준들을 뒤집어 적용하면 '문자번역'(traduction de la lettre)이 뜻하는 바가 된다.[33] 베르만은 이를 '작품번

30 오데(2008:127) 참고.

31 들릴(2001:211) 참고.

32 'Traduction de la lettre'는 '문자번역'이나 '문자지역', '자구번역'이라 옮길 수도 있으나 이것도 어찌 보면 다소 지나친 '문자적 번역'이라 말할 수 있다. 정혜용(2012:23)은 '글-몸 번역'이란 번역을 제시하고 있다.

33 샤룽(2001)은 이론가 베르만과 번역자 베르만 사이에 괴리가 있음을, 베르만이 자신의 이론을 충분히 실천에 적용하지는 못했음을 보이고 있다.

역'이라 말하기도 하는데, 메쇼닉의 '리듬번역'도 그 내용은 이와 크게 다르지 않다.[34] 정혜용(2006a:248)은 메쇼닉이 '원작과 다른 언어로 원작과 등가의 작품을 생산한다는 데에 번역의 존재 이유가 있다는 사실을 암묵적으로 인정하고 있다'고 지적한다. 조재룡(2009a:165)이 '직역과 의역의 이분법을 훌쩍 뛰어넘는 인식의 과감한 전환'으로 평가하는 메쇼닉의 '시적 번역'은, '디스쿠르라는 체계 속에서 뒤엉켜 있는 기호들의 관계와 차이를 고찰함으로 인해서 드러나게 되는 기호의 '가치'를 포착하는 작업'이라는 점에서, 슈발리에·델포르(1995)가 말하는 '직역'이나 베르만이 말하는 '문자번역'과, 적어도 번역 실천의 관점에서는, 뚜렷하게 다르지 않다. 중요한 것은 번역할 텍스트의 특수성 혹은 독특성들을 번역텍스트에 적절하게 재현하는 것이다.

마메리(2005:147-8)는 '직역을 하는 것'을 독자에게 문자를 존중심을 가지고 대하도록 하는 것이고, 타자를 경청하는 것이며, 자신을 세계의 중심으로 삼지 않도록 하는 것이라고 말한다. 그렇지 않다면 문자에 대해 공격적 행위를 하는 것이고, 결과적으로 타자의 문화에 대해 그렇게 하는 것이라고 지적한다. 또한 '직역을 하는 것'은 독자에게 자신의 것과 다른 현실이 있음을 알게 하는 것인데, 이를 위해서는 독자가 이 타자의 현실의 낯섦에 다가가고 감지하며 존중해야 한다는 것이다. 한 마디로, '직역을 하는 것'은 '세상의 중심은 온갖 곳'이라는 원리에서 출발하는 것이라고 저자는 말한다. 황현산(1993:161)이 오늘날 하나의 '미신'이 되어 있다고 지적한 바 있는 '우리말다운 번역', '자연스러운 번역'은 바로 '정언적 번역'이다. 이희재(2009)가 지적하듯이, '자연스러운 한국어 번역문', 즉 '정언적 번역문'을 쓰는 것은 분명 중요하며 의미있는 일이다. 그러나 원텍스트가 어떠한 성격의 텍스트인가가 우선적으로 고려되어야 한다. 원텍스트가 정언적이지 않은데 정언적 번역을 한다는 것은 베르만이 비판하는 '자민족중심적' 번역이나

34 고다르(2001:66)는 베르만의 '문자번역'이 메쇼닉의 '리듬번역'에 영향을 받았다고 지적한다.

메쇼닉이 배격하는 '의미중심번역'을 하는 것이다. 문학텍스트번역에서 원전의 상당히 평범한 표현을 '과도하게' 표현하는 것도 경계해야 한다. 들릴(2007:157)은 다음 예 5)와 6)의 '과도하고 어설픈' 직역 5a)와 6a)에 대해 상당히 불편스러워한다. 그 번역은 5b)와 6b) 정도로 충분하다는 것이다.

5) For less than a blink, fear took Pitando's eye.

   a. Pendant moins d'un clignement d'oeil, la peur s'empara des yeux de Pitando.

   b. La peur se lit aussitôt dans les yeux de Pitando.

6) People think books walk into the store and float up onto the shelves, [⋯]

   a. Ils [les livres] n'entrent pas tout seuls dans le magasin pour flotter dans les airs jusqau'au rayons [⋯]

   b. Ils n'entrent pas tout seuls dans la librairie et ne se placent pas d'eux-mêmes, comme par magie, sur les rayons.

원텍스트가 실용적 텍스트라면 원문이 정언적으로 쓰였을 가능성이 높고, 그렇지 않더라도 다소간 정언적으로 번역하는 것이 그다지 큰 문제가 되지 않을 수 있다. 하지만 철학서들의 번역에서도 그러하지만, 특히 문학텍스트들의 번역에서 정언적이지 않은 문장들을 정언적 문장들로 옮기는 것은 '작품성' 번역의 측면에서 문제 발생의 소지가 다분히 있다. 문학번역의 경우, 그 어느 경우보다 원텍스트의 '문학성'(littérarité)를 비롯한 '특수성들'을 잘 읽어내어 이해할 필요가 있는 만큼, 원텍스트의 특수한 성격들에 대한 충분한 고려 없이 우리말로 '자연스러운 번역'을 하는 것은 원작을 왜곡할 위험성이 크다. 텍스트 번역에 어떤 이론을 적용하느냐가 중요한 것이 아니라, 텍스트의 특수성들을 읽어내고 제대로 재현하는 것이 우선적으로 중요한 것이다. '원천지향 번역이냐 목표지향 번역이냐'가 중요한 것이 아니라, '원텍스트 언어의 성격을 섬세하게 파악하여 적절하게 재현하는 것'이 무엇보다 중요한 것이다. 이를 위해서는 다양한 번역론들의 절충적 활용도 마다할 이유가 없다.

4. 번역과정 재고

슈발리에(1995a:61)가 보인 번역 도식을 단순화하면 '출발텍스트(T1)→경험의 개념적 표상(R)[35]→도착텍스트(T2)' 정도가 된다. 플로베르의《마담 보바리》의 경우처럼 T1과 R 사이에 수많은 메타적 피드백(T1⇄R)이 있음을 보여주는 적지않은 자료가 있는 경우는 물론이려니와, 그렇지 않은 경우라도 T1이 확정되기까지 양자 사이에 적잖은 메타적 피드백이 있다고 보아야 한다는 것이 저자의 입장이고, 우리는 이에 십분 공감한다. 그런데 그 과정을 모른다면 번역자는 필요한 만큼 스스로 물을 수밖에 없고, 구할 수 있는 자료들의 도움을 받아 나름대로 답을 할 수밖에 없다. 더구나 저자의 R1과 번역자의 R2가 일치한다는 보장은 전혀 없다. 오히려 어느 정도의 차이는 불가피하다고 보아야 할 것이다(R1≃R2). R1과 R2 사이, T1과 T2 사이의 이러한 간격을 좁히는 것은 메이에르가 그의 '제문론적 수사학'에서 말하는 '수사적 교섭'[36]이다. 이러한 수사적 교섭에서는 두 언어의 일반적 추상적 성격을 알고 있는 것도 도움이 되지만, 특히 번역 대상 텍스트의 텍스트적 특수성들이 충분히 이해되어야 하고, 또한 적절하게 재현되어야 한다. 이 과정에서 다양한 이론들이 도움이 되겠지만, 대상 텍스트의 분석적 이해에 슈발리에를 비롯한 신기욤학파 학자들이 내세우는 '언어에서 표층보다 심층적인 것은 없다'는 '공리'(axiome)는 적극 고려될 필요가 있다.[37]

---

35 'R'은 'représentation'의 약자이다. 이 '개념적 표상'은 슈톨제가 번역의 해석학에서 말하는 '정신적 표상'(mental representation)과 별로 다르지 않다.

36 메이에르(2012) 참고.

37 전성기(2008a:58-9): "이들의 연구의 출발점은 기호학에서 언어학자들이 지금까지 소홀히 해 온 시니피앙이다. 슈발리에 · 로네 · 몰로(1984:40)는 언어에서 체계나 체계성은 언제나 그리고 어디서나 유연적인 기호관계들이 드러내는 것이며, 시니피에는 시니피앙에 의해서만 존재한다는 입장을 분명히 한다. 이들은 '시니피앙의 언어적 행태의 설명 원리인 랑그의 시니피에는 시니피앙 자체에 명시적으로 드러난 것에 대한 독해'라고 해석한다(50). 기호학자와 언어학자들은 대개 지시관계는 시니피앙이 아니라 시니피에와 맺어지는 것으로 간주하나, 신기욤학자들은 우선 '시니피앙'이라는 용어 자체의 의미에 주목한다. 'signifier의미하다'라는 동사의 현재분사형이 명사화한 'signifiant'은 말 그대로 '의미하는 것'인데, 이것이 오

바르디에르(2008:120)는 번역과정은 '탈언어화와 재언어화의 원리' 정도로 간단히 표현될 수 있는 성격의 것이 아니라고 단언한다. 원텍스트가 목표텍스트로의 재언어화를 통해 완전히 사라질 수 없다는 것이다. 탈언어화 과정이 필요하기는 하나, 일시적일 뿐이고, 번역은 원텍스트로 되돌아가 도착텍스트와의 비교를 필요로 한다는 것이다. 그래서 양텍스트에 관련되어 있는 '경험적 정신적 지시물들'을 불러내어 필요하다면 그 적합성을 평가하고 다듬어야 한다는 것이다. 이는 각 언어에서 담화, 경험의 측면과 표상(représentation)의 측면을 비교하는 것이고, 이러한 비교를 원텍스트와 번역텍스트의 두 언어 사이에서도 행하는 것이다. '정언적 직역성'에 번역 대상어의 문체적 성조적 특성까지 감안하면서 '언어적 문학성'까지 고려해야 '충실성'을 말할 수 있다는 것이 저자의 입장이다. 전성기(2002:2-3)가 제시한 '삼중대조분석'은 번역에서 이 비교의 필요성과 중요성을 아울러 보여준다. '삼중대조분석은, 앞에서도 밝혔듯이, 원문의 환언문들 사이의 대조분석, 번역문의 환언문들 사이의 대조분석, 그리고 양쪽 환원문들을 교차대조분석하는 것을 말한다. 간단한 예를 하나 보자.

7) a. La lettre a été envoyé par Pierre.

b. 편지는 피에르에 의해 부쳐졌다.

7a)의 의미의 정확한 해석을 위해서는 이와 '유사한' 문장들인 8a)-8d)와 그 가능한 번역들인 9a)-9g)의 문장들의 관계를 대조분석하는 것이 필요하다. 정언적 표현으로 볼 수 있는 7a)의 번역 7b)는 정언적 표현이 아니다. 삼중대조분석을 해보면 9g)가 적절한 정언적 번역임을 알 수 있다.

8) a. Pierre a envoyé une lettre.

b. Pierre a envoyé la lettre.

늘날의 기호학에서는 '무의미한 것insignifiant'이 되어 버렸다는 것이다."; 전성기(2008a:59-65) 참고.

c. Une lettre a été envoyé par Pierre.

d. Cette lettre-là a été envoyé par Pierre.

9) a. 피에르는 편지를 보냈다.

b. 피에르가 편지를 보냈다.

c. 피에르가 편지 보냈다.

d. 피에르가 그 편지 보냈다.

e. 편지를 피에르가 보냈다.

f. 그 편지는 피에르가 보냈다.

g. 편지는 피에르가 보냈다.

이 예는 문법의미에 초점이 맞추어진 경우지만, 이러한 통합축과 계열축을 고려하는 비교분석은, 대개는 보다 간략한 '삼중비교분석'의 형태로, 텍스트 언어의 특수성 포착을 위해 활용될 수 있다. 예를 들어 어휘에 대한 계열적 고려나 구문에 대한 통합적 고려는 발화의 의미를 더 섬세하게 읽어내는 데, 혹은 번역의 타당성을 따져볼 때 기준의 하나가 될 수 있다.[38] '텍스트'를 텍스트로, '작품'(oeuvre)을 작품으로 번역하고자 한다면, 원텍스트의 의미, 리듬, 시니피앙스 등의 복원을 위해 그 표층에 대한 섬세한 읽기를 소홀히 할 수 없다. 왜 어떤 낱말이 다른 낱말 대신에 선택되었는지, 선택된 낱말들의 조합과 구문이나 그 순서는 어떠한지, 그리고 원텍스트의 표현들이 해당 언어의 정언적 표현들과 얼마나 유사한지 혹은 다른지 등의 고려가 텍스트 언어 성격의 섬세한 이해를 위해 중요하다. 언어적 요소들과 맥락과의 상호작용은 특히 눈여겨보아야 할 부분이다. 하지만 핵심어의 경우라면 그 핵심성이 두드러지도록 번역도 줄곧 같게 해줄 필요가 있다. 생텍쥐페리의 《어린 왕자》의 한 대목과 한 번역 예를 보자.[39]

38 맥락이 적극 고려되어야 하는 텍스트번역에서는 '삼중대조분석'이란 명칭도 '삼중비교분석'이라 바꿔부르는 것이 나을 것 같다.

39 번역은 송진희(1997)의 것이다.

10) Il y a des millions d'années que les fleurs fabriquent des épines. Il y a des millions d'années que les moutons mangent quand même les fleurs. Et ce n'est pas sérieux de chercher à comprendre pourquoi elles se donnent tant de mal pour se fabriquer des épines qui ne servent jamais à rien ? Ce n'est pas important la guerre des moutons et des fleurs ? Ce n'est pas plus sérieux et plus important que les additions d'un gros Monsieur rouge ? Et si je connais, moi, une fleur unique au monde, qui n'existe nulle part, sauf dans ma planète, et qu'un petit mouton peut anéantir d'un seul coup, comme ça, un matin, sans se rendre compte de ce qu'il fait, ce n'est pas important ça !

수백만 년 전부터 꽃은 가시를 만들고 있어. 그렇지만 양들이 꽃을 먹는 것도 수백만 년째야. 그러면 어째서 아무 소용도 없는 가시를 만드느라고 꽃들이 그렇게 고생을 하는지 알아보려고 하는 게 **중대한** 일이 아니겠어? 꽃과 양의 전쟁은 **큰**일이 아니야? 이게 시뻘건 뚱뚱보 양반의 더하기보다 더 **중대하고 중요한** 일이 아니겠어? 그리고 말이야. 만약에 내 별 말고 다른 데는 아무 데도 없는 이 세상에 단 하나밖에 없는 꽃을 내가 알고 있는데, 어린 양이 제가 하는 일이 무언지도 모르고 어느 날 아침 요렇게 단번에 없애 버릴 수가 있다면, 이건 그래 **중대한** 일이 아니냐 말이야!

《어린 왕자》에는 혹 핵심어는 아니더라도 의미상 중요해 보이는 어휘 'important'이 모두 열네 번 나오는데,[40] 이 대목에 세 번이 몰려 있으며, 또 'sérieux'와 대비를 이루고 있다. 반복의 의미가 중요해 보이는 이 대목에서 'important'을 '큰', '중요한', '중대한', 이렇게 세 가지로 옮기는 것은 적절해 보이지 않는다. 모두 '중요한'으로 옮겨 반복의 의미를 살려주는 것이 오히려 타당해 보인다. 번역자는 21장의 "Mais à elle seule elle est plus importante que vous toutes, puisque c'est elle que j'ai arrosée."에서 'important'을 "그렇지만 그 꽃 하나만으로도 너희들을 모두 당하고도 남아. 그건 내

40 'importance'도 세 번 나온다.

가 물을 준 꽃이니까."라는 번역에서 보듯이, '당하다'로 옮기고 있다. 이는 일단 맥락 의미를 잘 살린 좋은 번역이라 평할 수 있다. 하지만 되풀이되는 'important'의 중요성을 생각한다면, 다른 번역들이 그러하듯이, 그냥 '중요한'으로 해석하여, '하지만 그 꽃 한 송이가 내게는 너희 모두보다 더 중요해, 내가 물을 준 꽃이니까' 정도로 번역하는 것이 텍스트의 맥락에 어울리는 해석이라 생각된다.

'sérieux'는 《어린 왕자》에 모두 21번 나오는데, 그 통합적 조합이나 맥락도 다양하고, 이에 따라 번역도 다양하게 되어 있다. 위 예에서는 'sérieux'가 두 'important'의 경우처럼 '중대하고'로 옮겨져 있는데, 다른 맥락들을 두루 고려할 때 위 맥락에서도 '진지하고'란 번역이 더 적합해 보인다. 'sérieux'는 이 밖에도 번역본에서 'une excuse sérieuse 그럴 듯한 이유', 'des hommes sérieux 성실한 사람들', 'Je suis un homme sérieux! 나는 착실한 사람이다!', 'comme une chose très sérieuse 아주 중대한 일이기나 한 듯이', 'J'ai de sérieuse raisons de… 상당한 이유가 있다', 'un homme sérieux 착실한 사람', 'Je suis sérieux, moi. 나는 착실한 사람이야', 'C'est assez poétique. Mais ce n'est pas très sérieux. 꽤 시적인데 그리 착실한 일은 아니야.', 'sur les choses sérieuses 중대한 일이라는 데에 대해서', 'Il avait le regard sérieux, perdu très loin. 그의 눈은 멀거니 먼 데를 바라보고 있었다', 'Puis il redevint sérieux. 이번에는 웃음이 걷힌 얼굴로 말했다.' 등의 맥락에 쓰이고 있다. 우선 'le regard sérieux'에서는 'sérieux'의 번역이 빠져 있는데, 어휘와 구문의 의미 포착이 모두 쉽지 않다. '그의 진지한 눈길은 아득한 곳을 향해 있었다' 정도가 어떨까?[41] 'Puis il redevint sérieux.'의 번역에서 'sérieux'의 '웃음 걷힌'이란 번역은 맥락이 고려된 꽤 괜찮은 번역이라 생각된다. 하지만 텍스트 전체에서의 'sérieux'의 의미와 그 의미관계들을 고려하면 여기서도 '진지한'이란 해석이 나아 보인다. 이 예에서 단순과거 'redevint'이 '시작상'의 의미를 갖는

41 한 영어 번역본은 이를 다음과 같이 옮기고 있다: "His look was very serious, like some one lost far away."

다는 것과 그 앞 문장이 'Et il rit encore.'라는 것을 고려하면, 해당 예문 전체는 '이어, 다시 진지해졌다.' 정도로 해석된다. 이 두 예 앞의 'sérieux'들의 의미도, 작은 맥락만을 고려한 해석을 넘어 텍스트 전체에서 그 의미망과 관련 어휘들과의 의미관계들을 고려하다 보면, '진지한'이란 해석이 다른 해석들보다 그래도 낫다는 생각을 하게 된다. 그러한 고려의 결과로 선택된 것이 '진지한'이라면, 이는 'sérieux'를 그러한 전체에 대한 고려 없이 옮기는 이른바 '직역'과는 사뭇 큰 차이가 있다.

위의 고찰이 시사하듯이, 번역과 번역비평에서는 낱말 하나라 할지라도, 텍스트 차원의 '일관성'과 '결속성'에 대한 고려가 매우 중요하다.[42] 부분을 단지 부분으로만 볼 것이 아니라 전체를 통해 다시 부분을 보는 것이 필요하다. 전체는 부분들의 단순 합이 아니기에, 이 일관성과 결속성의 전반적 고려가 텍스트번역에서 중요한 것이다. 일반적 인문학 텍스트의 경우라면 특히 논증 차원의 고려를 소홀히 할 수 없다.[43] 낱말 차원까지 포함하는 텍스트의 특수성을 읽어내고 이해하며, 번역비평적 성찰을 통해 원텍스트를 충분히 존중하되 번역어의 결도 소홀히 하지 않는 번역글쓰기를 하는 것은, 리-양케(2004)의 "Viser la cible et préserver la source"라는 제목이 말하듯이, '목표를 겨냥하며 원천도 돌보는 것'이다.[44] 언어 성격의 측면에서 균형과 조화를 중시하는 이러한 번역 방식은 '원천이야 목표냐'의 '냐냐주의'를 넘어 '원천도 목표도 모두 존중'하는 중용의 '도도주의'의 길을 모색하는 것이다.[45] 이 '중용의 길'은 부분적으로는 차용이나 모사를 통한 원천지향적 번역이 될 수도, 자연스러움을 더 크게 고려한 목표지향적 번역이 될 수도 있다. 섬세하게 분석적으로 다가가는 번역문법적 접근은 '작품번역'의 바탕

42 맹그노(2010:220-52) 참고.

43 퐁샤랄(2007b) 참고.

44 다만 원천과 목표의 비중은 텍스트의 종류, 번역자의 의도, 목표 등에 따라 달라질 수 있다. 번역의 성격상 전체적 비중은 목표 쪽에 다소 무게가 더 두어질 것이나, '노예적' 직역과 '자의적' 번안이라는 양 극단을 제외한 대개의 번역들은 이 양 극단 사이에 자리하게 될 것이다.

45 바디위(2010:138), 반디아(2001) 참고.

이기도 하다. 번역문법의 이러한 분석적 접근은 텍스트에 대한 전일적 심층적 접근에 의해 보완되어야 할 것이다.

5. 번역과 창의성

직역은 흔히 '코드전환'(transcodage)이나 '대응'(correspondance) 번역과 동일시된다.[46] 에지트의 해석이론에서 이들은 '등가 équivalence'와 대립된다. '해석이론에서의 해석이란 원문의 문법적 어휘적 의미 요소들을 있는 그대로 되살리는 것이 아니라 완전히 재표현하는 것'이라는 르드레르(2004:15-6)는 '대응과 등가를 구분하는 것'이 '해석이론의 핵심'이라고 말한다. 대응은 '한 언어를 단순히 다른 언어로 대체하는 작업으로, 두 언어 간에 이미 설정되어 있는 기존의 어휘적, 구문적 대응어를 그대로 사용하는 방법'이고, 등가는 '주어진 상황을 머릿속으로 그려보고 텍스트의 '의미'를 찾아낸 다음, 이를 도착어의 관용적 표현을 사용하여 등가어로 표현하는 것'이다. 저자는 '번역은 언어 차원의 작업이 아닌 텍스트 차원의 작업이며, 담화 차원에서의 언어가 가지게 되는 특성은 미리 규정할 수 없으므로, 대응어를 쓰는 번역은 극히 한정된 경우에만 사용된다'고 말한다. '담화의 전개 속에서 상황의 특수성이 추가되지 않은 경우'는 번역자의 '인지적 요소들을 동원하지 않고 번역할 수 있으며 본래의 언어적 의미만을 지니게' 되는데, '이러한 경우를 제외한 나머지의 경우에는 모두 등가어로 번역'된다는 것이 저자의 설명이다.

코드전환이 많은 경우 어려운 것은, 언어 체계와 문법이 다르다는 것 외에, '부분으로 전체를 나타내는 무늬'인 '제유' 때문이기도 하다. 이 무늬는 인간 언어의 중요한 특성의 하나로서, 언어에 따라 다르다. 지시물은 같아도 의미하는 방식이 다른 것이다. '일반화된 대응에 의한 번역'이 가능하지 않은 이유 중 하나로, 르드레르(2001:234)는 동일한 구체적 혹은 추상

46 세기노(1989:75) 참고.

적 대상을 나타내기 위해 언어들에 서로 다른 제유가 필요하다는 점을 꼽는다. 제유는 우선 낱말 층위에서 찾아볼 수 있다. 르드레르(2001:51)에 의하면, 수도꼭지(un robinet)에서 물이 새는 것을 불어로는 'fuire 달아나다', 이태리어로는 'perdre 잃다', 독어로는 'courir 달리다'라고 한다.[47] 르드레르(2004:23-4)는 '제유 현상은 담화와 텍스트, 등가에 적용시킬 때 그 진정한 의미'를 갖는다고 지적한다.[48] 도착텍스트에 새로운 제유들을 설정해야 할 필요에서 번역의 '창의적 과정'이 비롯된다고 보는 리드닝(2004:857-9)은 '각 언어는 서로 다른 두드러진 자질들을 택하여 대상이나 개념을 나타낸다'고 말한다. 그래서 출발어의 두드러진 자질들을 단순히 환치하면 번역의 이해가 어려워질 뿐 아니라 의미가 왜곡될 위험도 있다는 것이다. 이에 대한 처방은 '도착어의 표현 논리에 따라' 출발어의 두드러진 자질들을 재현하는 것이다. 르드레르(2001:57)는 '한 언어에서 그 '특질'에 따라 쓰인 텍스트에는 다른 언어에서도 그 '특질'에 따라 쓰여진 텍스트가 요구된다'고 기술한다. 말하자면 원어와 번역어의 성격이 충분히 고려되어야 한다는 것이다.

원어와 번역어가 어떤 것이건, 원텍스트가 자연스럽게 직역이 되지 않는 경우는 대단히 많다. 이는 언어의 체계적 차이, 문법적 차이, 문화적 차이 등으로 인한 것이기도 하고, 제유상의 차이 때문이기도 하다. 이러한 경우, 번역은 원텍스트에 충실하기 위해서도 창의적, 창조적이 되지 않을 수 없다.[49] 발라르(1997:90)는 번역에서의 창의성의 스펙트럼을 넓게 잡아 '삭제'와 '삽입'도 창조성의 초기 형태들로 간주한다. 상위어-하위어 관계의 활용이나 등위의 접속으로의 변형도 그에게는 창조적 작업이다(98-100). 그는 창조성을 '상쇄와 균형의 게임'으로 본다(107). 이러한 관점에서는 비교문체론에서 말하는 '치환'과 '변조'도 창조적 작업이 될 것이다. 그러나 들릴

47 르드레르(2001:234)는 이를 '낱말들이 지시된 개념의 일부만을 명시화'하는 것으로 기술한다.

48 르드레르(2001:234-5)가 든 *Cannery Row*의 예 'The ties were pulled down a little'이 'Ils avaient défait leur cravate 넥타이를 풀어헤친 채'로 번역된 것도 제유이다. 풀어진 매듭과 아래로 처진 넥타이들의 전체 이미지에서, 영어는 결과를 보이고 불어 번역은 이유를 보인다.

49 유안(1999) 참고.

(1981:146)에게는 비교문체론의 '비낀 번역'도 '번안'을 제외하고는 '차용', '모사', '직역'과 마찬가지로 '직접 번역'이다. 번역자가 기존의 알려진 등가들을 재활용하는 것에 지나지 않기 때문이다. 들릴이 크게 관심 갖는 것은 랑그상의 '창조의 원리'[50]일 뿐 아니라 담론상의 '창조의 원리'이기도 한 '유추'이다. 들릴(1981:143)은 텍스트의 의미는 미리 주어져 있지 않다고 말한다. 이 의미는 구축되어야 하는데, 그 사고의 도구 중 하나가 유추이다. 유추적 추론은 관용성이나 문체 때문에 혹은 두 이유 모두 때문에 직역을 피하는 것이 바람직할 경우, 타당한 표현을 발견하기 위해 언어 소스들의 활용을 가능하게 하는 방법이라고 저자는 설명한다. 언어 간 '접속'은 늘 선적으로 이루어지는 것이 아니라 흔히 우회적 방식으로 연속적 연상작용, 유추적 추론에 의해 이루어지기 때문에, 번역자는 도착어에 대한 지식과 추론 능력을 겸비해야 한다는 것이다(145). 그의 예를 하나 보자.

11) A high school dropout, onetime recording company owner, Skora has for the past 30 years helped pay the rent by treating drug, drinking and other behavioral problem cases with hypnosis.

다른 맥락에서라면 'helped pay the rent'는 충분히 'aidé à payer le loyer'로 직역될 수 있겠지만, 이 맥락에서는 영어의 관용적 성격 때문에 가능하지 않다고 들릴은 지적한다. 'To help pay the rent'는 'to call a spade a spade'(appeler un chat un chat)처럼 성구가 아니기 때문에 이 의미의 해석을 위해서는 언어적 지식뿐 아니라 비언어적인 인지적 보충지식들이 필요하다고 그는 말한다. 이 양자를 통해 'gagner assez d'argent pour ne pas avoir à s'endetter'(빚지지 않을 만큼 돈을 벌다)라는 '개념화'에 도달하게 되고, 이에서 유추를 통해 '…boucler son budget…'나 '…joindre les deux bouts…'(to make both ends meet, 생계를 이어가다)라는 표현에 이르게 된다는 것이다

50 들릴(1981:144)은 이는 이미 소쉬르가 지적한 것이라고 밝힌다.

(146-7). 저자는 유추만으로는 번역의 등가가 다 설명되지 않는다는 것을 기꺼이 인정한다. 하지만 유추는, '랑그의 창조의 원리'이듯이, '새로운 맥락적 등가의 창조의 원리'이기도 하다고 그는 강조한다. 이중어사전의 어휘와 구문 지식만 가지고 번역할 수는 없다는 그는 유추야말로 '진정한 번역의 한 원리, 번역의 한 절차'라고 천명한다(151). 들릴(1980:80-2)은 유추적 추론은 '상상력으로 유사성을 구축'하는 '창조적 작업'이라 말한다. 번역은 2차적 작업이기에 그 창의성이 그다지 높게 평가받지 못하고 있지만, 창조·해석·재창조·번역·번안 사이의 장벽은 우리가 생각하는 것보다 그리 높지 않다는 것이 그의 입장이다.

벌러체스쿠(2007a:241-2)에 의하면 번역에서의 창의성은 '문제 해결 행위'이다.[51] 그는 창의적 해결책은 새로울 뿐 아니라 적절해야 한다고 말한다. 이러한 기준들이 충족되었는가 판단하는 평가와 정당화의 기준은 '주관상호적 그럼직함'이다(245).[52] 스테파닌크·벌러체스쿠(2002:42)는 창조성의 첫걸음이라는 비교문체론의 '치환' 같은 기준은 여전히 너무 언어의 구조들에 밀착되어 있다고 지적한다. 유안(1999:73)은 재창조를 충실성의 보완 개념으로 간주한다. 충실성은 재창조의 전제 조건이고 번역에서 재창조의 실현 정도는 다를 수 있다고 저자는 말한다. 그는 번역자가 우월·대등·열등의 세 태도를 가질 수 있는데, 대부분의 번역자들이 충실성의 미명하에 열등한 위치를 택한다고 비판한다. 번역자는 재창조에 대해서도 낮은 정도, 중간 정도, 높은 정도의 태도를 가질 수 있으며, 번역불가능한 것은 재창조의 '영도'(degré zéro)라고 그는 기술한다. 하지만 이 '영도'는 시적인 것들과 역사적 재화행(réénonciation)의 상호작용이 아직 실현되지 않았기 때문인 것으로 저자는 해석한다.[53] 이 이외에도 번역에서의 '창의성'(혹은 창조성)을

51 스테파닌크 · 벌러체스쿠(2008:38)는 창의성이 문학번역의 전유물이 아니라고 말한다. 이들은 창의성을 '문제 해결 능력'과 '연합적 접근'(l'approche associationniste)을 통해 설명한다; 스테파닌크 · 벌러체스쿠(2009:290) 참고.

52 벌러체스쿠(2007b) 참고; 벌러체스쿠는 번역에서 직관의 중요성도 강조한다.

53 유안(1999:73)은 번역의 정도를 결정하는 것은 번역의 기능과 번역독자의 요구라고 생각한다.

다른 참고할 수 있는 글들은 단세트 외(2007) 등을 비롯하여 상당수가 있다. 폴카르(1991)가 기술하듯이 번역이 '재화행'이고, 보네(2006)가 주장하듯이 번역이 간접화법의 성격도 가진 일종의 특이한 '자유직접화법'이라면, 번역학에서 창조성(혹은 창의성) 문제는 더 적극적으로 고려되어야 할 것이다. 창의적 번역에서는 번역자의 주관성이 중요하다. 그리고 번역에서 번역자의 가시성도 불가피하다. 하지만 이 가시성이 너무 드러나지 않도록 자제하는 것이 '번역의 윤리'이기도 하다.[54] 이러한 번역의 과정은 메이에르가 말하는 부단한 수사적 '거리 교섭'의 과정일 수밖에 없다. 따라서 번역비평 또한, 페렐만의 수사학에서처럼,[55] '관용적이고 개방적'이어야 할 필요가 크다.

***

지금까지 번역학에서 우선적 관심 대상은 직역이냐 의역이냐 혹은 충실성이냐 가독성이냐 하는 번역 방법이나 평가(혹은 비평)의 기준이나, 원천지향인가 목표지향인가 하는 '이데올로기'였다고 해도 과언이 아닐 것이다. 이러한 이분법적 사고는 번역사를 통해 지속적으로 재생산되면서 갈등을 부추겨왔다. 이러한 갈등의 완화를 위해서도 언어 성격에 대한 적극적 고려가 필요하다. 방법이나 기준의 적용 이전에, 텍스트 언어의 성격을 우선 고려한다면, 적어도 동시에 고려한다면, 그리고 대개 전제 수준에 머물러 있는 텍스트 언어에 대한 번역문법적 고찰을 아끼지 않는다면, 번역이 문제해결적 방향에서 더 대화적으로 실천될 가능성이 크게 높아진다. 불통에 가까운 '직역'(혹은 문자역)[56]이나 자의적 '자유역'(혹은 '부정한 미녀'역)은

54 라오(2004)가 말하는 새로운 차원의 '불가시성' 혹은 번역자의 '침묵의 윤리'는 음미해 볼 만하다.

55 마넬리(2006) 참고.

56 휴슨(2004:129)은 이를 '무비판적 · 비성찰적 · 비윤리적 반응'의 결과로서의 '문자역'이라 칭한다.

원어나 번역어의 성격을 도외시한 일종의 '폭력적' 번역이다. 번역어의 성격을 존중하지 않는 '충실성'이나 원텍스트 언어의 성격을 고려하지 않는 '가독성'은 대부분의 경우 공감을 얻기 어렵다.[57] 번역에서 용인될 수 있는 무리없는 직역, 즉 '비폭력적' 직역은 상당히 제한적이다. 하지만 언어 성격의 유사성과 차이를 가늠하는 직역의 기준 역할은 중요하다. 이 직역의 결과로 문제가 발생한다면 적절한 번역 등가의 산출을 위해 유추 같은 다양한 창의적(혹은 창조적) 조치들이 필요해진다. 충실하기 위해 창의적이지 않을 수 없다는 '역설적' 주장이 설득력을 가지는 것이 사실이라면, 번역에서 '창의적 상상력'의 중요성도 자연히 커진다. 그러나 이 상상력은 원텍스트 언어의 성격과 번역어의 성격, 잠재력, 번역글쓰기 등이 충분히 고려되는 '절제된 상상력'이어야 한다. 원저자의 문체의 재창조가 번역자 자신의 문체적 창조가 되지 않도록 번역자는 유의해야 할 것이다.[58]

들릴(2001:211)은 번역을 '텍스트의 독특한 성격의 관찰과 분석에 기반한 실험적 경험적 기법(art)'이라고 말한다. 번역에서 원텍스트의 독특성(혹은 특수성)을 고려한다는 것은 원텍스트가 어떻게 해서 그 형태를 가지게 되었는지 다각도로 검토·성찰해 본다는 것을 뜻한다. 하나의 번역텍스트는 번역자의 수많은 의식적 무의식적 선택들의 결과이고, 이들에 대한 재검토의 산물이다. 이러한 고심어린 작업의 바탕이 되는 것이 바로 '번역문법'이다. 이 작업에서 삼중비교분석도 유용하게 활용될 수 있다. 원문이 정언적 표현 위주일 때 이를 정언적 표현 위주로 옮기는 것은 충분히 타당하다. 그렇

57 정영목(2004:229): "사실 오독이나 비문이라는 소극적 의미의 기준을 넘어서면 '충실성'이나 '가독성'이 과연 객관적 기준 역할을 할 수 있을지 의문이 들기도 한다. 원문과 관련된 '충실성' 문제만 해도 원문의 해석을 놓고 전공자들 내부에서조차 얼마든지 이론의 여지가 있을 것 같다. 더군다나 연구자들의 연구영역이 아닌 '가독성'이라는 기준으로 들어가면 문제는 더 복잡해진다. 가독성의 최소한의 요구조건('비문은 안 된다' 등)을 만족시킨 상태에서, '어색하거나 생경하면 안 된다'거나 '우리말로 읽기 쉽다'는 것은 도대체 무슨 의미일까? 얼핏 생각해봐도 '읽기 쉽다'는 것이 고전과 그 나머지를 가르는 기준이 아닌 다음에야 외국어 고전에도 읽기 어려운 글이 있을 터이고, 이런 경우 읽기 어려운 글을 읽기 쉽게 번역하는 것이 반드시 좋다고만 말하기는 힘들 것 같다."

58 들릴(2007:154) 참고.

지만 비정언적 표현 위주인 문학텍스트를 정언적 표현 위주의 '자연스러운' 문장들로 옮기는 것은 원텍스트의 성격을 존중하는 번역이 전혀 아니다. 휴슨(2004:132)에게 '좋은' 문학번역은 원천지향적도 목표지향적도 아니다. '진정한 에크리튀르'를 통해 원텍스트의 효과를 재현하는 번역일 뿐이다. 물론 번역에 세심하게 주의를 기울인다고 해서 반드시 좋은 번역이 나온다는 보장은 없다.[59] 그러나 '성실한 번역'은 좋은 번역의 가능성을 높이고, 이러한 번역들의 축적이 '번역문화의 개선과 번역가능성의 신장'으로 이어질 것은 분명하다.

티엔(1988:99)은 수많은 언어이론과 마주하는 교사-번역가의 태도를 넓은 정원에서의 꿀벌의 태도에 비유한다. 꿀벌에게는 좋은 꿀을 많이 얻는 것이 중요하지 어느 꽃, 어느 나무에서 얻느냐는 별로 중요하지 않다. 교사-번역가도 마찬가지라고 저자는 말한다. 모든 이론에 관심을 갖더라도 그 어떤 이론도—전체적이건 부분적이건—채택할 의무는 없다. 가장 도움이 될 법한 이론(들)이나 그 일부를 택하면 된다. 텍스트 언어의 성격을 충분히 고려하는 번역자 역시 마찬가지이다. 해당 텍스트의 번역을 더 잘하는 데 도움이 되는 것은 어느 번역론, 어느 자료라도 좋다. 여기저기서 부분부분을 취하더라도 상관없다. 부단한 섬세한 성찰을 통해 번역 결과가 '주관상호적 그럼직함'에 도달하면 된다. 이를 위해서도 번역자는 번역에 대한 대화적 탐구적 논증 작업에 더욱 세밀해질 필요가 있다. 이는 탐구번역의 한 모습이다. 우리 인문학 텍스트 번역은 '원천이냐 목표냐', '충실성이냐 가독성이냐'의 '냐냐주의'를 넘어 원천도 목표도 모두 존중하는 포용적인 '도도'의 중용의 길을 모색할 필요가 있다. 필요와 목표에 따라 이 중용의 길은 다양한 모습으로 나타날 수 있다. 텍스트 언어의 성격을 중요하게 고려하는 한편, 이분법적 사고를 넘어 균형과 조화를 중시하는 관용적인 번역과 번역비평은 번역인문학이 추구하는 방향이기도 하다.

59 브리나-니콜로프(2002) 참고.

제12장 문법번역, 번역문법, 텍스트번역(비평)

단세트(1989:83)는 진정한 '번역불가능성' 문제는 번역자가 번역하려는 전언을 이해하지 못하거나 잘못 이해했을 경우에 발생한다고 말한다. 사실 이해가 부족하거나 잘못 이해하면 번역에 문제가 생길 수밖에 없다. 오역에 대한 비판과 비난은 넘쳐나지만, 그 근본적 문제들에 대한 처방은 눈에 잘 띄지 않는다. 번역문법은 오역, 즉 번역 오류의 이해, 그 발생 이유의 진단과 그에 대한 처방의 필요에서 비롯되었다. 불문법서들의 예문 번역들을 검토해 본 결과, 많은 문제들이 발견된 것이다. 예문 번역들에 문제가 많은 것은, 근본적으로, 문법번역을 본격적인 혹은 진정한 번역문제로 생각하지 않기에, '의미번역', '효과번역'이 되지 못하고 있기 때문이다. 문법번역을 제대로 하지 못한 문법서가 해당 문법의 의미들을 섬세하게 이해시킬 수 있을까? 문법이 기본적으로는 형태와 구문의 문제지만, 문법의 의미 이해가 동반되지 않는 문법의 이해는, 적어도 번역의 관점에서는, 제대로 된 이해가 아니다. 제대로 된 이해는 맥락이나 상황에 대한 이해를 포함하게 마련이다. 문법 의미가 이해되었어도 이를 비평적 고찰을 통해 번역어로 적절히 표현해낼 수 없다면, 이는 반쪽 이해이다.[1] 문법번역은 언어와 관련된, 언

---

1 번역과정은 1단계의 '읽기-해석', 2단계의 '번역비평-번역글쓰기'와 이들간 피드백의 과

어학을 비롯한 다양한 분야들의 연구 결과들을 적극 수렴해야 할 것이다.

문법적 이해는 텍스트 이해의 기본적 바탕이다. 정도의 차이는 상당히 있지만, 문법의 오역이나 미흡한 번역은 기존 불문학 텍스트번역들에서도 자주 발견된다. 대조분석은 결과에 대한 분석에 지나지 않는다고 에지트 해석이론가들이나 라드미랄 같은 번역학자는 비판하지만,[2] 우선 다양한 의미들에 대한 섬세한 대조분석 결과들부터 충분히 이해할 필요가 있다. 번역에서 유사한 문제들을 만날 경우, 해결 방향을 시사받을 수 있기 때문이다. 번역의 충실성이나 가독성을 논하기에 앞서 원텍스트의 섬세한 문법적 '읽기'와 '이해'가 우선이다. 혹은 그런 기준들을 논하더라도 동시에 문법적 의미 이해 문제가 심도 있게 다루어져야 한다. '변별적 의미'(sens pertinent)[3] 분석은 이 '문법적 의미 이해 문제'를 다루는 효과적 방식의 하나이다.[4] 원천 언어문화와 목표 언어문화에 대한 '충분한' 지식 보유를 전제로 삼는 기존 번역학에서는 번역문법의 측면이 거의 다루어지지 않고 있다. 오역으로 얼룩져 있는 우리 번역문화의 개선을 위해서는 이러한 전제부터 문제삼아야 한다. 우선 외국어 문법서와 사전들에서 번역문법이 적극 고려되어야 한다. 텍스트 차원 〈번역문법〉의 탐구와 교육 그리고 학습도 절실히 필요하다. 여기서는 〈변별적 의미〉와 〈엇결림〉을 중심으로 문법 예문 번역들과 불문학텍스트 일부 번역 예들을 분석한 후, 번역-텍스트와 그 비평 문제 등을 살펴볼 것이다.

1. 문법번역, 번역문법, 변별적 의미

번역이 언어문화의 차이로 인한 '교섭'이니, 번역문법에서는 맥락 속에서 관련된 두 언어표현의 섬세한 '변별적 의미 자질들'까지 이해하는 것이 중요

정들로 이루어지는 것으로 볼 수 있다; 전성기(2009b) 참고.

2 라드미랄의 언어학이나 대조분석에 대한 비판은 최근에는 상당히 완화되어 있다.

3 영어로는 'relevant meaning'이 될 것이다.

4 전성기(2013a) 참고.

하다. 문장에서 문법요소나 어휘요소들은 서로 긴밀한 관계를 맺고 있으며, 이를 통해 언어외적 '지시물들'을 나타낸다. 이 관계가 충분히 이해되지 않으면, 원어 문법의 '간섭'으로 인해 '모사번역'이 되어 원문과의 등가 관계가 어긋나게 된다.[5] 번역오류는 근원적으로 언어문화 차이에서 비롯되는 것이지만, 번역에 대한 '잘못된 생각'도 간과할 수 없는 요인이다. 제일 문제가 되는 '잘못된 생각'은 무엇보다 기계적인 '단순 직역'을 '타당한 번역'으로 생각하는 것이다. 이는 두 언어의 언어문화적 차이들을 무시하거나 소홀히 하는 것이다. 언어문화가 다르면 낱말의 성격도 다를 수밖에 없다. 텍스트에서는 맥락의 역할이 막중하다. 텍스트는 낱말들의 합이 아니라 그 이상이다. 텍스트에서는 그 성격상 일관성(cohérence)과 결속성(cohésion) 등이 주요 고려 사항인데, 이들은 낱말 차원에서는 잘 드러나지 않는다. 그래서 낱말을 번역 단위로 삼는 번역은, 대개의 경우, 적절한 번역이 되기 어렵다. 외국어 문법서에서는 예문과 그 번역이 중요한 요소들인데, '과도한 직역'이 대개 문제가 된다. 이는 문법의 의미 이해 부족에 기인하는 바가 크다. 이해가 부족하여 과도한 '문자적 읽기'를 하니 과도한 '문자적 해석'이 되는 것이다.

라드미랄(2002:345)은 이를 번역이 '외국어 쪽으로 경도되어 도구화'되었다고 표현한다. 혹자는 '교육상 필요'의 논리를 내세울지 모르겠으나, 그것이 '나는 그에게 그것을 주지 않는다'나 '나는 그가 온다고 말한다' 같은 번역을 '타당한 최종 번역'으로 정당화시켜주지는 못한다. 오류의 '논리'는 '접촉 상태의 두 언어 체계에 서로 손상을 입히는 결과'를 가져올 뿐이라는 것이 라드미랄의 지적인데, 우리 문법번역의 경우 그 사태가 심각하다. 이는 비단 불문법서들의 예문 번역들에 국한된 것이 아닐 것이다. 문법 예문도 맥락이 주어져 있지 않다고 해서 실제의 사용과 무관한 번역을 할 것이 아니라, '인문적 상상력'을 발휘하여 맥락 번역, 상황 번역을 할 필요가 있다. 문

5 학습자들의 경우에는 이러한 '모사번역' 혹은 '중간번역'이 불가피할 수 있다. 그러나 참고서에 이러한 종류의 번역이 최종 형태로 나와 있는 것은 전혀 바람직하지 않다. 학습자들이 오류를 벗어날 마땅한 방법이 달리 있는 것이 아니기 때문이다.

법도 언어의 실제 사용 상황과 관련지어 교육과 학습이 이루어져야 한다는 것이다. 어쩌면 카오스이론에서 말하는 로렌스의 나비효과처럼, 시작은 미미해 보이나 부정적 결과가 엄청난 것이 우리 '오역문화'의 경우가 아닌가 싶다. 상황에 대한 철저한 재인식, 그리고 '직역'에 대한 깊은 반성적 성찰이 필요한 시점이다. 우선 문법 예문 번역에서부터 의미의 '변별성'을 충분히 고려할 필요가 있다. 번역에서의 '변별적 의미'는 형태소, 낱말, 구, 문장 차원의 구분 자질, 어순이나 문체 변이의 의미, '화행 의미'(sens énonciatif), '공시적 의미'(sens connotatif), '함의'와 '전제'에 이르기까지 그 모습이 매우 다양하게 나타날 수 있다. '언향 효과'(effet perlocutoire)도 '변별적 의미'로 인정될 수 있다.[6] 불문법서들에서 발췌한 번역예를 몇 개 살펴보자.[7]

1) a. Moi, je travaille et toi, tu flânes.

   b. 나는 일하고, 너는 빈둥거린다.

2) a. Si vous voulez partir tout de suite, vous le pouvez.

   b. 만약 당신이 즉시 떠나기를 원한다면 당신은 그럴 수 있습니다.

3) a. Je te demande de sortir d'ici.

   b. 나는 네가 여기에서 나가기를 요구한다.

4) a. C'est ainsi que tu me traites, moi, ton meilleur ami.

   b. 그렇게 해서 너는 나를 너의 가장 좋은 친구로 대접하고 있다.

위 예들은 '화행 의미'와 관련된 예들인데, 번역에서는 이러한 의미 측면이 고려되어 있지 않다. 1a)는 '비난'이나 '빈정거림'의 의미로 쓰이는 것이 자연스러운 문장이다.[8] 이러한 '변별적 의미(자질)'를 살리려면 '난 일하는데, 넌 빈둥대는구나' 정도로는 옮겨야 할 것이다.[9] 2a)의 'pourvoir'는 '가

6 전성기(2013a) 참고.

7 아래의 예들은 다섯권의 불문법서에서 추출된 것으로, 전성기(2002)에서 제시된 것들 중 일부를 다시 취한 것이다.

8 '나는 일하고, 너는 빈둥거린다.'는 연극의 한 장면을 지시할 때나 쓰일 법한 문장이다.

9 '누구는 일하는데 누구는 빈둥대는구나'라고도 옮길 수 있을 것이다.

능성'이 아니라 '허락'이라는 '변별적 의미'를 나타낸다. 'si'의 번역에서 '만약'을 굳이 써야 하는 것은 아니다. '…면'이면 충분하다. 'tout de suite'도 2a) 맥락에서는 '즉시'도 가능하나, '바로'도 괜찮다. 이때 '즉시'와 '바로'는 번역상, 대치가 가능한, 일종의 '변이형'(variante)으로 간주된다. 2a)에서 'pouvoir'는 '허락'이나 '수락'을 나타내니 '바로 떠나고 싶으시면, 그렇게 하세요.' 정도로 옮길 수 있을 것이다. 3a)가 '요구'를 나타내는 것은 맞지만, 어떤 상황에서 쓰이는가 아는 것이 중요하다. 이 문장은 예를 들어 'Sors d'ici !'(나가!) 같은 말을 한 다음 재차 나가라고 할 때 쓰일 수 있다. 이러한 경우, 3a) 같은 '수행문'[10]은 일상적 문장이나, 3b)는 비문에 가깝다. 상황 의미의 '변별성'이 번역에 재현되어 있지가 않다. 3a)에 해당되는 우리말 표현은 '여기서 나가줘'나 '여기서 나가주었으면 좋겠어' 정도가 될 것이다. 4a)의 번역은 알쏭달쏭한 문장이 되어버렸다. 사용 상황을 고려하지 않은 탓으로 거의 비문이 된 것인데, 원문이 실은 간단한 문장이 아니다. 원문은 화법이 포함된 문장으로, 'mon meilleur ami'라는 서술에 대한 책임을 지는 사람, 즉 '발화자'(énonciateur)는 화자 자신이 아니라 대화자이다. 즉, 본인 입으로 '제일 친한 친구'라고 해놓고 실제 행동은 영 딴판임을 비꼬거나 비난하는 말이다. 이러한 여러 '변별적 의미들'을 충분히 고려하지 않고 적당히 '대어역'을 하니 4b)같은 결과가 나오는 것이다. 적어도 '제일 친하다는 친구에 대한 대접이 이런 것이군(것이야)' 정도로는 번역이 되어야 할 것이다. 해당 문장과 유사한 여타 문장들과의 명시적 혹은 묵시적 비교, 즉 '삼중대조분석'[11]은 '변별적 의미 자질들'의 포착과 재현에 유용하게 쓰일 수 있다. 번역에서 이러한 '변별적 의미 자질들'의 포착과 재현에 힘쓴다는 것은 번역문법적으로 '분석적인 접근'을 한다는 것이다. 그런데 이러한 '분석적인 접근'은 텍스트 전체, 나아가 상호텍스트성 등을 살피는 '전일적 접근'에 의해 보완되지 않으면 텍스트번역이 제대로 되지 않는다. 예들을 몇 개 더 보자.

10 '수행문'은 'énoncé performatif'를 말한다.

11 전성기(2013a) 참고.

5) a. Je le ferai, puisqu''il le faut.

b. 필요하니까 나는 그걸 할 것이다.

6) a. C'est lui qui a fait cela.

b. 이것을 한 것은 그다

7) a. La voiture sera conduite par Pierre.

b. 차는 삐에르에 의해 운전될 것이다.

8) a. Mais c'est parfaitement vrai !

b. 그러나 그것은 완전히 진실하다.

위 예들은 구문과 관련되어 있다. 5b)에서는 '화행의 정당화'라는 'puisque'의 '변별적 의미'도 중요하고, 'puisque' 구문의 위치도 '변별적 의미'를 갖는다. '할 거야, 그래야 하니까.' 정도로는 옮겨주어야 한다. 물론 'puisque'가 늘 당연지사를 나타내는 것은 아니다. 상대도 알고 있는, 혹은 그렇게 인정되는 사실을 나타내는 'Sortons, puisqu'il fait beau.' 같은 경우는 '나갑시다, 날씨가 좋다니.'와 같이 번역된다. 이때의 'puisque'는 그 화자가 'il fait beau'라는 내용의 사실성을 책임지는 발화자가 아님을 나타낸다. 강조 구문으로 알려진 6a)는 불문법서들이 거의 예외없이 '…한 것은 …이다'로 옮기고 있다. 6a)는 비교적 '자연스러운 표현'이나, 번역문은 그렇지 못하다. 번역문이 원문의 '자연스러움'이라는 '변별성'을 재현하지 못한 것이다. 강세가 붙는 '…가 …하다'가 원문에 상응하는 표현이다. 번역은 '그 사람이 그랬어요'나 '개가 그랬어' 정도가 된다. 7b)는 불어 수동문을 '모사', 즉 '흉내낸' 것인데, 문법적 문제가 없는 원문과 달리, 거의 비문이다. '차는 피에르가 운전할 겁니다'가 적절한 번역이다. 7a)에서 변별적 의미로는 '차'가 주제라는 것, 운전자가 '피에르'라는 것을 들 수 있다. 8b)는 '완전히 비문'이라고 말하기는 어려우나, 원문과 달리, 자연스럽지 못하다. 원문이 쓰이는 상황의 의미를 충분히 고려하지 못하고 거의 대어역을 한 때문이다. '하지만 정말 사실인데요!'나 '하지만 정말 그런데요!' 정도로는 옮겨주어야 한다. 'parfaitement' 자체는 '완전히'로도 '정말'로도 옮길 수 있으나, 이 경우에는 대치가 어렵다. 문법서들에서 'mais'가 나타나면 으레 '그러나'로 옮기는데, 그럴 수 없는 경우들이 적지 않다. 하나의 극단적인 경우가 'Mais, mange !' 이다. 이를 '그러나, 먹어!'라고 옮길 것인가? 원문은 화자가 말할 당시 상대방이 이러한 명령형이 말하는 태도와는 반대되는 태도를 갖고 있었음을 뜻하는 것으로, '야단'이나 '비난'의 '변별적 의미'를 나타낸다.[12] 번역은 '아니, 안 먹을 거야?' 정도가 된다.

이상의 예들은, 한마디로, 문법번역이 상당히 '거칠고 허술하게' 이루어져 왔음을 잘 보여준다. 문법번역이 문법의미의 교육이나 습득의 기회가 아니라, 문법의미의 왜곡이나 잘못된 학습의 경우들이 된다는 것은 문제가 아닐 수 없다. 사전들의 예문 번역들은 문법서들보다는 대체적으로 낫지만, 맥락이나 상황이 충분히 고려되지 않은 '언어번역', 이른바 '사전식 번역'이 제시된 경우들이 드물지 않다.[13] 이처럼 외국어 학습의 주요 참고서인 문법서와 사전들의 번역이 부실하거나 허술한데, 일반번역이 잘 이루어지기를 기대할 수 있을까? 위 예들의 번역에서 보는 '직역' 혹은 '대어역'(mot-à-mot)은 '해서는 안된다'는 것이 아니라, 문법서나 사전들이 '그런 번역에 머물러서는 안 된다'는 것이다. 위 번역예들은 일종의 '중간번역' 혹은 '사이번역'으로는 인정될 수 있다. 하지만 그러한 '중간번역'의 문제점을 직시하며 적절한 번역을 선택하는 데까지 나아가야 한다. 문법서들과 사전들의 예문 번역부터 그러한 방향으로 변하지 않는 한, 우리 오역문화의 획기적 변화는 기대하기 어려울 것이다. 서구권에서는 적어도 80년대 초부터 듣기, 말하기, 읽기, 쓰기와 더불어 번역을 외국어 교육의 '제5 기능'으로 인정하자는 목소리가 커지고 있지만, 우리의 외국어 교육은 여전히 번역을 터부시한다. 그러다 보니 번역을 하더라도 도식적 단순 직역이 여전히 통용되고 있는 것이다.[14] 이는 비단 불어 교육과 학습의 상황만은 아닐 것이다. 문

12 전성기(1998:263-4) 참고.

13 전성기(2002:60-130) 참고.

14 지금은 많이 바뀌었지만, 얼마 전까지만 해도 외국인용 한국어 교재에서 '당신의 나이는

법교육이 번역교육과 무관하게 이루어질 수 없음을 직시하고, 개선책을 마련해야 할 것이다.

문법 예문은 명시적 상황이나 맥락이 주어져 있지 않으니 대어역을 해야 하는 것으로 흔히 생각한다. 하지만 상황이나 맥락이 주어져 있지 않다면, 번역을 위해 적절한 상황이나 맥락이 부여되어야 한다. 문법번역도 상황이나 맥락이 고려되지 않으면 적절한 번역을 할 수 없다. 문법번역도, 일반번역과 마찬가지로, 낱말번역이나 '언어번역'이 아니라 '맥락번역', '상황번역'이 되어야 한다. 예를 들어, 부분관사 예문 'Il mange du pain.'에 대한 '그는 약간의 빵을 먹는다' 식의 번역이 '중간번역'으로는 용인될 수 있으나, 최종 번역이 될 수는 없다. 문법 의미로서의 '부분'과 어휘 의미로서의 '부분'이 같지 않고, 언어의 성격에 따라, 부분이 명시적으로도 묵시적으로도 표현된다는 것도 알아야 한다. 'Il mange du pain.'과 '빵 먹어요'(혹은 '빵 먹고 있어요')의 등가관계 이해에까지 이르러야 한다는 것이다. 'Elle est étudiante.'를 '그녀는 여학생입니다'라고 옮기는 것은 문법 성(genre)의 의미를 부분적으로만 이해한 것이다. 이 예에서 성수의 일치는 문법적 '예속성'으로 인해 불가피하나, 형태소 '-e'의 의미는 번역상의 '변별적 의미'가 아니라는 것도 알아야 한다. '학생이에요'로 충분하다는 것까지 알지 않으면 제대로 아는 것이 아니다.

문법 예문을 번역할 때에도 문법 의미뿐 아니라, 어휘 의미, 화행 의미, 공시적 의미 등 다양한 의미들이 포괄적으로 충분히 고려되어야 한다. 들릴(1980)의 표현을 빌리면, '코드전환' 차원에서 '의미번역' 차원으로 나아가야 한다. 그리고 이해된 의미가 어떻게 표현되어야 등가관계가 성립되는지 학습자들이 이해하도록, 그리고 등가표현에 이르도록 도와주어야 한다. 원문의 '변별적 의미 자질들'을 모두 알고 있어도 적절한 재표현에 좀체 이르지 못할 수도 있다. 그래서 번역글쓰기가 중요한 것이다. 문법서나 사

몇 살입니까?' 같은 '직역투' 문장이 눈에 쉽게 띄었다. 온전치 못한 번역투 문장을 학습의 대상으로 제시하는 것은 온당치 못하다.

전에서 이 등가관계들의 적절성 여부 판단을 도와주는 최선의 방법의 하나는 '적절한 번역'을 제시하는 것이다. 제시된 다양한 '적절한 번역들'을 통해 학습자들은 나름대로 '묵시적 문법'을 구축해갈 수 있게 될 것이다. 혹시 염려되는 문제들이 있으면 관련되는 '명시적 문법'의 보충 설명을 통해 이해를 도와줄 수 있을 것이다. 학교문법도 이제 형태와 구문 위주의 교육과 학습에서, 맥락과 상황을 고려한 의미 화용 중심의 교육과 학습으로 바뀌어야 한다. 문법번역도 이제 지금까지의 '개략적 등가' 번역에서 주체, 상황, 맥락이 고려되는 '섬세한 등가 번역'으로의 '인식 전환'이 이루어져야 한다. 이른바 '충실한' 텍스트번역은 그러한 바탕 위에서 비로소 가능해질 것이다.[15] 번역을 통한 문법교육을 적극 도모하지는 못할지언정 번역 때문에 문법교육이 잘못되는 일은 더이상 없어야 할 것이다. 문법번역과 텍스트번역은 별개의 것이 아니다. 문법번역은 텍스트번역의 기본 바탕이다. 적지 않은 경우, '치밀하고 섬세한' 문법번역은 텍스트번역의 거의 모든 것이 되기도 한다.[16] 번역에서 번역문법적 인식의 전환이 시급하다.

2. 문학텍스트 번역 비교분석

텍스트의 의미는, 이미 많은 연구자들이 수없이 지적하였듯이, 부분 의미들의 단순 합이 아니다. 게다가 '변별적 의미'나 그 '의미 자질들'이 문장이나 텍스트 표층에 모두 표출되어 있는 것도 아니다. 그래서 상황과 맥락을 비롯한 텍스트 전체를 고려하는 분석적인 접근이 필요한 것이다. 원칙적으로, 전체를 고려하며 부분들을 이해하고, 부분들을 고려하며 전체를 다시 생각하는, 해석학에서 말하는 '해석적 순환'의 나선형 과정이, 적절하고 타당한 결과를 얻을 때까지, 반복되는 것이 바람직하다. 이는 원문의 (재)해석에서나 번역문의 (재)해석에서나 마찬가지이다. 그런데 실제의 문학텍

15 라보(1998)는 이러한 방향에서 외국어교육에 에지트의 전문번역 방식의 도입을 주장한다.

16 불문학자 황현산 교수는 이는 불시 번역에서도 마찬가지라는 견해를 표명한다.

스트 번역들을 살펴보면 그렇지 못한 것으로 짐작되는 경우들이 자주 눈에 띈다. 문학작품 번역에서 어휘어들의 오역도 작지 않은 문제지만, 다양한 문법의미들의 섬세하지 못한 이해와 해석은, 어떻게 보면, 더 큰 문제이다. 예를 들어, 논증어들을 잘못 옮기면 문장들의 논증적 연결이 뒤틀어질 위험성이 있고, 시제를 잘못 옮기면 텍스트 속 사건이나 상황들이 뒤틀릴 수 있다. 우리말 표현에 대한 작은 실수나 오류들도 반복되다 보면 텍스트성에 큰 손상이 갈 수 있다. 그래서 텍스트 번역에서 들릴(2007)이 말하는 문체 문제인 '엇결림'(disparate)[17]이 중요한 번역(비평) 문제로 대두된다. 들릴은 단순 오역은 '엇결림'이 아니라고 말하나, 양자가 늘 분명하게 구분되는 것은 아니다. 오역이 빈번해지면 문체에도 당연히 악영향을 미칠 것이다. 문학텍스트 번역에서 '엇결림'을 최소화하기 위해서도 텍스트상의 다양한 '변별적 의미들'의 섬세한 포착과 적절한 재현이 매우 중요하다. 모든 '변별적 의미들'이 번역문법의 소관인 것은 분명 아니나, 번역문법이 광의의 포괄적 '텍스트 의미문법'이기에, 일반적으로 짐작하는 것보다 훨씬 큰 부분이 번역문법의 테두리 안에 포괄된다.[18] 예들을 보자.[19]

9) a. Mais il se peut qu'un autre sentiment se mêlât dans mon coeur à cette volonté : je ne puis sans souffrir offenser *un* homme, fût-il mon ennemi. (*Le silence de la mer*)

b. 그러나 내 마음 속에서는 이런 의도에 다른 감정이 섞여 있었는지도 모른다. 왜냐하면 설혹 나의 적이라고 해도, 나 자신 아무런 고통을 당하지 않고 그 사람을 괴롭힐 수는 없었기 때문이다.

c. 그러나 내 마음속에선 이러한 의지에 또다른 감정이 섞여 있었는지도 몰랐다. 어떤 한 사람에게 모욕을 주는 게 마음이 편치가 않았다. 비록 그가 나의 적일지라도.

---

17 '엇결림'은 영어로는 'disparity'이다; 들릴(2007)의 영어 버전인 들릴(2006) 참고.

18 전성기(2014) 참고.

19 아래 예들도 전성기(2002)에서 취한 것들이나, 분석이나 설명은 상당히 달라져 있다.

10) a. - Elle t'a raconté des histoires?

- Un tas d'histoires, je te raconterai une fois. (*L'invitée*)

b. '무슨 얘기가 있었나?'

'얘기가 많았어요. 나중에 얘기해드리죠'

c. '당신에게 많은 얘길 했어?'

'많은 얘길 했어요. 언제 들려 줄게요'

9a)의 번역에서는 크게 두 가지 문제가 있다. 하나는 'ne puis··· sans···'이란 표현의 해석이고, 다른 하나는 부정관사 'un'의 의미 해석이다. 9b)는 전자를 '···하지 않고 ···할 수는'으로 직역했는데, 우리말의 '결'과 맞지 않는다. 이러한 어긋남도 '변별적 의미'의 문제이다. 그리고 덧붙여진 양보 구문 'fût-il mon ennemi'를 앞에 놓다 보니 'un homme'의 'un'도 '그'로 옮기게 된 것으로 보인다. 전체적으로 문장이 꼬이게 된 주 원인은 양보 구문의 위치라는 '변별적 의미'를 소홀히 한 때문으로 짐작된다. 9c)는 문제의 부정 구문을 긍정으로 해석하는 것까지는 괜찮으나, 'souffrir'와 'offenser'의 의미 해석에는 선뜻 동의하기 어렵다. '어떤 한'이라는 'un'의 해석도 적절해 보이지 않는다. 이 맥락에서는 'un homme' 전체를 의미 맥락을 고려하여 '누군가를'로 해석하는 것이 어떨까? 'offenser'와 'souffrir'를 각각 '상처를 주다', '고통스러워지다'로 해석한다면, 쌍점 이하는 '누군가에게 상처를 주면 나 역시 고통스러워지지 않을 수 없다. 설사 그가 나의 적일지라도.' 정도로 옮길 수 있다. '···하지 않고는 ···할 수 없다'를 '···하면 ···하지 않을 수 없다'로, 비교문체론이 말하는 '변조'(modulation)를 한 것이다. 9a)의 접속법 반과거를 두 번역 모두 '섞여 있었는지도 모른다'라고 옮기고 있는데, '섞였을 수도 있다'가 더 경제적인 표현이다. 문두의 'mais'는 맥락으로 보아 '그러나'보다는 '하지만'이 적절한 해석이다. 10a)의 "Elle t'a raconté des histoires?"는 '무슨 얘기가 있었나?'도 가능한 번역이지만, "얘기를 좀 하던가?"도 가능한 번역이다.[20] 이 번역에서 부정관사 복수의 의미는 '좀'이라는 부사에 상당 부분 전이되어 있다. 'des histoires'를 10c)처럼 '많은 얘기'로 옮기는 것은 과장된

해석이다. 'une fois'의 번역도 이 대목에서는 10b)의 '나중에'가 10c)의 '언제'보다 낫다고 생각된다. 다음은《야간 비행》의 한 대목이다.

11) a. (En descendant moteur au ralenti sur San Julian, Fabien se sentit las.) Tout ce qui fait douce la vie des hommes grandissait vers lui : leurs maisons, leurs petits cafés, les arbres de leur promenade. Il était semblable à un conquérant, au soir de ses conquêtes, qui se penche sur les terres de l'empire, et découvre l'humble bonheur des hommes.

b. 인간의 생활을 부드럽게 하여 주는 모든 것이 그를 향해 오며 점점 커졌다. 그들의 집, 그들의 까페, 그들의 산책로의 가로수 따위가 다 그러했다. 그는 많은 정복을 성취하고 난 뒤에 자기 제국의 영토를 내려다보며 인간의 보잘것없는 행복을 발견하는 정복자와도 같았다.

c. 인간의 집, 인간의 카페, 인간의 산책로 주위의 가로수…. 따위들은 인간의 생활을 부드럽게 해 준다. 그러한 모든 것이 그를 향해 오며 점점 커졌다. 그는 많은 정복을 성취하고 난 뒤에 인간의 오죽잖은 행복을 발견하는 정복자와 같았다.

d. 인간의 생활을 감미롭게 하는 모든 것이 그를 향해서 커져갔다 — 집, 자그마한 카페, 산책로의 나무들. 그는 마치 정복이 끝난 날 저녁에 그 제국의 흙 위에 몸을 굽히고 인간의 겸허한 행복을 발견하는 한 정복자와도 같았다.

11a)에서 'Tout ce qui fait douce…' 이하는 '자유간접문체'이다.[21] 이 '자유간접문체'를 맥락을 통해 인지하지 못하거나 그 구체적 의미효과를 포착하지 못한다면, 11a)의 의미 해석에서 핵심을 놓치는 것이다. 'leurs maisons', 'leurs petits cafés', 'les arbres'에서 'leurs'와 'les'의 번역은 이 문체의 분석적 이해와 해석에 달려 있다. 다른 많은 경우들이 그러하지만, 특히 자유간접

---

20 "Elle t'a dit quelque chose?"는 '무슨 얘기를 하던가?'(↗)의 뜻이다.

21 번역문들에서는 'En descendant moteur au ralenti sur San Julian, Fabien se sentit las.'의 번역은 밝히지 않았다. 맥락의 필요상 적어놓은 것이다.

문체는 이른바 '대어역'(혹은 '축자역')을 해서는 안 된다. 서술자와 작중 인물(들)의 '목소리의 중첩'이라는 현상의 분석적 이해를 통해 그 효과가 포괄적으로 재현되지 않으면 안 되는 것이다. 'leurs maisons, leurs petits cafés'의 'leurs'를 '그들의'로 옮긴 11b)나, '인간의'로 옮긴 11c)는 자유간접문체를 잘 인지하지 못한 것으로 보이나, 11d)는 이를 잘 파악하고 있다. 다만 '생활'은 '삶'으로, '커져 갔다'는, 파비행의 관점을 더 부각시켜, '커져 왔다'로 바꾸어주는 것이 좋을 듯하다. 마지막 문장도 산훌리안을 향해 내려가는 조종사 파비앵의 생각과 서술자의 서술이 혼합된 자유간접문체라는 것을 잘 나타내려면, 'un conquérant'와 'au soir de ses conquêtes'의 구문 순서, 후자의 표현의 경제성도 고려되어야 할 것이다. 이 경제성을 고려하면 후자는 '정복의 끝 무렵' 정도로 옮길 수 있지 않을까? 'douce'의 해석을 위해서는 11a) 다음 문단을 비롯하여 《야간 비행》의 여러 곳에 나오는 'douceur'와 그 관련어인 'doux', 'doucement'의 의미도 고려하는 것이 필요할 것이다. 'l'humble bonheur'의 번역은 '보잘것없는 행복', '오죽잖은 행복', '겸허한 행복' 등으로 다양한데, 맥락을 좀더 따져봐야겠으나, 생각이 '소박한 행복' 쪽으로 기운다. 다음은 하나의 제안이다.

> e. (산 훌리안을 향해 엔진을 감속해 하강하면서 파비앵은 피로를 느꼈다.) 인간의 삶을 감미롭게 하는 모든 것이 그를 향해 커져왔다 — 집, 카페, 산책로의 나무들. 그는 마치 어느 정복자 같았다, 정복의 끝 무렵, 제국의 영토를 굽어보며, 인간의 소박한 행복을 발견하는.

'Il était semblable à un conquérant'의 번역 '그는 마치 어느 정복자 같았다'를 위 번역들처럼 맨뒤로 돌릴 수 없는 것은 아니다. 그렇지만 11a)의 맥락에서, 파비앵이 산훌리안을 향해 하강하는 과정에서의 생각을 나타내는 자유간접문체 표현으로는 11e)가 더 적합해 보인다. 다른 예들을 보자.

12) a. Il marchait vers moi, la tête un peu en arrière, rapidement. Il souriait. Je pensai

qu'il était très possible qu'Anne l'aimât, que n'importe qui l'aimât. (*Bonjour Tristesse*)

b. 아버지는 머리를 약간 뒤로 젖히고 빠른 걸음걸이로 내가 있는 쪽으로 걸어왔다. 아버지는 미소를 지어 보였다. 나는 안느가 아버지를 사랑하고 있었다는 일이, 그 누구든지 간에 아버지를 사랑할 수 있다는 것이 아주 가능한 일이라고 생각했다.

c. 아버지는 머리를 뒤로 약간 젖히고 빠른 걸음으로 내 쪽으로 걸어왔다. 아버지는 미소를 지어 보였다. 나는 안느가 아버지를 사랑하고 있다는 것, 그리고 누구나 아버지를 사랑할 수 있다는 것이 매우 가능한 일이라고 생각했다.

13) a. Marie s'est moquée de moi parce qu'elle disait que j'avais 'une tête d'enterrement'. Elle avait mis une robe de toile blanche et lâché ses cheveux. Je lui ai dit qu'elle était belle, elle a ri de plaisir.(*L'étranger*)

b. 마리는 나더러, '초상 치르는 사람 같은 얼굴'을 하고 있다며 놀려 댔다. 마리는 흰색옷을 입고 머리를 풀어 늘어뜨린 차림이었다. 예쁘다고 말하니까, 그녀는 좋아서 웃었다.

c. 마리는 내가 '슬픈 얼굴'을 하고 있다면서 놀려댔다. 마리는 하얀 망사 원피스를 입고 있었고, 머리는 묶지 않았다. 난 마리에게 예쁘다고 했고, 마리는 신이 나서 깔깔댔다.

12a)의 번역에서는 단순과거 'pensai', 반과거 'marchait'와 'souriait', 접속법 반과거 'aimât'가 주요 변별적 의미들이다. 두 번역 모두 'pensai'를 '생각했다'로 옮기고 있는데, 이 단순과거는 12a)의 맥락에서는 '시작상'(inchoativité)을 나타낸다. '…란 생각이 들었다'는 이 '시작'이라는 '변별적 의미'를 나타내는 하나의 방식이다. 두 반과거는 12a) 맥락에서는 '서술의 반과거'로 쓰인 것으로 보인다. 12b), 12c)의 의미 해석이 타당하다는 것이다. 하지만 접속법 반과거를 '있었다는 것'이나 '있다는 것'으로 해석한 것은 적절한 선택이 아니다. 접속법 반과거가 쓰인 것은 주절의 과거 'était' 때문이고, 종속절의 내용은 주인공이 아버지를 바라보면서 문득 느낀 느낌

이다. 두 번역 모두 'que' 이하 해석이 매우 어색하다. 불어로는 'il est très possible'이 평범한 표현인데, 막상 우리말로의 번역은 '…que …que' 때문에 용이하지가 않다. '안느가 아버지를 사랑하는 것이 필시 맞으리라, 나는 그 누구라도 아버지를 사랑하리란 생각이 들었다' 정도로 옮기면 어떨까? 13a)의 'parce que'는 두 번역 다 옮기지 않았는데, '미리가 나를 놀렸다. 나더러 '초상 치른 사람 몰골'이라고 했기 때문이다.' 정도로 살려줄 수 있다. 두 번째 문장은 13b)를 조금 고쳐 '마리는 흰 면원피스에 머리를 늘어뜨린 차림이었다.'라고 하는 것이 더 나아 보인다. 'toile blanche'를 '망사'라고 하는 것은 무리가 아닐까? '머리는 묶지 않았다'는 'avait lâché ses cheveux'의 가능한 변조 번역이다. 그렇지만 'rire de plaisir'를 '깔깔 웃다'라고 하는 것은 과잉 해석으로 생각된다. 13b)의 '좋아서 웃었다'가 무난해 보인다. 맥락상의 '변별적 의미들'을 섬세하게 포착하여 적절한 대응어를 찾아내는 것은 중요한 번역문법적 분석 작업이다. 다음 예들을 보자.

14) a. Le plancher était couvert de paille où les pieds s'enfoncèrent. (*Boule de suif*)

b. 마차의 바닥에는 짚이 깔려 있어서 거기에 발이 파묻혔다.

c. 바닥에는 발이 묻힐 정도로 짚이 쌓여 있었다.

15) a. Il entra en boitant dans le bureau, et la vieille Alice lui jeta un regard mi-attendri mi-sceptique. Elle connaissait ses distractions favorites et les supportait avec une condescendance pleine de regrets. S'il avait été sérieux, avec son physique et son imagination, il eût pu être un grand avocat. Il lui fit un salut emphatique et s'assit à sa table. (*Aimez-vous Brahms*…)

b. 그는 다리를 절면서 사무실로 들어섰다. 늙은 알리스가 반은 측은하고 반은 의아해 하는 시선으로 그를 바라보았다. 이 여자는 마음에 드는 기분풀이들을 알고 있었으나 유감이 많은 친절로써 그것을 억누르고 있었다. 만일 그가 그의 육체와 상상력과 더불어 신중하기만 하다면 위대한 변호사가 될 수도 있으리라. 그녀에게 허풍떨며 인사를 하고는 그는 자기 자리에 앉았다.

c. 그는 절뚝거리면서 사무실에 들어갔다. 늙은 알리스가 반은 동정적이고 반

은 의심스러운 눈초리로 그를 보았다. 그녀는 그가 좋아하는 심심풀이를 이해하고 있었고, 유감이 많으나 친절하게 그의 실없는 짓을 참아주는 것이었다. 만약 그가 자기 몸이나 머리 쓰는 데만 성실하게 굴면 위대한 변호사가 될 수도 있으리라는 의견이었다. 그는 알리스에게 과장해서 인사를 하고 자기 자리에 앉았다.

16) a. Anne ne devait pas arriver avant une semaine. Je profitais de ces derniers jours de vraies vacances. (*Bonjour Tristesse*)

b. 안느는 일주일 안에 도착하지는 않을 것이다. 나는 진짜 여름 방학의 마지막 며칠을 만끽했다.

c. 안느가 일주일 안에는 도착하지 못할 것이었다. 나는 참다운 여름방학의 마지막 며칠을 만끽했다.

14a)의 단순과거 's'enfoncèrent'는 '상황'이 아니라 '사건'을 나타내므로 14c)의 '발이 묻힐 정도로'는 적절한 해석이 아니다. 14b)의 '발이 파묻혔다'는 '변별적 의미'를 나타내는 가능한 표현이나, '거기에'는 불필요하다. 15a)의 첫 문장은 '그가 다리를 절면서 사무실로 들어서자, 알리스 부인이 동정 반 회의 반 시선으로 그를 바라보았다.'라고 옮기는 것이 원문 표현의 경제성에 걸맞는 경제적 표현이다. 두 번째 문장의 'ses distractions favorites'와 'avec une condescendance pleine de regrets'의 해석은 두 번역 모두 아주 어색하다. 문학적 표현들이 어설픈 늘어진 글쓰기가 되어 버린 듯한 아쉬움이 크다. '그녀는 그의 실없는 농짓들을 잘 알았고, 못내 안스러워하며 견뎌내고 있었다.' 정도의 번역은 어떨까? 이탤릭체로 된 부분은 자유간접문체이다. 앞부분과 대비되는 내용, 그 다음 문장의 단순과거 'fit' 등이 그 단서이다. 'avec son physique et son imagination'의 번역은 어색하거나 잘못되어 있다. '외모도 괜찮고 상상력도 있으니, 진득해지면 유명 변호사가 될성 싶었다.'는 하나의 가능한 번역이다. 15a)는 사강의 문장이니, 사강의 문체를 재현하려는 노력이 필요하다. 예 15a)와 그 번역들의 분석은 미세한 차이들이 결과적으로 들릴(2007)이 말하는 '엇결린 번역'이 되게 하는 것을 잘 보여준

다. 16b)의 첫 문장은 사강의 *Bonjour Tristesse*의 1부 2장 첫 문장으로, 'Anne ne doit pas arriver avant une semaine.'라는 생각이 서술로 표현된 것이다. 이러한 변별적 의미를 재현하려면, '안느는 일주일 내로는 도착하지 않을 것이었다' 정도로 옮겨야 할 것이다. 'vraies'를 16b)는 '진짜'로, 16c)는 '참다운'으로 옮기고 있는데, 해당 맥락에서는 '휴가다운'이 어울리는 번역이다. 'de vraies vacances'는 '휴가다운 휴가'가 될 것이다. 다음 예를 보자.

17) a. Fabien calculait ses chances : il s'agissait d'un orage local, probablement, puisque Trelew, la prochaine escale, signalait un ciel trois quarts couvert. Il s'agissait de vivre vingt minutes à peine dans ce béton noir. (*Vol de nuit*)
b. 파비앙은 가능성을 예측해 보았다. 다음 착륙지 트렐레우에서는 하늘이 4분의 3이 먹구름에 덮여 있다고 통보해 오고 있으니, 아마 한 지방의 뇌우일 것이다. 이 시커먼 콘크리트 속에서 기껏해야 20분만 배겨 내면 되는 것이다.
c. 파비앵은 자기의 운을 계산했다. 이것은 아마 지방적인 뇌우일 것이다. 왜냐하면 다음 기항지인 뜨렐에우에서는 하늘이 4분의 3가량 흐렸다고 통보해 왔으니 말이다. 기껏해서 20분 동안만이 시커먼 콘크리트 속에서 배겨 내면 되는 것이었다.

17a)의 'calculer ses chances'를 '자기의 운을 계산했다'로 옮기는 것은 지나친 대어역이다. '가능성을 예측하다'는 틀린 해석은 물론 아니나, 다소 미흡하다는 느낌이 든다. 'il s'agissait' 구문의 의미를 고려하면, '빠져나갈 가능성을 따져보다'라고 연어적으로 옮기는 것이 적절해 보인다. 'local'은 '국지성'의 뜻인데, 두 번역 모두 맥락 외적 해석을 하고 있다. 화행의 정당화에 쓰인 'puisque'를 '왜냐하면'으로 해석하는 것은 무리이다. 쌍점 이하는 자유간접문체이다. 구문 순서 같은 '변별적 의미'까지도 고려하여 전체를 다시 번역하면 다음 정도가 된다.

d. 파비앵은 빠져나갈 가능성을 따져 보았다. 국지성 뇌우일 것이다, 아마. 다

음 기착지 트렐레우에서 하늘 4분의 3에 구름이라고 통보해 왔으니까. 이 시커먼 먹구름장 속에서 기껏 20분 정도만 버텨내는 되는 것이었다."

다음 예는 생텍쥐페리의《인간의 대지》의 첫 문단이다.

18) a. La terre nous en apprend plus long sur nous que les livres. Parce qu'elle nous résiste. L'homme se découvre quand il se mesure avec l'obstacle. Mais, pour l'atteindre, il lui faut un outil. Il lui faut un rabot, ou une charrue. Le paysan, dans son labour, arrache peu à peu quelques secrets à la nature, et la vérité qu'il dégage est universelle. De même l'avion, l'outil des lignes aériennes, mêle l'homme à tous les vieux problèmes. (*Terre des hommes*)

b. 대지(大地)는 우리에게 온갖 책들보다 더 많은 것을 가르쳐 준다. 왜냐하면 대지는 우리에게 저항하기 때문이다. 인간이란 장애물과 스스로 겨눌 때 자신을 발견하는 것이다. 그렇지만 그렇게 하자면 연장이 필요하다. 대패라든가 쟁기라든가 하는 하나의 연장이. 농부는 땅을 가는 도중에 조금씩 조금씩 자연의 어떤 비밀을 캐내는데, 그가 발굴해 내는 진리란 보편적인 것이다. 이와 마찬가지로 항로의 연장인 비행기만 하더라도 인간을 하나같이 케케묵은 문제들 가운데로 몰아넣는 것이다.

c. 대지는 우리 자신에 관한 모든 책들보다 더 많이 가르쳐 준다. 왜냐하면 대지는 우리에게 저항하기 때문이다. 인간은 장애물과 겨룰 때에만 비로소 제 자신을 드러낸다. 그런데 그것을 달성하기 위해서는 연장이 필요하다. 대패라든지 쟁기가 있어야 한다. 농부는 경작하면서 자연의 어떤 비밀들을 조금씩 앗아 내는데, 그가 끌어내는 진리는 보편적이다. 마찬가지로 항공로의 연장인 비행기도 사람을 늘 논의되는 모든 문제로 끌어넣는 것이다.

에세이 형식의 이 텍스트에서 첫 두 문장은 특히 중요하다. 두 번역은 'les livres'가 '온갖 책들' 혹은 '모든 책들'을 가리킨다는 것을 잘 파악하고 있다. 하지만 더 간단히 '책'으로도 이러한 '총칭'이라는 '변별적 의미'를 나타낼 수 있다. 'Parce que' 번역은 '왜냐하면'을 덧댈 필요가 없다. '때문이다'로 족하다. 구문 순서의 의미와 원문 표현의 경제성이라는 '변별성'을 고려할 때, '대지는 책보다 더 많이 우리에 대해 가르쳐준다. 우리에게 저항하기 때문이다.' 정도로 옮기는 것이 낫지 않을까? 가능한 다양한 번역 가운데 문체는 선택의 주요 결정 요소이다. 그 다음 문장의 번역에서도 '…는 것이다'나 '…에만 비로소'는 슈발리에·델포르(1995)가 '번역 무늬'(figure de traduction)라고 부르는, 불필요한 '명시화'이다.[22] '인간은 장애물과 겨룰 때 자신을 발견한다.'는 번역으로 충분하다. 그 다음 문장은 대명사 'l'' 때문에 문제이다. 이 부분에 관해서는 인터넷 사이트에서도 의견이 분분하다.[23] 그 지시 대상으로 'La terre', 'l'obstacle', 'le fait de 'se découvrir''가 가능하고, 마지막 것이 유력해 보이지만, 확실치 않다는 것이다. 동사도 왜 'y parvenir'가 아니라 'l'atteindre'인가 하는 것도 문제가 되어 있다. 여기서 구문도 고려하되 일단 의미에 초점을 맞춘다면, '하지만, 그러자면 도구가 필요하다.'라는 해석이 가능하지 않을까? 그 다음 문장은 쉼표와 'falloir'의 반복의 의미를 살려 '대패, 혹은 쟁기가 필요하다.' 정도의 번역이 괜찮아 보인다.

'quelques secrets'는 '어떤 비밀(들)'이 아니라 '약간의 비밀'이다. '비밀을 약간'이라고 할 수도 있을 것이다. 'arracher'와 'dégager'의 대비를 '캐내다'와 '보이다'로 재현한다면, 해당 문장은 '농부는 경작하면서 자연에서 점차 비밀을 약간 캐내는데, 그가 보이는 진리는 보편적이다.' 정도로 옮길 수 있다. 18b)는 마지막 문장에 '…만 하더라도'나 '하나같이'를 공연히 덧붙여 불필요한 '명시화' 번역을 하고 있고, 18c)는 'vieux problèmes'의 '늘 논의되는'이라는 번역이 다소 미흡하다. 맥락을 고려한다면 '케케묵은 문제들'이나 '늘 논의되는 모든 문제'보다 '오래된 문제들' 쯤으로 번역되어야 하지 않을까? 'tous les vieux problèmes'는 '온갖 오래된 문제들' 정도로 옮길 수 있을 것이다. 'les lignes aériennes'를 굳이 '항공로들'이라고 '복수'로 옮길 필요는

22 전성기(2015a) 참고.

23 http://forum.wordreference.com/showthread.php?t=2165337 참고.

없을 것 같다. 'mêler'에 대한 '몰아넣다'나 '끌어넣다'도 잘못된 해석은 아니나, 맥락을 고려하면 '얽이게 만들다'가 더 나아 보인다. 정리하면, 마지막 문장은 '마찬가지로, 항공로의 도구인 비행기도 인간을 온갖 오래된 문제들과 얽이게 만든다.' 정도로 옮길 수 있다. 전체적으로 문체와 지적된 '변별적 의미들'을 모두 고려하면 다음과 같이 재번역할 수 있다.

> d. 대지는 우리에 대해 책보다 더 많이 가르쳐준다. 우리에게 저항하기 때문이다. 인간은 장애물과 겨룰 때 자신을 발견한다. 하지만, 그러자면 도구가 필요하다. 대패, 혹은 쟁기가 필요하다. 농부는 경작하면서 자연에서 점차 비밀을 약간 캐내는데, 그가 벗겨보이는 진리는 보편적이다. 마찬가지로, 항공로의 도구인 비행기도 인간을 온갖 오래된 문제들과 얽이게 만든다.

참고로 지적하면, 원문 18a)와 그 번역문들의 낱말 수는 각각 78개, 66개, 56개, 45개이다. 18d)가 훨씬 경제적인 번역을 한 것이다. 낱말 수가 적은 번역이 꼭 잘된 번역은 아니나, 원문의 성격을 적극 고려하여 번역한 결과 그 수가 적어진 것이라면 바람직한 것이다. 원문과 18d)의 낱말 수의 차이가 큰 것은, 불필요한 '명시화' 번역들을 줄인 때문이기도 하지만, 십여 개가 넘는 'la', 'les', 'un', 'une', 'l'' 등의 한정사들을 번역에서 묵시적으로 나타낸 것이 크게 작용한 것으로 생각된다.

텍스트성의 대표적 개념으로는 '일관성'[24]과 '결속성'이 꼽히나, 이 밖에 다양한 요소들이 텍스트성 구성에 역할을 할 수 있다. 그런데 텍스트성은 텍스트의 텍스트적 성격, 그 됨됨이를 말하는 것이니, 두 대표적 요소 외의 다른 요소들 중에서 텍스트에 따라 중요하게 고려되어야 할 것들이 달라

24 가농(2000:21)은 텍스트는 동전의 앞뒷면이나 지폐의 양면처럼 텍스트가 단지 문장들의 연속이 아니라 텍스트이도록 하는 성질, 즉 '일관성' 없이는 생각할 수 없다고 지적한다. 하지만 그는 텍스트의 일관성과 그 구성요소들을 한정하는 것은 이에 대한 다양한 기준들과 논란들을 보아서도 쉬운 일이 아니라고 토로한다; 가농(1998) 참고.

질 수 있다. 분석이나 평가 혹은 비평 시 편의상 텍스트의 일부분만을 대상으로 하기도 하지만,[25] 원칙적으로 텍스트 전체가 그 대상이다. 때로 텍스트가 번역 단위라는 주장이 제기되기도 하지만, 대개의 실제 번역은 텍스트 하위 단위들로부터 이루어진다.[26] 낱말이 번역 단위가 되기도 하나, 반드시 그런 것은 물론 아니다. 낱말에는 '자유 결합'에서 연어, 성구 혹은 굳어진 표현에 이르기까지 다양한 결합의 경우들이 있으니, 유의해야 한다. 게다가 텍스트 속에서 낱말들의 구성 망들도 번역단위 못지않은 중요한 고려 사항이다. 문학번역을 본질적으로 '문학비평'으로 간주하는 디스테파노(1982:241)는 번역 대상이 어떤 텍스트이건 읽기의 중요성, 특히 그 텍스트성 파악의 중요성을 강조한다. 그는 "문학비평으로서의 번역"이라는 제목의 이 글에서 사르트르의 《구토》에서는 단순과거/반과거의 대립, 서사적 현재같은 문법적 관계들이 원작의 '문학성'에 어떻게 기여하는가를 파악하는 것이 중요함을 잘 보이고 있다. 한편, 레오나르 포레스트의 〈Le pays de la Sagouine〉라는 단편의 '작품성' 이해를 위해서는 어휘 구조와 의미 구조들의 망 등이 어떻게 의미적으로 작용하는가를 포착하는 것이 중요함을 저자는 설득력 있게 기술하고 있다. 이는 다른 작품들의 번역과 번역비평에 대해서도 시사하는 바가 크다. 결속성과 관련되는 간단한 예 하나만 보자.

19) a. Pourquoi redouter ce sommeil plus que tout autre? Si elle frissonne, c'est que le petit matin est froid. Elle descend, s'arrête devant la chambre où dort Marie. La bonne y ronfle comme une bête grogne. (*Thérèse Desqueyroux*)

b. 왜 이 잠을 다른 모든 잠보다도 더 두려워하는가? 그 여자의 몸이 떨리는 것은 꼭두새벽이 차기 때문이다. 그 여자는 내려가서 마리가 자고 있는 방 앞에서 걸음을 멈춘다. 하녀가 방 안에서 짐승이 으르렁거리듯이 코를 골고 있다.

---

25 《영미 명작, 좋은 번역을 찾아서》1, 2권은 평가 대상 텍스트들의 1할 정도만 분석 대상으로 삼았다고 밝히고 있다.

26 알려진 바와 같이, 프로이트처럼 문단별 번역을 한다면, 문단이 번역 단위가 될 것이다.

c. 다른 어느 때의 잠보다 이 잠을 더 두려워할 건 무엇인가? 그녀가 소름끼친 것은 새벽의 찬기 때문이었으리라. 그녀는 내려가서 마리가 잠들고 있는 방 앞에서 멈춰 선다. 그곳에서 유모는 짐승이 으르렁대는 것처럼 코를 골고 있었다.

19a)에서 'Marie'와 'la bonne'는 공지시관계에 있다. 이 공지시관계를 통해 앞 문장 'Elle descend, s'arrête devant la chambre où dort Marie.'와 뒷 문장 '*La* bonne y ronfle comme une bête grogne.' 사이에 결속성이 유지되는 것이다. 그런데 19b)의 '마리'와 '하녀', 19c)의 '마리'와 '유모'는 공지시관계에 있는 것으로 잘 느껴지지가 않는다. 마지막 문장의 부사 'y'도 그 앞 문장의 '(dans) la chambre'라는 장소를 가리키는 것이니, 이들 역시 공지시관계에 있다고 말할 수 있다. 그런데 불어에서는 'y'라는 부사가 필요하나, 번역에서 이를 굳이 '방안에서'나 '그곳에서'라고 옮겨야 할지는 의문이다. 오히려 불어에서의 명시적 표현 'y'를 묵시적 상태로 놓아두는 것이 좋을 것으로 생각된다. 명시성과 묵시성의 관계는 언어마다 다를 수 있다. 번역에서는 이러한 차이가 충분히 고려되어야 한다. 원문의 마지막 문장은 '마리가 짐승이 으르렁대듯 코를 골고 있었다' 정도로 번역하는 것이 무난해 보인다. 간단한 예지만, 번역에서 결속성에 대한 섬세한 고려가 필요함을 잘 보여준다.[27]

다음은 19a)의 경우보다 조금 더 미묘한 결속성과 일관성의 번역 문제를 살펴볼 수 있는 카뮈의 《페스트》의 한 대목이다. 오랑 시민들이 새로이 갖게 된 감정의 면모들에 대해 이야기하는 부분들이 주어가 '부정통합체'(syntagme indéfini) 형태인 세 문장으로 제시되어 있다.

20) a. Il s'agissait d'une exception. Dans la majorité des cas, la séparation, c'était évident, ne devait cesser qu'avec l'épidémie. Et pour nous tous, le sentiment qui faisait notre vie et que, pourtant, nous croyions bien connaître (les Oranais, on l'a déjà it, ont des passions simples), prenait un visage nouveau. ① Des maris et des

27 예문은 전성기(2002:161-2)의 것과 동일하나, 분석은 보다 섬세하게 제시되었다.

amants qui avaient la plus grande confiance dans leur compagne se découvraient jaloux. ② Des hommes qui se croyaient légers en amours retrouvaient une constance. ③ Des fils, qui avaient vécu près de leur mère en la regardant à peine, mettaient toute leur inquiétude et leur regret dans un pli de son visage qui hanntait leur souvenir. 'Cette séparation brutale'(…) (*La peste*)

b. 그것은 하나의 예외였다. 대부분의 경우, 별거 상태는 분명히 그 전염병이 사라져야만 비로소 끝날 모양이었다. 그래서 우리들 전체에게 있어서, 우리들의 생활을 이루고 있던 감정(오랑 시민들은 이미 말한 바 있듯이 단순한 정열의 소유자들이다)에는 하나의 새로운 면모가 생겨났다. 배우자를 퍽 끔찍하게 믿어 오던 남편들이나 애인들이 질투에 사로 잡혀 버린 것을 볼 수 있었다. 사랑을 가볍게 여긴다고 스스로 인정하고 있던 남자들이 다시 성실해졌다. 어머니와 살면서도 거의 어머니와 마주 보지도 않고 무관심하게 살던 아들들이, 그들의 기억 속에 머무르고 있는 어머니 얼굴의 주름살 하나에도 자기들의 모든 불안과 후회를 연결하고 있었다.

c. 그것은 하나의 예외였다. 대부분의 경우, 별거 상태는 분명히 그 전염병이 사라져야 비로소 끝날 모양이었다. 그래서 우리들 전체에게 있어서, 우리들의 생활을 이루고 있던 감정, 더구나 우리가 잘 알고 있다고 생각했던 감정(오랑 시민들은, 이미 말한 바 있듯이 단순한 정열의 소유자들이다)이 전에는 몰랐던 새로운 면모를 드러내 보이기 시작했다. 배우자를 퍽 끔찍하게 믿어오던 남편들이나 애인들이 문득 질투심에 사로잡혀 버리는 것이었다. 사랑을 가볍게 여긴다고 스스로도 인정하던 남자들이 다시 성실해졌다. 어머니와 같이 살면서도 거의 어머니를 쳐다보지도 않은 채 무관심하게만 살던 아들들이, 그들의 기억 속에 되살아나는 어머니 얼굴의 주름살 하나에도 자기들의 모든 불안과 후회를 떠올리는 것이었다.

'Des maris'서부터 'Cette séparation brutale' 직전까지, 즉 문장 ①, ②, ③이 'un visage nouveau'의 구체적 내용에 해당된다. 다시 말해, 이들 앞의 문장의 'prenait un visage nouveau'라는 서술이 복수 '부정통합체'의 주어와 서

술들로, 그리고 시제는 반과거로 되어 있는 것이다. 그런데 세 문장의 번역들은, 원문과 달리, 이러한 의미 구성과 그 관계들이 잘 재현하지 못하고 있다. 결속성과 일관성에서 그 '변별성들'에 문제가 발생한 것으로 느껴지는 것이다. 다소 불분명하긴 하나, '부정통합체' 문장들인 ①, ②, ③이 혹 '정통합체'(syntagme défini) 문장들처럼 번역된 것이 아닌가 하는 의구심이 들기도 한다. 원문의 세 문장이 마침표로 끝나 있기는 하나, 예시의 의미를 살리려면, '… 되었는가 하면 …하기도 했고, …하기도 했다'라는 식의 처리가 필요하다고 생각된다. 가능한 하나의 번역은 대략 다음과 같은 것이다: "아내나 애인을 단단히 믿었던 남편들이나 연인들이 질투를 하게 되었는가 하면, 사랑을 가벼이 여기던 사내들의 행실이 바르게 되기도 했고, 어머니와 같이 살며 거의 쳐다보지도 않던 아들들이, 그들의 뇌리를 떠나지 않던 어머니 얼굴의 주름살 하나 때문에 무척 걱정도 하고 후회도 했다."[28] 이 예는 번역에서 맥락의 고려가 대략적 고려가 아니라, 일관성과 결속성을 꼼꼼히 따져보는 섬세한 고려여야 함을 잘 보여준다.

문학텍스트 번역은, 전반적으로, 문법 예문 번역보다는 상대적으로 양호한 상태이다. 하지만 위의 예들은, 어휘와 구문, 화법, 화용, 문체 등이 포함되는 광의의 문법번역에서, 유사한 문제들이 여전히 다양하게 제기되고 있음을 잘 보여준다. 위의 예들 외에도, '거칠고 허술하지는' 않더라도 '섬세함'에 아쉬움이 적지 않은 문학텍스트 번역 예들을 찾는 것은 그다지 어려운 일이 아니다. 위의 문학텍스트 번역 예들에서도 다수 나타나지만, 어휘나 구문의 번역, 문장 연결, 일관성, 결속성 등에서 원문의 문체와 달리, 미묘한 뉘앙스들을 잘 살리지 못한 번역들이 자주 목격된다. 이러한 예들은 광의의 '문법번역'이 섬세하게 이루어지지 않고서는 품격 있는 문학번역, 작품번역이 적절히 이루어지기 어렵다는 것을 잘 보여준다. 문학번역을 위해서는 그 바탕이 되는 문법번역이, 문법 예문들의 번역보다, 훨씬 더 섬

28 전성기(2002:211-2)에서 수정 재인용.

세해져야 한다. 오역이 아니더라도, 어색한 대어역이 군데군데 나타나는 것은 텍스트의 '결속성'을 해치고, 나아가 작품의 '일관성'에도 손상을 입히는 결과를 초래한다. 즉 '엇결린 번역'이 되는 것이다. 낱말이나 구, 문장들의 세밀한 번역을 위해서는 맥락이나 상황, 때로는 상호텍스트성 등의 세밀한 고려가 필요하다. 언어번역을 넘어서는 텍스트번역을 위해서도 그렇고, 번역이 원전에 못지않은 품격을 갖추기 위해서도 그렇다.

그러면 일반적으로 문학텍스트 번역 예들에 나타나는 문법번역 문제들을 어떻게 해결할 것인가? 의미론이나 화용론 관련 연구자료들은 물론, 때로는 통사론 관련 논문에서도 텍스트 요소들의 의미 해석에 도움이 되는 것들을 발견하는 것은 흔한 일이다. 그렇지만 번역자 개개인에게 그런 자료들을 찾아내어 텍스트 의미 해석에 활용하라고 요구할 수는 없는 노릇이다. 장기적으로는 외국어 교육이 번역을 중요하게 여기는 방향으로 바뀌어야 하고, 참고자료들도 번역자들이나 학습자들에게 실질적인 도움이 되도록 만들어져야 한다. 예를 들면, 외국어 문법서도 지금까지의 형태와 같은 것이 아니라, 위의 문법 예문 번역 분석과 문학텍스트번역 비교분석에서 보인 것과 같은 결과들이 충분히 반영된, 제대로 된 '번역문법서'가 외국어별로 나와야 한다. 그리고 외국어 사전들도 본격적인 '번역사전들'이 출간되어야 한다. 무엇보다 외국어의 교육과 학습에서 번역에 대한 '인식의 전환'이 이루어져야 한다. 학습자들이 문법서나 사전들에서 다양한 예들의 적절한 번역들을 쉽게 접할 수 있게 되면, 번역에 새롭게 눈을 뜨게 될 것이고, 이를 통해 번역에 대한 실천적 추론능력을 키울 수 있게 될 것이다. 그래서 번역에서 새로운 경우들을 접하더라도, 유추적으로 대응할 수 있는 힘도 점차 커질 것이다.

텍스트의 섬세한 문법적 이해는 텍스트의 깊은 이해의 바탕이다. 예를 들어, 자유간접문체는 불문법서들에서도 자세하게 설명되어 있는 경우가 거의 없는데,[29] 이 문체를 모르면, 불문학 텍스트들에서 이해해야 할 중요

29 전성기(1998:237-58)에서는 자유간접문체가, 문학텍스트 번역 예들 분석을 통해, 비교

한 부분 하나를 놓치는 것이다. 문학텍스트에서는 일견 평범한 어휘도 평범하게 쓰이지 않는 경우들이 자주 있다. 사전에 나와 있는 번역 예들이 잘 적용되지 않는 경우들이 많다는 것이다. 19a)의 'mêler'는 '엮이게 만들다'라는 해석도 불한사전에는 나와 있지 않다. 번역을 위해서는 다양한 유추적 추론이 필요하고 또 중요하다.[30] 텍스트의 문법번역은 텍스트 번역 방법과도 무관하지 않다. 오히려, 보다 적극적으로, 문법번역과 번역방법은 실제적으로는 거의 분리되지 않는 것으로 보아야 할 것이다. 외국어 텍스트문법에 대한 섬세한 이해는 우리말의 섬세한 창의적 번역표현과 직결된 것이기 때문에 매우 중요하다. 문학텍스트 번역을 위해서는 '좋은 번역', '잘된 번역'이 어떠한 것인가에 대한 비평적 성찰의 필요성이 크다. 특히 문학텍스트의 '텍스트성'에 대한 다각적인 성찰이 필요하다. 문학텍스트 번역에서는, 어떤 면에서는, 부분적 오역들보다 텍스트가 텍스트답지 못한 것이 더 큰 문제라고 말할 수 있다.

3. 일관성/결속성

번역문법이 텍스트문법이기에, 우리는 텍스트의 텍스트성에 큰 관심을 가질 수밖에 없다. 들릴(1993:427-8)은 '일관성'과 '결속성'을 잘 구분해야 한다고 말한다. 텍스트는 모든 요소들이 상호의존적으로 긴밀히 연결된 하나의 전체를 이루는데, 일관성은 이러한 텍스트의 성격을 나타낸다. 이는 발화들 연쇄의 엄밀성, 논리적 관계들의 명확성, 생각과 감정들의 전개와 진전에서 엇걸림이나 어긋남들의 부재를 말하는 것으로, 텍스트의 논리, 개념적 측면에 해당된다. 결속성은 한 문장의 낱말들이나 한 텍스트의 문장들이 결합되게 하는 문법적 어휘적 연결관계들을 가리킨다. 그래서 결속성은 텍스트의 형식면(문법과 어휘)과 관련된다고 저자는 말한다. 예를 들

적 자세히 설명되어 있다.

30 들릴(1980) 참고.

어, 'Les pages sont blanches.'에서 성, 수의 일치는 결속의 결과이다. 결속성은 이처럼 문장 내에도 존재하지만, 문장 간에도 존재한다고 저자는 지적한다. 한 텍스트의 내용들이 결합되게 하는 결속력은 등치처럼 묵시적일 수도 있고, 지시사처럼 명시적일 수도 있다. 예를 들어, 대명사들의 적절한 선택도 텍스트의 결속성에 기여하지만, 어휘 요소들도 총칭/특칭 관계를 통해 기여하기도 한다. 텍스트는 이렇게 형식적 의미적으로 '잘 짜인 것'을 나타내는 것이다. 저자는 서툰 번역자는 어휘나 구문의 어려움의 해결에 주의를 기울이다 보니 번역하는 텍스트 전반을 조망하는 것을 잊는다고 지적한다. 이렇게 낱말이나 문장들에 밀착된 번역 경향으로 인해 '문장들이 조각나고 단절된 번역들'이 생겨난다는 것이다. 이러한 번역의 전형적인 경우가 선행사 없는 인칭대명사의 사용이라고 저자는 지적하면서, 다음 영한 번역 예를 제시한다. 21b)는 잘못된 대명사나 소유한정사의 사용으로 인한 '일관성 없는' 번역이고, 21c)는 대명사나 소유한정사들이 적절히 잘 사용된 '일관성 있는' 번역이다(429).

21) a. A few years ago, an acquaintance travelling in th Philippines was befriended by a couple of locals who showed him around and then brought him a drink. He began to feel woozy, so his pals helped him back to his hotel. The drink had been drugged, and when he awoke the next morning his money, passport and plane tickets were gone. It was a scary experience, not to mention a major hassle to replace the lost items.

b. Il y a quelques années, une connaissance voyageant aux Philippines, s'est fait aborder par des gens de la région. Ils lui firent visiter les lieux et lui offrirent un verre. Il commença à se sentir étourdi alors ses nouveaux amis le raccompgnèrent à l'hôtel. On avait mis de la drogue dans son verre. Le lendemain matin, lorsqu'il se réveilla, son argent, son passeport, ses billets d'avion avaient disparu. C'était une expérience angoissante sans parler des ennuis qu'occasionna le remplacement des effets volés.

c. Il y a quelques années, *un de mes amis* en voyage aux Philippine se lia d'amitié avec deux Philippins qui *lui* firent visiter les envirions avant de *lui* offrir un verre. Comme *il* se mit à ressentir des étroudissements sa consommation contenait de la drogue—, ses nouveaux amis *le* raccompagnèrent à *son* hôtel. A son réveil, tout avait disparu: argent, passeport, billets d'avion. L'expérience fut terrifiante, sans compter tous les ennuis que *lui* occasionna le remplacement des effets volés.

21b)도 원문의 핵심적 요소들을 전하기는 하나, 대명사의 '조응적(anaphorique) 사용'이 잘못되어 내용간의 분절이 허술하게 된 심각한 문제점이 있다는 것이 들릴의 평가이다. 저자는 실용텍스트에 대해서는 번역 느낌이 가장 안 드는 번역이 최상의 번역이라고 말한다(429). 저자는 일관성과 결속성이 번역텍스트의 가독성과 명료성의 상당 부분을 결정짓는 것으로 판단한다(430). 퐁샤랄(2010)도 조응(anaphore)이 영어에서나 불어에서나 텍스트의 일관성 구축에 핵심적 역할을 하지만, 그 작용 방식은 동일하지 않다고 지적한다. 불한번역에서도 이러한 조응 방식의 차이는 충분히 고려되어야 할 것이다. 들릴(1993:431)은 연결관계에 대한 영어와 불어의 차이에 대해 비교문체론과 유사한 지적을 한다. 영어가 병치와 등위접속을 선호하는 반면, 불어는 분절과 종속접속을 선호한다는 것이다. 예를 들어, 영어가 'Take off your boots and walk in.'이라고 표현하는 반면, 불어는 이를 'Veuillez enlever vos vottes *avant* d'entrer.'(신을 벗고 들어오시오)라고 표현한다는 것이다. 다음도 유사한 경우들이다. 일관성 있는 번역이 되려면, 언어의 성격이 존중되어야 할 것이다.

22) a. Read the text and translate it. : 다음 글을 읽고 해석하시오.

b. Lire le texte *avant* de le traduire.

23) a. Buy and save. : 물건도 사고 돈도 절약하세요.

b. Achtez *tout en faisant* des économies.

텍스트는 그 정보요소들을 결합하는 연관된 요소들의 적절성과 명확성에 따라 그 이해가 좌우된다. 텍스트의 사고의 연속적 흐름보다 원어 자체에 따라 문장 대 문장 번역을 하게 되면, 언어적 요소들은 개별적으로는 서로 대응되나, 전체적으로는 번역이 마치 '잘못 맞춘 퍼즐'처럼 되기 일쑤이다. 이러한 일은 실용번역뿐 아니라 문학번역에서도 찾아보기 어렵지 않다. 여기서는 들릴(1993:432)이 제시하는 예를 보자.

24) a. Physical fitness is the ability to carry out daily tasks with alertness. It is the ability to work under pressure without fatigue. It is a general state of well being. It is energy. It is the opposite to tiring from demanding physical or mental exertion.

b. Être en forme, c'est être capable de vaquer à ses occupations quotidiennes avec entrain. C'est être en mesure de travailler sous pression sans se fatiguer. C'est un état de bien-être général. C'est de l'énergie. C'est tout le contraire de l'état de fatigue ressenti à la suite d'un effort physique ou mental plus intense qu'à l'ordinaire.

c. Une personne en bonne forme physique peut vaquer à ses occupations quotidiennes avec entrain et travailler sous tension sans se fatiguer. Elle ressent un état de bien-être qui se traduit par un débordement d'énergie et une plus grande facilité à supporter un effort physique ou mental plus intense qu'à l'ordinaire.

24b)는 원문의 다섯 문장을 그대로 옮겨놓은 것인데, 저자는 이를 '단조로운 스타카토'의 느낌을 주어, 마치 '신도송'(信徒頌)을 듣는 것 같다고 평한다. 반면에 24c)는 문장들 사이에 짜여져 있는 논리적 관계들을 밝혀낼 뿐 아니라, 조동사 'être'의 지루한 반복을 피하고 있다는 점에서 잘된 번역으로 저자는 평가한다. 영어 독립 문장들의 '병치'가 불어에 성격에 따라 '종속접속'에 의해 대치되어, 불어 텍스트의 성격에 맞게 번역되었기 때문으로 생각된다. 이러한 원텍스트 언어의 성격 고려는 실용텍스트에 국한되는 것은 아니다. 문학텍스트 번역에서도, 텍스트의 짜임새가 단순히 언어 때문인지, 아니면 저자의 어떤 문학적인 의도 때문인지 잘 살펴볼 필요가 있다.

원어의 성격 때문으로 인한 것을 작품상의 이유로 쉽사리 간주해서는 안 될 것이다. 번역에서 번역 방법의 고려 이전에 원텍스트 언어의 성격에 대한 이해가 우선되어야 할 것이다.[31] 언어가 다르면, 결속성이나 일관성 유지의 방식도 달라진다. 불한 실용번역이나 문학텍스트 번역에서도 조응과 접속 문제가 나타날 수 있으니, 번역문법은 이러한 일관성/결속성 문제에 큰 관심을 가져야 할 것이다.

4. 번역-텍스트 번역비평

들릴(2001:209)은 번역교육자에게나 번역사가에게나 번역에 대한 엄밀한 평가 방법이 필요하다고 역설한다. 그는 메쇼닉의 번역 시학 연구들에 힘입어, 과거의 번역들, 특히 문학번역들의 평가가 번역 방법 개론서들의 저자인 번역가-이론가들이 제정한 규칙들에 의거해 이루어질 수 없으며, '문헌학적 분석'과 '차이언어학'도 번역된 텍스트의 성공과 실패를 가늠하는 데 충분치 않음을 보이고자 한다. 번역사가는 오히려 번역된 작품이 원작품의 '역사성'을 갖추고 있는지, 번역자의 '재창조-번역'이 '자신의 고유한 시학'을 창출하여 랑그의 문제들을 디스쿠르의 해결책들로 대체하고 있는지 살펴야 한다는 것이다. 한 작품의 의미만을 번역하는 것은 그 '문학성'과 그 '시학적 측면'을 얼버무릴 위험이 있으며, 이는 곧 '비텍스트'(non-texte)의 산출에 이를 위험임을 그는 경고한다. 메쇼닉의 〈번역 시학〉의 관점에서의 '좋은 번역'은 자신의 고유한 시학을 창출하는 '번역-텍스트'(traduction-texte)이고, 원텍스트가 '행하는 것을 행하는' 번역이다(223). 번역 시학 관점에서의 탐구번역비평은 번역텍스트가 원텍스트의 '번역-텍스트'가 제대로 되었는지 살피는 것이다.

'번역-텍스트'를 지지하는 들릴(2001:212)은 존 드라이든(1631-1700)이 제시한 다음과 같은 번역 '십계명'은 '지나치게 구속적인 규칙들과 이론적 원

---

31 전성기(2013b) 참고.

리들의 코르셋'이라며 평가절하한다: 1) 시인이 되라, 2) 원문 언어와 번역 언어 모두에 대가가 되라, 3) 번역하려는 작가의 개성적 특징을 이해하라, 4) 번역자 자신의 정신을 원문의 정신과 일치시켜라, 5) 원문의 의미를 '성스럽고 침해할 수 없는 것'으로 유지하고 원문의 우아함이 유지되는 한 직역하라, 6) 원작가의 진정한 특성을 훼손시키지 않으면서 가능한 한 그 작가를 '매력적'인 작가로 만들어라, 7) 원작 시와 번역된 영어시의 운문적 특성에 유의하라, 8) 원작가가 우리 시대의 영어로 말하도록 만들라, 9) 원문을 개선시키지 말라, 10) 원문을 충실히 따라서 그 정신이 사라지지 않도록 하라.[32] 이와 달리, 트뤼포(1997)가 제시하는 다음과 같은 '번역 십계명'은 '조언·약속·보상' 의미의 것들이라는 점에서 상당한 차이가 있다: 1) 언어학과 번역을 구분한다, 2) 영역을 안다, 3) 의미를 인지한다, 4) 의미를 구축한다, 5) 정확한 낱말을 의심한다, 6) 창조적으로 된다, 7) 문화를 표현한다, 8) 상황을 고려한다, 9) 전언을 정리한다, 10) 시간과 스트레스를 관리한다. 이들은 보다 나은 번역을 위한 '격려' 내지는 '독려'의 역할을 한다는 점에서, 잘 활용하면 저자가 목표한 '실용번역'을 넘어 '번역-텍스트'로 나아가는 번역의 '항로표지들'이 될 가능성도 충분히 있다. 이들은, 보다 구체적으로, '생산적 번역문법'에서 '번역(비평) 이론소'들로 쓰일 수도 있다.[33]

들릴(2001:217)은 메쇼닉의 '리듬번역'을 염두에 두고, 코난 도일의 소설 *A Study in Scarlet* (《주홍색 연구》, 1887)의 한 구절 번역을 예로 든다. 이 예는 '리듬은 시에 국한된 개념이 아니다', '번역-텍스트가 번역-의미(traduction-sens)보다 낫다'라는 메쇼닉의 두 '명제'를 실현해 보이기 위해 선택된 것이다. 앙리(2004:50)는 메쇼닉이 말하는 '번역-텍스트'를, 언어로부터, 언어 속에서의 작업의 결과로서, 출발텍스트의 하나의 '온전한 버전'이라고 평한다. 이러한 '번역-텍스트'는, 달리 말하면, 하나의 '작품'을 또하나의 '번역-작품'으로 옮긴 것이다. 다음은 들릴(2001:217-8)이 예로 든 코난 도일의

32 이 십계명의 번역은 정정호(2005:176-7)의 것을 빌렸다.

33 전성기(2015a, 2015b) 참고.

*A Study in Scarlet*의 한 대목과 그 번역들이다.

25) a. The intelligence with which Lestrade greeted us was so momentous and so unexpected that we were all three fairly dumb-foundered. Gregson sprang out of his chair and upset the remainder of his whisky and water. I stared in silence at Sherlock Holmes, whose lips were compressed and his brows drawn down over his eyes.

b. La nouvelle nous frappa de stupeur. En se relevant d'un bond, Gregson répandit le reste de son whisky. Je regardai en silence Sherlock Holmes. Il pinçait les lèvres et fronçait les sourcils.

c. La nouvelle que venait de nous annoncer Lestrade était si stupéfiante et si imprévue que nous en restâmes tous les trois complètement confondus. Gregson se leva d'un bond en renversant ce qui restait de whisky dans son verre, et pour ma part, je me pris à scruter en silence la figure de Sherlock Holmes qui avait aussitôt pincé les lèvres et froncé les sourcils.

d. L'information que nous assena Lestrade était à ce point capitale et inattendue, que Holmes, Gregson, et moi en restâmes tous les trois positivement abasourdis. Gregson bondit de son fauteuil, renversant son fond de whisky. J'observai sans mot dire les lèvres fortement pressées, et les sourcils froncés de Holmes.

들릴(2001:218)은 위 번역들 중에서, 인지적 맥락과 특별한 리듬이 필요한 장면의 긴장도를 고려하여 원문을 '묵시화'와 '단문들'을 통해 재현한 번역 25b)가 원문 25a)의 리듬을 잘 살린 '유일한 번역'이라 단언한다. 제한된 언어적 수단을 통해(원문의 낱말은 55개인데, 번역문의 낱말 수는 32개이다), 그리고 담론 차원의 리듬의 원천들을 최대한 활용하여 '예기치 못한 반전의 성격'을 25b)가 잘 살려냈다는 것이다. 반면에, 각기 낱말 수가 64개와 48개가 되는 번역 25c)와 25d)는 전혀 그렇지 못하다는 것이 들릴의 단호한 평가이다. 25b)가 담론의 원천들을 창의적으로 활용하여 '작품의 의미'를 왜곡·

번안·축약하지 않고 잘 살려낸 데 반해, 다른 두 번역은 원문을 단지 '다시 쓰기'한 것에 지나지 않는다는 것이다. 이러한 들릴의 평가에 대해 한편으로는 수긍하면서도, 다른 한편으로는 번역비평의 공감대 형성의 어려움에 대해 다시금 곰곰 생각하게 된다. 과연 얼마나 많은 평가자나 비평가들이 들릴의 평가에 전적으로 공감할까? '전일적'(holistique) 평가가 매우 중요하긴 하나, 분석적 평가에 비해 상당히 주관적일 수도 있다는 염려도 아울러 하게 된다.[34]

들릴(2001:211)은 번역을 '한 텍스트의 독특한 성격을 이루는 것의 분석과 관찰에 입각한 실험적 경험적 예술'로 규정한다. 따라서 그에게 텍스트 번역은 장르를 비롯한 이러한 텍스트의 독특성을 재현하는 방향으로 이루어져야 한다. 에지트의 번역해석이론에서 출발하여 메쇼닉의 '시학적 번역'의 방향으로 나아간 들릴은 번역평가의 '문헌학적' 접근과 '차이언어학적' 접근의 문제점들을 지적한다. 그는 한 번역텍스트에 점철된 객관적 오류들(부적절한 표현들, 위의(僞義), 반의(反義), 통사 오용, 생략, 첨가 등)을 짚어냄으로써 그 텍스트의 번역의 질에 대한 판단을 내리기 위한 정보들을 모을 수는 없다고 말한다. 한 번역의 모든 오류들을 수정하여 의미적 어휘적 정확성을 개선할 수는 있겠지만, 그렇다고 해서 '더 나은 텍스트'가 되지는 않는다는 것이다. 그에 의하면, 한 번역이 오래 살아남는 것은 그 문헌학적 정확성에 달린 것이 아니다. 그는 '나쁜 번역'이 무오류 번역일 수도 있다고 지적한다(213). 어휘면, 구문면, 문체면 등 모든 측면에서 원전과 번역본들을 세세하게 대조해서 번역의 질을 판단할 수는 없다는 것이다. 바꿔 말해, 대조언어학적 접근에 유용성은 있으나, 담화와 화행의 문제들에 막힌다는 것

34 김뉘연(2011)은, 자신의 작품《농담》의 영어 번역본, 불어 번역본들을 전혀 탐탁치 않게 여긴 밀란 쿤데라가 1992년 자신의 번역을 공개했는데, '결과는 감히 어느 번역가도 생각지 못한 과감한 삭제'였다고 지적한다. '특히 영미권 독자들이 이해하기 어려울 법한 체코 역사에 관한 부분을 대거 삭제했고, 등장인물들 또한 수정했다'고 한다. 그럼에도 불구하고 쿤데라는 '서문에서, 자신의 번역이 가장 원문에 가장 충실하다는 견해를 밝혔다'고 한다. '원문에 가장 충실한 번역이 작가 자신이 원 텍스트에 가장 많이 손 댄 번역'이라는 것은 '충실한 번역'이나 '잘된 번역' 문제가 간단한 문제가 아님을 잘 보여주는 것이다.

이다. 번역하는 것은 '언어'(langue)가 아니라 한 언어의 '담화'(discours), '개별성'이기 때문이라는 것이다(213-4). 번역문법적 대조분석이 겨냥하는 번역은 '언어 차원' 번역이 아니라 '담화와 화행'을 적극 고려하는 '텍스트 차원' 번역이지만, 분석적 접근의 문제에 대한 들릴의 지적들은 음미해볼 필요가 있다. 우리의 상당수 문학작품 번역들에서 많은 독자들이 감지하는 문제들도 '텍스트성'과 관련된 것이니 만큼, 번역문법도 이에 깊은 관심을 가지고 관련된 탐구를 폭넓게 해야 할 것이다.

들릴(2001:216-7)에 의하면, 번역사가는 번역평가에서 번역자가 한 텍스트를 번역할 때 모방적 유입이 아니라, 창의적 재창조, 에크리튀르 작업에 의해 그 역사성을 간직하였는지 살피는데, 그렇게 되었다면 '성공적 번역'으로 간주된다. 시 번역에서 그 의미만, 단지 그 의미만 번역하였다면, 그것은 시를 빠트린 것이다. 리듬, 운율, 오랄리테가 '의미적 문법적 정확성의 제단에 희생되었'기 때문이다. 그는 〈번역 시학〉의 목표는 문학텍스트들의 특수성과 역사성의 탐색이라고 말한다. 그에 의하면, 히에로니무스의《라틴어 성서》, 자크 아미요의《플루타크 영웅전》,《킹 제임스 성경》, 앙투안 갈랑의《천일야화》 등은 완벽하게 역사화된 또하나의 작품의 재창조가 가능하다는 것을 잘 보여주는 번역예들이다. 이들은 그 '불완전성'에도 불구하고 '번역-작품'(traduction-oeuvre)이다. 메쇼닉과 들릴에게 '언어-번역', '번역-의미', '재창조되지 않은 번역'은 '비텍스트번역'이다. 이는 12음절의 알렉상드랭으로 번역된 셰익스피어의 소네트들이고, 에밀 리트레가 14세기 불어로 번역한 단테의《신곡》 같은 것이다. 들릴은 이들을 '부정한 미녀들'과 '모사번역들'로 규정한다. 작품성을 존중하지 않는 '과도한 번역 전략' 때문이다. 전자는 독자들의 횡포를 견뎌내지 못하고, 후자는 원작의 횡포를 견뎌내지 못한 나머지, '에크리튀르의 작품'을 산출하지 못한 것이다. 번역사가의 번역비평은 '역사성'을 간과하면 안 되는데, 이 '역사성', 그리고 이와 연관되어 있는 리듬, 운율, 오랄리테 개념들을 통해 왜 어떤 번역들이 원전보다 더 나은가를 설명할 수 있다는 것이 들릴의 주장이다. 이러한 주장의 핵심은 텍스트의 번역은 텍스트가 되어야 한다는 것이다.

들릴(2001:223)은 문학텍스트를 현이 여럿인 악기에 비유한다. 그에 의하면, '좋은 번역'이 되기 위해서는 번역된 작품의 화음 전체가 들리도록 현들이 모두 조화롭게 퉁겨져야 한다. '의미의 줄'만 울리게 하는 것은 멜로디만 연주하는 것일 뿐, 낱말들 사이에 숨겨진 침묵들의 아름다움은 들려주지 못한다는 것이다. 침묵을 번역하기 위해서는 텍스트가 말하도록 해야 한다는 것이다. 저자는 그가 주장하는 '엇결림들', 베르만이 지적한 '왜곡의 경향들'을 모두 '이탈음들'로 간주한다. 그런데 '좋은 번역'이 되기 위해 이 '이탈음들'이 최소화되어야 한다는 점에는 충분히 공감하더라도, 어떠한 것이 조화로운 음이냐 혹은 이탈음이냐 하는 것에 대해서는 견해들이 엇갈릴 수 있다. 그래서 번역의 타당성에 대한 '주관상호적 공감성'[35]을 높이기 위해서라도, 탐구번역을 통한 분석적 접근은 텍스트의 전일적 접근에 의해 충분히 보완될 필요가 있다. 문헌학적 분석이나 차이언어학의 연구 결과들을 번역에 그대로 적용하는 것은 문제가 될 수 있어도, 맥락이나 상황을 적극 고려한 유추적 적용은 활용 가치가 상당히 클 수 있다.

코르도니에(1995)도 《번역과 문화》라는 그의 저서에서 메쇼닉의 시니피앙스 번역, 리듬번역 주장에 크게 공감하며, 번역비평의 한 예를 보이고 있다. 카르펜티에(1979)의 소설 *El arpa y la sombra*와 뒤랑(1979)의 번역본 *La harpe et l'ombre*를 비판적으로 비교분석해 보인 것인데, 여기서는 원텍스트의 리듬 구성 요소들이 어떠한 것들이고, 이들이 어떠한 식으로 파괴되었는지를 간단히 열거해 보이는 것으로 족하기로 한다. 이들은 메쇼닉의 리듬번역에 대해 다른 글에서 찾아보기 어려운 정보들을 제시하고 있다는 점에서 매우 유용하다.[36] 번역텍스트에서 리듬이 파괴된 부분들은 바로 '엇결림'이 나타나는 부분들이다.

35 벌러체스쿠(2007a, 2007b)가 사용하는 표현은 '주관상호적 그럼직함'이다.

36 코르도니에(1995), 6장 참고.

원텍스트의 리듬 구성 요소들	번역텍스트의 리듬 파괴 요소들
- 중핵과 주변 증식 핵 사이 유기적 관계	- 중핵과 주변 증식 핵 사이 조직 파괴
- 많은 인용문과 텍스트 사이의 대화	- 상호텍스트적 대화 관계 간과
- 글 속 등장 오랄리테	- 입말을 글말로 전환
- 낱말과 구의 순서	- 낱말과 구의 순서
- 어휘의 다채로움과 어휘에 대한 탐색	- 어휘적 구문적 풍요로움의 궁핍화
- 다양한 구두점들의 빈번한 사용	- 구두점들의 의미 간과
- 대문자 자주 사용	- 대문자 표기 생략
- 일상어에서 차용해 만든 고유명사 풍부	- 길고 무성한 바로크식 문장 토막내기
- 이탤릭체로 강조	- 표현 반복에 대한 고전적 검열
- 시간 사용의 단절과 파격	- 편차 심한 다양한 어역 사용 단순화
- 다양한 어역 표현 혼용	- 음악성 소실
- 음악성 추구	

6. 엇결림과 텍스트 번역(비평)

들릴(2001:220)에 의하면, '엇결림'[37]은 번역텍스트에서의 어휘적, 수사적, 문체적, 리듬적, 운율적 성격의 '비일관성'에 기인한다. 이 비일관성 요소들은 언어, 문체, 톤의 일체성 결여로 특징지어진다. 양립이 어렵거나 이질적인 언어층위, 의미적 왜곡, 어휘적 비일관성, 문학적 관습들의 단절, 가짜 오랄리테, 가짜 방언 등이 그 예들이다. 이러한 결함들은 주로 원천주의적 번역에서 나타나나, 목표주의적 번역도 '엇결린 번역'에서 자유롭지 못하다고 저자는 말한다. 이러한 번역들은 텍스트 전체가 깊이 고려되지 않은 번역들이다. 들릴(2001:223)에게 문학텍스트는 현이 여럿인 악기이다. '의미의 줄'만 울리는 것은 멜로디만 연주하는 것이다. '좋은 번역'은 작

37 'disparate'는 《프라임 불한사전》에 형용사로는 '어울리지 않는', '잡다한'으로, 명사로는 '부조화'로 번역되어 있다. '결다' 혹은 '겯다'는 '씨와 날이 서로 어긋매끼게 엮어 짜다'라는 뜻이라고 하는데, 이는 텍스트의 '엮어짜기'와 다르지 않다. '결리다'에 부정 의미의 접두사 '엇-'이 덧붙여진 '엇결리다'는 이 '엮어짜기'가 어긋나거나 틀어진 것을 뜻하는 것이니, '엇결리다'와 그 명사형 '엇결림'은 'disparate'의 적절한 번역이라고 생각된다.

품의 화음이 전체적으로 조화를 이루는 번역이다. 들릴(2007:141-3)에 의하면, 문학번역은 문체·리듬·톤·어층·통사 구조·어휘 등 다양한 요소들에 대해 부단히 선택이 이루어지지 않으면 안되는 작업이다. 번역은 본질적으로 '다르게 다시 말하는 것'이나, 이는 '복제'(reproduction)가 아니라 '재현'(représentation)이다. 그래서 번역비평은 번역이 원작과 동일한 문학성, 문학적 속성들을 갖추고 있는지, 동일한 유의미한 결속성, 동일한 미적 자질들, 동일한 심층적 일체성을 갖추고 있는지, 한마디로, 동일한 '시니피앙스'를 갖추고 있는지 살펴야 한다는 것이다. 하지만 이러한 이상은 실상 도달하기 어려운 것으로, 대개의 번역들에서는 이른바 '번역 멀미'[38]를 느끼게 된다고 한다. 이 '번역 멀미'는 특히 '엇결림들'에서 비롯된다고 들릴은 지적한다.

들릴(2007:144)은 이 '엇결림'을 번역학, 특히 번역비평의 핵심 개념으로 삼는다. '엇결림'은 번역작품들에 나타나는 문체적 성격의 '일관성' 없는 표현들, '부조화스러운' 표현들을 가리키는 것으로서, 이들을 특징짓는 것들이 여러 가지가 있겠으나, 저자가 우선적으로 언급하는 것은 원작과 관련하여 드러나는 언어·문체·톤의 '일체성 결여'이다. 그는 언어층위가 어긋난다거나, 의미가 뒤틀려 있다거나, 예스런 표현이 느닷없이 쓰인다거나, 어휘 사용이 일관적이지 못한 경우 등을 그 예로 들고 있다(146). 그는 '엇결림' 개념을 번역의 '보편소' 중 하나로 내세운다. 이 '엇결림'은 거의 대부분 고립된 문장이 아니라 보다 큰 의미 단위들에서 나타난다. 유네스코를 'UNESCO', 'Unesco' 등으로 일관성 없이 표기하는 것은 단지 '부주의'로 인한 실수일 뿐, '엇결림'으로 보기 어렵다는 것이 저자의 견해이다. 이 '엇결림'은 작품의 '문체', '시니피앙스'와 관련하여 규정되어야 한다는 것이 저자의 입장이고, '위의'(僞義, faux sens), '반의'(反義, contresens), '무의미'(non-sens) 등의 '오류들'[39]과 동일시하지 말라는 것이 그의 주문이다(147). 번역

38 이 '번역 멀미'(le mal de la traduction)라는 표현은 그라비에(1973:42)에서 빌린 것이라고 들릴(2007:143)은 밝히고 있다.

39 황순희(2010:390)는 'contresens', 'faux sens', 'faute de traduction'을 모두 '오역'으로 총칭

의 오류들은 번역자의 부주의나 지식 미흡의 소치이지, '문체적 성격'의 것이 아니라는 것이 그의 입장이다(148).[40]

들릴(2007)은 번역텍스트의 전체 의미들 중 '엇결림'은 '혼합적'(hétériclite)이면서 '혼질적'(hétérogène)인 것이라고 설명한다. '혼합성'은 '번역자의 다시 쓰기 기획과 상충되는, 다른 문체나 다른 장르에 속하는 것'을 말하고, '혼질성'은 '주변 요소들과는 다른 성격을 나타내는 것'을 말한다(149). '엇결림'은 특히 문체면에서의 '단절'이다(150). 베르만이 말하는, '좋은 번역'과 상치되는, '합리화·명확화·길이 증가·고상화·질적 빈약화·양적 빈약화·균질화·리듬 파괴·기저 시니피앙 망 파괴·체계성 파괴·토착 언어망 파괴 및 이국화·관용구 파괴·언어들 간 중첩 소멸' 같은 번역의 13가지 '왜곡의 경향'[41]도 들릴은 '엇결림'의 일종으로 간주한다. 그는, 베르만이 지향하는 '문자번역'이나 '작품번역'뿐 아니라, 목표지향적 번역과 민족중심적 번역도 '엇결림'에서 자유롭지 않다고 지적한다(153). 들릴은 저자 '개인의 어휘적 선택들', '유의미한 어휘망들'을 깨트리는 번역, 한 마디로, 텍스트성이 일그러지게 하는 모든 번역을 '엇결린 번역'으로 본다. 쿤데라의 불어 번역자들은 저자의 반복된 표현들을 견디지 못해 반사적으로 '동의어화'를 시도했다고 하는데, 이 시도는 '유려한 문체'(beau style)의 산출을 위한 것이었으나, 저자의 큰 반발을 샀다고 한다. 들릴은 '과도한 동의어'는 '엇결림'을 낳을 뿐이라고 단언한다. 진정한 작품은 '잘된 글'(bonne rédaction)이라는 '공통 문체'(style commun)의 테두리를 벗어나게 마련이라는 것이다. 문체는 저자의 일종의 '사인'(signature)이기에 기본적으로 존중되어야 한다는 것이 들

한다.

40 들릴(2007:148)에게 'horse race'(course de chevaux, 경마)와 'race horse'(cheval de course, 경주마)를 혼동하는 것, 영어의 'figure'와 'terrific'의 의미를 잘 몰라 'She had a terrific figure'(Elle était vachement bien roulée, 몸매가 아주 끝내줬어요)를 'Elle avait un visage terrible'(She had an awesome face, 얼굴이 흉측했어요) 등으로 옮기는 것은 정확성 면에서 번역의 질을 저하시키는 것이긴 하나, '엇결림'은 아니다. 이러한 오류들은 번역자의 부주의나 지식 미흡의 소치이지, '문체적 성격'의 것이 아니기 때문이다.

41 베르만(2011:74-97) 참고.

릴의 입장이다(154-5).

들릴은 은유의 번역에서 '낡은 은유'를 '낡은 은유'로 옮기는 것은 상관없으나, 원작에서 문학적 가치가 거의 제로인 은유들을 문자적으로 옮기면 '엇결림'이 발생한다고 지적한다.[42] 과도한 어설픈 문자역도 '엇결린 번역'이 되기 십상이다(156-7). 저자는 '엇결림'이 작품 전체의 문학성과 미학성에 악영향을 끼쳐, 심한 경우에는 번역이 일종의 '짜깁기'(patchwork)처럼 되어버린다고 말한다. 오역이 난무하는 번역도 마찬가지이다. 운율·리듬·음색·음악성의 관점에서 볼 때, '엇결림'은 불협화음이요 부조화이다. 악보에서의 '이탈음' 같은 것이다(158-9). 들릴은 번역작품에 '엇결림'들이 나타나는 것을 피하려면, 번역자가 저자의 '독특한' 문체를 '따라야'[43] 한다고 말한다. 이는 얼핏 당연한 말 같지만, 그 실제 결과들은 엄청나다고 저자는 단언한다. '번역은 한 언어를 다른 언어로 옮기는 것이 아니라, 한 문체를 다른 문체로, 한 언어적 독특성을 다른 언어적 독특성으로 옮기는 것이기 때문'이다(155-6). 이 '엇결림'에 대한 '거의 전적인 무신경'을 무냉(2015:196)이 조목조목 따진 것은 이것이 '박학한 번역가들에게 흔히 발견되는 결점이기 때문'인데,[44] 들릴은 '엇결림'에 '무신경'한 것은 '박학한 번역가들'뿐이 아니라고 지적한다. 정도는 다르지만, 상당수의 번역가들이 이 '풍토병'에 걸려 있다는 것이다(159). 우리 번역출판에서는 혹 이 '풍토병'이 만연되어 있는 것은 아닌가? 이 '엇결림'의 실태에 대한 폭넓은 조사와 분석이 시급히 필요하다.

번역자는 텍스트 언어의 성격과 독특성에 주목하며, 섬세한 '변별적 의미들'까지도 소홀히 하지 말아야 한다. 섬세한 '변별적 의미들'의 파악과 재

42 예를 들어, 'For less than a blink, fear took Pitando's eyes'를 문자적으로 'Pendant moins d'un clignement d'oeil, la peur s'empara des yeux de Pitando'라고 옮기는 것은 곤란하다는 것이다. 'La peur se lit aussitôt dans les yeux de Pitando'(이내 피탄도의 눈에서 두려움이 읽혔다)로 충분하다는 것이다.

43 들릴(2007:155)이 사용한 표현은 'se plier'이다.

44 무냉(2015)의 원본은 1955년에 출간되었다. 역자인 선영아는 'disparate'를 '부조화'로 옮기고 있다.

현은 작품성 번역의 중요한 측면이다. 이러한 작업에 어려움이 있을 때는 계열적(paradigmatique) 측면과 통합적(syntagmatique) 측면을 이중적으로 고려하는 '삼중비교분석'의 도움을 받을 수도 있다. 들릴(2007)의 위의 지적들은 '작품들'의 번역비평에 대한 것이나, 이들은 '작품들'의 번역에도, 나아가 일반번역에도 적용될 수 있다.[45] 우리는 작품들의 번역 과정에서 혹 '엇결림'이 발생하지 않는지 메타적 성찰을 부단히 할 필요가 있다. 들릴은 단순 오류는 '엇결림'이 아니라고 하나, 오류가 빈번하게 나타나는 번역은, 심한 경우, 일종의 '짜깁기'로 느껴질 수 있고, 이는 곧 문체 문제가 된다. 전문가들이 번역 오류가 상당히 많다고 지적하는 보들레르의 포 번역들이 명역으로 인정받는 것은 문제의 오류들이 번역텍스트의 '하나의 새로운 온전한 텍스트성'[46] 속으로 녹아들어, 이 텍스트성의 관점에서는 크게 문제가 되지 않기 때문인 것으로 추측해볼 수 있다. 원전의 '텍스트성' 재현 여부가 '잘된 번역', '명역'의 핵심 문제인 것이다.

***

외국어문법에서 예문 번역은 여전히 그 중요성을 인정받지 못하고 있다. 하지만 문법 예문도 실은 '미니 텍스트'이다. 텍스트번역은 텍스트번역답게 이루어져야 한다. 번역문법은 '미니텍스트'인 문법 예문 번역에서 문학텍스트번역까지, 일반번역평가에서 문학번역비평에 이르기까지 넓은 스펙트럼의 텍스트성 분석에 충분히 기여할 수 있다. 특히 문학작품의 번역과 번역비평을 위해서는 다양한 '텍스트성'(작품성)의 변별적 특성들의 파악이 중요하다. 번역문법은 이러한 변별적 특성들의 탐구에 각별히 유의해야 할 것이다. 세부적인 면들에 오역이 적지 않다는 보들레르의 포 번역들이나, 저자 괴테가 높이 평가한 네르발의 파우스트 번역 등이 '명역의 전설'이 된 것은 그 '텍스트성'(작품성) 재현 덕분일 것이다. 세부적인 분석에 우수한 번역

45 이스라엘(1998:258-9) 참고.

46 우스티노프(2006:37) 참고.

이라도 '텍스트성'(작품성) 재현이 미흡하면 '좋은 번역'이 되기 어렵다. 텍스트번역의 지평은 '문자번역', '번역-텍스트', '번역-작품', '재창조-번역', '에크리튀르의 번역' 등으로 다양하게 제시되는데, '좋은 번역'은, 한 마디로, '텍스트'를 '텍스트'로, '작품'을 '작품'으로 번역하는 것이다. 즉, 텍스트성, 작품성을 살리는 번역을 하는 것이다. 이를 위해서는 무엇보다 '엇결림'이 최소화되는 번역이 되어야 한다. 독자나 평자들이 '멀미'나 '어지러움'이 아니라 '작품의 독특한 향기'를 느낄 수 있는 번역이 되어야 한다. 이러한 번역은 모국어의 잠재성을 일구어내는 창조적 작업이다. 번역문법은 탐구적 텍스트번역은 물론이려니와, 텍스트 번역비평의 적절성과 타당성 제고에 나름의 기여를 할 수 있다.

메이에르의 '제문론적 수사학'[47]의 관점에서 보면, 충실성과 가독성 문제는 단세트(1989:83)가 말하는 '이해'와 '비이해'의 거리, 적절한 번역과 번역오류 사이의 거리를 좁히려는 '수사적 교섭' 문제로 이해될 수 있다. 이 '수사적 교섭'은 치밀하고 섬세한 번역문법적 분석을 통해 '작품성 번역'으로 이어질 수 있다. 이형진(2008:95)은 영미연평가단(2005)에 대한 글에서, '문학적 가치나 미학적 효과에 대한 분석에 근거하지 않고 단순히 삭제나 변형만을 가지고 불충실한 번역으로 폄하하고 출발어 텍스트의 훼손으로 보는 관점은 중세 성서 번역에서나 볼 수 있듯이, 단어 하나를 삭제하거나 변형하는 것조차도 신의 말씀을 훼손하는 불경으로 보고 번역가를 화형에 처했던 그런 신성불가침적인 종교적 맹목성에서 크게 벗어나지 못한 것으로밖에는 볼 수 없다.'며 목소리를 높인 바 있다. 텍스트 등가관계의 번역문법적 분석은 '문학적 가치나 미학적 효과'의 측면의 고려에 소홀함이 없는 섬세한 작업이 되어야 할 것이다. 제대로 된 번역을 하기 위해 해당 텍스트가 침잠해 있는 문화를 폭넓게 이해할 필요가 있다는 리쾨르(2006:138)의 말은 번역과 번역비평의 '전일적 접근'에 우선적으로 해당되는 말이나, 번역문법의 '분석적 접근'도 이러한 전일적 접근을 충분히 고려하지 않으면 적절·타당

47 메이에르(2012) 참고.

한 분석적 접근이 되기 어려울 것이다. 번역문법은 이 점에 크게 유의할 필요가 있다. 번역문법이 인문학의 '번역학적 전환'의 바탕이 되는 탐구번역과 탐구번역비평에서 중심 역할을 해낼 수 있도록, 연구가 지속적으로 이루어져야 할 것이다.

제13장 《어린 왕자》 작품성의 번역과 번역비평

《어린 왕자》를 김화영(2007a:89)은 '20세기 문학의 전설적인 작품 중 하나'라고 평한다. 이 작품은 '바로 우리들 각자의 내면 깊은 곳에 잠재하는 모차르트를 살려내고 진흙에 정신의 바람을 불어넣기 위하여 쓰여진 한 편의 단순하고 위대한 우화'로 묘사된다.[1] 저자는 《어린 왕자》가 1946년에 첫 출판된 이래, 백육십 개 언어로 번역되었으며,[2] '원서가 발간된 이래 출판된 모든 판본을 다 합치면 약 팔천만 부가 판매'되었다고 한다. 저작권 미가입국들의 번역본들과 해적판 등을 보태면 일억 부에 육박할 것으로 추산된다니, 실로 《성경》 다음의 최대 베스트 셀러이다.[3] 이 작품은 삽화가 많기도 하지만, 어린이도 어려움 없이 읽을 수 있는 '쉬운 텍스트'로 널리 알려져 있다. 사실 어려운 텍스트라면 아무리 찾는 사람이 많더라도 300종 넘는 번역본들[4]이 한국에서 나오기는 어려웠으리라. 하지만 원텍스트가 그렇게 쉽기만 한 것은 아니다. '작품성'[5] 관점에서 특히 그러하다. 갈랑베르

---

1 이는 김화영(2007a)의 뒷표지에 나와 있는 표현이다.

2 김시몽(2010a:1)은 《어린 왕자》가 180여개의 언어로 번역되었다고 말한다.

3 프로몽(2009:8)은 이 작품을 일본의 어른과 아이들이 선호하는, 진선미가 어우러진 작품이라고 평한다.

4 김시몽(2010b:241) 참고.

5 사전적으로 '작품이 가지는 그 자체의 예술적 가치'로 정의되는 '작품성'은 '문학작품으로

(2006:12)는 세대를 초월하여 다양한 독자층을 가진 《어린 왕자》를 '동화'와 '신화'의 성격을 아울러 가진 작품으로 보았다. 이는 루카(2012:6)가 말하는 읽기의 두 단계에 해당된다. 동화가 1단계 읽기이고, 신화가 2단계 읽기인데, 이는 《어린 왕자》를 '작은 철학적 소설'로 읽는 것이다. 갈랑베르(2006)는 《어린 왕자》를 '신성성'(le sacré)을 지향하는 '시적 담론'(discours poétique)으로 규정하는데,[6] 신화와 철학적 소설의 면모가 부각되는, 이러한 '시적 담론'의 성격이 번역자들의 주목을 받은 것 같지는 않다. 갈랑베르(2006:19)에 의하면, 생텍쥐페리에 대한 저서들 중 3/4 이상이 전기류이고, 그 나머지 1/4가량이 사상가 · 철학자로서의 생텍쥐페리에 대한 것이다. 그의 '에크리튀르 문체(style d'écriture)[7]와 그 함의들'에 대해서는 비교적 간단한 언급들만 있을 뿐이다.

김시몽(2010a)은 《어린 왕자》의 306종 번역본에 대한 〈번역평가보고서〉에서 여러 검토과정을 거친 후, 가장 잘된 번역으로 김화영(2007b)의 번역을 주저없이 꼽는다. 이 번역본의 '가장 큰 장점'으로 그는 '다른 번역본들과 다르게 유일하게 문체에 관심'을 가진 점을 꼽는다. '이 번역본은 물론 원문에도 충실하지만 그와 동시에, 매우 유려한 문학적인 문체'로 되어 있다는 것이다. 그래서 그는 이를 '《어린 왕자》를 하나의 문학작품으로 연구하기에 가장 적합한 번역본'으로 추천한다. '유일하게 《어린 왕자》라는 작품을 누구나 쉽게 접할 수 있는 단순한 동화의 수준으로만 여기지 않고 진정한 문학작품으로서의 가치를 부여했다'는 점을 높이 평가한 것이다. 번역자 김화영 교수가 원작을 깊이 잘 이해하였고, '잘된' 번역을 한 것은 분명하다.[8] 그런데, 갈랑베르(2006)의 관점에서는, 그가 구현한 소설 미학과 문체는, 의식적이건 아니건, 원작의 작품성보다는 상대적으로 한국문학의 규범과 한

서의 예술성'으로 정의되는 '문학성'보다 더 포괄적 개념이다.

6 갈랑베르(2006:83-119) 참고.

7 높은 빈도수를 가진 'style'과 'écriture'와는 달리, 'style d'écriture'는 갈랑베르(2006)의 논문 본문에 한번, 논문 요약에서 'un style d'écriture poétique'라는 표현에 한번 쓰였다.

8 김화영(2007a): 《어린 왕자를 찾아서》(문학동네) 참고.

국독자의 기대 지평의 존중에 더 비중을 둔 것으로 느껴진다. 번역(비평)자의 관심사가 도착언어문화를 십분 존중하면서도 원작의 '작품성'에 보다 근접하는, 이중으로 '충실한 번역'—보다 적절히 말해, 양자를 '존중하는 번역'—을 얻는 것이라면, 원텍스트의 연구 결과들을 비롯한 다양한 자료들을 충분히 활용하며, 기존 '번역(들)'을 원텍스트와 섬세하게 비교하는 '탐구번역'과 '탐구번역비평'을 할 필요가 있다.[9] 다양한 방식의 탐구번역(비평)이 가능하나, 우리가 지향하는 것은 원텍스트와 번역텍스트 사이의 '번역 시학적' 균형과 조화이다.[10] 이러한 지향에서 크게 유의할 점은 '문법·작품·번역'이 텍스트 번역에서 불가분의 관계에 있다는 것이고, 따라서 이들이 회통적으로 탐구되어야 한다는 것이다. 번역문법이 이러한 '회통적 탐구'[11]를 가능하게 하는 효과적 방식의 하나임을 보이기에 앞서, 먼저 그 분석과 재현의 핵심 '작용자'(opérateur)가 되는 '번역(비평) 이론소'에 대해 살펴보자.

1. 《어린 왕자》의 번역(비평) 이론소

라드미랄(2010a:7)은 네 유형의 번역학을 구분한다. 규범적 번역학, 기술적 번역학, 생산적 번역학, 과학적 번역학은 저자가 각각 그제, 어제, 오늘, 내일의 번역학이라 불러온 것들인데, 이러한 '시기적' 구분이 현재는 번역학 이론의 인식론적 메타이론적 구분으로 제시되어 있다. 저자가 추구하는 것은 '생산적' 번역학으로, 번역 실천을 용이하게 해 줄 목적을 가진, 일련의 개념들과 원리들을 짜맞추는 '편익적' 담론들로 이루어진다.[12] 라드미

9 이 책 3장-8장 참고.

10 들릴(2015:61)은 '번역 시학'만이 문학번역의 성공과 실패의 가늠에 적합하다고 판단한다.

11 네이버 국어사전에 의하면, '회통'은 불교적 표현으로, '언뜻 보기에 서로 어긋나는 뜻이나 주장을 해석하여 조화롭게 한다'는 뜻을 가지고 있다. 언뜻 보기에 서로 밀접한 관련이 없어 보이는, 적어도 지금까지 그런 식으로 간주되어온 〈문법 · 작품 · 번역〉은 회통적으로 인식되고 탐구되어야 할 필요가 있다; 전성기(2016a) 서문 참고.

12 전성기(2008a:98) 참고.

랄이 그의 '생산적 번역학'의 방법으로 제시하는 것은 '번역을 위한 이론소들(théorèmes)', 줄여 말해 '번역 이론소들'이다.[13] 저자는 이 이론소들을 한 이론의 요소들을 이루는 '조각 상태'의 개념들(낱말)과 원리들(문장)이라고 설명한다. 이 이론소는, 라드미랄(1979)의 여러 대목에서 보듯이, '귀납적 일반화가 가능한 번역 실천을 위한' 일종의 금언이나 권고, 조언 같은 것, 혹은 '핵심 개념', '번역의 원리' 같은 것들이다. 이들은 복수적, 병렬적, 고립적, 비체계적이라는 특징들을 가진 것들로 기술되어 있다(213). 이러한 이유로, 라드미랄(1989:13)은 자신의 '생산적 번역학'을 '실천의 격랑에 대처하는 산발적 이론소들의 랩소디'로 규정한다.[14]

번역문법에서도, 라드미랄의 번역학 구분과 관련지어, 규범적 번역문법·기술적 번역문법·생산적 번역문법·과학적 번역문법이라는 유추적 설정이 가능하다. 여기서도 '생산적 번역문법'은 핵심적으로 다양한 '이론소들'로 구성되는 것으로 설정된다. '생산적 번역학'이 '하나의 단일한 구축물이 아니라 복수의 이론적 아이템들의 집합체'이고, '부스러기 상태'(en miettes)의 이론이며, 번역자가 필요할 때 꺼내쓰는 개념들의 '도구상자' 같은 것이듯이,[15] 언어문법과 텍스트문법에 기반한 생산적 번역문법에서, '번역(비평)이론소'는 구체적 번역이나 번역비평에서 '도구적 작용자' 역할을 한다. 이 '작용자들' 덕분에 텍스트 차원에서 들릴(2005:222)이 말하는 '시니피앙스의 텍스트적 표지들'을 읽어낼 수 있고, 또한 재현할 수 있는 것이다. 읽어내도 재현이 어려운 경우들이 있지만, 읽어내지 못한 것을 재현할 수는 없을 것이다. 그런데 라드미랄(2014:8)의 '번역 이론소들'은 주로 그의 번역 실천의 '개념화'의 결과들이나,[16] 번역문법은 한 텍스트의 번역과 번역비평을 위한 '이론소들'을 그 텍스트와 관련된 다양한 자료들—특히 중요한 것은 학술

13 라드미랄은 그의 *Traduire: théorèmes pour la traduction*(1979, 2002)을 그러한 방향의 저서로 제시한다.

14 이 책 8장 참고.

15 라드미랄(2003:158-9) 참고.

16 이 책 8장 참고.

적 자료들이다—에서 주로 끌어온다는 점에서 다소간 차이가 있다.[17] 예를 들어, 《어린 왕자》의 연구서나 연구 논문이나 관련 글들에서 이 작품의 특성들로 제시된 것들을 《어린 왕자》의 번역을 위한 '번역 이론소들'로, 이 작품의 번역비평을 위한 '번역비평 이론소들'로 삼는 것이다.

갈랑베르(2006:12)에 의하면, 동화와 신화[18]의 '혼합적 성격'을 가진 《어린 왕자》는 일종의 '시적 담론'이다. 저자는 이러한 혼합적 성격이 이 작품의 세계적 성공에 크게 기여했으리라 추측한다. 이러한 분석에 비평자가 동의한다면, 번역텍스트 역시 전반적으로 하나의 '시적 담론', 나아가 '시적 에크리튀르'가 되어야 한다는 것을 하나의 기본적 '번역(비평) 이론소'로 삼을 수 있다.[19] 김정빈(1991:31-2)의 다음과 같은 평술은 《어린 왕자》의 '시적 에크리튀르'와 그 '음악성'을 직관적 통찰로 잘 드러낸다.

> 그런 〈어린 왕자〉의 놀라운 예술적 성취는 거의 음악에 비견될만큼 드높다. 그래서 그것은 다른 어떤 문학적 성취에서도 찾아보기 어려운 한 전형적인 예를 보여준다. 〈어린 왕자〉는 내가 맨처음 제기했던 질문에 답해준다. 즉 그것은 '열 번 스무 번을 읽어도 계속해서 감흥을 느낄 수 있는' 문학작품인 것이다. 그것이야말로 음악적인 성취가 아니고 무엇이겠는가. 음악. '소리'가 아닌 '언어'와 '문자'로 도달한 음악. 그중에서도 시(詩) 형식이 아닌 '이야기 형식'으로 성취되는 음악. 〈어린 왕자〉에는 그런 예술적 음악성이 지하수처럼, 안개처럼 고요히 흐르고 있다. 그래서 〈어린 왕자〉는 산문으로 된 시이며, 이야기로 된 음악이며, 그 시와 음악은 인간의 원초적인 정서를 고요히 일깨우는 신비를 지니고 있다. 그리고 그 음률은 우리의 의식을 고양시킨다.

---

17 이 책 6장 "4. 생산적 번역문법과 브리콜라주" 참고.

18 갈랑베르(2006:96)는 《어린 왕자》가 엘리아데가 말하는 신화의 정의와 정확히 일치하지는 않으나, 그러한 '신화적 요소들'을 가지고 있다고 지적한다.

19 위르자뉘(2003:2)는 '시를 번역한다면 최종 텍스트는, 원텍스트의 의미를 제공하는 전언이 아니라, 역시 시가 되어야 한다'고 주장하는데, '시의 번역은 시가 되어야 한다'는 이 주장 역시 하나의 '번역 이론소'로 볼 수 있다.

번역이 섬세할수록, 평자가 말하는 원텍스트의 '산문으로 된 시',[20] '이야기로 된 음악'이 번역에서도 읽히고 들릴 가능성은 그만큼 커질 것이다. 평자에 의하면, 《어린 왕자》는 '전편에 흐르고 있는 부드러운 시정(詩情)과, 우아한 유머와, 따스한 사랑과, 애잔한 슬픔과, 삶의 덧없음에도 불구하고 그래도 삶에서 값을 찾으려고 하는 목마름 등을 교묘하게 어울려 드높은 격조(格調)를 만들어 내'고 있으며, 이야기는 마지막에 '이야기 밖으로 흘러 넘치'는데, '그것은 신비'이다. 평자는 《어린 왕자》의 '예술적 격조의 성취와 신비로운 승화는 예민한 감상자가 아니면 놓치기 쉬운 것'이라고 지적한다(37-8). '예민한 감상자'가 아니더라도 평자가 느낀 것을 일반 독자들도 충분히 느낄 수 있도록 하려면, 우선 번역자의 《어린 왕자》 원텍스트 '읽기'가 매우 섬세한 '경청'이 되어야 할 뿐 아니라, 그 번역글쓰기도 원작에 뒤지지 않는 품격을 갖춘 것이 되어야 한다. 이를 위해 필요한 것이 해당 작품과 관련된 탐구번역이다.

브랑쉬(2013:105)는 생텍쥐페리의 문학비평가들이 저자가, 자신의 생각을 제일 잘 나타낼 적절한 낱말, 적절한 문장, 적절한 표현의 선택을 통해, 텍스트 완성도를 높이기 위해 유별나게 세심하게 주의를 기울인 것을 모두 인정하는데, 이는 《어린 왕자》를 집필할 때도 마찬가지였다고 말한다. 그는 주로 밤에 작업하면서 주변 사람들을 깨워 원고를 크게 읽어보라고 주문하면서, 그들의 의견을 구하고 원고를 다시 공들여 다듬는 데 전혀 주저함이 없었다고 한다. 그는 쉼표 하나, 문법적 형태 하나에도 지나칠 정도로 세심했다고, 브랑쉬는 여러 근거 자료들을 인용하며 전한다. 특히 갈랑티에르(1947)에 의하면, 생텍쥐페리는 수사와 장식을 제거하여 문체를 정화하였으며, '문학적'인 것을 혐오했다고 한다. 그렇다면 번역자도 생텍쥐페리의 이러한 에크리튀르와 문체에 유의하여, 원문의 세세한 표현 하나하나에 주의를 기울이는 것이 마땅할 것이다. 이러한 '표현들에 대한 세심한 주의'는

20 한 출판사 서평의 서두에도 '산문시'라는 표현이 나온다: "〈어린 왕자〉는 어린 시절의 꿈을 잃어버리고 살아가는 어른들의 순수성을 찾아주기 위해 생텍쥐페리가 산문시 형식을 빌려 쓴 '어른을 위한 동화'입니다."

또하나의 '번역(비평) 이론소'가 된다. 셀로티(2003:41)는 "읽기와 경청"이라는 메쇼닉 시각의 글에서, 반복들의 제거, 첨가하기, 한 낱말에 대한 여러 낱말의 선택이나 그 반대의 선택, 구두점 바꾸기 등을 하는 것은 '리듬에 귀를 닫는 것'이고, '주체의 존재를 인정하지 않는 것'이라고 지적한다. 《어린 왕자》의 번역과 번역비평에서도 우리는 '리듬'과 '주체의 존재'에 귀를 활짝 열어야 할 것이다. 우리는 특히 서술자와 어린 왕자, 작중 인물들의 '구어'의 리듬, 자주 나타나는 서술에서의 문어적 리듬 등에 각별히 유의할 필요가 있다.

밀리건(1955:249)은 생텍쥐페리가 누구보다 언어의 결함을 잘 알았던 작가이기도 하지만,[21] 이 결함의 지난한 극복을 위해 자신의 작품들의 언어에 무척 공을 들였던 작가이기도 하다는 견해를 피력한다. 《어린 왕자》에서는 어른들에게 이해되지 않는 '진실의 언어'를 아이들이 말하는데, 언어의 가장 간단한 요소인 낱말에 생텍쥐페리는 극히 유의하였다고 그는 기술한다. 인물이나 대상의 핵심이 하나의 낱말로 진술될 수 있다고 믿었던 플로베르나 모파상과 달리, 생텍쥐페리는 낱말들은 기호나 신호여서 의미할 수는 있으나, 결코 핵심 의미는 포착하지 못한다고 보았다고 한다(250). 그에 의하면, 생텍쥐페리에게 작가의 과제는 '낱말을 채우는 것'(remplir le mot)이었다. 이 과제는 두 가지 주요 방식을 사용하는데, 그 하나는 낱말들을 '이상적으로'(anagogically) 사용하는 것, 즉 대개는 쓰이지 않는 정신적 혹은 도덕적 의미로 사용하는 것이다. 예를 들어, 'apprivoiser', 'lier', 'liens' 같은 낱말들이 '경험의 깊이나 내면의 삶의 풍요로움'을 나타내도록 하는 것이다. 다른 하나는 지속적 '반복'인데, 이는 새로운 낱말 의미가 확실하게 자리잡도록 하는—그 예술적 가치가 어떠하든—교육적 효과가 있다(251). 이 '반복성'도 《어린 왕자》 번역에서 크게 유의해야 할 하나의 '번역(비평) 이론소'이다.

밀리건(1955:250)은 생텍쥐페리의 '표현 글쓰기'(expressive writing)의 '요

21 생텍쥐페리는 《어린 왕자》에서 '언어는 오해의 근원'(11장)이라고 말하고 있지 않은가?

체'(keystone)를 '오로지 간결성'(la seule simplicité)[22]이라고 천명한다. 생텍쥐페리는 《인간의 대지》 "비행기" 장에서 '기계도 완성되어 갈수록 제 구실 뒤에 자취를 감춘다'며, 이러한 작업을 '시의 성품'에 비유한다. 생텍쥐페리는 '완벽함은 덧붙일 것이 아무것도 없을 때가 아니라, 떼어낼 것이 아무것도 없을 때 이루어지는 것 같다'고 토로한다. '발달이 극에 이른' 기계가 '몸을 숨기듯이', 완성을 지향하는 '시' 혹은 '시적 담론' 또한 '몸을 숨기는' 간결성을 지향한다는 뜻일 것이다. 한마디로, '간결성이 곧 궁극의 정교성'이라는 것이다. 이 '간결성'은 생텍쥐페리의 *Le Petit Prince*에서는 하나의 단순한 '기교'가 아니라, 저자가 추구하던 '신성성'(le sacré)에 이르기 위한 하나의 중요한 '통로'이다. 〈Less is More.〉, '이제는 강력한 메시지가 된 이 문구는 루드비히 미스 반 데어 로에의 건축 철학을 대변하는 말'이라고 임진영(2011)은 말한다. "로버트 브라우닝의 시, 〈안드레아 델 사르토〉의 한 구절이기도 한 이 간결한 문구는 '적은 것이 더 풍요로운 것이다', '장식이 적을수록 의미는 풍부해진다', '형식을 절제할수록 본질에 가까워진다', '과거의 양식과 결별할수록 새로운 시대를 더 잘 맞이할 수 있다'라는 다양한 의미도 담고 있다"고 저자는 설명한다. '말하자면 절제의 미학, 공간이라는 본질에 대한 탐구'라는 것이다. *Le Petit Prince*에서의 우아한 '간결성'은 이러한 '절제의 미학'을 넘어, 인간성의 '본질'을 문학적으로 탐구하던 저자가 소중하게 여겼던 하나의 중요한 '수단'이자 '통로'였던 것이다.

그렇다면 '간결성'은 《어린 왕자》의 핵심적 '번역(비평) 이론소'의 하나가 되지 않을 수 없다. 적어도 작품에서 그것이 드러난 곳에서 놓쳐서는 안 될 요소이다. 갈랑베르(2006:251)는 생텍쥐페리가 언어의 불충분성의 극복을 위해 경주하였던 노력을 '어쩌면 우리 시대 가장 주목할 만한 것'으로 주목한다. 이는 《어린 왕자》의 번역이나 번역비평에서도 크게 유의해야 할 부분이다. 저자는 생텍쥐페리의 보편적 이해에 대한 열망, 낱말들이 이에 대한 가

22 《인간의 대지》에 나오는 이 표현을 안응렬(1982:58)은 '유일한 순수성'으로, 조규철·이정림(2001)은 '유일한 단일성'으로 옮기고 있다; 생텍쥐페리는 《성채》에서도 '언어의 간결성'(la seule simplicité du langage)이란 표현을 사용하고 있다.

장 큰 장애라는 그의 신념, 그리고 이 두 테마를 교합하는 그의 언어 딜레마 처리에 큰 관심을 보인다. 그는 특히 이러한 딜레마 처리를 위한 '언어 쇄신'이 지속적이어야 한다는 생텍쥐페리의 생각에 공감한다. 《어린 왕자》의 번역과 번역비평도 이러한 '언어 쇄신' 문제에 큰 관심을 가져야 할 것이다. 갈랑베르(2006:179)는 생텍쥐페리에게 언어 결함들의 지적은 실제로는 그 중요성의 강조임을 강조한다. 생텍쥐페리는 언어 자체가 아니라 언어의 '취약성'을 비판한 것이다. 언어가 인간의 표현에 근본적으로 부적합하다고 할 때의 언어는 일상적 관습적 언어이다. 여기에 생텍쥐페리는 '시적 언어'를 대비시킨다.

갈랑베르(2006:179)에 의하면, 표현불가능한 것이 표현가능해지는 것은 '언어가 문체의 작업에 의해 개선 가능'하기 때문이다. 그는 '문체'를 '낱말들을 낱말 그룹으로 묶고, 이 그룹들을 문장들로 묶어 신성성(le sacré)을 실현하는 개념체계의 구축을 가능하게 하는 도구'로 본다. 그래서 문체는 '신성한 작업'(opération divine)이 된다. 그는, 보들레르와 말라르메 등 시인들에게 크게 영향받은 생텍쥐페리에게, '시인은 가장 평범한 낱말들과 가장 대수롭지 않은 것들을 창의적으로 사용할 수 있는 사람, 즉 낱말들의 관계 짓기에 의해 가장 강렬한 감정을 솟구치게 할 수 있는' 사람이고, 이것이 바로 생텍쥐페리가 《성채》에서 말하는 문체의 '신성한 작업'이라고 설명한다(186). 생텍쥐페리는 텍스트의 리듬과 음악성에 늘 주의를 기울였다고 한다(243). 모로우-린드버그에 의하면, 생텍쥐페리에게 리듬은 텍스트의 '정수 자체'(l'essence même)이다.[23] 이러한 '리듬'과 '음악성'은 《어린 왕자》의 번역과 번역비평에서도 핵심적 고려 대상과 '이론소'들이 되어야 할 것이다. 브리나-니콜로프(2002:185)에 의하면, 메쇼닉의 '리듬' 번역은 한 작가에 고유한 '음악'을 번역하는 것이다. 문학번역에서 리듬과 음악은 크게 다르지 않다. 하지만 원음악과 번역된 음악이 똑같은 음악은 아니다. 따라서 조화와 균형이 중요하다.

23 갈랑베르(2006:244)에서 재인용.

갈랑베르(2006:20-1)는 생텍쥐페리가 '시적 담론'이라는 에크리튀르를 택한 것이 '반지성주의'와 모순들의 원천으로 간주되는 '논리의 거부'의 결과임을 밝힌 것은 쾌스넬(1965)의 공이라고 인정한다. 하지만 저자는 쾌스넬에게 '한 문체의 성취'는 '진리'에 이르기 위한 하나의 방식이고, 이 경우 시는 실상 '효율적 언어'(langage efficace)의 다른 이름에 지나지 않지만, 저자 자신에게는 '시적 표현'이 진리를 '실제적'(effective)이게 하는 것이라고 진술한다. 그러니까 갈랑베르의 문제는 여하히 '시적 에크리튀르'가 '신성성'(le sacré)의 실현에 이르는 언어 예술로서 기능하는가 하는 것이다.[24] 생텍쥐페리의 사상이 명료해짐에 따라, 그리고 신성성에 대한 관심이 고조되며 그의 작품에서 중요성을 차지해감에 따라, 생텍쥐페리의 에크리튀르는 초기의 '소설 형식'으로부터 '시적 담론'으로 옮아간다고 갈랑베르(2006:24)는 생텍쥐페리 작품들의 성격 변이의 추이를 설명한다. 그에 의하면, 《어린 왕자》는 '산문시'(poème en prose)로 일컬어지는 《성채》와 더불어 '소설의 극'(pôle romanesque)과 대비되는 '시의 극'(pôle poétique) 쪽에, 극점 직전에 자리한다.[25] 니체와 그의 아포리즘 취향, 성경의 우화와 장중한 문체 등에 영향을 받았다는 이 '시적 에크리튀르'는 《어린 왕자》 작품성 번역의 핵심적 '이론소'라고 말할 수 있다. 이를 원텍스트에서 잘 포착하여 적절히 재현하는 것이 《어린 왕자》 번역에 매우 중요한 작업이 되어야 할 것이다.

'이야기(récit)의 리듬'이라는 장에서, 갈랑베르(2006)는 생텍쥐페리의 이 '시적 에크리튀르'와 관련하여, '아포리즘, 섬광의 에크리튀르(L'aphorisme, écriture de l'éclat)', '우화, 우회의 에크리튀르'(La parabole, écriture du détour), '텍스트들의 음악성'(La musicalité des textes)이라는 세 단원을 마련하고 있다.[26] 그는 특히 아포리즘의 한 종류인 '단형문구'(formule)의 사용을 생텍쥐페리 문체의 두드러진 특징의 하나로 제시한다. 이는 짧고 압축적인 문장

24 갈랑베르(2006)의 2부(123-171) 제목은 '생텍쥐페리에게서의 신성성 개념'이고, 3부(172-268) 제목은 '시적 에크리튀르'이다.

25 갈랑베르(2006:14, 26, 114) 참고.

26 갈랑베르(2006:242-68) 참고.

으로서, 대개 부정대명사(pronom indéfini)와 일반적 진리를 나타내는 격언적 현재가 사용된다.[27] 'On ne voit bien qu'avec le coeur. L'essentiel est invisible pour les yeux.'(마음으로 봐야 잘 보여. 본질은 눈에 안 보여.) 같은 '단형문구'는 《어린 왕자》에 종종 나타난다. 아포리즘의 하나로, 최소의 낱말로 최대의 의미를 전하고자 하는 금언(maxime)은 '생략의 기술'이다. 압축을 통해, 담론적 추론의 덫을 피해 직관에 호소하는 이 기법은 그 추론의 간결함으로 인해 '파스칼의 단상의 미학'을 연상시킨다고 저자는 말한다.[28] 아포리즘은 독자들로 하여금 논리적 관계들을 구축하여 추론 연쇄를 재구성하도록 함으로 인해 독자가 연루되도록 하는 '참여의 수사'이고, '설득의 전략'이라고 저자는 설파한다(249). 위의 것을 비롯하여 대개의 《어린 왕자》의 '단형문구'들에서는 금언적 성격이 느껴진다. 우화의 성격은 동화의 세계와 대비되는 신화적 세계를 표상하는 것으로 해석되는데, 이러한 표상을 위해서도 '단형문구'와 '금언'의 적절한 번역이 매우 중요하다.[29] 이러한 아포리즘의 성격은 밀리건(1955:250)이 말하는 생텍쥐페리의 '표현 글쓰기 요체'인 '간결성'과 직결되는 것이다. 예를 몇 개 살펴보자.

1) a. Quand le mystère est trop impressionnant, on n'ose pas désobéir. (2장)
   b. 너무나 갑자기 놀라운 일을 당하게 되면 감히 거역할 생각을 못 하는 법이다.

2) a. Le langage est source de malentendus. Mais, chaque jour, tu pourras t'asseoir un peu plus près… (21장)
   b. 말은 오해를 낳는 거니까. 하지만 넌 날마다 조금씩 더 가까이 다가앉게 될 거야…"

---

27 《고려대 한국어 대사전》은 '아포리즘'을 '신조, 원리, 진리 등을 간결하고 압축적인 형식으로 나타낸 짧은 글'로 정의하고 있다.

28 갈랑베르(2006:249)가 제시한 예는 《인간의 대지》의 'La grandeur d'un métier est, peut-être, avant tout d'unir les hommes : il n'est qu'un luxe véritable, et c'est celui des relations humaines.'이다. 안응렬(1978:197)은 이를 '어떤 직업의 위대함은 무엇보다 인간을 모아놓는 데 있는지도 모른다. 진정한 사치는 한 가지밖에 없으니 그것은 인간 관계의 사치이다.'라고 옮기고 있는데, 금언의 번역으론 다소 아쉽다.

29 갈랑베르(2006:252-61) 참고.

3) a. Adieu, dit le renard. Voici mon secret. Il est très simple : on ne voit bien qu'avec le coeur. L'essentiel est invisible pour les yeux. (21장)

b. "잘 가!" 여우가 말했다. "그럼 비밀을 가르쳐줄게. 아주 간단한 거야. 오직 마음으로 보아야 잘 보인다는 거야. 가장 중요한 건 눈에 보이지 않아."

《어린 왕자》에는 'mystère'가 세 번, 'mystérieux'가 세 번 나온다. 횟수는 많지 않으나, 그 중요성은 작지 않다. 텍스트의 전반적 결속성과 무관하지 않은 이 '반복'의 의미를 살려주는 것이 중요하다. 그렇다면 1a)의 'Quand le mystère est trop impressionnant'을 '너무나 갑자기 놀라운 일을 당하게 되면'이라고 돌려 말하기보다, 더 직접적으로 '신비가 너무 강렬하면'으로, 표현을 간결하게 할 필요가 있다. 'on n'ose pas désobéir'도 '감히 거역할 생각을 못 하는 법이다'라고 부연하기보다, 더 간결하게, '감히 거역 못하는 법이다'라고 압축할 필요가 있다. 2a)에서도 'Le langage est source de malentendus'와 더 잘 대응되는 표현은 '말은 오해의 근원이야'이다. '말은 오해를 낳는 거니까'에서 이유를 나타내는 '-거니까'는 뒤에 '번역 무늬'로 언급하게 될 '명시화'(explicitation)나 '증폭'(amplification)에 해당한다. 'tu pourras t'asseoir un peu plus près…'의 'pourvoir'는 추측이 아니라 허용이나 허락의 의미로 해석해야 할 터인데, 그 표현은 대략 '하지만, 매일, 조금씩 더 다가앉아…' 정도가 되지 않을까?

3a)에서는 뒤의 두 문장이 '단형문구'들로, 강렬한 인상을 주고 있다. 우선 'voici mon secret'를 '그럼 비밀을 가르쳐줄게'라고 하는 것은 '명시화'이고 '증폭'이다. 원문의 임팩트를 살리려면, 더 간결하게 '내 비밀은 이거야' 정도로 옮겨야 할 것이다. '단형문구' 'on ne voit bien qu'avec le coeur'의 '오직 마음으로 보아야 잘 보인다는 거야'라는 번역도 부연 묘사의 느낌을 준다. 그리고 리듬과 에너지도 좀 부족한 느낌이 든다. '마음으로 봐야 잘 보여'라고 하면 원문과 더 유사한 힘과 효과가 느껴진다. 'L'essentiel est invisible pour les yeux'에서 'l'essentiel'을 '가장 중요한 건'으로 옮긴 것은 이 맥락에서는 전혀 문제가 없다. 하지만 번역자는 이 표현을 4장(Quand vous leur parlez d'un nouvel ami, elles ne vous questionnent jamais sur l'essentiel.)에서는 '제일 중요한 것'으로 옮기고 있어 반복의 의미를 살리지 못하고 있다. 더구나 24장에 'Le plus important est invisible…'란 문장이 나오는데, 번역자는 이것도 '가장 중요한 것은 눈에 보이지 않아.'로 옮기고 있다. 결과적으로 'l'essentiel'과 'le plus important'의 번역이 같다. '단형문구'의 의미를 살리려면 '본질은 눈에 안 보여'라고 옮기는 것이 좋지 않을까? 브랑쉬(2013:124)는 '반복'이 '동화에서 핵심 요소'라고 지적한다. 《어린 왕자》도, 그가 지적하듯이, 이 서술 의식을 따르고 있는데, 이 반복은 다양한 형태의 소리, 어휘, 구문 모두에서 나타난다. 이 반복은 단순 반복일 수도, 점진적 반복일 수도, 유사 반복일 수도 있다. 이 반복은 《어린 왕자》에서 매우 중요해서, 심지어 글이 코멘트의 부수적 역할을 한다는 지적도 있을 정도인 '삽화들'에 대해서도 마찬가지이다.[30] 이상의 번역 결과들을 다시 정리하면 다음과 같다.

1) c. 신비가 너무 강렬하면, 감히 거역 못하는 법이다.

2) c. 말은 오해의 근원이야. 하지만, 매일, 조금씩 더 다가앉아…

3) c. "잘 가!" 여우가 말했다. "내 비밀은 이거야. 아주 간단해. 마음으로 봐야 잘 보여. 본질은 눈에 안 보여."

2. 작품성과 텍스트 성격

문학번역에서 '좋은 번역'의 핵심 기준의 하나는, 번역이 대상 작품의 '작품성'을 살리는 번역인가 그렇지 않은가 하는 것이다. 델포르(1995b:74)에 의하면, '직역'(traduction littérale)은 '텍스트의 특수성들(혹은 독특성들)을 애써 복원하려는 번역이다. 이는 원텍스트 언어의 성격이 어떠하든 그 형식이나 형태를 모방하려고 하는 '단순 직역'과는 사뭇 큰 차이가 있다. 텍스트의 특수성은 텍스트의 장르적 독특성 외에 역사적·사회적·문화적 맥락,

30 갈랑베르(2006:249) 참고.

미학적 고려 등도 포함한다.[31] 문학텍스트번역에서 가장 중요한 것은 원텍스트의 '텍스트적 특수성들'을 읽어내어, 이를 번역텍스트에 재현하는 것이다. 다시 말해, '작품성'을 살리는 번역은 원텍스트의 '텍스트적 특수성들'의 '변별적 특징들'을 섬세하게 포착하여 적절히 재현하는 것이다. 이 '변별적 특징들'의 '발견'은 '번역이론소들'에 힘입는 경우가 많다.[32] 신기욤학파 학자들인 슈발리에·로네·몰로(1986:96)는 '언어에서 표층보다 더 심층적인 것은 없다'고 천명한다. '표층을 읽을 줄 아는 사람에게 표층은 언어의 심층적인 것의 번역 그 자체'라는 것이다.[33] 탐구번역에서 가장 중요한 작업도 번역자가 해당 텍스트에 드러나 있는 표층의 텍스트적 특수성들을 '그물사유' 차원에서 읽어내는 것이다. 상호텍스트성이나 시니피앙들의 의미망들은 물론, 어순이나 구문 순서, 삽입문의 유무 등도 중요한 고찰의 대상이 된다. 이는 어떤 것들이 텍스트적 특수성의 '변별적 자질들'(traits pertinents)인가 읽어내는 것이다. 이렇게 읽어 해석한 것을 여하히 재현하는가 하는 것은 번역비평과 번역글쓰기의 문제인데,[34] 이는 제한과 선택의 자유 사이에서의 미묘한 등가 구축 문제로, 앞으로도 많은 성찰이 요구되는 중요한 주제이다.[35] 간단한 예 몇 개만 우선 살펴보자.

4) a. C'est bien vrai, n'est-ce pas, que les moutons mangent les arbustes ? (5장)

b. 양이 작은 나무들을 뜯어먹는다는데 정말일까?

5) a. Il me demanda avec brusquerie, sans préambule, comme le fruit d'un problème longtemps médité en silence: (…) (7장)

b. 그는 오랫동안 속으로 곰곰이 생각한 끝에 튀어나온 말인 듯 느닷없이 내게 물었다.

---

31 오데(2008:127) 참고.

32 '변별성'에 대해서는 전성기(2013c, 2014a, 2014b) 참고.

33 전성기(2012c:212) 참고.

34 번역과정은 '읽기-해석'의 1 단계과 2 단계의 '번역비평-번역글쓰기'가 상호작용하는 것으로 기술될 수 있다; 전성기(2009b, 2014e) 참고.

35 이스라엘(1991a, 1998, 2001) 참고.

6) a. Et le petit prince s'en fut, songeant à sa fleur. (15장)

b. 그리하여 어린 왕자는 그의 꽃 생각을 하면서 다시 길을 떠났다.

7) a. C'est bien d'avoir eu un ami, même si l'on va mourir. Moi, je suis bien content d'avoir eu un ami renard… (24장)

b. 죽을 지경이라 해도 친구가 있었다는 건 좋은 일이야. 난 여우 친구가 있었다는 게 기뻐…

이 예들에서 어순이나 구문 순서, 삽입문의 존재 유무는 섬세한 의미 표현에 적지 않은 역할을 한다. 4b)는 마치 단지 몰라서 묻는 것처럼 되어 있다. 하지만 4a)에 'n'est-ce pas'가 삽입되어 있는 것은 상대에게 긍정적인 동의를 기대한다는 것을 뜻하는 것이다. 그렇다면 'C'est bien vrai'의 전치라는 위치와 그 의미도 살려주어야 한다. '정말이지, 그렇지, 양이 작은 나무들을 먹는 게?' 정도로는 번역되어야 한다. 5b)는 '느닷없이 물었다'고 했지만, 묻는 방식은 그다지 느닷없어 보이지 않는다. 원문은 그 '느닷없음'을 어순과 쉼표들을 통해 나타내고 있다. 번역도 '그가 느닷없이, 불쑥 물었다, 오랫동안 속으로 곰삭인 한 문제의 결과인 양.'이라고 하면 그 느낌이나 효과가 원문과 보다 유사해진다. 알메이다(2011:13)는 6a)의 'le petit prince s'en fut' 같은 '고어적' 표현이 쓰인 것은 저자 생텍쥐페리가 페로의 동화 문체를 모방하고 싶어한 결과라고 설명하는데, 이러한 고어법의 재현은 어렵다. 이 문장은 15장의 마지막 문장인데, '떠났다'는 사실보다 지구를 향해 지리학자의 별을 떠날 때 어린 왕자의 마음 상태가 중요하다고 보아야 할 것 같다. 번역에서 그런 여운이 느껴지게 하고 싶으면, '그래서 어린 왕자는 떠났다, 자기 꽃을 생각하면서.'라고 해야 하지 않을까? 7a)에서도 양보절 'même si…'는 뒤로 돌려야 그 의미가 제대로 살아난다. 복합과거 구문을 '있었다는 건(것)'으로 옮길 수도 있지만, 원문에 비해 무겁게 느껴진다면, '친구를 얻은 건 좋은 일이야, 죽게 생겼다 해도. 난 여우 친구를 얻은 게 기뻐…' 라는 번역을 선택할 수도 있을 것이다. 이를 정리하면 다음과 같다.

4) c. 정말이지, 그렇지, 양이 작은 나무들을 먹는 게?

5) c. 그가 느닷없이, 불쑥 물었다, 오랫동안 속으로 곰삭인 한 문제의 결과인 양.

6) c. 그래서 어린 왕자는 떠났다, 자기 꽃을 생각하면서.

7) c. 친구를 얻은 건 좋은 일이야, 죽게 생겼다 해도. 난 여우 친구를 얻은 게 기뻐…

생텍쥐페리는 《어린 왕자》에서 굳이 '경구'나 '단형문구'가 아니더라도 전반적으로 군더더기 없는 간결한 표현들, 갈랑베르(2006:250)의 표현을 빌리자면, '간결하고 간소한 표현들'을 선호한다.[36] 번역에 여러 가능성이 있더라도, 이러한 저자의 문체의 특성상, 그리고 장면의 성격상 더 간결한 번역이 필요한 대목이 거의 대부분이다. 그렇다면 전반적으로 '간결성'을 《어린 왕자》의 핵심적 '번역(비평) 이론소'의 하나로 간주하고, 번역이나 번역비평에서 이 간결성 문제에 세심한 주의를 기울여야 할 것이다. 7장의 한 대목을 보자.

8) a. Le cinquième jour, toujours grâce au mouton, ce secret de la vie du petit prince me fut révélé. Il me demanda avec brusquerie, sans préambule, comme le fruit d'un problème longtemps médité en silence :

- Un mouton, s'il mange les arbustes, il mange aussi les fleurs ?
- Un mouton mange tout ce qu'il rencontre.
- Même les fleurs qui ont des épines ?
- Oui. Même les fleurs qui ont des épines.
- Alors les épines, à quoi servent-elles ?

b. 닷새째 되던 날, 이번에도 양 덕분에 어린 왕자의 또다른 비밀을 알게 되었다. 그는 오랫동안 속으로 곰곰이 생각한 끝에 튀어나온 말인 듯 느닷없이 내게 물었다.

36 밀리건(1955:250) 참고.

"양이 말이야, 작은 나무를 뜯어먹는다면 꽃도 먹겠지?"
"양은 닥치는 대로 뭐든지 먹지."
"가시가 있는 꽃도 먹어?"
"그럼 가시 있는 꽃도 먹지."
"그렇다면 가시는 뭣에 쓰는 거지?"

'Un mouton, s'il mange les arbustes, il mange aussi les fleurs?'는 막연히 궁금해서 묻는 말이 아니다. '양이 꽃을 먹느냐 먹지 않느냐'는, 앞의 서술도 시사하듯이, 어린 왕자에게는 매우 중요한 문제이다. 그렇다면 그러한 함축된 근심을 나타내기 위해서도 '양이 작은 나무들을 먹으면 꽃들도 먹어?' 정도로는 번역되어야 할 것이다. 다른 일에 정신이 팔려 있는 서술자의 무심한 대답을 잘 드러내려면, 일견 자상한 대답처럼 보이는 '양은 닥치는 대로 뭐든지 먹지' 대신에 '양은 닥치는 대로 다 먹는다' 정도가 되어야 하지 않을까? 'Même les fleurs qui ont des épines?'는 명사구 문장이다. 이를 '가시가 있는 꽃도 먹어?'라고 한다면, 걱정과 염려가 가득한 어린 왕자의 심정을 나타내기엔 역부족이다. '가시 있는 꽃도?'라고 해야 하지 않을까? 그럼 그 대꾸도 '가시 있는 꽃도.'가 될 것이다. 'Alors les épines, à quoi servent-elles?'은 단순한 질문이 전혀 아닌데, '그렇다면 가시는 뭣에 쓰는 거지?'는 느긋하기만 하다. 문제의 상황에서는 '그럼 가시는 왜 있는 거야?'라고 되묻지 않을까? 상황의 의미와 뉘앙스를 대화에 충분히 반영할 필요가 있다. 아래는 위의 대화에 이어지는 장면이다.

9) a. Je ne le savais pas. J'étais alors très occupé à essayer de dévisser un boulon trop serré de mon moteur. J'étais très soucieux car ma panne commençait de m'apparaître comme très grave, et l'eau à boire qui s'épuisait me faisait craindre le pire.

– Les épines, à quoi servent-elles ?

Le petit prince ne renonçait jamais à une question, une fois qu'il l'avait posée. J'étais irrité par mon boulon et je répondis n'importe quoi :

– Les épines, ça ne sert à rien, c'est de la pure méchanceté de la part des fleurs !

– Oh !

Mais après un silence il me lança, avec une sorte de rancune :

– Je ne te crois pas ! Les fleurs sont faibles. Elles sont naïves. Elles se rassurent comme elles peuvent. Elles se croient terribles avec leurs épines…

b. 나는 그걸 알 수가 없었다. 나는 그때 엔진에 너무 꽉 조여진 볼트를 빼내는 일에 잔뜩 정신이 팔려 있었다. 비행기의 고장이 매우 심각하다는 느낌이 들기 시작했고 또 마실 물도 얼마 남지 않은지라 최악의 경우가 예상되는 상황이었기 때문에 걱정이 이만저만이 아니었다.

"가시는 뭣에 쓰는 거지?"

어린 왕자는 한번 물으면 결코 그냥 넘어가는 법이 없었다. 나는 볼트 때문에 신경이 곤두서 있던 중이라 아무렇게나 대답해버렸다.

"가시, 그건 아무 쓸모도 없는 거야."

"그래?"

잠시 아무 말이 없다가 어린 왕자는 원망스럽다는 듯이 이렇게 쏘아붙였다.

"거짓말 마! 꽃들은 연약해. 그리고 순진해. 꽃들은 자기들이 할 수 있는 만큼 자신을 보호하는 거야. 가시가 있으니 자기들은 무서운 존재라고 생각하는 거라고."

'Je ne le savais pas'를 왜 굳이 '나는 그걸 알 수가 없었다'라고 해야 할까? 더 간결하게 '나는 몰랐다'라고 하면 되지 않을까? 그 다음 문장은 'parce que' 구문의 번역처럼 되어 있다. '걱정이 이만저만이 아니었다'를 앞으로 빼고, 이유를 '… 때문이었다'로 뒤로 돌려, 'car'의 등위 접속 의미를 살려 줄 필요가 있다. 'Les épines, à quoi servent-elles?'은 어린 왕자가 앞서 한 질문의 반복이다. 그런데 '가시는 뭣에 쓰는 거지?'라고 하면 못 들은 사람한테 다시 묻는 식이다. '따져 되묻다'라는 '변별적 의미'를 살려주려면, '가시는 왜 있는 거냐고?'가 되어야 할 것이다. 'Les épines, ça ne sert à rien, c'est de la pure méchanceté de la part des fleurs !'는 다른 일에 정신 팔린 사람의 귀찮은 듯한 대답이다. '가시, 그건 아무 쓸모도 없는 거야.'로는 '퉁명스러움'이라는 '변별적 의미'가 잘 살아나지 않는다. '가시는 괜히 있는 거야' 정도는 되어야 할 것이고, 이와 어울리는 뒷부분 해석은 '꽃이 아주 못돼서 그래!'일 것이다. 편집상의 실수겠지만, 이 부분 번역은 유감스럽게도 번역본에 빠져 있다.[37] 전반적으로 감탄사 번역에 다소 문제가 있지만, 이 대목에서 'Oh !'에 대한 '그래?'는 다소 생뚱맞다. 이 상황에서 이게 어린 왕자가 낼 신음 혹은 외마디 소리겠는가? 적어도 '아!'라고는 해주어야 하지 않겠는가? '원망스럽다는 듯이'는 'avec une sorte de rancune'의 의미와는 거리가 꽤 있다. '앙갚음하듯이'가 적절한 해석일 것이다. 마지막에 어린 왕자가 '쏘아붙이는' 대목은 가슴 뭉클하다. 상황의 의미를 충분히 고려한 간결한 표현이 되어야 한다. 어린 왕자가 마지막에 쏘아붙이는 말들은 원문에 비해 증폭된, 늘어진 표현이 되어 '간결한 리듬'을 살리지 못하고 있다. '그리고 순진해'의 '그리고'도 사족이다. 'se rassurer'는 '지키다', '방어하다' 정도의 뜻이 될 것이다. 마지막 문장들의 다음 정도의 번역은 어떨까? "거짓말 마! 꽃들은 연약해. 순진해. 나름대로 지키는 거야. 자기들이 아주 대단한 줄 알아, 가시가 있어서…" 상황 의미를 적극 고려하면, 예 9a)는 9c)와 같이 재번역될 수 있다.

> 9c) '나는 몰랐다. 나는 그때 엔진에 너무 꼭 조여진 볼트를 푸는 일에 온통 정신이 팔려 있었다. 나는 몹시 걱정스러웠다. 비행기 고장이 매우 심각한 조짐을 보이기 시작했고, 마실 물도 얼마 안 남아, 최악의 경우가 예상되는 상황이었기 때문이다.
>
> - 가시는 왜 있는 거냐고?
>
> 어린 왕자는 일단 한번 물으면 그냥 넘어가는 법이 없었다. 나는 볼트 때문에 신경이 곤두서 있던지라 아무렇게나 대답했다.

---

37 김시몽(2010a)이 김화영(2007b) 다음의 잘된 번역으로 꼽은 번역인 안응렬(1978)에는 이 전체 문장이 '가시, 그건 아무 소용 없는 거다. 꽃이 고약해서 그런 것뿐이지!'라고 되어 있는데, 역시 약간 늘어진 느낌이다.

- 가시는 괜히 있는 거야, 꽃이 아주 못돼서 그래!

- 아!

잠시 아무 말이 없다, 어린 왕자가 앙갚음하듯 쏘아붙였다.

- 거짓말 마! 꽃들은 연약해. 순진해. 나름대로 지키는 거야. 자기들이 아주 대단한 줄 알아, 가시가 있어서…

《어린 왕자》의 문체가 늘 간결하기만 한 것은 아니다. 다음은 갈랑베르(2006:250)가 '어린 왕자가 때로는 키케로처럼 말한다'고 지적한 7장의 한 대목이다. 상당히 길긴 하지만, 어린 왕자의 '웅변투'의 음미를 위해서는 맥락이 중요하기에, 갈랑베르가 인용한 대목 전체를 인용하는 것이 필요할 것 같다. 이 대목에서도 어린 왕자의 웅변적인 부분 이외의 것들에서는—어린 왕자의 말을 포함하여—역시 간결성이 두드러져 보인다.

10) a. ① Il me regarda stupéfait.

- De choses sérieuses !

Il me voyait, mon marteau à la main, et les doigts noirs de cambouis, penché sur un objet qui lui semblait très laid.

- Tu parles comme les grandes personnes !

Ça me fit un peu honte. Mais, impitoyable, il ajouta :

- Tu confonds tout··· tu mélanges tout !

Il était vraiment très irrité. Il secouait au vent des cheveux tout dorés :

- Je connais une planète où il y a un Monsieur cramoisi. Il n'a jamais respiré une fleur. Il n'a jamais regardé une étoile. Il n'a jamais aimé personne. Il n'a jamais rien fait d'autre que des additions. Et toute la journée il répète comme toi : « Je suis un homme sérieux ! Je suis un homme sérieux ! » et ça le fait gonfler d'orgueil. Mais ce n'est pas un homme, c'est un champignon !

- Un quoi ?

- Un champignon !

② Le petit prince était maintenant tout pâle de colère.

– Il y a des millions d'années que les fleurs fabriquent des épines. Il y a des millions d'années que les moutons mangent quand même les fleurs. Et ce n'est pas sérieux de chercher à comprendre pourquoi elles se donnent tant de mal pour se fabriquer des épines qui ne servent jamais à rien ? Ce n'est pas important la guerre des moutons et des fleurs ? Ce n'est pas plus sérieux et plus important que les additions d'un gros Monsieur rouge ? Et si je connais, moi, une fleur unique au monde, qui n'existe nulle part, sauf dans ma planète, et qu'un petit mouton peut anéantir d'un seul coup, comme ça, un matin, sans se rendre compte de ce qu'il fait, ce n'est pas important ça !

Il rougit, puis reprit :

– Si quelqu'un aime une fleur qui n'existe qu'à un exemplaire dans les millions et les millions d'étoiles, ça suffit pour qu'il soit heureux quand il les regarde. Il se dit : « Ma fleur est là quelque part… » Mais si le mouton mange la fleur, c'est pour lui comme si, brusquement, toutes les étoiles s'éteignaient ! Et ce n'est pas important ça !

b. ① 어린 왕자는 어이가 없다는 듯이 나를 쳐다보았다.

"심각한 일이라고!"

어린 왕자는, 손에는 망치를 들고 손가락은 시커먼 기름투성이가 되어가지고 그에겐 아주 못생겨 보이는 무슨 물건 위로 몸을 굽히고 있는 내 모습을 바라보고 있었다.

"아저씨도 다른 어른들과 똑같이 말하네."

이 말에 나는 좀 부끄러워졌다. 그러나 그는 사정없이 말을 이었다.

"아저씨는 모든 걸 혼동하고 있어. 뭐든 다 뒤죽박죽으로 만들어놓고 있잖아!"

어린 왕자는 진짜로 성이 잔뜩 나 있었다. 그는 온통 금빛인 머리카락을 흔들었다.

"나는 어떤 별에 살고 있는 얼굴이 빨건 아저씨 하나를 알고 있어. 그는 꽃향기라곤 맡아본 적이 없어. 별을 바라본 적도 없고 누구를 사랑해본 적도 없고 오로지 계산밖에는 아무것도 하는 일이 없었어. 그러면서 온종일 '나는 진지한 사람이야! 나는 착실한 사람이야!' 하고 되풀이하면서 여간 거만하게 구는 게 아니야. 그렇지만 그건 사람이 아니라 버섯이라고!"

"뭐라고?"

"버섯이라니까!"

② 이제 어린 왕자는 너무 화가 나서 얼굴이 하얗게 질려 있었다.

"수백만 년 전부터 꽃은 가시를 만들어 갖고 있어. 그런데도 수백만 년 전부터 양들은 꽃을 먹어왔어. 그런데 어째서 꽃이 아무런 쓸모도 없는 가시를 만들어 가지느라고 그토록 애를 쓰는지 알려고 하는 건 중요한 일이 아니라는 거지? 양들과 꽃들의 전쟁 같은 건 중요한 게 아니라 이거지? 이건 얼굴이 빨건 뚱뚱이 아저씨가 하는 계산보다 더 심각하고 중요한 일이 못 된다 이거지? 그런데 내가 내 별 말고는 다른 어디에도 없는, 이 세상에 단 하나뿐인 꽃을 하나 알고 있다면, 그런데 어린 양 한 마리가 어느 날 아침, 무심코 그걸 그냥 덥석 먹어 없애버린다면. 그건 중요한 일이 아니라 이거지?"

어린 왕자는 얼굴이 빨개져서 말을 이었다.

"만약 누군가 수백만 수천만 개나 되는 별 중에서 단 하나밖에 없는 꽃을 사랑하고 있다면, 그 사람은 바로 그 별을 바라보는 것만으로도 마음이 행복해질 수 있는 거야. '저기 어딘가에 내 꽃이 있겠지…' 하고 생각하면서 말이야. 그렇지만 양이 그 꽃을 먹는다고 생각해봐. 이건 그에게는 갑자기 모든 별들이 다 꺼져버리는 거나 마찬가지라고! 그런데도 그게 중요하지 않다는 거야?"

먼저 갈랑베르(2006:251)가 지적하는 부분을 살펴보자. 그는 'jamais'가 네 번씩이나 반복되는 대목, 되풀이되는 'Je suis un homme sérieux', 어린 왕자에게는 '지독한 욕설'(injure suprême)이라 할 수 있는 'Tu parles comme les grandes personnes !', 리드미칼한 반복 구문 'Tu confonds tout… tu mélanges tout !'에 주목한다. 우선 'Tu parles comme les grandes personnes !'는, 갈랑베르가 지적하듯이, '지독한 욕설'이거나 적어도 '경멸적 표현'인데, '아저씨도 다른 어른들과 똑같이 말하네!'가 그런 의미를 함축하는가? 충분히 그렇다고 말하기 어렵다. 적어도 '어른들처럼 말하는군!' 정도로는 옮겨 그 빈정거림의 의미를 분명하게 살려주어야 한다. 두 개의 반과거 문장 'Il était vraiment très irrité. Il secouait au vent des cheveux tout dorés.'의 번역 중 후반부의 '그는 온통 금빛인 머리카락을 흔들었다'라는 해석은 납득하기 어렵다. 이 문장들을 '어린 왕자는 정말 성이 잔뜩 나있었다. 그의 짙은 금발이 바람에 날리고 있었다.'라고 옮겨야 하지 않을까? 번역문이 'Je connais une planète où il y a un Monsieur cramoisi.'를 '나는 어떤 별에 살고 있는 얼굴이 빨건 아저씨 하나를 알고 있어.'로 옮긴 것은 필시 그 다음 문장의 'Il'과의 연결, 즉 조응(anaphore)을 통한 응결(cohésion)을 고려한 때문일 것이다. 하지만 번역문은 원문과는 다소 다른 문장이 되었다. 원문에 더 가까운 번역은 '별 하나를 아는데, 얼굴 빨건 한 아저씨가 살아.'일 것이다. *Le petit prince*에서는 'planète'가 66회, 'étoile'이 49회 나온다. 26장에 가면 'planète'와 'étoile'이 유의어로 쓰였음을 잘 보여주는 대목이 나온다. 어린 왕자가 'Cette nuit, ça fera un an. Mon étoile se trouvera juste au-dessus de l'endroit où je suis tombé l'année dernière…'라고 하는 대목이다. 거의 대부분의 번역들이 'planète'를 거의 모두 '별'이라고 옮기고 있는데, 양자를 구분하여, 전자는 '행성', 후자는 '별'로 옮기는 것이 바람직해 보인다.

반복이 동화 성격을 가진 《어린 왕자》에서 중요하지만, 10a)에서 'jamais'의 네 번 반복은 특히 의미가 있는데, 번역문은 이를 고려하지 않았다. 또한 원문의 문장 수는 넷인데, 번역문에서는 둘이다. 리듬이 같지가 않다. 이런 번역은 어떨까? "그 사람은 꽃향기를 맡아본 적이 전혀 없어. 별을 바라본 적도 전혀 없어. 누구를 사랑해본 적도 전혀 없어. 계산 말고는 해본 일이 전혀 없어." 'Je suis un homme sérieux'의 반복도 '나는 진지한 사람이다! 나는 진지한 사람이다!'라고 하여 일종의 '자기 주문'의 의미를 살려줄 필요가 있다. 그리고 '아저씨는 모든 걸 혼동하고 있어. 뭐든 다 뒤죽박죽으로 만들어놓고 있잖아!'는 어린 왕자가 크게 역정내는 대목인 'Tu confonds tout⋯ tu mélanges tout !'의 리듬과 어긋난다. 동사만 바뀐 '반복'을 설명적 서술투로 옮기고 있다. 이 문장은 반복의 리듬과 음절수를 고려하여 '다 혼동해⋯ 다 뒤섞어!' 정도로는 옮겨주어야 할 것이다. 'Un quoi?'에 대한 'Un champignon !'도 어린 왕자가 '얼굴이 하얗게 질릴 정도로 화가 나' 있던 점을 고려한다면 그냥 '버섯!'이라고 해야 하지 않을까? 분명 어린 왕자가 큰 소리를 내는 대목일 테니 말이다. 맨 앞 문장 'Il me regarda stupéfait'도 그 간결성을 고려한다면 '그는 크게 놀라 나를 바라보았다' 정도로 옮기는 것이 나을 것이다. '어이가 없다는 듯이'는 'stupéfait'보다 정도가 사뭇 약하다. '경악하여'가 언어 층위 때문에 좀 주저된다면 '크게 놀라'도 괜찮다. 'De choses sérieuses !'는 더 간결하게 '진지한 일?'이라고 해야 그 빈정거림의 의미가 분명해진다. 이 경우의 'sérieuses'는 '심각한'으로 해석할 수 있으나, 'sérieux'가 나타나는 다양한 맥락들과의 연관성·일관성·결속성을 고려한다면, '진지한'으로 옮기는 것이 좋을 것이다. 'Ça me fit un peu honte. Mais, impitoyable, il ajouta'의 단순과거 'fit'는 시작상을 나타낸다. 그러니까 번역문의 '부끄러워졌다'는 정확한 해석이다. 하지만 바로 이런 맥락에서는 우리말의 '-었'도 시작상의 의미를 가질 수 있다고 보아, 그리고 길이와 리듬을 고려하여, '나는 조금 부끄러웠다. 하지만, 그는 사정 없었다.'라고 하면 어떨까? 다음은 원문장들의 문체적 특성들을 고려한 10b①)의 재번역이다.

b. ①′ 그는 크게 놀라 나를 쳐다보았다.

"진지한 일?"

어린 왕자는, 손에 망치를 들고, 손가락은 시커먼 기름투성이가 되어, 아주 더러워 보이는 한 물건 위에 몸을 굽히고 있는 나를 바라보고 있었다.

"어른들처럼 말하는군."

나는 조금 부끄러웠다. 하지만, 그는 사정 없었다.

"아저씬 다 혼동해⋯ 다 뒤섞어!"

어린 왕자는 정말 성이 잔뜩 나있었다. 그의 짙은 금발이 바람에 날리고 있었다.

"행성 하나를 아는데, 얼굴 뻘건 한 아저씨가 살아. 그 사람은 꽃향기를 맡아본 적이 전혀 없어. 별을 바라본 적도 전혀 없어. 누구를 사랑해본 적도 전혀 없어. 계산 말고는 해본 일이 전혀 없어." 아저씨처럼 온종일 '나는 진지한 사람이다! 나는 진지한 사람이다!' 되뇌고 있어. 그게 그를 거만하게 만들어. 하지만 그건 사람이 아니야, 버섯이야!"

"뭐라고?"

"버섯!"

10a①)에서의 'vraiment très irrité'가 10a②)에서는 'tout pâle de colère'로 의미가 증폭되어 있다. 전자를 '정말 성이 잔뜩 나있었다'로 옮겼다면, 후자는 '너무 화가 나 얼굴이 창백했다' 정도로는 옮겨주어야 할 것이다. 10a②)에서 긴 문장들이 연속되지만, 10a①)에서와 마찬가지로, 여전히 반복과 대응이 중요한 요소이다. 갈랑베르(2006:251)도 두 번씩 되풀이되는 'il y a millions d'années', 'ce n'est pas important', 'ce n'est pas sérieux'를 지적하며, 마지막 것은 'je suis un homme sérieux'에 '답한다'고 지적한다. 이 지적이 시사하듯이, 10b②)의 'sérieux'가 10b①)의 'sérieux'와 거의 같은 의미라면, 그리고 번역문의 뒷부분 ②에서 'sérieux'를 '진지한'이라고 하는 것이 타당하다면, 앞부분 ①의 'homme sérieux'도 '착실한 사람'이라고 하기보다는 '진지한 사람'으로 옮겨야 할 것이다. 'les millions et les millions d'étoiles'를 브르트누(2001:74)는, 일종의 '절대 최상급'으로서, 사랑하는 '하나'의 존재와 대비되는 상상 못할 큰 숫자를 나타내기 위한 것이라고 지적한다. 이것이 10b②)에는 '수백만 수천만 개나 되는 별'로 옮겨져 있는데, 일종의 '문화번역'으로, '수백만 또 수백만이 넘는 별들'이나 '수백만 개하고도 또 수백만 개나 되는 별들' 같은 '직역'보다 오히려 나은 번역으로 생각된다. 10b②)의 큰 두 문단의 마지막이 'ce n'est pas important ça !'와 'Et ce n'est pas important ça !'이고, 뒤의 것은 앞의 질문을 다시 따져 묻는 의미가 있다는 점은 번역에서 충분히 고려되어야 할 것이다. 'plus important et plus sérieux'는 'plus'의

반복의 의미를 살려, '더 진지하고 더 중요한'이라고 하여 강조의 의미를 살리는 것이 필요하다. 's'éteignaient'도 'venait de s'éteindre'를 뜻하는 것으로 해석되어야 할 것으로 보이는데, 그렇다면, '꺼져버리는 거나'가 아니라 '꺼져버린 거나'로 옮겨야 할 것이다. 이제 10b②)의 리듬과 맥락, 그리고 특히 '따져 되물음'이라는 '변별적 의미'를 충분히 고려하여 그 에크리튀르를 다시 번역하면 다음 정도가 된다.

> 10) b. ②′ 이제 어린 왕자는 너무 화가 나 얼굴이 창백했다.
>
> "수백만 년 전부터 꽃들은 가시를 만들어왔어. 수백만 년 전부터 양들은 그 꽃들을 먹어왔고. 그럼 어째서 꽃들이 아무 쓸모도 없는 가시를 만드느라 그토록 애쓰는지 알아보는 게 진지한 일이 아니야? 양들과 꽃들의 전쟁이 얼굴 시뻘건 뚱뚱이 아저씨 계산보다 더 진지하고 더 중요하지 않냐구? 이 세상에 단 하나뿐인 꽃, 내 행성 말고는 다른 어디에도 없는 꽃 하나가 나한테 있는데, 어느 날 아침, 작은 양 하나가 무심코 그걸 덥석 먹어치운다면, 그게 중요한 일이 아니야?"
>
> 그가 얼굴이 빨개져 말했다.
>
> "누가 수백만 수천만이나 되는 별 중에 단 하나밖에 없는 꽃을 사랑하고 있다면, 그 사람은 별들을 바라보는 것만으로도 행복해져. '저기 어딘가 내 꽃이 있겠지…' 생각하는 거지. 그런데 양이 그 꽃을 먹는다, 이건 그에게 갑자기 모든 별들이 다 꺼져버린 거나 마찬가지야! 근데 그게 중요한 일이 아니냐구?"

'…하지 않다 이거지?'와 '…않냐구' 혹은 '아니야?'의 차이, '중요하지 않다는 거야?'와 '중요한 일이 아니야?'의 차이는 작지 않다. '그런데 양이 그 꽃을 먹는다' 다음에는 쉼표가 아니라 물음표를 사용할 수도 있을 것이다. 문단 말미들에 되풀이된 'ce n'est pas important ça!'의 의미가 번역문에서는 재현이 잘 되지 않았는데, 재번역에서는 '그게 중요한 일이 아니야?'와 '그게 중요한 일이 아니냐구?'로 분명히 드러나 있다.

3. 텍스트의 일관성과 결속성

'일관성'(cohérence)과 '결속성'(cohésion)은 '텍스트성' 가운데 핵심적 자질로 대부분의 연구자들에게 인정받고 있다.[38] 전자는 때로 '응집성'으로 번역되기도 하는데, '일관성'이 더 적절한 용어라고 생각된다. 일관성과 결속성은 서로 밀접한 관련이 있다. 한성일(2006)은 양자는 '텍스트의 연결 관계'를 나타내는데, 결속성은 '텍스트 표층의 문법적 연결성'을, 일관성은 '텍스트의 내용적, 의미적 연관성'을 가리키는 것으로 본다. 그는 대체로 전자는 형식과 '미시적 차원'에 해당하는 것으로, 후자는 내용과 '거시적 차원'에 해당되는 것으로 간주한다(37). 저자는 일관성을 결속성에 '상대되는 개념으로 한 텍스트를 텍스트답게 만들어 주는 의미상의 조건'으로 기술한다. '하나의 텍스트가 의미 있다'는 것은 '그 텍스트의 표현들로 활성화된 지식 사이에 의미의 연속성이 존재함을 뜻'하는데, 이러한 의미의 '연속성'이 일관성의 '기반'이다. 그는 일관성을 '여러 개념과 그들 관계가 이루는 한 구성체 내부에서 갖는 상호적 접근과 적합성'으로 규정하기도 한다(40). 박나리(2009:162)는 텍스트성 가운데서도 '텍스트 의미의 연속성'을 뜻하는 일관성이 '텍스트를 이루는 가장 핵심적인 요소로서, 다른 텍스트성보다도 언어 표현의 선택과 배열의 문제'인 결속성과 특히 밀접한 관련을 가진다고 지적한다. 그는 일관성이 '텍스트의 심층적 내용적 의미적 연관성'을 가리킨다면, 결속성은 '텍스트 표층의 문법적인 연관성'을 가리킨다는 입장을 보인다. 이러한 일관성과 결속성의 고려는 텍스트번역에서 매우 중요하다. 원텍스트의 텍스트 차원의 일관성과 결속성이 번역텍스트에 적절하고 타당하게 재현되어야 하기 때문이다.

그러면 《어린 왕자》의 예들을 살펴보자. 다음은 유사한 구문이 여러 장에 걸쳐 되풀이되는 경우이다. 일관성과 결속성이 다 관련된다고 볼 수 있다. 이러한 반복은 텍스트의 동화적 성격에, 그리고 특히 텍스트의 일관성

38 맹그노(2010), 한성일(2006), 박나리(2009) 참고.

과 결속성에 크게 기여한다. 단순 되풀이가 아니라 미세하더라도 변화가 있다면, 그 변화는 번역에 반영되어야 할 것이다.

11) a. Les grandes personnes sont bien étranges, se dit le petit prince, en lui-même, durant son voyage. (10장 끝)

b. '어른들은 정말 이상해!' 어린 왕자는 길을 가며 혼자 생각했다.

12) a. Les grandes personnes sont décidément bien bizarres, se dit-il simplement en lui-même durant son voyage. (11장 끝)

b. '어른들은 아무리 봐도 정말 이상해!' 어린 왕자는 길을 가며 혼자 생각했다.

13) a. Les grandes personnes sont décidément très très bizarres, se disait-il en lui-même durant le voyage. (12장 끝)

b. '어른들은 아무리 봐도 너무 너무 이상해!' 어린 왕자는 길을 가며 혼자 생각했다.

14) a. Les grandes personnes sont décidément tout à fait extraordinaire, se disait-il simplement en lui-même durant le voyage. (13장 끝)

b. '어른들은 아무리 봐도 완전히 이상해!' 어린 왕자는 길을 가며 혼자 생각했다.

11a)에서 14a)에 이르기까지 술어들이 'bien étranges' → 'décidément bien bizarres' → 'décidément très très bizarres' → 'décidément tout à fait extraordinaire'로 점차 바뀌고 있다. 이는 이야기의 진전 과정이기도 하다. 위 번역들은 이를 '정말 이상해'→ '아무리 봐도 정말 이상해'→ '아무리 봐도 너무 너무 이상해'→ '아무리 봐도 완전히 이상해'로 옮기고 있다. 원텍스트에서의 점진적 변화와 그 차이를 나름대로 반영한 것이나, 조금 아쉬운 느낌이 든다. 12b), 13b), 14b)에 계속 나타나는 '아무리 봐도'는 묵시적 의미로는 인정할 수 있다 해도, 12b), 13b), 14b)에 보이는 '명시화'에는 선뜻 동의하기 어렵다. 최근의 한 번역은 이를 '참 이상해' → '아무래도 좀 이상해'→ '아무리 봐도 아주아주 이상해' → '확실히 이상야릇해'로 옮기고 있는

데, 원문의 '유사 반복'과 '점진적 강화'의 성격을 충분히 나타내지는 못하고 있다. 두 번역보다 '어른들은 참 이상해' → '어른들은 정말로 참 괴상해' → '어른들은 정말로 아주 아주 괴상해' → '어른들은 정말로 완전히 비정상이야'가 원문의 의미와 리듬을 보다 존중하는 번역으로 생각된다. 왕의 별에서 허영쟁이의 별로, 다시 술꾼의 별로, 그리고 사업가의 별로 여행하면서 별을 떠날 때 하는 이러한 생각들은, 부분적으로나마, 텍스트의 결속성과 일관성을 잘 보여주는 요소들이다. 이를 소홀히 하면 번역텍스트의 결속성과 일관성은 그만큼 약해진다. 'décidément'은 '정말'로도 '정말로'도 옮길 수 있는데, 음절수를 고려하여 후자를 택했다.

이번에는 일관성과 결속성 모두와 관련되는 장과 장 사이의 연결 문제를 살펴보자. 브랑쉬(2013:106)는《어린 왕자》에서 장들이 전환되는 모습이 경탄스럽다고 찬탄한다. 사실《어린 왕자》에서는 한 장의 끝 문장이나 끝 부분이 다음 장의 첫 문장이나 첫 부분과 섬세하게 연결되는 경우를 여럿 볼 수 있다. 이는 작품의 텍스트성을 상당히 높이는 장치이다. 이런 부분들이 잘 재현되면 텍스트의 결속성이 높아질 것이고, 일관성의 유지에도 기여하게 될 것이다. 예들을 보자.

15) a. J'ai ainsi vécu seul, sans personne avec qui parler véritablement, jusqu'à une panne dans le désert du Sahara, il y a six ans. (2장 첫 문장)

b. 그래서 나는 서로 마음을 터놓고 이야기할 만한 상대도 없이 홀로 지내왔는데, 육 년 전 어느 날 사하라 사막에서 문득 비행기 고장을 만나게 되었다.

16) a. Et c'est ainsi que je fis la connaissance du petit prince. (2장 마지막 문장)

b. 이렇게 해서 나는 이 어린 왕자를 알게 되었다.

17) a. Il me fallut longtemps pour comprendre d'où il venait. (3장 첫 문장)

b. 그 어린 왕자가 어디서 왔는지를 알게 되기까지는 오랜 시간이 필요했다.

18) a. Et, avec un peu de mélancolie, peut-être, il ajouta :

- Droit devant soi on ne peut pas aller bien loin… (3장 마지막 문장)

b. 그리고 마음이 약간 서글퍼졌는지 이렇게 덧붙였다.

"앞으로 곧장 가봐야 멀리 갈 수도 없는걸…"

19) a. J'avais ainsi appris une seconde chose très importante : C'est que sa planète d'origine était à peine plus grande qu'une maison ! (4장 첫 문장)

b. 이렇게 해서 나는 매우 중요한 또 한 가지 사실을 알게 되었다. 그것은 그가 사는 별이 집 한 채보다 더 클가 말까 하다는 사실이었다!

15a)의 'ainsi'는 첫장의 내용, 특히 마지막 부분의 내용을 뭉뚱그리는 부사이다. '그래서'는 그러한 역할을 한다고 보기 어렵다. '이렇게'라고 해야 할 것이다. 'jusqu'à' 구문의 처리도 원문의 구문 의미를 더 존중하는 방향으로 이루어질 수 있다. 예를 들면 이런 것이다. "나는 이렇게 진정한 말 상대가 없이 혼자서 지내왔다, 육 년 전 사하라 사막에서 비행기 고장을 겪기 전까지는." 16b)는 단순과거 시작상의 의미를 잘 살리고 있다. 그러나 'ainsi'는 '이렇게 해서'로, 'le petit prince'의 정관사는 굳이 '이'라고 할 필요 없이 그냥 무표로 두는 것이 나을 것 같다. 정리하면 '나는 이렇게 해서 어린 왕자를 알게 되었다.'가 될 것이다. 17a)의 'il'도 굳이 '그 어린 왕자'라고 할 필요가 없다. 원텍스트대로 그냥 '그'라고 하는 것이 좋을 것이다. 앞장과의 연결을 고려한다면 순차적으로 '한참이 지나서야 나는 그가 어디서 왔는지 알게 되었다.'라고 옮기는 것이 나아 보인다. 텍스트 전체에 'mélancolie'가 네 번, 'mélancolique'가 두 번 나오는데, 번역하기가 까다롭다. 앞장의 내용을 볼 때, 18a)의 'mélancolie'를 '서글픔'이라 옮기는 것이 타당한지 의문스럽다. '어쩌면 약간 울적해진 듯, 그가 덧붙였다.'라고 하면 어떨까? '앞으로 곧장 가봐야 멀리 갈 수도 없는걸'은 리듬이 쳐진다는 느낌이 든다. '곧장 가봤자 멀리 못 가…'라고 옮기고 싶다. 19)는, 브랑쉬(2013:106)가 지적하듯이, 그 한 문장으로 앞 장에 전개된 내용을 요약하고 있다. 말하자면, 요약을 통한 장의 연결이다. 'une seconde chose'를 '또 한 가지 사실'이라고 해도 틀린 것은 아니지만, '두 번째 사실'이라는 말을 굳이 피할 필요가 있을까?[39] 19a)의

39 추측이지만, 번역자가 이 표현이 '정언적 표현'이 아니라 사용을 주저했는지 모르겠다.

대과거는 이른바 '서술의 대과거'로 볼 수 있다. 'c'est que' 구문의 번역에서 다시 '사실이다'를 반복하는 것은 적절해 보이지 않는다. 19b) 전체는 다음과 같이 정리될 수 있을 것이다. "나는 이렇게 해서 아주 중요한 두 번째 사실을 알게 되었다. 그가 떠나온 행성이 겨우 집 한 채 정도 크기였다는 것이다!" 다음 예들을 보자.

20) a. Le jour des quarante-quatre fois tu étais donc tellement trsiste?
Mais le petit prince ne répondit pas. (6장 마지막 부분)
b. "마흔네 번 본 날 그럼 넌 그렇게도 슬펐던 거야?"
그러나 어린 왕자는 대답이 없었다.

21) a. Le cinquième jour, toujours grâce au mouton, ce secret de la vie du petit prince me fut révélé. (7장 첫 문장)
b. 닷새째 되던 날, 이번에도 양 덕분에 어린 왕자의 또다른 비밀을 알게 되었다.

22) a. Je ne savais pas trop quoi dire. Je me sentais très maladroit. Je ne savais comment l'atteindre, où le rejoindre… C'est tellement mystérieux, le pays des larmes. (7장 마지막 부분)
b. 나는 더이상 무슨 말을 해야 좋을지 알 수가 없었다. 나 자신이 너무나 서툴게만 느껴졌다. 어떻게 해야 그의 마음을 어루만져주고 그와 한마음이 될지 알 수가 없었다. 눈물의 나라란 이토록 신비로운 것이다.

23) a. appris bien vite à mieux connaître cette fleur. (8장 첫 문장)
b. 나는 곧 그 꽃에 대하여 좀더 잘 알게 되었다.

20b)에서는 불필요하게 보이는 '넌'은 빼고 '마흔네 번 본 날은 그렇게 슬펐던 거야?'로, 그 다음 문장은 '하지만 어린 왕자는 답이 없었다'로 바꿔주는 것이 좋을 것 같다. 21a)에서 'ce secret'라고 한 것은 앞 장 끝부분과의 연결관계 때문인데, 번역문은 이러한 관계가 없는 듯이 번역하고 있다. 원문을 더 존중하는 번역은 '닷새째 되던 날, 역시 양 덕분에 어린 왕자 삶의 그

비밀이 드러났다.' 정도가 될 것이다. 22a)의 첫 두 문장은 이해가 쉽다. 하지만 '나는 무슨 말을 해야 좋을지 몰랐다. 내가 무척 서툴다는 느낌이었다.'로 조금 바꾸고 싶다. 그 다음 문장은 해석이 용이치 않다. 'comment l'atteindre, où le rejoindre' 때문인데, 두 동사는 거의 비슷한 말이다.[40] 22b) 외에 다른 두 번역은 이를 '어떻게 해야 그의 마음을 감동시키고 어디 가야 그의 마음을 도로 붙잡을지', '어떻게 그를 진정시킬지, 어디 가야 그의 마음을 다시 잡을 수 있을지'로 각각 옮기고 있는데, 세 번역 모두 원문의 구문과 리듬의 재현에는 다소 미흡하다는 느낌이 든다. '어떻게 그에게 닿을지, 어디서 그에게 이를지 알 수가 없었다' 같은 번역이 어떨까?[41] 'C'est tellement mystérieux, le pays des larmes.'는 7장의 마지막 문장이다. 여기서는 '여운'이 '변별적 자질'로 생각된다. 그래서 '그토록 신비로운 것이다, 눈물의 나라는.'이라는 번역이 더 적절해 보인다. 이 22)에 이어지는 23b)는 괜찮으나, '곧' 대신 '이내'를 써주는 것이 'bien vite'의 의미를 조금 더 잘 나타내는 것이 아닐까? 이는 개인적인 생각이다. 다음 예들을 보자.

24) a. Quelle drôle de planète ! pensa-t-il alors. Elle est toute sèche, et toute pointue et toute salée. Et les hommes manquent d'imagination. Ils répètent ce qu'on leur dit··· Chez moi j'avais une fleur : elle parlait toujours la première··· (19장 마지막 대목)

b. 그래서 어린 왕자는 생각했다. '참 이상한 별이군! 온통 메마르고 온통 뾰족뾰족하고 온통 소금투성이야. 그리고 사람들은 상상력이 없는지 남의 말을 되풀이나 할 뿐이니··· 내 별에는 꽃 한 송이가 있었지. 그 꽃은 언제나 먼저 말을 걸곤 했는데···'

25) a. Mais il arriva que le petit prince, ayant longtemps marché à travers les sables, les rocs et les neiges, découvrit enfin une route. (20장 첫 문장)

b. 그러나 어린 왕자는 오랫동안 모래와 바위들과 눈 속을 헤매고 나서 마침내

---

40 한 영어 번역본에서는 이들을 각각 'reach', 'overtake'로 옮기고 있다.

41 원래 'atteindre', 'rejoindre'에 적합한 표현으로 '이르다', '닿다'를 생각했는데, 리듬 때문에 순서를 바꿨다.

길을 하나 발견했다.

26) a. (…) Et, couché dans l'herbe, il pleura. (20장 마지막 문장)

b. 그래서 그는 풀밭에 엎드려 울었다.

27) a. C'est alors qu'apparut le renard. (21장 첫 문장)

b. 여우가 나타난 것은 바로 그때였다.

24a)의 'Et les hommes manquent d'imagination. Ils répètent ce qu'on leur dit…'에서 두 문장이 등치되어 있는데, 번역은 이를 존중하지 않고 원인-결과로 해석하고 있다. 이 등치를 살려, '사람들이 상상력이 없어. 하는 말이나 되풀이하고…' 라고 하는 것이 메아리를 이해 못하는 어린 왕자의 혼잣말에 더 어울리는 번역이다. 마지막 문장의 반과거를 굳이 '말을 걸곤 했는데…'라고 할 필요는 없다. '말을 걸었는데…'라고 해도 반복이나 습관의 의미는 나타난다. 24a)에 이어지는 25a)는 앞의 예들보다는 그 연결성이 다소 모호해 보인다. 《어린 왕자》의 여러 번역이 'Mais il arriva que…'의 'mais'를 번역하지 않은 것은 아마 그 의미 파악이 어려웠기 때문이리라. 25b)는 고심 끝에 '그러나'로 옮긴 것으로 짐작되는데, 19장 마지막 대목의 번역인 24b)에 20장의 첫 문장이 '그러나'로 이어지는 것이 좀 어색하지 않은가? 좀체로 길을 찾아낼 것 같지 않은 상황에서의 반전의 의미를 나타내는 것으로는 '하지만'이 더 적절해 보인다. 25a)는 '하지만 어린 왕자는 모래밭, 바위더미, 눈밭을 오래 헤맨 끝에, 드디어 길 하나를 발견했다.' 정도로 옮길 수 있을 것이라고 생각된다. 여기서 '드디어'는 'il arriva que'의 의미를 재현한 것으로 볼 수 있다. 26a)의 'pleura'는 참고한 모든 번역이 '울었다'고 옮기고 있으나, 여기서의 단순과거는 '시작상'을 나타낸다. 문장 전체는 '풀밭에 엎드려, 그는 울기 시작했다.' 정도로 번역이 된다. 만일 '울었다'라고 하면, 그 다음 장의 첫 문장과 연결이 잘 되지 않는다. 27b)의 '여우가 나타난 것은 바로 그때였다.'도 틀린 번역은 아니나 무겁다. '그때 여우가 나타났다.'가 원문의 리듬에 더 어울리는 번역이다. 다음 예들을 보자.

28) a. Il n'y eut rien qu'un éclair jaune près de sa cheville. Il demeura un instant immobile. Il ne cria pas. Il tomba doucement comme tombe un arbre. Ça ne fit même pas de bruit, à cause du sable. (26장 마지막 대목)

b. 그의 발목께에서 그저 노란 빛이 반짝했을 뿐이었다. 그는 한 순간 꼼짝 않고 그 자리에 서 있었다. 소리도 지르지 않았다. 그는 한 그루 나무처럼 천천히 쓰러졌다. 모래바닥이어서 아무런 소리도 나지 않았다.

29) a. Et maintenant, bien sûr, ça fait six ans déjà... Je n'ai jamais encore raconté cette histoire. Les camarades qui m'ont revu ont été bien contents de me revoir vivant. J'étais triste mais je leur disais : « C'est la fatigue… » (27장 첫 대목)

b. 그러니까 지금은 벌써 육 년이나 지난 일이 되었다. 나는 아직까지 이 이야기를 한 번도 한 적이 없다. 나를 다시 만난 친구들은 내가 살아 돌아온 것을 보고 무척이나 기뻐했다. 나는 슬펐지만 그들에게는 그저 "피곤해서 그래" 하고만 말했다.

28b)는 'Il tomba doucement comme tombe un arbre.'의 'tomba, tombe'의 반복을 불필요한 것으로 간주했으나, 의미 있는 반복이다. 구문 순서의 의미까지 존중한다면 '그가 서서히 쓰러졌다, 나무가 쓰러지듯.' 정도가 될 것이다. 마지막 문장에서 구문 순서는 특히 의미가 있어 보인다. '아무 소리도 나지 않았다, 모래 때문이었다.'라고 옮기면 다음 장과의 연결의 여운이 깊어지는 느낌이다. 29b)에는 'bien sûr'의 번역이 안 나와 있다. 그런데 이 표현은 텍스트의 결속성과 일관성 모두에 기여하는 작지만 작지 않은 표현이다. 'six ans'은 첫장 첫 문장에 한번, 중간에 두번, 4장에 다시 한번이 나오고, 사하라 사막에 비행기 사고로 불시착했다는 이야기는 2장 첫 문장에 나온다. 그래서 독자가 이미 알고 있는 사실이니 'bien sûr'가 쓰였을 것이다. '지금은, 물론, 벌써 육 년이나 지난 일이다…' 정도의 번역이 타당해 보인다. 마지막 문장에서도 구문 순서는 상당히 의미 있어 보인다. 더구나 이 문장을 끝으로 문단이 바뀌고, 다음 문단은 'Maintenant je me suis un peu consolé.'(지금은 그 슬픔이 좀 가셨다.)로 시작된다. 이러한 연결을 고려하면

번역은 다음처럼 하는 것이 역시 여운이 남는다. "나는 슬펐으나, 그들에게는 그냥 얼버무렸다. '피곤해서 그래…'"

어휘나 어휘망의 번역도 '작품성' 차원의 일관성과 결속성에 적잖이 기여한다. 평범한 낱말이라도 맥락에 따라 그 의미가 사뭇 혹은 미묘하게 달라질 수 있기 때문에 주의가 필요하다. 사전적으로 어렵지 않은 낱말이더라도 맥락을 충분히 고려한 번역이 쉽지 않을 수 있다. 더구나 같은 낱말이나 유사한 낱말(들)의 의미망도 고려해야 하기 때문에 번역에 어려움을 겪을 수 있다. 다음 예를 살펴보자.

30) a. Quand j'en rencontrais une qui me paraissait un peu lucide, je faisais l'expérience sur elle de mon dessin numéro 1 que j'ai toujours conservé. Je voulais savoir si elle était vraiment compréhensive. Mais toujours elle me répondait : « C'est un chapeau. » Alors je ne lui parlais ni de serpents boas, ni de forêts vierges, ni d'étoiles. Je me mettais à sa portée. Je lui parlais de bridge, de golf, de politique et de cravates. Et la grande personne était bien contente de connaître un homme aussi raisonnable. (1장)

b. 어른들 중에 좀 똑똑해 보이는 이를 만날 때면 나는 늘 간직하고 있던 내 그림 제1호를 가지고 그 사람을 시험해보곤 했다. 정말이지 이 사람이 무언가 이해할 줄 아는 사람인지 궁금했던 것이다. 그러나 그 사람은 으레 '모자구나' 하고 대답하는 것이었다. 그러면 나는 보아구렁이니 원시림이니 별이니 하는 이야기는 아예 꺼내지도 않았다. 나는 그가 알아들을 수 있는 얘기만 하게 되었다. 브리지 게임이니 골프니 정치니 넥타이니 하는 것들에 대해 이야기하는 것이었다. 그러면 그 어른은 나같이 제대로 된 사람을 알게 된 것을 몹시 흐뭇하게 여겼다.

30a)의 'lucide'에는 '똑똑하다', '영리하다', '총명하다' 등의 해석이 있는데, 'grandes personnes'의 자질을 나타내는 말이니 '명석하다'는 해석이 타

당해 보인다. 'conserver'는 '간직하다', '품고 다니다', '간직하다' 등의 해석도 가능하지만, '지니고 있다'도 가능한 해석이다. 그렇지만 'compréhensive'를 '무언가 이해할 줄 아는'으로 옮기는 것은 '증폭'의 '번역 무늬'로 보아야 하지 않을까? '이해력이 있는지' 정도로 충분할 것이다. 'Mais' 문장의 'mais'는 '하지만'의 뜻이고, 당연히 여기는 답이니 '모자구나'가 아니라 '모자지'로 번역이 되어야 할 것이다. 'Je me mettais à sa portée'를 '나는 그가 알아들을 수 있는 얘기만 하게 되었다'라고 설명적으로 옮기는 것 역시 '증폭'의 무늬의 혐의가 짙다. 'raisonnable'은 '제대로 된'이 의미는 충분히 통하지만 좀 아쉬운 표현이란 느낌이 든다. 이 부분의 번역 가운데에는 '이렇게 똑똑한', '괜찮은', '아주 사리밝은' 등이 있다. 이 마지막 표현이 10장에서 'des ordres raisonnables'라는 표현에 쓰였고, 번역자가 '사리에 맞는 명령'으로 옮기고 있으나, 위 맥락에서는 '꽤 괜찮은' 정도의 해석이 타당해 보인다. 위의 표현에서 반과거는 반복의 의미를 나타내는데, 굳이 '-보곤 했다'라고 할 필요는 없다. '-했던 것이다'나 '-하는 것이었다' 역시 다소 늘어진 느낌을 준다. 'Je me mettais à sa place.'는 불어에서 거의 정언적 표현에 가깝다. 그에 해당하는 표현으로 우리말에서 정언적 표현에 가까운 '눈높이를 맞추다'라는 표현을 쓰는 것이 좋지 않을까? 전체적으로 '간결성'과 '리듬'을 고려하면 다음 정도의 번역이 될 것이다.

> c. 어른들 중에 좀 명석해 보이는 이를 만나면 나는 늘 지니고 있던 내 그림 1호를 가지고 시험해보았다. 나는 그 사람이 정말 이해력이 있는지 궁금했다. 하지만 으레 '모자지'라는 답이 돌아왔다. 그러면 나는 보아구렁이, 원시림, 별 이야기는 아예 안 꺼냈다. 나는 그의 눈높이에 맞추었다. 나는 브리지 게임, 골프, 정치, 넥타이에 대해 얘기했다. 그러면 그 어른은 꽤 괜찮은 사람을 알게 된 걸 매우 흡족해했다.

여기서 '궁금했다', '돌아왔다', '안 꺼냈다', '맞추었다', '얘기했다'는 '-었다'로 리듬을 맞춘 것이다. 이는 다른 곳에서 맞추지 못한 리듬을 '상쇄'하는 것이기도 하다. 'Je ne lui parlais ni··· ni··· ni···'는 '···이야기는 아예 꺼내지도 않았다'라고 하고 싶었는데, 리듬 때문에 '안 꺼냈다'라고 한 것이다.

4. 정언성과 번역 무늬

'정언성'(正言性, orthonymie)은 슈발리에·델포르(1995)가 포티에(1987)에게 빌려 번역에 확장하여 사용한 개념이다. 포티에는 '한 문화의 모든 일상적 지시물들'에 대해, 한 언어 공동체 구성원들의 머릿속에 즉각적으로 떠오르는 것을 '정어'(正語, l'orthonyme)라고 명명했다. '정어'는 그러니까 지시물을 가리키는 데 가장 적합하다고 여겨지는 말이다. 이는 '고양이를 고양이라고 하는 것'이고, '개를 개라고 하는 것'이다. 저자들은 어휘 차원을 가리키는 '정어성' 외에 지시의미 차원과 구문적 차원을 구분하기도 하는데(91), 이를 통칭하는 것이 '정언성'이다. 저자들은 여러 언어권 번역자들에게서 원저자가 원어의 관습적 언어 용법에 맞추려 했던 것보다 더 잘 맞게 하려는 '정언적' 경향을 발견하는데, 이것이 '번역 무늬'(figures de traduction)이다(74). 페(2006:157)에 의하면, 정언적 표현을 사용하는 번역은, '번역어에 고유한 규범이나 관습들에 적합한 재현 체계를 제시함으로써 번역임을 잊어버리게 하는 번역이며, 번역자의 존재를 지우는 번역'이다.[42]

레비(2011:161)는 '정언성'과 '번역 무늬'를 독자들의 수용 능력을 지레짐작한 나머지 텍스트를 왜곡하는 결과를 초래하는 번역자의 '해석과 재표현의 태도'를 나타내는 것들이라고 설명한다. '번역 무늬'의 대표적인 것으로는, 위에서도 이미 수차례 언급한, '명시화'와 '증폭'이 있다. 페(2006:158)는 전자는 '일관성'(cohérence)과, 후자는 '결속성'(cohésion)과 관련이 더 깊은데, 모두 출발텍스트의 지시적 구조를 번역독자들에게 잘 드러나게 하는 것이 목적이라고 설명한다. 정언성과 '번역 무늬'는 우리 문학번역을 이해하는 데에도 크게 도움이 된다. 실제로 정언적 표현들과 '번역 무늬'들은 문학

42 이 책 11장 "3. 번역과 정언성" 참고.

번역에서 흔히 발견되는데, 이들은 특히 '간결성'이 핵심인 《어린 왕자》 번역에서 주목의 대상이다. 정언적 표현과 번역 무늬들의 사용은 독자들에게 보다 가까이 가려는 번역자의 태도를 나타내는 것으로, 이 사용은 의식적일 수도 있고, 무의식적일 수도 있다. 중요한 것은 '작품성'의 관점에서 볼 때, 그러한 태도가 바람직하지 않을 수 있다는 것이다. 비교적 간단한 예를 하나 보자.

31) a. Alors le petit prince remarqua gravement :

- Ça ne fait rien, c'est tellement petit, chez moi !

Et, avec un peu de mélancolie, peut-être, il ajouta :

- Droit devant soi on ne peut pas aller bien loin… (3장)

b. 그랬더니 어린 왕자는 심각한 표정이 되어 말했다.

"괜찮아. 내가 사는 곳은 아주 작으니까!"

그리고 마음이 약간 서글퍼졌는지 이렇게 덧붙였다.

"앞으로 곧장 가봐야 별로 멀리 갈 수도 없는걸…"

31a)의 'gravement'은 '심각한 표정이 되어'라고 풀어 해석하기보다, 간결하게 '심각하게'라고 하는 것이 낫지 않을까? 'c'est tellement petit, chez moi !'는 이유의 구문으로 '증폭'시키기보다, 분리 구문을 고려하여, '아주 작아, 나 사는 곳은!'이라고 하는 것이 좋을 것 같다. 여러 번역이, 위에서도 지적했듯이, 'mélancolie'를 '슬픔'이나 '서글픔'으로 해석하고 있는데, 문장 연결을 고려하면, '울적함'으로 이해해야 할 것이다.[43] '서글퍼졌는지'로 '명시화'하게 되면, 덧붙여 말한 이유가 서글픔 때문인 것이 된다. '어쩌면 약간 울적해진 듯, 그가 덧붙였다.'라고 하여 모호성을 남기는 것이 나을 것이다.

43 번역자는 9장의 'Le petit prince arracha aussi, avec un peu de mélancolie, les dernières pousses de baobabs.'는 '어린 왕자는 좀 서글픈 마음으로 마지막 바오밥나무 싹들도 뽑아주었다'로, 12장의 'mais elle plongea le petit prince dans une grande mélancolie'는 '어린 왕자는 그 때문에 마음이 몹시 우울해졌다'로, 26장의 'Et il sourit avec mélancolie'는 '그리고 그는 쓸쓸한 웃음을 지어 보였다'로 옮기고 있다.

'Droit devant soi on ne peut pas aller bien loin…'를 '앞으로 곧장 가봐야 별로 멀리 갈 수도 없는 걸…'라고 옮기는 것은 상당한 '증폭'이다. 더 간결하게 '곧장 가봤자 멀리 못 가…' 정도로 옮기는 것이 좋을 것이다.

다음 예를 보자. 이 예에서는 반복의 리듬과 웅변성에 각별히 주목할 필요가 있다.

32) a. Vous êtes belles, mais vous êtes vides, leur dit-il encore. On ne peut pas mourir pour vous. Bien sûr, ma rose à moi, un passant ordinaire croirait qu'elle vous ressemble. Mais à elle seule elle est plus importante que vous toutes, puisque c'est elle que j'ai arrosée. Puisque c'est elle que j'ai mise sous globe. Puisque c'est elle que j'ai abritée par le paravent. Puisque c'est elle dont j'ai tué les chenilles (sauf les deux ou trois pour les papillons). Puisque c'est elle que j'ai écoutée se plaindre, ou se vanter, ou même quelquefois se taire. Puisque c'est ma rose. (21장)

b. "너희들은 아름답지만 속이 텅 비어 있어." 어린 왕자가 다시 말을 계속 했다. "아무도 너희들을 위해서 자신의 목숨을 바치지 않아. 물론 내 장미꽃도 평범한 행인에겐 너희들과 비슷한 꽃으로 보이겠지. 그렇지만 하나뿐인 그 꽃이 내게는 너희들 모두보다 더 소중해. 내가 직접 물을 준 꽃이니까. 내가 직접 둥근 덮개를 씌워준 꽃이니까. 내가 직접 바람막이로 막아 보호해준 꽃이니까. 내가 직접 벌레들을 잡아준(나비가 되라고 남겨둔 두세 마리만 제외하고) 꽃이니까. 불평을 해도, 자랑을 늘어놓아도, 심지어 때때로 입을 다물고 있어도 나는 다 들어준 꽃이니까. 그건 바로 내 장미꽃이니까."

32b)는 대체로 번역이 잘 되어 있다. 하지만 정언적 표현이나 증폭을 보다 적극적으로 피한다면, 그리고 때로 불어의 정언적 표현(on ne peut pas mourir pour vous)을 우리말의 정언적 표현으로 옮겨준다면, 매우 웅변적인 원문의 성격을 더 잘 살릴 수 있을 것이다. '누가 너희를 위해 죽겠어?'처럼, 단언문을 '수사적 의문문'으로 바꾸어주는 것도 한 방법이다. '내게는', '직접', '둥근' 등은 모두 '증폭'된 것으로 볼 수 있다. 이들은 원문의 성격 때문에 꼭

필요한 것들이 아니다. 특히 마지막 'Puisque c'est ma rose.'의 앞에 쓰인 '그건 바로'는 오히려 문단 전체의 '시적 힘'을 약화시키고 있다. 강세가 주어진 '내 장미니까.'로 충분하다. 덧붙이면 '사족'이다. 'important'은 텍스트 전체에서 14번이나 반복되는데, 번역자는 위 문단과 이 문단 몇 줄 아래 나오는 'C'est le temps que tu as perdu pour ta rose qui fait ta rose si importante.'의 번역(네 장미꽃이 그토록 소중하게 된 것은 네가 네 장미꽃을 위해서 들인 시간 때문이야)에서만 '소중한'으로 옮기고, 나머지는 모두 '중요한'으로 해석하고 있다. 텍스트 전체의 결속성과 일관성을 위해 모두 '중요한'으로 옮기는 선택을 하는 것이 텍스트의 의미상의 일관성과 결속성을 위해 필요해 보인다. 문제의 부분은 '네가 네 장미에 들인 시간 때문에 네 장미가 그렇게 중요한 거야.'로 옮길 수 있다. '잘 기억해두기 위해 어린 왕자가 되뇌는' 말인 '내가 내 장미꽃을 위해서 들인 시간 때문이야…'(C'est le temps que j'ai perdu pour ma rose… fit le petit prince, afin de se souvenir.)도 '내가 내 장미꽃에 들인 시간 때문에…'로 바꾸어주어야 앞 문장과 일관성이 생기게 된다. 전체적으로 더 간결한 번역이 필요하다. 낱말수가 32b)에서는 81개인데, 아래 번역에서는 63개이다.[44]

> c. "너희는 아름다워, 하지만 텅 비어 있어." 어린 왕자가 이어 말했다. "누가 너희를 위해 죽겠어? 물론, 내 장미도 보통 행인은 너희와 비슷하다고 생각할 거야. 하지만 그 꽃 하나가 너희 모두보다 더 중요해, 내가 물을 준 꽃이니까. 내가 덮개를 씌워준 꽃이니까. 내가 바람막이로 막아준 꽃이니까. 내가 벌레들을 잡아준 꽃이니까(나비가 되라고 남겨둔 두세 마리를 제외하고). 불평하거나, 자랑하거나, 때로 입다물고 있을 때도 내가 들어준 꽃이니까. 내 장미니까."

예를 몇 개 더 살펴보자. 예들의 수가 많아 작품의 앞쪽 장들의 예들에 한정한다.

44 여러 번역이 'puisque'와 그 반복의 의미를 잘 살리지 못하고 있다.

33) a. Alors vous imaginez ma surprise, au lever du jour, quand une drôle de petite voix m'a réveillé. Elle disait :

- S'il vous plaît··· dessine-moi un mouton !

- Hein !

- Dessine-moi un mouton··· (2장)

b. 그러니 해가 뜰 무렵, 어떤 기이한 목소리에 잠이 깬 내가 얼마나 놀랐을지 여러분은 상상할 수 있을 것이다. 그 목소리는 말했다.

"저기··· 나 양 한 마리만 그려줘."

"응?"

"나, 양 한 마리만 그려줘."

여기서 '그 목소리는 말했다' 같은 번역이 꼭 필요할까? 이희재(2009:199)는 영어는 'say, explain, reply처럼 주어의 발언 행위를 묘사하는 동사를 꼬박꼬박 넣어주는 경향이 있는데, 한국어 문장에서는 빼도 무방할 때가 많'다고 지적한다. 한국어 번역문에서 '물었다', '설명했다', '말했다', '대답했다' 같은 표현을 너무 남발하면 부자연스러운 느낌을 준다는 것이다.[45] 이는, 달리 말하면, '발언 행위 묘사 동사'는 잘 사용하지 않는 것이 한국어의 정언적 성향이라는 것이다. 불어는 위 대목에서 'elle disait'의 사용이 상당히 자연스럽지만, 한국어는 그 반대이다. 서술자가 '크게 놀란 것'을 나타내기 위해서도 생략이 바람직하다. 위의 예문 10a)에서 'Ça me fit un peu honte. Mais, impitoyable, il ajouta'의 번역으로 '나는 조금 부끄러웠다. 하지만, 그는 사정 없었다.'를 제시한 것도 같은 이유에서이다. 번역서의 감탄사 번역에 선뜻 동의하기 어려운 대목이 여럿 있는데, 여기서의 '응?'도 그 하나이다. 이 '응?'이 서술자가 크게 놀라는 것을 적절하게 나타낼까? 아무래도 부족한 느낌이다. '엥?'이 어떨까?

---

45 전성기(2013b) 참고.

34) a. J'avais été découragé dans ma carrière de peintre par les grandes personnes, à l'âge de six ans, et je n'avais rien appris à dessiner, sauf les boas fermés et les boas ouverts. (2장)

b. 여섯 살 적에 이미 어른들 때문에 화가의 꿈을 접어버린 후 나는 뱃속이 보이지 않거나 보이거나 하는 보아구렁이 외에는 그림 그리는 것을 배워본 일이 없었으니 말이다.

35) a. Voilà le meilleur portrait que, plus tard, j'ai réussi à faire de lui. Mais mon dessin, bien sûr, est beaucoup moins ravissant que le modèle. Ce n'est pas ma faute. (2장)

b. 여기 있는 그림은 훗날 내가 그의 모습을 그린 그림들 중에서 가장 잘된 것이다. 그러나 물론 나의 그림은 모델보다는 훨씬 덜 매력적이다. 그렇지만 그건 내 탓이 아니다.

36) a. Elles sont comme ça. Il ne faut pas leur en vouloir. Les enfants doivent être très indulgents envers les grandes personnes. (4장)

b. 어른들은 다 그렇다. 그걸 가지고 어른들을 나쁘게 생각해서는 안 된다. 어린이들은 어른들을 아주 너그럽게 생각해줘야 한다.

34b)는 이유를 '명시화'하고 있는데, 굳이 그럴 필요가 없다. 오히려 그렇게 하지 않는 편이 낫다. 단서 구문 '뱃속이 보이거나 보이지 않는 보아구렁이 빼고는'은 뒤로 돌려야 리듬도 맞는다. 35b)에서도 '그렇지만'이란 명시화는 불필요하다. 원문처럼 연결관계를 묵시적으로 처리하는 것이 필요하다. 'Voilà' 구문도 '여기 있는 그림은'보다는 '이 그림이'라고 하는 것이 원문 의미에 더 적합하다. 36a)의 'Il ne faut pas leur en vouloir.'의 번역도 상당히 '증폭'되어 있다. 더 간결하게 '뭐라고 해서는 안 된다.'라고 옮기면 좋지 않을까? '어린이들은 어른들을 아주 너그럽게 생각해줘야 한다'의 원문이 거의 정언적 표현이니, '아이들은 어른들한테 아주 너그러워야 한다'라고 옮겨야 하지 않을까? 'Elles sont comme ça'도 그 정언성을 고려하면 우리말 번역도 정언적으로 '어른들은 그런 식이다'라고 하는 것이 좋을 것 같다. '다'란 부사는 불필요한 '증폭'이다.

37) a. Car je n'aime pas qu'on lise mon livre à la légère. J'éprouve tant de chagrin à raconter ces souvenirs. Il y a six ans déjà que mon ami s'en est allé avec son mouton. Si j'essaie ici de le décrire, c'est afin de ne pas l'oublier. C'est triste d'oublier un ami. Tout le monde n'a pas eu un ami. Et je puis devenir comme les grandes personnes qui ne s'intéressent plus qu'aux chiffres. C'est donc pour ça encore que j'ai acheté une boîte de couleurs et des crayons. (4장)

b. 왜냐하면 나는 사람들이 이 책을 무성의하게 읽어치우지는 말았으면 하는 생각이기 때문이다. 이 추억을 이야기하자니 걷잡을 수 없는 슬픔이 솟아오른다. 어린 왕자가 내가 그린 양을 가지고 떠나가버린 지 벌써 여섯 해나 된다. 지금 여기에다 그의 모습을 그려보는 것은 그를 잊지 않기 위해서다. 친구를 잊는다는 것은 슬픈 일이니까. 아무에게나 다 친구가 있는 것은 아니다. 그리고 나도 숫자밖에 모르는 어른들처럼 될 수도 있는 것이다. 내가 그림물감 한 상자와 연필들을 산 것도 바로 이런 까닭에서였다.

외견상 위 번역에 별무리가 없다. 낱말 수도 원문이 88개인데 번역문은 71개로, 양적으로는 원문보다 번역문이 간결해 보인다. 하지만 자세히 보면 작품성 번역을 위해 바꾸고 싶은 부분들이 눈에 띈다. 전반적으로 문체적 '간결성'을 더 드러내고, '명시화'('슬픈 일이니까')와 '증폭'('내가 그린 양') 같은 '번역 무늬'를 가급적 피할 필요가 있다. 37a)의 'car'를 37b)를 비롯한 《어린 왕자》의 거의 모든 번역이 '왜냐하면'으로 옮기고 있는데, 이는 문법적이나 논리적으로는 그 사용을 납득하기 어렵다. 갈랑베르(2006:118)는 바로 거의 '통사적 오류'인 이러한 용례들이 생텍쥐페리의 《성채》에서 다수 나타난다고 지적하는데, 위의 'car'도 그러한 예의 하나로 추측된다. 갈랑베르는 이 'car'에는 '리듬' 혹은 '서정의 갈고리'(cheville lyrique)의 역할만 있다고 지적한다(247). 부정문인 후속 문장의 성격을 살려주려면, '이 책이 가볍게 읽히지 않으면 좋겠다' 정도의 변조 번역[46]이 타당할 것으로 생각된다. 37b)

46 'Je n'aime pas que…'가 '…하지 않으면 좋겠다'로 바뀐 것이다.

는 'Tout le monde n'a pas eu un ami.'를 '현재' 의미로 옮겼는데, 복합과거 의미를 살려주어야 할 것이다. '누구나 친구가 있었던 건 아니다' 정도로 옮길 수 있다. 'un ami'는 정말 '친구'라고 부를 만한 그런 한 사람을 말하는 것인데, 직접적 번역은 어렵다. 위 번역서에서 자주 눈에 띄는 '…도 있는 것이다' 같은 표현은 더 간결해질 수 있다. 마지막 문장의 'c'est… que' 구문도 앞에 무게가 두어지는 번역으로 바꿀 필요가 있다. 특히 다소 과하게 설명적으로 증폭된 첫 문장은 원문처럼 '간결하게' 옮길 필요가 있다. 위에 지적된 내용들을 고려하여 다음처럼 번역하면, 전체적으로 낱말 수도 71개에서 54개로 줄어든다.

> c. 이 책이 가볍게 읽히지 않았으면 좋겠다. 추억을 얘기하자니 슬픔이 북받친다. 내 친구가 그의 양과 떠난 지 벌써 여섯 해다. 여기에 그의 모습을 그려보려는 건, 그를 잊지 않기 위해서다. 친구를 잊는 건 슬픈 일이다. 누구나 친구가 있었던 건 아니다. 나도 숫자밖에 모르는 어른들처럼 될 수 있다. 그래서 그림물감 한 상자와 연필들을 산 것이기도 하다.

원문의 낱말 수가 88개인데 번역문에서 54개로 줄어든 것은 다소 지나친 것이 아닌가 하는 생각이 들 수도 있다. 일반적 번역평가 기준을 적용하면 잘못된 번역으로 판정나기 십상이다. 하지만 작품성을《어린 왕자》의 '번역 이론소들'을 적극 고려하여 번역한 결과 그렇게 된 것이라면, 낱말들의 수적 차이는 큰 문제가 아닐 수 있다. 위에 들릴(2001:217-8)이 보인 코난 도일의 *A Study in Scarlet*(1887)의 영불번역의 한 예에서도 원문의 낱말이 55개인데, '리듬을 잘 살린 유일한 번역문'의 낱말 수는 32개로 큰 차이가 났으나, 오히려 적절한 번역으로 간주되었다. 양적 길이보다 작품성 재현이 더 중요한 기준이기 때문이다. 생텍쥐페리가《어린 왕자》에서 간결성을 추구했다는 것은 의도적으로 정언적 글쓰기에서 다소 멀어지는 선택을 했음을, 적어도 하나의 특별한 글쓰기를 선택했음을 의미한다.《어린 왕자》를 그냥 정언적으로 번역하는 것은 이러한 작가의 의도적 선택에 어긋나는 것이고,

결과적으로 작품성 번역과 멀어지는 것이다.

5. 엇결림과 감탄사, 감탄문 번역

들릴(2001:223)은 문학텍스트를 다현 악기에 비유한다. '좋은 번역'이 되기 위해서는 현들을 모두 퉁겨 화음 전체가 들리도록 해야 하는 것이다. 저자는 그가 말하는 '엇결림', 베르만(2011)이 말하는 '왜곡의 경향들'[47]이 모두 '이탈음들'이라 지적한 바 있다. 즉, 이들이 모두 '엇결림'(disparate)[48]에 속한다는 것이다. '좋은 번역'이 되기 위해서는 이러한 '이탈음들'이 최소화되어야 한다. 들릴(2007:147)은 '엇결림'이 '문체'와 '시니피앙스'와 관련지어 규정된다고 기술한다.[49] 텍스트의 어휘망들의 비존중이나, 텍스트의 시니피앙스 측면에서 엇박자가 생기는 것도 엇결림 현상이다. 잘못 이해된, 혹은 충분히 이해되지 못한 하나의 문법어, 어휘어, 감탄사 등도 되풀이될 때는, 단지 오류가 아니라 맥락과 조화를 이루지 못하는 '엇결린 번역'이 될 가능성이 높다. 맥락과 엇박자가 되는 모든 번역이 '엇결린 번역'이 될 위험성이 있는 것이다. '엇결린 번역'에서도 '내재적' 측면과 '관계적' 측면을 구분할 필요가 있다. '번역글쓰기 문체 자체가 조화롭지 못한 번역'과 '저자의 문체와 조화를 이루지 못한 번역'을 구분하자는 것이다.[50] 비문으로 얼룩진 번역이나, 번역 자체가 일종의 '짜깁기'처럼 느껴지는 번역은 분명히 '엇결린' 번역이다.

---

47 베르만(2011:74-96)은 번역에 대해 '합리화', '명확화', '길이 증가', '고상화', '질적 빈약화', '양적 빈약화', '균질화', '리듬 파괴', '기저 시니피앙 망 파괴', '체계성 파괴', '토착 언어망 파괴 및 이국화', '관용구 파괴', '언어들 간 중첩 소멸' 같은 13가지 왜곡의 경향들을 열거한다; 이영훈(2015:129-131) 참고.

48 《프라임 불한사전》에 'disparate'는 형용사로는 '어울리지 않는', '잡다한'으로, 명사로는 '부조화'로 번역되어 있다. '결다' 혹은 '겯다'는 '씨와 날이 서로 어긋매끼게 엮어 짜다'라는 뜻이고, 이는 텍스트의 '엮어짜기'와 다를 바 없다. '결리다'에 부정 의미의 접두사 '엇-'이 붙은 '엇결리다'는 이 '엮어짜기'가 어긋나거나 틀어진 것을 뜻하는 것이다.

49 들릴(2007)은 영어 논문인 들릴(2006)의 불어 버전이다.

50 이 책 12장 "5. 엇결림과 텍스트번역(비평)" 참고.

한편, 원저자 문체와의 관계적 측면에서는, 독자들이 선호하는 '유려한 번역'도 '엇결린 번역'이 될 수 있다. 이와 반대로, '읽기 어려운 번역' 혹은 '꺼끌꺼끌한 번역', 한 마디로 '유려하지 못한 번역'도 '저자의 문체와 조화'를 이루는, '잘된 번역'일 수 있다. 작품성의 관점에서 중요한 것은 번역텍스트의 문체 혹은 에크리튀르가 원텍스트의 것들과 조화를 이루는가 그렇지 않는가 하는 것이다. '명시화'나 '증폭'이 된, '번역 무늬'가 포함된 번역은 '문체간 부조화'로 인해 '엇결린 번역'이 될 가능성이 높다. 엇결림 하나 그 자체로는 대수롭지 않을지 모르나, 이들이 반복되면 전체의 텍스트성이나 작품성에 적지않은 영향을 미치게 된다. 다만, 원저자 문체와의 부조화 판단은 상당히 주관적일 수 있기 때문에 그 판단에 조심스러울 필요가 있다. 감탄사나 감탄문의 번역은 별로 다루어진 적이 없기 때문에 더욱 조심스럽지만, '엇결림' 측면에서 꼭 짚고 넘어가야 할 부분으로 생각된다. 앞서 예문 9a)에서 'Les épines, ça ne sert à rien, c'est de la pure méchanceté de la part des fleurs !'에 대한 반응으로서 'Oh !'의 '그래?'란 번역을 '생뚱맞다'로 평한 바 있고, 예문 33)의 'Hein?'의 번역 '응?'도 다소 미흡하다고 평한 바 있지만, 감탄사 번역을 몇 개 더 살펴보자. 아래의 감탄사, 감탄문 번역예들은 원문체와의 부조화로 인해 일단 모두 '엇결린 번역'일 가능성이 높다.

38) a. - C'est bien vrai, n'est-ce pas, que les moutons mangent les arbustes ?

- Oui. C'est vrai.

- Ah ! Je suis content. (5장)

b. "양이 작은 나무들을 뜯어먹는다는데 정말일까?"

"그럼, 정말이지."

"야! 그것 참 잘됐다."

39) a. Mais il remarqua avec sagesse:

- Les baobabs, avant de grandir, ça commence par être petit.

- C'est exact ! Mais pourquoi veux-tu que tes moutons mangent les petits baobabs ?

Il me répondit : « Ben ! Voyons ! » comme s'il s'agissait là d'une évidence. (5장)

b. 어린 왕자는 또 영리하게 이런 말도 했다.

"커다란 바오밥나무도 자라기 전엔 조그맣게 돋아나지?"

"그렇긴 하지. 하지만 왜 양이 작은 바오밥나무를 먹겠어?"

"아이, 참! 그 이유를 모른단 말이야?" 하고 어린 왕자는 당연한 일이 아니냐는 듯이 대답했다.

40) a. - Et tu crois, toi, que les fleurs…

- Mais non ! Mais non ! Je ne crois rien ! J"ai répondu n'importe quoi. Je m'occupe, moi, de choses sérieuses ! (7장)

b. "정말로 그렇게 생각하는 거야? 꽃들이…"

"그만 해둬! 그만! 난 아무 생각도 안 해! 난 아무렇게나 대답했을 뿐이야. 나에겐 지금 중요한 일이 있어!"

41) a. Elle ne voulait pas sortir toute fripée comme les coquelicots. Elle ne voulait apparaître que dans le plein rayonnement de sa beauté. Eh ! oui. Elle était très coquette! (8장)

b. 개양귀비꽃처럼 쭈글쭈글 구겨진 모습을 해가지고 밖으로 나오기가 싫었던 것이다. 꽃은 그 다름다움의 빛이 가득해져올 때에야 비로소 나타나고 싶은 것이었다. 애교가 이만저만 아닌 꽃이었다!

38a)의 첫 문장의 번역은 2a)의 번역에서 '정말이지, 그렇지, 양이 작은 나무들을 먹는 게?'로 제시한 바 있다. 이에 대한 'Oui. C'est vrai.'는 다소 건성으로 하는 대답이다. 그렇다면 '그래. 맞아.' 정도의 번역이 적절하다. 이에 대한 'Ah ! Je suis content.'은 안도의 느낌을 나타내는 표현인데, '야! 그것 참 잘됐다.'가 주는 느낌과는 거리가 있다. '아, 다행이다!' 정도로 옮겨야 할 것이다. 39a)의 'C'est exact !'의 번역으로 '그렇긴 하지'는 '그런데…' 하고 되묻기 전의 단순 대꾸로는 적합지 않다. '맞아!' 정도가 무난하다. 'Mais' 이하의 '하지만 왜 … 먹겠어?'라는 해석에는 'veux-tu' 해석이 빠져 있다. '그런데 왜 양이 작은 바오밥나무를 먹길 바라니?' 정도로는 옮겨주어야 한다. 'Ben !

Voyons !'의 번역은 '그 이유를 모른단 말이야?'에 의해 과하게 '증폭'되어 있다. 감탄사도 'évidence'의 의미와 조화를 이루려면 표현도, 구문 순서도 대략 다음 정도로 바뀌어야 한다: "'참, 나 이런!' 그가 대꾸했다, 마치 당연하다는 듯이." 40a)의 반복된 'Mais non !'은 비행기 수리에 골몰한 '나'가 귀찮은 나머지 아무렇게나 하는 답의 일부이다. '그만 해둬! 그만!'은 그런 상황 의미는 거리가 있다. '-야'가 강조되는 '아니야! 아니야! 그런 게 아니야!' 정도가 무난하다. 'J''ai répondu n'importe quoi.'도 '건성으로 대답한 거야.'나 '아무렇게나 대답한 거야.' 정도의 번역이 무난해보인다. 예문 10a)가 40a)에 이어지는 것임을 고려하면 'de choses sérieuses'도 '중요한 일'이 아니라 '진지한 일'이 되어야 할 것이다. 41b)에서는 'Eh ! oui.'의 번역이 빠져 있다. 여러 다른 번역들이 이 부분을 '그렇다! 멋을 부리는 꽃이었다.', '아! 정말이지 귀여운 꽃이었다.', '정말이지 태깔 부리는 꽃이었다.', '그러나 무척도 티를 부리는 꽃이었다.' 등으로 옮기고 있는데, 'Eh! oui.'의 느낌이 잘 살아나지 않는다. '그랬다! 무척 태깔 부리는 꽃이었다!'라고 옮기면 어떨까? 더 살펴보자.

42) a. - Ah ! Voilà un sujet, s'écria le roi quand il aperçut le petit prince. (10장)

b. "아아! 신하가 한 명 왔도다!" 어린 왕자를 보자 왕은 소리쳤다.

43) a. La seconde planète était habitée par un vaniteux :

- Ah ! Ah ! Voilà la visite d'un admirateur ! s'écria de loin le vaniteux dès qu'il aperçut le petit prince. (11장)

b. 두번째 별에는 허영심에 빠진 사람이 살고 있었다.

"아, 아! 나를 숭배하는 사람이 찾아오는군!" 어린 왕자를 보자마자 허영심이 많은 사람은 멀리서부터 소리쳤다.

44) a. - Des abeilles ?

- Mais non. Des petites choses dorées qui font rêvasser les fainéants. Mais je suis sérieux, moi ! Je n'ai pas le temps de rêvasser.

- Ah ! des étoiles ?

- C'est bien ça. Des étoiles. (13장)

b. "벌 말이에요?"

"아니지. 게으름뱅이들을 공상에 빠지게 만드는 금빛 도는 작은 것들."

"아! 별들 말이군요?"

"맞았어. 별 말이야."

45) a. - Tes baobabs, ils ressemblent un peu à des choux…

- Oh !

Moi qui étais si fier des baobabs ! (25장)

b. "이 바오밥나무들은 말이지, 양배추 비슷하게 생겼어."

"저런!"

내 딴에는 그래도 바오밥나무 그림들에 대해서 우쭐해하고 있었는데!

42b)의 '아아!'를 모처럼 찾아온 한 '신하'가 반가운 왕이 내는 소리라고 할 수 있을까? 좀 이상하지 않은가? '오!'나 '호!'라면 모를까. "호! 신하가 하나 왔도다!"라고 하면 왕이 하는 말 같지 않은가? 'Oh !'는 '오!'라고 옮겨도 좋을 것이다. 43b)의 '아, 아!'도 'Ah ! Ah !'의 단지 음역에 지나지 않는 느낌인데, 여러 번역본이 그렇게 옮기고 있다. '야아! 숭배자가 하나 오는군!' 같은 번역이 어떨까? 44b)도 전반적으로 더 간결해질 수 있다. '별이요?', '아니.', '아! 별이요?', '그래 맞아, 별.'처럼. '아니지'는 대화의 이런 장면에서 쓰이는 표현으로는 다소 부적합해보인다. 마지막으로 45b)에서 내가 '끼적거려두었던 그림들을 주머니에서 꺼냈'는데, 어린 왕자가 그것들을 보며 웃으며, '양배추 비슷하게 생겼'다고 놀린다면, '저런!'이라 하겠는가? 이어 나오는 '내 딴에는 그래도 바오밥나무 그림들에 대해서 우쭐해하고 있었는데!'와도 어울리는 표현은 '저런!'이 아니라 '이런!'일 것이다. 《어린 왕자》에 나오는 감탄사들이 그렇게 다양하지는 않으나, 불어에서 정언적이거나 정언적 표현에 가까운 것을 비정언적으로 번역하면, 문체가 '비끗하는' 느낌이 든다. 들릴(2007)이 말하는 '엇결림'이 발생하는 것이다. 이러한 엇결림이 여러 곳에서 일어난다면, 텍스트 전체가 상당한 영향을 받지 않을 수 없다.

일견 간단해 보이는 감탄사 하나가 결코 간단한 것이 아닌 것이다.

⁂

이시우(2013)는 데카르트의 '나는 생각한다. 고로 존재한다'라는 말은 주관적 비연기적인 반면, 미국 생물학자 싱어의 '나는 연결되어 있다. 고로 존재한다'라는 말은 '외부 대상과의 긴밀한 연기적 관계를 강조한 것'이라고 지적한다. 그런데 텍스트야말로, '텍스트는 연결되어 있다. 고로 존재한다.'라고 말해야 할 대상이다. 사실 '서로 불가분하게 연결되어 있지 않으면' 그것은 '텍스트'가 아니다. 이는 동화적 텍스트에 대해서도 마찬가지다. 더군다나 《어린 왕자》는, 갈랑베르에 의하면, 그냥 '동화적 텍스트'가 아니라, 고도된 기획된 '시적 담론' 성격의 '동화적 신화적 텍스트'이다. 뛰어난 작품일수록 그 내적인 연결관계가 긴밀하고 다층적이게 마련이다. 번역이나 번역비평에서 문법·어휘·구문·문장 등 텍스트의 다양한 요소들의 '일관성'과 '결속성'은 물론, 상호텍스트성을 비롯한 다양한 맥락들도 함께 섬세히 살피지 않으면 안 된다. 거의 모든 《어린 왕자》 번역에서 빈번히 나타나는 '정언화' 경향 등도 번역문법적 번역비평이 눈여겨 살펴보아야 할 대목이다.[51] 하지만 이러한 섬세한 관찰이 원작에 필적하는 번역을 보장하는 것은 아니다. 전일적 통찰과 그 통찰의 번역글쓰기로의 재현은 번역문법만으로는 온전히 풀어내기 어려운 문제임을 토로하지 않을 수 없다.

한 텍스트의 '잘된 번역'도 번역 기획이나 목표에 따라 여럿이 될 수 있다.[52] 이 글에서 목표한 것은 《어린 왕자》의 연구자들이 기술한 '작품성'을 그 번역(들)의 번역비평을 통해 원작에 '상응'[53]하는 번역을, 부분적이긴 하

51 슈발리에(1995b)는 이러한 정언화 경향이 《마담 보바리》의 많은 유럽어들로의 번역에서 나타나고 있음을 적시하고 있다.

52 이세욱(2013:153)은 '번역 기획'이 크게 다른, 쿤데라의 체코어 소설 《농담》의 두 불어 번역본에 대해 모두 '충실성'을 말한다.

53 베르만(1995:94)은 보들레르적인 '상응'을 요구한다; 이 책 5장 참고.

지만, 유추적으로 재현하는 것이었다. 이는 원작의 텍스트 언어의 '독특한 성격'들을 적절한 등가 표현들을 통해 재현하는 것이다. 이 과정에서, 제일 잘된 번역으로 평가되는 김화영(2007b)과의 비교는 '좋은 번역'의 다양성과 아울러, 세밀한 번역문법적 접근의 필요성을 재확인하는 계기가 되었다.[54] 번역문법적인 텍스트 번역(비평)에서 '문법·번역·작품'은 불가분의 관계에 있으며, 따라서 '회통적 탐구'의 대상이다. 베르만, 메쇼닉, 이스라엘, 들릴 등 많은 번역학자들이 강조하듯이, '작품'의 번역은 '작품'이 되어야 한다. 번역텍스트는 텍스트로서의 일관성과 결속성을 갖추어야 하고, 엇결림을 최소화하며, 텍스트 차원 시니피앙스의 등가적 재현을 이루어내야 한다. 번역문법은 원텍스트 관련 연구자료들의 '번역(비평) 이론소화'를 통해, 작품성의 번역과 번역비평을 상당 부분 수행할 수 있다. 작품성의 번역과 번역비평에서는 '분석적 접근'과 '전일적 접근'이 상호보완적 조화를 이루는 것이 바람직하다. 지금은 '문학 번역글쓰기'에 대해 인식의 전환이 필요한 시점이다. 무엇보다 먼저 '레고 사고'에서, '그물 사유'로의 전환이 시급하다.[55] 텍스트 자체가 '레고'적인 것이 아니라 '중층적 그물망' 같은 것이 아닌가? '그물 사유'를 '레고 사유'로 재단하려는 거의 무의식적 사고방식을 이제 과감히 벗어나야 한다. 이 글이 문학작품 작품성의 번역과 번역비평의 심도 있는 논의에, 그리고 정영목(2004:229)이 기대하는, '부실하지 않은 번역이 좋은 번역으로 올라가는 방식' 탐구에 하나의 의미 있는 기여가 되기를 기대한다.

---

54 《어린 왕자》 연구자들의 다양한 연구 결과들에 힘입어 원텍스트와 번역텍스트(들)를 비교분석하는 것은 우선적으로 '탐구번역비평'의 과정이지만, '탐구번역'으로 이어지는 과정이기도 하다.

55 김종욱(2007) 참고.

제14장 《이방인》 에크리튀르의 번역과 번역비평

문학작품이나 작품에 준하는 텍스트들의 중요한 특징은 그 형식과 내용이 거의 불가분의 관계에 있다는 것이다. 이러한 텍스트들의 번역에 대해 먼저, 예를 들어, '이국화냐 자국화냐' 등을 논하는 것은 본말이 전도된 것이다. 그러한 논의나 선택에 앞서, 대상 텍스트가 어떠한 방식으로 그 내용과 형식이 맞물려 있는가를 먼저 이해하는 것이 바른 순서일 것이다. 휴슨(2004:132)은 '잘된' 문학번역은 원천지향적도 목표지향적도 아니라고 지적한다. '진정한 에크리튀르'에 의해 그 효과를 산출할 뿐이라는 것이다.[1] 바르트(1993:179)는 카뮈의 《이방인》의 문체를 '거의 문체의 이상적 부재인 부재의 문체'(un style de l'absence qui est presque une absence idéale du style)로 규정한 바 있다.[2] 하지만 이는 《이방인》의 두드러진 한 측면을 지칭하는 것일 뿐, 모든 특성들을 다 말하는 것은 아니다. 《이방인》의 문체는 다양한 에크리튀르들의 짜임과 얽힘으로 이루어져 있다는 것이 다수 연구자들의 공통된 지적이다. 바로 이 짜임과 얽힘의 절묘한 효과가 《이방인》이 《이방인》이 되도록 하는 것이다. 한 작품의 번역에서는 이러한 짜임과 얽힘을 '읽어내

1 휴슨(2001:203) 참고.

2 아이젠즈바이크(1983:8)는 카뮈의 《이방인》을 20세기 후반부에 가장 많이 읽힌 작품 중 하나라고 말한다.

고 이해하는 것'이 우선적으로 중요하지만, 이는 '상응'[3]하는 작품으로 재현하기 위한, 비판적 고찰이 동반된, 창의적 글쓰기와 불가분의 관계에 있다. 이러한 번역의 결과는 번역자의 명시적 혹은 묵시적 '번역 기획'에 따라 상당히 달라질 수 있다. 원텍스트의 '시니피앙' 읽기를 번역글쓰기 못지않게 중요시하는 '번역문법' 관점에서의 번역과 번역비평[4]은 '동화의 미학'과 '차이의 윤리' 사이[5]에서 중용적 조화와 균형을 찾고자 모색한다. 이는 '문학작품의 번역'과 '번역된 문학작품' 사이에서 조화와 균형 찾기이기도 하다.[6]

김용석(2011:290)은 그의 박사학위 논문의 《이방인》 평가에서 김화영 교수의 2009년 번역에 대해 '언어적 완결성 및 논리적 완결성이 가장 뛰어난 번역본이었으며, 원문의 문장 변형이 가장 적고, 아울러 표현 변조가 가장 적절한 것으로 확인되었다'고 확언한다.[7] '전공자뿐만 아니라 《이방인》을 찾는 불문학 연구자'가 '어쩔 도리가 없이' '반드시 만나게 될 번역본'이며, '일반 독자들에게도 가장 추천할 수 있는 텍스트'라고 그는 확신한다. 이기언 교수의 2011년 번역에 대해서도, 김 교수의 2011년 개정 번역과 마찬가지로, 시간 관계로 구체적 평가의 대상은 되지 못하였으나, '독자들의 카뮈의 《이방인》 읽기라는 밤하늘에 떠오른 별과 별자리의 역할을 수행할 것'으로 저자는 기대한다. 김 교수의 번역이 '현재 존재하는 《이방인》의 번역 중 가장 권하고 싶은 번역'이라는 이인숙(2006)은 이 번역이 '카뮈의 감각적인 표현을 우리말로도 충분히 느낄 수 있도록 아름답게 번역하였을 뿐 아니라 뫼르소의 어린아이 같은 순수함도 잘 전달'하고 있다고 높이 평가한다. 하지만 김진하(2015:97-8)는 '《이방인》의 번역에 관한 한 전범으로 삼을 만

---

3 이 '상응'은 베르만(1995:94)이 말하는, 보들레르적인 '원전과 그 언어와의 상응'(correspondance)을 말한다.

4 전성기(2013c, 2014a, 2014b) 참고.

5 선영아(2008) 참고.

6 이상원(2008) 참고.

7 김용석(2011:92)에 의하면, 《이방인》이 1953년 이휘영에 의해 처음 번역된 이래 조사 시까지 적어도 150여 종의 번역본이 출간되었고, 그 후 현재까지 18종이 더 발간되었다고 한다(공동학술대회, 성균관대, 2015.6.13.).

한 번역이 아직 없다'며, 사뭇 다른 평가를 내린다. '여러 번역들은 한편으로는 기존 번역의 영향에서 벗어나지 못하여 같은 오류를 반복하기도 하고, 또 다른 한편으로는 새로운 번역에 대한 의욕이 지나쳐서 과도한 해석이나 또 다른 오류를 만들어내고 있'다는 것이다. '나름의 한계 속에서 번역마다 특색과 장점을 보여주고 있'기는 하나, '《이방인》 번역본들은 번역의 기초인 엄정함의 문제를 다시 제기하고 있다'는 것이 그의 총평이다. 그렇지만, 여러 면에서, 김화영(2011)과 이기언(2011)이 《이방인》 에크리튀르의 번역과 번역비평 문제를 살피기 위한 가장 좋은 대상들이라는 점에 대해 이의를 제기할 연구자는 아마 없을 것이다. 여기서는 '성공한 번역'[8]으로 충분히 인정될 수 있는 이 두 번역본을 핵심적 논의 대상으로 하되,[9] 김진하(2014, 2015)의 지적들도 십분 참고할 것이다.

그의 개정번역에서, 김화영(2011:167)은 '이방인'에게는 '이방인 특유의 문체'가 있기 때문에 '원문의 구조와 문체와 어감을 존중했'다고 표명한 바 있다.[10] 이 '특유의 문체'에 대해서는 이제 자료들이 상당히 축적되어 있을 뿐 아니라, 이를 활용한 '생산적 번역문법'[11]의 '번역이론소' 그리고 이와 긴밀한 관계가 있는 '변별적 자질'(혹은 의미) 등의 개념들 덕분에,[12] 두 핵심

8 들릴(2015:61-2)은 번역에 대해 '충실성'이나 '충실한'보다 '성공'이나 '성공한'이란 표현을 선호한다. '번역 시학'만이 문학번역의 성공과 실패의 가늠에 적합하다고 판단하는 저자는 번역 품질이 '역사성'과 불가분의 관계에 있음을 상기시킨다.

9 두 번역본 김화영(2011), 이기언(2011)은 여기서 ㄱ)과 ㄴ)으로 각각 표기될 것이다. 김화영 교수는 2015년 말에 다시 재번역본을 출간했는데, 여기서는 그 바뀐 내용들을 반영할 수 없었다.

10 김화영(2011:167): "이십여 전인 1987년에 '알베르 카뮈 전집'의 하나로 처음 번역하여 소개했던 《이방인》을 '세계문학전집'에 새로이 편입하는 기회에 나는 이를 새로 번역하다시피 대폭 수정했다. 작가가 의도적으로 구별한 '엄마'와 '어머니'의 표현을 원문에 따라 예외 없이 일치시켰을 뿐만 아니라 자유간접화법의 어감을 최대한 살리려고 노력했고 잘못된 번역, 어색한 표현을 바로잡았으며 구투가 되어 버린 수사를 오늘의 언어 관습에 맞추었다. 그러나 원문의 구조와 문체와 어감을 존중했을 뿐 독자의 가독성을 위하여 일부러 매끄러운 문장으로 바꾸는 과잉 친절은 경계했다. '이방인'에게는 이방인 특유의 문체가 있기 때문이다."

11 이 책 6장 참고.

12 이 책 6장, 10장, 12장 참고.

적 논의 대상보다 더 세밀한 분석적 접근이 가능하며, 이에 따른, 원텍스트 에크리튀르에 더 근접하는 번역도 가능하다. 20세기 최고 건축가 중 하나인 미스 반 데어 로에의 '신은 디테일에 있다'는 경구는 문학에도, 문학번역에도 적용된다.[13] 명작인 원작의 '디테일'은 번역의 '디테일'에서도 섬세하게 재현되는 것이 바람직하다. 여기서는 《이방인》의 에크리튀르들의 번역과 번역비평 문제를 최소성, 복합과거, 자유간접화법 등을 중심으로, 원텍스트 맥락을 충분히 고려하며, 번역문법의 관점에서 가능한 한 세밀하게 살펴볼 것이다. 원전과 번역 사이의 불가피한 에크리튀르 '차이'를 좁히기 위한 '수사적 교섭'[14]은 두 논의 대상 번역에 크게 힘입고 있다.[15] 앞으로 논의될 원작과 이 번역들 간의 차이들, 그리고 이들과 여기 제시된 번역과의 차이들은, 잘잘못이나 옳고 그름의 문제라기보다, 근본적으로—명료하게 포착하여 기술하기가 쉽지 않은—'번역 기획'[16]의 차이에 기인하는 것으로 보아야 할 것이다. 하나 분명한 것은, 두 논의 대상 번역들보다, '원전 에크리튀르의 보다 세밀한 재현'을 '번역 기획'으로 택하는 경우, 원텍스트의 세밀한 시니피앙과 시니피앙스 읽기를 중시하는 번역문법적 분석이 매우 중요해진다는 것이다. '문법·작품·번역의 회통적 탐구'는 이러한 분석을 효과적으로 수행하기 위한 방법이다. 슈발리에·로네·몰로(1984:50)는 '시니피앙의 언어적 행태의 설명 원리인 랑그의 시니피에는 시니피앙 자체에 명시적으로 드러난 것에 대한 독해'라고 말하는데,[17] 이는 유추적으로 텍스트 차원에도 적용된다. 특히 원전 에크리튀르의 세밀한 재현을 위해서는 텍스트 표층의 다양한 지표·단서·흔적들을 우선 분석적으로 종합적으로 세밀하

13 유홍준(2011) 참고.

14 이 책 4장 참고.

15 왕은철(2007:126): "번역비평은 궁극적으로 그보다 한 발자국 더 앞으로 나아가서 원문과 번역문 사이에서 발생하는 차이의 문제에 관심을 기울일 필요가 있다. 오역을 찾아내는 것만이 능사가 아니라는 말이다."

16 베르만(1995)에게서 이 '번역 기획'은 매우 중요한 개념이다; 이 책 5장 참고.

17 슈발리에 · 로네 · 몰로(1986:96)에 의하면, '언어에서 표층보다 더 심층적인 것은 없다'. 그리고 '언어의 표층은 읽을 줄 아는 사람에게는 심층적인 것의 번역 그 자체'이다.

게 읽어내야 한다.

윌마르(2001:27)에 의하면, '번역은 우선적으로 그리고 무엇보다 읽기'이다. 발라르(1993:243)도 번역자의 출발점은 '의미가 아니라 언어적 형태들'임을 강조한 바 있다. 원텍스트의 '언어적 형태들', 즉 '시니피앙들'은 번역문법적 분석의 출발점이기도 하다. 원텍스트에서 '변별적 자질들'을 충분히 읽어낸 연후에야 적절한 재현도 할 수 있는 것이다. 번역문법적 분석은, 들릴(2001:211)이 '작품성 재현을 담보해주지 못한다'고 비판하는 '문헌학적' '차이언어학적' 정확성을 넘어선, 텍스트 차원 등가의 적절한 구현을 목표로 한다. 이 과정에서 분석작업에 몰두한 나머지 '진정한 번역'에 이르는 '종합'에 못 미치지 않도록 각별히 유의해야 한다.[18] 들릴(2007:143)에 의하면, '엇결림'(disparate)은 번역텍스트에서의 어휘적·수사적·문체적·리듬적·운율적 성격의 '비일관성'에 기인하는 것으로, '번역 멀미'를 야기한다.[19] '엇결림'을 '문체' 및 '시니피앙스'와 관련지어 규정하는 들릴에게(147), 문체는 '저자의 사인'이다(155). 문체를 적절히 재현하지 못하는 번역도 원텍스트에 대한 조금 다른 의미의 '엇결린' 번역이 될 수 있다. 여기서 의도하는 번역문법적 분석은 원전과 번역 사이에서 문체의 '조화와 균형'을 모색한다. 이는 원텍스트와 번역텍스트 사이에서 번역자 혹은 비평자가 문체적 '거리 교섭'을 부단히 한다는 것을 의미한다.[20] 지금까지 문학텍스트의 번역과 번역비평에서 '문법·작품·번역'의 불가분의 관계가 크게 주목의 대상이 되지 못했으나, 이제 바뀌어야 한다. 이들은 '회통적 탐구'가 되는 것이 바람직하다.[21] 외국어문 등의 교육과 학습에서도 이러한 '회통적 탐구'가 충분히 활용되어야 할 것이다.[22]

18 카리(1986:51)는 교수들이 '과도한 열정과 원전에 대한 과도한 사랑'으로 인해, '단순하고 가벼운 것을 복잡하고 무겁게 하고, 원저자의 숨결의 일체성을 상실할 위험'에 늘 노출되어 있음을 지적한다.

19 이 책 12장, "5. 엇결림과 텍스트번역(비평)" 참고.

20 메이에르(2012), 이 책 4장 참고.

21 전성기(2016a), 《〈어린 왕자〉의 번역문법》의 부제는 '문법 · 작품 · 번역의 회통적 탐구'이다.

1.《이방인》의 에크리튀르들

타를르(1968)는《이방인》에 여러 에크리튀르가 존재하고, 이들의 대화 혹은 갈등이 소설 문체에 모종의 역동적 통일성을 부여한다고 말한다(92). '《이방인》의 빼어난 독창성은 바로 그 에크리튀르들의 다양성과 이들의 갈등에 있다'는 것이다. 저자는《이방인》을 '현대 프랑스 소설에 대한 가장 중요한 기여이며 현대 불소설의 약동의 한 모멘텀'으로 간주한다. 그는 이 작품이 '필연적 단절의 하나의 계기로서, 누보 로망과 그 이후까지 영향을 미쳤다'는 견해를 피력한다(101). 아이젠즈바이크(1983:19)에 의하면,《이방인》의 끊긴 듯한 문체, 문장들의 고립화, 문장간 인과관계 부재 등은 독자에게 '부조리 감정'을 유발한다. 키요(2011:162-3)는 '《이방인》은 그 스타일에서 간결함과 정확함의 모범'이고, 사르트르가 이를 '잘 증명해 보였'다고 지적한다. 문장들이 '최대한 종속절을 피하면서 밋밋하고 건조하게 서로 이어져' 있는 것을 그는 '순간의 스타일'로 명명한다. 한편, 파이예(2013a:9)에 의하면, 카뮈 문체는 하나의 '사이 문체'(un style de 'l'entre-deux')이다. 고전주의와 발견, 허무주의와 상징 취향, 외침과 침묵, 중립성과 서정성 등 사이의 긴장들의 조화에서 비롯된 문체라는 것이다. 파이예(2013b:119)는, 블랑쇼가《이방인》의 2부에서 '이야기의 거의 절대적인 객관성'이 약화된 것을 유감스러워했으나, '최소주의 에크리튀르'가 후반부까지 지켜지지 않은 것을 오히려 자신의 관심사로 삼는다. 더구나 이 에크리튀르의 변이는 진작 첫 장부터 문학적 서술자의 에토스가 표시하는 일종의 '쪽섬들'(ilôts)에 의해 나타나 있음을 그는 적시한다.

클로드 시몽, 알랭 로브-그리예, 장폴 사르트르, 벤브니스트 등이 말하는《이방인》읽기의 어떤 '포괄적 효과'를 타를르(1968:88)는 '단절의 느낌'으로 요약한다. 즉,《이방인》의 소설 글쓰기와 전통적 소설 글쓰기 사이에 단절이 있다는 것인데, 이것이 바르트가 말하는 '영도의 글쓰기' 혹은 '백색

22 정혜용(2007b), 김진하(2015) 참고.

글쓰기'(l'écriture blanche)이다.[23] 바르트(1993:179)는 '언어의 표지된 질서의 모든 예속'에서 벗어난 '백색 글쓰기'를 말한다. 이는 '생활언어와 문학언어에 공히 거리를 두는 일종의 기본 언어를 신뢰'하면서, 대문자 '문학'을 넘어서는 것이다. 카뮈가 《이방인》에서 처음 선보인 이 '투명한 파롤'은 일종의 '부재의 문체'이다. 하지만 제네티(2011:4)는 외양상 '문체의 부재'도 '문체의 한 특별한 경우'라고 반박한다. 파이예(2013b:119)는 '백색 글쓰기'와 '표현성 부재'를 성급히 동일시하지 말라고 주문한다.[24] 아담(2009:57-8)은 카뮈의 《이방인》이 '글쓰기의 영도'라는 '한시적 개념'과 불가분의 관계에 있음은 인정하면서도, 글쓰기의 '백화 현상'의 세밀한 분석은, '백색 글쓰기'나 '영도'라는 것은 없고, 언어와 이야기 문법들에서 언어적 작업들로 인한, 고유한 화행적이며 문체적 효과들이 있을 뿐이라는 견해를 표명한다. 그는 발리바르가 말한 '기본불어에 의한 낡은 문학불어의 변형'을 《이방인》의 주된 문체 현상의 하나로 여긴다(63). 한편, 뒤푸아예(2010:3)는 《이방인》의 문체에서 '단순성'과 '자연스러움'을 매우 두드러지는 현상으로 파악한다. 이 작품을 읽을 때, 그 소설 기법이 누구나의 눈높이에 있는 것처럼 느껴지

23 바르트(2007:70): "모든 차이를 고려할 때, 영도의 글쓰기는 결국 직설적법적인 글쓰기, 혹은 말하자면 비법적인 글쓰기이다. 그것은 저널리즘이 기원적 혹은 명령적(다시 말해 비장한) 형태들을 일반적으로 펼쳐내지만 않는다면, 신문기자의 글쓰기라고 말하는 게 정확할 것이다. 중립적인 새로운 글쓰기는 그런 외침들과 판단들의 어떤 것에도 참여하지 않은 채 그것들의 가운데 위치한다. 그것은 바로 그것들의 부재로 이루어진다. 그러나 이러한 부재는 총체적이다. 그것은 그 어떠한 피난처도 비밀도 포함하지 않는다. 따라서 우리는 그것이 냉정한(무감동의) 글쓰기라고 말할 수 있다. 그것은 다분히 무구한 글쓰기이다. 여기서 중요한 것은 엄밀하게 말해 문학적 언어와 살아 있는 언어들로부터 동등하게 멀어진 일종의 기본적인 언어체(langue)에 자신을 맡기면서 문학을 넘어서는 것이다. 카뮈의 《이방인》에 의해 시작된 이런 투명한 파롤은 거의 문체의 이상적인 부재나 다름없는 부재의 한 문체를 완성한다."

24 '백색 글쓰기' 은유는 '무색'이라는 시각적 의미로도 쓰일 수 있고, 'voix blanche'처럼 음성적 의미로도 쓰일 수 있는데, 2부 3장의 'D'une voix presque blanche'의 경우에는 '감정의 가중'으로 인한 것으로 파이예(2013b:119)는 판단한다. '표현성 부재'가 아닌 것이다. 'D'une voix blanche, en effet, elle a indiqué que c'était un film de Fernandel.'이라는 맥락과 상황을 고려하면, 문제의 구문은 '거의 질린 목소리로'라는 해석보다는 '거의 기어들어가는 목소리로'라는 해석이 보다 적절해 보인다.

지만, '장식의 거부'가 꼭 '불충분함'에서 비롯되는 것이 아니며, 예술에서 '단순성의 공략'보다 더 어려운 길은 아마 없을 것으로 그는 생각한다. 고메즈(2009:252-3)에게는 높은 빈도의 '양태사'(modalisateur) 없는 '짧은 문장들'과 느낌의 '평이한 기술 취향'이 《이방인》 에크리튀르의 특징이다. 뫼르소는 마치 '서정성'의 결여나 절제를 모토로 삼는 '반서정적 주인공'처럼 보이지만, 때로 그와 대비되는 모습을 보이고 있음을 저자는 지적한다.

김진하(2014:147-8)가 주목한 것은, 이미 여러 연구자들이 지적한 바이기도 하지만, '간략한 문장들이 주를 이루는 문체적 특징과 관련되는 것'으로, '논리적 접속사가 거의 사용되지 않는다는 점'이다. 이 작품에서는 '시간부사들이나 시제표지들이 논리적 연결사를 대신'하는데, '이런 특징은 작품 전반에 걸쳐 두드러진 것으로서, 이성과 논리에 대해서 명백히 반대 입장을 보이는 주인공(화자)의 태도를 잘 보여준다'고 저자는 기술한다. '뫼르소의 전형적 특징'인 '감각성과 관련된 단어들'이 '서술자와 화자가 일치하는 일인칭 서술을 통해 특유의 문체 효과를 형성한다'는 것도 두드러진 특징이다. 이경해(2003:162)는 '어설프게 보이기까지 하는 초보적인 언어 사용과 나무랄 데 없는 문학적 정통성의 흔적이 공존하지만, 《이방인》을 특징짓는 것은 정통성의 존중이 아니라 그것의 거부'인데, 작품에서 '문학적 기호들'이 '바로 보이지 않는 것'은 '중성적 글쓰기에 속하는 기호들이 더 두드러지게 활동하기 때문'이라고 설명한다. '《이방인》의 글쓰기가 중성적인 것이 아니라 문학적 기호들이 비문학적 기호들에 의해 약화되었다'는 것이다.[25] 이양재(2010:462)는 《이방인》이 주인공-화자의 의식이 드러나지 않는 '묘사'의 방식으로 진행되다 마지막 장에 이르러서 갑자기 '설명' 방식으로 서술 전략이 바뀌는데, 카뮈가 이를 '실현할 서술 방식으로서 묘사의 방법'으로 '미국식 소설의 기법을 선택'한 것은 소설의 마지막 장에 나타날 '극적 효과를 노린 의도' 때문이라고 설명한다(476-7).

주제 측면에 대해서는 《페스트》가 가지는 '사회적 의미'와 '형이상학적 의

25 이는 바리에(1966:11)가 표명한 견해를 기술한 것이다.

미'의 '복합성'이 《이방인》의 복합성이기도 하다'고 카뮈가 그의 《작가수첩》에 쓴 바도 있고, 그의 한 메모에는, '사회적 의미'와 관련된 '형식적 미덕에 대한 불신감'도 《이방인》의 주제로 나타나 있다고 한다.[26] 그러니까 '형이상학적 주제'인 '부조리'만이 《이방인》의 주제는 아닌 것이다.[27] 《이방인》에서 무엇보다 주목할 것은 작품의 주제들이 적절한 형식과 표현들을 통해 잘 드러나 있다는 점이다. 작품 《이방인》은 다양한 해석과 비평의 대상이 된 바 있다. 중요한 것은 그러한 해석과 비평들을 가능하게 한 텍스트의 됨됨이가 어떠한 것이냐 하는 점이다. 볼드리초바 베란코바(2007:325-6)는 새로운 플레이아드판 카뮈 전집 편집자들이 염두에 두었던 카뮈의 '표현의 명료성과 적절성'에 대한 염려에 주목한다. 카뮈의 작품들에 나타나는 '적절한 말하기'(parler juste)와 '적절한 글쓰기'(écrire juste)에 대한 강박적 집착은 그의 첫 소설인 《이방인》의 경우에도 다르지 않다고 한다. 그래서 그는 카뮈가 자신의 《이방인》에 대해 언술한, '전혀 영웅적 태도 없이, 진실을 위해 죽기를 받아들이는 한 남자 이야기'라는 말을 '철학적 프로그램'이나 '사회비평'으로 해석하는 것도 정당하나, 그 우선적 의미, 즉 무엇보다 주인공이 언어에 대한 '순수주의자'라는 측면에 주목할 것을 요구한다. 뫼르소는 예의나 법을 빙자한 과장을 거부하고, 진실이라고 느끼거나 그렇게 생각하는 것만을 말했기 때문에 사형선고를 받게 되었다는 것이다.

볼드리초바 베란코바는 피에르-루이 레가 뫼르소를, 타인들의 표현 방식들에 병적으로 주의를 기울이는, '정확한 표현의 매니아'로 묘사하였음을 상기시키면서, 《이방인》 첫 대목의 '전보'에 대한 뫼르소의 반응인 'Cela ne veut rien dire'를 한 예로 든다. 전보에 날짜가 없는데, 장례가 '내일'인 줄 어찌 알겠느냐는 것이다. 저자는 '적절한 말하기'와 '적절한 글쓰기'에 대한 카뮈의 강박관념은 적어도 세 가지 '근본적 요구' 때문이라고 설명한다. 첫째는 미학적인 것으로, 카뮈의 고전주의적 성향으로 인한 것이다. 카뮈에게

26 이양재(2010:453-4) 참고.

27 이양재(2010:454, 461) 참고.

'고전적'은 '말은 적게, 시사는 많이'(dire moins et suggérer plus)를 뜻한다고 저자는 설명한다. 그에 의하면, 고전주의는 '낱말들에 대한 신뢰'(confiance dans les mots)이기도 하다. 즉, 형식과 내용을 명료하게 구분하고 이를 조화롭게 결합하여, 표현방식들이 우리 사고의 내용을 정확히 나타내도록 하는 것이다. 카뮈에게 명료하게 말하는 것은 부조리, 세상의 불의와의 투쟁이고, 인간적 유대를 표명하는 것이라고 저자는 부연 설명한다(330).[28] 김윤진(2000:196)도 '《이방인》에서 사용되고 있는 어휘나 표현 등'이 '최대한으로 절제되어 있'는 점을 지적하는데, 이러한 '절제의 미학'은 《이방인》의 번역과 번역비평에서 관심의 중요한 주제가 되어야 할 핵심적 '이론소'이다.

크네크시악(2009:84)은 텍스트적 리듬적 담론적 구성을 알기 위해서는 '텍스트에 바짝 다가가는 읽기 태도'를 취하여, 텍스트가 가진 모든 시니피앙스의 형식들과 상호텍스트적 관계들을 잘 따져봐야 할 필요가 있음을 강조한다. 메쇼닉이 역설하듯이, 텍스트가 '말하는 것'(dire)뿐 아니라 텍스트가 '행하는 것'(faire)을 잘 알아야 한다는 것이다. 같은 맥락에서, 조재룡(2014a:73)은 '작품성을 이루는 문장의 특수한 구성 방법, 작가의 개성을 반영하는 문체나 어휘의 사용 등 우리가 흔히 〈문학성〉이라고 부르는 요인들이야말로, 번역가가 제 번역에서 염두에 두어야 할, 번역의 핵심'이라고 천명한다. 이러한 '문학적 특수성'이 번역과 번역비평의 핵심적 고려 대상이 되어야 하는 것이다.[29] 들릴(2013b:30)은 올바른 번역비평은 번역텍스트

---

28 볼드리초바 베란코바(2007:330)는 카뮈에게 '정의'(정치적, 사회적, 법률적)는 '적절성'(문법적, 어휘적, 통사적)과 불가분의 관계에 있다고 지적한다.

29 조재룡(2014a:82-7)은 베케트의 《고도를 기다리며》의 첫 문장 'Rien à faire.'에 관하여 길게 비평한다. 이에 대해 '안 되겠는데!', '아무리 해 봐도 안 되는 걸', '아무리 애써도 안되는구만', '아무래도 안 되는 걸', '아무리 애써도 안 되는군' 같은 번역들이 있으나, 이 대목은 '할 일이 아무것도 없군'이라고 번역되어야 한다고 단언한다. '작품에 처음 등장하는 이 대사가 베케트의 작품 전면을 관통하는 주제의식과 강렬하게 연관되어 있기 때문'이라는 것이다. 영역본의 번역 역시 작품의 첫 대사 'Nothing to be done'을 '앞뒤의 맥락을 충실히 반영'하여 '아무래도 안 되는 걸'로 번역함으로써 '프랑스어 번역본이 간 길을 답습'하고 있다고 그는 비판한다. '문학작품 고유의 특수성'의 번역은 단순한 맥락 번역이 아니라, '원문이 머금고 있는 잠재력을 실현'하는 번역이라고 그는 주장한다. 이러한 그의 주장에 크게 공감한다. 하지만 원문 'Rien à faire'의 리듬을 잘 살리려면, 어순을 바꾸어 '하나도 할 일이 없군'이라고 옮기는

가 원텍스트와 동일한 문학성, 동일한 유의미한 결속성, 동일한 미학적 품질들, 동일한 심층적 일체성을 갖추고 있는지 살펴야 한다고 강조한다. 그런데 이러한 이상의 도달은 드문 일이고, 그래서 '위대한 번역'이 드물다는 것이다. 위대한 번역들이 많은 오역들을 품고 있을 수 있으나, 그럼에도 위대한 번역은 위대한 번역이라는 그의 지적은 지엽적 오역들에만 관심갖는 우리에게 매우 문제제기적이다. 이는 아담, 크네크시악, 들릴이 말하는 텍스트의 성격이나 자질들에 우리가 큰 관심을 갖지 않을 수 없는 이유이기도 하다.

문제는 지금까지 지적된 문체나 에크리튀르상의 '특징들' 혹은 '변별적 자질들'을 어떻게 번역이나 번역비평에 반영하는가 하는 것이다. 다양한 방식들이 있겠으나, 여기서는 라드미랄(1979)이 그의 '생산적 번역학'에서 제시한 '번역 이론소'를 '생산적 번역문법' 관점에서 유추적으로 재해석한, '번역(비평) 이론소'들을 통한 '탐구번역'과 '탐구번역비평'을 중심적인 방법으로 제시한다. 라드미랄(1979)의 '생산적 번역학'에서, 번역 이론소는 번역을 위한 일종의 금언, 권고, 조언 같은 것, 혹은 '핵심 개념', '번역의 원리' 같은 것들이다. '번역 이론소'는 주로 그의 번역 실천에서 이끌어낸 것들이나,[30] '번역 실천의 돌발적 요소들의 개념화를 위해 언어학 같은 분야들에서 이끌어낼 수 있는 이론적 도출물들'로 기술되기도 한다(203). '실천의 격랑에 대처하는 산발적 이론소들의 랩소디'로 규정되기도 하는 '생산적 번역학'[31]을 유추적 모델로 삼는 '생산적 번역문법'은, 그 '번역(비평) 이론소들'을 '기술적 번역학'을 비롯한 다양한 분야들에서, 특히 특정 텍스트의 번역이나 번역비평의 경우에는, 다양한 원텍스트 관련 (연구)자료들에서 끌어올 수 있다.[32] 이러한 경우, 선택된 같은 이론소가 '읽기이론소'로도, '번역이론소'로도, '번

게 더 낫지 않을까?

30 이 책 8장 참고.

31 라드미랄(1989:13), 라드미랄(2012:557) 참고.

32 이 책 6장, 13장-14장 참고.

역비평이론소'로도 쓰일 수 있다. 텍스트 차원에서 볼 때, 이 이론소들은 구체적 번역이나 번역비평에서 분석의 일종의 '작용자'(opérateur) 역할을 한다. 이 '작용자들' 덕분에 텍스트 차원에서 들릴(2005:222)이 말하는 '시니피앙스의 텍스트적 표지들' 혹은 '흔적들'의 의식적 읽기·해석·비평·재현이 가능해지는 것이다. 이는 바로 탐구번역의 과정이기도 하다.[33] 들릴(2007:143)에 의하면, 번역비평은 번역이 원작과 동일한 문학성, 문학적 속성들을 갖추고 있는지, 동일한 '시니피앙스'를 갖추고 있는지, 즉 동일한 유의미한 결속성, 동일한 미적 자질들, 동일한 심층적 일체성을 갖추고 있는지 살피는 작업이다. 《이방인》의 번역비평도 그러한 작업이 되어야 할 것이다.

예를 들어, 갈랑베르(2006:12)가 주장하듯이, 생텍쥐페리의 《어린 왕자》가 동화와 신화가 혼합된 하나의 '시적 담론'이라면, 그 번역도 원텍스트 못지않은 '시적 담론'이 되어야 한다. 그리고 그 '시적 담론'의 '시적 에크리튀르'를 적절히 재현해야 한다. 갈랑티에르(1947)가 말하는 생텍쥐페리의 '표현들에 대한 세심한 주의'도 《어린 왕자》의 번역에서 유의해서 살펴야 할 중요한 측면이다. 갈랑베르(2006:249)에 의하면, 아포리즘의 한 종류인 '단형문구'(formule)의 사용은 생텍쥐페리 문체의 두드러진 특징의 하나이다. 그렇다면 '단형문구'는 원칙적으로 '단형문구'로 번역되어야 할 것이다. 텍스트들의 구체적인 기술에서는 '간결성', '반복성', '리듬' 등이 주요 특징으로 나타나는데, 이들은 《어린 왕자》에서도 중요한 '번역(비평)이론소'들이 된다. 특히, 밀리건(1955:250)이 생텍쥐페리의 '표현 글쓰기 요체'로 삼는 '간결성'(simplicité)은 하나의 핵심적 '번역(비평)이론소'이다.[34]

《이방인》 텍스트에서는, 캉뎀(2003)이 《이방인》의 핵심으로 간주하는 '최소성', '간결성', '솔직성'은 물론, 그가 이 텍스트의 특성들로 제시하는 '극히 제한적인 어휘', '짧고 섬 같은 구문', '고립적 서술', '비형용적 기술' 등도 모두 '번역(비평)이론소'들로 간주된다. 특히, 다완(2004)이 말하는

---

33 이 책 8장 참고.

34 이 책 13장 참고.

'Less is more'(Moins c'est plus), 즉 '소즉다'(少卽多)는, '간결성'의 이면을 말해주는, 《이방인》 에크리튀르의 핵심적 '번역(비평)이론소'이다. 부분적으로 겹치기도 하는 이러한 '번역(비평)이론소'들의 내용들을 지금까지의 《이방인》 번역자들이 몰랐던 것은 분명 아니겠으나, 이들이 그 번역들에 구체적으로 충분히 반영된 것으로 보이지는 않는다. 이는 필경 '번역 기획'의 차이로 인한 것이겠으나, 에크리튀르의 번역에서, 다양한 '변별적 자질들'을 통해 나타나는 이러한 '이론소들'의 섬세한 재현은 매우 중요한 번역의 과제이다. 원전의 시니피앙과 시니피앙스 읽기를 기본적으로 중시하는 '문법·작품·번역의 회통적 탐구'는 이에 매우 유용하다. '번역(비평)이론소'는 이러한 회통적 탐구에서 분석과 비평 그리고 그 재현의 구체적 '작용자'로 기능한다.[35] 이 '작용자들'에 기반한 번역이나 번역비평은, 문자/의미, 원천주의/목표주의 등의 이분법을 넘어, 텍스트의 작품성이나 에크리튀르에 접근하는 하나의 효과적 방식이 될 수 있다.

2. 《이방인》 에크리튀르 번역(비평)

타를르(1968)는 '중립적 글쓰기'의 징표로 복합과거, 일인칭 서술, 단문 등을 꼽는다(89). 일반적으로, '일인칭 복합과거'로 인해 《이방인》의 발화가 전통적 이야기 방식을 벗어나게 되고, 이것이 이 작품의 핵심적 문체적 특성을 이룬다는 것이다(95). '아이식 에크리튀르'라고 불리는 다음 예에서는 복합과거, 엄마 호칭, 단문, 서툰 언어사용 등이 잘 드러나 있다(95-6).

1) L'asile est à deux kilomètres du village. J'ai fait le chemin à pied. J'ai voulu voir maman tout de suite. Mais le concierge m'a dit qu'il fallait que je rencontre le directeur. Comme il était occupé, j'ai attendu un peu. Pendant tout ce temps, le concierge a parlé et ensuite, j'ai vu le directeur : il m'a reçu dans son bureau.

---

35 전성기(2016a) 참고.

ㄱ) 양로원은 마을에서 이 킬로미터쯤 떨어진 곳에 있었다. 나는 걸어서 갔다. 곧 엄마를 보려고 했지만 문지기가 하는 말이, 원장을 만나지 않으면 안 된다는 것이다. 원장은 바빴으므로 나는 조금 기다렸다. 그동안 문지기는 줄곧 이야기를 했다. 이윽고 나는 원장을 만났다. 원장은 자기 사무실에서 나를 맞아주었다.

ㄴ) 양로원은 마을에서 이 킬로미터 떨어진 곳에 있다. 난 걸어갔다. 곧장 엄마를 보고 싶었다. 하지만 관리인이 원장을 만나야 한다고 말했다. 원장이 일을 하고 있어서, 난 잠시 기다렸다. 기다리는 내내 관리인은 지껄여댔고, 이윽고 난 원장을 만났다. 원장은 자기 사무실에서 나를 맞이했다.

파이예(2013b:122-3)는 카뮈가 낭독한 《이방인》은 억양이 두드러진 데 없이 평이하고, 문장 끝은 매번 내려가며, 유달리 긴 휴지도 없다고 지적한다. 접속은 대부분 종속이 아니라 등위로 이루어지고, 'c'est x que' 형태의 강조 구문도 거의 없다는 것인데, 위 예에서도 'Et c'est ensuite'나 'ce n'est qu'ensuite que j'ai vu le directeur' 대신에 평이한 'et ensuite'가 사용되었다. 첫 문장의 'est à'도 '(-쯤) 떨어진 곳에 있다'보다 '거리에 있다'가 원문의 '정언성'을 적절히 반영하는 우리말의 '정언적'인 표현이다.[36] 번역 ㄱ)은 셋째 넷째 문장을 묶어서 처리하고 있는데, 별도 처리가 필요하다. 번역 ㄴ)의 '지껄여대다'라는 'parler'의 해석은 그런 상황적 의미가 느껴지더라도 다소 과잉해석이란 느낌이 든다. ㄱ)처럼 '이야기하다'라는 해석이 무난한 것 같다. 파이예(2013b:120)에 의하면, 'Pendant tout ce temps'도 '정감적' 표현이다. 복합과거가 7개 나오는 예 1)의 '아이식 에크리튀르'를 재현하려면, 섬세한 원문 어휘들과 리듬의 고려가 필요하다. 'concièrge'에 대해 김진하(2015:66)는 "'문지기'는 '조금 낡아보이고', '수위'나 '관리인' 쪽이 더 나아 보이는데, 작품에서 concièrge가 하는 일을 보면, '수위'로서 기타 잡무까지 겸하고 있는 것으로 보인다"고 기술하고 있다. 'et ensuite'는 위 두 번역을 비롯한 여러

36 델포르(1995b:74)는 한 경험에 대해 말하는 '일상적이고, 자연스러우며 전통적인' 방식을 '정언성'(正言性, l'orthonymie)으로 규정한 바 있다; 이 책 11장, 13장 참고.

번역이 '이윽고'로 옮기고 있는데, '그런 다음'이 낫지 않을까? 다음은 수정 제안이다. 낱말 수도 ㄱ)과 ㄴ)의 42개와 40개에서 36개로 줄었다.

> ㄷ) 양로원은 마을에서 이 킬로미터 거리에 있다. 난 걸어갔다. 곧장 엄마가 보고 싶었다. 하지만 수위가 원장을 만나야 한다고 했다. 그가 바빠서, 조금 기다렸다. 그 동안 내내 수위가 이야기했고, 그런 다음 원장을 만났다. 그는 원장실에서 나를 맞았다.

타를르(1968:96-7)는 뫼르소의 세상-바다, 태양, 별들-과의 감각적 '껴안기'가 언어화되면서 '아이식 에크리튀르'가 2)와 같은 '서정적 에크리튀르'로 바뀌게 되고, 종국에는 살인 장면에서 절정에 이르게 된다고 기술한다. 예 2)에 대해 ㄱ)과 ㄴ) 외에도 다양한 번역들이 있지만,[37] 그 '서정성'의 재현이 수월치 않음을 새삼 느끼게 된다. 예 3)은 저자가 '사실적 에크리튀르'라고 부르는 여러 예들 중 하나이다. 여기서의 '사실적 묘사'도 더 간결하게 옮길 필요가 있다.

2) Au large, nous avons fait la planche et sur mon visage tourné vers le ciel le soleil écartait les derniers voiles d'eau qui me coulaient dans la bouche. (1부 6장)

ㄱ) 바다 한가운데로 나가서 우리는 몸을 띄웠다. 하늘로 향한 얼굴 위에서 태양은 입으로 흘러드는 물의 장막을 걷어 주었다.

ㄴ) 먼바다에서 우리는 등을 대고 누웠는데, 하늘을 향한 내 얼굴 위로는 갓 지나간 파도의 물막 사이로 태양이 내리쬐었고, 물이 입 안으로 흘러들었다.

3) Il est assez petit, avec de larges épaules et un nez de boxeur. Il est toujours habillé très correctement. (1부 3장)

37 예 2)의 번역에는 다음과 같은 것들도 있다: "앞바다로 나가서 우리는 몸을 띄웠다. 얼굴을 하늘로 향하고 있으니까 태양은 입으로 흘러드는 물의 장막을 걷어 주었다."; "난바다에서 우리는 몸을 띄웠다. 하늘로 향한 내 얼굴 위에서 태양이 입 속으로 흘러드는 물의 베일을 헤쳐 주고 있었다."; "넓은 곳에서 우리는 몸을 띄웠다. 하늘을 향한 내 얼굴 위에서 태양은 입 속으로 흘러내리는 베일 같은 마지막 물방울들을 비집고 비쳐들었다."

ㄱ) 키는 꽤 작고 어깨는 딱 벌어지고 코는 마치 권투 선수의 코 같다. 옷차림은 언제나 매우 반듯하다.

ㄴ) 키는 꽤나 작고, 어깨는 떡 벌어진 데다가, 코는 권투선수 코이다. 옷차림은 언제나 매우 단정하다.

우선 2)의 'Au large'는 바로 윗 문장의 'Avec Marie, nous nous sommes éloignés'라는 맥락으로 보아 헤엄쳐 '멀리 나간' 것은 맞지만, '바다 한가운데'나 '먼바다'나 '난바다'로 보기는 어렵다. '넓은 곳에 이르자' 정도가 적절할 것 같다.[38] 'et'를 ㄱ)처럼 끊어서 처리하는 것은 하나의 방법이나, ㄴ)의 '-는데'는 단순 병치로 느껴지지 않으니 적절치 않다. '우리는 누웠고,'라고 하는 것이 나을 것이다. 반과거 'écartait'의 번역은 명사구 'les derniers voiles d'eau', 'qui' 구문, 그 동사 'coulaient'가 모두 충분히 고려되어야 하는데, ㄱ)의 번역은 충분치 않고, ㄴ) 번역은 적절치 않아 보인다. 햇볕에 입으로 흘러들던 물막들이 마르는 장면을 '서정적으로' 나타낸 것이니, '햇볕이 입으로 흘러들던 마지막 물막들을 걷어냈다' 정도가 될 것이다.[39] 3)은 저자가 '사실적 에크리튀르'라고 부르는 여러 예들 중 하나이다. 이 인물 묘사 장면은 ㄱ)과 ㄴ) 번역의 '-는', '-는', '-는' 식의 처리보다, '-가', '-에', '-이' 식의 처리가 적절하다. 3ㄷ)는 그 사실성과 간결성이 비교적 잘 드러나는 것으로 생각된다.

2ㄷ) 넓은 곳에 이르자, 우리는 누웠고, 하늘 향한 내 얼굴 위에서 태양이 입으로 흘러들던 마지막 물막들을 걷어냈다.

3ㄷ) 키가 상당히 작고, 벌어진 어깨에 권투 선수 코이다. 옷차림이 언제나 무척 단정하다.

---

38 길버트(1946)는 'Once we were out in the open'으로, 워드(1988)는 'Out in deeper water'로 옮겼다.

39 워드(1988)는 예 2)를 'Out in deeper water we floated on our backs and the sun on my upturned face was drying the last of the water trickling into my mouth.'로 옮기고 있다.

《이방인》의 문체적 특성에서 '백색 글쓰기' 등에 가려져 소홀히 여겨지기 쉬운 것이 은유 사용의 측면이다. 프로혹(1949:93-4)은 뫼르소가 아랍인에게 총을 쏘기 직전의 여섯 문단에 은유가 25개나 나오는 데 반해, 그 이전 83쪽 전체에 15개의 은유밖에 나오지 않는다고 지적한다.[40] 크뤽생크(1956:246-8)는 이러한 은유의 빈번한 사용은 의도적인 것일 뿐더러, 카뮈의 함축된 '수사의 거부'와 전혀 모순이 없음을 강조한다. 저자는 은유의 사용이 두 가지 목적에 쓰이고 있다고 지적한다. 하나는 서술이 진전되게 하는 것이고, 다른 하나는 심리적 요인들을 제공하는 것이라고 한다. 말하자면, 살인의 동기가 은유를 통해 서술에 교묘하게 함축되도록 한다는 것이다. 이 은유들은 뫼르소의 '환각'을 나타내는 것으로, 은유들이 늘어나는 것은 뫼르소의 환각상태가 점점 더 심해지는 것을 의미한다. 뫼르소가 총을 쏜 것은 고도의 환각에 빠져 정신 착란상태에서 일어난 자동반응적 '자기 방어'라는 것이다. 뫼르소의 언어에 은유들이 잔뜩 실리는 때는 그가 경험을 잘못 해석하는 때이다. 카뮈의 일관된 태도는 '수사에 대한 불신과 수사가 경험의 진정한 성격을 흐린다'는 것인데, 은유의 수사적 표현들은 '혼란스런 마음상태', 환각으로 인해 현실과 환상을 구분하지 못하는 뫼르소의 순간적인 치명적인 실수를 가감없이 나타내는 것이다. 수사의 의도적 사용과 의도적 거부가 '절제성'(sobriety)이란 측면에서는 다르지 않은 것이다. 예를 보자.

4) La lumière a giclé sur l'acier et c'était comme une longue lame étincelante qui m'atteignait au front. Au même instant, la sueur amassée dans mes sourcils a coulé d'un coup sur les paupières et les a recouvertes d'un voile tiède et épais. Mes yeux étaient aveuglés derrière ce rideau de larmes et de sel. ① Je ne sentais plus que les cymbales du soleil sur mon front et, indistinctement, la glaive éclatant jailli du couteau toujours en face de moi. Cette épée brûlante rongeait mes cils et fouillait

40 크뤽생크(1956:247)의 내용 참고.

mes yeux douloureux. ② **C'est alors que tout a vacillé**. ③ La mer a charrié un souffle épais et ardent. Il m'a semblé que le ciel s'ouvrait sur toute son étendue pour laisser pleuvoir du feu. Tout mon être s'est tendu et j'ai crispé ma main sur le revolver. La gâchette a cédé, j'ai touché le ventre poli de la crosse et c'est là, dans le bruit à la fois sec et assourdissant, que tout a commencé. ④ J'ai secoué la sueur et le soleil. J'ai compris que j'avais détruit l'équilibre du jour, le silence exceptionnel d'une plage où j'avais été heureux. **Alors**, j'ai tiré encore quatre fois sur un corps inerte où les balles s'enfonçaient **sans qu'il y parût**. ⑤ **Et** c'était comme quatre coups brefs que je frappais sur la porte du malheur. (1부 6장 끝부분)

ㄱ) 빛이 강철 위에서 반사하자, 길쭉한 칼날이 되어 번쩍하면서 나의 이마를 쑤시는 것 같았다. 그와 동시에, 눈썹에 맺혔던 땀이 한꺼번에 눈꺼풀 위로 흘러내려 미지근하고 두꺼운 막이 되어 눈두덩을 덮었다. 이 눈물과 소금의 장막에 가려서 나의 눈은 보이지 않았다. ① 다만 이마 위에 울리는 태양의 심벌즈 소리와, 단도로부터 여전히 내 앞으로 뻗어 나오는 눈부신 빛의 칼날만을 어렴풋이 느낄 수 있을 뿐이었다. 그 타는 듯한 칼날은 속눈썹을 쑤시고 아픈 두 눈을 파헤치는 것이었다. ② **모든 것이 기우뚱한 것은 바로 그때였다**. ③ 바다는 무겁고 뜨거운 바람을 실어 왔다. 온 하늘이 활짝 열리며 비 오듯 불을 쏟아붓는 것만 같았다. 나는 온몸이 긴장해 손으로 권총을 힘있게 그러쥐었다. 방아쇠가 당겨졌고, 권총 자루의 매끈한 배가 만져졌다. 그리하여 짤막하고 요란한 소리와 함께 모든 것이 시작되었다. ④ 나는 땀과 태양을 떨쳐 버렸다. 나는 한낮의 균형과, 내가 행복을 느끼고 있던 바닷가의 예외적인 침묵을 깨뜨려 버렸다는 것을 깨달았다. **그때** 나는 그 움직이는 않는 몸뚱이에 다시 네 방을 쏘았다. 총탄은 깊이, **보이지도 않게** 들어박혔다. ⑤ **그것은** 마치, 내가 불행의 문을 두드리는 네 번의 짧은 노크 소리와도 같은 것이었다.

ㄴ) 햇빛이 칼에 반사되어 번쩍이는 장검으로 내 이마를 찔러댔다. 바로 그 순간, 눈썹 위에 고여 있던 땀방울이 단번에 눈꺼풀 위로 흘러내려 미지근하고 두터운 너울로 눈꺼풀을 덮어버렸다. 소금기를 머금은 눈물막에 가려서 내 두 눈이 캄캄해졌다. ① 난 내 이마 위에서 태양의 심벌즈가 울리는 것밖에 느끼지 못

했고, 어렴풋이나마, 여전히 내 눈앞에 있는 칼에서 뿜어져 나오는 눈부신 양날 검이 느껴질 뿐이었다. 그 불타는 검이 속눈썹을 쏠아내며 고통스러운 내 두 눈을 후벼대고 있었다. ② **바로 그때, 모든 게 흔들렸다.** ③ 바다가 깊고 뜨거운 숨을 토해냈다. 하늘 전체가 온통 열려서 불비(火雨)를 퍼붓는 것 같았다. 전신이 팽팽하게 긴장했고, 난 권총을 꽉 쥐었다. 노리쇠가 당겨졌고, 난 손잡이의 매끈한 볼록 부분을 어루만졌다. 바로 그때, 귀를 찢는 날카로운 소리와 함께 모든 게 시작되었다. ④ 나는 땀과 태양을 흔들었다. 나는 낮의 균형과 내가 행복해하던 해변의 이례적인 침묵을 깨트렸다는 걸 깨달았다. **그래서** 나는 움직이지 않는 몸에다 네 발을 더 쏘았고, 총알들은 **그럴 것 같지 않은데** 깊이 박혀버렸다. ⑤ **그건** 불행의 문을 두드리는 네 번의 짤막한 노크 소리와도 같았다.

위 예의 밑줄친 부분들은《이방인》의 1부 6장 마지막 부분으로, 프로혹(1949:94)이 지적한 은유들 중 10개가 집중되어 있다. 밑줄 친 부분들로, ①에는 두 개가 포함되어 있다. ㄱ)과 ㄴ)에서는 은유의 번역들이 원문보다 간결성이 다소 부족한 듯 느껴지는데, ㄱ)이 조금 더 그러하다. 특히 ①은 은유를 은유로 재현하는 것도 중요하지만, 원문 못지않게 간결한 표현이 되게 하는 것이 중요하다. ㄱ)과 ㄴ) 번역 모두 'les cymbales du soleil'와 'la glaive éclatant jailli du couteau'[41]를 다소 설명적으로 옮기고 있다.[42] 앞 부분은 '심벌즈의 소음'으로, 뒷 부분은 '단도에서 솟구친 번쩍이는 검'으로 옮기는 것이 어떨까? ㄱ)은 'toujours en face de moi'를, '여전히 내 앞으로'라고 옮겨, '뻗어 나오는'에 걸리는 것으로 처리했는데, 'jailli'는 그렇게 처리되기 어렵

41 워드(1988)는 이 부분을 'the dazzling spear flying up from the knife'라고 옮기고 있다.

42 이 밖에도 다음 같은 번역들이 있다: "다만 이마 위에 울리는 태양의 제금소리와 단도로부터 여전히 내 앞으로 닥쳐오는 눈부신 빛의 칼날을 느낄 수 있을 뿐이었다."; "내 이마에 울리는 태양의 심벌즈와 그리고 줄곧 내 앞에서 번뜩이는 아랍인의 단도에서 튕겨 나오는 빛의 칼밖에는 나는 아무것도 느끼지 못했다."; "다만 이마 위에서 태양이 부딪치는 심벌즈의 금속성과, 단검에서 날아오는 눈부신 빛의 칼날을 느낄 수 있을 뿐이었다."; "나는 다만 이마에 울리는 태양의 심벌즈와 그리고 줄곧 칼에서 발하는 번득이는 칼날을 내 면전에서 느꼈을 뿐이다."; "이마 위에서 울리는 태양의 심벌즈 소리와 분명치는 않지만 나를 겨누고 있는 칼날 이외에는 아무것도 느낄 수 없었다."

고, '뿜어져 나오는'으로도 해석되기 어렵다. '솟구친'이 어떨까? 'toujours en face de moi'를 '여전히 내 눈앞에 있는'으로 옮길 수는 있으나, 원문의 리듬이 손실된다. 'toujours'라는 정보의 손실을 각오한다면, '내 앞 단도에서 솟구친 번쩍이는 검' 정도로 옮길 수 있다. 워드(1988:59)의 영어 번역에서도 이 'toujours'의 번역은 생략되어 있다. 전체적으로, ①은 '이마 위 태양 심벌즈의 소음과, 어렴풋이, 내 앞 단도에서 솟구친 번쩍이는 검만 느껴졌다.'라고 하면, 원문과 의미뿐 아니라 리듬도 유사해진다. ②의 'a vacillé'는 은유로 지적되지는 않았으나, 은유로 보아야 할 것이다. 두 영어 번역은 세 반과거 문장 뒤에 나오는 ②의 복합과거를 '…하기 시작했다'라는 '시작상'의 의미로 해석하고 있는데, 일리가 있다. 우리말 번역은 '바로 그때, 모든 것이 뒤틀렸다'가 적절해 보인다. ③과 ④의 은유 번역도 다소 문제제기적이다. 여러 가능성이 있겠으나, '바다가 두텁고 뜨거운 숨을 실어왔다', '난 땀과 태양을 털어냈다' 정도의 번역이 어떨까? ⑤는 1부의 마지막 문장이다. 두 번역은 의미 전달에는 아무 문제가 없다. 다만 원문의 간결함에 더욱 유의할 필요가 있다. ㄱ)의 '마치', '내가', '소리와도'의 '-와도', ㄴ)의 '소리와도'의 '-와도' 모두 충분히 생략 가능하다.

은유 문제는 아니나, 몇 가지 지적할 것이 있다. 우선 마지막에서 두 번째 문장의 'Alors' 문제이다. 파이예(2013b:132)는 이 연결사 'Alors'를 '거의 플로베르적'인 'Alors'라고 부르면서, 앞에서 여러 차례 쓰인 'à un momont'과 달리, '사건의 단절'을 나타낸다고 말한다.[43] 이 '단절'에 대과거 'j'avais été heureux'도 중요한 역할을 한다. 뫼르소는 갑자기 그가 '균형'과 행복을 깨트렸음을 깨닫는다. 그 때문에 그는 네 발을 다시 쏜 것이다. 첫발을 쏘고, 그는 그의 행위가 돌이킬 수 없음을 의식한다. 네 발의 발사는 그의 의식적 행위이다.[44] 이 맥락에서 'J'ai compris'는 단순과거 'Je compris'와 실질

43 이 예는 파이예-귀트(1996:53)가 제시하는 플로베르 《감정 교육》의 한 문장인 'Le conseil de Deslauriers vint à sa mémoire; il en eut horreur. Alors, il vagabonda dans les rues.'에서의 'Alors'와 용법이 같은 것으로 생각된다.

44 http://commentairecompose.fr/l-etranger-meurtre-de-l-arabe/ 참고.

적으로 동일한 의미를 가지며, 그 의미는, ㄱ)과 ㄴ)의 해석처럼, '깨달았다'가 된다. 'Alors'의 번역에는 ㄱ)의 '그때', ㄴ)의 '그래서' 외에, '이어', '이어서', '그러자', 'Ø', 즉 '제로번역' 등이 있는데,[45] 위 맥락의 분명한 단절의 의미를 나타내려면 '그러자'가 타당할 선택일 것이다. 'J'ai tiré'에서 'Je'는 의식적 행위자이다. 이를 분명히 하기 위해서는 번역에서 동사와의 거리가 멀지 않을 필요가 있다. '병치적 해체의 상징'이었던 'Et'는 위 맥락에서는 '강조의 Et', '리듬과 서정의 재개의 Et'의 역할을 한다고 파이예는 지적한다. 강세가 주어진 '그것은' 정도로 옮길 수 있을 것으로 생각된다. 'un coprs inerte'는 '그 움직이는 않는 몸뚱이'나 '움직이지 않는 몸'이라고 하기보다 '부동의 몸'이라고 하는 것이 언어 층위와 리듬에 더 맞을 것 같다. 접속법 반과거 구문 'sans qu'il y parût'의 ㄱ) 번역 '보이지도 않게'는 이해가 가지만, ㄴ) 번역 '그럴 것 같지 않은데'는 납득이 어렵다. '흔적도 없이' 정도가 어떨까? 참고로 지적하면, 워드(1988:59)의 번역도 'without leaving a trace'라고 되어 있다.[46] 파이예(2013b:132)는 'J'ai compris…' 이하에 대해 접속법 반과거,[47] 반복, 실렙시스, 은유 등 '문학성 지표들'이 드물게 모여있는 점에 주목하는데, 이들 역시 섬세하게 번역되어야 할 것이다.[48] 전체적으로 ㄷ)과 같이 옮기면, 낱말 수도 ㄱ)의 160개, ㄴ)의 151개에서 126개로 줄어든다.

> ㄷ) 빛이 강철 위에서 번득였다. 눈부신 장검이 이마를 찌르는 듯 했다. 그 순간, 눈썹에 맺힌 땀이 눈꺼풀로 후룩 흘러, 두터운 미지근한 막으로 덮었다. 그 눈물과 소금의 장막으로 내 눈은 장님이 되었다. ① 이마 위 태양 심벌즈의 소음과, 어렴풋이, 내 앞 단도에서 솟구친 번쩍이는 검만 느껴졌다. 그 불타는 검이 내

45 이 'Alors'를 워드(1988)는 'Then'으로, 길버트(1946)는 'But'으로 옮겼다.

46 이 구문 번역에는 ㄱ)과 ㄴ) 외에, '(깊이 파고들어 갔으나) 겉으로 그런 것 같지 않았다', '겉으로는 보이지도 않게 깊이', '깊이 박혔으나 그런 것 같아 보이지도 않았다', '그럴 것 같지 않으면서도 깊이', '겉으로 드러나지 않고 깊이' 등이 있다.

47 타를르(1968:89)는 《이방인》에 19개의 접속법 반과거가 나오며, 1인칭도 있다고 지적한다.

48 타를르(1968:98)는 '네 발'이 베토벤의 《운명》 교향곡을 암시함을 지적한다.

속눈섭을 갉고 내 고통스런 눈을 후볐다. ② **바로 그때, 모든 게 뒤틀렸다.** ③ 바다가 두텁고 격렬한 숨을 실어 왔다. 하늘이 활짝 열려 불비를 퍼붓는 듯했다. 전신이 팽팽히 긴장해, 난 권총을 꽉 그러쥐었다. 방아쇠가 당겨졌고, 손잡이의 매끈한 배가 만져졌다. 그 순간, 둔탁한 귀 찢는 소리 속에, 모든 게 시작됐다. ④ 난 땀과 태양을 털어냈다. 난 한낮의 균형, 행복했던 한 해변의 이례적 정적을 깨뜨렸음을 깨달았다. **그러자**, 부동의 몸에 **난** 네 발을 더 쏘았고, 탄환들은 **흔적도 없이** 박혔다. ⑤ **그것은** 불행의 문을 두드리는 네 번의 짧은 노크소리 같았다.

1부 앞 부분에도 파이예(2013b:127)가 '문학성의 쪽섬들'(les îlots de littérarité)이라 부르는 것들이 있다. 1부 1장 마지막 부분에 괄호 안에 쓰인, '매우 고상한' 접속법 대과거 'on eût dit un pantin disloqué'도 그 한 예이다. 이를 ㄱ)은 '마치 무슨 꼭두각시가 해체되어 쓰러지듯 했었다'로, ㄴ)은 '꼭두각시가 스러지는 거라고나 할까'로 옮기고 있는데, '해체된 꼭두각시와 흡사하달까?'는 어떨까? 1부 1장의 문장 'Vernie, oblongue et brillante, elle faisait penser à un plumier.'에 대해서도 저자는 두 가지를 언급한다. 하나는 'oblongue'가 친숙한 어휘들 사이에 장의마차를 묘사하는 '고상한' 표현으로 끼어들고 있다는 것이고, 다른 하나는 어순의 배치도 '문학적'이라는 것이다. 그런데 ㄱ)과 ㄴ)은 '그 차는 모양이 기다란 데다 니스 칠을 해서 번쩍거리는 품이 필통을 연상케 했다'와 '번지르르 윤이 나는 길쭉한 관은 필통을 연상케 했다'로 옮기고 있어, 그 의미 재현에 다소 아쉬움이 있다. 원문보다 다소 무거운 느낌은 있으나, '왁스가 발리고, 길쭉하고 번쩍이는 것이, 필통을 연상케 했다' 같은 번역은 어떨까? 마지막으로 아래 예를 보면, 동사와 보어 사이에 삽입된 부사의 두 번역도 다소 아쉽지만, 원문의 리듬 재현에 대한 고려도 조금 미흡하다. ㄷ)은 수정 제안이다.

5) Et nous avons vu, très loin, un petit chalutier qui avançait, imperceptiblement, sur la mer éclatante. (1부 6장)

ㄱ) 저 멀리 조그만 트롤 어선 한 척이, 반짝이는 바다 위로 움직이는 듯 마는 듯 가고 있었다.

ㄴ) 그리고 아주 저 멀리에서 조그만 고깃배가 반짝이는 바다 위를 눈에 띄지 않을 만큼 천천히 나아가는 게 보였다.

ㄷ) 저 멀리, 조그만 고깃배 하나가, 눈에 띌 듯 말 듯, 반짝이는 바다 위를 떠가는 게 보였다.

타를르(1968:99-100)는 《이방인》의 2부에서 뫼르소는 점점 더 자기 존재를 정당화하고 자신의 정당화에 무게를 더하기 위해 '문학적 에크리튀르'를 이용할 필요를 느끼게 된다고 기술한다. 말하자면, 상대에 대항하기 위해 상대와 동일한 '무기'를 써야 할 필요를 느낀다는 것이다. 그러면서 감옥에서의 '독백 서술' 장면 셋을 예로 드는데, 여기서는 저자가 하나의 '고전주의적 완성'에 이르렀다고 평한 《이방인》의 마지막 문장만 살펴보자. 이 문장은 뫼르소가 '빌라도가 가시 면류관 쓴 예수를 가리켜 한 말'인 '에케 호모'(ecce homo, 이 사람이다)를 연상시키며, '우리들의 분수에 맞을 유일한 그리스도'를 형상화한다고 기술된 것이기도 하다.

6) Pour que tout soit consommé, pour que je me sente moins seul, il me restait à souhaiter qu'il y ait beaucoup de spectateurs le jour de mon exécution et qu'ils m'accueillent avec des cris de haine.

ㄱ) 모든 것이 완성되도록, 내가 덜 외롭게 느껴지도록, 나에게 남은 소원은 다만, 내가 사형 집행을 받는 날 많은 구경꾼들이 와서 증오의 함성으로 나를 맞아주었으면 하는 것뿐이었다.

ㄴ) 모든 게 완성되기 위해서는, 내가 외로움을 덜 느끼기 위해서는, 내게 남은 소원이 있었다. 내가 처형되는 날, 많은 구경꾼들이 몰려와서 증오의 함성으로 나를 맞이해주기를.

ㄹ) 이 모든 것이 완벽하게 마무리되길. 나 자신이 혼자라는 걸 보다 덜 느낄 수 있길. 그렇게 되기 위해 나의 처형일에 수많은 구경꾼이 모여 증오의 함성으로

나를 맞기를 희망하는 것만이 이제 내게 남은 일이었다.

카뮈에게 '고전적'이 '말은 적게, 시사는 많이' 하는 것이라면, 그리고 특히 이 문장이 《이방인》의 마지막 문장임을 고려하면, 번역도 그러한 의미의 '고전적' 번역이 되어야 할 필요가 있다. ㄱ)의 번역자도 그러한 방향의 번역을 염두에 두고 고심한 것으로 보인다. ㄱ)은 그의 예전 번역 "모든 것이 완성되도록 하기 위해서, 내가 덜 외롭게 느껴지기 위해서, 나에게 남은 소원은 다만, 내가 사형 집행을 받는 날 많은 구경꾼들이 와서 증오의 함성으로써 나를 맞아주었으면 하는 것뿐이다."보다 더 '고전적'인 느낌을 준다. 새 번역은 'restait'의 과거 의미도 살려주고 있다. 번역 ㄴ)은 해당 문장의 리듬에 각별히 신경을 쓴 듯한 느낌이다. 특히 마지막 'que' 구문의 처리에 고심을 많이 했을 듯하다. 하지만 《이방인》의 하향 억양을 가진 대부분의 문장들의 성격을 고려하면, 여운을 남기는 ㄴ)식 처리보다는 ㄱ)식의 처리가 나을 것 같다. 더구나 문제의 문장이 '우리들의 분수에 맞을 유일한 그리스도'를 형상화하고 있는 것이라면, 혹은 그러한 암시를 가질 수 있을 것이라면, 더더욱 그럴 필요가 있다. 첫 번 'pour que' 구문도 그러한 암시와 어울리게, '다 이루었다'(Tout est consommé.)는 예수의 말씀이 연상되도록, '다 이루어지도록'으로 바꿔주는 게 좋을 것이다. 두 번역은 'il me restait à souhaiter'의 번역을 원문과 다소 다르게 하고 있다. ㄱ)은 마치 'ce qui me restait à souhaiter'를 옮긴 듯한 느낌이고, ㄴ)은 한 문장을 두 문장으로 옮기고 있어 다소 아쉬움이 있다. ㄹ)은 6)의 두 쉼표를 마침표로 옮겼는데, 그 타당성을 납득하기 어렵다. 게다가 '이 모든 것이 완벽하게 마무리되길.'이란 번역은, ㄱ)과 ㄴ)보다도, 예수의 마지막 말씀을 연상시키기가 더 어렵다. 전체적으로 리듬의 재현에도 아쉬움이 많다. 아래 ㄷ)은 원문의 의미와 리듬을 더 존중하는 번역이다. 원문의 리듬 그룹이 넷이니, ㄷ)도, 쉼표를 통해, 리듬 그룹이 넷이 되도록 고려하였다.[49]

49 참고로 제시하면, 워드(1988)의 번역은 다음과 같다: "For everything to be consum-

ㄷ) 다 이루어지도록, 내가 덜 외롭도록, 내가 처형되는 날, 구경꾼들이 많이 몰려와, 나를 증오의 함성으로 맞아주길 바랄 뿐이었다.

포이어리히트(1968:613)는 《이방인》에 뫼르소의 '부조리 언어'와 '고도로 세련된 문체' 외에 다른 언어 층위들도 있다면서, 알제리 속어와 과장스런 법정 장광설 등을 언급하고 있다. 여기서는 '무색의 비즈니스 언어'로 명명된 두 경우의 번역만 간단히 살펴보자.

7) Après l'enterrement, au contraire, ce sera une affaire classée et tout aura revêtu une allure plus officielle. (1부 1장)

ㄱ) 장례식을 치르고 나면 확정적인 사실이 되어 만사가 다 공인된 격식을 갖추게 될 것이다.

ㄴ) 그러나 장례를 치르고 나면, 끝난 일이 될 테고, 모든 게 더욱 공적인 양상을 띠게 될 것이다.

8) Je lui ai dit alors qu'il devait aller à la fourrière et qu'on le lui rendrait moyennant le paiement de quelques droits. (1부 4장)

ㄱ) 그래서 나는 그에게 경찰서의 동물 보호소로 가 보는 것이 좋으리라는 것과, 수수료를 얼마쯤 내면 찾을 수 있으리라는 것을 말해 주었다.

ㄴ) 그래서 내가 애완동물 보호소에 가보라고 하면서 약간의 비용을 지불하면 돌려줄 것이라고 말했다.

7)에서 'une affaire classée'는 '확정적인 사실'이나 '끝난 일'보다는 '기 처리 사건'이 행정언어의 느낌이 조금 더 난다. 8)에서도 'moyennant le paiement de quelques droits'는 '수수료를 얼마쯤 내면'이나 '약간의 비용을 지불하면'도 뜻은 충분히 전달되나, '약간의 비용 지불을 조건으로'라고 할 때보다 행정언어의 느낌은 덜 난다. 7)의 'au contraire'와 8)의 'alors'는 애덤슨

---

mated, for me to feel less alone, I had only to wish that there be a large crowd of spectators the day of my exécution and that they greet me with cries of hate."

(1984:329)이 '다른 화자들의 보통 경우들보다 자주 쓰이거나, 다른 화자들이 쓰지 않을 맥락에서 쓰였을 경우들의 어투'로 규정하는 '매너리즘 어투'이다. 이 어투는 《이방인》의 에크리튀르 효과에 적잖은 영향을 끼치고 있는 것으로 보이는데, 언어 차이로 인해 그 번역은 용이치 않다. 'au contraire'는 두 번역이 모두 옮기지 않았는데, '그 반대로'라고 살려줄 필요가 있다. 'alors'는 두 번역이 '그래서'라고 옮겼는데, 문두라는 위치로 인해 '매너리즘'의 느낌이 잘 살지 않는다. '난' 다음에, 쉼표 없이, 자리하도록 하는 것이 나을 것이다. 다른 측면들도 다소간 고려하면, 7ㄷ), 8ㄷ) 정도로 옮길 수 있을 것이다. 미세한 에크리튀르들에 대한 고려들이 전체적으로는 상당히 다른 느낌의 번역으로 나타날 수 있다.

7ㄷ) 장례 후엔, 반면에, '기 처리사건'이 될 테고, 모든 게 더욱 공적 외양을 띄게 될 것이다.

8ㄷ) 난 그래서 동물보호소에 가보라고, 약간의 비용 지불을 조건으로 돌려줄 것이라고 말해줬다.

이제 수사적 의문문의 아이러니 번역 문제를 하나 살펴보자. 파이에(2013b:124)는 카뮈 텍스트의 백미 중 하나로, 뫼르소의 말과 수사적 법적 담론이 맞서는 경우를 든다. 다음은 뫼르소의 전달화법에서 판사의 아이러니 수사가 범박해지는 희한한 효과를 보여주는 것으로 언급된 경우이다.

9) Il a voulu savoir si c'était par hasard que je n'étais pas intervenu quand Raymond avait giflé sa maîtresse, par hasard que j'avais servi de témoin au commissariat, par hasard encore que mes déclarations lors de ce témoignage s'étaient révélées de pure complaisance. (2부 3장)

ㄱ) 그는 레몽이 그의 정부의 뺨을 때렸을 때 내가 말리지 않은 것도 우연인지, 내가 경찰서에 가서 증인이 되었던 것도 우연인지, 그때 내 증언 내용이 두둔하는 쪽 일색이었던 것도 우연인지 알고 싶다고 했다.

ㄴ) 레몽이 정부를 때렸을 때 내가 개입하지 않은 게 우연이었는지, 내가 경찰서에 가서 증인으로 나선 게 우연이었는지, 그리고 그 증언 시의 내 진술이 순전히 환심을 사려는 것으로 밝혀진 게 우연이었는지 알면 좋겠다고 했다.

저자는 이 간접화법이 검사의 증폭 수사를 반영하나, 그 실제적 목적, 즉 '수사적 의문의 아이러니'는 옮기지 않고 있다고 지적한다. '수사적 의문'을 마치 진정한 정보 요구인 듯이(il a voulu savoir si…) 옮기는 '뫼르소의 중립적 표현은 두 인물 사이의 거리의 부재를 강화하며, 두 유형의 담화의 부딪힘을 드러낸다'고 그는 평한다. 이러한 효과가 느껴지게 하려면, 'Il a voulu savoir si…'의 '싶다고 했다'나 '…면 좋겠다고 했다' 식의 번역으론 다소 미흡하다. '…하고 싶어했다' 방식을 빌어야 할 것이다. 's'étaient révélées de pure complaisance'의 번역에서도 언어층위나 아이러니의 의미가 고려되어야 한다. ㄱ)은 의미 파악은 제대로 되었으나 간결하지 못하고, ㄴ)은 다소 설명적으로 되어 있다. ㄱ) 번역을 더 간결히 한 '두둔 일색으로 드러난 것도' 같은 번역이 필요하다.

ㄷ) 그는 레몽이 정부의 빰을 때렸을 때 내가 안 말린 게 우연인지, 내가 경찰서에서 증언을 한 게 우연인지, 그때 내 증언이 두둔 일색으로 드러난 것도 우연인지 알고 싶어 했다.

끝으로 하나 살펴볼 것은 타를르(1968:89) 등이 《이방인》의 '중립적 글쓰기'의 중요한 특징의 하나로 꼽는 '단문'에 반하는, 87개 낱말로 이루어진, 다음과 같은 장문이다. 김진하(2015:83)에 의하면, 이 예는 '《이방인》에 나오는 가장 긴 문장 중 하나'이다.

10) C'est peut-être pour cela, et aussi parce que je ne connaissais pas les usages du lieu, que je n'ai pas très bien compris tout ce qui s'est passé ensuite, le tirage au sort des jurés, les questions posées par le président à l'avocat, au procureur et au jury (à

chaque fois, toutes les têtes des jurés se retournaient en même temps vers la cour), une lecture rapide de l'acte d'accusation, où je reconnaissais des noms de lieux et de personnes, et de nouvelles questions à mon avocat. (2부 3장)

ㄱ) 아마도 그 때문에, 그리고 또 내가 그곳의 관습을 몰랐었기 때문에, 나는 뒤이어 일어난 모든 일을 잘 이해할 수가 없었던 모양이다. 배심원들의 추첨과 변호사, 검사, 배심원에 대한 재판장의 질문 (질문을 받을 때마다, 배심원들은 머리를 일제히 재판장석으로 향했다), 기소장의 빠른 낭독—그 속에서 나는 지명들과 인명들을 알아들을 수 있었다—그리고 다시 내 변호사에 대한 질문.

ㄴ) 아마도 그런 느낌 때문에, 또한 내가 법정의 관례를 모르기 때문에, 난 이어서 벌어진 모든 일들을 제대로 이해하지 못했다. 이를테면, 배심원 추첨, 재판장이 변호사와 검사 그리고 배심원단에 던진 질문들(매번 모든 배심원들의 머리가 동시에 재판부 쪽으로 향했다). 내가 아는 장소와 사람들의 이름이 열거된 기소장에 대한 간략한 낭독, 그리고 내 변호사에게 제기한 여타 질문들 말이다.

김진하(2015:83)는 '《이방인》의 단문체의 특징은 프루스트의 문장을 연상시키는 이런 긴 문장 앞에서는 무색해진다'고 평한다. 그는 '이 말을 우리말에서 하나의 문장으로 옮기기는 애초에 불가능한 일이고 다만 하나의 문장 속에서 펼쳐지는 그 긴박한 상황의 전개가 주인공의 관심사 속에서는 전혀 중요성이 없는 장면의 연속임을 상기시키는 것으로 만족해야 할 것'이라고 주장하는데, 일단 원문에 더 근접하려는 시도는 필요하다. 김진하가 김예령(2011)의 번역이 '일인칭 화자의 목소리를 가장 섬세하게 드러'낸다고, 특히 '그가 화자의 시제와 목소리를 정확히 포착하고, 자유간접화법, 혼합화법, 내적 독백의 미묘한 어감을 잘 드러내고' 있다고 높이 평가하니(91), 그 번역도 참고해보자.

ㄹ) 아마도 그 점 때문에, 게다가 그런 장소의 관례에 대해서는 내가 아는 바가 전무했기 때문에, 이후에 벌어진 상황들, 그러니까 배심원들 간의 제비뽑기라든가 변호사와 검사, 배심원단을 향한 재판장의 각종 질문(질문이 나올 때마다

배심원들의 머리는 일제히 동시에 법정을 향해 움직였다), 내가 아는 장소들과 사람들의 이름이 등장하는 기소장의 신속한 낭독, 그리고 내 변호사를 향해 새로이 쏟아진 질문들 따위의 일들은 얼핏 잘 이해되지 않았다.

예 10)은 구두법상 한 문장인데, ㄱ)은 두 문장으로, ㄴ)은 세 문장으로 옮겼다. ㄹ)이, 원문처럼, 한 문장으로 옮기고 있는 것은 돋보이나, 밑줄 친 부분들의 처리가 간결치 못하다는 아쉬움이 있다. 이 간결성 문제는, 역시 밑줄 친 부분들에서 보듯이, ㄱ)과 ㄴ)의 번역에 대해서도 제기된다. 'C'est… que' 구문을 먼저 하려다 보니 ㄱ)과 ㄴ) 번역은 문장을 끊게 된 것으로 짐작되는데, 문장을 끊지 않은 ㄹ)에서는 'tout ce qui s'est passé'가 '이후에 벌어진 상황들'과 '따위의 일들은'으로 분리적으로 어색하게 처리되었다. 이 목적어를 '모든 일(들)'로 옮긴 ㄱ)과 ㄴ)에서도 결속성에 문제가 발생한다. '모든 게'라고 하면 다소 나은 느낌이 들기는 한다. 'ce qui s'est passé ensuite' 다음에 쉼표가 쓰인 게 눈길을 끄는데, 줄표 '—'로의 처리도 생각해봄직하나, 원문처럼, 과감하게 쉼표로 처리하는 것도 한 방법일 듯싶다. '잘 이해되지 않았다' 다음의 쉼표의 어색함은 문장 마지막의 '새로운 질문들이'의 '-이' 덕분에 다소 감소되는 듯하다. ㄷ)과 같은 한 문장으로의 번역이 혹 '자연스러운' 문장은 아닐지 모르나, 하나의 가능한 시도로는 생각된다. 다만, 낱말수가 원문의 87개, ㄱ), ㄴ), ㄹ) 번역의 51개, 52개, 59개에 비해, 38개로 크게 줄어들었다.

ㄷ) 어쩌면 그 때문에, 또한 그곳 관례를 몰랐기에, 이어 벌어진 모든 게, 잘 이해되지 않았다, 배심원들 사이 제비뽑기, 변호사·검사·배심원단에게 한 재판장의 질문들(매번, 모든 배심원 머리가 동시에 재판부 쪽으로 돌아갔다), 기소장(지명과 인명들은 알았다)의 빠른 낭독, 내 변호사에 대한 새로운 질문들이.

3. 최소성 번역(비평)

캉뎀(2003:37)은 '텍스트화'(텍스트짜기)는 일련의 기법들로 이루어지는데, '최소성'이 《이방인》에서 매우 두드러지는 기법이라고 지적한다. 이 '최소성'이 은유(métaphore), 대구(antithèse) 같은 수사적-문체적 도구는 아니지만, 이 '기법'을 통해 《이방인》 읽기에서 두드러지는 '철저한 축소 지향'을 설명할 수 있다고 그는 본다. 그는, 토도로프와 더불어, '미니멈 기법'이 주제요소들 못지않게, 어쩌면 의미하는 바가 더 클 수 있다고 생각한다. 캉뎀(2003)은 《이방인》의 '분해' 작업을 통해 그 텍스트적 특성들을 1) 극히 제한적인 어휘, 2) 짧고 섬 같은 구문, 3) 고립적 서술, 4) 비형용적 기술의 네 가지로 요약하고(39-47), 《이방인》 텍스트의 핵심을 1) 최소성, 2) 간결성, 3) 솔직성, 이 세 가지로 정리한다(47-50). 이 세 가지 핵심 사항은 《이방인》의 '번역(비평) 이론소'로 충분히 간주될 수 있다. 번역에서는 이들이 적절히 재현되어야 하고, 번역비평에서는 이들의 적절한 재현 여부를 살펴보아야 한다. 아래 예 11)은 《이방인》의 첫 대목으로, 연구자들의 관심을 크게 받아온 대목이며, 아담(1997:149)이 이 소설의 '읽기 프로그램', '에크리튀르 프로그램'이라고 부르는 것이기도 하다. 다완(2004:77)은 이 첫 대목을 "- = +", 즉 'Less is more.'(Moins c'est plus)의 한 예로 든다. 이 '소즉다'(少卽多)는 《이방인》의 핵심 '번역(비평) 이론소'[50]이다. 김혜동(1982:114)도 카뮈가 작품 전체를 통하여 보여주려는 '죽음'과 '삶'의 무의미성이라는 주제가 이 몇 줄에 압축되어 있다고 지적한다. '매우 간결하나 효능적인 몇 마디에 《이방인》의 어휘와 문장 구조의 특성이 함축되어 있다고 말할 수 있을 만큼' 이 문장들이 '작품 전체에 강한 실감을 부여하고 있'는 것이 사실이라면,[51] 이 문단의 적절한 번역은 전체의 작품성 재현을 위해서도 그 의미가 막중하다. ㄱ)과 ㄴ)은 필경 번역자들이 꽤 고심했을 번역일 터이나, 문체상의 의

50 전성기(2014a, 2014d) 참고.

51 이폴리토(1998:22-3) 참고.

미와 맥락이 더 적극적으로 고려된 다소 다른 선택도 가능하다.

11) Aujourd'hui, maman est morte. Ou peut-êre hier, je ne sais pas. J'ai reçu un télégramme de l'asile : « Mère décédée. Enterrement demain. Sentiments distingués. » Cela ne veut rien dire. C'était peut-êre hier.

ㄱ) 오늘 엄마가 죽었다. 아니 어쩌면 어제. 양로원으로부터 전보를 한 통 받았다. '모친 사망, 명일 장례식. 근조(謹弔).' 그것만으로써는 아무런 뜻이 없다. 아마 어제였는지도 모르겠다.

ㄴ) 오늘 엄마가 죽었다. 아니, 어쩌면 어제인지도 모른다. 양로원에서 전보가 왔다. '모친 사망, 명일 장례. 삼가 조의.' 이건 아무 의미가 없다. 아마도 어제였을 것이다.

이들은 얼핏 보기에 지극히 쉬운 문장들이다. 하지만 적절한 번역을 위해서는 변별적 질문과 탐구적 가정들이 필요하다. 우선 'Aujourd'hui' 다음의 쉼표가 무의미하지 않다.[52] 사실 소설의 첫 문장, 첫 낱말 다음 쉼표가 무의미하다고 보기는 어렵다. 필시 둘째 문장과 마지막 문장의 'hier', 특히 전보 내용 'demain'과의 대비 때문일 것이나, 'Cela ne veut rien dire'와도 무관하지 않다.[53] 잘 살펴보면, 첫 문장은 전보의 목소리와 서술자의 목소리가 중첩된 일종의 자유간접문체 문장이다. 첫 낱말 'Aujourd'hui'는 첫 문단에서 그 '사실성'이 의문시되고 있다. 이러한 단서들은 쉼표의 불가피성을 보여주는 것이다. 'Ou'는 두 번역이 '아니'와 '아니,'로 옮겼는데, 부정의 의미가 더 약한 '혹'이 더 적합해 보인다. 'peut-êre hier' 다음의 쉼표는 이 표현을 '어젠가'처럼 일종의 자문식 표현으로 해석하도록 이끈다. 카뮈의《이방인》낭독에서 이 'peut-êre hier'는 상승 억양으로 나타난다. ㄱ)은 'je ne sais pas'를 묵시적으로 처리했는데, 첫 대목의 문장 처리로는 적절해 보이지 않는다. ㄴ)의

52 1부 3장의 첫 문장 'Aujourd'hui j'ai beaucoup travaillé au bureau.'에는 쉼표가 없다.

53 블룸(2012)도, 길버트(1946), 워드(1988) 등《이방인》의 역대 번역자들의 번역을 살핀 후, 'Today, maman died.'라는 영어 번역의 타당성을 주장한다.

'…인지도 모른다'는 뜻은 통하지만, 원문과 호흡이 다르다. 첫 두 문장에 대해서는 적잖은 문학적 심리적 혹은 철학적 해석들이 제시되었는데,[54] 일단 언어적 해석이 우선이다. 언어적 해석과 어긋나지 않는 해석이라야 그 타당성도 인정될 수 있다. 'J'ai reçu un télégramme'은 불어에서 '정언적'이라 할 수 있는 평범한 문장이다. 하지만 ㄱ)의 번역문 '양로원으로부터 전보를 한 통 받았다'는 그에 상응하는 평범한 정언적 한국어 문장으로 보기 어렵다. 그보다는 ㄴ)의 '양로원에서 전보가 왔다'가 원문의 '정언성'에 어울리는 표현이다. 전자는 후자보다 더 '인간중심적'으로 느껴진다는 차이점도 있다.[55]

이기언(1999:351)이 지적하듯이, 시간부사 'aujourd'hui', 'hier', 'demain'이 첫 문단의 중심이라면, 전보의 'demain'도 '명일'보다는, '오늘', '어제'와 더 잘 어울리는 '내일'로 옮기는 것이 바람직할 것이다. 저자는 'Cela ne veut rien dire'는 많은 논란을 부른 문장인데, 중성대명사 'cela'가 가리키는 지시대상부터가 해석의 문제로 대두된다고 지적한다. 그는 피치의 글을 인용하며, 그 대상으로 어머니의 죽음, 상투적 인사말 혹은 인간 현실을 제대로 표현 못하는 언어, 어머니가 돌아간 정확한 날짜 등을 언급한다. 캉뎀(2005:61)도 이 문장을 《이방인》의 부조리성의 많은 지표 중 하나라고 지적하는데, 이 같은 해석은 이 문장이 전보의 내용과 관련된 것이라는 가정에 입각한 것이다. 하지만 이들이 동일한 의미 위상을 갖는다고 보기는 어렵다. 다른 해석들의 가능성을 배제하지는 않더라도, 일단 문제의 문장을 결속성의 관점에서 맥락적으로 읽는다면, 이 'Cela ne veut rien dire'는 전보가 명확히 밝히지 않은 뫼르소의 모친이 돌아간 '요일'과 우선적으로 관련된 것으로 보아야 할 것이다.[56] 이 문장은 구술성이 드러나는, 정언적인 자

---

54 이기언(1999) 참고.

55 사르트르(1987:175): "19세기의 자연주의자라면 '하나의 다리가 강을 건너지르고 있었다'라고 썼을 것이다. 그러나 카뮈는 그 같은 인간중심적 표현을 거부한다. 그는 '강 위에는 다리가 있었다'라고 쓸 것이다. 따라서 사물은 곧 우리에게 그것의 본질적인 수동성을 드러낸다."

56 볼드리초바 베란코바(2007:326)도 문제의 표현이 'demain'의 해석과 관련된 것임을 지적하고 있다. 트레쉬(2010:40-1)는 전보 내용과 관련지은 해석이 뫼르소의 인물 해석에 전반

연스러운 문장인데, '그것만으로써는 아무런 뜻이 없다'라는 ㄱ)의 번역은 설명적으로 느껴질뿐더러, 원문의 평이함과도 거리가 있다. ㄴ)이나, '이것으로는 전혀 알 수가 없다', '이것 가지고는 전혀 알 도리가 없다', '그것만으로서는 알 수가 없다', '이것 가지고는 아무것도 알 수 없다', '그것만을 가지고는 알 수가 없다' 같은 다른 번역들도 이차적 혹은 심층적 해석들도 허용하는 원문과는 그 성격이 다르다. 우선 우리말 표현부터가 어색하다. 여기서는 '직역'이 아니라, 비교문체론이 말하는 '변조'를 하여 '이게 무슨 소린가' 정도로 옮기는 것이 타당해 보인다.[57] 'peut-êre'도 두 번역처럼 두 번을 다르게 옮기기보다는 동일한 방식으로 옮기는 것이 좋을 터인데, 개연성이 조금 더 크게 느껴지는 '아마'보다는 '어쩌면'이 나을 것 같다. 'Sentiments distingués'의 번역도 '근조'나 '경백'같은 표현보다는 '조의'가 원의에 더 가깝지 않을까? '조의를 표함'이나 '삼가 애도함' 같은 일부 번역은 전보 문구로 보기 어렵다. 아래와 같이 옮기면 낱말 수도 위 두 번역보다 두 개 줄지만, 의미와 리듬의 유사성이 더 커진다. 이러한 번역 방향은 '틀리다/맞다'나 '옳고 그름'의 문제가 아니라 '보다 적절함'의 문제이다. 아래 번역은 카뮈가 낭독한 원문의 리듬을 나름대로 충분히 고려한 수정 제안이다.

> ㄷ) 오늘, 엄마가 죽었다. 혹 어쩌면 어젠가, 모르겠다. 양로원에서 전보가 왔다. '모친 사망. 내일 장례. 조의.' 이게 무슨 소린가. 어쩌면 어제였을 거다.

11)의 'Cela ne veut rien dire'의 ㄷ)의 번역 '이게 무슨 소린가'는 위에 언급된 다양한 해석들과도 어긋나지 않기 때문에 충분히 타당한 번역이라고 생각되긴 하지만, 《이방인》의 몇 대목에 나오는, 'Cela ne veut rien dire'와 시니피앙 측면에서 관련된 'cela ne voulait rien dire'나 'ce que cela voulait dire'

적으로 부정적 영향을 끼쳤음을 지적한다.

57 길버트(1946)는 이 문장을 'Which leaves the matter doubtful;'로, 워드(1988)는 'That doesn't mean anything.'으로 옮기고 있는데, 이들 역시 우선적으로 전보의 내용과 관련된 해석이다.

등과의 관련성을 원문만큼 보여줄 수 없다는 것은 아쉬운 점이다. 그렇지만 이 관련성 고려보다는 《이방인》의 첫 대목에 나타나는 'Cela ne veut rien dire'의 맥락적 번역이 우선이니 불가피한 선택이다.

이러한 관련성에 대해 번역 ㄱ)과 ㄴ)이 특별히 고려를 한 것으로 보이지는 않는다. 1부 4장에 '나오는 'Je lui ai répondu que cela ne voulait rien dire, mais qu'il me semblait que non.'의 'cela ne voulait rien dire'를, ㄱ)은 '그런 것은 아무 의미도 없는 말이지만'으로, ㄴ)은 '그건 아무 의미가 없다'라고 옮기고 있다. 2부 1장의 'Sans doute, j'aimais bien maman, mais cela ne voulait rien dire.'도 ㄱ)은 '물론 나는 엄마를 사랑했지만 그러나 그런 것은 아무 의미도 없는 거다'로, ㄴ)은 '아마도 난 어머니를 정말 사랑했지만, 그건 아무런 의미가 없었다'라고 옮겼다. 2부 3장의 'il a déclaré que tout le monde savait ce que ce que cela voulait dire'의 'ce que cela voulait dire'도 ㄱ)은 '그것이 무슨 뜻인지는'과 ㄴ)은 '무슨 뜻인지'로 옮기고 있다. 이러한 ㄱ)과 ㄴ)의 번역에서 첫 문단과의 연관성은 그다지 분명하지 않다. 핵심어도 ㄱ) 번역에서는 '뜻', '의미', '의미', '뜻'으로 바뀌고 있고, ㄴ)에서는 '의미', '의미', '의미', '뜻'으로 바뀌고 있다. 이 ㄱ)과 ㄴ) 번역은 첫 문단의 'Cela ne veut rien dire'의 해석이 원문의 '정언성'과 거리가 느껴진다는 것도 문제지만, 그 이후 세 번역의 표현도 원문만큼 자연스럽게 느껴지지 않는다는 아쉬움도 있다. 'ne… rien'은, 'ce n'est rien(별 것 아니야)'에서처럼, '아무'보다는 '별'로 해석하는 것이 좋을 것 같다. 각각 '그건 별 의미 없는 소리지만', '필시, 엄마를 좋아했지만, 그건 별 의미 없는 소리였다', '그게 무슨 소린지는'으로 옮긴다면, '소리'와의 관련성을 통해 원문의 연관성과 일관성을 나름대로 재현하는 셈이 된다. 12)와 13)에서는 '소리'보다 '말'이라고 하는 게 조금 더 자연스럽긴 하나, 연관성과 일관성을 위해, 리듬을 위해 '의도적 선택'을 한 것이다. 13)의 'a déclaré'는 '말했다'나 '힘주어 말했다'보다 '(다 아는 거라고) 했다'가 다소 나아 보인다.[58] 이상을 다시 정리하면 다음과 같다.

58 워드(1988)는 'stated'로 옮기고 있다.

12) Un moment après, elle m'a demandé si je l'aimais. Je lui ai répondu que cela ne voulait rien dire, mais qu'il me semblait que non. (1부 4장)

ㄱ) 조금 뒤에 마리는 나에게 자기를 사랑하느냐고 물었다. 그런 것은 아무 의미도 없는 말이지만, 사랑하는 것 같지는 않다고 나는 대답했다.

ㄴ) 잠시 후, 마리는 내게 자기를 사랑하느냐고 물었다. 난 그건 아무런 의미가 없다고 대답했고, 아마도 아닌 것 같다고 덧붙였다.

ㄷ) 잠시 후, 마리가 자기를 사랑하느냐 물었다. 난 그건 별 의미없는 소리지만, 안 그런 것 같다고 답했다.

13) Sans doute, j'aimais bien maman, mais cela ne voulait rien dire. (2부 1장)

ㄱ) 물론 나는 엄마를 사랑했지만 그러나 그런 것은 아무 의미도 없는 거다.

ㄴ) 아마도 난 어머니를 정말 사랑했지만, 그건 아무런 의미가 없었다.

ㄷ) 필시, 난 엄마를 좋아했지만, 그건 별 의미 없는 소리였다.

14) … et il a déclaré que tout le monde savait ce que cela voulait dire; (…) (2부 3장)

ㄱ) 그는, 그것이 무슨 뜻인지는 누구나 다 안다고 말했다.

ㄴ) 모든 사람들이 무슨 뜻인지 다 안다고 힘주어 말했다.

ㄷ) 그는 그게 무슨 소린지 누구나 다 아는 거라고 했다.

이경해(2003:152)는 《이방인》에 '어설플 정도로 초보적인 단어와 단순한 구어체 문장이 지배적'이고, '특히 1부의 문장들은 짧고 뚝뚝 끊긴다'고 지적하는데, 이를 잘 드러내는 것 중 하나가 15)에서 보는 직접화법 문장들이다. 이들은 파이에(2013b:123)가 '전달화법'(discours rapporté)이 '백색 글쓰기'에 참여한다고 지적한 경우들에 해당한다. 이 예에서 보듯이, 이 '끊김' 혹은 '단절'의 느낌은 직접화법과 복합과거가 잘 어우러진 결과이다.

15) Je lui ai dit : « Comment ? » Il a répété en montrant le ciel : « Ça tape. » J'ai dit : « Oui. » Un peu après, il m'a demandé : « C'est votre mère qui est là ? » J'ai encore dit : « Oui. » « Elle était vieille ? » J'ai répondu : « Comme ça », parce que je ne savais pas le chiffre exact. (1부 1장)

ㄱ) **나는** 그에게 말했다. "뭐라고요?" 그는 하늘을 가리키며 되풀이했다. "무던히 내리쬐는군요." **나는** "네." 하고 말했다. 조금 뒤에 그는 물었다. "저분이 댁의 어머닌가요." **나는** 또 "네." 하고 말했다. "연세가 많으셨습니까?" **나는** 정확한 나이를 몰라서 "그렇죠 뭐."하고 대답했다.

ㄴ) **내가** 물었다. "뭐라구요?" 직원은 하늘을 가리키며 되풀이했다. "쨍쨍 내리쬔다구요." **내가** 말했다. "예." 잠시 후 그가 내게 물었다. "고인이 어머님이신가요?" **난** 다시 "예."라고 말했다. "연세가 많으셨나요?" **난** 정확한 나이를 몰랐으므로 "그런 셈이죠."라고 대답했다.

'-하고'나 '-라고'는 직접화법 번역에 으레껏 쓰이는 일종의 '표지' 같은 표현이다. 하지만 이들이 ㄱ)이나 ㄴ)의 번역에서 반복적으로 사용되다 보니, 원문의 리듬과 상당히 다르게 느껴진다. '뚝뚝 끊기는 느낌'보다는 오히려 둔탁함 비슷한 것이 느껴진다. 단답형 'Oui'의 느낌도 두 번역에서는 잘 살아나지 않는다. 'Ça tape.', 'Elle était vielle ?'와 그 번역 '무던히 내리쬐는군요', '연세가 많으셨어요?'는 언어층위와 리듬이 다소 어긋나는 느낌이다. '따갑네요'와 '나이가 많으셨어요?'가 더 적합해 보인다. 'parce que' 구문 번역을 맨 뒤에 자리하게 하면, 번역도 그만큼 간결해진다. 15)의 번역에서 중요한 것은 직접화법이 복합과거와 결합되어 나타나는 '끊김' 혹은 '단절'의 효과를 원독자들 못지않게 번역독자들도 느낄 수 있도록 하는 것이다. 'Je'를 ㄱ)은 모두 '나는'으로, ㄴ)은 앞 부분은 '내가'로, 뒷 부분은 '나는'으로 옮겼는데, 일종의 '대화의 상황 묘사'인 위 맥락에서는 '내가'라고 하거나 혹은 생략하는 것이 적절해 보인다.

ㄷ) **내가** 물었다. "뭐라고요?" 그가 하늘을 가리키며 되풀이했다. "따갑네요." **내가** 말했다. "네." 잠시 후 그가 물었다. "어머니신가요, 저 분이?" **내가** 다시 말했다. "네." "나이가 많으셨어요?" **내가** 답했다. "그렇죠 뭐." 정확한 숫자를 몰랐기 때문이다.

데미르칸(2009:102)이 언급한 다음 예는 '간결한' 번역의 중요성을 더욱 잘 보여준다. 저자는 이 장면에서 어느 낱말도 불필요한 것이 없고, 어떤 행동도 무의미한 것이 없다고 강조한다. 그는 뫼르소가 그와 수위 사이에서 이루어지는 비언어적 소통에 얼마나 민감한지에 특히 주목한다. 어조 변화에서부터 침묵에 이르기까지, 그리고 시선의 회피와 거북해하는 태도, 이 모든 것이 연극언어에서처럼 의미를 가진다고 그는 설명한다. 뫼르소가 세부사항 하나를 환기하는 것은 그 세부사항들이 의미가 있기 때문이니, 모든 것이 명시화되지 않았어도 그 행간의 의미를 찾아내야 한다는 것이다.

16) Au bout d'un moment, il m'a regardé et il m'a demandé : « pourquoi? » **mais** sans reproche, comme s'il s'informait. **J**'ai dit : « je ne sais pas » alors tortillant sa moustache blanche, il déclare sans me regarder: je comprends. » (1부 1장)

ㄱ) 조금 후 **그는** 나를 쳐다보며 물었다. "왜요?" 그러나 나무라는 어조는 아니었고, 그저 물어나 보자는 듯하였다. **나는** 말했다. "모르겠습니다." 그러자 **그는** 흰 수염을 어루만져 비꼬면서 나를 쳐다보지도 않고 말했다. "하긴 그러실 겁니다."

ㄴ) 잠시 후 **관리인은** 나를 쳐다보며 "왜요?"라고 물었는데, 나를 책망하는 게 아니라, 그냥 알고 싶어 하는 눈치였다. **내가** 말했다. "모르겠습니다." 그러자 **관리인은** 하얀 콧수염을 만지작거리며 날 쳐다보지도 않고서 말했다. "이해가 갑니다."

이 장면은 수위가 관을 열어 돌아간 어머니 모습을 보여주려 하자 뫼르소가 말리고, 수위가 안 보겠냐고 하자 뫼르소는 '네'라고 하고, 수위가 동작을 멈추자 뫼르소는 괜히 그랬다 싶어 곤란해진 그런 상황이다. 그러니까 상황묘사와 인물들의 태도가 중요한 것이고, 행위나 사건 자체는 중요치 않다. '그는', '수위는', '나는'이라고 할 상황이 아닌 것이다. 'mais'는 위의 구어적 표현에서는 '그러나'보다 '하지만'이 적절하게 느껴진다. 'sans reproche'의 두 번역, 특히 'je comprends'의 두 번역은 원문에 비해 간결성이 다소 부족하다. '하긴 그러실 겁니다'는 '증폭'의 '번역 무늬'[59]라고 해야 할 것이다. '알겠습니다'로 족하다. 행간의 의미는 행간의 의미로 놓아두어야 하는 것이다.

ㄷ) 잠시 후, **그가** 나를 쳐다보고 물었다. "왜요?" 하지만 비난조는 아니었고, 그저 알고 싶다는 듯했다. **내가** "모르겠다"고 하자, **그가** 흰 수염을 꼬면서, 나를 보지도 않고 말했다. "알겠습니다."

파이예(2013b:121)는 구문과 관련하여 '최소주의 에크리튀르'를 언급한다. 아래에서 17)은 주어와 동사에 국한된 구문이고, 18)-19)는 '존재의 서술'이라는 'il y a' 구문이며, 20)은 관계 구문 대신에 쓰인 'et' 병치 구문이다.

17) Le directeur m'a parlé. (1부 1장)

ㄱ) 원장은 다시 이야기를 계속했다.

ㄴ) 원장은 계속해서 내게 말했다.

ㄷ) 원장이 다시 말했다.

18) Devant la porte, il y avait la voiture. (1부 1장)

ㄱ) 문 앞에 영구차가 기다리고 있었다.

ㄷ) 문 앞에 장의차가 있었다.

19) Il y a eu aussi les cigarettes. (2부 2장)

ㄱ) 또 담배도 고통거리였다.

ㄴ) 또한 담배 문제도 있었다.

ㄷ) 또 담배도 그랬다.

---

59 번역자들에게는, 원텍스트가 원어에서 아주 흔히 쓰이는 어법에서 벗어나 있을 때조차, 의식적이건 무의식적이건, 자주 더 '자연스러운' 표현을 쓰려는 경향이 있는데, 이것이 번역에 명시적으로 나타난 것을, '수사 무늬'처럼, '번역 무늬'라고 부른다; 플래시스(1992:206-7)는 길버트의 영어번역에 이러한 증폭이 다수 나타나고 있음을 보이고 있다; 전성기(2013b, 2013d) 참고.

20) J'ai demandé deux jours de congé à mon patron et il ne pouvait pas me les refuser avec une excuse pareille.

ㄱ) 나는 사장에게 이틀 동안의 휴가를 청했는데 그는 이유가 이유니만큼 거절할 수는 없었다.

ㄴ) 난 사장한테 이틀간의 휴가를 신청했고, 사장은 그런 사유로 거절할 수 없었다.

ㄷ) 난 사장한테 이틀 휴가를 신청했고, 사장은 그런 사유에 거절할 수 없었다.

이들의 번역에서도 '최소성'이라는 '변별적 의미'가 재현되도록 해야 할 것이다. 번역 ㄱ), ㄴ)과 새로이 제시된 번역 ㄷ)을 비교해보면, 그 차이가 느껴질 것이다. 17ㄱ)은 상황에 대한 묘사이니, '원장은'이 아니라 '원장이'가 되어야 할 것이다. 18)과 19)도 ㄷ)처럼 간결화할 수 있을 것이다. 18ㄴ)은 빠진 번역이다. 19)는 '여자에 대한 욕구로 고통스러웠다'는 내용의 문단이 끝난 후, 새로 시작되는 문단의 첫 문장이다. '고통거리였다'나 '문제도 있었다'라고 하는 대신 원문의 'aussi'처럼 '그랬다'라고 하는 것이 간결하다. 20)은 저자가 '마치 학생들에게 관계구문을 만들라고 내준 문제 같다'고 평한 문장인데, 'et'의 번역은 ㄴ)이 병치의 의미를 잘 살리고 있다. 다만 '이틀간의 휴가'는 '이틀 휴가'로, 'avec une excuse pareille'는 '그런 사유에'로 하여, ㄷ)처럼 옮길 수 있을 것이다.

4. 복합과거 번역(비평)

타를르(1968)를 비롯한 여러 연구자들은 《이방인》의 문체 중 가장 특징적인 것으로 '일인칭 복합과거'의 사용을 들고 있다. 그는 복합과거가 《이방인》의 에크리튀르들의 다양성과 그 문체의 일체성을 담보하는 동사 형태라고 천명한다(99). 크뤽생크(1956:248)에 의하면, 《이방인》에서 복합과거 시제는 '서술 관점', '선택된 어휘'와 더불어 내용과 형식의 '완벽한 일체성'을 구현하는 핵심 요소이다. 타를르(1968:88)는 《이방인》의 소설 글쓰기와 전통적 소설 글쓰기 사이에 단절이 있는데, 그 표지 기호가 '복합과거'라고 주장한다. 제로(2006:371)는 많은 비평가들이 복합과거를 '부조리의 문체적 표지'로까지 여기나, 확실한 것은 《이방인》의 탄생 과정에서 복합과거의 사용이 결정적이었다는 것이라고 지적한다. 복합과거와 관련된 가장 유명한 말은 아마 '이방인의 한 문장은 하나의 섬'이고, '우리는 문장에서 문장으로, 무에서 무로 폭포처럼 급격하게 떨어져 내린다'는 사르트르(1987:173)의 말일 것이다.[60] 김윤진(2000:195)도 《이방인》의 복합과거로 인해 '각각의 문장은 어떠한 인과 관계나 인간적 감정을 통해 이어지는 것이 아니라 순간 순간 끊어진 채 독립된 무미건조한 사실로 제시된다'고 기술한 바 있다. 그런데 카비요(1971)에 의하면, 복합과거의 '고립적 성격'은 상대적이다(867). 《이방인》에서 복합과거가 '기저 시제'인 것은 맞지만, 반과거·대과거·현재·미래·단순과거의 빈도수 순으로 다양한 시제들이 나타나고 있으며, 시간부사의 역할도 상당히 중요하다고 그는 지적한다(872-3). 카뮈는 독자들이 작중 인물의 정신상태에 공감하도록 이끄는데, '단순한 언어, 짧은 문장들에서 시간 요소들이 담당하는 몫이 무척 크다'는 것이다. 시간 표현은 그 자체로 명시적 역할을 한다기보다, 뫼르소의 심리가 상당히 유연한 상태의 형식과 잘 맞도록 하는 것이라고 저자는 덧붙인다. 이것이 카뮈의 다른 작품들과는 다른 문체적 특징의 하나라는 것이다(874).

크뤽생크(1956:242-6)는 《이방인》의 내용과 형식의 '완벽한 일체성'을 '서술 관점', '선택된 어휘', '사용된 시제'를 통해 설명하고 있다. 주인공이자 부조리 경험의 서술자인 뫼르소의 일인칭 서술, '백색 글쓰기', '중립적 글쓰기' 등 다양한 명칭이 비롯되게 한, 매우 제한적이며 구체적인 '비분석적'

---

60 사르트르(1987:173): "문장은 흐릿한 곳 하나 없이 분명하게 절단되어 그 자체 속으로 닫혀 있다. 데카르트의 순간이 그 뒤를 따르는 다른 순간과 단절되어 있듯이, 여기에서의 문장은 그 다음 문장과 무(無)에 의하여 분리되어 있다. 개개의 문장과 그 다음 문장 사이에서 세계는 무로 돌아갔다가 소생한다. 말은 그것이 솟아오르는 즉시 무로부터의 창조가 된다. 《이방인》의 한 문장은 하나의 섬이다. 우리는 문장에서 문장으로, 무에서 무로 폭포처럼 급격하게 떨어져 내린다."

어휘들, 그리고 전통적인 단순과거 대신 쓰인 복합과거의 사용이 불가분하게 어우러져 《이방인》이라는 작품의 효과를 낳았다는 것이다. 저자는 카뮈의 낱말들의 선택이 형이상학적 태도를 보여주는 주요 방식은 인과관계 표현을 줄곧 거부하는 것이라고 지적한다. 사건들은 소략하게 기술될 뿐 아니라, 해석, 동기나 속성 부여 등이 유별나게 부재한다는 것이다. 원인이나 결과를 포함하는 접속사들이 드물고, 그에 따라 구문도 돌발적이라고 그는 기술한다. 'ainsi', 'parce que' 등에 의한 연계나 일관성은 피하고, 대신 'et', 'puis' 등에 의한 나열이 나타난다는 것이다. 그러니까 카뮈의 부조리 개념의 주요 요소인 '경험의 불연속성'이 그의 의도적인 '불연속 문체'에 의해 표출된다는 것이다. 카뮈는 독자들에게 인간 조건이 부조리하다고 말하는 것이 아니라, 어휘와 구문을 통해서 단편성과 돌발성의 직접적 느낌을 가지게 한다는 것이다. 이러한 '단편성'과 '돌발성'은 메쇼닉이 말하는 '리듬'의 일종으로 해석될 수 있다. 그러한 예의 하나로 저자는 다음의 것을 들고 있다.

21) Il s'est alors levé après avoir bu un verre de vin. Il a repoussé les assiettes et le peu de boudin froid que nous avions laissé. Il a soigneusement essuyé la toile cirée de la table. Il a pris dans un tiroir de sa table de nuit une feuille de papier quadrillé, une enveloppe jaune, un petit porte-plume de bois rouge et un encrier carré d'encre violette. Quand il m'a dit le nom de la femme, j'ai vu que c'était une Mauresque. J'ai fait la lettre. (1부 3장)

ㄱ) 그러자 그는 포도주를 한 잔 마시고 일어서서, 접시들과 **먹다 남은 소시지**를 한옆으로 밀어놓았다. 그러더니 탁자의 방수포를 정성스럽게 닦았다. 그러고는 라이트 테이블 서랍에서 방안지 **한 장**과, 노란 봉투와, 붉은 나무로 된 작은 펜대와 보랏빛 잉크가 든 네모진 병을 꺼냈다. 그가 말하는 여자의 이름을 들어보니, 무어 여자였다. 나는 편지를 썼다.

ㄴ) 레이몽은 포도주 한 잔을 마시고 나서 자리에서 일어났다. 레이몽은 남아 있던 식은 순대 쪼가리와 접시들을 옆으로 치웠다. 이어서 방수포 식탁보를 정성 들여 닦아 냈다. 그러고는 침대 머리맡 탁자 서랍에서 격자무늬 종이 한 장

과 노란 봉투, 조그만 빨간색 나무 필통과 네모난 보라색 잉크병을 꺼냈다. 레이몽이 여자 이름을 말했을 때, 난 무어 여자라는 걸 알았다. 난 편지를 썼다.

이 예는 포이어리히트(1963:611)가 《이방인》의 '짧고, 유리된' 문장들이 일체성이 결여된, 뫼르소의 삶의 작은 사건들을 반영한다는 하나의 평과, '의도적인 불연속 문체'가 카뮈의 부조리 개념의 주요 요소인 '경험의 불연속성'을 드러낸다는 다른 평 하나를 소개하며, 그 전형적 예로 든 대목이기도 하다. 이 예는 레몽이 행하는 일련의 행동들을 나열하고 있다. 연속되는 사건이니 일반적으로는 단순과거로 표현하겠지만, 카뮈는 이를 복합과거로 표현하여 '하나의 행동을 독립적 사건으로 응고'시켰다고 저자는 설명한다. 그런데 ㄱ)과 ㄴ)의 번역이 그러한 원문의 효과를 충분히 재현하고 있다고 보기는 힘들다. ㄱ)에서의 '-서,', '그러더니', '그러고는' 같은 문장 연결에 대한 인위적 고려는 원문의 '고립성', '불연속성'과 오히려 어긋나는 것이다. ㄴ)의 '이어서'와 '그러고는'도, 정도는 다소 덜하지만, 슈발리에·델포르(1995)가 말하는 '번역 무늬'라고 부를 만한 것이다. 21)은 '일련의 행동'의 나열이니, 15)나 16)에서와 달리, 주어들을 '-가'가 아니라 '-는'으로 옮기는 것이 적절할 것이다. 'le peu de boudin froid que nous avions laissé'도 '우리가 남긴 순대'라고 하는 것이 원문을 더 존중하는 번역이다. 두 번역은 문장 'Il a pris…'의 네 개 부정 명사구 목적어들 중 첫째 것만 '한 장'으로 옮기고 나머지는 옮기지 않았는데, 이것도 다른 것들과 동일하게 처리해도 별 무리가 없을 것이다. 전체적으로 가장 중요한 것은 예 21)이, 연결사 없이, 하향 강세의 여섯 문장으로 조직되어 있다는 것이다. 이 조직은 '리듬 조직'이기도 하니,[61] 번역은 이를 가급적 존중해야 한다.

---

61 조재룡(2014b:161): "리듬 분석은 문장이 조직되는 과정을 살피는 것, 그 단위를 포착해내는 것이다. 구두점은 간단한 기호이지만, 그러나 구두점 자체를 헤아리는 것은 별 의미가 없다. 통사와의 관계에서 어떤 뒤틀림이 발생하며, 강세의 조절에 어떻게 개입하는지를 알아내는 게, 즉 의미를 포착하는 것이 관건이다. 구두점은 문장부호만을 의미하는 것은 아니기 때문이다."

제로(2006:371)는 《이방인》에서 복합과거보다 복합과거와 발화자(l'énonciateur)의 주관적 현재와의 관계가 문제제기적이라고 지적한다. 시간적 비일관성 요소는 복합과거 자체보다, 화행 순간으로 간주되는 현재와의 필요한 관계가 시간 속에 자리잡는 것을 소설가가 거부하는 데서 비롯된다는 것이다. 저자는 마지막 장의 거의 마지막 부분에 이르러서야, 예를 들면 'Maintenant, c'était fini.' 같은 부분에서야, 비로소 '화행적 연동'(l'embrayage énonciatif)이 일어난다고 지적한다. 제로(2006:380)는 《이방인》의 복합과거들이 하나의 '연대기'를 이루기는 하나, 어떤 현재에도 기대지 않는다고 말한다. 그래서 그는 복합과거의 사용을 '서술적 연속성 형식들의 해체'의 '존재 이유'로 보는 사르트르나 맹그노의 읽기와 거리를 둔다. 이러한 제로(2006)의 견해는 복합과거 의미의 번역 가능성을 열어주는 것이다. 사실 복합과거라는 시제 자체의 직접적 번역은 가능하지 않다. 복합과거와 단순과거는 한국어에서 '일정한 문법적 표시로 구별'되지 않고,[62] 둘 다 대개 '-었'으로 번역된다.[63] 하지만 복합과거가 나타내는 의미나 효과를 재현하는 것은 어느 정도 가능하다. 이러한 복합과거의 의미는 시제뿐 아니라 동사 의미, 부사 의미 등 다양한 요소들의 결합을 통해 나타난다. 복합과거의 의미와 효과의 재현은 그 상당 부분을 아마 '상쇄'(compensation)에 의존해야 할 것이다. 예를 들어, 불필요한 말을 될 수 있는 대로 '절제'하는 것도 하나의 방법이 될 수 있다. 이러한 점들을 고려하여 21)을 아래처럼 옮기면, 그 낱말 수도 위 두 번역의 48개, 56개에 비해 43개로 줄어든다.

ㄷ) 그는 포도주 한 잔을 마시고 일어섰다. 그는 접시들과 **우리가 남긴 순대를**

62 황원미(2003:13-5) 참고.

63 황원미(2003:11-2)는 《이방인》에 나타나는 복합과거 중 '-었'으로 번역된 것은 1183개이고, 'Ø'는 337개로서, 한국어 번역에서 '표지가 나타나지 않은 경우'를 말한다. '-었'인 아닌 다른 방식으로 번역되었음을 뜻한다. 저자는 이를 '한국어 시제표지의 큰 특징으로, 프랑스어와 한국어가 서로 다른 방식으로 시제를 표시하고 있음을 입증한다'고 주장한다. 《이방인》에 나타나는 복합과거가 1,700개 이상이라는 타를르(1968:92)의 주장이 맞다면 위 숫자들에 약간의 오류가 있을 수도 있다.

밀쳐놓았다. 그는 식탁 방수포를 정성껏 닦았다. 그는 침대 탁자 서랍에서 격자무늬 종이, 노란 봉투, 작은 적목 펜, 사각 보라색 잉크병을 꺼냈다. 그가 여자 이름을 말할 때 보니, 무어 여자였다. 나는 편지를 썼다.

크뤽생크(1956:250)는 다음 예에서 시제와 구문이 밀접히 연관되어 '파편화'의 인상을 준다고 지적한다. 번역에서는 구문 혹은 문장의 의미와 리듬을 비롯한 몇가지 사항에 더욱 유의함으로써, 복합과거 자체를 옮길 수 없다는 약점을 다소간 상쇄할 수 있을 것이다.

22) Raymond a eu l'air très content. Il m'a demandé si je voulais sortir avec lui. Je me suis levé et j'ai commencé à me peigner. Il m'a dit qu'il fallait que je lui serve de témoin. Moi **cela m'était égal,** mais je ne savais pas ce que je devais dire. Selon Raymond, il suffisait de déclarer que la fille lui avait manqué. J'ai accepté de lui servir de témoin.

ㄱ) 레몽은 매우 만족한 눈치였다. 함께 나가지 않겠느**냐고 하기에**, 나는 일어나서 머리를 빗기 시작했다. **그때** 그는 나더러 그의 증인이 되어 주어야겠다고 말했다. 나는 아무래도 상관없었지만, 무슨 말을 해야 좋을지 몰랐다. 레몽의 생각으로는, 여자가 그에게 버릇없이 굴었다고 말하기만 하면 충분하다는 것이었다. 나는 그의 증인이 되기를 승낙했다.

ㄴ) 레이몽은 매우 흡족한 표정을 지었다. 레이몽이 함께 외출하겠느냐고 물었다. 나는 침대에서 일어나 빗질을 하기 시작했다. 레이몽은 내가 증인으로 나서야 한다고 말했다. 내겐 이나저나 마찬가지였지만, 무슨 말을 해야 하는지는 몰랐다. 레이몽의 말로는, 그 여자가 자기를 우습게 봤다고만 하면 된다고 했다. 난 증인으로 나서기로 했다.

예 22)는 일곱 문장으로 되어 있는데, ㄱ)에서는 ㄴ)과 달리 한 문장이 줄었다. '… 냐고 하기에' 때문인데, 앞 문장도 단문으로 옮길 필요가 있다. ㄴ) 번역은 간접화법 번역이 간결치 못할뿐더러, 주어의 대명사 'il'도 불필요하게 고유명사 '레이몽'으로 옮겼다. '그가 함께 나가자고 했다'로 충분하다. 첫 문장의 복합과거 'a eu'는 '행위'를 나타낸다. ㄱ)의 '눈치였다'보다 ㄴ)의 '표정을 지었다'가 적절하다. ㄱ)의 '그때'는 문장 간 연결을 매끄럽게 할 목적으로, 어쩌면 거의 무의식적으로 넣은 것으로 짐작되는데, 이는 복합과거의 의미를 살리는 '번역'을 위해서는 오히려 제거되어야 할 하나의 '번역 무늬'이다. 간접화법 'il m'a dit qu'…'도 '-고 말했다'를 '-고 했다'로 줄일 수 있다. 'cela m'était égal'의 ㄱ) 번역 '나는 아무래도 상관없었지만'이나 ㄴ) 번역 '내겐 이나저나 마찬가지였지만'도 '난 상관없었지만'으로 줄일 필요가 있다. 마지막 문장 'J'ai accepté de lui servir de témoin'의 번역은 ㄱ)의 '나는 그의 증인이 되기를 승낙했다'보다 ㄴ)의 '난 증인으로 나서기로 했다'가 더 간결하나, '난 증인이 되기로 했다'라고 하면 더욱 간결하다. 전체적으로 아래와 같이 옮기면, 원문의 복합과거 부분의 단절, 그 리듬의 느낌과 더욱 유사해진 느낌을 받게 된다.

> ㄷ) 레몽은 아주 흡족한 표정을 지었다. 그가 함께 나가자고 했다. 난 일어나 머리를 빗기 시작했다. 그는 나더러 증인이 돼 줘야겠다고 했다. 난 상관없었지만, 무슨 말을 해야 할지 몰랐다. 레몽 말로는, 여자가 그에게 잘못했다고 말하기만 하면 되었다. 난 증인이 되기로 했다.

고메즈(2009:464)는 뫼르소의 표현들이 단문들이고, 심지어 단음절이기도 하다고 지적하면서, 한 예로 'J'ai dit « oui » pour n'avoir plus à parler.'를 드는데, 이 예가 나오는 다음 대목은 복합과거가 일곱 번이나 나올뿐더러, 《이방인》에서 드물게 나타나는 'c'est… que' 구문 등이 복합적으로 '단절'의 의미에 화학적 작용을 하고 있다. 번역들과 함께 살펴보자.

> 23) J'ai couru pour ne pas manquer le départ. Cette hâte, cette course, c'est à cause de tout cela sans doute, ajouté aux cahots, à l'odeur d'essence, à la réverbération de la route et du ciel, que je me suis assoupi. J'ai dormi pendant presque tout le trajet. Et

quand je me suis réveillé j'étais tassé contre un militaire qui m'a souri et qui m'a demandé si je venais de loin. J'ai dit « oui » pour n'avoir plus à parler.

ㄱ) 버스를 놓치지 않으려고 나는 뛰어갔다. 그처럼 서둘러 대며 달음박질을 친 데다가 버스에서 흔들리고, 또 가솔린 냄새, 길과 하늘에 반사되는 햇빛, 그런 모든 것 때문에 나는 졸음에 빠져버렸다. 나는 차를 타고 가는 동안 거의 내내 잤다. 잠을 깨고 보니 어떤 군인의 어깨에 기대어 있었는데, 그는 나에게 웃어 보이며 먼 데서 오느냐고 물었다. 나는 더 말하기가 싫어서 "네." 하고 대답했다.

ㄴ) 버스를 놓치지 않으려고 뛰어갔다. 그렇게 허겁지겁 뛴 데다, 덜컹거리는 차, 휘발유 냄새, 도로와 하늘에서 번쩍이는 빛, 아마도 이 모든 것 때문에, 난 잠이 들었다. 길을 가는 동안 거의 내내 난 잠을 잤다. 잠에서 깼을 때, 난 군인 아저씨한테 기대어 있었고, 군인 아저씨는 싱긋이 웃으며 먼 데서 오는 길이냐고 물었다. 난 얘기를 더 끌지 않으려고 그냥 '예'라고 대답했다.

예 23)에서는 쉼표가 문단 의미에 중요한 역할을 하는데, 번역에서는 그다지 크게 고려가 되어 있지 않다. 'Cette hâte, cette course'는 '그처럼 서둘러 대며 달음박질을 친 데다'나 '그렇게 허겁지겁 뛴 데다'라는 번역보다는 '그리 서둘고, 그리 뛴 것'이, 주관적 느낌이긴 하나, 원문 리듬에 더 가깝게 느껴진다. 드물게 쓰인 강조 구문 'c'est… que'의 의미도 충분히 고려되어야 할 것이다. 'sans doute'는 ㄱ)에서는 번역이 안 되어 있고, ㄴ)에서는 '아마도'로 되어 있는데, '난 잠이 들었다'와는 연결이 잘 안 된다. 즉 '엇결림'(disparate)[64]이 생긴다는 것이다. 이 '엇결림'은, 위에서 지적했듯이, 번역텍스트에서의 어휘적, 수사적, 문체적, 리듬적, 운율적 성격의 '비일관성'에 기인하는 것으로, '번역 멀미'를 야기한다. 두 번역은 두 번째 문장의 큰 틀인 'c'est… que' 구문과 삽입구 'ajouté aux cahots, à l'odeur d'essence, à la réverbération de la route et du ciel'을 우리 어법에 보다 어울리게 다소간 재구성했는데, 불가피한 선택이다. 다만 단절과 간결성이 드러나도록 하는 것이

64 전성기(2013b, 2013d, 2014a, 2014c) 참고.

중요하다. 위의 예 15)의 직접화법 번역에서의'-하고'나 '-라고'와 마찬가지로, 이 예에서도 '-하고'나 '-라고'라고 하니까, 마지막 문장의 단음절 'oui'의 리듬, 그 끊김의 의미가 흐트러진 느낌이다. "'네' 했다"로 충분하다. 'pour n'avoir plus à parler'도 ㄴ)보다는 ㄱ)의 번역이 간결하게 되어 있지만, 이것도 '난 더 말하기 싫어'라고 하면 더 간결한 느낌이 든다. 이러한 간결함은 위 예의 첫 문장부터 끝 문장까지 계속 추구되어야 할 덕목이다. 전반적으로 ㄷ)과 같이 옮기면, 낱말 수도 ㄱ)과 ㄴ)의 57개에서 51개로 줄어든다.

> ㄷ) 버스를 안 놓치려고 난 뛰었다. 그리 서둔 것, 그리 뛴 것, 거기에 덜컹대는 버스, 휘발유 냄새, 도로와 하늘의 반사광, 필시 이 모든 것 탓에, 난 잠이 들었다. 가는 거의 내내 잤다. 깨어보니, 한 군인 어깨에 기대어 있었다. 그는 싱긋 웃으며 먼 데서 오냐고 물었다. 난 더 말하기 싫어 '예' 했다.

5. 자유간접화법 번역(비평)

정지영(1994:100)은 '자유간접화법에서는 작중인물이 서술자의 음성을 빌려 말을 하게 되고, 서술자가 인물의 담화를 자신이 담화 속에 해석하는 까닭에 두 담화 현상이 혼합되어 나타난다는 쥬네트의 정의에 비추어' 보면, '《이방인》은 전체 텍스트가 자유간접화법의 기조 위에서 서술되어 있다고도 말할 수 있'다는 견해를 표명하는데,[65] 자유간접화법이 이 작품에서 상당히 중요한 역할을 하는 것은 분명하다.[66] 데미르칸(2009:96-7)은 뫼르소의 사건 기술에서 특징적인 것은 그의 '태연한'(impassible) 태도이고, 이러한 태도는 이 이방인의 '근본적 자질'이며, 뫼르소의 무관심을 강조하

---

65 정지영(1994:94)은 벤브니스트를 인용하며 《이방인》의 자유간접화법이 대략 55개라고 말한다.

66 김진하(2014:146)는 '《이방인》에서 자유간접화법의 사용'이 '1부에서는 그다지 나타나지 않다가 2부에서는 점차 비중이 커져 말미에 이르러서는 서술자-화자가 자신을 발언을 자유간접화법으로 길게 구사하면서 웅변적 효과를 극대화시킨다'고 기술하고 있다.

는 또하나의 방식은 '자유간접화법의 빈번한 사용'이라고 지적한다. 김윤진(2000:196)은 이 자유간접화법을 '대체로 뫼르소라는 인물과 겹쳐진 화자가 다른 등장 인물의 대화를 생생하게, 그러면서도 자신이 받아들이는 바대로 옮기는' 기법으로 이해할 수 있다고 기술한다. 피치(1968:89)는 자유간접화법이 '소설 문체의 다양화에 기여할' 뿐 아니라, '아이러니와 모호성의 안 드러나나 효과적인 매체' 역할을 한다고 지적한다. 예를 들어, 24)에서 자유간접화법은 미묘한 이 아이러니에 기여하는 요소들 중 하나이다(85).

24) Il m'a dit que c'était impossible, que tous les hommes croyaient en Dieu, même ceux qui se détournaient de son visage. C'était là sa conviction et, s'il devait jamais en douter, sa vie n'aurait plus de sens. « Voulez-vous, s'est-il exclamé, que ma vie n'ait pas de sens? » (2부 1장)

ㄱ) 그럴 수는 없다고 하며 누구나, 비록 하느님을 외면하는 사람일지라도, 하느님을 믿는 법이라고 말했다. 그것이야말로 그의 신념이었고, 만약 그것을 조금이라도 의심해야 한다면 그의 삶은 무의미해지고 말리라는 것이었다. "당신은 나의 삶이 무의미해지기를 바랍니까? 하고 그는 외쳤다.

ㄴ) 그는 그건 있을 수 없는 일이라고, 모든 인간이 신을 믿으며, 심지어 신의 얼굴을 외면하는 이들조차도 신을 믿는다고 말했다. 그게 그의 신념이었고, 만일 그걸 추호라도 의심해야 한다면, 그의 삶은 의미가 없을 것이라고 했다. 검사가 부르짖었다. "당신은 내 삶이 의미가 없기를 바라는 거요?"

피치(1968:85-6)는 마지막 두 문장의 다소 코믹한 효과는 아주 미묘하다고 평한다. 거의 같은 표현이 한번은 자유간접화법으로, 한번은 겹따옴표로 전달된 데에서 비롯된 효과인데, 이 반복은 '지나치고 부적절한 성격 표현의 강조'를 드러내는 것이라고 그는 설명한다. 그런데 더 미묘한 것은 후자가 전자의 되풀이가 아니라, 거의 전자에 대한 답의 모습, 혹은 적어도 뫼르소의 말을 되풀이하는 것처럼 보이는 것이라고 저자는 부연 설명한다. 이러한 인상이 가능한 것은 자유간접화법 문장들이 그 형식들로 인해 모호하기 때문이고, 작중 인물의 말이 그 주변의 문장들의 통해서만 서술자의 생각이나 말들과 구분되기 때문이라고 한다. 번역에서도 그 코믹한 성격과 아이러니가 느껴질 수 있어야 할 터인데, 위 두 번역에 큰 문제는 없으나, 미묘한 의미를 살리는 데에는 다소 아쉬움이 있다. 'c'était impossible'의 번역은 직접화법으로 고친다면 'c'est impossible' 정도가 될 터이고, 이것이 '어찌 그럴 수 있느냐'는 일종의 반문의 의미라는 점을 고려하면, '어찌 그럴 수 있냐고' 정도의 번역이 필요해 보인다. 자유간접화법의 번역을 나름대로 옮긴 ㄱ)과 달리, ㄴ)은 간접화법으로 옮겼다. 다음 번역은 '간결함'과 '절제'를 보다 더 추구한 결과이다.

> ㄷ) 어찌 그럴 수 있냐고, 모든 인간이 신을 믿으며, 신의 얼굴을 외면하는 이들조차도 신은 믿는다고 그는 말했다. 그게 그의 신념이고, 그걸 만일 의심해야 한다면, 그의 삶은 의미가 없을 터였다. 그가 외쳤다. "내 삶이 무의미하기를 바라는 거요?"

피치(1968:88)는 심리과정, 특히 재판과정에서 살인에 이르는 자신과 자신의 삶의 모습을 들으면서, 뫼르소가 처음으로 타자들의 눈을 통해 자신을 돌아보게 되고, 그의 자연스런 무의식적 이기주의에서 벗어나게 되는데, 이때 자유간접화법 문장들은 뫼르소에게 일어난 변화들을 암시한다고 지적한다. 그가 든 예를 보자.

> 25) Pour finir, il a demandé à Raymond quels étaient ses moyens d'existence, et comme ce dernier répondait : « Magasinier », l'avocat général a déclaré aux jurés que de notoriété générale le témoin exerçait le métier de souteneur. J'étais son complice et son ami. Il s'agissait d'un drame crapuleux de la plus basse espèce, aggravé du fait qu'on avait affaire à un monstre moral. (2부 3장)
>
> ㄱ) 그는 끝으로 레몽에게 생계 수단이 무엇이냐고 물었다. '창고업'이라고 레몽이 대답하자 차석 검사는 배심원들에게, 증인이 포주 노릇을 업으로 하고 있다

는 것은 누구나 다 아는 사실이라고 말했다. 나는 그의 공범자요 친구다. 이것은 가장 야비한 종류의 음란 범죄 사건이요, 더욱이 피고가 도덕적으로 파렴치한이라는 사실 탓에 더욱 흉악하다는 것이었다.

ㄴ) 끝으로 검사는 레이몽에게 생계 수단이 뭐냐고 물었고, 레이몽이 "창고지기"라고 대답하자, 삼척동자도 알고 있듯이, 증인의 직업은 포주라고 배심원들에게 선언했다. 난 레이몽의 친구이자 공모자였다. 게다가 내가 패륜아임을 감안하면, 더더욱이나, 가장 저질의 추악한 사건이라는 것이었다.

25)의 자유간접화법에서는 검사의 말에서의 'il'이 'je'로 나타나 있다. 두 번역이 자유간접화법은 잘 파악하고 있으나, 그 표현의 적절성이나 간결성 측면에서는 재고의 여지가 있다. 우선 첫 문장의 간접화법과 직접화법도 더 간결해질 수 있다. 'de notoriété générale'도 언어 층위를 고려하면, '누구나 다 아는 사실'보다는 '주지의 사실'이 더 적합해 보인다. ㄴ)의 '삼척동자도 알고 있듯이'는 메쇼닉이 말하는 이른바 '자문화중심적'인 '병합'(annexion)의 경우로, 적어도 위 맥락에서는 그다지 바람직하지 않다. 위 자유간접화법의 문체, 특히 후반부의 수사적 문체를 적절히 재현하는 일은 간단치 않다. 여러 번역들이 있고,[67] 그중 ㄱ)과 ㄴ)은 제일 낫게 느껴지는 것들이나, 원문의 구술성이나 리듬의 전달에는 약간의 아쉬움이 있다. 원문의 'drame'를 '(범죄) 사건' 정도로 옮기는 것은 다소 약한 느낌이 든다. 그 '공시적 의미'를 살리려면 '참극' 정도가 되어야 하지 않을까? 'la plus basse'는 문법적으로는 최상급의 표현이지만, 이를 굳이 '가장 …한'이라고 옮길

67 마지막 문장에 대해서는 다음과 같은 번역들이 있다: "그러므로 나의 사건은 가장 비루한 종류의 음난한 범죄 사건이요, 더욱이 피고는 흉악하기 짝이 없는 파렴치한이라는 것이었다."; "문제는 최하급의 풍기 사건이고, 게다가 여기에는 도덕상의 괴물이 도사리고 한층 악화시키고 있는 것이다."; "이것은 가장 음란한 범죄사건이요, 더구나 도덕적으로 타기할 만한 자가 관계했으므로 더욱 흉악하다는 것이었다."; "이번 사건은 가장 비천한 음란 범죄이며, 피고는 흉악하기 짝이 없는 파렴치한이다."; "그러므로 문제는 최하류의 외설 사건이며, 파렴치한에 상관되는 행위라는 것이 사건을 악화시키고 있었다."; "이것은 최하류의 외설 사건으로, 도덕적으로 파렴치한에 가깝다는 것이 사건을 더욱 심각하게 만들고 있다는 것이었다."

필요는 없을 것 같다. '매우 …한'으로 족하다. 'un monstre moral'도 '도덕적 파렴치한'이나 '패륜아'란 해석보다는 더 직접적인 '도덕적 괴물'이 더 적합해 보인다. 전체적으로, 일단 ㄷ) 정도의 제안이 가능하다.

> ㄷ) 끝으로, 그는 레몽에게 생계 수단이 뭐냐 물었고, "창고 수위"라 하자, 검사는 배심원들에게, 주지의 사실로, 증인은 포주가 업이라고 공표했다. 난 그의 공범자고 친구였다. 이는 매우 저질의 천박한 참극이고, 도덕적 괴물과 관련된 것이기에 더욱 심각하다는 것이었다.

피치(1968:88-9)는 《이방인》에서의 자유간접화법을 플로베르의 경우와 비교하며, 전자는 일부 예외적인 경우를 제외하곤 자유간접화법이 고립된 한 문장이나 두 문장에 국한되어, 산출된 효과도, 플로베르에게서와 달리, 더 약하다고 말한다. 그렇지만 《이방인》처럼 자유간접화법이 3인칭이 아니라 1인칭으로 많이 나타나는 것은 드문 경우라고 저자는 지적한다. 한편, 이양재(1992:204-5)는 《이방인》의 여러 곳에서 '자유간접화법을 통한 서술이 개입'하는데, 이러한 기능은 '작품의 모든 텍스트성, 즉 1인칭 서술, 증언, 대화성, 객관성, 외재적 시점' 등과 밀접하게 관련되어 있다고 기술한다. 자유간접화법은 '서술되는 사태들의 현장감과 생명력을 그대로 유지하면서 서술의 흐름에 합류하는 이점'이 있음을 그는 간파한다. 특히 '《이방인》 2부 4장에서 지루하게 계속되는 검사와 변호사의 발언을 처리하는 데'서 '자유간접화법을 중심으로 한 서술 기법의 기여도'가 매우 크다는 것이다. 자유간접화법이 '그 서술의 흐름 속에서 대화성을 높이는 또 다른 효과에 가담하고 있다'는 점도 저자는 아울러 지적한다. 이러한 자유간접화법의 번역에서도 《이방인》 텍스트의 핵심이라는 1) 최소성, 2) 간결성, 3) 솔직성의 성격은 가급적 존중되어야 할 것이다. 이양재(1992)가 든 자유간접화법 예들을, 그의 기술을 참고하여, 번역의 관점에서 다시 살펴보기로 한다. 우선 다음 예는 '다른 등장인물이 뫼르소에 대해 한 말의 서술'이다.

26) Ce qu'il disait était plausible. J'avais écrit la lettre d'accord avec Raymond pour attirer sa maîtresse et la livrer aux mauvais traitements d'un homme « de moralité douteuse ». J'avais provoqué sur la plage les adversaires de Raymond. Celui-ci avait été blessé. Je lui avais demandé son revolver. J'étais revenu seul pour m'en servir. J'avais abattu l'Arabe comme je le projetais. J'avais attendu. Et "pour être sûr que la besogne était bien faite". J'avais tiré encore quatre balles, posément, à coup sûr, d'une façon réfléchie en quelque sorte.

ㄱ) 그의 이야기는 그럴 듯했다. 내가 레이몽과 합의하에, 그의 정부를 유인해 '품행이 수상한' 사나이의 악랄한 손아귀에 넘기려고 편지를 썼다. 바닷가에서는 내가 레몽의 상대들에게 시비를 걸었다. 레몽이 다쳤던 것이다. 나는 레몽에게서 권총을 달래서, 그것을 사용할 생각으로 혼자서 되돌아갔다. 그리하여 계획대로 아랍인을 쏘아죽인 것이다. 조금 기다려서, '일이 제대로 되었는지 확인하기 위해' 다시 네 방의 탄환을 침착하게, 말하자면 의도적으로 쏘았다는 것이다.

ㄴ) 검사의 말은 그럴듯했다. 내가 레이몽과 작당해서 그의 정부를 유혹해 "도덕성이 미심쩍은" 인간의 학대에 내맡기려고 편지를 쓴 것이었다. 백사장에서는 내가 레이몽의 상대들을 자극했다. 레이몽이 상처를 입었다. 내가 레이몽에게 권총을 달라고 했다. 난 권총을 써먹으려고 혼자서 되돌아왔다 계획했던 대로 아랍인을 살해했다. 난 기다렸다. 그리곤 "뒷마무리를 확실히 하기 위해서", 침착하게, 실수 없이, 어찌 보면 심사숙고 끝에, 네 발을 더 발사했다.[68]

68 마지막 문장에 대해서는 다음과 같은 번역들이 있다: "그러므로 나의 사건은 가장 비루한 종류의 음난한 범죄 사건이요, 더욱이 피고는 흉악하기 짝이 없는 파렴치한 이라는 것이었다."; "문제는 최하급의 풍기 사건이고, 게다가 여기에는 도덕상의 괴물이 도사리고 한층 악화시키고 있는 것이다. "; "이것은 가장 음란한 범죄사건이요, 더구나 도덕적으로 타기할 만한 자가 관계했으므로 더욱 흉악하다는 것이었다."; "이번 사건은 가장 비천한 음란 범죄이며, 피고는 흉악하기 짝이 없는 파렴치한이다."; "그러므로 문제는 최하류의 외설 사건이며, 파렴치한에 상관되는 행위라는 것이 사건을 악화시키고 있었다."; "이것은 최하류의 외설 사건으로, 도덕적으로 파렴치한에 가깝다는 것이 사건을 더욱 심각하게 만들고 있다는 것이었다."

이양재(1992:206)는 26)에 대해, '자유간접화법이, 서술의 흐름에 기여할 뿐만 아니라, 화자-대화자(나아가서는 화자-독자) 간의 대화성을 높이는 효과 또한 자아내고 있다'고 말한다. 겹따옴표에 의한 '강조 표지'는 '화자의 의도와 그것의 전달 요구를 표현한다는 점에서 화자가 대화자(나아가서는 독자)를 은밀한 고발 형식의 대화성에 연루시키는 역할을 한다'는 것이다. 그는 이 대목에서 'je'의 실체가 아주 복합적이라고 본다. '검사의 시점에서 보는 살인자로서의 je와 법정 피고로서의 je, 주인공-화자의 시점에서 보는 과거 자신으로서의 je와 법정 피고로서의 je가 혼융되어 있다'는 것이다. '바로 이 같은 혼융 덕분에 주인공-화자 je가 검사의 시점과 자기자신의 시점을 화자에게 한꺼번에 서술하는, 은밀한 고발 효과가 발생한다'는 것이다. 두 번째 문장의 위 두 번역은 부분적으로는 재구성된 것이다. 'la lettre d'accord avec Raymond'은 'avait écrit'의 직접목적어인데, 두 번역은 목적어를 분리하여 '합의하에(작당해서) …편지를 썼다(쓴 것이었다)'라고 옮겼다. 이보다는 '작당한 편지를 써서 …하고, …했다'라고 옮기는 것이 더 적절한 선택으로 생각된다. 다음 ㄷ)은 수정 제안이다.

ㄷ) 그의 말은 그럴듯했다. 내가 레몽과 작당한 편지를 써서, 그의 정부를 꾀어냈고, '성품이 미심쩍은' 한 사내의 사악한 손아귀에 넘겼다. 백사장에서 내가 레몽의 상대들에게 시비를 걸었다. 레몽이 다쳤다. 내가 레몽에게 권총을 달라고 했다. 그걸 사용할 생각으로 혼자서 되돌아갔다. 계획대로 내가 아랍인을 쏘아 죽였다. 나는 잠시 기다렸다. 그리고 '일이 제대로 됐는지 확인 차'. 다시 네 발을, 침착하게, 확실하게, 말하자면, 숙고 끝에 쏘았다는 것이었다.

다음 27)은 이양재(1992:206)가 '뫼르소가 다른 등장인물에 대해 한 말이 자유간접화법으로 서술되는 경우'로 든 예이다.

27) Je l'avais pris par le collet de sa soutane. Je déversais sur lui tout le fond de mon coeur avec des bondissements mêlés de joie et de colère. Il avait l'air si certain, n'est-

ce pas ? Pourtant, aucune de ses certitudes ne valait un cheveu de femme. Il n'était même pas sûr d'être en vie puisqu'il vivait comme un mort. (2부 5장)

ㄱ) 나는 그의 사제복 깃을 움켜잡았다. 기쁨과 분노가 뒤섞인 채 솟구쳐 오르는 것을 느끼며 그에게 마음속을 송두리째 쏟아 버렸다. 그는 어지간히도 자신만만한 태도다. 그렇지 않고 뭐냐? 그러나 그의 신념이란 건 모두 여자의 머리카락 한 올만 한 가치도 없어. 그는 죽은 사람처럼 살고 있으니, 살아 있다는 것에 대한 확신조차 그에게는 없지 않느냐?

ㄴ) 난 사제복의 깃을 움켜쥐었다. 나는 기쁨과 분노를 한꺼번에 터뜨리며 내 가슴속의 모든 것을 신부에게 쏟아부었다. 그는 그렇게도 확신에 찬 표정이 아니던가? 하지만 그의 신념들 가운데 어느 하나도 여자 머리카락 한 올만큼의 가치조차 없었다. 그는 죽은 자처럼 살아가기에, 살아 있다는 것조차도 확신할 수 없었다.

이양재(1992:207)는 '본래 발화행위상의 청자인 고해 신부가 자유간접화법 서술에 힘입어 텍스트상에 3인칭 il로 나타남으로써, 마치 이 대목이 주인공-화자 je가 대화자 tu(나아가서는 독자)에게 il(고해 신부)에 대해 하는 말처럼 여겨진다'고 지적한다. 그래서 결과적으로, 앞 인용문에서보다 '더욱 적극적인 고발의 인상을 풍기는, 서술상의 대화성이 엿보'인다는 것이다. ㄱ)은 자유간접화법의 반과거들을 모두 현재처럼 옮기고 있고, ㄴ)은 '-었'을 두 번 사용하고 있다. 반과거는 ㄱ)처럼 하되, 다른 표현들은 그 구술성이 드러나게 하려면 상당히 바뀔 필요가 있다. 'puisque' 구문의 번역은, 그 의미상 그리고 리듬상, 맨 뒤로 돌려야 할 것이다. 김진하(2015:79-80)는 '자유간접화법의 번역은 이휘영의 지적대로 직접화법으로 옮기는 것이 적절하다'고 생각하는데, "너는 어지간히도 자신만만한 태도다. 그렇지 않고 뭐냐?"로 시작되는 이휘영의 번역은 실은, '직접화법'이 아니라, '자유직접화법'으로의 번역이다. 그는 ㄱ)의 번역이 '일인칭 서술자가 삼인칭 인물에게 말을 하는 것 같은 화법이 되어 독백이 되어'버린다는 이유로 이휘영 번역의 잘못된 '수정'으로 비판하고, ㄴ)의 번역에 대해서도, ㄱ)과 마찬가지로, '뫼르소의 격앙된 어조가 마치 일인칭화자의 내적 독백처럼 되어버렸다'고 비판하는데, 모두 적절치 않은 비판이다. 두 번역 모두 자유간접화법을 인지했으나, 번역이 다소 부자연스러웠을 뿐이다.[69] 김진하(2015:80)는 '이 대목의 자유간접화법의 표지를 잘 드러낸 것'은 다음과 같은 김예령(2011)의 번역이라고 생각한다. 다만 여기서 '당신'에 대한 동사어미의 호응은 '있어'보다는 '있소/어요'가 더 나을 것 같다는 의견을 그는 덧붙이고 있다.

> ㄹ) 그리고 그의 법복 깃을 그러쥐고 내 마음속에 담겨 있는 모든 것을 기쁨과 분노가 뒤섞여 격앙된 상태로 쏟아 냈다. 당신은 그처럼 확신에 찬 표정을 하고 있어, 그렇지? 하지만 당신이 확신하는 것들 중, 여자의 머리카락 단 한 올만큼의 가치라도 갖는 건 아무것도 없어. 심지어 당신에겐 당신 자신이 살아 있는 것인지조차도 확실치 않을 거야. 마치 시체처럼 살고 있으니 말이야.

이 번역은 원문의 자유간접화법을 '자유직접화법'으로 옮긴 것으로, 자유간접화법의 전체적 '다음성'(polyphonie)에서 서술자의 목소리는 원문에 비해 상대적으로 작아지고, 작중인물의 목소리가 과하게 커졌다. ㄹ)이 하나의 가능한 번역이기는 하나, 최선의 번역은 아니다. 다소 어색하더라도 자유간접화법으로의 번역이 가능하다면, 그것이 더 바람직하다. 번역 ㄹ)은 간결성 측면을 소홀히 한 것이 눈에 많이 띈다. '살아 있는 것인지조차도 확실치 않을 거야' 부분은 시제 해석도 잘못되어 있고, 첫 두 문장이 한 문장으로 처리되어 있는 것도 리듬상 부적절하다. 다음은 자유간접화법을 살리고자 나름대로 애쓴 수정 제안이다.

> ㄷ) 난 사제복 깃을 움켜쥐었다. 기쁨과 분노가 뒤섞여 솟구침을 느끼며, 가슴속 모든 것을 신부에게 쏟아부었다. 아주 확신에 찬 모습이다, 안 그런가? 그렇

69 한국어에서는 자유간접화법보다 자유직접화법이 일반적으로 훨씬 빈번히 쓰인다. 더구나, 영어나 불어에서처럼, 인칭과 시제가 변화하는 경우는 무척 드물지만(불어의 경우, 예를 들어, 일인칭이 삼인칭으로, 현재가 반과거로), 영문학자이기도 한 소설가 서정인(1987)에서는 그러한 예가 발견된다; 전성기(2005) 참고.

지만 그 신념들 가운데 어느 것도 여자 머리카락 한 올만큼 가치도 없다. 살아 있는지조차 확실치 않잖은가, 죽은 자처럼 살아가니까.

다음 예 28)은 '뫼르소가 자기자신에 대해 한 말의 서술'로, 이양재(1992:206)는 이 예를 들며, 이 말이 '주인공-화자 je에 의해 자유간접화법으로 서술됨으로써 또다른 대화성의 효과'를 낳고 있다고 기술한다. 28)은 27)에 바로 이어지는 대목이다.

28) Moi, j'avais l'air d'avoir les mains vides. Mais j'étais sûr de moi, sûr de tout, plus sûr que lui, sur de ma vie et de cette mort qui allait venir. Oui, je n'avais que cela. Mais du moins, je tenais cette vérité autant qu'elle me tenait. J'avais eu raison, j'avais encore raison, j'avais toujours raison. (2부 5장)

ㄱ) 보기에는 내가 맨주먹 같을지 모르나, 나에게는 확신이 있어. 나 자신에 대한, 모든 것에 대한 확신. 그보다 더한 확신이 있어. 나의 인생과, 닥쳐올 이 죽음에 대한 확신이 있어. 그렇다, 나한테는 이것밖에 없다. 그러나 적어도 나는 이 진리를, 그것이 나를 붙들고 놓지 않는 것과 마찬가지로 굳게 붙들고 있다. 내 생각은 옳았고, 지금도 옳고, 또 언제나 또 옳다.

ㄴ) 나, 난 빈손인 것처럼 보였다. 하지만 난 나에 대한 확신이 있었고, 모든 것에 대한 확신이 있었고, 그보다는 훨씬 더 확신이 있었고, 내 삶과 다가올 내 죽음에 대한 확신이 있었다. 그렇다. 내겐 오로지 그것밖에 없었다. 하지만 적어도 이 진리가 나를 사로잡는 만큼이나 나는 이 진리를 깨닫고 있었다. 내가 옳았었고, 여전히 옳았고, 난 늘 옳았다.

이양재(1992:207)는 28)에 대해, 'je의 복합적 성격이 주인공-화자로 압축되기 때문에, 대화자를 대상으로 하는 서술상의 대화성이 앞서 언급한 고발을 정당화하는 자기 옹호의 성격을 띠고 있다'고 설명한다. 예 28)은 27)에 이어지는 것이니, 반과거 번역도 27)에서처럼 '현재'로 옮기는 것이 나을 듯하다. ㄱ)은 마치 '자유직접화법'의 번역처럼 되어 있는데, 어미를 '-다'

로 하면 자유간접화법 느낌이 다소 날 것이다. 'plus sûr que lui'에서 'lui'의 번역을 '그처럼'이라고 하면 오해의 여지가 있으니, '그이보다'라고 하는 것이 나아보인다. 'Mais du moins' 구문의 번역은 ㄱ)은 간결치 못하고, 'Mais' 구문은 ㄴ)이 되풀이된 '있었고'로 인해 다소 무거운 느낌을 준다. ㄴ)은 두 'tenir'도 다르게 옮기고 있는데, '휘잡다'라고 하면 어떨까? ㄷ)은 전체적으로 보다 간결한 번역이다.

> ㄷ) 난 빈손으로 보인다. 하지만 나에 대한 확신, 모든 것에 대한 확신, 그이보다 더한 확신, 내 삶과 다가올 이 죽음에 대한 확신이 있다. 그렇다. 그것밖에 없다. 하지만 적어도, 이 진리가 나를 휘잡는 만큼 나도 이 진리를 휘잡고 있다. 난 옳았고, 여전히 옳고, 늘 옳다.

⁂

들릴(2013b:29-30)은 문학번역비평을 하는 것은 섬세한 분석을 통해 심층적 의미와 번역자의 기획으로 재현된 것을 포착하는 것이라고 말한다. 그에 의하면, 문학작품의 번역은, 어떤 의미에서는, 원작품이 도달한 글쓰기 작업을 이어가는 것이고, 번역비평은 다시쓰기과정으로서의 번역의 특수한 성격과 관련되는 것이다. 그는, 앞서 보았듯이, 문학번역비평은 번역이 원텍스트와 동일한 문학적 속성들, 동일한 미적 특질들, 동일한 심층적 일체성을 지녔는지 살피는 것이라고 말한다. 하지만 이러한 이상의 도달은 드물고, 그래서 '위대한 번역'이 드문 것이다. 그렇지만 그러한 이상의 도달을 위한 탐구와 노력은 매우 중요하다. 번역문법적 분석은 번역과 번역비평에서, 전일적 접근을 충분히 고려하며, 그러한 시도를 부단히 할 필요가 있다. 번역(비평)이론소와 '변별적 자질(의미)' 개념에 기반한 《이방인》의 문체나 에크리튀르에 대한 논의들은 그 작품성의 적절한 전체적 재현에 길잡이 역할을 할 것이다. 물론 만족스러운 결과를 얻는 경우는 흔치 않다. 생각할수록 도출된 '답들'에 대해 더 많은 의문들이 생겨나는 경우들이 대부분이다.

위의 제시된 《이방인》 재번역의 많은 경우들도 그러하다. 메이에르(2012)의 '제문론적 수사학'을 빌어 말하자면, 번역과정에서 얻어진 '응답적 답들'이 끊임없이 '제문적 답들'로, 즉 새로운 '물음들'로 바뀌는 것이다. 르블랑(2009:146)에 의하면, '완료된 번역도 늘 하나의 가정'일 뿐이다. 하나의 '사실'(fait)이 아닌 것이다. 질문 과정은 선택의 중지를 선택하기 전까지 지속된다. 특히 작품들의 번역에서는 이러한 메타언어적 혹은 메타번역적 고찰들의 반복이 불가피하다. 원텍스트와 번역텍스트 사이의 의미·문체 등의 '거리 교섭'은 최선 혹은 차선의 결과의 도출을 위해 치열해야 할 필요가 있다. 문학텍스트의 번역이 들릴(2007)이 말하는 '엇결린 번역'이 되지 않기 위해서는 원텍스트의 문체와 에크리튀르가 가급적 존중되어야 한다.

작품의 번역과 번역비평에서는, 일반적 경우들보다, 전체 맥락과의 유기적 관계나 관련 텍스트들과의 상호텍스트성이 더 적극적으로 고려되어야 한다. '레고 사유'가 아니라, '그물 사유'가 필요한 것이다.[70] 이 점을 염두에 두기는 했으나, 위에 제시된 수정번역들에서 그러한 고려가 충분했다고 자신있게 말하기는 어렵다. 제시된 재번역이 적절치 않은 경우가 전혀 없다고 장담할 수도 없다. 하지만 번역문법의 분석적 접근이 문학적 '에크리튀르'의 번역과 번역비평에서 유용함을 다시금 확인할 수 있었다.[71] 이는 문학번역과 문학번역비평이 '탐구번역'과 '탐구번역비평'이 되는 것이 바람직함을 의미하는 것이기도 하다.[72] 여기서는 《이방인》 텍스트가 '극히 제한적인

---

70 김종욱(2007:63): "이처럼 근대적 합리성에 기반해 산업적 생산효율성과 자연의 도구적 이용성을 강조하는 기존의 주류 서양 사유는 더 이상 분할할 수 없는 개별자들의 독자성과 그들 본질의 영속적 고정성을 지향한다는 점에서 실체론적 사고방식이며, 마치 레고 벽돌로 집 짓기를 하듯 최소자로 환원된 요소들의 조합을 통해 세계를 기계적으로 축조하려 한다는 점에서, 그런 식의 사유는 일종의 '레고(lego)의 사유'이기도 하다. 이에 비해 오늘날 생태학과 불교가 공유하는 '상호의존성'이란 수많은 조건들간의 끊임없는 상호 관련작용을 가리킨다는 점에서, 상호의존성의 사유는 관계론적 사고방식을 말하며, 다중적 조건들의 끝없는 얽힘과 되먹임을 함축한다는 점에서, 상호의존성의 사유는 일종의 '그물(jāla, web, network)의 사유'이다. 이런 '그물의 사유'를 현대적으로 표현하면 '네트워크의 사유'이고, 불교식으로 표현하면 '인드라망의 사유'이다."

71 이 책 13장 참고.

어휘', '짧고 섬 같은 구문', '고립적 서술', '비형용적 기술'로 이루어져 있으며, 《이방인》 텍스트의 핵심이 '최소성', '간결성', '솔직성'이라는 것 등을 《이방인》의 '번역(번역비평)이론소들'로 삼아, 원텍스트의 '변별적 자질들'을 잘 포착하여, 세밀한 번역과 번역비평을 시도해본 것이다. 이 과정에서 '응답적 답들'은, 맥락, 특히 텍스트 전체나 상호텍스트성을 고려하다 보면, 그리고 부분과 전체의 해석적 순환을 반복하다 보면, 계속 '제문적 답들'로 바뀐다. 그래서도 번역과 번역비평에서 대화적인 '탐구적 논증'의 필요성이 크다.[73] 여기에 제시된 번역문법적 분석 방식은 '좋은 번역'과 '좋은 번역비평'을 하기 위한 유일한 혹은 최선의 방법이 아니라, 단지 '원텍스트 에크리튀르의 보다 세밀한 재현'이라는 '번역 기획'을 택하는 경우, 이에 따른 탐구번역(비평)의 한 모습인, '문법·작품·번역'의 회통적 탐구에 적합한 방식이다. 이 같은 작업은 다른 많은 작품들에 대해서도 지속적으로 이루어질 필요가 있다. 그리고 그 결과들은 문법서와 사전들에, 나아가 교육과 학습에도 반영되어야 할 것이다. 이는 우리 인문학의 번역인문학적 패러다임 전환을 준비하는 과정이기도 하다.

---

72 원텍스트를 잘 읽고 이해하기 위해서는, 적절한 (내재적)번역비평과 번역글쓰기가 되기 위해서는 관련 자료들의 도움이—그러한 것들이 있을 경우—절실히 필요하다. 또한, 작품의 이해가 번역텍스트에 적절히 재현되기 위해서는 전일적 접근이 동반되는 분석적 접근을 적극 시도할 필요가 있다.

73 이 책 4장 참고.

제15장 번역교육과 인문교육

대학의 번역교육은 이제 다시금 새롭게 생각할 필요가 있다. 번역교육이 학교 외국어 교육에 필요하다는 지적은 불어권에서는 적어도 80년대 초부터 있었다.[1] 라드미랄(1984:43)도 외국어교육에서 듣기·말하기·읽기·쓰기 외에 번역을 제5 기능으로 추가해야 한다고 주장한 바 있다.[2] 그러나 한국의 경우, 고교는 물론 대학에서도 이러한 주장에 대한 공감은 여전히 미약하다. 정명진(1979)에서 박경일(2001, 2003), 박노철(2004)에 이르기까지 여러 연구자들이 대학 외국어교육에서 번역의 필요성을 나름대로 주장해왔으며, 김륜옥(2001:2)이 '학제간 협동작업을 원칙으로 한 번역교육의 모델'을 제시한 바가 있긴 하다. 하지만 전반적으로 외국어문학 전공들에서도 번역교육은 아직 심도있게 이루어지지 못하고 있는 것으로 파악되고 있다. 대개의 대학 외국어교육은 도구교육 차원에 머무를 뿐, 인문문화의 폭넓은 이해와 소통의 차원으로 나아가지 못하고 있는 것으로 보인다.

번역은 외국어교육의 다양화를 위해서도 필요할뿐더러, 이제는 번역이 외국어교육을 넘어 문학교육,[3] 문화교육, 인문(학)교육의 차원에서 심도 있

1 로트(1983) 참고.

2 유명우(2000b)도 제5 기능으로서의 번역교육의 필요성을 주장한다.

3 정혜용(2007b)은 불문학의 측면에서 문학번역교육에 대한 유용한 정보들과 성찰들을 제

게 검토되어야 할 시점이다. 대학에서 번역교육을 통한 인문(학)교육은 외국어교육의 연장선상에 있다. 하지만 번역의 '활용'이라는 하나의 연속체에서 우리는 아직 한쪽 부분도 제대로 소화하지 못하고 있다. 이러한 때 번역교육과 인문교육, 외국어 심화학습과 인문교양학습이 조화를 이룰 수 있다면 바람직할 것이다. 인문학 위기론이 여전히 식자들 사이에 널리 회자되고 있고, 고전의 연구번역이 학위논문으로 인정되어야 한다는 주장도 폭넓게 설득력을 얻고 있는 이즈음, 우리 대학교육, 특히 외국어문학이나 외국인문학 전공에서의 번역교육은 인문학 텍스트들의 번역에 대한 성찰을 인문교육과 연계지어 새롭게 접근할 필요가 크다. 우리 인문학의 대부분이 번역된 것이면서도 번역에 대한 성찰이 태부족인 실정을 고려할 때, 이러한 접근은 '닫힌 제도로서의 인문학을 넘어 인문학의 새로운 열림을 도모'하는 하나의 '인문학적 기획'[4]인 '번역인문학'으로 나아가는 중요한 한 걸음이 될 수 있다.

1. 번역과 소통

번역에 대해 전통적으로 인정해온 기능 중 첫째는 '소통'이라고 제마르(1990:247)는 지적한다.[5] 번역은 다른 언어로 생각되고 쓰여진 인간의 저술들의 발견을 통해 과거 또는 현재의 문명이나 문화들에 대한 접근을 가능하게 함으로써 인류의 발전에 기여해왔다는 것이다. 번역을 통한 소통은 다양한 방법과 양식들을 통해 이루어져 왔으며, 오늘날에는 이들에 대한 논의들이 번역학에서 다양하게 이루어지고 있다. 직역/의역 문제는 소통 양식의 한 문제이기도 하다. 번역에 대한 생각은 언어에 대한 생각과 분리될 수 없다. 사실, 언어에 대한 이해가 언어로 된 텍스트 번역에 대한 생각을 크게 좌우한다. 유의해야 할 것은 언어는 단순 소통의 도구가 아니고, 소통

시하고 있다.

4 이광호(2006:455) 참고.

5 라드미랄(1984:43)도 번역의 소통 측면을 강조한다.

은 단순 전달이 아니라는 것이다. 텍스트에 쓰인 언어는 도구 이상의 것이고, 텍스트에서의 소통도 전달을 넘어선다.[6] 한 텍스트에는 그 저자도 충분히 의식하지 못한 것들이 담겨 있을 수 있고, 독자도 저자의 의도를 넘어 텍스트를 다양하게 읽어낼 수 있다. 소통은 일종의 만남이다. 만남에 피상적 만남과 심층적 만남이 있듯이, 소통도 그러하다. 소통을 단순 전달로 생각하는 것과 회통이나 '하나됨'으로 생각하는 것 사이에는 큰 차이가 있다.

리쾨르(2006)는 '번역 텍스트들이 번역을 통해 전달하고자 하는 것들은 단어나 문장들이 아니라 원문 텍스트'라고 말한다. 그에 의하면, '번역가의 과제'는 '단어에서 시작해서 문장으로, 텍스트로, 문화 전체로 나아가는 것이 아니라, 오히려 그 반대로 나아가야 하는 것'이다. 즉, '번역가는 폭넓은 읽기를 통해 한 문화의 정신에 깊이 침잠하면서 텍스트에서 문장으로 그리고 끝으로 단어 차원으로 내려가야 한다는 것'이다(136-7). 그는 '등가'의 '진정한 본성'은 '추정'되기보다 '생산'되는 것이라고 말한다(146). 번역의 위험이면서 동시에 위대함이란 바로 원문에 대한 '창조적 배반'이 발생하는 것이고, 수용언어를 통한 '창조적인 제것화'가 이루어지는 것이다.[7] 리쾨르는 이를 '비교 가능한 것의 구성'이라고 말한다(151). 동일한 낱말이라도 맥락이 달라지면 그 의미가 달라질 가능성이 크고, 따라서 그 번역이 달라져야 할 가능성 또한 매우 높다. 번역에서 사전에 등재되지 않은 이른바 '미등재 표현'을 찾아내야 하는 경우가 잦아지는 것이다.[8] 이중어사전에서 원 낱말과 대등 낱말이 '동일하다'는 것은 지나친 단순화거나 착각이다. 맥락이나 상황에 따라 유사하게 쓰일 수 있을 뿐이다.

번역이 소통이라면 번역교육은 소통교육이다. 이 소통교육은 크게 두 가지로 구분된다. 하나는 학습자가 직접 번역을 하도록 교육하는 것이고, 다

---

6 이 책 6장 참고.

7 윤성우(2006) 참고.

8 들릴(1981:142)이 '해석이론'의 번역 방법으로, 나아가 번역의 핵심적 원리로 내세우고 있는 것은 '유추'이다. 그는 이 유추에 의해 새로운 맥락적 등가 표현이 창출된다고 말한다. 그는 '번역의 모든 등가치가 미리 주어진 것이 아니며, 텍스트 의미의 탐구와 재현은 유추에 의해 이루어진다는 것'을 번역에 대한 기초적 가정으로 내세운다.

른 하나는 타자의 번역에서 배우도록 교육하는 것이다. 번역교육은 이 두 가지를 모두 활용할 수 있지만, 우선 후자를 활용하는 것이 권장된다. 교육자료는 문학·사학·철학의 다양한 원텍스트들과 그 번역텍스트들로, 이들의 대조나 비교 검토 분석을 통해 소통의 다양한 측면들이 고찰될 수 있을 것이다. 대조나 비교는 흔히 랑그상의 작업으로 간주되나, 여기서는 텍스트상의 작업을 의미한다. 피교육자의 지식이나 언어능력 정도에 따라 다르겠으나, 일반적으로 텍스트는 교육과 학습상 필요로 인해 적당히 어려운 것을 택할 필요가 있다. 텍스트의 이해에는 오해의 가능성이 상존하기에,[9] 텍스트를 읽을 때 '새로운 이해'의 가능성, '다른 이해'의 가능성에 마음을 열도록 교육자는 피교육자를 이끌어야 한다. 메즈리(2005:122)가 지적하듯이, 번역은 온갖 종류의 부족이나 결핍을 '관리'하는 것이고, 전달되는 말이 변형될 수밖에 없는 것이 '소통의 일반 법칙들'에 속하는 것이라면, 손실의 보전 또한 필요하다. 즉 손실의 '관리'가 필요하다. 이러한 관리는 낱말 차원보다 텍스트 차원에서 우선적으로 고려되어야 하나, 텍스트의 세부적 이해도 그 못지않게 중요하다. 텍스트의 세부적 이해는 텍스트의 전체적 이해와 분리되지 않는다. 문학작품의 경우, 전자가 번역문법적 이해에 주로 초점이 맞추어져 있다면, 후자는 텍스트성과 작품성 이해에 중점이 두어져 있지만, 양자 사이에 해석적 순환이 조화롭게 이루어지는 것이 바람직하다.

바벨탑의 신화는 흔히 인류에 대한 하나의 저주로 해석된다. 그래서 시 언어의 경우이건 철학 언어의 경우이건, 이른바 '순수 언어'에 대한 탐구는 이러한 저주의 극복의 노력으로 간주되기도 한다. 그러나 우스티노프(2007b:24)는 언어들의 다양성을, 바벨탑 신화의 성급한 해석처럼 '저주'가 아니라, 서로 풍요로워질 수 있는 하나의 '요인'으로 새롭게 해석한다.[10] 우리는 이러한 긍정적 해석에 공감한다. 언어들의 차이와 다양성을 서로가 풍요로워지는 하나의 계기로 삼으려는 노력과 탐구는 인문(학)적 소통의 노

9 오죽하면 이해는 오해의 한 특별한 경우라는 말까지 있겠는가.

10 오스트(2006)도 유사한 의견을 피력한다.

력과 탐구이다. 인문학 텍스트의 번역과 비평을 통해 이루어지는 이러한 일들은 간헐적 단편적으로 이루어질 수도 있고, 지속적 체계적으로 이루어질 수도 있다. 대체로 전자가 일반적 탐구번역과 탐구비평에 속한다면, 후자는 연구번역과 연구비평에 속한다고 말할 수 있다. 양자는 하나의 연속선상에 있다.[11] 인문학 텍스트들은 미적 문학적 성격 중심 텍스트, 개념적 성격 중심 텍스트, 기술적(technique) 성격 중심 텍스트 등 그 성격이 다양하고, 또 대개는 이들이 혼재해 있다. 그 성격이 어떠하든, 타언어·타문화에 대한 배려·존중·경청과 탐구의 노력 없이 번역을 통한 깊은 소통을 기대하기는 어렵다. 그런 의미에서도 리쾨르(2006)가 말하는 '언어적 환대'는 깊이 음미해볼 필요가 있다. 에나프(2006:76)는 이 '환대'가 '동일성 없는 등가'라는 번역의 성격으로 인해 불가피한 것으로, '이타성의 윤리'에 의한 것임을 지적한다. 이러한 반김 혹은 배려로 인해 이국성도 접근 가능해지고, 우리 자신의 정체성도 인지하게 되는 것이다.[12]

앙세(1999:181)는 모든 번역이 반역임을 개탄하기보다, 번역이 반역임을 당당히 내세우라고 조언한다. 그에 의하면, 번역은 '이중 반역'이다. 그것은 번역이 '옮기는 것'이라기보다 '서로 만나게 하는 것'이기 때문이다. 두 언어, 두 '목소리'는 이 만남으로 의해 서로 '변화'된다. 이 변화의 과정을 그는 '이중 반역'으로 묘사한 것이다. 번역은 원어의 사라짐으로 인해 원어에 대한 반역이고, 번역어에서 '이타성'의 낯선 목소리를 듣기 되기에 번역어에 대한 반역이라는 것이다. 그러나 이 '이중 반역'을 통해 원텍스트의 깊은 의미를 읽어내어 자신의 언어, 자신의 모국어에 깊이를 더하고, 그 소진 불가능한 잠재력을 일깨운다면, 이는 진정 의미있는 일이다. 그러기 위해 번역은 '의미의 등가'뿐 아니라 형태나 형식, 리듬 등 이른바 '시니피앙스의 등가'도 충분히 고려해야 한다. 적지 않은 번역학자들이 '읽기'의 중요성을 강조하고 있지만, 많은 인문학 텍스트들이 일종의 '덧쓰기'(palimpseste)처럼 이루어진

11 이 책 8장 참고.

12 에나프(2006:77) 참고.

것이고, 이들에서 맥락과 상호텍스트성이 중요한 것이라면, 번역교육의 읽기교육에서도 이러한 점들이 충분히 고려되어야 할 것이다.

2. 번역과 문화

바이위(2001:155)는 한 언어의 문화를 가르치는 것을 빙산의 일각에 비유한다. 일반의미론학자들을 비롯한 많은 연구자들이 지적하듯, '언어'와 '문화'가 별개의 낱말이라 해서 그 대상들도 현상적으로 구분되는 것은 아니다.[13] 언어와 문화는 거의 불가분이라고 할 만큼 밀접하게 연관되어 있다.[14] 우리는 문화는 '번역불가능'(intraduisible)이라는 말을 때로 듣는다. 낱말이나 표현에서 문화적 성격이 클수록 번역이 그만큼 더 어려운 것은 사실이다. 그래서 '문화어'(혹은 '문화상관어')들의 경우, 최소 번역의 한 경우라 할 수 있는 '차용'이 흔히 사용된다. 한국어 형성에서 큰 부분을 차지하는 다양한 유래의 '한자어'들도 차용의 경우들이다. 이를 보아도, 문화번역에서 차용의 역할은 결코 미미한 것이 아니다. 그렇지만 차용만이 문화번역의 수단은 아니다.[15] 다양한 다른 가능성들이 모색되어야 한다. 카생(1998a:1114)은 '번역불가능한 것들'을 '번역에서 문제가 되는 것들이고, 그래서 때로 신조어나 기존어에 새로운 의미 부여가 필요하기도 한 것들, 낱말들이나 그 개념망들이 중첩될 수 없음을 나타내는 하나의 지표로 작용하는 것들'이라고 설명한다. 이러한 의미의 '번역불가능한 것들'은 인문학번역의 훌륭한 탐구의 소재들이다.

그런데 유의해야 할 것은 문화번역이 이른바 '문화어'에 국한되는 것이 아

---

13 '몸'과 '마음'도 별도의 낱말이기에 우리는 흔히 이들을 분명히 구분되는 것으로 대개 받아들이나, 실상은 이와 사뭇 다른 것으로 점점 밝혀지고 있다.

14 불어의 'langue-culture', 영어의 'languaculture' 같은 표현들도 그래서 고안된 것이다.

15 중국어는 범어 불경 번역을 할 때 음역을 하면서도 '글자에 의미를 담는' 노력을 했음을 우리는 알고 있다. 예를 들어 'samdhi'의 음역인 '三昧'에는 '세 가지에 어두워진다', 즉 '보는 자, 보이는 대상, 보는 행위', 이 셋의 구별에 어두워진다는 의미를 담았다고 하니, 훌륭한 '의역'이기도 하다.

니라는 점이다. 예를 들어 불어의 'maison', 'montagne' 같은 일상어가 한국어로는 '집', '산' 등으로 불한사전에 올라 있지만, 그 시니피에는 물론 그 일상적 지시물도 완전히 같은 것은 아니다.[16] 외국어를 잘 하려면 원어사전을 보라고 흔히 조언하지만, 번역에서는 이중어사전의 도움이 매우 긴요하다. 그렇지만 그 도움이 실제로는 매우 제한적이며, 왜곡의 가능성마저 있다는 데에 우리는 깊이 유의해야 한다. 번역어를 통해 번역자, 특히 미숙한 번역자가 사전에서 얻게 되는 정보는 원천문화에 대한 것이 아니라 목표문화에 대한 것일 수 있다. 'maison'을 '집'으로, 'montagne'를 '산'으로 옮긴다고 해도, 이들과 다른 유사 표현들과의 차이를 이해하지 못하면 사실 정확한 외연적 이해가 어렵다. 번역에서 중요한 것은 낱말 자체가 아니라, 해당 맥락에서의 지시물을 정확히 파악하는 것이다. '영혼', '자유'로 번역되는 'âme', 'liberté' 같은 추상어들은 그 이해도 어려울뿐더러, 설령 이해한하다고 해도 그 번역이 마땅치 않은 경우들이 허다하다.

무엇보다 주어진 맥락이나 상황에 대한 이해가 충분치 않다면, 정확한 이해가 애초부터 가능하지 않다. 해당 내용은 물론, 유사 표현들, 맥락이나 상황에 고려가 충분치 못하면, 문화의 차이는 이해보다 오해될 가능성이 매우 높다. 오스트(2006:26)는, 훔볼트에 이어, 불어의 'cheval'은 영어의 'horse', 라틴어의 'equus'나 희랍어 'hippos'와 똑같은 것을 전혀 일깨우지 않음을 알아야 한다고 상기시킨다. 이들 사이에 '말'의 '이데아'(idée)를 요약하는 공통 척도가 없다는 것이다. 의미적 분할 차원에서 그러하다면, 문법 차원이나 시니피에를 지시물과 연관짓는 다양한 방식들을 언급하지 않더라도, 모든 언어들에 초월적인 하나의 보편적 합리적 언어에 대한 야망은 포기하는 것이 좋을 것이라고 그는 권고한다. 이해는 해석학에서 말하는 선입견, 선입관을 벗어나기 힘들다. 그런 만큼, 타언어·타문화를 이해하려고 할 때 상대의 입장에 대해 '공감적' 이해, 즉 역지사지가 되도록 힘써야

16 시니피앙과 불가분의 관계에 있는 시니피에를 지시물과 혼동하지 말아야 하고, 기호와 상관관계에 있는 지시물과 구체적 맥락이나 상황에서의 지시물도 혼동하지 말아야 한다. 시니피에는 번역자나 비평자의 지각이나 인지의 대상이 아니다.

한다. 이는 번역의 인문교육에서 매우 중요한 측면이다.

어휘뿐 아니라 문법도 언어문화의 한 현상이다. 우리는 불문법서들에서 예를 들어 'Je suis étudiante'가 '나는 여학생이다'로, 'Il mange du pain'이 '그는 약간의 빵을 먹는다'로 번역되어 있는 것을 흔히 본다. 이는 '대명사'와 '문법 성', '부분관사'의 기능과 의미에 대한 이해가 미흡하거나 잘못된 결과이다. 문법도 중요한 의미 문제이고 따라서 번역상에서 매우 중요한 고려 대상이다. '탈맥락적 탈상황적'이라는 문법 예문들은, 우선 자연스러운 문장이어야 하지만, 상황이나 맥락이 인위적으로라도 부여되지 않으면 번역이 제대로 되지 않는다. '나는 여학생이다' 같은 번역이 '랑그'의 번역이라는 것은 큰 착각이다.[17] 이들은 '중간번역'이거나 부적절한 번역일 뿐이다. 위의 예들에 'Qu'est-ce que vous faites (dans la vie)?', 'Qu'est-ce qu'il fait?' 등의 맥락이 부여되면, 이들은 '(대)학생이에요', '빵 먹(고 있)어요' 정도로 쉽게 번역된다. 이들은 우리가 외국어의 문법교육에서 의미 문제에 대해 충분히 주의를 기울이지 못했음을 보여주는 아주 작은 예들에 지나지 않는다. '번역불가능한 것들'을 다루는 것은 번역의 난점들을 다루는 것이고 언어들간의 차이의 주요 징후들을 다루는 것이라는 카생·브리파르(2006)의 말은 문법의 경우들에도 유효하다. 문법적 차이에도 불구하고 텍스트에서 어떻게 유사한 의미의 '효과'를 낼 수 있는가를 면밀히 살피는 것은 번역문법의 중요한 일의 하나이다. 이러한 차이들에 대한 고찰들은 원어의 섬세한 이해뿐 아니라 역어를 풍요롭게 하는 데에도 크게 기여할 수 있다.

우리는 사전과 문법서를 올바로 이해해야 한다. 이들은 번역의 참고서들이지 번역의 '법전'들이 아니다. 참고와 인용은 분명히 다르고 또 구분해야 한다. 그렇지 않으면 '참고'는 오용과 오역의 근거나 이유가 될 뿐이다. 외국어교육과 번역교육에서 상황과 맥락에 대한 적극적 고려와 성찰은 매우 중요하다. 원칙적으로 사전과 문법서의 번역예들은 랑그가 아니라 담론이나

---

17 랑그는, 소쉬르가 강조한 '가치'(valeur)의 문제로 인해, 엄밀한 의미에서는 번역이 안 된다고 해야 할 것이다.

텍스트상의 것들이다. 홍성욱(2000:223)은 '대학에서의 인문학 교육은 텍스트를 창조적으로 읽고, 질문을 던지고, 이에 답하면서 자신의 해석을 잘 만들 줄 아는 능력을 키워주는 것'이라 말한다. '그저 텍스트의 내용을 주입하거나 고전을 성현의 말씀과 같은 식으로 절대화하는 교육은 학생들의 교육에 적합치 않다'는 것이다. 이러한 지적은 사전과 문법서라는 텍스트들의 읽기에도 그대로 적용된다. 사전과 문법서도 성찰적으로 읽을 수 있어야 적절한 참고와 활용이 가능하다. 별로 어렵지 않은 인문학 텍스트라 해도 이중어사전 번역예들의 참고로 충분한 경우는 흔하지 않다. 번역이나 그 비평을 위해서는 해당 내용과 관련 내용은 물론, 맥락이나 상황에 대한 깊이 있는 읽기와 이해가 매우 긴요하다. 이는 번역에서 '읽기-해석'과 긴밀히 상호작용하는 '번역비평과 번역글쓰기'의 수행을 위해서도 매우 중요하다.

대개의 번역학 이론들은 번역자가 원천 언어문화와 목표 언어문화를 모두 잘 아는 것으로 전제한다. 그러나 우리 대학 현장의 실상은 이와 거리가 아주 멀다. 대상 텍스트와 그와 관련된 지식들이 충분치 못해 발생되는 문제 못지않게, 원천 언어문화와 목표 언어문화에 대한 지식이나 이해 부족으로 인해 번역이 오역으로 점철되는 경우가 매우 빈번하다. 이와 더불어 번역학 지식의 부족도 작지 않은 문제이다. 이런 저런 이유들로 인해 발생하는 오역이 나쁘기만 한 것은 아니다. 병의 이해가 건강의 이해에 주요 자료가 되듯이, 오역도 적절한 번역이나 좋은 번역으로 나아가는 주요 자료가 될 수 있다. 그럼에도 불구하고, 그러한 방향의 노력들은 좀체 발견되지 않는다. 대개는 오역이 비난이나 힐난의 구실이 될 뿐이다. 사전과 문법서라는 참고서들도, 적어도 번역의 측면에서 볼 때, 상당히 부실하거나 부적절해서 번역에 대해 섬세한 도움을 받기가 어렵다. 문법, 나아가 번역문법이 원텍스트의 섬세한 읽기와 적절한 번역글쓰기의 기본이라는 인식 자체가 결여되어 있는 것이다. 대학의 번역교육은 인문학 텍스트를 통한 번역교육을 위해, 사전과 문법서의 적절한 사용에 대한 이해교육부터 시행할 필요가 있다.

3. 번역과 인문적 사유

홍성욱(2003:91-2)은 '인문학적 사유'를 '꿈꾸는 듯한 상상력이나 뜬구름 잡는 듯한 선문답이 아니라, 복잡한 수학 문제를 푸는 것과 같은 치밀하고도 분석적인 정신 노동이며, 훈련과 교육을 통해 개발'되는 것이라고 지적한다. 더 구체적으로, '텍스트를 읽고, 이를 콘텍스트 속에 위치시켜 이해하고, 요점을 파악하고, 이를 자신이 알고 있는 다른 텍스트와 비교하거나 연결해' 보는 것, '문제점을 찾고, 그 문제를 설명할 자신의 가설이나 주장을 생각해 보고, 이를 뒷받침할 증거를 찾아 보고, 이러한 자신의 생각이 다른 사람에 의해 이미 제기되었는지 확인해보고, 비슷한 주장과 무엇이 다른지 살펴보고, 또 이것을 글로 엮어 보고, 그 글을 고치고, 보충 자료를 읽어 첨가하고, 다시 고치고, 이를 위해 폭넓은 인문학적 교양의 습득과 독서를 게을리 하지 않는 것', 이러한 것이 '고차원적인 인문학적 사유를 위해 우리가 몸으로 익혀두어야 할 습관들'이라는 것이다. 이들은 텍스트 번역이 인문적이 되기 위해 필요한 것들이기도 하다. 저자는 '대학의 인문학 교육은 이러한 습관을 학생들이 체득하도록 도와주는 식으로 진행되어야 한다'고 조언하는데, 이는 도구 차원의 외국어교육을 넘어 인문(학)적 사유를 함양시키고자 하는 우리의 번역교육이 귀담아 들어야 할 귀중한 조언이다.

저자는 이전의 한 글에서, '인문학의 방법론은 텍스트를 읽고 그 의미를 이해하는 데서 출발하는데, 이는 자연과학의 방법에 비해 더 보편적이고 비판적이며 반성적'이라고 그 방법론적 성격을 설명한 바 있다.[18] 이러한 '비판성', '반성성', 그리고 '성찰성'은 인문(학) 작업의 주요 특징들로,[19] 인문적 번역교육에서도 유념해야 할 것들이다. 텍스트번역이 그 구성요소들의 의미를 사전과 문법서에서 '짐 찾듯이' 찾아 옮기기만 하면 되는 것쯤으로 생각하는 듯한 풍조가 만연해 있지 않은가[20] 하는 우려를 금할 수 없는 현

18 홍성욱(1997:382-3).

19 손도현(2006:212-3)은 주관연관성, 가치지향성, 반성성을 인문학의 세 가지 특성으로 들고 있다.

상황에서, 위의 지적들은 인문학 텍스트 읽기와 번역교육에 대해 시사하는 바가 매우 크다. 번역교육의 자료가 인문학 텍스트일 경우, 번역교육은 사실 인문교육이나 다름없다. 번역은 자연과학이 말하는 그러한 객관적인 작업이 아니다. 주관성이 개입되게 마련이고, 그러하기에 주관상호성의 구축에 부단히 힘을 기울여야 하는 작업이다. 이 구축과정은 일종의 탐구적 대화적 논증과정이다. 인문학번역은 넓이와 깊이에 차이는 있지만, 그 과정에서 읽기와 해석, 번역비평과 번역글쓰기 모두가 반성적·비판적·성찰적 작업이 되어야 하는 만큼, 매우 인문적인 작업이다. 인문학번역의 교육에서도 이러한 점들이 충분히 고려되어, 폭넓고 깊이 있는 공감적 성찰적 작업이 되도록 해야 할 필요가 있다. 외국어 텍스트의 심도 있는 학습이 모국어의 더 깊은 이해에 크게 도움이 된다는 점도 번역교육에서 간과할 수 없는 주요 사항이다.[21]

리(2005:427)는, 일반의미론의 관점에서, 우리가 어떤 것에 대해 무언가 말하기는 쉽지만, 말해진 것의 제한적 부분적 성격을 의식하는 것은 쉽지 않다는 중요한 지적을 한다. 언어 층위는 침묵 층위의 대상·행위·경험들의 충만함으로부터 약간의 세부적인 것들만 추출하여 나타내기 때문이다. 이러한 '추상화 의식'은 우리가 말할 때 말을 멈추고 침묵 층위에 주의를 기울일 때 더 용이해지나, 그러한 습관의 체득은 매우 어렵다고 저자는 지적한다. 저자가 말하는 침묵은 '외적인 것'뿐 아니라 '내적인 것'도 의미한다. '침묵은 관찰에 기회를 제공'하고, 침묵의 습관은 말하기 전에 관찰할 시간을 준다. 관찰은 따지고 보면 우리가 과학, 기술 등으로 아는 것들의 창조적 근원이라는 것이 저자의 생각이다. 이러한 일반의미론적 사고는 불교에서 비롯되어 현재 심리학에서도 깊이 있게 연구되고 있는 '사띠'(혹은 '온마음')[22]와도 연계된다. 이 '온마음'을 실천하기 위해서는 데이비스(1997)가 말하는

20 흔히 번역을 '옮김'으로 '역자'를 '옮긴이'로 쓰는데, 이러한 표현들도 혹 그러한 경향에 한몫을 하는지 모른다.

21 오스트(2006:42) 참고.

22 '사띠'는 영어로는 'mindfulness', 불어로는 'pleine conscience'라고 한다.

'지연'(delay) 기능을 충분히 활용할 필요가 있다. 우리는 성급히 판단 내리기에 앞서 한 걸음 물러서 관찰하고 성찰할 수 있어야 한다. 이러한 지연을 통한 관찰과 성찰은 인문적 번역교육에서도 활용될 수 있다. 초기에 시간이 상당히 필요한 관찰도 실천이 거듭됨에 따라 적지 않은 부분이 거의 무의식적 혹은 직관적 판단으로 바뀔 것이다.

라드미랄(2005b)은 '다소 어려운 텍스트들'[23]을 대상으로 한, 이른바 '기본교육'(formation fondamentale)으로서의 철학번역의 가치를 크게 강조한다. 이 '기본교육'은 '일반적 생성적 교육'으로서, '배우기를 배우는 것'이다(97). 저자는 이 '기본교육'이 '행동주의와 기술주의' 모델과 대립되는 '인본적 비판적' 모델에 근거한 것이라고 말한다(104). 철학번역이라는 '특수번역'에서 '기본교육'은 일종의 '우회'처럼 보일 수 있으나, 라드미랄은 그의 번역교육의 핵심 원리의 하나로 이 '기본교육'의 중요성을 강조한다. 그는 '시간을 벌기 위해 잃어버리는 것을 감수하는 것'을 일종의 '투자'로 본다. 일반교양이 부족한 오늘날의 대학생들이 모국어를 잘 구사하기 위해서도 이 '기본교육'이 필요하다는 것이다. 라드미랄(2007b:23)은 '지식의 학문'이라기보다 '성찰의 학문'이라 할 수 있는 번역학이 이 '기본교육'에 상당한 기여를 할 것으로 내심 기대한다. 철학번역을 포함한 인문학번역은 대개 '주의'를 집중한 시간 투자가 필요하다.[24] 이른바 고전이나 어려운 텍스트들의 번역이 대개 전문 연구자들의 몫으로 남겨지는 것도 이 시간 투자의 필요와 무관하지 않다.

우리 인문학에 대해, '번역을 경시하는 풍조가 아직도 우리 학계를 지배'하고 있으며, 이것이 '한국의 자생적인 인문학 발전에 기본적인 장애 요인이 된다'는 진단을 하는 정준영(2001:61)은 '번역 작업이 다른 전통들 간의 만남이기 때문에, 그리고 그 과정에서 전통 간의 충돌과 승화의 현상이 일어날 수 있'기에, '서양 고전 번역 자체가 인문학적 탐구의 성격을 가진다는 것을 강조'한다. 이는 바로 인문적 번역교육이 인문(학)적 사유를 교육하고 학

23 라드미랄(2007a:138) 참고.

24 로슐리츠(2001:71) 참고.

습할 수 있는 좋은 계기가 될 수 있음을 시사하는 것이다. 이완재(1998:7)가 선인들의 공부 방법으로 소개한 '침잠완색(沈潛玩索) 적구점숙(積久漸熟)'(푹 잠겨 즐겁게 탐색하며, 오래 쌓아 점차 익어가게 한다)은 고전적인 인문적 사유 방식이기도 하다. 이 사유 방식은 번역교육을 통한 인문교육에서도 그 가치를 발휘할 수 있다. 정준영(2001:63)은 '동서양 고전의 연구와 교류를 통해 새로운 한국 인문학의 지평을 열 수 있을' 것으로 기대하는데, 이는 인문학 번역을 인문(학)적으로 사유하기를 적극 권하는 '번역인문학'이 지향하는 방향이기도 한다.[25] 원전을 존중하는 창의적 텍스트번역이 자국어를 풍요롭게 하듯이, 원전을 존중하는 인문학의 창의적 번역은 우리 인문학을 풍요롭게 하는 데 크게 기여할 수 있다. 인문학번역이 단순 번역이 아니라 번역인문학의 차원에서 새롭게 성찰되어야 할 이유가 여기에 있는 것이다. 이러한 성찰은 인문학의 '번역학적 전환'으로 이어져, 우리의 새로운 인문학 전통 구축에 크게 기여할 것이다.

4. 번역과 인문학

인문학은 전통적으로 이른바 '문사철'을 말하나, '인문학번역'을 말할 때에는 여기에 '문화'를 포함하여 근대에 '문사철'에서 발전해나간 영역들까지 포함시킬 필요가 있다. 그러할 경우, 언어로 표현된 사회학, 정치학, 경제학, 인류학 등 사회과학의 영역에 속하는 것으로 간주된 분야들의 거의 대부분이 인문학번역의 영역에 자리하게 된다.[26] 인문학의 위기에 대해서는 이 위기론이 우리 사회의 하나의 주요 담론으로 대두된 이래 다양한 원인들과 처방들이 제시되어 왔다. 그중에서도 인문학이 과학을 지향한 나머지 인문학에서 '인간다움'에 대한 성찰이 결핍되었고, 그 결과 인간의 '향기',

25 전호근 · 김시천(2010:278): "번역은 의미의 옮김이라기보다 차라리 우리의 삶의 미래로 통하는, 그래서 과거와 만나는 것, '고전에 우리 미래의 삶의 의미를 새기는 작업'이라고 말하는 것이 더 정확한 것은 아닐까 생각해본다."

26 한상근 외(2002:9) 참고.

'무늬', '가치' 등에 대한 성찰이 결여되게 되었다는 진단이 특히 폭넓게 공감을 얻고 있다. 학문(學問)은 미지의 것에 대해 묻고 배우는 과정이기도 하지만,[27] 이미 아는 것, 혹은 안다고 여겨지는 것에 대해 되묻고 새로이 배우는 과정이기도 하다. 여기서 우선적인 것은 단연 묻는 것이다.

그런데 오랫동안, 묻는 것이 방법론의 우선시로 인해 위축되어온 것이 우리 인문학의 실상이다. 그간 '모든 지식은 객관적 타당성을 가져야 하고, 근거가 확실하고 토대가 명백해야 하며, 실질적 연관관계 속에서 입증되어야 한다'는 '경험주의적 철학과 이에 정초한 새로운 지식관'의 인문학에서의 위세로 인해,[28] 물을 수 있는 것들, 물어야 할 것들이 제한받아온 것이다. 인문학이 '인간의, 인간에 의한, 인간을 위한 인문학'이고, '인간다움에 대한 학문적 연찬'이라면,[29] 그 주체인 인간에 대한 고려와 성찰이 무엇보다 중요하다. 도구교육에 치우친 대학의 외국어교육이나 번역교육은 깊이 있는 인문학 텍스트들을 대상으로 한 것이 아니기에, 원천 혹은 목표 언어문화에 대한 성찰이 그것을 향유하는 사람들과 그 세계들에 대한 사려깊은 이해와 불가분하다는 사실에 우리가 눈 돌릴 겨를이 없었다. 인문적 번역교육을 통한 인문교육은 바로 이러한 왜곡된 현상을 바로 잡자는 것이다.

번역학이 인문학이라는 데에 이의를 제기하는 학자들은 거의 없는 것으로 보인다. 번역학과 인문학의 구체적 관계에 대해서는 이론이 분분해도, 전자가 후자의 한 분야 혹은 학제적 한 분야인 것은 대개 인정하는 것으로 보인다. 하지만 번역 자체의 인문적 성격은 지금까지 별로 주목받지 못한 듯하다. 다행히 근자에 인문학번역에 대한 관심들이 커지고 있고,[30] 특히 라드미랄은 여러 글에서 번역의 철학적 성격에 대해 다양한 성찰을 해놓아 귀중한 참고가 된다. 라드미랄(2009b:51)은 '의미'의 문제가 제기되고 있기에 번역은 그 자체가 철학적이라는 입장을 견지한다. 그는 언어학이 주제화

27 고영섭(2007:1).

28 손도현(2006:214) 참고.

29 고영섭(2007:1), 고영섭(2009:1) 참고.

30 로슐리츠(2003), 퐁샤랄(2007b), 콘스탄티네스쿠(2009) 참고.

하는 의미론(들)을 넘어, 철학적 유산에 힘입어 '언어문화들'의 인류학으로 나아가야 하는 '의미론'을 이야기한다. 그는 번역학을 인식론을 필요로 하는 '성찰의 학문'이라고도 말한다. 그에게 철학의 번역은 '번역철학'으로의 이어짐과 넘어섬을 함축하는 작업이다.

라드미랄에게 철학번역이 번역철학으로 이어지듯이, 문사철이 중심이 되는 인문학번역은, 그 자체가 인문(학)적 성찰의 작업이 되어, 번역인문학으로 이어질 필요가 있다. 이는 유별난 일이 아니다. 읽기-해석과 번역비평-번역글쓰기의 부단한 상호작용으로 이루어지는 번역과정에 충실히 임하는 것은[31] 번역에 대해 반성적·비판적·성찰적으로 되는 것이고, 이는 곧 인문(학)적 작업을 수행하는 것이다. 읽기와 쓰기가 중심이 되는 이러한 번역과정은 '탐구번역'의 과정이다. 이는 달리 말하면, 번역을 '문제해결'의 탐구과정으로 보아, 그에 필요한 반성적·비판적·성찰적 작업을 텍스트 차원에서, 관련 지식들을 십분 고려하며 수행하는 것이다.[32] 이와 유사한 작업을 번역비평에서 수행한다면, '탐구번역비평'이 될 것이다. 이러한 작업들은 피교육자가 독자적으로 수행하기 전에 기존 번역서들과 안내자의 도움을 받아 원텍스트와의 비교작업부터 하는 것이 바람직하다. 이를 위해서는 관련된 다양한 안내서들이 필요하나, 찾아보기 어려운 것이 우리의 현실이다. 영한·불한·독한 등 각 언어쌍의 번역문법서가 구축된다면, 학습자들에게 큰 도움이 될 것이다.

인문학의 주축의 하나인 문학을 김치수는 '삶에 대한 정답이 하나가 아니라는 다원주의적 가치와, 개개의 삶에 가치를 부여하고 자유의 확장을 가능하게 하는 인문주의적 가치를 실현하는 우리의 상상력을 무한대로 키워주는 것'으로 이해한다.[33] 이러한 이해는 인문학 전반에 적용될 수 있다. 다원주의적 가치, 인문주의적 가치, '인간다운 삶을 추구하는 인문학적 사유'[34]에 하나의 정답을 추구하는 것으로 알려진 자연과학의 방법론을 그대

31 이 책 8장 참고.

32 이 책 7장 참고.

33 이광호(2006:442)에서 재인용.

로 적용하는 데에는 무리가 따른다. 아벨(2000:15)은 '일반적으로 해석학은 하나의 좋은 답이 있다는 것, 모든 걸 설명할 수 있는 하나의 이론이 있다는 데에 회의적'이라고 말한다. 이러한 해석학과, 다양성을 인정하고 다양한 해결방식을 존중하는 수사학적 사유가 인문학 연구에서 점차 큰 호응을 얻고 있는 것은 우연이 아니다. 서양의 학자들이 '수사학적 전환'을 말하며 20세기를 '수사학의 세기'로 규정한 것은 잘 알려진 사실이다. 김욱동(2002:29)도 20세기 전반을 '논리의 시대'로, 20세기 후반은 '수사학의 시대'로 규정한다. 이러한 사실들은 인문(학)적 사유에서 수사(학)의 중요성을 잘 보여주는 것이다.

상상력은 문학에만 필요한 것이 아니다. 학문적 담론에서도 상대를 진정으로 이해하기 위해서는 상상력이 매우 중요하다. 메이에르에 이어, '언어를 제기된 물음들과 그에 대한 답들로 무한히 얽혀 있는 것'으로 보는 로비타이유(2005:208-9)는 '질문의 공유'의 중요성을 강조한다. 이러한 '질문 윤리'의 핵심은 '상상 게임'이다. 내 생각을 상대에게 '투사'하는 것이 아니라 '상대의 관점'을 경청할 가치가 있는 가능한 하나의 해석으로 보고, 상대의 입장에 서는 '상상 게임'을 부단히 하는 것이다. '역지사지'나 '공감적(empathique) 이해'란 말을 우리가 익히 알지만, 그 실천은 결코 쉽지 않다. 대개의 인문학 텍스트는 실용적 텍스트들과 달리 쉽게 잘 읽히지 않는다. 쉽게 읽힌다고 생각한 텍스트도 다시 보면 달리 생각되는 경우가 허다하다. 하물며 좀체로 잘 읽히지 않는 난해한 텍스트들은 말해 무엇하랴. 고전이 부단히 재번역되고 있는 것은 시대와 문화에 따라 그 이해와 해석이 달라질 수 있고, 또 실제로 달라지기 때문이다. 사실 고전의 중요한 정의 중 하나가 '부단히 새롭게 해석되는 텍스트'가 아닌가.

전호근·김시천(2010:16-8)은 번역을 '한 사회의 지적 역량을 가늠하는 기준이며 자기 정체성을 질문하는 계기이자 지식 전반에 대한 자기반성의 기반'으로 생각한다. 이들은 '학문의 자생력과 자주성을 기르기 위해 원전 텍

34 이광호(2006:450).

스트를 우리 언어로 옮겨놓는 일은 반드시 거쳐야 하는 작업'임에도 불구하고, '우리 학문 현장에서 번역을 경시하는 것은 지적 사대주의나 원전 숭배에서 비롯된 것이기도 하지만, 가장 직접적인 원인은 번역 자체가 만족스럽지 못했다는 데 있다'고 진단한다. '만족스럽지 않은 번역은 원전 텍스트의 함의를 전달하는 본래의 목적을 충족시키지 못할 뿐만 아니라, 번역의 또 다른 기능인 창조적 사유를 방해하거나 왜곡한다'는 것이 이들의 중요한 관찰이다. '만족스럽지 못한 번역물이 만연하게 된 근본 원인은 번역 산물을 평가하고 인정하는 데 인색했'기 때문이기에, '더 늦기 전에 번역 산물을 검토하고 평가하는 체계적인 연구를 시작'할 것을 이들은 촉구한다. 인문학 번역의 비평이 품위 있는 대화적인 본격적 비평으로 격상되고, 이와 아울러 '탐구번역'과 '탐구번역비평'이 예전보다 폭넓고 심도있게 이루어진다면, 우리의 번역문화가 개선될 가능성은 그만큼 더 커질 것이다. 번역문법은 탐구번역비평에서도 길잡이 역할을 할 수 있다.[35]

5. 번역과 논증교육

인문학 텍스트의 번역은 인문(학)적 작업이 될 수 있고, 또 그렇게 되는 것이 바람직하다. 인문학 텍스트의 원본과 번역본 비교를 통한 번역교육은 번역에 대해 탐구적으로 될 필요가 있다. 이러한 탐구과정을 통해 인문학 텍스트들에 대한 인문적 사유의 깊이를 더할 수 있다. 번역을 탐구한다는 것은 번역과 아울러 번역과 관련된 것들에 대해 지속적으로 묻고 답하며 번역에 대해 비판적·성찰적으로 되는 것이다. 번역교육을 위해 교육자는 번역학의 도움을 받을 필요가 있지만, 그 이론들이 매우 다양하기에 어려움을 적잖이 겪을 수 있다. 발라르(2007:22)는 번역학의 각 이론이 번역에 대한 우리의 지식에 무언가 보탬이 되기는 하지만, 모든 것을 자신의 통로를 통해 보도록 하면 일그러진 프리즘이 되어버릴 위험이 있다고 지적하는데,

35 이 책 6장, 8장 참고.

타당하고 공감가는 지적이다.[36] 어떠한 번역이론의 도움을 받던, 번역에 대해 비판적·성찰적으로 인문적 사유를 하는 것은 실은 번역에 대해 논증적 사유를 하는 것이고, 이는 곧 다양성을 인정하는 수사학적 사유를 하는 것이다.

메이에르(2012:14)는 수사를 '힘에 반하는 담론'의 선택으로, 불확실한 그럴 법한 개연적 상황에서, 결정의 합리적 절차의 문제로 간주한다. 그는 수사를 '주어진 문제(로고스)에 대한 주체들(에토스-파토스) 간의 거리 협상'으로 정의한다.[37] 이 정의에 의하면, 번역학자가 다양한 번역이론들에 대하여 하는 문제해결이나 번역자가 자신의 번역에서 수행하는 문제해결이나 모두 수사적 작업이다. 번역비평자의 번역비평에서도 역시 '거리 교섭'이 부단히 이루어진다. 선택의 타당성에 대한 검토 내지 검증도 논증과정이다. 메이에르의 '제문론'에 의하면, 언어에서 제일 중요한 것은 문답관계인데, 이는 번역에서도 번역비평에서도 마찬가지이다. 원텍스트는 저자에 의해 텍스트 차원에서 낱말 차원까지 문답관계들이 더 이상 문제가 되지 않는 것으로 이미 마감된 상태이지만, 번역에서는 이 모든 관계들이 새롭게 다시 혹은 반복적으로 문제시될 수 있다. 논증은 사람들이 나뉘게 하는 문제를 해결하면서 그 사이를 좁히려는 것이 목표이기에 메이에르에게는 수사의 일부분이다.[38]

근자에 수사학은 인문사회과학의 연구들에서 괄목할 만한 위상의 비중을 차지하고 있다.[39] 이 수사학에는 아리스토텔레스의 수사학을 창조적으로 부활시켰다고 평가받는 페렐만의 신수사학,[40] 이 신수사학을 나름대로 '계승한' 메이에르의 '제문론적 수사학'과 크로스화이트의 '이성의 수사학', 인문학 담론들을 위시한 다양한 학문 공동체들의 탐구방법들에 대한 연구

36 발라르(2007:21)는 번역의 성찰에서 관점이 다양할 수밖에 없는 것의 이유로 '이론가의 주관성', '이론화의 근본 토양', '성찰에 사용된 개념적 도구들'을 든다.

37 메이에르(2005b:42).

38 메이에르(1996:16-17) 참고.

39 넬슨 외(2003) 참고.

40 마넬리(2006:226).

인 '탐구의 수사학'[41]을 비롯하여 다양한 탐구 경향들이 있다. 필연성·단일성을 지향하는 논리학과 달리, 이들은 모두 다양성을 인정한다. 이 수사학들에서 말하는 논증은 학문적 담론들이나 일상 담론들뿐 아니라 번역에도 적용될 수 있으며, 뒤리외(2009)가 말하는 '제한적 합리성의 원리'와도 통한다.[42] 논증을 하는 것은 의심의 여지가 있다는 것이다. 크로스화이트(2001)는 의심의 여지가 없는 단언은 논증의 여지도 없다고 단언한다(253). 그는 '논증 행위의 존재 이유'는 '갈등 해결'인데(255), 이는 달리 말하면 문제 해결이다. 번역은 부단한 문제 해결 과정과 다름없고, 이 과정의 타당성 검증은 바로 논증과정이다.

논증은 하나의 '의사소통 과정'이다.[43] 번역에서는 이 소통이 저자와 역자뿐 아니라 역자 자신의 다양한 가정 혹은 추론들과 소통하는 것이고, 이러한 소통에서는 번역 독자들과의 소통도 충분히 고려되어야 한다. 아인혼(2006)은 자신과 공감적 소통을 이룰 수 있으면 남들과 공감적 소통을 이루는 것이 훨씬 용이해질 것이라고 말한다. 이는 번역과 번역평가, 번역비평에서도 마찬가지이다. 크로스화이트(2001:54)는 '논증 행위는 많은 종류의 깊은 동의에 기초할 때에만 가능하다'고 말한다. 우리가 어떤 논증에서 '참여자와 이러한 이해를 공유하지 않거나 그들이 작용하는 것을 인식하지 못한다면, 우리는 논증으로서 논증을 경험할 수 없다'고 그는 단언한다. 이는 번역의 전 과정에서도 충분히 고려되어야 할 사항이다. 번역의 타당성 검증 과정은 '특정 청중'이 아니라 일반적인 '보편 청중'을 지향해야 할 것이다.[44] 라드미랄(2000:54)은 낱말의 각 사용 경우들이 모두 특별한 번역 문제라고

41 '탐구의 수사학'은 방법론의 문제를 다양한 문맥이나 상황 속에서의 구체적인 탐구 활동, 특히 엄밀한 의미에서 증명을 말하기 어려운 구체적인 탐구 활동 안에서의 언어 문제와 결부시킨다.

42 뒤리외(2009:362-3)는 우리가 인간정신에 관심을 갖는다면 '제한적 합리성의 원리'를 개입시킬 필요가 있다고 지적한다. 번역이 결정들의 연속 과정이긴 하지만, 이 결정들은 엄밀한 추론규칙들에 입각한 순수한 합리적 사유의 결과들이 아니라는 것이다.

43 크로스화이트(2003:53-4).

44 이 책 4장 참고.

말한다. 이러한 번역의 문제성은 실용번역이나 기술번역 등에 비해 문학번역을 비롯한 인문학번역에서 상대적으로 크게 두드러진다. 오늘날 인문학번역의 제일 큰 문제는 바로 번역자가 번역에 대해 그다지 의식적이지 못하여 번역을 별로 문제제기적이지 않은 것으로 생각해온 데 있는 것으로 짐작된다.

번역에 대해 논증 관점에서 고려해야 할 중요한 한 가지는 메이랜드(1989)가 제시한 '설득 논증'(설득을 위한 논증)과 '탐구 논증'(탐구를 위한 논증)의 구분이다. 이를 발전시킨 크로스화이트(2001:327)는 '어떤 쟁점에 관하여 이미 마음을 정해 놓고 단지 다른 사람들을 설득하여 우리 편으로 끌어들이려 할 때'의 추론과, '우리가 아직 마음을 정하지 않았지만 우리 스스로 결론에 도달하려 애쓸 때 진행되는 종류의 추론'을 구분한다. 이러한 추론의 구분은 곧 논증의 구분이다. 크로스화이트는 논증이 탐구와 어떻게 관련되는지를 교육의 관점에서 설명한다. 그는, 과학교육의 경우, '특정 청중'으로서의 학생들과 '유능한 과학적 청중'으로서의 학생들 사이의 '차이를 점차 줄이고 화해시키는 것'이 교육의 중심 목표 중 하나라고 말하는데, 같은 이야기를 번역에 대해서도 할 수 있다. 크로스화이트(2001:329)는 '물리학자들이 하는 식으로 추론하는 법을 배우는 것은 낯선 시각에서 끊임없이 새로운 방식으로 문제를 제기하는 법을 배우는 것'이라고 말한다. 번역의 학습자도 번역학자들이 하는 식으로 추론하는 법을 배울 필요가 있다. 일종의 논증과정인, 읽기-해석과 번역비평-번역글쓰기의 부단한 상호작용으로 이루어지는 번역과정에서 번역학적 성찰들이 잘 활용된다면 그 논증들이 훨씬 치밀하고 정밀해질 것이다.[45] 라드미랄과 질이 번역교육에서 '이론적 최소주의'를 지향하듯이,[46] 논증은 치밀하고 정밀하게 하되, 논증과정에 쓰이는 번역론은 가급적 '무겁지 않아야' 할 것이다. 윈(2009)은 읽기·쓰기를 아우르는 논증 능력이 21세기 인문문화 구축의 중심이 되어야 한다

---

45 이 과정에서 랑스토르프(1997)가 말하는 '두터운 논증'(thick argumentation), 헤르만스(2003)가 말하는 '두터운 번역'(thick translation)이 충분히 고려되면 좋을 것이다.

46 라드미랄(2008:22) 참고.

고 주장한다. 글읽기와 글쓰기가 중심이 되는 번역교육도 논증이 포함되는 넓은 의미의 인문교육[47]의 한 좋은 방향이 될 수 있을 것이다.[48]

⁂

이승환(2007:40)은 '인간의 존재의의를 드러내고 인간을 한 차원 높은 존재로 고양'시키려는 줄기찬 '정신사적 지향'을 '인문정신'으로 규정하는데, 이러한 인문정신은 고전들을 비롯한 훌륭한 인문학 텍스트들에 아로새겨져 있다.[49] 이러한 텍스트들의 번역이나 비평도 그러한 정신에 합당한 것이 되어야 하겠지만, 일반적 인문학 텍스트들의 번역교육도 인문정신을 살리고 고양시키는 방향으로 이루어질 필요가 있다. 인문적 사유는 그 대상이 거창해야만 하는 것이 아니다. 인문문화에 대한 얼핏 사소해 보이는 것들도 실은 훌륭한 인문적 성찰의 대상이 된다. 어휘 하나, 문법 사항 하나에 대한 번역적 성찰이 인문적 성찰, 번역인문학적 성찰로 이어지는 것이다. 베르만(1984)은 번역학을 번역 경험들에 대한 성찰로 규정하는데,[50] 이는 그의 번역학적 성찰의 주요 대상이었던 '작품'(œuvre)뿐 아니라 일견 사소해 보이는 사전과 문법서의 예문 번역에도 적용된다. 번역의 '기본교육적' 측면은 인문학 텍스트들의 번역교육에서 그 중요성이 충분히 고려되어야 한다.[51] 외국어교육은 외국어를 정보 전달의 도구나 수단으로 삼는 차원을 넘

---

47 원(2009:53)은 글쓰기와 아울러 논증 능력을 인문교육(formation humaniste)의 구성적 요소들로 여긴다.

48 호가드 · 크라츠(2008)는 번역을 문학과 인문학 교육에 적용하는 방법을 제시하고 있다.

49 이승환(2007:28-30): "'인문(人文)'은 문자적 의미로 본다면 자연에 아로새긴 '인간의 무늬'를 말한다. (…) '인간의 무늬'는 철학과 역사, 문학과 예술, 그리고 제도나 문물과 같은 각종 문화적 양식을 통하여 구현된다. 이렇게 다양한 장르의 문화적 활동들이 얼마나 격조 있고 깊이 있게 '인간의 존재의의'를 드러내고 '인간다움의 가치'를 구현하고 있는가에 따라 우리는 그 활동에 깃든 인문정신의 층차를 논할 수 있게 될 것이다."

50 뷔즐랭(2004:730-1) 참고.

51 제마르(1990:255-6) 참고.

어 인문문화의 깊이 있는 이해와 소통의 계기가 되어야 한다.

번역은 주어진 제약 속에서 어느 정도 자유를 누릴 수 있다. 지나치게 제약을 의식하면 번역어가 왜곡되나, 제약들을 의식하지 못하면 타당한 번역을 하기도 어렵고, 번역어가 왜곡되기도 한다. 번역은 제약과 자유 속에서의 '거리 교섭'이고 '미묘한 줄타기'이다. '번역 기획'에 따라서는 원어에 더 다가갈 수도, 번역어에 더 다가갈 수도 있다. 맥락을 충분히 고려한 조화로운 '중용적 번역' 역시 가능하다. 번역문법적 성찰을 통한 텍스트 의미의 더 깊은 이해와 재현은 인문교육으로 이어진다. 번역의 성찰 대상이 인문학 텍스트라면, 문화가 텍스트나 낱말 차원에 어떻게 나타나 있는가 살피는 것은 중요한 과제이다. 언어는 세상에 대한 접근과 타자와의 만남을 가능하게 한다. 리쾨르에게 번역은 이러한 만남이 '언어적 환대'와 '더불어 살기'의 윤리 속에서 이루어지는 좋은 계기가 된다.[52] 리쾨르(2006:88)는 '번역가는 자신의 행복'을 '언어적 환대'라고 부르는 것에서 찾을 수 있다고 말하는데, 두 언어문화 사이의 '중용적 균형' 추구 또한 '언어적 환대'의 한 모습이다. 번역의 이러한 인문(학)적 탐구들이 동서양의 고전들을 비롯한 다양한 텍스트들에 대해 체계적으로 광범위하게 이루어진다면, 우리 인문학의 번역인문학으로의 '번역학적 전환'도 머지않아 그 모습을 드러내게 될 것이다. 이러한 인문학의 '번역학적 전환'의 과정은 우리 번역문화(文化)가 이제 번역문화(文禍)의 소용돌이를 벗어나 진정한 의미의 번역문화(紋和)를 이루는 과정이 될 것이다.

52 제르볼리노(2006) 참고.

참고 문헌

강대진(2004): 《잔혹한 책읽기》, 작은이야기.

강식진(1999): "최세진의 번역 활동", 《새국어생활》, 9-3, 31-54.

강영안(1995): "현재 한국에서 사용되는 철학용어의 형성 배경–1930년대와 40년대 초반 한국문헌을 중심으로", 《철학사상》, 5, 15-50.

______(2014): "미래사회와 인문학의 가치", 《한국 인문학의 미래》, 한국연구재단, 5-13.

강영안·김영건(2002): "한국 인문학의 현실과 가능성", 《신학과 철학》, 4, 293-316.

강영안·최진덕(1999): "수양으로서의 학문과 체계로서의 학문", 《철학연구》, 47, 35-63.

강정인 외(2002): 《인문학 활성화를 위한 번역 정책 연구》, 인문사회연구회, 인문정책연구총서 2002-01.

고려대 민족문화연구원 국어사전편찬실 편(2009): 《고려대 한국어대사전》, 고려대 민족문화연구원.

고명섭(2008): "번역출판의 질은 왜 개선되지 않는가", 《기획회의》, 218, 《번역출판》 창간호, 32-40.

고영섭(2001a): "이땅에서 철학하기–연기철학·아우르기·찬빈론", 석림(동국대), 35, 103-122.

고영섭(2001b): 《원효탐색》, 연기사.

______(2002a): "원효의 통일학–부정(破·奪)과 긍정(立·與)의 화쟁법", 《원효》, 고영섭 편저, 예문서원, 164-225.

______(2002b): "원효의 화엄학–광엄과 보법의 긴장과 탄력", 《원효》, 고영섭 편저, 예문서원, 501-531.

______(2004): "원효의 십문화쟁론", 《교수신문》, 2004. 4. 17.

______(2007): "인간의, 인간에 의한, 인간을 위한 불교학", 《문학/사학/철학》, 9, 1-4.

______(2008): "이 땅에서 철학하기–연기철학·아우르기·찬반론", http://pjj321.egloos.com/m/407 3618.

______(2009): "인문학과 인문치료", 《문학/사학/철학》, 18, 1-3.

______(2014): "분황원효(芬皇元曉)의 화회논법(和會論法)탐구–'문(門)'과 '논(論)'을 중심으로", 《한국불교학》, 71, 97-135.

고종석(1999): 《감염된 언어》, 개마고원.

교수신문 엮음(2006): 《최고의 고전 번역을 찾아서》, 생각의나무.

______(2007): 《최고의 고전 번역을 찾아서 2》, 생각의나무.

구연상(2007): "번역, 옮김인가 뒤침인가?", 《하이데거연구》, 15, 131-155.

구인모(1998): "국문운동과 언문일치", 《國語國文學 論文集》(동국대), 18, 67-80.

권보드래(2003): "한국, 중국, 일본의 근대적 문학개념 및 문학어 형성(1)–소설《불여귀》의 창작 및 번역, 번안 양상을 중심으로", 《대동문화연구》, 42, 373-404.

권용선(2004): 《1910년대 근대적 글쓰기 형성과정 연구–연설 번역 편지를 중심으로》, 박사학위논문, 인하대 대학원.

권혁래(2004): "조선조 한문소설 국역본의 존재 양상과 번역문학적 성격에 대한 시론", 《동양학》, 36, 1-25.

김경수(2007): "廉想涉 小說과 飜譯", 《語文硏究》, 134, 221-246.

김경희(2004): "한국소설의 오역에 관한 고찰–프랑스어 번역을 중심으로", 《프랑스학연구》, 30, 19-37.

김뉘연(2011): "옳고도 아름다운 번역", *GQ*, 2011. 7. 18.

김대영(2015): "과정 중심 문제 해결 보고서(IPDR)와 크로스체킹(Cross-cheking) 기반 번역 교수법", 《통역과 번역》, 17-1, 1-38.

김동언(2001): "《텬로력뎡》의 대본과 국어학적 특징", 《한국어학》, 29, 1-27.

김동욱(2006): "〈장흥가중회진주삼(蔣興哥重會珍珠衫)〉의 야담(野談)으로의 번안 양상", 《중국문학연구》, 32, 121-141.

______(2007): "중세기 이야기 번역·번안의 제양상과 그 의미", 《반교어문연구》, 22, 5-35.

김륜옥(2001): "외국어문학과의 번역교육 필요성 및 번역학과 모델-독어문학을 실례로", 《독일어문학》, 15, 1-22.

김명환(2008): "번역비평, 무엇이 왜 필요한가?", 《기획회의》, 218, 《번역출판》 창간호, 41-48.

김무봉(2004): "불전언해의 몇 가지 문제", 《불교학연구》, 9, 177-211.

김미형(1997): "언해문(諺解文)의 문체 특징 연구", 《어문학연구》(상명대), 6, 35-55.

______(2003a): "번역의 틀로 형성되는 문체적 특징 연구-메타 의사소통적 번역의 틀과 의고체", 《한국언어문화》, 24, 5-28.

______(2003b): "구조등가적 번역의 틀과 의고체", 《문학한글》, 17, 77-103.

______(2004): "국어 현대화와 분석·실용 정신의 상관성 연구", 《한국언어문화》, 25, 119-156.

김병철(1998): 《韓國近代飜譯文學史硏究》, 중판, 을류문화사.

김상현(2009): "元曉의 無碍行과 和諍思想의 현대적 의미", 《전자불전》, 11, 1-16.

김선형(2004): "번역과 평가의 행복한 협동을 꿈꾸며", 《안과밖》, 17, 74-82.

______(2008): "문학번역의 이론과 실제 그리고 평가-번역자의 입장에서", 《안과밖》, 24, 63-85.

김승룡(2013): "고전번역학과 번역담론-《고전번역담론의 체계》 번역 후기", 《고전번역연구》, 4, 313-324.

김시몽(2010a): "《어린 왕자 *Le Petit Prince*》의 번역평가 보고서", 고려대 번역평가연구팀.

______(2010b): "《어린 왕자》의 재해석", 《한국프랑스학논집》, 72, 241-261.

김시천(2004): “착종된 근대–서구의 동양철학 연구서 번역에 나타난 근대와 전근대의 이중주”, 《시대와 철학》, 15-2, 83-118.

______(2009): “번역과 철학–동아시아 고전 번역과 삶의 중첩성”, 《대동철학》, 49, 1-18.

김애주(2005): “위반의 미학: 토니 모리슨의 아동 문학과 브리콜라주 복원”, 《신영어영문학》, 30, 1-16.

______(2009): “타협의 과정으로서의 번역–Sula 번역을 중심으로”, 《국제회의 통역과 번역》, 11-2. 21-38.

김영무(1996): “문학행위로서의 번역”, 《영어영문학회 광복50주년기념특집호》, 119-128.

김영민(1998): 《문화(文化) 문화(文禍) 문화(紋和): 산문으로 만드는 무늬의 이력》, 동녘.

김영식(2003): “동양 전통 학문 속에서의 ‘자연과학’과 ‘인문학’”, 《地平》, 2, 《인문정신과 인문학》, 아카넷, 45-60.

김영희(2008): “문학번역 평가의 의미와 한계: 영미고전문학 번역평가사업을 중심으로”, 《안과밖》, 24, 33-62.

김용석(2011): 《알베르 카뮈의 《이방인 *L'Étranger*》 번역본 비교 연구》, 박사학위 논문, 한국외대 대학원.

김용옥(1994): 『기옹은 이렇게 말했다–醫山問答』, 통나무.

김용일(1995): “슐라이어마허 해석학에 있어서 언어와 사유”, 《철학연구》, 54, 231-257.

______(2000): “슐라이어마허의 언어해석학”, 《독일어문학》, 12, 23-44.

김욱동(2002): 《수사학이란 무엇인가》, 민음사.

______(2010): 《번역과 한국의 근대》, 소명출판.

______(2014): 《오역의 문화》, 소명출판.

김유중(2003): “번역가의 임무”, 《사이》, 3, 32-47.

김윤진(2000): “번역본의 검토: 《이방인》에 나타나는 까뮈 문체의 몇몇 특성”, 《불문학텍스트의 한국어번역 연구》, 서울대출판부, 193-233.

김원명(2008a): 《원효의 열반론》, 한국학술정보.
______(2008b): "원효의 화쟁 글쓰기", 《철학논총》, 52-2, 1-16.
김유정(2007): "문학 텍스트 번역에 있어서 등가성의 원리-담화의 의미화과정 signifiance을 중심으로", 《프랑스학연구》, 41, 5-44.
김유중(2003): "번역가의 임무", 《사이》, 3, 32-47.
김윤진(2000): "번역본의 검토: 《이방인》에 나타나는 까뮈 문체의 몇몇 특성", 《불문학텍스트의 한국어번역 연구》, 서울대출판부, 193-233.
김인회(2012): "조선시대 사대부의 한글 사용과 의미", 《정신문화연구》, 35-4(통권 129호), 35-54.
김재현(2007): "번역과 철학", 《인문학연구》, 13, 43-64.
김정빈(1991): "순수·지혜·예술혼이 성취한 음악적 신비", 《어린 왕자-그 영원한 세계-생텍쥐페리의 《어린 왕자》 총 연구》, 김요섭 책임편집, 동화문학사, 18-54.
김정우(2007): "번역투의 성격 규명을 위한 다차원적 접근-진단에서 처방까지", 《번역학연구》, 8-1, 61-82.
______(2008): "한국 번역사의 시대 구분", 《번역학연구》, 9-1, 29-69.
김정운(2014): 《에디톨로지-창조는 편집이다》, 21세기북스.
김정현(2009): "언어 번역에서 문화 번역으로-폴 리쾨르 번역론 연구를 통한 상호문화성 성찰", 《철학논총》, 57, 95-120.
______(2013): "상호성의 윤리와 타자 중심성의 윤리-리쾨르와 레비나스의 조우, 그리고 문화 간 관계에 대한 그 함축", 《해석학연구》, 32, 29-70.
김종욱(2007): "레고 사유에서 그물 사유로", 《철학논총》, 47, 61-83.
______(2011): "복잡계로서 생태계와 법계", 《철학사상》, 41, 7-36.
김지원(2000): "번역 연구의 발전과 번역학의 현황", 《번역학연구》, 1-1, 9-31.
김진경(2011): "의학적 의사결정과정에서 실천적 덕의 토대로써 중용(中庸)", 《철학논총》, 63, 229-247.
김진하(2014): "문체론적 접근을 통한 알베르 카뮈의 《이방인》 분석과 교육", 《불어불문학연구》, 99, 141-170.
______(2015): "알베르 카뮈의 《이방인》 한국어 번역본들에 대한 문체론적 고찰",

《불어불문학연구》, 101, 57-102.
김학주(1988): "유교 경전번역의 실상과 문제점", 《종교연구》, 4, 169-174.
______(2006): 《대학》, 개정판, 김학주 역주, 서울대 출판부.
김현주(2001): "《서유견문》의 '(문명)개화'론과 번역의 정치학", 《국제어문》, 24, 1-13.
김혜동(1982): "《이방인》의 소설기법에 관한 몇 가지 고찰", 《불어불문학연구》, 17, 105-127.
김화영(2007a): 《어린 왕자를 찾아서》, 문학동네.
______(2012): "《팡세》의 '클레오파트라의 코'에 나타난 문화적 함의", 《불어불문학연구》, 92, 105-131.
김효중(2004a): "해석학적 번역 이론과 텍스트 기능", 《번역학연구》, 5-1, 77-95.
______(2004b): 《새로운 번역을 위한 패러다임》, 푸른사상.
김흥규 편(2009): 《고려대 한국어대사전》, 고려대 민족문화연구원.
넬슨, J.S., 메길, A., 맥클로스키, D. 지음, 박우수, 양태종 외 옮김(2003): 《인문과학의 수사학-학문과 공공부문에 있어서의 언어와 논증》, 고려대학교출판부(원본 1987).
니린지(2000): "開化期 文體에 끼친 梁啓超의 影響", 《中韓人文科學硏究》, 5, 72-106.
드 배리, 시어도어 지음, 표정훈 옮김(1998): 《중국의 '자유' 전통-신유학사상의 새로운 해석》, 이산.
라보, E. 지음, 김종규, 김정연 옮김(2002): "협상으로서의 번역", 《번역교육과 교육에서의 번역》, 고려대학교출판부, 97-119.
레비-스트로스, C. 지음, 안정남 옮김(1996): 《야생의 사고》, 한길사.
르드레르, M. 지음, 전성기 옮김(2001): 《번역의 오늘-해석이론》, 고려대학교출판부.
______(2004): "'대응'과 '등가': 언어 차원의 번역과 담화 차원의 번역", 《통번역과 등가》, 한국문화사, 13-32.
리처드, I.A. 지음, 박우수 옮김(2001): 《수사학의 철학》(원본 초판, 1936), 고려대학교출판부.

리쾨르, 폴 지음, 윤성우·이향 옮김(2006): 《번역론–번역에 관한 철학적 성찰》, 철학과 현실사.

마넬리, M. 지음, 손장권·김상희 옮김(2006): 《페렐만의 신수사학–새로운 세기의 철학과 방법론》, 고려대학교출판부.

말라르메, 스테판 지음, 황현산 옮김(2005): 《시집》, 문학과지성사.

메이에르, M. 지음, 이영훈·진종화 옮김(2004), 《언어와 문학–의미에 관한 시론》, 고려대학교출판부.

______ 지음, 전성기 옮김(2012): 《수사 문제–언어·이성·유혹》, 고려대학교출판부.

모지스, J. 지음, 전광수 외 옮김(2013): 《세계 종교가 전하는 메시지, 하나》, 사람과 책.

무냉, 조르주 지음, 선영아 옮김(2015): 《부정한 미녀들》, 아카넷.

민관동(1998): "중국고전소설의 한글 번역 문제", 《고소설연구》, 5, 417-456.

______(2008): "국내 중국고전소설 번역론", 한국번역비평학회 월례학술발표회, 2008. 3. 15., 13-30.

민영진(2013): "처음에도가이스되–성서 번역에서 보는 토착 언어의 창조적 기능", 《종교 너머, 아하!》, 판미동, 131-149.

민현식(1994): "개화기 국어 문체 연구", 《국어국문학》, 111, 37-61.

바르트, 롤랑 지음, 김웅권 옮김(2007): 《글쓰기의 영도》, 동문선.

박경일(2001): "번역문화 바로 세우기와 영어교육의 근원적 개혁 (1)–하버드에서 가르치지 않는 영어, 한국에서 가르치자", 《번역학연구》, 2-2, 7-36.

______(2003): "영어/번역 어떻게 가르칠까/공부할까? (1)–영어/번역 전문가 양성을 위한 탈이론적 방법론 서설", 《번역학연구》, 4-1, 5-26.

박나리(2009): "학술논문에 나타난 응집성(coherence)과 응결성(cohesion)의 사상(mapping) 양상", 《《國語學》, 56, 161-189.

박노철(2004): "영어 교육에 있어서 번역 교육의 필요성 연구", 《영어교육연구》, 28, 39-73.

박범철(2009): " 깨달음의 실천에 관한 종교교육적 탐구–원효의 무애행을 중심으로", 《한국사상과 문화》, 50, 323-343.

박상익(2002a): 《언론 자유의 경전 아레오파기티카》, 소나무.

______(2002b): "우리 인문학과 번역", 《역사학보》, 174, 359-375.

______(2006): 《번역은 반역인가》, 푸른역사.

박상진(2003): 《에코 기호학 비판-열림의 이론을 위하여》, 열린책들.

박성배 지음, 윤원철 옮김(2003): 《깨침과 깨달음》, 예문서원.

박여성(2003): "텍스트언어학의 입장에서 고찰한 '번역투'(飜譯套)의 규명을 위한 연구", 《텍스트언어학》, 14, 243-293.

박원호(2005): "최부(崔溥) 《표해록(漂海錄)》 번역술평", 《한국사학보》, 21, 369-392.

______(2006): 《최부 표해록 역주》, 고려대학교출판부.

박재연(1993): 《조선시대 중국 통속소설 번역본의 연구》, 한국외국어대 박사학위 논문.

박재주(2007a): "유가윤리에서의 공감(sympathy)의 원리", 《道德教育研究》, 18-2, 2007, 215-238.

______(2007b): "狀況倫理로서의 儒家의 中庸倫理", 《동서철학연구》, 43, 195-224.

박재현(2001): "원효의 화쟁사상에 대한 재고-화쟁의 소통(疏通)적 맥락", 《불교평론》, 8, 191-215.

______(2009): "해석학적 문제를 중심으로 본 원효의 會通과 和諍", 《불교학연구》, 24, 365-409.

박재희(2014): "중용은 가운데가 아니다", http://blog.daum.net/e-learningbiz/482.

박진숙(2003): "이태준 문장론의 형성과 근대적 글쓰기의 의미", 《시학과 언어학》, 6, 135-165.

박진영(2004): "일재(一齋) 조중환(趙重桓)과 번안소설의 시대", 《민족문학사연구》, 26, 199-230.

______(2007a): "한국의 번역 및 번안 소설과 근대 소설어의 성립-근대 소설의 양식과 매체 그리고 언어", 《대동문화연구》, 59, 37-71.

______(2007b): "소설 번안의 다중성과 역사성-《레미제라블》을 위한 다섯 개의 열쇠", 《민족문학사연구》, 33, 213-254.

박진영(2011): 《번역과 번안의 시대》, 소명출판.

박태원(2005): 《원효 사상 2-원효의 화쟁사상》, 울산대 출판부.

______(2011): 《원효사상연구》, 울산대 출판부.

______(2013a): "화쟁사상을 둘러싼 쟁점 검토", 《한국불교사연구》, 2, 125-170.

______(2013b): "원효의 화쟁 논법과 쟁론 치유-화쟁 논법은 '견해의 배타적 주장'(諍論)을 치유할 수 있는가?", 《불교인문학》, 35, 99-133.

______(2013c): 《원효의 《 금강삼매경론》 읽기》, 세창미디어.

______(2013d): 《원효의 십문화쟁론》, 세창출판사.

방건웅(2005): 《氣가 세상을 움직인다-도덕과 과학》, 2부: 기와 과학, 예인.

배개화(2004): "《문장강화》에 나타난 문장 의식", 《한국현대문학연구》, 16, 417-442.

배수찬(2006): "국문 글쓰기의 문장 모델 형성 과정 연구-유교 경서와 성서의 언해 양상을 중심으로", 《고전문학과 교육》, 11, 357-386.

백종현(2002): "'우리말로 학문한다'는 것의 뜻", 《사이》, 창간호, 38-51.

베누티, 로렌스 지음, 임호경 옮김(2006): 《번역의 윤리-차이의 미학을 위하여》, 열린책들.

베르만, 앙투완 지음, 윤성우·이향 옮김(2009): 《낯선 것으로부터 오는 시련》, 철학과 현실사.

______(2011): 《번역과 문자: 먼것의 거처》, 철학과 현실사.

베버, 막스 지음, 김덕영 옮김(2010): 《프로테스탄티즘의 윤리와 자본주의 정신》, 길.

베이치, C.M.(2014): 《윤회의 본질》, 정신세계사.

변광배(2010): "Poids philosophique dans la traduction du 《Mur》 de Sartre", 《프랑스문화예술연구》 2010, 34, 119-141.

복거일(1998): 《국제화시대의 민족어》, 문학과지성사.

비네, J.P., 다르벨네, J. 지음, 전성기 옮김(2002): 《영어와 불어의 비교문체론》, 고려대학교출판부.

사르트르, J.P.(1987): "이방인 해설", 《이방인》, 김화영 번역, 책세상, 151-178.

생텍쥐페리 저, 조규철·이정림 역(2001): 《인간의 대지》·《젊은이의 편지》, 범우사.

생텍쥐페리 지음, 송진희 옮김(1997): 《어린 왕자 · 야간비행》, 혜원출판사.
생텍쥐페리, 앙투안 마리 로제 드 지음, 김화영 옮김(2007): 《어린 왕자》, 문학동네. [김화영(2007b)]
서은주(2004): "번역과 문학 장의 내셔널리티-해외문학파를 중심으로", 《현대문학의 연구》, 24, 47-76.
서정인(1987): 《달궁》, 민음사.
선영아(2006): "L'éthique de la 《lettre》: une lecture d'Antoine Berman", 《불어불문학연구》, 65, 155-175.
______(2008): "동화(同化)의 미학과 차이(差異)의 윤리: 문학 번역의 두 가지 명제", 《번역학연구》, 9-4, 195-219.
______(2009): "문학 번역에서 효과 개념의 유효성", 《프랑스학연구》, 48, 163-183.
성초림(2013): "문학번역 평가의 시대, 무엇이 좋은 번역인가?", 《세계문학비교연구》, 42, 173-192.
소광희(2011): "번역과 문화창달", 《철학과 현실》 2011, 90, 226-233.
소재영(1998): "고소설사의 시대구분 문제", 《고소설연구》, 5, 5-36.
손도현(2006): "인문교양교육의 의미와 과제", 《인문과학》(성균관대), 37, 203-231.
송재소(2010): "한국고전번역학의 과제", 《고전번역연구》, 1, 9-13.
슈톨제, R. 지음, 임우영 외 옮김(2011a): 《번역이론 입문-번역학 꿰뚫기》, 한국외대 출판부.
신정근(2010): 《중용, 극단의 시대를 넘어 균형의 시대로》, 사계절.
신지연(2006): 《근대적 글쓰기의 형성과 재현성-1910년대의 텍스트를 중심으로》, 박사학위논문, 고려대 대학원.
심경호(2008): "한문고전번역에서 학술 번역의 개념과 그 역할", 《漢子漢文硏究》, 4, 129-154.
심재기(1999): 《국어 문체 변천사》, 집문당.
______(1982): 《國語語彙論》, 집문당.
______(2006): "한국문학의 외국어번역에 대한 국내 번역비평의 동향", 《독일언어문학》, 34, 237-266.

쌩텍쥐뻬리 저, 안응렬 역(1978): 《인간의 대지》, 《어린 왕자》, 동서문화사.

쓰지 유미, 이희재 역(2002): 《번역사 산책》, 끌레마.

안삼환(2008): "문화전이(文化轉移)에서의 번역의 중요성–쇼펜하우어를 예로 들어", 《헤세연구》, 19, 381-394.

안영희(2006): "번역어와 소설문체", 《日本語文學》, 35, 267-288.

안재원(2007): "치열한 삶의 현장에서 탄생한 인문학", 《경향신문》, 2007. 1. 26.

______(2010a): "인문학의 형성과 번역 문제–키케로를 중심으로", 《번역비평》, 4, 214-234.

______(2010b): "인문학(humanitas)의 학적 체계화 시도와 이에 대한 비판에 대해서–ars 개념을 중심으로", 《서양고전학연구》, 39, 91-127.

안정효(2013): 《안정효의 오역사전》, 열린책들.

야콥슨, R. 지음, 권재일 역(1989): "번역의 언어적 양상", 《일반언어학 이론》, 민음사, 83-91.

양문규(2005): "1910년대 잡지와 근대단편소설의 형성", 《배달말》, 36, 135-160.

양인종(2003): "홍루몽 낙선재 한글 번역본의 번역기법 연구", 《동아인문학》, 3, 33-73.

여찬영(2006): "《중용언해(中庸諺解)》의 번역언어학적 분석》, 언어과학연구, 38, 1-22.

영미문학연구회 번역평가사업단(2005): 《영미명작, 좋은 번역을 찾아서》, 창비.

______(2007): 《영미명작, 좋은 번역을 찾아서 2》, 창비.

에코, 움베르토 지음, 김운찬 옮김(2010): 《번역한다는 것》, 열린책들.

오경순(2007): "일한 번역의 번역투 고찰–텍스트 번역 실험 결과를 중심으로", 《일어일문학연구》, 61-1, 235-258.

왕은철(2007): "외국소설의 번역과 번역비평의 문제–번역가를 위한 변명을 겸하여", 《안과밖》, 23, 120-134.

우리말로 학문하기 모임(2008): 《우리말로 학문하기의 사무침》, 푸른사상.

우희종(2009): "진화론적 시각과 불교의 연기적 관점의 만남", 《종교문화연구》, 13, 47-85.

월쉬, 닐 도날드 지음, 조경숙 옮김(2000): 《신과 나눈 이야기 1》, 아름드리.
유명우(2000a): "새로운 인문학으로서의 번역학", 《영미어문학》, 59, 247-253.
______(2000b): "한국의 번역과 번역학", 《번역학연구》, 1-1, 229-248.
______(2002): "한국 번역사 정리를 위한 시론", 《번역학연구》, 3-1, 9-38.
유재원(2002): "우리말로 학문하는 길", 《사이》, 창간호, 52-69.
유홍준(2011): "다시 장인정신을 묻는다-신은 디테일 안에 있고, 문화는 소비자가 만든다", 《신동아》, 2011년 09월호 624호, 312-331.
윤대석(2007): "1940년대 한국문학에서의 번역", 《민족문학사연구》, 33, 312-336.
윤성우(2003): "윤리의 세 요소-자아>타자>사회, 보다는", 《철학연구》, 60, 157-174.
______(2006): "번역(학)과 해석(학)-철학적 접근 가능성에 대한 한 연구", 《프랑스학연구》, 37, 171-195.
______(2015): "번역과 윤리를 둘러싼 몇 가지 물음", 제1회 번역학 이슈 파이팅: 번역과 윤리", 2015년 4월 11일, 고려대 번역과레토릭연구소, 1-4.
윤성우·이향(2009): "번역학은 설명의 과학인가?-체스터먼(Chesterman)에 대한 비판적 논의를 중심으로", 《국제회의 통역과 번역》, 11-2, 111-129.
______(2011): "번역에 대한 인식론적 접근", 2011년 한국번역학회 가을 학술대회 발표논문집, 19-25.
______(2012a): "번역인식론적 접근-프랑스 번역철학자 라드미랄을 중심으로", 《번역학연구》, 12-4, 99-118.
______(2012b): "인간 조건으로서의 번역의 필연성과 번역윤리", 《대동철학》, 58, 87-101.
______(2013): 《번역학과 번역철학》, 한국외대 출판부.
윤홍식(2005): 《大學, 인간의 길을 열다》, 봉황동래.
______(2006): 《조선선비들에게 배우는 마음챙김의 지혜 100》, 봉황동래.
______(2007): 《윤홍식의 수심결 강의》, 봉황동래.
______(2009): 《한국 큰스님에게 배우는 禪의 지혜》, 봉황동래.
______(2013a): 《論語, 양심을 밝히는 길》, 살림.

윤홍식(2013b): 《양심혁명. 양심이 답이다》, 봉황동래.

______(2013c): "율곡선생에게 배우는 몰입사고의 비밀 1강", https://www.youtube.com/watch?v=U8 5mYweya-M.

______(2013d): "원효스님에게 배우는 몰입사고의 비밀 3강", https://www.youtube.com/watch?v=8c RTDnlqhdo.

______(2013e): "양심은 항상 선일까요?", https://www.youtube.com/watch?v=FqdfN-iDfH4.

______(2014a): "황금율 노트 작성법(준주성범 강의 중 발췌)", http://egloos.zum.com/buddhastudy/ v/3976301.

______(2014b): 《내 안의 창조성을 깨우는 몰입》, 봉황동래.

______(2014c): "윤홍식의 진심직설 강의 2강-참 마음에 대한 바른 믿음", https://www.youtube.co m/watch?v=g cvXa_VXy h4.

______(2014d): "참나와 함께 하는 삶", http://hihd.co.kr/?p=2419.

______(2014e): "윤홍식의 철학힐링-6바라밀을 총동원하여 독서하기", https://www.youtube.com/wat ch?v=VUCwz46HTL4.

______(2014f): "윤홍식의 철학힐링-6바라밀을 즐기는 습관이 최고의 수행입니다", https://www.you tube.com/watch?v=O3BSJ40hGBk.

______(2014g): "진선미(眞善美)라는 것은 무엇입니까?", http://hihd.co.kr/?p=3258.

______(2014h): "윤홍식의 철학힐링-영성지능을 높이려면?", https://www.youtube.com/watch?v=r p_wGiL2BDA.

______(2015a): 《이것이 인문학이다-채근담에서 배우는 인문학의 지혜 33》, 봉황동래.

______(2015b): 《중용, 양심경영의 지혜》, 봉황동래.

______(2015c): "윤홍식의 '원효 보살 이야기' 6강", https://www.youtube.com/watch?v=FLQs04iGM 9w.

______(2015d): "윤홍식의 6바라밀선(禪)-법신(法身)의 의미와 법신을 얻는 선(禪)", https://www.yout ube.com/watch?v=1_EM_p75438.

______(2015e): "참다운 견성과 육바라밀의 실천", https://www.youtube.com/

watch?v=-qsH5VgXF dg.

윤홍식(2015f): "윤홍식의 육바라밀선(禪)-지금까지 상상했던 수행법으로는 절대 보살도를 닦을 수 없습니다!", https://www.youtube.com/watch?v=SqCXdnFv4pM.

______(2015g): "예수님께 배우는 4단과 6바라밀", https://www.youtube.com/watch?v=hebH8VWVn 7Y.

______(2015h): "6바라밀로 견성하기", https://www.youtube.com/watch?v=GkRvz UBiIoo.

______(2016): "청화스님의 가르침: 지금 여기서 극락에 도달하는 염불선!", https://www.youtube.com/watch?v=NfOp7jZSQ9k.

이경해(2003): "Camus의 소설《이방인》의 비문학적 요소와 문학성",《人文科學硏究》(동덕여대), 9, 151-195.

이광호(1993): "이퇴계 학문론의 체용적 구조에 관한 연구",《아시아문화》, 9, 175-178.

______(2005): "《중용강의보中庸講義補》와《중용자잠中庸自箴》을 통하여 본 다산茶山의 성誠의 철학",《다산학》, 7, 51-79.

______(2006): "인문학적 비평의 두 열림-김치수와 김주연 비평의 현재성",《문학과 사회》, 19-4(통권 제76호), 440-456.

이기문(1988): "번역체의 문제",《국어학연총》, 허당 이동림박사 정년퇴임기념논총, 집문당, 354-362.

이기상(2002): "세계화시대에 한국 지성인의 역할",《사이》, 창간호, 12-33.

______(2003):《다석과 함께 여는 우리말 철학》, 지식산업사.

______(2006):《이 땅에서 우리말로 철학하기》, 살림출판사.

______(2011): "번역의 기반으로서 일상언어와 말놀이: 하이데거의 언어철학이 제시하는 번역의 지침",《번역인문학의 나아갈 길》, 고려대 번역인문학연구원 창립기념 심포지엄 발표논문집, 2011.11. 26., 21-45.

이기언(1999): "Une interprétation de l'*incipit* de *L'Etranger*",《불어불문학연구》, 38-1, 341-362.

______(2008): "해석학적 순환에 대하여",《불어불문학연구》, 74, 273-318.

이난희(1995): “번역에 있어서 텍스트 유형 구분의 문제”, 《텍스트언어학》, 3, 435-465.

이상옥(2013): 《이제는 한 걸음 물러서서》, 서울대출판문화원.

이상원(2004): “출판 번역 비평과 번역 규범”, 《국제회의 통역과 번역》, 6-2, 39-57.

______(2008): “문학번역 평가 어떻게 할 것인가?”, 《번역학연구》, 9-2, 149-166.

이선관(2003): “슐라이어마허에 있어서의 번역과 해석”, 《범한철학회논문집》, 30, 185-210.

이선영(2012): “김지은/특이한 것 속의 공통적인 것”, http://www.daljin.com/column/9505.

이성원(1994): “인문학의 특성, 인문학의 위기”, 《현대비평과 이론》, 8, 10-17.

이세욱(2013): “번역에 대한 어떤 〈농담〉”, 《프랑스 현대 비평의 현재와 미래》, 2013 프랑스학회 가을학술대회, 143-154.

이승환(2007): “동양의 학문정신과 인문정신”, 《地平》, 2, 《인문정신과 인문학》, 아카넷, 28-44.

이시우(2013): 《직지, 길을 가리키다》, 민족사.

이양재(1992): “까뮈의 이방인에 나타난 1인칭 서술의 효과”, 《프랑스학연구》, 10, 193-209.

______(2010): “《이방인》의 형이상학적 의미와 사회적 의미”, 《불어불문학연구》, 83, 451-485.

이영훈(2010): “프랑스 명작소설 한국어 번역 연구를 위한 번역 평가 시스템 개발”, 《국제회의 통역과 번역》, 12-2, 129-159.

______(2015): “앙트완 베르만의 번역비평 이론 연구”, 《통번역학연구》, 19-3, 115-148.

이영훈·구하나(2009): “프랑스명작 단편소설 번역평가: 알퐁스 도데의 《상기네르의 등대 *Le Phare des sanguinaires*》의 경우”, 《국제회의 통역과 번역》, 11-1, 115-159.

이완재(1998): “동양적인 학(學)의 성격”, 《겨레얼》, 5, 2-39.

이왕주(2001): “소통 인문학의 무늬”, 《범한철학》, 23, 31-43.

이윤기(2013): 《조르바를 춤추게 하는 글쓰기: 이윤기가 말하는 쓰고 옮긴다는 것》,

웅진지식하우스.
이인숙(2001): “문학번역의 충실성의 문제”, 《불어불문학연구》, 46-1, 507-534.
______(2006): “최고 번역본을 찾아서 (45) 카뮈의 《이방인》”, 《교수신문》, 2006.09.16.
이재호(2005): 《문화의 오역》, 동인.
이종인(2009): 《번역은 글쓰기다》, 즐거운 상상.
이진오(2000): “원효의 학문방법과 글쓰기, 그리고 미학”, 《가산학보》, 8, 134-154.
이태수·장경렬(2003): “머리말-인문학의 인식론적 특성에 관하여”, 《삶, 반성, 인문학-인문학의 인식론적 구조》, 장회익 외, 태학사, 5-20.
이한우(2013): 《논어로 중용을 풀다》, 해냄.
이향(2009): “해석이론의 특징과 한계”, 《번역학연구》, 10-1, 121-140.
______(2011): “번역학과 메타담론”, 《번역학연구》, 12-1, 191-210.
이형진(2008): “문학번역 평가의 딜레마와 번역비평의 방향”, 《안과밖》, 24, 86-113.
이홍균(2010): 《프로테스탄티즘의 윤리와 자본주의 정신》 서평, http://www.pressian.com/news/arti cle.html?no=65294.
이효걸(2002): “元曉의 和諍思想에 대한 재검토”,《불교학연구》, 4, 5-34.
이희재(2009): 《번역의 탄생》, 교양인.
임재해(1999): “인문학문의 위상과 인문학문을 공부하는 보람”, 《인문과학연구》(안동대), 1, 5-62.
임진영(2011): “현대 건축의 문을 연 빛나는 시대정신, 루드비히 미스 반 데어 로에”, *Monthly Archives*, 8월호, https://archiroot.wordpress.com/2011/08/
임헌규(2009): “공맹(孔孟)의 윤리이론-'정명(正名)'과 '중용(中庸)'을 중심으로”, 《온지논총》, 21, 233-257.
임홍배(2000): “올바른 번역 문화의 정착을 위하여: 카프카, 《아버지에게 드리는 편지》 번역 논란에 부쳐”, 《문학과 사회》, 13-1, 320-334.
장유승(2012): “학술번역이란 무엇인가”, 《고전번역연구》, 3, 165-190.
장회익(1998): “연구번역의 학문적 위상과 그 제고 방안”, 《고전번역의 현황과 전망》, 대우재단, 27-35.

장회익(2007): "인간적 학문-'삶 중심' 학문의 복원을 위하여", 《知平》, 2, 11-26.

전성기(1996): 《메타언어, 언어학, 메타언어학》, 고려대학교출판부.

______(1998): 《불문법의 이해》, 개정증보판, 어문학사.

______(2000): "번역의 제문론적 수사학적 고찰", 《불어불문학연구》, 44, 719-740.

______(2001): "일반의미론과 번역", 《불어불문학연구》, 48, 685-706.

______(2002): 《의미 번역 문법-불한번역과 한불번역》, 고려대학교출판부.

______(2005): "Le style indirect libre en coréen", 《프랑스어문교육》, 20, 243-277.

______(2006): "번역인문학과 번역비평", 《텍스트언어학》, 21, 359-387.

______(2007a): "입자적 수사(학)과 파동적 수사(학)", 《수사학》, 6, 165-178.

______(2007b): 《인문학의 수사학적 탐구-언어학, 번역학, 수사학》, 고려대학교출판부.

______(2008a): 《번역인문학과 번역비평》, 고려대학교출판부.

______(2008b): "우리 번역글쓰기의 지형도", 《텍스트언어학》, 24, 285-311.

______(2008c): "지혜와 수사", 《수사학》, 9, 33-64.

______(2009a): "탐구번역론-하나의 인문학번역론", 《번역학연구》, 10-2, 133-157.

______(2009b): "문학 해석번역론 재해석", 《불어불문학연구》, 80, 475-499.

______(2009c): "파동적 수사학으로-인문학에서의 학술적 소통을 위하여", 《수사학》, 11, 103-131.

______(2010a): "파동수사학을 위한 원효의 화쟁론 고찰", 《수사학》, 13, 55-88.

______(2010b): "Poétique du traduire et science humaine du traduire", 《프랑스문화예술연구》, 33, 431-456.

______(2010c): 《번역인문학과 번역비평》, 고려대학교출판부.

______(2011): "번역교육과 인문교육", 《불어불문학연구》, 86, 399-424.

______(2012a): "번역의 수사학", 《불어불문학연구》, 90, 395-428.

______(2012b): "제문론, 인문학번역, 번역인문학", 《불어불문학연구》, 89, 413-442.

______(2012c): "인문학번역론의 한 메타적 성찰", 《번역학연구》, 13-1, 205-240.

______(2013a): "번역인문학과 화쟁적 학문하기", 《번역학연구》, 14-1, 275-300.

전성기(2013b): "번역과 언어 성격론", 《통번역학 연구 현황과 향후 전망》, I, 정호정 편저, 한국문화사, 331-381.

______(2013c): "번역과 번역문법", 미간.

______(2014a): "번역문법의 메타적 성찰", 미간.

______(2014b): "문법번역, 번역문법, 텍스트번역(비평)", 미간.

______(2014c): "《어린 왕자》 작품성의 번역과 번역비평", 미간.

______(2014d): "탐구번역의 메타적 탐구", 미간.

______(2014e): "번역, 번역비평, 번역해석학", 미간.

______(2016a): 《《어린 왕자》의 번역문법-문법·작품·번역의 회통적 탐구》, 고려대학교출판부.

______(2016b): "양심철학과 양심선(禪) 수사", 미간.

전호근·김시천(2010): 《번역된 철학, 착종된 근대》, 책세상.

정광(2006): "새로운 자료와 시각으로 본 훈민정음의 創製와 頒布", 《언어정보》, 7, 5-37.

정명진(1979): "영어교육과 번역", 《영어교육》, 18, 163-174.

정명환(2007): "번역을 위한 변명", 《번역비평》, 창간호, 2007년 가을, 4-10.

정상봉(2012): "원효(元曉) 화쟁사상(和諍思想)과 그 현대적 의의", 《통일인문학논총》, 53, 201-222.

정선태(2004): "번역과 근대 소설 문체의 발견-잡지 《소년》을 중심으로", 《대동문화연구》, 48, 73-97.

______(2006): 《근대의 어둠을 응시하는 고양이의 시선-번역· 문학· 사상》, 소명출판.

정영목(2004): "영미연의 번역평가사업에 대한 단상", 《안과밖》, 16, 225-231.

정정호(2005): "위험한 균형: 존 드라이든의 번역이론과 실제의 다양한 양상", 《번역학연구》, 6-2, 169-187.

정준영(2001): "인문학적 탐구로서 서양 고전 번역의 의미-희랍 철학의 경우를 중심으로", 《시대와 철학》, 12-2, 37-63.

정지영(1994): "자유간접화법연구-A. Camus의 《이방인》을 중심으로", 《인문논총》

(서울대), 31, 89-103.
정지영·홍재성 외(1998): 《프라임 불한사전》, 두산동아.
정하영(2000): "고소설 연구의 의의와 방향", 《고전문학연구》, 18, 63-75.
정혜용(2006a): "베르만과 메쇼닉의 번역이론 이해를 위하여-속담번역의 상징적 위치", 《불어불문학연구》, 66, 239-255.
______(2006b): "번역비평 규범으로서의 가독성과 충실성 개념", 《프랑스문화예술연구》, 9-2(제20집), 327-343.
______(2007a): "번역문학 비평을 위하여", 《번역비평》, 창간호, 24-37.
______(2007b): "문학번역교육에 관한 소고-불문학과 번역학의 만남을 위하여", 《프랑스어문교육》, 26, 397-410.
______(2008): "서구 번역이론 수용에 관한 단상", 《프랑스문화예술연구》, 26, 557-573.
______(2009): "문학번역비평 시론-네르발의 옥타비 번역을 중심으로", 《프랑스문화예술연구》, 28, 403-437.
______(2012): 《번역 논쟁》, 열린책들.
조경식(2002): "쉴라이어마허의 해석학에 관한 연구", 《독일언어문학》, 17, 331-346.
조광(2006): "조선후기 서학서(西學書)의 수용과 보급", 《민족문화연구》, 44, 199-235.
조동일(1996): 《우리 학문의 길》, 지식산업사.
______(1999): 《하나이면서 여럿인 동아시아문학》, 지식산업사.
조성원(2007): "번역평가 기준으로서의 '충실성'과 '가독성'에 대하여: 영미문학연구회 번역평가사업에 대한 소고", 《안과밖》, 23, 96-121.
조성택(2009a): "'깨달음의 사회화'에 관련한 몇 가지 고찰", 《불교학연구》, 29, 7-55.
______(2009b): "번역과 독창적 사유", 《佛敎硏究》, 31, 75-110.
______(2011): "화쟁(和諍), 원융무애(圓融無礙)의 실천적 원리", 《불교의 새로운 지평》, 원각불교시리즈 4, 대한불교천태종 출판부, 127-139.
______(2015): "오만과 편견: '불교는 깨달음의 종교'인가?", http://www.bulkyo21.com/news/article View.html?idxno=27623.

조수동(2009): "원효의 불성이론과 화쟁", 《철학논총》, 58, 149-171.
조재룡(2003): "메쇼닉(H. Meschonnic)에 있어서 '리듬'의 개념–《리듬비평 Critique du rythme》을 중심으로", 《불어불문학연구》, 54-1, 631-661.
______(2007): 《앙리 메쇼닉과 현대비평–시학·번역·주체》, 길.
______(2009a): "번역사를 바라보는 한 관점–앙리 메쇼닉(H. Meschonnic)의 경우", 《번역학연구》, 10-1, 141-170.
______(2009b): "동서양의 문화 번역론 비교 연구: 루쉰(魯迅)과 베르만(A. Berman), 베르만과 루쉰", 《비교문학》, 48, 5-32.
______(2011a): "번역의 윤리–이해와 해석, 번역가의 소임, 낯섦에 대한 비판적 고찰", 《비평문학》, 42, 427-462.
______(2011b): "중역(重譯)과 근대의 모험–횡단과 언어적 전환이라는 문제의식에 관하여", 《탈경계 인문학》, 4-2, 5-36.
______(2011c): "중역(重譯)의 인식론–그 모든 주역들의 중역과 근대 한국어", 《아세아연구》, 145, 9-40.
______(2011d): "사유의 힘, 시의 힘–시, 번역, 리듬", 《번역의 유령들》, 문학과지성사, 85-121.
______(2014a): "문학번역의 딜레마와 이분법의 이데올로기", *Trans-Humanities*, 7-2, 69-95.
______(2014b): 《시는 주사위 놀이를 하지 않는다》, 문학동네.
______(2015): "번역한 문장이 한국문학 문체도 변화시켜", 《조선일보》, 2015년 4월 4일, A16.
주형일(2008): "직관의 사회학, 나의 사회학 그리고 현상학적 방법", 《커뮤니케이션이론》, 4-1, 77-113.
최미경(2009): "언어학 개념에서 번역 실천의 객체로–의미의 확장", 《프랑스학연구》, 50, 237-260.
최성묵(1975): "退溪의 道德論에 관한 고찰", 《퇴계학과 유교문화》, 3, 123-156.
최성환(2006): "해석학과 수사학–사회적·문화적 실천으로서의 인문학", 《해석학연구》, 17, 51-78.

최시한(2003): “국문운동과《문장강화》,《시학과 언어학》, 6, 115-133.

최신한(2000): “옮긴이의 말”,《해석학과 비평》, 철학과 현실사, 5-10.

______(2003): “슐라이어마허와 가다머-가다머의 슐라이어마허 비판은 정당한가?”,《해석학연구》, 12, 68-97.

______(2004): “슐라이어마허와 가다머(II): 해석학의 보편적 요구-지평 융합인가, 지평 확대인가?”,《철학연구》, 90, 407-434.

______(2007): “이해의 한계와 번역불가능성의 문제-슐라이어마허의「번역의 다양한 방법에 대하여」를 중심으로”,《해석학연구》, 19, 29-56.

______(2008): “슐라이어마허의 해석학 개념-볼프 및 아스트와의 대화”,《해석학연구》, 22, 137-163.

최영창(2001):《전습록》(전2권) 서평(왕양명 지음, 한정길·정인재 옮김, 청계),《문화일보》, 2001.10.19.

최유진(2003): “종교다원주의와 원효의 화쟁”,《철학논총》, 31-1, 245-263.

최의식(2008): “문학번역에 나타난 오역(誤譯)문제-발자크의《고리오 영감》을 중심으로”,《프랑스학연구》, 45, 135-168.

최재목(2004): “인문학, 편집술, 事的 글쓰기 혹은 緣起的 글쓰기”,《인문연구》(영남대), 45-46, 277-294.

크로스화이트, J. 지음, 오형엽 옮김(2001):《이성의 수사학-글쓰기와 논증의 매력》, 고려대학교출판부(원본 1996).

카뮈, 알베르 지음, 김예령 옮김(2011):《이방인》, 열린책들.

카뮈, 알베르 지음, 김화영 옮김(2011):《이방인》, 책세상.

카뮈, 알베르 지음, 이기언 옮김(2011):《이방인》, 문학동네.

키요, 로제(2011): “《이방인》을 다시 읽는다-《이방인》 50주년 기념 논문”,《이방인》(김화영 옮김, 민음사, 2011), 145-165.

파이퍼, 루돌프 지음, 정기문 옮김(2011):《인문정신의 역사》, 도서출판 길.

표정훈(2003): “비성무물”,《책은 나름의 운명을 지닌다》, 궁리, 209-213.

______(2005): “몇 가지 지형도”,「궁리의 글」, http://www.kungree.com/pen/pencil94.htm.

한기호(2008): “번역은 거인국, 인문학은 소인국”, 《동아일보》, 2008.3.18.
한상근 외(2002): 《인문학관련 새로운 직종개발연구》, 인문사회연구회 인문정책연구총서 2002-46, 한국교육개발원.
한성일(2006): “유머 텍스트의 응결성과 응집성”, 《겨레어문학》, 37, 35-63.
허경(2010): “프랑스 철학의 우리말 번역과 수용”, 《인문과학연구》(강원대), 26, 435-461.
홍성욱(1997): “잡종, 그 창조적 존재학”, 《창작과 비평》, 371-385.
______(2000): “인문학적 사유의 창조성과 ‘실용성’: 인문학의 위기 극복을 위한 한 가지 제안”, 《동향과 전망》, 44, 212-231.
______(2003): 《하이브리드 세상읽기》, 안그라픽스.
홍원식(2007): “인문학의 위기와 한국철학의 새로운 길 찾기”, 《한국학논집》, 35, 119-136.
홍종선(1996): “개화기 시대 문장의 문체 연구”, 《국어국문학》, 117, 33-58.
황수영(2009): “소통의 이론과 그 철학적 기반-리쾨르의 해석학을 중심으로”, 《개념과 소통》, 2-1, 69-98.
황순희(2010): “대학의 번역강의 내용개발 연구-프랑스어 중급 학습자의 번역물 평가 분석을 중심으로”, 《프랑스어문교육》, 33, 389-429.
황원미(2003): “프랑스어 과거시제의 한국어 번역에 관한 연구-소설 《이방인》을 중심으로”, 《불어불문학연구》, 56-2, 929-957.
황현산(1986): “佛文學-번역과 飜譯創作”, 《예술과 비평》, 11, 44-58.
______(1993): “불란서 이론의 번역 자유와 신비화”, 《현대비평과 이론》, 3-1, 158-175.
황호덕(2005): 《근대 네이션과 그 표상들-타자·교통·번역·에크리튀르》, 소명출판.
______(2007): “번역의 근대, 漢文脈의 근대-한국 근대 개념어 연구의 과제”, 《번역비평》, 창간호, 고려대학교출판부, 163-185.

Abel, O.(2000): *L'éthique interrogative. Herméneutique et problématologie de notre condition langagière*, PUF.

Adam, J.-M.(1997): *Le style dans la langue: Une reconception de la stylistique*, Delachaux et Niestle.

______(2002): "Le style dans la langue et dans les textes", *Langue française*, 135, 71- 94.

______(2009): "Barthes et *L'Étranger*. Le blanchiment de l'écriture", *Écritures blanches*, Rabaté, D., Viart, D.(dir.), Publications de l'Université de Saint-Étienne, 57-69.

______, Noël, M.(1995): "Variations énonciatives: Aspects de la genèse du style de *l'Étranger*", *Langages*, 29-118, 64-84.

Adamson, R.(1984): "Speech Mannerisms in *L'Etranger*", *Language and Style*, 17-4, 329-346.

Agostini-Quafi, V.(2006): "La traduction d'après Umberto Eco: Dire quasi la stressa cosa", *La traduction littéraire: Des aspects théoriques aux analyses textuelles*, édité par V. Agostini-Quafi et A.-R. Hermettet, Presses universitaires de Caen, 37-54.

Almeida, M.E.(2011): "Approche contrastive du système verbal en français et en portugais à travers *Le Petit Prince* de Saint-Exupery et sa traduction portugaise", *Journal of Linguistic and Intercultural Education*, 4, 7-22.

Ancet, J.(1999): "La séparation", *La traduction-poésie, à Antoine Berman*, Presses Universitaires de Strasbourg, 173-186.

______(2008): Évaluation de la traduction littéraire: de la « sensibilité à la littérarité » à la « littérarité en traduction », *TTR*, 21-1, 127-172.

Bachmann-Medick, D.(2009): "Introduction: The translational turn", *Translation Studies*, 2-1, 2-16.

Badiu, I.(2010): "Quels éléments de linguistique générale dans l'enseignement professionnel de la traduction et de l'interprétation au niveau Master?", *Revue Internationale d'Etudes en Langues Modernes Appliquées*, 3, 133-143.

Bălăcescu, I.(2007a): "Un exemple de traduction créative légitimée par les recherches cognitivistes", *Atelier de Traduction*, 7, 241-251.

______(2007b): "Traduction: le courage de la créativité", http://www.atida.org/forums/showthread.php?t=2040.

Bălăcescu, I., Stefanink, B.(2003): "Modèles explicatifs de la créativité en traduction", *Meta*, 48-4, 509-525.

______(2004): "Traduction: l'approche herméneutique", *Le langage et l'Homme*, 39-1, 145-153.

______(2005a): "Défense et illustration de l'approche herméneutique en traduction", *Meta*, 50, 2, 634-642.

______(2005b): "Nécessité d'une pratico-théorie de la traduction", *Atlier de traduction*, 3, Editura Universitatii Suceava, 51-70.

Ballard, M.(1988): "La différence de concentration en traduction: valeur heuristique du phénomène", *La traduction*, Textes réunis par M.-J. Capelle, BELC, 125-137.

______(1992): "Concepts méthodologiques pour la mesure de l'équivalence", *Turjuman, Revue de traduction et d''interprétation*, 1-2, 17-30.

______(1993): "Unité de traduction. Essai de redéfinition d'un concept", *La traduction à l'université: Recherches et propositions didactiques*, Études réunies par Michel Ballard, Presses universitaires de Lille, 223-262.

______(1997): "Créativité et traduction", *Target*, 9-1, 85-110.

______(2002): "Critères et décalages de l'équivalence", *Les Langues modernes*, (Dossier: « La traduction »), 4, 27-38.

______(2003): *Versus: la version réfléchie. Repérages et paramètres*, Ophrys.

______(2004a): *Versus: la version réfléchie. Des signes au texte*. Ophrys.

______(2004b): "La théorisation comme la structuration de l'action du traducteur", *La linguistique*, 40, 2004-1, 51-66.

______(2005): *Le commentaire de traduction anglaise*, Armand Colin.

______(2006a): "La traductologie, science d'observation", *Qu'est-ce que la traductologie?* Études réunies par M. Ballard, Artois Presses Université, 179-194.

______(2006b): "A propos des procédés de traduction", *Traduire ou Vouloir garder un peu de la poussière d'or…*, Presses Sorbonne Nouvelle, 113-130.

______(2007): "Pour un rééquilibrage épistémologique en traductologie", *Quo vadis*

Translatologie? Frank & Timme, 17-34.

Ballard, M.(2008): "Textures", *Atelier de traduction*, 10, 203-221.

Balliu, C.(2001): "La pédagogie de la traduction", *Le langage et l'homme*, 36-1, 153-161.

______(2004): "Jean-René Ladmiral. Une certaine philosophie de la traduction", *Transversalités*, 92. 51-57.

Bandia, P.(2001): "Le concept bermanien de « l'étranger » dans le prisme de la traduction postcoloniale", *TTR*, 14-2, 123-139.

Bardière, Y.(2008): "Où sont passés nos 'belles infidèles?", *Modèles linguistiques*, 29-1, 105-122.

Barrier, M.-G.(1966): *L'art du récit dans L'Etranger d'Albert Camus*, A.G. Nizet.

Barthélémy, L.(2007): "Le désir d'égal. Quelques mots sur la traduction", *Atelier de Traduction*, Numéro hors série « Pour une poétique du texte traduit », 2007, 181-189.

Barthes, R.(1993): "Le degré zéro de l'écriture", *Roland Barthes*, Oeuvres complètes, t. I. 1942-1965, Edition établie et présentée par Eric Marty, Editions du Seuil, 137-187. [1953]

Bastin, G. L.(2007): "Histoire, traductions et traductologie", *Quo vadis Translatologie?*, Frank & Timme, 35-44.

Berman, A.(1984): *L'épreuve de l'étranger*, Gallimard.

______(1989): "La traduction et ses discours", *Meta*, 34-4, 672-679.

______(1995): *Pour une critique des traductions: John Donne*, Gallimard.

Bie Waller, M. de(1992): *La linguistique différentielle de Jean Darbelnet*, Thèse, Ecole de traducteurs et d'interprètes, Université d'Ottawa.

Bitsoris, É.(1996): "Le projet de traductologie d'Antoine Berman", *TRANS*, 1, 47-58.

Bloom, R.(2012): "Lost in Translation. What the First Line of *The Stranger* Should Be", *The New Yorker*, http://www.newyorker.com/books/page-turner/lost-in-translation-what-the-fir st-line-of-the-stranger-should-be.

Bonnet, N.(2006): "Quelques aspects du caractère dialogique de la traduction littéraire",

Transalpina, 9, « La traduction littéraire », 19-36.

Boulanger, P.-P.(2006): "Le chaos de la traduction et la traduction du chaos", *Meta*, 51-1, 119-130.

Branchu, C.(2013): *Archéo-analyse de l'oeuvre: Le Petit Prince: l'écriture d'un secret ou la trace secrète d'une écriture hiéroglyphique*, Thèse de Doctorat, Université Paul Valéry.

Brennan, E.(2007): "Ricoeurian hermeneutics and the paradigm of translation", *The International Journal of Translation*, 19-2, 33-50.

Brethenoux, M.(2001): "Saint-Exupéry, 'Pic de la Mirandole du XXe siècle'", *Etudes littéraire*, 33-2, 55-81.

Brisset, A.(2006): "Le traducteur, sujet du sens: discours scientifique et conflit de représentations", *Le sens en traduction*, édité par M. Lederer, Lettres modernes Minard, 21-35.

Bühler, K.(2009): *Théorie du langage*, trad. fr., notes, glossaire par J. Friedrich et D. Samain, Agone.

Bühler, P.(2011): "Ricoeur's concept of distanciation as a challenge for theological hermeneutics", Verheyden, J, Hettema, T.L., Vandecasteele, P. (eds), *Paul Ricoeur. Poetics and Religion*, Peeters, 151-165.

Bush, P.(1997): "Even Horses Shall Have Their Day: A Response to Hans G. Hönig", *Current Issues in Language & Society*, 4-1, 64-69.

Buzelin, H.(2004): "La traductologie, l'ethnographie et la production des connaissances", *Meta*, 49-4, 729-746.

Cabillau, J.-F.(1971): "L'expression du temps dans *l'Étranger* d'Albert Camus", *Revue belge de philologie et d'histoire*, 49-3, 866-874.

Camus, A.(1946): *The Stranger*, translated by S. Gilbert, Vintage Books.

______(1988): *The Stranger*, translated by M. Ward, Vintage Books.

Carl, M.(2003): "Introduction à la traduction guidée par l'exemple (Traduction par analogie)", http://www.iai-sb.de/docs/tutorial.pdf, 15p.

Carrilho, M.-M.(1996): "Conséquences de la problématologie", Argumentation et questionnement, sous la direction de C. Hoogaert, PUF, 67-78.

Cary, E.(1986): *Comment faut-il traduire ?* Introduction, bibliographie et index de Michel Ballard, Presses universitaires de Lille.

Cassin, B.(1998a): "Explorer les intraduisibles", *Critique*, Janvier-Février, 608-609, 1114-1116.

______(1998b): "Le statut théorique de l'intraduisible", *Le Discours Philosophique*, Encyclopédie philosophique universelle, IV, PUF, 998- 1013.

______(2007): "Intraduisibles et mondialisaiton", *Hermès*, 49, 197-204.

Cassin, B., Briffard, C.(2006): "*Le vocabulaire européen des philosophes, Dictionnaire des intraduisibles*, Entretien avec Barbara Cassin, réalisé par C. Briffard", http://www.revue-texto.net/Dialogues/Cassin_interview.html.

Caussat, P.(2003): "Simples aperçus sur quelques problèmes de la traduction philosophique", *Revue française de linguistique appliquée*, 8, 2003/2, 43-54.

Celotti, N.(2003): "Lire et écouter le rythme: une invitation à l'étudiant traducteur", *Rivista internazionale di tecnica della traduzione*, 7, 37-44.

Cerminara, G.(1973): *Insights for the Age of Aquarius*, Theosophical Publishing House.

Charron, M.(2001): "Berman, étranger à lui-même?", *TTR*, 14-2, 97-121.

Chervel, A.(1977): *…et il fallut apprendre à écrire à tous les petits français: Histoire de la grammaire scolaire*, Payot.

Chevalier, J.-C.(1995a): "Traduction, littéralité et chaîne de causalités", *L'horlogerie de saint Jérôme*, IV, L'Harmattan, 59-72.

______(1995b): "Traduction et orthonymie", *L'horlogerie de saint Jérôme*, VI, L'Har mattan, 87-111.

Chevalier, J.-C., Delport, M.-F.(1995): *L'horlogerie de saint Jérôme: Problèmes linguistiques de la traduction*, L'Harmattan.

______(2006): "Traduction, traductologie et linguistique", *Qu'est-ce que la traductologie?* Études réunies par M. Ballard, Artois Presses Université, 119-132.

Chevalier, J.-C., Launay, M., Molho, M.(1984): "La raison du signifiant", *Modèles linguisti-*

ques, 6-2, 27-41.

Chevalier, J.-C., Launay, M., Molho, M.(1986): "Pour une linguistique du signifiant", *Cahiers du CRIAR*, 6, 95-99.

Chuquet, H., Paillard, M.(1987): *Approche linguistique des problèmes de traduction*, Ophrys.

Clas, A.(2004): "L'équivalence dans la différence?", *Transversalités*, 92, 95-102.

Collombat, I.(2004): "Le XXIe siecle: l'âge de la retraduction", *Translation Studies in the New Millennium*, 2, 1-15.

______(2009): "La didactique de l'erreur dans l'apprentissage de la traduction", http://www.jostrans.org/issue12/art_collombat.pdf, 18p.

Connor, P.(2011): "Toward a Translation Criticism: John Donne", *Translation Studies*, 4-2, 254-257.

Constantinescu, M. (2009): "Les difficultés de traduction des textes de sciences humaines", Actes du Colloque international « Théorie, pratique et didactique de la traduction spécialisée », Craiova, Roumanie, 28-29, 2009, 142-147.

______(2007): "Plaidoyer pour une poétique du texte traduit", *Atelier de Traduction*, Numéro hors série « Pour une poétique du texte traduit », 2007, 15-18.

______(2007): "Traduire l'ironie. L'exemple d'une oeuvre romanesque de N. Kazantzaki et ses traductions française et anglaise", *Linguistik online*, 31, 2/07, 3-15. (http://www.linguistik-online.de/31_07/constantinou.pdf)

Cordonnier, J.-L.(1995): *Traduction et culture*, Didier.

Crosswhite, J.(2010): "Universalities", *Philosophy and Rhetoric*, 43-4, 430-445.

Cruickshank, J.(1956): "Camus's Technique in *L'Etranger*", *French Studies*, 10-3, 241-253.

Cuéllar, S,B.(2008): *Towards an Integrated Translation Approach. Proposal of a Dynamic Translation Model* (DTM), Doctoral Dissertation, University of Hamburg.

Cuéllar, S. B.(2002): "Equivalence Revisited: A Key Concept in Modern Translation Theory", *Forma y Función*, 15, 60-88.

Danblon, E.(2007): "Problematology, Language, Rhetoric", *Revue internationale de philoso-*

phie, 242, 365-376.

Dancette, J.(1989): "La faute de sens en traduction", *TTR*, 2-2, 83-102.

Dancette, J., Audet, J., Jay-Rayon, L.(2007): "Axes et critères de la créativité en traduction", *TTR*, 52-1, 108-122.

Darbelnet, J.(1970): "Traduction littérale ou traduction libre", *Meta*, 15-2, 88-94.

______(1983): "La stylistique comparée du français et de l'anglais", *Meta*, 28-4, 417.

Darwish, H.(2011): *Paul Ricoeur. La problématique de la méthode et le déplacement herméneutique du texte à l'action et à la traduction: Vers une herméneutique du dialogue*, L'Harmattan.

Davis, A.Y.(1997): "E-prime, delay, and mindfulness", *ETC*, 54-4, 418-433.

Dawans, S.(2004): "Architecture et minimum: quel *degré zéro?*", *Intervalles*, 1-1, 74-82.

De Launay, M.B.(1981): "Le traducteur médusée, *Langue française*, 51, 53-62.

Delisle, J.(1980): *L'analyse du discours comme méthode de traduction. Initiation à la traduction française de textes pragmatiques anglais: Théorie et pratique*, Editions de l'Université d'Ottawa.

______(1981): "De la théorie à la pédagogie: réflexions méthodologiques", *L'enseignement de l'interprétation et de la traduction*, *de la théorie à la pédagogie*, Editions de l'Université d'Ottawa, 135-151.

______(1992): "Les manuels de traduction: essai de classification", *TTR*, 5-1, 17-47.

______(1993): *La traducton raisonnée: Manuel d'initiation à la traduction professionnelle de l'anglais vers le français*, Les Presses de l'Université d'Ottawa.

______(2001): "L'évaluation des traductions par l'historien", *Meta*, 46-2, 209-226.

______(2005): "Le sens à travers l'histoire de la traduction de l'antiquité à la fin du XIXe siècle", *La Théorie Interprétative de la Traduction*, II, « Convergences mises en perspective », Minard, 211-228.

______(2006): "Criticizing translations: the notion of disparity", *Lexicography*, *Terminology*, *and Translation*, Text-based Studies in Honour of Ingrid Meyer, edited by Lynne Bowker, University of Ottawa Press, 159-173.

Delisle, J.(2007): "La notion de « disparate » et la critique des traductions", *Revue Septet*, 1, 141- 164.

______(2013a): *La traduction raisonnée: Manuel d'initiation à la traduction professionnelle anglais →français*, Presses de l'Université d'Ottawa, 3ème édition.

______(2013b): "Entretien avec Jean Delisle", Constantinescu, M., *Atelier de traduction*, 20, 17-30.

______(2015): "La traduction littéraire ou l'art de 'faire refleurir les deserts du sens'", *Forum*, 13-1, 45-64.

Delport, M.-F.(1995a): "Le traducteur omniscient (Deux figures de traduction: l'explicitation et l'amplification)", *L'horlogerie de saint Jérôme*, III, L'Harmattan, 45-58.

______(1995b): "Traduction et littéralité: De la subjectivité dans les traductions de *Madame Bovary*", *L'horlogerie de saint Jérôme*, V, L'Harmattan, 73-85.

Demirkan, M.(2009): "L'absurde et l'humour dans *l'Etranger* de Camus", *Synergies Turquie*, 2, 87-104.

Deshusses, P.(1997): "Physique quantique et traduction", *Nouveaux Cahiers d'Allemand*, « Théorie et pratique de la traduction littéraire », 15-4, 383-388.

Di Stefano, B.F.(1982): "Translation as literary Criticism", *Meta*, 27-3, 241-256.

Dragovic-Drouet, M.(2005): "Sens et interprétation: esquisse d'un recoupement conceptuel entre la Théorie Interprétative de la Traduction et la sémiotique d'Umberto Eco", *La Théorie Interprétative de la Traduction*, II, « Convergences mises en persepctive », Lettres modernes Minard, 135-154.

Dupoyet, P.(2010): "*L'Etranger* d'Albert Camus. Dossier pédagogique", http://alchimic.ch/docs /ETRANGER_dossierPeda.pdf. 9p.

Durieux, C.(2006): "La traductologie: une discipline limitrophe", *Qu'est-ce que la traductologie?* Études réunies par M. Ballard, Artois Press Université, 95-105.

______(2007): "L'opération traduisante entre raison et émotion", *Meta*, 52-1, 48-55.

______(2009): "Vers une théorie décisionnelle de la traduction", *Revue LISA*, 7-3, 349-

367.

Durieux, C.(2010): "Traduire l'intraduisible: négocier un compromis", *Meta*, 55-1, 23-30.

Eco, U.(2006): *Dire presque la même chose: Expérience de traduction*, traduit de l'italien par M. Bouzaher, Brasset.

Einhorn, L.(2006): "Using E-Prime and English Minus Absolutismes to Provide Self-Empathy", *ETC*, 63-2, 180-186.

Eisenzweig, U.(1983): *Les jeux de l'écriture dans L'Etranger de Camus*, Lettres Modernes.

Emery, P. G.(2004): "Translation, Equivalence and Fidelity: A Pragmatic Approach", *Babel*, 50-2, 143-167.

Faber, P.(1989): "Charles Baudelaire and His Translations of Adgar Allan Poe", *Meta*, 34-2, 253-258.

Faye, T.(2006): *Étude des processus linguistiques et des enjeux sémiotiques de la traduction intralinguale*, Thèse de Doctorat, Université de Limoges, 2006, http://epublications. unilim. fr/theses/2006/faye-thomas/faye-thomas.pdf.

Feuerlicht, I.(1963): "Camus's *L'Étranger* Reconsidered", *PMLA*, 78-5, 606-621.

Fitch, B.(1968): "Aspects de l'emploi du discours indirect libre dans *L'Étranger*", *Albert Camus*, 1, 81-91.

Folkart, B.(1990): "La fonction heuristique de la traduction", *Meta*, 35-1, 37-44.

______(1991): *Le conflit des énonciations: Traduction et discours rapporté*, Éditions Balzac.

Foss, S.K., Foss, K.A.(2003), *Inviting Transformation: Presentational Speaking for a Changing World*, Second Edition, Waveland Press, Inc.

France, P.(2000): "The Rhetoric of Translation", *Modern Language Review*, 100, Supplement: One Hundred Years of 'MLR': General and Comparative Studies, 255-268.

Frank, D. A.(2003): "After the New Rhetoric", *Quarterly Journal of Speech*, 89-3, 253-266.

Froeliger, N.(2005): "Placer le traducteur au coeur de la traductologie", *Meta*, 50-4,

10p.

Froeliger, N.(2010): "De la centralité du compromis en traduction et en traductologie", *La traduction: de la linguistique à la didactique*, l'Université de Lille III, 22p.

Frohock, W.M.(1949): "Camus: Image, Influence and Sensibility", *Yale French Studies*, 1949/ 4, 91-99.

Fromont, F. de(2001): "La vérité et la beauté en littérature", http://www.info.sophia.ac.jp/fut subun/resource/professeurs/anciens/AllocutionFromont.pdf, 8p.

Gagnon, M.(1998): "*L'Etranger* en classe de langue", *Québec français*, 109, 55-58.

Gagnon, O.(2000): "La cohérence textuelle", *Dialangue*, *Bulletin de linguistique*, 11, 21-36.

Galantière, L.(1947): "Antoine de Saint-Exupéry", *The Atlantic Monthly*, April, 1947 « Books and Men », 133-141.

Galembert, L. de(2006): *Le sacré et son expression chez Antoine de Saint-Exupery*, Thèse de Doctorat, l'Université Paris IV.

Gémar, J.-C.(1990): "La traduction est-elle civilisatrice? Fonctions de la traduction et degrés de civilisation", *Meta*, 35-1, 247-257.

Géraud, V.(2006): "Cohérence et discohérence chronologique dans *L'Étranger* de Camus", Calas, F.(dir.), *Cohérence et discours*, PUPS, 371-380.

Gile, D.(1982): "Fidélité et littéralité dans la traduction: une approche pédagogique", *Babel*, 28-1, 34-37.

______(1992): "Les fautes de traduction: une analyse pédagogique", *Meta*, 37-2, 251-262.

______(2005): *La Traduction, la comprendre, l'apprendre*, PUF.

______(2009): *Basic Concepts and Models for Interpreter and Translator Training*, Revised edition, John Benjamins P.C.

Godard, B.(2001): "L'Ethique du traduire: Antoine Berman et le « virage éthique » en traduction", *TTR*, 14-2, 49-82.

Golden, J.L.(1991): "An Application of Michel Meyer's Theory of problematology to

David Hume's *Diaologues concerning natural religion*", *Argumentation*, 5-1, 69-89.

Gomez, S.(2009): *La polyphonie dans l'oeuvre de Camus: De l'unité ontologique à la fracture discursive*, Thèse de Doctorat, Université Bordeaux III, 2009.

Gouadec, D.(1974): *Comprendre et Traduire*, Bordas.

Gravier, M.(1973): "*La traduction des textes dramatiques*", *Etudes de linguistique appliquée*, 12, « Exégèse et traduction », 39-49.

Guillemin-Flescher, J.(1981): *Syntaxe comparée du français et de l'anglais: Problèmes de traduction*, Ophrys.

______, J.(2003): "Théoriser la traduction", *Revue française de linguistique appliquée*, Vol. VIII, 2003/2, 7-18.

Hansen, G.(2010): "Translation 'errors'", *Handbook of Translation Studies*, 1, Gambier, Y., Doorslaer, L. van (eds.), John Benjamins P.C., 385-388.

Heim, M.H., Tymowski, A.W.(2006) (eds): *Guidelines for the Translation of Social Science Texts*, American Council of Learned Societies.

Hénaff, M.(2006): "La condition brisée des langues: diversité humaine, altérité et traduction", *Esprit*, 323, 68-83.

Henry, H.(2004): "Un livre de bilan", *TransLittérature*, 27, 49-50.

Henry, J.(1995): "La fidélité, cet éternel questionnement. Critique de la morale de la traduction", *Meta*, 40-3, 367-371.

______(2005): "L'applicabilité de la théorie interprétative de la traduction à la traduction littéraire", *La Théorie Interprétative de la Traduction*, III, « De la formation··· à la pratique professionnelle », Lettres modernes Minard, 159-172.

Hermans, T.(2003): "Cross-cultural Translation Studies as Thick Translation", *Bulletin of the School of Oriental and African Studies*, 66-3, 380-388.

Hewson, L.(2001): "Style and Translation", *Anglophonia*, 9, 193-204.

______(2003): "A propos de la critique de la traduction", *Traductologie linguistique et traduction*, M. Ballard et A.E. Kaladi(éds.), Artois Presses Université, 291-302.

______(2004): "Sourcistes et cibliers", *Correct/Incorrect*, M. Ballard et L. Hewson (éds.),

Artois Presses Université, 123-134.

Hoggard, L., Kratz, D.M.(2008): "Translation Studies as a Transforming Model for the Humanities", Presentation given at the XVIII FIT (International Federation of Translators) World Congress in Shanghai, August 4-7, 2008, 1-16.

Hurezanu, D.(2003): "La traduction comme (re)création", http://www.post-scriptum.org/flash/ docs2/art_2003_03_004.pdf, 8p.

Hurtado Albir, A.(2005): "La Théorie Interprétative de la Traduction: sa place en traductologie", *La Théorie Interprétative de la Traduction*, I, « Genèse et développement », Lettres modernes Minard, 163-193.

Huynh, J.-A.(2009): "De la pertinence de l'argumentation dans la construction d'une culture humaniste au XXIe siècle", *Le français aujourd'hui*, 2009/4, 167, 53-66.

Ionita, I.(2010): "L'empathie et la maximisation de l'effort dans l'intérêt pour l'autre", http://graduateinstitute.ch/webdav/site/developpement/shared/developpement/cours/E760/ textes%20colloque/I.Ionita%202010%20communication%20colloque2.pdf, 1-20.

Ippolito, P.(1998): *Albert Camus: Un cas intéressant*, Mémoire de Maîtrise, Université des Scineces humaines de Strasbourg.

Israël, F.(1990): "Traduction littéraire et théorie du sens, *Etudes traductologiques*, textes réunis par M. Lederer, Minard, 29-43.

______(1991a): "Traduction littéraire: l'appropriation du texte", *La liberté en traduction*, Didier Erudition, 17-41.

______(1991b): "Sens, forme, effet: Pour une approche communicative de la traduction littéraire", *TEXTconTEXT*, 6-4, 217-226.

______(1994): "La créativité en traduction, ou le texte réinventé, M. Raders y R. Martin-Gaitero (Eds.), *IV Encuentros Complutenses en torno a la traduccion*, Editorial Complutense, 105-117.

______(1998): "La plénitude du texte", *Quelle formation pour le traducteur de l'an 2000?* Didier Erudition, 251-266.

Israël, F.(2001): "Pour une nouvelle conception de la traduction littéraire: le modèle interprétatif", *Traduire*, 190-191, 9-18.

______(2005a): "Une théorie en mouvement: Bilan (provisoire) des acquis de la Théorie Interprétative de la Traduction", *La Théorie Interprétative de la Traduction*, I, « Genèse et développement », textes réunis et présentés par F. Israël et M. Lederer, Lettres modernes Minard, 67-88.

______(2005b): "Traduction littéraire: Quels paramères pour quelle évaluation?", Actes du Colloque, 1er Symposium International de EWHA GSTI, Université Ewha, 24 juin 2005, 123-135.

______(2006): "Souvent sens varie. Le traducteur face à « l'instabilité » de sens", *Le sens en traduction*, édité par M. Lederer, Lettres modernes Minard, 11-20.

Jakobson, R.(1963): *Essais de linguistique générale*, Minuit. (권재일 역(1989): 《일반언어학 이론》, 민음사)

Jamison, D.L.(1991): "Michel Meyer's Philosophy of Problematology: Toward New Theory of Argument", *Argumentation*, 5, 57-68.

Jensen, J.V.(1992): "Values and Practices in Asian Argumentation", *Argumentation and Advocacy*, 28-4, 153-166.

Jervolino, D.(2000): "Translation as a Paradigm for Hermeneutics and its Implications for an Ethics of Hospitality", *Ars Interpretandi, Yearbook of Legal Hermeuneutics*, 5, 2000, 57-69.

______(2006): "Pour une philosophie de la traduction, à l'école de Ricœur", *Revue de métaphysique et de morale*, 50-2,

______(2007): *Ricoeur, Herméneutique et traduction*, Ellipses.

Jon, S.-G.(2008): "La rhétorique du 'dakkeum': un aspect saillant de la rhétorique coréenne", *Rhetorica*, 26-1, 57-70. [전성기(2008d)]

Kamdem, P.E.(2003): "La minimalité dans *L'étranger* d'Albert Camus, *Revue électronique internationale de sciences du langage*, SudLangues, 3, 37-52.

______(2005): "Au-delà de l'intertexte, la voix du texte", *Analyses: Langages, textes et*

sociétés, 10, 59-68.

Kearney, R.(2007): "Paul Ricoeur and the Hermeneutics of Translation", *Research in Phenomenology*, 37, 147-157.

______(2008): "Vers une herméneutique de la traduction", *Paul Ricoeur. De l'homme faillible à l'homme capable*, coordonné par G. Fiasse, PUF, 157-178.

______(2010): "Le paradigme de la traduction", *Paul Ricoeur. La pensée en dialogue*, J. Porée, G. Vincent(dirs.), Presses universitaires de Rennes, 69-81.

Keromnes, Y.(2006): "Fidélité et traduction en sciences humaines", *La Tribune Internationale des Langues Vivantes*, 41, 35-42.

______(2007): "De la source à la cible: la fidélité... aux principes ou l'art du compromis?", http://hal.archives-ouvertes.fr/hal-00577982/fr/, 10p.

Knechciak, O.(2009): "Les variations européennes des textes de William Blake: L'exemple du *Mariage du Ciel et de l'Enfer* d'André Gide", *Langues européennes en dialogue*, Institut européen de l'Université de Genève, Collection Euryopa, 62, 81-95.

Kodish, S.P., Kodish, B.I.(2001): *Drive Yourself Sane: Using The Uncommon Sense of General Semantics*, Extensional Publishing.

Kristeva, I.(2009): "Perspectives herméneutiques de la traduction: du dialogue herméneutique à l'hospitalité langagière", http://www.revue-signes.info/document.php?id=1170, 9p.

Ladmiral, J.-R.(1979): *Traduire: théorèmes pour la traduction*, Payot.

______(1981): "Éléments de traduction philosophique", *Langue française*, 51, 19-34.

______(1984): "Pour la traduction dans l'enseignement des langues: 'version' moderne des Humanités", *La traduction: de la théorie à la didactique*, Études réunies par M. Ballard, Presses universitaires de Lille, 39-56.

______(1986): "Sourciers et ciblistes", *Revue d'esthétique*, 12, 33-42.

______(1987): "Traductologiques", Retour à la traduction, numéro spécial de la revue *Le français dans le monde*, éd., M.-J. Capelle, F. Debyser, J.-L. Goester, août-septembre, 1987, Italia, 18-25.

Ladmiral, J.-R.(1989): "Pour une philosophie de la traduction", *Revue de Métaphysique et de Morale*, 1989/1, 5-22.

______(1992): "La traduction: philosophie d'une pratique, *Les gens du passage*, C. Pagnoule (dir.), Université de Liège, 120-136.

______(1994): "Le traducteur et l'ordinateur", *Langages*, 28, 116, 5-19.

______(1995): "Traduire, c'est-à-dire... Phénoménologies d'un concept pluriel", *Meta*, 40-3, 409-420.

______(1997): "Les 4 âges de la traductologie: Réflexions sur une diachronie de la théorie de la traduction", *L'histoire et les théories de la traduction*, Les actes, 3, 4 et 5 octobre 1996, Astti, Berne, et Eti, Genève, 11-42.

______(1998a): "Théorie de la traduction: la question du littéralisme", *Transversalités*, Revue de l''Institut catholique de Paris, 65, janvier-mars, 137-157.

______(1998b): "Principes philosophiques de la traduction", *Encyclopédie philosophique universelle*, sous la direcion d'André Jacob: t. IV, Le Discours Philosophique, sous la dir. de Jean-François Mattéi, PUF, 977-998.

______(2000): "*Traduire des philosophes*", Traduire les philosophes, sous la direction de J. Moutaux et O. Bloch, Publications de la Sorbonne, 49-73.

______(2002): "De la linguistique à la littérature", *Le signe et la lettre*, En hommage à Michel Arrivé, textes réunis par J. Anis, A. Eskenazi et J.-F. Jeandillou, L'Harmattan, 337-347.

______(2003): "Epistémologie de la traduction", *Traduire la langue, traduire la culture*, sous la direction de S. Mejri et *ali.*, Maisonneuve et Larose, 147-168.

______(2004a): "Lever de rideau théorique: quelques esquisses conceptuelles", *Palimpsestes*, no 16, « De la lettre à l'esprit: traduction ou adaptation? », 15-30.

______(2004b): "*La traduction entre en philosophie*", La traduction entre philosophie et littérature, A. Lavieri (éd.), L'Harmattan Italia, 24-65.

______(2005a): "Le « *salto mortale* de la déverbalisation »", *Meta*, 50-2, 473-487.

______(2005b): "Formation des traducteurs et traduction philosophique", *Meta*, 50-1,

96-106.

Ladmiral, J.-R.(2006a): "Les sciences humaines sont-elles des sciences?", *Cahiers de l'École*, 6, 15-17.

______(2006b): "Esquisses conceptuelles, encore...", *Traduire ou Vouloir garder un peu de la poussière d'or...*, Hommages à Paul Bensimon, Presses Sorbonne nouvelle, 131-144.

______(2006c): "Le salto mortale de traduire: éléments culturels et psycholinguistiques de théorie de la traduction", *La traduction littéraire: Des aspects théoriques aux analyses textuelles*, édité par V. Agostini-Quafi et A.-R. Hermetet, Presses universitaires de Caen, 55-73.

______(2006d): "L'empire des sens", *Le sens en traduction*, Édité par M. Lederer, Lettres modernes Minard, 109-125.

______(2006e): "Préface", *Problématiques de la traduction*, K. Reiss, Ed. Economica, VII-XIII.

______(2007a): "Traduction philosophique, traduction spécialisée, même combat?", *Traduction spécialisée: pratiques, théories, formations*, E. Lavault-Olléron (éd.), Peter Lang, 115-145.

______(2007b): "Sourciers et ciblistes revisités", Nadia d'Amelio(éd.), *Au-delà de la lettre et de l'esprit: pour une redéfinition des concepts de source et de cible*, Editions du CIPA, 7-25.

______(2008): "Pour un tournant oecuménique en théorie de la traduction", *Traduire : un métier d'avenir* (Colloque du 50e anniversaire de l'ISTI : 14-15 octobre 2008), sous la direction de C. Balliu, Les Éditions du Hazard, v. 1, 11-32.

______(2009a): "Le statut théorique du discours traductologique", Colloque International de Traduction, « La traduction sous tous ses aspects au centre de gravité du dialogue international », Istanbul 21-23 Octobre, H. Anmur, A. Bulut et A. Uras-Yilmaz (éds.), 5-17.

______(2009b): "Traduction et philosophie", *Revue Septet*, « Des mots aux actes », 2, 47-70.

Ladmiral, J.-R.(2009c): "Traduire la forme? Traduire les formes…", Nadia D'Amelio (dir.), *La forme comme paradigme du traduire*, Éditions du CIPA, 27-50.

______(2010a): "Sur le discours méta-traductif de la traductologie", *Meta*, 55-1, 4-14.

______(2010b): "La philosophie et la traduction", *Nottingham French Studies*, 49-2, 6-16.

______(2012): Entretien avec J.E. Wilhelm, "Jean-René Ladmiral: une anthropologie interdisciplinaire de la traduction", *Meta*, 57-3, 546-563.

______(2013): "Préface", Froeliger, N., *Les Noces de l'analogique et du numérique: De la traduction pragmatique*, Les Belles Lettres, vii-xiv.

______(2014): *Sourcier ou cibliste*, Les Belles Lettres.

Langsdorf, L.(1997): "Argument as Inquiry in a Postmodern Context", *Argumentation*, 11, 315-327.

Lavault, É.(1998): *Fonctions de la traduction en didactique des langues*, Didier Érudition.

______(2001): "Le métalangage de la traduction en quête du sens", *Métalangage et terminologie linguistique*, B. Colombat, M. Savelli (éds.), Peeters, 887-898.

Le Blanc, C.(2009): *Le complexe d'Hermès. Regards philosophiques sur la traduction*, Les Presses de l'Université d'Ottawa.

Lederer, M.(1976): "Synecdoque et traduction", *Etude de linguistique appliquée*, 24, 13-41.

______(2004): "Les 'théorèmes' et la Théorie interprétative de la traducton", *Transversalités*, 92, 73-87.

______(2005): "Défense et illustration de la théorie Interprétative de la Traduction", *La Théorie Interprétative de la Traduction*, I, « Genèse et développement », Lettres modernes Minard, 89-139.

Lee, I.J.(2005): "When to keep 'still'", *ETC*, 62-4, 424-428.

Leeman, D.(2001): "Quand les formes informent: de la grammaire à la sémantique", *Le français aujourd'hui*, 135, 2001/4, 11-19.

Lee-Yahnke, H.(2004): "Viser la cible et préserver la source: le traducteur en équilibre instable", *Transversalités*, 92, 59-72.

Levie, Y.(2011): *L'aspect grammatical et ses manifestations dans les traductions en français de textes littéraires bulgares*, Thèse de Doctorat, Université Paris III. https://tel.archives-ouvertes.fr/tel-00780331/document.

Luca, A.(2012): "Les degrés de lecture du *Petit prince* d'Antoine de Saint-Exupéry", http://www.upm.ro/facultati_departamente/stiinte_litere/conferinte/situl_integrare_europeana/Lucrari 3/franceza/Alexandru%20Luca.pdf, 9p.

Maingueneau, D.(2010): *Manuel de linguistique pour le texte littéraire*, Armand Colin.

Maisonneuve, R.(1978): "La musique du mot et du concept, ou certains problèmes de traduction poétique", *Meta*, 23-1, 73-85.

Malblanc, A.(1977): *Stylistique comparée du français et de l'Allemand: essai de représentation linguistique comparée et étude de traduction*, Didier (1ère éd. 1944).

Mameri, F.(2005-2006): *Le Concept de Littéralité dans la traduction du Coran: Le cas de trois traductions*, Thèse de Doctorat d'Etat, Université Mentouri-Constantine.

Mareschal, G.(1991): "Jean Darbelnet l'homme, sa pensée et son action", *TTR*, 4-1, 145-150.

Marin, P.(2007): "La philosophie contemporaine et le réel de la traduction", *Théophilyon*, 12- 1, 29-46.

Massardier-Kenney, F.(2010): "Antoine Berman's way-making to translation as a creative and critical act", *Translation Studies*, 3-3, 259-271.

Mauduit-Peix Geldart, S.(2012): *Traduire la philosophie: quelque part dans l'inachevé*, Thèse de doctorat, ESIT, Paris III.

Meiland, J.W.(1989): "Argument as Inquiry and Argument as Persuasion", *Argumentation*, 3-2, 185-196.

Mejri, S.(2005): "Traduire, c'est gérer un déficit", *Meta*, 50-1, 120-128.

Merkle, D.(1996): Review of *Comparative Stylistics of French and English*, Jean-Paul Vinay and Jean Darbelnet, *TTR*, 9-2, 243-246.

Meschonnic, H.(2001): *Gloires: Traduction des psaumes*, Desclée de Brouwer.

______(2002): *Au commencement: Traduction de la Genèse*, Desclée de Brouwer.

______(2007a): *Étique et politique de traduire*, Verdier.

Meschonnic, H.(2007b): "Traduire: écrire ou désécrire", *Atelier de Traduction*, Numéro hors série « Pour une poétique du texte traduit », 2007, 19-30.

Meyer, M.(1979) : *Découverte et justification en science*, Klincksieck.

______(1981): "La conception problématologique du langage", *Langue française*, 52, 80-99.

______(1982): *Logique, langage et argumentation*, Hachette.

______(1995): "Problématologie et argumentation, ou la philosophie à la rencontre du langage", *Hermès*, 15, 145-154.

______(1996): "Les fondements de l'argumentation", *Argumentation et questionnement*, C. Hoogaert (dir.), PUF, 13-36.

______(2005a): "Qu'est-ce que la problématologie?", *Argumentum*, 4, 2005/6, 7-14.

______(2005b): *Qu'est-ce que l'argumentation?*, Vrin.

______(2008): *Principia Rhetorica: Une théorie générale de l'argumentation*, Fayard.

______(2009a): "Nous sommes tous des rhétoriciens", *Sciences humaines*, 209, 44-49.

______(2009b): "Comment repenser le rapport de la rhétorique et de l'argumentation?", *Argumentation et Analyse du Discours*, 2, 2-5.

______(2010): "The Brussels School of Rhetoric: From the New Rhetoric to Problematology", *Philosophy and Rhetoric*, 43-4, 403-429.

Meynet, R.(2009): "Rhétorique biblique et sémitique: questions de méthode", http :// www.reto ricabiblicaesemitica.org/Pubblicazioni/Studia_Rhetorica/29a.Meynet_ISHR2009_conf.pdf, 15p.

______(2013): "Rhétorique biblique, rhétorique de l'énigme", 27p., non publié.

Milligan, E.E.(1955): "Saint-Exupéry and Language", *Modern Language Journal*, 39-5, 249-251.

Mitura, M.(2010): "La déontologie du traducteur: entre Georges Mounin et Paul Ricoeur", *Actes du XXVe Congrès International de Linguistique et de Philologie romanes*, t. 1, De Gruyter, 589-597.

Moran, M. G./Ballif, M.(2000)(eds.): *Twentieth Century Rhetoric and Rhetoricians: Critical studies and Sources*, Greenwood.

Morel, M.(2006): "Éloge de la traduction comme acte de lecture", *Traduire ou Vouloir garder un peu de la poussière d'or*···, Presses Sorbonne Nouvelle, 24- 36.

Morini, M.(2008): "Outlining a new linguistic theory of translation", *Target*, 20-1, 29-51.

Moyaert, M.(2008): "The (Un-)translatability of Religions? Ricoeurs Linguistic Hospitality as Model for inter-religious Dialogue", *Exchange*, 37, 337-364.

Negri, A.(2000): "Traduction et interprétation des textes philosophiques", *Traduire les philosophes*, sous la direction de J. Moutaux et O. Bloch, Publications de la Sorbonne, 83-96.

Nenopoulou, T.(2006): "Les unités de traduction au service d'une pratique raisonnée de l'appréhension de la langue étrangère", *ELA*, 14-1, « Didactique des langues et traduction », 77-84.

Nouss, A.(1995): "La traduction comme OVNI", *Meta*, 40-3, 335-342.

______(2005): "Traduction et metissage", http://dissonancesfreudiennes.fr/Library/Textes /Actes_Grambois/Actes_Grambois_2005/Alexis_Nouss_Traduction_et_metissage.pdf, 12p.

Oseki-Dépré, I.(2007): *De Walter Benjamin à nos jours*··· (Essais de traductologie), Honoré Champion Éditeur.

Ost, F.(2006): "Les détours de Babel. La traduction comme paradigme", *Séminaire*, Calenda, publié le mardi 7 novembre 2006, 1-53.

______(2009): *Traduire: Défense et illustration du multilinguisme*, Fayard.

Oustinoff, M.(2006): "La traduction, textualité à part entière", *Traduire ou Vouloir garder un peu de la poussière d'or*···, Presses Sorbonne Nouvelle, 37-51.

______(2007a): "La traduction invisible? Problématiques actuelles de la traduction", *Enseigner les oeuvres littéraires en traduction*, Actes de Séminaire national, CRDP de l'Académie de Versailles, 21-41.

______(2007b): "Les « Translation Studies » et le tournant traductologique", *Hermès*,

49, 21-28.

Paillet, A.-M.(2013a): "Introduction", *Albert Camus, l'histoire d'un style*, A.-M. Paillet (dir.), Academia-L'Harmattan, 7-12.

______(2013b): "Régimes de littérarité dans *L'Étranger*", *Albert Camus, l'histoire d'un style*, A.-M. Paillet(dir.), Academia-L'Harmattan, 119-136.

______(1996): "Flaubert et l'adverbe *Alors*: cohésion et dérision", *Le Français Moderne*, 64-1, 51-62.

Panou, D.(2013): "Equivalence in Translation Theories: A Critical Evaluation", Theory and Practice in Language Studies, 3-1, 1-6.

Paret, M.C.(2003): "La grammaire textuelle: une ressource pour la compréhension et l'écriture des textes", *Québec français*, 129, 84-89.

Paveau, M.-A.(2011): "L'analyse linguistique du texte littéraire. Une fausse évidence", *Le français aujourd'hui*, 175, 2011/4, 83-94.

Pellat, J.-C.(2003): "Les domaines de la description grammaticale", *Le français aujourd'hui*, 141, 2003/2, 36-43.

Pergnier, M.(2004): "Traduction et linguistique: sur quelques malentendus", *La linguistique*, 40-1, 15-24.

Petit, M.(1997): "Stylistique(s) contrastive(s) du discours scientifique", *ASP*, 15-18, 139-156. http://asp.revues.org/3015.

Piecychna, B.(2013): "Legal translation competence in the light of translational hermeneutics", *Studies in logic, grammar and rhetoric*, 34(47), 141-159.

Plassard, F.(2005): "Sens ou représentation? Etude comparative de la compréhension selon les modèles cognitifs de la lecture et le modèle interprétatif de la traduction", *La Théorie Interprétative de la Traduction*, II, « Convergences mises en persepctive », Lettres modernes Minard, 135-154.

______(2007): *Lire pour traduire*, Presses Sorbonne Nouvelle.

Plessis, E.H. du(1992): "The restoration of Albert Camus *L'Etranger* in English translation", *Revue de littérature comparée*, 66-2, 205-213.

Poncharal, B.(2006): *Recommandations pour la traduction des textes de sciences humaines*, traduit de l'anglais, American Council of Learned Societies.

______(2007a): "Le « Social Science Translation Project » et la traduction des sciences humaines", *Hermes*, 49, 99-106.

______(2007b): "Analyse linguistique de la construction du sens dans un texte de sciences humaines et problèmes de traduction", *La Tribune Internationale des Langues Vivantes*, 42, Deuxième partie, 9-17.

______(2010): "La traduction de l'anaphore dans la prose de pensée", *Palimpsestes*, 23, « Traduire la cohérence », 41-62.

Pottier, B.(1987): *Théorie et analyse en linguistique*, Hachette.

Price, J.M.(2008): "Translating social science: Good versus bad utopianism", *Target*, 20-2, 348-364.

Pym, A.(1993): *Epistemological Problems in Translation and Its Teaching: A Seminar for Thinking Students*, Edicions Caminade.

______(2007): "Natural and directional equivalence in theories of translation", *Target*, 19-2, 271-294.

______(2008): "On indeterminacy in translation. A survey of Western theories", Intercultural Studies Group, Universitat Rovira i Virgili, Tarragona, Spain, 1-29.

______(2010a): *Exploring Translation Theories*, Routledge.

______(2010b): "Translation Theory as Historical Problem-Solving", Based on a Public Lecture in 2010 hosted by the Rikkyo Graduate School of Intercultural Communication June 5, 2010, 1-12.

______(2010c): "Text and Risk in Translation", http://usuaris.tinet.cat/apym/on-line/transla tion/risk_analysis.pdf, 11p.

Qian, Hu(1994): "On the implausibility of equivalent response" (Part V), *Meta*, 39-3, 418-432.

Quesnel, M.(1965): *Saint-Exupéry ou la vérité de la poésie*, Plon.

Racine, J.-F.(1999): "Pour en finir avec le sens littéral de l'Ecriture", 30-2, *Eglise et théologie*, 199-214.

Ramakrishna, S.(1996): Review of *Translation as Discovery*, Sujit Mukherjee, London: Snagam Books, 1994, *The Translator*, 2-1, 100-104.

Rao, S.(2004): "Quelques considérations éthiques sur l'invisibilité du traducteur ou les vertus du silence en traduction", *TTR*, 17-2, 13-25.

______(2005): "Peut-on envisager l'avenir de la traduction sans plaisir? Pour une érotique du traduire", *Meta*, 50-4, http://www.erudit.org/livre/meta/2005/000 222co.pdf, 1-7.

Rastier, F.(1996): "Communication ou transmission?", http://www.revue-texto.net/Inedits/Ras tier/Rastier_Transmission.html.

______(2003): "Le langage comme milieu: Des pratiques aux oeuvres", http://www.revue- texto.net/Inedits/Rastier/Rastier_Langage.pdf.

Récanati, F.(1984): "Pour la philosophie analytique", *Critique*, 444, 362-383.

______(1992): "La philosophie analytique est-elle dépassée?", *Revue Philosophie*, 35, 55-64.

Reiss, C.(2000): *Translation Criticism: Potentials and Limitations: Categories and Criteria for Translation Quality Assessment*, Routledge.

Renken, A.(2002): *La représentation de l'étranger. Une réflexion herméneutique sur la notion de traduction*, Centre de Traduction Littéraire, Université de Lausanne.

Ricoeur, P.(2007): *Reflextions on the Just*, University of Chicago Press.

Riegel, M., Pellat, J.-C. et Rioul, R.(1994): *Grammaire méthodique du français*, PUF.

Roberts, R.H., Good, J.M.M.(1993): *The Recovery of rhetoric: persuasive discourse and disciplinarity in the Human Sciences*, University of Virginia Press.

Roberts, R.P.(1995): "Towards a Typology of Translations", *Hieronymus*, 1, 69-78.

Robitaille, M.(2005): Recension de *L'éthique interrogative. Herméneutique et problématologie de notre condition langagière*. Olivier Abel(2000, PUF), *Laval théologique et philosophique*, 61-1, 207-218.

Rochlitz, R.(2001): "Traduire les sciences humaines", *Raisons politiques*, 2, 65-77.

Roth, A.(1983): "L'enseignement des langues dans le secondaire et la traduction", *Meta*, 28-3, 310-315.

Roux-Faucard, G.(2005): "La notion d'interprétation chez Rastier et Seleskovitch", *La Théorie Interprétative de la Traduction*, II, « Convergences, mises en perspective », textes réunis et présentés par F. Israël et M. Lederer, Lettres modernes Minard, 61-82.

______(2006): "Signifiance et traduction", *Le sens en traduction*, Édité par M. Lederer, Minard, 205-214.

Rydning, A.F.(2004): "Le défi du procédé synecdoquien en traduction", *Meta*, 49-4, 856-875.

Saint-Exupéry, A. de(1931): *Vol de nuit*, Gallimard.

______ de(1939): *Terre des hommes*, Gallimard.

______ de(1943): *Le petit prince*, Gallimard.

Saucet, M.(1996): *La sémantique générale aujourd'hui*, Le Courrier du Livre.

Sayah, M., Simeon, M.(2007): "La traductologie entre art et miroir", *Synergies*, « Monde arabe », 4, 65-87.

Scavée, P., Intravaia, P.(1979): *Traité de stylistique comparée: Analyse comparative de l'Italien et du Français*, Didier.

Schulman, A.(1996): Compte rendu de *L'Horlogerie de saint Jérôme*, J.-C. Chevalier, M.-F. Delport, L'Harmattan, 1995, *TransLittérature*, 12, 1996, 91-92.

Scott-Baumann, A.(2010): "Ricoeur's Translation Model as a Mutual Labour of Understanding", *Theory, Culture & Society*, 27-5, 69-85.

Secretan, P.(2000): "Remarques d'un traducteur: l'affinité, condition de fidélité et d'intelligibilité", *Traduire les philosophes*, sous la direction de J. Moutaux et O. Bloch, Publications de la Sorbonne, 130-135.

Séguinot, G.(1989): "Understanding Why Translators Make Mistakes", *TTR*, 2-2, 73-81.

Simon, S.(1995): Compte rendu, *Pour une critique des traduction: John Donne*, d'A. Berman, *TTR*, 8-1, 282-287.

Simon, S.(2001): "Antoine Berman ou l'absolu critique", *TTR*, 14-2, 19-29.

Simons, H. W.(1990): "*The Rhetoric of Inquiry as an Intellectual Movement*", *The Rhetorical Turn: Invention and Persuasion in the Conduct of Inquiry*, Edited by Herbert W. Simons, The University of Chicago Press, 1-31.

Snell-Hornby, M.(1992): "The professional translator of tomorrow: language specialist or all-round expert?" C. Dollerup, A. Loddegaard (eds): *Teaching Translation and Interpreting. Training, Talent and Experience*, Benjamins, 9-22.

______(2006): *The Turns of Translation Studies: New paradigms or shifting viewpoints?*, John Benjamins, B.V.

Spilka, I.V.(1988): "Comparer pour traduire", *Meta*, 33-2, 174-182.

Stefanink, B.(2005): "Quel sens traduire? Exégèse ou interprétation?", *Atelier de traduction*, 4, Editura Universitatii Suceava, 121-133.

Stefanink B., Bălăcescu, I.(2002): "Traduction et créativité", *Le français dans le monde*, 320 (mars-avril 2002), 41-45.

______(2008): "Une didactique de la créativité en traduction comme 'problem solving activity'", *Studia Unversitatis Babes-Bolyai: Philologia*, 53-3, 2008, 37-51.

______(2009): "Une méthode de recherche pour une didactique de la traduction centrée sur l'apprenant", *Revue Internationale d'Etudes en Langues Modernes Appliquées*, 2, 83-101.

Stolze, R.(2004): "Creating 'presence' in translation", *Claims, Changes and Challenges in Translation Studies*, Edited by. G. Hansen, K. Malmkjoer, D. Gile, John Benjamins B.V., 39-50.

______(2011): *The Translator's Approach: Introduction to translational hermeneutics: Theory and Examples from Practice*, Frank & Timme.

______(2012): "The Hermeneutical Approach to Translation", *Vertimo Studjos*, 5, 35-42.

______(2013): "The Legal Translator's Approach to Texts", *Humanities*, 2, 56-71.

Tarle, J.(1968): "Sur l'emploi du passé composé dans *L'étranger* d'Albert Camus: De la grammaire à l'écriture et au style", *Studia Romanica et Anglica Zagrabiensia*, 25/26, 87-

101.

Thien, T.T.(1988): "Linguistique appliquée: Quelle linguistique appliquer?", *TTR*, 1-2, 97-105.

This-Rogatcheva, T.(2011): "Analyse contrastive de la traduction du francais vers l'anglais du roman Vathek de Willim Beckford", http://www2.lingue.unibo.it/dese/didactique/trava ux/This-Rogatcheva/Analyse%20con trastive%20de%20la%20traduction.pdf, 30p.

Tröger, G.(2004): "Contribution à une épistémologie de la traduction. Pour une explicitation des présupposés théoriques", *Meta*, 49-4. 747-767.

Truffaut, L.(1997): *Traducteur tu seras: Dix commandements librement argumentés*, Les Éditions du Hazard.

Turnbull, N.(2004): "Rhetorical Agency as a Property of Questioning", *Philosophy and Rhetoric*, 37-3, 207-222.

______(2005): *Policy in Question: From Problem Solving to Problematology*, Doctoral Dissertation, University of New South Wales, Sidney.

______(2007): "Problematology: A New Paradigm for Thought", *Revue internationale de philosophie*, 242, 2007/4, 349-352.

Vanhese, G.(2001): "Traduction et philologie. Sur la poésie de Lucien Blaga en français et en italien", http://www.openstarts.units.it/dspace/bitstream/10077/7702/1/Vanhese_miscellan ea_speciale_2001.pdf, 14p.

Vegliante, J.C.(1996): *D'écrire la traduction*, Presses de la Sorbonne Nouvelle.

Vengeon, F. (2001): Compte rendu de *L'éthique interrogative. Herméneutique et problématologie de notre condition langagière*, O. Abel(2000, PUF), *L'Esprit*, mai 2001, 214-216.

Ventura, D.(2009): "Linguistique appliquée et traductologie: deux disciplines, un seul objet d'étude", *Rassegna italiana di Linguistica Applicata*, 41-3, 81-101.

______(2012): "De la conception utilitaire de la langue en traduction", *Çédille, revista de estudios franceses*, 8, 312-330.

Vidal, B.(1995): "Communication, traduction et transparence: de l'altérité du traducteur", *Meta*, 40-3, 373-378.

Vigneault, É.(1999): "Herméneutique et traduction poétique: quelques remarques", *TTR*, 12-2, 173-188.

Villarroel, M.(2010): *De la pratique à la theorie: Analyse de la traduction de El juguete rabioso de Roberto Arlt par Antoine Berman*, Mémoire de maîtrise, Université de Montréal.

Vinay, J. P.(1966): "Stylistique et transformation", *Meta*, 11-1, 3-13.

______(1983): "SCFA Revisited", *Meta*, 28-4, 417-431.

Voldrichová Beránková, E.(2007): "L'obsession d'« écrire juste ». Quelques remarques sur le style camusien", *Acta Universitatis Paladkianae Olomucensis*, Facultas Philosophica, Romanica Olomucensia, 18, 325-335.

Vrinat-Nikolov, M.(2001): "Laissons le traducteur chanter!", *TransLittérature*, 21, 2001, 34- 38.

______(2002): "Le Traducteur cleptomane de Kosztolànyi Dezsõ ou de l'inconscient du traducteur... et du public", E-magazine LiterNet, 05.01.2002, 1(26).

Wicke, A., Fouache, C.(2006): "Introduction", « Traduire les sciences humaines: Méthodes & Enjeux »(Première partie), *La Tribune Internationale des Langues Vivantes*, 41-6, 6.

Wilhelm, J.E.(2004): "Herméneutique et traduction: la question de 'l'appropriation' ou le rapport du 'propre' à 'l'étranger'", *Meta*, 49-4, 768-776.

______(2010): "The paradigm of translation", Globalization and Aspects of Translation, S.M. Shiyab (Editor-in-Chief), Cambridge Scholars Publishing, 2010, 78-87.

Woodsworth, J.(1988): "Traducteurs et écrivains: vers une redéfinition de la traduction littéraire", *TTR*, I-1, 115-125.

Wuilmart, F.(1990): "Le traducteur littéraire: un marieur empathique de cultures", *Meta*, 35-1, 236-242.

______(2001): "Traduire, c'est lire", *Traduire*, 190-191, 21-28.

______(2012): "La voix du texte: Nietzsche à l'écoute de Fonagy", *Revue Septet*, 3, 354-371.

Yuan, X.(1999): "Débat du siècle: fidélité ou recréation", *Meta*, 44-1, 61-77.

Zaitouni, N.(2009): "Traductologie: quelques concepts clés", http://trada bordo.blogspot.kr/ 2009/01/traductologie-quelques-concepts-cles.html.

Zenetti, M.-J.(2011): "Transparence, opacité, matité dans l'œuvre de Roland Barthes, du *Degré zéro de l'écriture à L'Empire des signes*", *Revue Appareil* [En ligne], 7. [http://revues.mshparisnord.org/appareil/pdf/1201.pdf]

찾아보기

ㅅ

ㅇ

ㅈ

ㅊ

ㅋ

ㅌ

ㅍ

ㅎ

번역인문학

초판 발행 1쇄 2016년 6월 20일

지은이 전성기

펴낸곳 고려대학교출판문화원
www.kupress.com
kupress@korea.ac.kr
02841 서울특별시 성북구 안암로 145
02-3290-4230, 4232
Fax 923-6311

찍은곳 네오프린텍(주)

ISBN 978-89-7641-906-4 93700

값 32,000원